Schlagwort Haider

Gudmund Tributsch (Hg.)

Schlagwort Haider

Ein politisches Lexikon seiner Aussprüche von 1986 bis heute

Mit einem Essay von Franz Januschek

Falter Verlag

ISBN 3-85439-137-4

1011 Wien, Marc-Aurel-Straße 9
Telefon 0222/533 46 37-0

Satz: Falter Satz, 1011 Wien
Druck: Wiener Verlag, 2325 Himberg

INHALT

VORWORT 7

DIE STICHWORTE
Lexikalische Auflistung aller politischen Haider-Sprüche von 15. September 1986 bis 1. Juni 1994, von Abputzen bis Zynismus 9

DIE QUELLEN
Chronologische Auflistung aller Haider-Sprüche im vollen Wortlaut, mit Angabe des Erscheinungsdatums und -ortes 131

ESSAY
Der Sprachwissenschaftler Franz Januschek analysiert Prinzipien der Sprache Jörg Haiders und zeigt, welche Fehler Haiders Gesprächspartner begehen 283

VORWORT

Dieses Buch ist keine Abrechnung, sondern eine Bilanz. Es will nichts beweisen, es dient nur als Nachweis. Es versammelt in lexikalischer Form bekanntere und weniger bekannte Sprüche des österreichischen Politikers Jörg Haider.
Es liegt nicht im Interesse dieses Buches, das Ende oder den Höhepunkt, ein Wellental oder einen Berg in der Karriere Jörg Haiders herbeizureden, herbeizuführen oder anzukündigen. Das Buch will nur eines: die Auseinandersetzung mit dem Politiker Haider auf eine sachliche Basis stellen.
Deshalb seine Aufmachung als Lexikon. Mit seinem doppelten Register setzt es seine Benützer instand, ein beliebiges Stichwort, das man vage im Kopf hat, nachzuschlagen und nicht nur die korrekte und ausführliche Form des Zitats zu finden, sondern auch die Stelle, an der es gesagt oder publiziert wurde. Doppeltes Register: Dem „Stichwortteil" folgt der „Zitatteil". Mittels einer Nummer fällt es leicht, etwa vom Stichwort „Bankrott" oder „Bankdirektor" zu den zugehörigen wörtlichen Zitaten zu gelangen.
Die Zitate wiederum bilden in zeitlich aufsteigender Folge eine Art Spruch-Chronik von 1986 bis Anfang Juni 1994. Das Buch wendet sich an zeitgeschichtlich Interessierte, vor allem an Politiker, Journalisten, Lehrer, Studenten, Volks- und Meinungsbildner aller Art.
Zusammengestellt und herausgegeben hat es in jahrelanger Mühe Gudmund Tributsch, dem der Verlag dafür an erster Stelle zu Dank verpflichtet ist. Ein ausführlicher Essay des deutschen Sprachwissenschaftlers Dr. Franz Januschek analysiert die Sprache Haiders und weist das Kalkül ihres Sprechers nach. Die gerade bei einem Werk mit lexikalischem Anspruch sehr aufwendige und arbeitsreiche Detailüberprüfung der Zitate stammt von Dr. Harald Krahwinkler. Ihnen allen gilt der Dank des Verlags und wohl auch der politisch interessierten Öffentlichkeit, die damit für ihre Analysen und Diskussionen ebenso reiches wie exaktes Arbeitsmaterial zur Verfügung gestellt bekommt.

Wien, im Juli 1994

– DIE STICHWORTE –

— A —

ABPUTZEN, Schuhe (an der Ehre der Gefallenen und Lebenden des Weltkriegs) – *Freiheitlicher Pressedienst / 2.11.1986* **50**

ABSCHAFFUNG des Zwangskammernsystems – *Freiheitlicher Pressedienst / 19.6.1993* **873**

ABSCHRECKENDES Beispiel (Funktionen in der Regierung) – *Kleine Zeitung / 14.1.1991* **750**

ABSICHTSERKLÄRUNGEN, nebulose – *Freiheitlicher Pressedienst / 6.4.1987* **232**

ABSOLUT mies (Zernattos Politik) – *Inlandsreport / 21.4.1994* **1039**

ABSOLUT primitiv und billig (Forderung nach einer Null-Lohnrunde für Politiker) – *Freiheitlicher Pressedienst / 14.9.1993* **921**

ABSOLUT unsoziale Politik – *Freiheitlicher Pressedienst / 31.3.1987* **225**

ABSOLUTER Unsinn (Pro-EU-Argumente der Bundesregierung) – *Freiheitlicher Pressedienst / 19.5.1994* **1091**

ABSOLUTION, pauschale (ÖVP-Zustimmung zu Koalition mit SPÖ) – *Freiheitlicher Pressedienst / 29.1.1987* **142**

ABSTAUBERMENTALITÄT – *Freiheitlicher Pressedienst / 11.10.1992* **824**

ABSTELLGLEIS, Fleißige landen auf dem (Sozialstaat) – *Neue Freie Zeitung / 15.1.1987* **124**

ABSTREIFEN, Füße (an der Geschichte Kärntens, Tito-Partisanen) – *Freiheitlicher Pressedienst / 21.7.1991* **787**

ABSTURZ, programmierter (Abspaltung des Liberalen Forums, für jede andere Partei) – *Der Standard / 28.10.1993* **978**

ABSTURZKANDIDATEN (Vranitzky, Riegler) -- *Der Standard / 29.9.1990* **726**

ABSTÜRZT (ÖVP) – *Kurier / 27.9.1987* **397**

ABTRETEN (Partei tritt geistig und politisch ab) (ÖVP) – *Mittagsjournal / 12.12.1986* **94**

ABWERTUNG, laufende, des Parlaments (durch Große Koalition) – *Freiheitlicher Pressedienst / 15.7.1993* **887**

ABWERTUNG, schleichende, der Funktionen der Länder – *APA / 8.1.1991* **742**

AGGRESSION, ideologische (Fischer) – *Freiheitlicher Pressedienst / 15.12.1993* **983**

AGGRESSIONEN, haßerfüllte – *Freiheitlicher Pressedienst / 11.1.1987* **116**

AGGRESSIONEN, und Haßtiraden (Graf) – *Mittagsjournal / 4.11.1987* **459**

AGIERT dilettantisch (Löschnak) – *Freiheitlicher Pressedienst / 17.9.1990* **720**

AGIERT, kurzsichtig (Bundesregierung) – *Freiheitlicher Pressedienst / 17.10.1987* **428**

AGRARBÜROKRATIE (brutale und herzlose) – *Die Presse / 21.10.1986* **26**

AGRARPOLITISCHE Sackgasse (fortgesetzt von Riegler) – *Freiheitlicher Pressedienst / 9.6.1988* **615**

AHNUNG, keine (Graf) – *Freiheitlicher Pressedienst / 28.2.1987* **191**

AHNUNGSLOSE, Ferdinand der ... (Lacina) – *Freiheitlicher Pressedienst / 24.6.1987* **330**

AKROBAT der Worte (Graf) – *Freiheitlicher Pressedienst / 24.6.1987* **330**

AKTEURE von Gewaltaktionen (Slowenenvertreter) – *Salzburger Nachrichten / 16.7.1987* **353**

AKTIENHÄNDLER für die leeren SP-Kassen (Vranitzky) – *Freiheitlicher Pressedienst / 24.5.1993* **861**

AKTIONEN, undemokratische (Opernball-Demonstration) – *Freiheitlicher Pressedienst / 1.3.1987* **193**

AKTIONISMUS von Gaddafi (Bewegung unter den Grünen) – *Freiheitlicher Pressedienst / 1.3.1987* **194**

AKTIONSFÄHIG, praktisch nicht mehr ... (Wasserwirtschaftsfonds) – *Freiheitlicher Pressedienst / 30.9.1987* **404**
AKTIONSGRUPPEN, paramilitärisch organisierte ... – *Freiheitlicher Pressedienst / 1.3.1987* **193**
AKTIVISTEN, Links- (in den Regierungsparteien) – *Freiheitlicher Pressedienst / 14.8.1993* **904**
AKTIVITÄTEN, dilettantische (des Landwirtschaftsministeriums – *Freiheitlicher Pressedienst / 22.6.1993* **875**
ALIBIDISKUSSIONEN (über Verankerung von Ehe und Familie in der Verfassung) – *Freiheitlicher Pressedienst / 28.4.1988* **584**
ALLEINHERRSCHAFT der alten Parteien – *Kleine Zeitung / 26.10.1986* **33**
ALLIANZ der alten Parteien – *Zeit im Bild 1 / 11.1.1987* **118**
ALLIANZ, unheimliche, der rotschwarzen Parteibuch-Strategie – *Freiheitlicher Pressedienst / 26.5.1988* **607**
ALLÜREN, proletarische (Vranitzky) – *Basta / 6/1991* **779**
ALOIS Hilflos (Mock) – *Freiheitlicher Pressedienst / 12.6.1987* **317**
ALOIS Hilflos (Mock) – *Mittagsjournal / 12.6.1987* **320**
ALOIS Mock im Steireranzug (Riegler) – *Zeit im Bild 1 / 9.4.1989* **660**
ALOIS, fader (Mock) – *Kurier / 7.11.1986* **57**
ALOIS, langweiliger (Mock) – *Kleine Zeitung / 26.10.1986* **33**
ALTAR der Intrigen (Osterlamm Salcher geopfert) – *Freiheitlicher Pressedienst / 15.4.1987* **251**
ALTE Dampflokomotive, die die Zukunft bereits hinter sich hat (Große Koalition) – *Freiheitlicher Pressedienst / 10.1.1988* **526**
ALTE Hüte (Arbeitszeitverkürzung) – *Freiheitlicher Pressedienst / 17.11.1993* **980**
ALTE Parteien – *Freiheitlicher Pressedienst / 11.1.1987* **113**
ALTE Parteien – *Freiheitlicher Pressedienst / 12.1.1987* **119**
ALTE Parteien – *Freiheitlicher Pressedienst / 30.1.1987* **149**
ALTE Parteien – *Freiheitlicher Pressedienst / 24.2.1987* **177**
ALTE Parteien – *Freiheitlicher Pressedienst / 6.4.1987* **228**
ALTE Parteien – *Freiheitlicher Pressedienst / 6.4.1987* **229**
ALTE Parteien – *Freiheitlicher Pressedienst / 27.6.1987* **331**
ALTE Parteien – *Freiheitlicher Pressedienst / 10.1.1988* **525**
ALTE Parteien – *Freiheitlicher Pressedienst / 17.12.1989* **679**
ALTE Parteien – *Freiheitlicher Pressedienst / 3.5.1990* **700**
ALTE Parteien – *Kleine Zeitung / 24.12.1986* **110**
ALTE Parteien – *Kurier / 7.11.1986* **60**
ALTE Parteien – *Profil / 17.11.1986* **81**
ALTE Parteien – *Freiheitlicher Pressedienst / 11.10.1986* **11**
ALTE Parteien – *Freiheitlicher Pressedienst / 18.10.1986* **19**
ALTE Parteien – *Freiheitlicher Pressedienst / 23.12.1986* **104**
ALTE Parteien – *Freiheitlicher Pressedienst / 11.1.1987* **115**
ALTE Parteien – *Freiheitlicher Pressedienst / 11.1.1987* **116**
ALTE Parteien – *Freiheitlicher Pressedienst / 29.1.1987* **141**
ALTE Parteien – *Freiheitlicher Pressedienst / 26.2.1987* **181**
ALTE Parteien – *Freiheitlicher Pressedienst / 29.10.1986* **44**
ALTE Parteien – *Zeit im Bild 1 / 16.1.1987* **127**
ALTE Parteien – *Zeit im Bild 1 / 7.11.1986* **68**
ALTE Parteien (Alleinherrschaft) – *Kleine Zeitung / 26.10.1986* **33**
ALTE Parteien (Cliquenwirtschaft) – *Freiheitlicher Pressedienst / 16.12.1986* **98**
ALTE Parteien (Notstand) – *Kronen-Zeitung / 6.12.1986* **89**

ALTE PARTEIEN (ÖVP und SPÖ)
ALTE Parteien (sind Sanierungsfall) – *Zeit im Bild 1 / 11.1.1987* **118**
ALTE Parteien (Umschulungsprozeß organisiert die FPÖ) – *Freiheitlicher Pressedienst / 25.7.1990* **716**
ALTE Seilschaft (in der SPÖ) – *Freiheitlicher Pressedienst / 24.4.1991* **763**
ALTE Seilschaft der Logenbrüder (betreffend Frühbauer) – *Der Standard / 2.5.1991* **767**
ALTE Seilschaft(en) (an der Spitze Fischer) – *Mittagsjournal / 23.4.1991* **762**
ALTE Stinker (Umweltverschmutzung) – *Freiheitlicher Pressedienst / 20.6.1988* **621**
ALTER Kaffee (Graf-Aussagen) – *Freiheitlicher Pressedienst / 28.2.1987* **186**
ALTER Staat der Kammern und verkrusteten Sozialpartnerstrukturen – *Freiheitlicher Pressedienst / 22.9.1989* **672**
ALTER Trott (der alten Parteien) – *Freiheitlicher Pressedienst / 11.1.1987* **113**
ALTPARTEIEN – *Der Standard / 8.6.1990* **707**
ALTPARTEIEN – *Der Standard / 14.1.1991* **749**
ALTPARTEIEN – *Der Standard / 10.1.1994* **990**
ALTPARTEIEN – *Freiheitlicher Pressedienst / 1.5.1994* **1062**
ALTPARTEIEN – *Freiheitlicher Pressedienst / 6.4.1987* **232**
ALTPARTEIEN – *Freiheitlicher Pressedienst / 29.5.1987* **301**
ALTPARTEIEN – *Freiheitlicher Pressedienst / 12.10.1991* **792**
ALTPARTEIEN – *Freiheitlicher Pressedienst / 9.1.1994* **986**
ALTPARTEIEN – *Kleine Zeitung / 12.1.1987* **121**
ALTPARTEIEN (ÖVP und SPÖ)
ALTPARTEIEN, Erosionsprozeß der ... – *Freiheitlicher Pressedienst / 28.10.1993* **973**
ALTPARTEIEN, notwendige geistige Umerziehung der – *Der Standard / 23.4.1990* **696**
ALTPARTEIEN, Psychoterror der ... (Ausländervolksbegehrensgegner) – *Freiheitlicher Pressedienst / 29.1.1993* **838**
ALTPARTEIEN, Psychoterror der ... (Ausländervolksbegehrensgegner) – *Täglich Alles / 30.1.1993* **839**
ALTPARTEIEN, schwarz-rote – *Kleine Zeitung / 11.1.1988* **538**
ALTPARTEIENKOALITION – *Freiheitlicher Pressedienst / 20.3.1987* **208**
AMERIKANISCHE Wildwestmanieren – *Freiheitlicher Pressedienst / 27.5.1987* **298**
AMOKLAUF eines um sein politisches Überleben kämpfenden Zentralsekretärs (Keller) – *Freiheitlicher Pressedienst / 22.4.1988* **574**
ÄMTER (Leute, wie Ruhaltinger, haben so viele ..., daß sie nicht mehr zum Arbeiten kommen) – *Kronen-Zeitung / 10.11.1986* **69**
AMTLICHE Geldvernichtung zu Lasten der Steuerzahler (Volkszählung 1991) – *Freiheitlicher Pressedienst / 16.5.1991* **773**
AMTLICHE Geldvernichtung zu Lasten der Steuerzahler (Volkszählung 1991) – *Mittagsjournal / 16.5.1991* **774**
ANACHRONISMUS (Große Koalition) – *Freiheitlicher Pressedienst / 20.1.1987* **136**
ANARCHISTEN (Opernball-Demonstration) – *Freiheitlicher Pressedienst / 4.3.1987* **197**
ANARCHISTISCHE Exzesse (Opernballdemonstration) – *Freiheitlicher Pressedienst / 27.2.1987* **182**
ANARCHISTISCHE Randalierer (Opernball-Demonstration) – *Freiheitlicher Pressedienst / 1.5.1987* **193**
ANARCHOKOMMUNISTEN, grün getarnte (Teile der Grünen) – *Freiheitlicher Pressedienst / 27.2.1987* **183**
ANFEINDUNGEN – *Der Standard / 1.9.1993* **913**

ANGEBLICHE Sanierungspolitik der rot-schwarzen Regierungspleitiers – *Freiheitlicher Pressedienst / 29.8.1987* **371**

ANGEBOT, unsittliches (Lacinas Landeslehrerbesoldungsvorschlag) – *Freiheitlicher Pressedienst / 11.10.1991* **790**

ANGELOGEN (Öffentlichkeit) (Zernatto) – *Der Standard / 26.4.1994* **1058**

ANGELOGEN, bewußt, die Bauern (ÖVP) – *Freiheitlicher Pressedienst / 19.8.1987* **363**

ANGESCHLAGENER Boxer kurz vor dem K.O. (Vranitzky) – *Freiheitlicher Pressedienst / 21.4.1988* **570**

ANGESCHLAGENES sozialistisches Machtsystem – *Freiheitlicher Pressedienst / 27.5.1994* **1101**

ANGEWIDERT, zutiefst (Anzeige) – *Freiheitlicher Pressedienst / 24.10.1986* **30**

ANGRIFFE und Aussagen, Primitivität (Slowenen-Demonstration) – *Freiheitlicher Pressedienst / 2.2.1987* **153**

ANGRIFFE, unqualifizierte – *Freiheitlicher Pressedienst / 26.11.1987* **471**

ANGST vor dem politischen Elfmeter (Fischer) – *Freiheitlicher Pressedienst / 6.4.1987* **232**

ANGST vor Kritik aus dem kommunistischen Eck (Smolle) – *Freiheitlicher Pressedienst / 27.5.1988* **608**

ANGST Vranitzkys vor der Antiprivilegienlinie Haiders – *Freiheitlicher Pressedienst / 2.11.1986* **51**

ANGSTPAROLEN, falsche (Regierung) – *Freiheitlicher Pressedienst / 19.5.1994* **1092**

ANGSTSCHLOTTERNDES Kaninchen vor der Schlange Gewerkschaft (Geppert) – *Freiheitlicher Pressedienst / 18.6.1989* **667**

ANGSTSPAREN – *Freiheitlicher Pressedienst / 10.6.1987* **312**

ANGSTSPAREN – *Freiheitlicher Pressedienst / 24.6.1987* **330**

ANHÄNGSEL einer ostlastigen Bundespolitik (Kärnten) – *Abendjournal und ZIB 1 / 8.1.1991* **739**

ANKÜNDIGUNG, großspurige (Übleis) – *Freiheitlicher Pressedienst / 30.10.1987* **453**

ANKÜNDIGUNGEN (Wirtschaftspolitik) – *Freiheitlicher Pressedienst / 24.6.1987* **330**

ANKÜNDIGUNGEN, inkompetente (Dallinger) – *Freiheitlicher Pressedienst / 13.2.1987* **166**

ANKÜNDIGUNGSPOLITIK, unseriöse (Bundesregierung) – *Freiheitlicher Pressedienst / 20.6.1987* **325**

ANKÜNDIGUNGSRIESE (Vranitzky) – *Freiheitlicher Pressedienst / 30.1.1990* **689**

ANKÜNDIGUNGSRIESE zu Problemlöserzwerg geworden (Große Koalition) – *Kleine Zeitung / 24.11.1987* **470**

ANNÄHERUNG zwischen Österreich und Sizilien – *Oberösterreichische Nachrichten / 3.10.1988* **637**

ANNÄHERUNG zwischen Österreich und Sizilien – *Die Presse / 3.10.1988* **646**

ANSAMMLUNG von Wortbrüchigen (Regierungsmannschaft der Großen Koalition) – *Freiheitlicher Pressedienst / 26.9.1987* **393**

ANSCHLAG auf die Börsen der Österreicher (Sozialversicherung) – *Freiheitlicher Pressedienst / 23.12.1986* **104**

ANSCHLAG auf die Einkommen und die Arbeitsplätze der Österreicher – *Freiheitlicher Pressedienst / 11.6.1987* **314**

ANSCHLAG auf die Geldbörsen der Österreicher (Großkoalitionäre Regierung) – *Kleine Zeitung / 24.12.1986* **109**

ANSCHLAG auf die Masse der unselbständig Erwerbstätigen (Steuerreform) – *Freiheitlicher Pressedienst / 21.12.1987* **508**

ANSCHLAG auf die sozial Schwachen (Budgetsanierungspläne Lacinas) – *Freiheitlicher Pressedienst / 27.8.1987* **368**

ANSCHLAG auf die sozial Schwachen (Spitalsselbstbehalt) – *Kronen-Zeitung / 24.8.1987* **365**

ANSCHLAG auf die Steuerzahler (Umfallerpolitik der ÖVP) – *Freiheitlicher Pressedienst / 10.4.1987* **241**

ANSCHLAG auf die Wirtschaft unseres Landes (Umfallerpolitik der ÖVP) – *Freiheitlicher Pressedienst / 10.4.1987* **243**

ANSCHLAG, brutaler ... auf das private Eigentum (Einheitswerterhöhung) – *Freiheitlicher Pressedienst / 24.3.1987* **213**

ANSCHLAG, unfaßbarer ... auf die Rechtsstaatlichkeit – *Freiheitlicher Pressedienst / 19.1.1987* **133**

ANSEHEN des Rechtsstaates (werde zu untergraben versucht) (Buseks Forderung nach Begnadigung von Sinowatz) – *Freiheitlicher Pressedienst / 18.7.1991* **786**

ANSTALT, geschlossene ... der Funktionäre (SPÖ) – *Freiheitlicher Pressedienst / 24.4.1991* **763**

ANSTÄNDIGKEIT, Sozialismus ohne ... (Vranitzky) – *Freiheitlicher Pressedienst / 19.11.1989* **676**

ANSTANDS- und Instinktlosigkeit, personifizierte ... gegenüber den Anliegen der österreichischen Bevölkerung (Busek) – *Die Presse / 27.10.1992* **826**

ANTI-ATOM-TANTE (Meissner-Blau) – *Die Presse / 17.11.1986* **76**

ANTIQUIERT und dümmlich, aber ständig im Programm (Bundesregierung, wie die „Munsters") – *Kleine Zeitung / 14.1.1991* **750**

ANTIQUITÄTENHÄNDLER in der ÖVP-Zentrale (Kukacka) – *Neue Freie Zeitung / 28.4.1988* **581**

ANZUSPUCKEN (Erich Fried fordert auf, politischen Gegner ...) – *Kleine Zeitung / 11.1.1988* **535**

APARTHEID gegenüber Volksgruppen (in Jugoslawien) – *Freiheitlicher Pressedienst / 27.11.1987* **476**

APARTHEID gegenüber Volksgruppen (in Jugoslawien) – *Freiheitlicher Pressedienst / 1.12.1987* **479**

APARTHEID, politische – *Freiheitlicher Pressedienst / 9.1.1994* **986**

APARTHEIDSYSTEM, in Südafrika, wird eher überwunden als die ÖVP-Parteibuchwirtschaft – *Zeit im Bild 1 / 20.11.1986* **85**

APOKALYPTISCHE Geisterreiter (rotgrüne Szene) – *Freiheitlicher Pressedienst / 11.1.1987* **117**

APPARAT (der beiden alten Parteien, eigene Sanierung) – *Freiheitlicher Pressedienst / 11.1.1987* **115**

APPARAT, maßlos aufgeblähter (Graf-Ministerium) – *Freiheitlicher Pressedienst / 28.2.1987* **188**

APPARATSCHIKPARTEI, Multifunktionärspartei (SPÖ) – *Freiheitlicher Pressedienst / 27.10.1986* **36**

APPARATSCHIKS, Betonierer, Bonzen – *Mittagsjournal / 20.12.1990* **735**

APPLAUS, teurer (gespendet von Graf) – *Freiheitlicher Pressedienst / 10.4.1987* **239**

ARBEITEN (nicht mehr zum ... kommen, Multifunktionäre) – *Kronen-Zeitung / 10.11.1986* **69**

ARBEITSKRÄFTE, entsandte – *Freiheitlicher Pressedienst / 17.5.1994* **1089**

ARBEITSLOS, faul, und dumm (Nazi-Gruppen) – *Mittagsjournal / 22.1.1992* **806**

ARBEITSLOSENMINISTER (Dallinger) – *Freiheitlicher Pressedienst / 25.3.1987* **217**

ARBEITSLOSIGKEIT, hohe – *Kurier / 16.11.1987* **466**

ARBEITSMARKTKATASTROPHE (Arbeitsmarktpolitik Dallingers) – *Freiheitlicher Pressedienst / 9.5.1987* **274**

ARBEITSMARKTPOLITIK, chaotische (Dallinger) – *Freiheitlicher Pressedienst / 9.5.1987* **275**

ARBEITSMARKTPOLITIK, gescheiterte (Dallinger) – *Freiheitlicher Pressedienst / 9.5.1987* **274**

ARBEITSPLATZVERNICHTUNG – *Freiheitlicher Pressedienst / 16.7.1987* **347**
ARBEITSPROGRAMM, Hitlers – *ÖVP-Pressedienst / 13.9.1993* **920**
ARCHIPEL GULAG (betreffend ÖVP Niederösterreich) – *Basta / 3/1993* **847**
ÄRGER als die Mafia (beide alte Parteien) – *Die Presse / 3.10.1988* **646**
ARGLISTIGE Wählertäuschung – *Freiheitlicher Pressedienst / 22.12.1986* **102**
ÄRGSTE Verfallserscheinungen der Großen Koalition vor 1966 – *Freiheitlicher Pressedienst / 19.1.1987* **134**
ARGUMENT, hinter dem fadenscheinigen ... verschanzt (SPÖ bezüglich EG) – *Freiheitlicher Pressedienst / 6.11.1987* **462**
ARGUMENTATION, doppelbödige (Wagner zur Autobahnmaut) – *Freiheitlicher Pressedienst / 4.5.1987* **266**
ARGUMENTATION, doppelbödige (Wagner zur Autobahnmaut) – *Freiheitlicher Pressedienst / 4.5.1987* **267**
ARME (Stimmen der Armen, von den Altparteien zur eigenen Sanierung verwendet) – *Kleine Zeitung / 12.1.1987* **121**
ARME ärmer, Reiche reicher (durch Politik der sozialistischen Koalitionsregierung) – *Freiheitlicher Pressedienst / 17.1.1987* **132**
ARMER Oberbankdirektor mit dem Bauchansatz (Vranitzky) – *Basta / 6/1991* **779**
ARMSELIGER Kerzenleuchter (Cap) – *Der Standard / 18.2.1994* **1003**
ARROGANT, obwohl nur Mißerfolge (Vranitzky) – *Neue Freie Zeitung / 28.4.1988* **580**
ARROGANT: Rücktrittsforderung der Knesset (weil Israel täglich die Menschenrechte mit Füßen tritt) – *Kleine Zeitung / 22.1.1988* **542**
ARROGANZ (alte Parteien) – *Freiheitlicher Pressedienst / 11.1.1987* **115**
ARROGANZ, beispiellose (Vranitzky) – *Freiheitlicher Pressedienst / 19.11.1989* **676**
ARROGANZ, Unfähigkeit, gepaart mit ... und Überheblichkeit (Scholten) – *Die Presse / 27.2.1992* **812**
ARROGANZ, ungeheuerliche (Vranitzky) – *Freiheitlicher Pressedienst / 10.11.1989* **675**
ARROGANZ: siehe auch **POLITARROGANZ**
ART Frühstücksdirektor (Zernatto) – *Der Standard / 21.5.1993* **860**
ASPHALTAGRARIER im Milchwirtschaftsfonds – *Kleine Zeitung / 26.10.1986* **34**
ASTRONOMISCHE Höhen (VEW-Verluste) – *Freiheitlicher Pressedienst / 16.7.1987* **345**
ASYL, politisches (für Vranitzky) – *Die Presse / 14.10.1991* **794**
ATTRAPPE, Mit-Regierungs- ... (ÖVP im Verhältnis zur SPÖ) – *Freiheitlicher Pressedienst / 21.6.1988* **622**
AUF den Hund gekommen (ÖVP unter Busek) – *Freiheitlicher Pressedienst / 12.1.1992* **802**
AUF den Kopf gefallen: Selbst wenn der Mock beim Skifahren auf den Kopf gefallen wäre, wäre er noch immer vernünftiger [...] als der Busek im gesunden Zustand – *Morgenjournal / 25.2.1993* **846**
AUF Knien daherrutschen, in vorauseilendem Gehorsam, (ÖVP-Regierungsmitglieder, vor allem Graf) – *Kurier / 27.9.1987* **398**
AUF'S KREUZ gelegt (betreffend Steuerreform) – *Zeit im Bild 1 / 16.12.1987* **505**
AUFERSTEHUNG für die Bevölkerung – *Freiheitlicher Pressedienst / 23.9.1993* **931**
AUFGEBÄRDET, schier untragbares Belastungspaket – *Freiheitlicher Pressedienst / 24.10.1987* **440**
AUFGEBLÄHTER rot-schwarzer Vierervorstand (Verbund) – *Freiheitlicher Pressedienst / 17.9.1993* **926**

AUFGEBLÄHTER Verwaltungsapparat (Dallinger) – *Freiheitlicher Pressedienst / 6.5.1987* **270**

AUFGEBLÄHTER, maßlos ..., Apparat – *Freiheitlicher Pressedienst / 28.2.1987* **188**

AUFGEBLÄHTES Ministerium (Graf) – *Freiheitlicher Pressedienst / 24.2.1987* **174**

AUFGEBLASENE, gedopte Gebilde (Regierungsparteien) – *Oberösterreichische Nachrichten / 3.10.1988* **635**

AUFGEBLASENER Milchwirtschaftsfonds – *Die Presse / 21.10.1986* **26**

AUFGEBOT, das letzte (Regierungsklausur) – *Die Presse / 11.6.1987* **316**

AUFGEBOT, letztes (ÖVP-Regierungsmitglieder in der Großen Koalition) – *Zeit im Bild 1 / 16.1.1987* **127**

AUFGEBOT, letztes (ÖVP-Regierungsmitglieder in der Großen Koalition) – *Freiheitlicher Pressedienst / 16.1.1987* **128**

AUFHEULENDE linke Medien – *Freiheitlicher Pressedienst / 6.2.1994* **993**

AUFLÖSUNGSERSCHEINUNGEN, rechtsstaatliche – *Freiheitlicher Pressedienst / 19.1.1987* **134**

AUFRECHTE Demokraten, politische Hexenjagd auf ... – *Der Standard / 3.2.1992* **808**

AUFTEILEN (feudale Pfründe, Großkoalitionäre) – *Freiheitlicher Pressedienst / 12.1.1987* **120**

AUS dem letzten Loch pfeift (Koalition) – *Freiheitlicher Pressedienst / 13.10.1993* **948**

AUS dem Weg geräumt (Foregger) – *Freiheitlicher Pressedienst / 18.7.1991* **786**

AUSBEUTUNG, freche, der Steuerzahler (Sonderlohnrunde für die Beamten) – *Freiheitlicher Pressedienst / 12.1.1990* **684**

AUSBILDUNGSABBRECHER (Graf) – *Arbeiterzeitung / 5.11.1987* **461**

AUSFÄLLE gegen die FPÖ (Graf) – *Freiheitlicher Pressedienst / 4.11.1987* **456**

AUSGEBEUTET, durch Monopolisten (ÖMV) – *Freiheitlicher Pressedienst / 17.12.1987* **506**

AUSGEDINGE (Lichal am Weg ins ...) – *Zeit im Bild 1 / 16.1.1987* **127**

AUSGEDINGE (ORF als Tummelplatz für Partei- und Ministersekretäre) – *Freiheitlicher Pressedienst / 27.11.1989* **678**

AUSGEDINGE: ins ... abgeschobene SPÖ- und ÖVP-Granden – *Freiheitlicher Pressedienst / 7.9.1993* **916**

AUSGEQUETSCHT, mit allen erdenklichen Tricks (werden die Bürger von den Großkoalitionären) – *Freiheitlicher Pressedienst / 28.10.1987* **441**

AUSGEWACHSENER rot-schwarzer Katzenjammer – *Freiheitlicher Pressedienst / 21.4.1988* **569**

AUSGRENZEN (Vranitzky gegenüber Haider) – *Freiheitlicher Pressedienst / 21.4.1994* **1047**

AUSGRENZER, Front der ... – *Der Standard / 28.10.1993* **975**

AUSGRENZUNGSNEUROSE, krankhafte ... gegenüber der FPÖ (Vranitzky) – *Freiheitlicher Pressedienst / 25.4.1994* **1053**

AUSGRENZUNGSPOLITIK, verbale (Fischer) – *Freiheitlicher Pressedienst / 15.12.1993* **982**

AUSLÄNDERBESCHÄFTIGUNG, restriktive, nach Schweizer Muster – *Freiheitlicher Pressedienst / 10.12.1987* **490**

AUSLÄNDERKRIMINALITÄT: siehe **GEWINNMACHER**

AUSNÜTZUNG, schamlose ... des Monopols durch die ÖMV auf Kosten der Konsumenten (Heizölpreis) – *Freiheitlicher Pressedienst / 12.12.1987* **496**

AUSPLÜNDERN (Bürokraten düsen in milliardenteuren Tintenburgen und plündern die fleißigen Leut' aus) – *Profil / 17.11.1986* **81**

AUSSCHALTUNG (des Volkes) (EU-Beitrittsverfassungsgesetz) – *Freiheitlicher Pressedienst / 3.5.1994* **1071**
AUSSCHALTUNG des Parlaments (durch Vranitzky) – *Freiheitlicher Pressedienst / 14.10.1992* **825**
AUSSCHALTUNG, faktische ... des Parlaments – *Freiheitlicher Pressedienst / 20.4.1988* **563**
AUSSCHREITUNGEN (Opernball-Demonstration) – *Freiheitlicher Pressedienst / 1.3.1987* **193**
ÄUSSERST KLÄGLICH (Vorgangsweise der Regierung betreffend Wackersdorf) – *Freiheitlicher Pressedienst / 16.4.1988* **559**
AUSSTEIGERPRÄMIE (Wahnsinn in der Sozialpolitik: Dallinger) – *Kleine Zeitung / 3.10.1988* **641**
AUSTRO-DILETTANTISMUS, vom Austro-Keynesianismus zum ... (Große Koalition) – *Freiheitlicher Pressedienst / 10.12.1987* **489**
AUSTRO-DILETTANTISMUS: Austro-Keynesianismus ersetzt durch ... (Vranitzky) – *Freiheitlicher Pressedienst / 12.12.1987* **489**
AUSTRO-KEYNESIANISMUS, ersetzt durch Austro-Dilettantismus (Vranitzky) – *Freiheitlicher Pressedienst / 12.12.1987* **495**
AUSTRO-KEYNESIANISMUS: vom ... zum Austro-Dilettantismus (Große Koalition) – *Freiheitlicher Pressedienst / 10.12.1987* **489**
AUSTROFASCHISMUS, Wiedergeburt eines ... – *Basta / 3/1993* **847**
AUSTROFASCHIST im Nadelstreif (Vranitzky) – *Basta / 3/1993* **847**
AUSVERKAUF österreichischer Interessen (Regierung) – *Der Standard / 28.10.1993* **979**
AUSVERKAUF von Südtiroler Interessen – *Freiheitlicher Pressedienst / 26.5.1988* **606**
AUSVERKAUFSSANIERUNG, kompromißlose (Steyr-Daimler-Puch) – *Freiheitlicher Pressedienst / 23.2.1987* **172**
AUSWUCHS dieser wirren Konstruktion (Große Koalition) – *Freiheitlicher Pressedienst / 24.2.1987* **173**
AUSWÜCHSE unseres Parteienstaates – *Freiheitlicher Pressedienst / 6.4.1987* **229**
AUSZIEHEN, Hemd (dem kleinen Mann) (Regierung) – *Freiheitlicher Pressedienst / 17.9.1993* **927**
AUSZUGSSTÜBERL für Politiker der beiden alten Parteien (Bundesrat) – *Freiheitlicher Pressedienst / 30.1.1987* **149**
AUTORITÄRE Entwicklungsdemokratie Österreich – *Der Standard / 3.2.1993* **842**
AUTORITÄRE Entwicklungsdemokratie (Österreich) – *Basta / 3/1993* **847**
AUTORITÄRE Entwicklungsdemokratie (Österreich) – *Der Standard / 3.2.1993* **843**
AUTORITÄRE Führungsstruktur des Parlamentes Fischer) (Innsbruck-Flug) – *Freiheitlicher Pressedienst / 22.2.1993* **844**
AUTORITÄRER Führer (Vranitzky) – *Freiheitlicher Pressedienst / 27.5.1994* **1101**

— B —

BANKDIREKTOR (Vranitzky) – *Die Presse / 21.10.1986* **25**
BANKDIREKTOR im Bundeskanzleramt (Vranitzky) – *Kurier / 7.11.1986* **61**
BANKDIREKTOR im Bundeskanzleramt (Vranitzky) – *Freiheitlicher Pressedienst / 2.11.1986* **51**
BANKDIREKTOR mit 19 1/2 Gehältern (Vranitzky) – *Die Presse / 17.11.1986* **74**
BANKDIREKTOR, politisierender (Vranitzky) – *Neue Freie Zeitung / 30.10.1986* **47**
BANKROTT des Sozialministers (Dallinger) – *Freiheitlicher Pressedienst / 7.5.1987* **271**

BANKROTTERKLÄRUNG (ÖVP-Bundesparteivorstand) – *Freiheitlicher Pressedienst / 8.10.1987* **414**
BANKROTTERKLÄRUNG der Budgetpolitik des Finanzministers (Lacina) – *Freiheitlicher Pressedienst / 10.2.1992* **810**
BANKROTTERKLÄRUNG der Regierung (Budget 1988) – *Freiheitlicher Pressedienst / 16.11.1987* **464**
BANKROTTERKLÄRUNG sondergleichen (Verzetnitsch) – *Freiheitlicher Pressedienst / 23.7.1993* **891**
BANKROTTMINISTER (Dallinger) – *Freiheitlicher Pressedienst / 7.5.1987* **272**
BARER Unsinn – *Freiheitlicher Pressedienst / 9.2.1987* **160**
BARTL (wo der ... den Most holt: werden die Roten und Schwarzen zeigen) – *Arbeiterzeitung / 31.10.1986* **48**
BAUCHANSATZ, der arme Oberbankdirektor mit dem ... (Vranitzky) – *Basta / 6/1991* **779**
BAUCHFLECK, eingesprungene Sitzpirouette mit (Mocks Wende) – *Kronen-Zeitung / 10.11.1986* **69**
BAUCHFLECK, politischer ... 1. Klasse (Transiteinigung mit der EG) – *Freiheitlicher Pressedienst / 12.5.1992* **819**
BAUERN (Not nicht erkannt vom kalten Herz Vranitzkys) – *Neue Freie Zeitung / 30.10.1986* **47**
BAUERN im Regen (läßt Riegler stehen) – *Freiheitlicher Pressedienst / 9.6.1988* **615**
BAUERN umbringen (Asphaltagrarier im Milchwirtschaftsfonds) – *Kleine Zeitung / 26.10.1986* **34**
BAUERN, auf Vernichtung der ... (läuft die Agrarpolitik der Großen Koalition hinaus) – *Freiheitlicher Pressedienst / 2.7.1988* **626**
BAUERNBUND (ist Räuberbund) – *Freiheitlicher Pressedienst / 9.8.1987* **356**
BAUERNBUND (unfähiger) – *Die Presse / 21.10.1986* **26**
BAUERNBUNDFUNKTIONÄRE wären Zwerge geworden (wenn Lügen kurze Beine hätten) – *Oberösterreichische Nachrichten / 3.10.1988* **638**
BAUERNBÜNDLER, kleinkarierter (Schwarzböck) – *Freiheitlicher Pressedienst / 16.6.1993* **869**
BAUERNFRAGE, Endlösung der ... (durch Bundesregierung) – *Freiheitlicher Pressedienst / 17.6.1987* **324**
BAUERNLEGEN größten Stils (Agrarsektor) – *Freiheitlicher Pressedienst / 16.1.1987* **125**
BAUERNLEGEN, mittelalterliches (fortgesetzt in der heutigen Sozialpartnerschaft) – *Freiheitlicher Pressedienst / 6.5.1990* **701**
BAUERNLEGEN, rot-schwarzes – *Freiheitlicher Pressedienst / 9.6.1988* **615**
BAUERNOPFER – *Freiheitlicher Pressedienst / 17.6.1987* **324**
BAUERNSTERBEN – *Freiheitlicher Pressedienst / 16.6.1993* **868**
BAUERNSTERBEN – *Freiheitlicher Pressedienst / 9.6.1988* **615**
BAUERNSTERBEN, dramatisches – *Freiheitlicher Pressedienst / 1.6.1993* **863**
BAWAG-FAMILIENDEALS (Flöttl) – *Freiheitlicher Pressedienst / 10.5.1994* **1080**
BAZILLUS der Planwirtschaft, östlicher – *Freiheitlicher Pressedienst / 1.5.1991* **766**
BEAMTENLAWINE – *Freiheitlicher Pressedienst / 3.4.1991* **760**
BEDEUTUNGSLOS (Kukacka) – *Profil / 3.4.1989* **659**
BEDEUTUNGSLOS (Lexer) – *Profil / 3.4.1989* **659**
BEDIENEN sich besser als ihre Klienten (Direktoren Kohlmaier, Schwimmer, Schranz) – *Freiheitlicher Pressedienst / 14.4.1987* **247**
BEDIENEN sich mit Millionen aus dem Steuertopf (rot-schwarze Skandalbrüder) – *Freiheitlicher Pressedienst / 19.2.1988* **546**

BEDROHLICHE Dimensionen (Milliarden-Löcher) – *Freiheitlicher Pressedienst / 14.7.1993* **879**

BEDROHLICHERE Formen (Gleichgewicht des Schreckens) – *Freiheitlicher Pressedienst / 17.9.1987* **386**

BEDÜRFNISBEFRIEDIGUNG, eigennützige (der Altparteien) – *Der Standard / 14.1.1991* **749**

BEEINFLUSSUNG, unfaßbare und offensichtliche (der Höchstgerichte) – *Freiheitlicher Pressedienst / 19.1.1987* **134**

BEFREIUNG (der FPÖ) von Drogenfreigabe und Abtreibung auf Krankenschein (Abspaltung des Liberalen Forums) – *Der Standard / 10.1.1994* **991**

BEFUGNISMISSBRAUCH, permanenter (von Kammerfunktionären) – *Freiheitlicher Pressedienst / 10.7.1990* **712**

BEGNADIGUNGSAKTE (für alle Betonierer, Bonzen und Apparatschiks) – *Mittagsjournal / 20.12.1990* **735**

BEGRÄBNIS, politisches (für das Volksbegehren), ist gleichzeitig Auferstehung (für die Bevölkerung) – *Freiheitlicher Pressedienst / 23.9.1993* **931**

BEHÄNGEN, mit Orden – *Neue Freie Zeitung / 15.1.1987* **123**

BEICHTE, politische ... des Verrates an den Grundsätzen der VP (Graf) – *Freiheitlicher Pressedienst / 26.4.1987* **256**

BEIHILFE zum Verfassungsbruch – *Freiheitlicher Pressedienst / 6.4.1994* **1020**

BEIN, pinkelt der FPÖ ständig ans ... (Cap) – *Der Standard / 14.1.1991* **749**

BEINHARTER Poker (der Macht) – *Inlandsreport / 21.4.1994* **1037**

BEISPIEL, abschreckendes (Funktionen in der Regierung) – *Kleine Zeitung / 14.1.1991* **750**

BEISPIEL, erschreckendes, von Geheimdiplomatie – *Freiheitlicher Pressedienst / 19.1.1987* **135**

BEISPIELE, haarsträubende (Aktionen der Ausländervolksbegehrensgegner) – *Freiheitlicher Pressedienst / 29.1.1993* **838**

BEISPIELLOS chaotische und konzeptlose Weise (Budgetsanierung) – *Freiheitlicher Pressedienst / 30.10.1987* **450**

BEISPIELLOS in der Geschichte der Republik (Belastungslawine) – *Freiheitlicher Pressedienst / 30.12.1987* **513**

BEISPIELLOS, ungeheuerliche Arroganz (Vranitzky gegenüber dem österreichischen Parlament) – *Freiheitlicher Pressedienst / 10.11.1989* **675**

BEISPIELLOSE Arroganz (Vranitzky) – *Freiheitlicher Pressedienst / 19.11.1989* **676**

BEISPIELLOSE Belastungswelle – *Freiheitlicher Pressedienst / 14.7.1993* **879**

BEISPIELLOSE Demütigung Österreichs (durch die USA) – *Freiheitlicher Pressedienst / 22.5.1987* **290**

BEISPIELLOSE Demütigung Österreichs (durch die USA) – *Freiheitlicher Pressedienst / 23.5.1987* **292**

BEISPIELLOSE Unverfrorenheit – *Freiheitlicher Pressedienst / 11.10.1987* **419**

BEKÄMPFEN mit Blausäure (rotschwarze Filzläuse) – *Profil / 25.4.1994* **1049**

BELASTER, Johannes der ... (Ditz) – *Freiheitlicher Pressedienst / 24.6.1987* **330**

BELASTUNGEN (für den kleinen Mann) – *Die Presse / 16.9.1987* **382**

BELASTUNGEN für die Bevölkerung erfunden (Regierung) – *Neue Freie Zeitung / 28.5.1987* **299**

BELASTUNGEN für die Bürger, Weltmeister im Erfinden von ... (Große Koalition) – *Freiheitlicher Pressedienst / 7.9.1987* **376**

BELASTUNGEN, doppelte, der Bevölkerung, für halbe Lösungen der Regierung – *Freiheitlicher Pressedienst / 4.6.1988* **613**

BELASTUNGEN, horrende – *Freiheitlicher Pressedienst / 17.9.1987* **389**
BELASTUNGEN, massive – *Freiheitlicher Pressedienst / 17.12.1987* **506**
BELASTUNGEN, neuerliche ... schmackhaft machen (Politik der Großkoalitionäre) – *Freiheitlicher Pressedienst / 16.1.1987* **126**
BELASTUNGEN, weitere – *Freiheitlicher Pressedienst / 11.10.1987* **419**
BELASTUNGSLAWINE – *Freiheitlicher Pressedienst / 18.10.1993* **960**
BELASTUNGSLAWINE, beispiellos in der Geschichte der Republik – *Freiheitlicher Pressedienst / 30.12.1987* **513**
BELASTUNGSLAWINE, von Regierung losgetreten – *Freiheitlicher Pressedienst / 6.5.1987* **269**
BELASTUNGSMASCHINERIE, rotschwarze – *Freiheitlicher Pressedienst / 9.8.1987* **357**
BELASTUNGSPAKET – *Freiheitlicher Pressedienst / 15.9.1987* **380**
BELASTUNGSPAKET – *Freiheitlicher Pressedienst / 17.9.1987* **386**
BELASTUNGSPAKET, nächstes – *Freiheitlicher Pressedienst / 16.11.1987* **465**
BELASTUNGSPAKET, schier untragbares – *Freiheitlicher Pressedienst / 24.10.1987* **440**
BELASTUNGSPAKET, völlig unausgegoren – *Freiheitlicher Pressedienst / 22.6.1987* **328**
BELASTUNGSPOLITIK (Koalition) – *Freiheitlicher Pressedienst / 18.10.1993* **961**
BELASTUNGSPOLITIK, öde soziale, im Gegensatz zur öko-sozialen Agrarpolitik (Riegler) – *Kleine Zeitung / Graz / 13.11.1988* **648**
BELASTUNGSSCHUB (Steuerreform 1989) – *Freiheitlicher Pressedienst / 14.8.1987* **360**
BELASTUNGSVANDALISMUS – *Freiheitlicher Pressedienst / 24.6.1987* **330**
BELASTUNGSVANDALISMUS – *Freiheitlicher Pressedienst / 27.6.1987* **331**
BELASTUNGSVANDALISMUS der Großen Koalition – *Freiheitlicher Pressedienst / 17.10.1987* **423**
BELASTUNGSVANDALISMUS, hemmungsloser – *Freiheitlicher Pressedienst / 22.4.1987* **253**
BELASTUNGSVANDALISMUS, enormer (Große Koalition) – *Freiheitlicher Pressedienst / 28.10.1987* **442**
BELASTUNGSWELLE, beispiellose – *Freiheitlicher Pressedienst / 14.7.1993* **879**
BELASTUNGSWELLE, brutalste, für Bauern seit 1945 – *Freiheitlicher Pressedienst / 19.8.1987* **363**
BELASTUNGSWELLE, unglaubliche – *Freiheitlicher Pressedienst / 13.10.1993* **951**
BELASTUNGSWELLEN (der Bundesregierung) – *Freiheitlicher Pressedienst / 6.4.1987* **230**
BELEIDIGUNG für alle Demokraten in Österreich(Vranitzky) – *Freiheitlicher Pressedienst / 12.1.1992* **802**
BELEIDIGUNG für die anständigen Menschen im Land (Zernatto) – *Der Standard / 26.4.1994* **1058**
BELOHNUNGSWELLE für Pleitiers (Sokol-Pension) – *Freiheitlicher Pressedienst / 13.4.1987* **245**
BERUFSFUNKTIONÄR (Dallinger) – *Freiheitlicher Pressedienst / 7.5.1987* **273**
BESCHÄFTIGUNGSPOLITIK, ordentliche (im Dritten Reich) – *Abendjournal / 13.6.1991* **781**
BESCHÄMENDE Tatsache (Mißtrauen in der Großen Koalition) – *Freiheitlicher Pressedienst / 24.2.1987* **177**
BESCHÄMENDE Unterwürfigkeit (Vranitzky gegenüber den kommunistischen Putschisten in Moskau) – *Freiheitlicher Pressedienst / 12.1.1992* **802**
BESCHÄMENDES Theater (Bundesratssitzung) – *Freiheitlicher Pressedienst / 30.1.1987* **151**

BESCHIMPFT, brutal (Österreich), (Peymann) – *Die Presse / 27.2.1992* **812**

BESCHIMPFUNGEN, niveaulose (Graf) – *Freiheitlicher Pressedienst / 10.12.1987* **492**

BESCHWICHTIGUNGSVERSUCHE (der Alternativen) – *Freiheitlicher Pressedienst / 15.5.1987* **280**

BESONDERE Provokation – *Freiheitlicher Pressedienst / 8.10.1987* **414**

BESONDERES Früchtchen (Scholten) – *Der Standard / 11.4.1992* **816**

BESONDERES Schmankerl (Kleinreisen) – *Freiheitlicher Pressedienst / 8.2.1994* **995**

BESPITZELUNG, keine (durch FPÖ: Vorwurf Nowotnys) – *Freiheitlicher Pressedienst / 26.5.1994* **1098**

BESSERUNGSANSTALT, in der ... (die Großparteien) – *Die Presse / 26.7.1990* **717**

BESTE Köpfe beim Nehmen – *Freiheitlicher Pressedienst / 14.4.1987* **248**

BESTEHENDE Mißstände einzementieren (Sozialpartner) – *Freiheitlicher Pressedienst / 10.10.1987* **418**

BESTEN: sind nicht immer die ..., die als erste von zu Hause fortgehen – *Zeit im Bild 1 / 8.9.1990* **719**

BETONIERER, Bonzen und Apparatschiks – *Mittagsjournal / 20.12.1990* **735**

BETRIEBSKAISER und Multifunktionäre (Verstaatlichte) – *Freiheitlicher Pressedienst / 28.4.1987* **259**

BETRIEBSLEICHEN, Staatsbegräbnisse für ... (finanzieren) (Dallinger) – *Freiheitlicher Pressedienst / 25.3.1987* **217**

BETRIEBSRÄTE, Nomenklatura der ... (in der Verstaatlichten Industrie) – *Freiheitlicher Pressedienst / 11.3.1987* **200**

BETROGEN, Millionen Wähler, um ihre Hoffnungen (durch SPÖ und ÖVP) – *Freiheitlicher Pressedienst / 23.12.1986* **108**

BETRUG am Steuerzahler – *Freiheitlicher Pressedienst / 10.5.1987* **276**

BETRUG, ständiger, an der Masse der ASVG-Pensionisten (Regierung) – *Freiheitlicher Pressedienst / 12.6.1988* **618**

BETRÜGERN, und Dieben, Verharmlosung von ... – *Freiheitlicher Pressedienst / 20.9.1990* **721**

BETRUGSAKTION (der Wiener Regierung an Kärnten) – *Der Standard / 19.2.1994* **1007**

BETRUGSMANÖVER, politisches, am Tiroler Bürger – *Der Standard / 9.3.1994* **1012**

BETT: Wer sich mit Hunden ins Bett legt, darf sich nicht wundern, wenn er mit Flöhen aufwacht – *Freiheitlicher Pressedienst / 7.1.1988* **516**

BETTLERREPUBLIK, europäische (Österreich) (muß verhindert werden durch EG-Vollmitgliedschaft) – *Freiheitlicher Pressedienst / 25.3.1987* **214**

BEUGEN (Recht) (Fischer) – *Mittagsjournal / 25.2.1993* **846**

BEUGEN, Verfassung (Große Koalition) – *Freiheitlicher Pressedienst / 3.5.1994* **1068**

BEUGEN: siehe auch **GEBEUGT**

BEUTESOZIALISMUS – *Der Standard / 12.7.1990* **715**

BEVORMUNDUNG (EU) – *Freiheitlicher Pressedienst / 1.6.1994* **1114**

BEWEGUNGSLOSER Abfertigungsmillionär (Vranitzky) – *Oberösterreichische Nachrichten / 21.5.1990* **690**

BEWERBEN, möge sich in Rumänien ... (Fischler) – *Der Standard / 1.9.1993* **912**

BEZIRKSFÜRSTEN (Privilegienabbau) – *Freiheitlicher Pressedienst / 29.10.1986* **44**

BIEDERMEIER, neues – *Freiheitlicher Pressedienst / 26.5.1994* **1099**

BIEGEN, Geschäftsordnungen (Große Koalition) – *Freiheitlicher Pressedienst / 3.5.1994* **1068**

BIEGEN: siehe auch **GEBOGEN**

BIEGSAM und geschmeidig (ÖVP gegenüber SPÖ) – *Der Standard / 28.10.1993* **977**
BIEGSAMKEIT, unglaubliche (ÖVP) – *Freiheitlicher Pressedienst / 18.10.1993* **959**
BILD des Jammers (Bundesregierung) – *Freiheitlicher Pressedienst / 21.1.1987* **137**
BILD des Jammers (Bundesregierung) – *Freiheitlicher Pressedienst / 24.3.1987* **212**
BILDERBERGER, Freimaurer und ... (Aufträge) (Vranitzky) – *Freiheitlicher Pressedienst / 30.5.1994* **1109**
BILLIG, absolut primitiv und ... (Forderung nach Null-Lohnrunde für Politiker) – *Freiheitlicher Pressedienst / 14.9.1993* **921**
BILLIGE, EINSEITIGE und FALSCHE Propaganda (Regierung) – *Freiheitlicher Pressedienst / 10.5.1994* **1075**
BITT- UND BETTELGÄNGE nach Wien, mutlose ... (Zeit sei vorbei) – *Freiheitlicher Pressedienst / 14.2.1991* **757**
BLAMIERT sich und ganz Österreich (Graf) – *Freiheitlicher Pressedienst / 28.2.1987* **189**
BLAUMEISE zum Rotkehlchen (Meissner-Blau) – *Kurier / 7.11.1986* **59**
BLAUSÄURE: rote und schwarze Filzläuse, die mit ... bekämpft werden sollten – *Profil / 25.4.1994* **1049**
BLENDER Vranitzky – *Die Presse / 27.1.1990* **688**
BLIND, taub und ... (Vranitzky) – *Freiheitlicher Pressedienst / 13.7.1988* **628**
BLIND, taub und ... gegenüber den wirklichen Herausforderungen (Große Koalition) – *Freiheitlicher Pressedienst / 2.12.1988* **652**
BLINDDARM der Landesregierung, ständig gereizt und zu nichts nutze (ÖVP-Burgenland) – *Freiheitlicher Pressedienst / 24.8.1987* **367**
BLINDDARM, ständig gereizt und eigentlich zu nichts gut (ÖVP) – *Die Presse / 17.9.1987* **385**
BLINDER Haß (Schranz) – *Freiheitlicher Pressedienst / 26.11.1987* **472**
BLINDGÄNGER in den Vorstandsetagen (Verstaatlichte) – *Freiheitlicher Pressedienst / 29.8.1987* **371**
BLINDGÄNGER Riegler – *Die Presse / 27.1.1990* **688**
BLINDGÄNGER, und Versager (Manager der Verstaatlichten Industrie) – *Freiheitlicher Pressedienst / 11.1.1989* **655**
BLINDHEIT, politische (Lacina) – *Zeit im Bild 1 / 30.4.1987* **263**
BLÖDER geht es nicht mehr (EU-Werbung in Wien: Zilk) – *Freiheitlicher Pressedienst / 30.5.1994* **1108**
BLÖDSINNIGE Propagandawalze (Bundesregierung) – *Freiheitlicher Pressedienst / 1.6.1994* **1113**
BLUFF und Schmäh (Regierungstätigkeit) – *Freiheitlicher Pressedienst / 22.4.1987* **252**
BLUFF, rot-schwarzer (Budgetsanierung) – *Freiheitlicher Pressedienst / 10.1.1988* **527**
BLUTEGEL, rot-schwarzer – *Freiheitlicher Pressedienst / 30.10.1986* **45**
BOBBY Graf – *Wiener / 2/1988*
BOBBY Robert Graf (rutscht auf Knien vor den Sozialisten) – *Kurier / 27.9.1987* **398**
BOBBY: siehe auch **GRAF**
BOCKSPRÜNGE (in der Wirtschaftspolitik) – *Freiheitlicher Pressedienst / 24.6.1987* **330**
BODENSATZ an Menschen (Nazi-Gruppen) – *Mittagsjournal / 22.1.1992* **806**
BOMBE (betreffend Einheitswerterhöhung) – *Freiheitlicher Pressedienst / 16.12.1987* **502**
BOMBENSCHMEISSER, ehemalige (Slowenenvertreter) – *Salzburger Nachrichten / 16.7.1987* **353**
BONZEN – *Freiheitlicher Pressedienst / 18.10.1986* **18**
BONZEN (Wild-West-Methoden) – *Freiheitlicher Pressedienst / 10.7.1990* **712**

BONZEN, Betonierer, Apparatschiks – *Mittagsjournal / 20.12.1990* **735**
BONZEN, Korruption, Privilegienritter – *Mittagsjournal / 24.9.1990* **724**
BONZEN, Privilegienritter, Korruptionisten – *Mittagsjournal / 24.9.1990* **723**
BONZEN- und Privilegienparadiese – *Freiheitlicher Pressedienst / 3.10.1990* **727**
BORNIERTHEIT (Lacina) – *Freiheitlicher Pressedienst / 25.5.1994* **1096**
BÖSEN Tat, Fluch der ... – *Der Standard / 26.1.1991* **753**
BÖSEN Tat, Fluch der ... – *Freiheitlicher Pressedienst / 16.7.1987* **349**
BÖSER Vorsatz der Gewaltanwendung (Opernball-Demonstration) – *Freiheitlicher Pressedienst / 4.3.1987* **197**
BÖSES Erwachen (EU-Finanzierung) – *Freiheitlicher Pressedienst / 3.5.1994* **1069**
BÖSES Erwachen (für die rot-schwarze Einheitspartei) – *Arbeiterzeitung / 25.11.1988* **650**
BOXER, angeschlagener, kurz vor dem K.O. (Vranitzky) – *Freiheitlicher Pressedienst / 21.4.1988* **570**
BRANDAKTIONEN (Grün-Alternative Partei, Opernball-Demonstration) – *Freiheitlicher Pressedienst / 15.5.1987* **281**
BRANDSTIFTER spielen Feuerwehr – *Freiheitlicher Pressedienst / 21.4.1988* **566**
BRANDSTIFTER spielen Feuerwehr) – *Freiheitlicher Pressedienst / 20.4.1988* **564**
BRANDSTIFTERTUM, politisches – *Freiheitlicher Pressedienst / 15.12.1993* **984**
BRAUEREI: siehe **FLASCHEN**
BRAUNE Brut: nicht die ... ist die Gefahr, sondern das rote Gesindel – *Der Standard / 5.10.1990* **728**
BRECHEN (sämtliche Versprechen) (Graf) – *Freiheitlicher Pressedienst / 4.11.1987* **456**
BRECHEN von Verträgen (Vranitzky) – *Freiheitlicher Pressedienst / 7.10.1988* **647**
BREMSKLOTZ Frühbauer – *Freiheitlicher Pressedienst / 19.7.1988* **630**
BRICHT (Verträge) (Zernatto) – *Zeit im Bild 2 / 25.4.1994* **1050**
BRIEFTASCHEN (Wende) – *Freiheitlicher Pressedienst / 9.8.1987* **355**
BRIGADEN, Kanalräumer- ..., rote und schwarze – *Kleine Zeitung/ Graz / 19.7.1989* **668**
BRONFMAN (hetzt ärger als Goebbels) – *Kleine Zeitung / 22.1.1988* **541**
BRUCH (des Regierungsabkommens mit der Freiheitlichen Partei, durch Vranitzky) – *Freiheitlicher Pressedienst / 19.10.1986* **23**
BRUCH von Wahlversprechen – *Freiheitlicher Pressedienst / 4.11.1987* **458**
BRUDER, schlechterer, von Haiden (Riegler) – *Freiheitlicher Pressedienst / 8.7.1987* **342**
BRUDERKRIEG radikaler (innerhalb der Slowenenorganisationen) – *Freiheitlicher Pressedienst / 7.1. 1988* **515**
BRUT: nicht die braune ... ist die Gefahr, sondern das rote Gesindel – *Der Standard / 5.10.1990* **728**
BRUTAL beschimpft (Österreich) (Peymann) – *Die Presse / 27.2.1992* **812**
BRUTAL niedergestimmt (Vertreter der Südtiroler Volkspartei im italienischen Parlament) – *Freiheitlicher Pressedienst / 22.2.1987* **170**
BRUTAL wie in keinem anderen Bundesland (Personalpolitik im Burgenland) – *Freiheitlicher Pressedienst / 24.8.1987* **366**
BRUTALE Erpressungspolitik gegenüber der Bevölkerung Österreichs (Regierung) – *Freiheitlicher Pressedienst / 1.6.1994* **1111**
BRUTALE und herzlose Agrarbürokratie – *Die Presse / 21.10.1986* **26**
BRUTALER Anschlag auf das private Eigentum (Einheitswerterhöhung) – *Freiheitlicher Pressedienst / 24.3.1987* **213**

BRUTALER Exekutor seiner Machtpolitik (Fischer) – *Morgenjournal / 25.2.1993* **846**
BRUTALER Griff auf Abfertigungen – *Freiheitlicher Pressedienst / 29.6.1987* **334**
BRUTALER Vertragsbruch (gegenüber den Bausparern) – *Freiheitlicher Pressedienst / 27.5.1987* **298**
BRUTALER Zugriff (auf Machtpositionen im Staat) (Große Koalition) – *Freiheitlicher Pressedienst / 8.3.1994* **1011**
BRUTALER, noch (Riegler als Haiden) – *Freiheitlicher Pressedienst / 8.7.1987* **342**
BRUTALISIERUNG, unglaubliche ... der Personalpolitik (Lichal) – *Freiheitlicher Pressedienst / 9.2.1987* **162**
BRUTALSTE Art und Weise (Bauernopfer) – *Freiheitlicher Pressedienst / 17.6.1987* **324**
BRUTALSTE Belastungswelle für Bauern seit 1945 – *Freiheitlicher Pressedienst / 19.8.1987* **363**
BUCHHALTER (Ambrozy) – *Der Standard / 21.5.1993* **860**
BUCHHALTER des Regierungschefs (Riegler) – *Oberösterreichische Nachrichten / 21.5.1990* **704**
BUDGET, falsches – *Kurier / 16.11.1987* **466**
BUDGET, Horror- – *Freiheitlicher Pressedienst / 20.7.1993* **890**
BUDGETAKROBATIK, zirkusreife (Regierung) – *Freiheitlicher Pressedienst / 28.10.1993* **962**
BUDGETKOLLAPS – *Freiheitlicher Pressedienst / 15.7.1993* **884**
BUDGETKOLLAPS – *Freiheitlicher Pressedienst / 15.7.1993* **885**
BUDGETPOLITIK, Bankrotterklärung der ... des Finanzministers (Lacina) – *Freiheitlicher Pressedienst / 10.2.1992* **810**
BUDGETPOLITIK, liederliche – *Der Standard / 26.1.1991* **753**
BUDGETPOLITIK, liederliche (der Großen Koalition) – *Freiheitlicher Pressedienst / 25.1.1991* **752**
BUDGETPOLITIK, verfehlte – *Freiheitlicher Pressedienst / 30.9.1987* **402**
BUDGETPOLITIK, verfehlte – *Freiheitlicher Pressedienst / 11.10.1987* **419**
BUDGETSANIERUNG, hinterhältigste Form der ... (Quellensteuer) – *Freiheitlicher Pressedienst / 29.10.1987* **448**
BUDGETSITUATION, katastrophale – *Freiheitlicher Pressedienst / 22.6.1987* **328**
BUNDESPOLITIK, ostlastige – *Abendjournal + Zeit im Bild 1 / 8.1.1991* **739**
BUNDESTHEATERVERBANDES, drittklassiger Sekretär im wunschlosen Unglück des ... (Scholten) – *Freiheitlicher Pressedienst / 12.6.1988* **619**
BÜRGER als Eigentum betrachten (rotschwarze Einheitspartei) – *Die Presse / 6.4.1987* **236**
BÜRGERLICHES Gejammer (über das Nichtzustandekommen einer Koalition der beiden bürgerlichen Lager) – *Freiheitlicher Pressedienst / 13.7.1988* **628**
BÜRGERMEISTER, korrupte (in Griechenland) – *Pressestunde / 17.4.1994* **1031**
BURGTHEATER, Chaos am ... – *Freiheitlicher Pressedienst / 12.6.1988* **619**
BÜROKRATEN (düsen in milliardenteuren Tintenburgen und plündern die fleißigen Leut' aus) – *Profil / 17.11.1986* **81**
BÜROKRATEN, die selbst nichts arbeiten wollen – *Kleine Zeitung / 26.10.1986* **34**
BÜROKRATIE, rot-schwarze – *Der Standard / 10.1.1994* **991**
BÜROKRATIEDSCHUNGEL (Vermarktungsfonds) – *Freiheitlicher Pressedienst / 8.7.1987* **342**

BÜROKRATIEPROPONENTEN in der großkoalitionären Regierung – *Freiheitlicher Pressedienst / 10.2.1987* **164**
BÜROKRATISCHER Übermut (Volkszählung 1991) – *Freiheitlicher Pressedienst / 16.5.1991* **773**
BÜROKRATISIERUNG der Wirtschaft – *Freiheitlicher Pressedienst / 11.10.1986* **11**
BÜSSERGEWAND, kein Österreich im ... – *Kleine Zeitung / 11.1.1988* **537**

— C —

CANOSSA-Gang der ÖVP – *Freiheitlicher Pressedienst / 15.10.1993* **956**
CHAMÄLEON (Wappentier der rotschwarzen Regierung) – *Freiheitlicher Pressedienst / 13.1.1991* **744**
CHAMPIGNONZUCHT (haben die Schwarzen und die Roten aus Österreich gemacht) – *Ganze Woche / 6.11.1986* **55**
CHANCENLOS (Kniefalldiplomatie Vranitzkys) – *Freiheitlicher Pressedienst / 19.5.1987* **286**
CHAOS am Burgtheater – *Freiheitlicher Pressedienst / 12.6.1988* **619**
CHAOS de luxe (Große Koalition) – *Kurier / 12.4.1987* **244**
CHAOS in der Verstaatlichten Industrie – *Freiheitlicher Pressedienst / 19.3.1987* **207**
CHAOS, heilloses (verursacht durch SPÖ und ÖVP) – *Freiheitlicher Pressedienst / 23.12.1986* **108**
CHAOS, Quartett des ... – *Kleine Zeitung/Kärnten / 7.5.1988* **598**
CHAOS, rechtliches – *Freiheitlicher Pressedienst / 10.7.1990* **712**
CHAOS, rot-schwarzes (Lacinas Steuerreform) – *Freiheitlicher Pressedienst / 9.1.1988* **520**
CHAOS, totales (im Umweltbereich) – *Die Presse / 4.9.1989* **671**
CHAOSREGIERUNG – *Freiheitlicher Pressedienst / 15.7.1993* **884**
CHAOSREGIERUNG, rot-schwarze – *Freiheitlicher Pressedienst / 15.7.1993* **885**
CHAOTEN, Kryptokommunisten, Grüne – *Freiheitlicher Pressedienst / 8.10.1986* **8**
CHAOTEN, linke (Grüne) – *Freiheitlicher Pressedienst / 9.10.1986* **9**
CHAOTENVEREIN, völlig verwirrter (Regierung) – *Freiheitlicher Pressedienst / 2.10.1987* **411**
CHAOTISCHE Arbeitsmarktpolitik (Dallingers) – *Freiheitlicher Pressedienst / 9.5.1987* **275**
CHAOTISCHE Finanzplanung (Bundesregierung) – *Freiheitlicher Pressedienst / 17.5.1994* **1085**
CHAOTISCHE Finanzpolitik (Koalition) – *Freiheitlicher Pressedienst / 18.10.1993* **961**
CHAOTISCHE Pensionsreform – *Kronen-Zeitung / 13.10.1987* **421**
CHAOTISCHE Vorgänge (Budgeterstellung) – *Freiheitlicher Pressedienst / 13.10.1993* **948**
CHAOTISCHE Wirtschaftspolitik (Koalition) – *Freiheitlicher Pressedienst / 28.10.1993* **963**
CHAOTISCHE, beispiellos ... und konzeptlose Weise (Budgetsanierung) – *Freiheitlicher Pressedienst / 30.10.1987* **450**
CHARAKTERLOS (Cap) – *Kleine Zeitung / 14.1.1991* **750**
CHARAKTERLOSE Partei (ÖVP) – *Kleine Zeitung / 12.1.1987* **122**
CHARAKTERLOSIGKEIT (Nowotny) – *Freiheitlicher Pressedienst / 27.5.1994* **1102**
CHARAKTERLOSIGKEIT (Zernatto) – *Freiheitlicher Pressedienst / 1.5.1994* **1064**
CHARAKTERLOSIGKEIT, Aktion zur Bekämpfung der Unehrenhaftigkeit und ... Bekämpfung der (Verhinderung der Wahl Zernattos zum Landeshauptmann von Kärnten) – *Freiheitlicher Pressedienst / 1.5.1994* **1064**

CHEF der Ministeriumshydra (Graf) – *Freiheitlicher Pressedienst / 28.2.1987* **190**

CHEF einer Skandalpartei (Vranitzky) – *Oberösterreichische Nachrichten / 21.5.1990* **704**

CHRISTBAUM, abgeräumt wie ein ... (wird der Bürger) – *Neue Freie Zeitung / 15.1.1987* **123**

CLAQEURE (in ÖVP und SPÖ) – *Freiheitlicher Pressedienst / 7.5.1991* **770**

CLEVERNESS, großartige (Vranitzky) – *Freiheitlicher Pressedienst / 19.11.1989* **676**

CLIQUE von CV-Organisationen – *Neue Freie Zeitung / 30.10.1986* **46**

CLIQUENWIRTSCHAFT der alten Parteien – *Freiheitlicher Pressedienst / 16.12.1986* **98**

CV-CLIQUEN – *Freiheitlicher Pressedienst / 18.10.1986* **21**

CV-Organisationen (Clique) – *Neue Freie Zeitung / 30.10.1986* **46**

— D —

DACH, Feuer am ... der Großen Koalition – *Freiheitlicher Pressedienst / 22.5.1991* **776**

DAHERRUTSCHEN, auf den Knien, in vorauseilendem Gehorsam (ÖVP-Regierungsmitglieder, vor allem Graf) – *Kurier / 27.9.1987* **398**

DAHINSIECHEN, jämmerliches ... der Großen Koalition – *Freiheitlicher Pressedienst / 30.1.1990* **689**

DAMOKLESSCHWERT, steuerliches, der kalten Enteignung – *Freiheitlicher Pressedienst / 16.12.1987* **502**

DAMPFLOKOMOTIVE, alte, die die Zukunft bereits hinter sich hat (Große Koalition) – *Freiheitlicher Pressedienst / 10.1.1988* **526**

DANIEL, kleiner ... in der rot-schwarzen Löwengrube (FPÖ) – *Freiheitlicher Pressedienst / 28.10.1993* **972**

DAUERHAFTE Parlamentskrise – *Freiheitlicher Pressedienst / 15.12.1993* **984**

DAUERSCHLAF, einjähriger (Politik der Großen Koalition) – *Freiheitlicher Pressedienst / 10.1.1988* **526**

DDR-Geist (Ausländervolksbegehrensgegner) – *Täglich Alles / 30.1.1993* **839**

DEAL, gemeinsamer (SPÖ und ÖVP) – *Freiheitlicher Pressedienst / 26.1.1989* **657**

DEAL: siehe auch **MILLIONEN-DEAL**

DEBAKEL in den Staatsbetrieben – *Freiheitlicher Pressedienst / 11.10.1986* **11**

DEBAKEL prolongieren (Busek) – *Basta / 6/1991* **779**

DECKT Verschwender und Korruptionisten (Vranitzky) – *Freiheitlicher Pressedienst / 11.5.1988* **601**

DEFIZIT, gigantisches (ÖBB) – *Freiheitlicher Pressedienst / 30.10.1987* **452**

DEGRADIEREN: ÖVP läßt sich zum Verteidiger und Unterstützer der sozialistischen Verschwendungspolitik ... – *Freiheitlicher Pressedienst / 10.5.1987* **276**

DEKADENZ des bestehenden Funktionärsstaates – *Freiheitlicher Pressedienst / 30.5.1987* **304**

DEMAGOGENMODELL – *Kleine Zeitung / 11.1.1988* **536**

DEMAGOGENMODELL (der Slowenenfunktionäre) – *Freiheitlicher Pressedienst / 1.12.1987* **480**

DEMAGOGENMODELL österreichfeindlicher linksradikaler Extremisten (Slowenen) – *Freiheitlicher Pressedienst / 10.1.1988* **523**

DEMAGOGENMODELL statt Pädagogenmodell – *Freiheitlicher Pressedienst / 1.12.1987* **478**

DEMAGOGISCHE Milchmädchenrechnung (Zweiradproduktion bei Steyr-Daimler-Puch praktisch verschenkt) – *Freiheitlicher Pressedienst / 23.2.1987* **172**

DEMASKIERUNG, wahrhaftige (der Sozialisten, betreffend Kärnten) – *Freiheitlicher Pressedienst / 25.4.1994* **1053**

DEMOKRATEN, politische Hexenjagd auf aufrechte ... – *Der Standard / 3.2.1992* **808**
DEMOKRATIEBEWUSSTSEIN, Mangel an ... (Fischer) – *Freiheitlicher Pressedienst / 24.10.1987* **438**
DEMOKRATIEFEINDLICHKEIT – *Freiheitlicher Pressedienst / 8.4.1994* **1029**
DEMOKRATIESCHÄNDUNG, ungeheuerliche ... durch die rot-schwarze Pfründegesellschaft – *Freiheitlicher Pressedienst / 12.10.1991* **792**
DEMOKRATIEVERSTÄNDNIS, grober Mangel an ... (Graf) – *Freiheitlicher Pressedienst / 10.12.1987* **492**
DEMOKRATISCHE Grundsätze nur ein Lippenbekenntnis (Vranitzky) – *Freiheitlicher Pressedienst / 14.1.1992* **804**
DEMOKRATISCHE nationale Rechtspartei (FPÖ) – *Wochenpresse / 16.9.1986* **4**
DEMOKRATISCHES Widerstandsrecht – *Neue Freie Zeitung / 10.7.1990* **714**
DEMONTIERT (der fleißige Bürger und der kleine Mann) – *Kurier / 27.9.1987* **395**
DEMÜTIGUNG Österreichs, beispiellose (durch die USA) – *Freiheitlicher Pressedienst / 22.5.1987* **290**
DEMÜTIGUNG Österreichs, beispiellose (durch die USA) – *Kronen-Zeitung / 23.5.1987* **292**
DEMUTSGESTEN, und Untertänigkeit (gegenüber USA) – *Zeit im Bild 1 / 13.5.1987* **278**
DENKVERBOT: planwirtschaftlicher Apparat mit ... (Sozialpartner) – *Freiheitlicher Pressedienst / 10.10.1987* **418**
DENKVERBOTE, Kommissare für ... und Gesinnungsschnüffelei (Scholten) – *Die Presse / 18.2.1994* **1005**
DENKZETTEL – *Freiheitlicher Pressedienst / 29.5.1994* **1103**
DENKZETTEL (Grazer Wahlergebnis) – *Freiheitlicher Pressedienst / 25.1.1993* **835**
DESASTER (Zusammenschluß von Straßenbausondergesellschaften: Schüssel) – *Freiheitlicher Pressedienst / 20.4.1993* **851**
DESASTER, ÖBB- ... – *Freiheitlicher Pressedienst / 10.2.1994* **996**
DESASTER: siehe auch MILCH- und Zuschußdesaster –
DESASTER: von einem ... ins andere (Vranitzkys Regierungskurs) – *Freiheitlicher Pressedienst / 22.4.1987* **253**
DESAVOUIERE die Kärntner ÖVP und Vizekanzler Mock (Neissers Äußerung zum Pädagogenmodell) – *Freiheitlicher Pressedienst / 21.3.1987* **210**
DESAVOUIEREN (Ditz und Graf gegenüber Mock) Graf – *Freiheitlicher Pressedienst / 10.1.1988* **530**
DESOLATER: immer ... geworden (politische Kultur in Österreich unter Vranitzky) – *Freiheitlicher Pressedienst / 2.7.1990* **710**
DEUTSCH-KÄRNTNER Kinder (Diskriminierung durch Slowenischunterricht) – *Wochenpresse / 16.9.1986* **3**
DEUTSCHER Erpressungspolitik, Auswuchs ... (Klepsch) – *Freiheitlicher Pressedienst / 1.6.1994* **1112**
DEUTSCHES LAND (Kärnten werde nur dann frei sein, wenn es ein ... sei) – *Profil / 2.1.1990* **682**
DIALOG von Taubstummen (Budgetverhandlungen der Koalitionspartner) – *Freiheitlicher Pressedienst / 28.9.1993* **939**
DICHTES Netz der personalpolitischen Kontrolle (ÖVP-Klub) – *Kleine Zeitung / 28.3.1987* **222**
DICKHÄUTER (ÖVP und SPÖ) – *Kurier / 7.11.1986* **58**
DIEBEN und Betrügern, Verharmlosung von ... – *Freiheitlicher Pressedienst / 20.9.1990* **721**
DIEBSGESINDEL und Lügenpack (Liberales Forum) – *Wiener / 4/1993* **849**

DIEBSTAHL an Volksvermögen – *Freiheitlicher Pressedienst / 8.9.1993* **918**

DIENSTWAGEN – *Freiheitlicher Pressedienst / 17.10.1987* **428**

DIFFAMIERUNG, ungeheuerliche, Kärntens (Vranitzky) – *Freiheitlicher Pressedienst / 25.4.1994* **1053**

DIFFAMIERUNG, unmoralische (von Personen und Gruppen) – *Freiheitlicher Pressedienst / 11.1.1987* **116**

DIFFAMIERUNGEN (Grabher-Meyer) – *Die Presse / 22.11.1986* **86**

DIFFAMIERUNGSVERSUCH zeigt Mangel an Demokratiebewußtsein (Fischer) – *Freiheitlicher Pressedienst / 24.10.1987* **438**

DIKTIERTE Pensionskürzungen, von den Sozialisten ... – *Freiheitlicher Pressedienst / 8.10.1987* **414**

DILETTANT der Taten (Graf) – *Freiheitlicher Pressedienst / 24.6.1987* **330**

DILETTANTISCH agiert (Löschnak) – *Freiheitlicher Pressedienst / 17.9.1990* **720**

DILETTANTISCHE Aktivitäten (des Landwirtschaftsministeriums – *Freiheitlicher Pressedienst / 22.6.1993* **875**

DILETTANTISCHE Projekte an der Donau (Kraftwerke) – *Kleine Zeitung / 19.7.1987* **354**

DILETTANTISCHE Unfähigkeit (der Bundesregierung) – *Freiheitlicher Pressedienst / 15.6.1993* **865**

DILETTANTISMUS (der Regierungspolitik in der Ausländerfrage) – *Freiheitlicher Pressedienst / 24.11.1992* **828**

DILETTANTISMUS (statt Wirtschaftspolitik: Vranitzky) – *Freiheitlicher Pressedienst / 3.4.1991* **760**

DILETTANTISMUS der Koalition der besten Köpfe aus der dritten Reihe – *Freiheitlicher Pressedienst / 4.2.1987* **155**

DILETTANTISMUS: siehe auch **AUSTRO-DILETTANTISMUS**

DIMENSIONEN, bedrohliche (Milliarden-Löcher) – *Freiheitlicher Pressedienst / 14.7.1993* **879**

DIRIGISTISCHE, planwirtschaftliche Maßnahmen (Graf) – *Freiheitlicher Pressedienst / 19.10.1987* **429**

DISKRIMINIERUNG Deutschkärntner Kinder (durch Slowenischunterricht) – *Wochenpresse / 16.9.1986* **3**

DISKUTANTENSTADEL, unzuständiger (Bundesrat) (von roten und schwarzen Postenbeziehern dazu gemacht) – *Freiheitlicher Pressedienst / 30.1.1987* **150**

DISKUTANTENSTADL (Große Koalition) – *Freiheitlicher Pressedienst / 21.4.1988* **572**

DISQUALIFIZIERT sich selbst (Grüne Bewegung) – *Freiheitlicher Pressedienst / 1.3.1987* **192**

DISZIPLINLOSE Egozentriker, Durchhaus für ... (Burgtheater: Peymann) – *Freiheitlicher Pressedienst / 28.5.1988* **611**

DOGMATISCHE Ansätze, krause (SPÖ-Minderheitenschulpolitik) – *Freiheitlicher Pressedienst / 25.2.1987* **178**

DOMINANTE sozialistische Politik (Kärnten) – *Inlandsreport / 21.4.1994* **1036**

DOMPTEUR der Ministeriumshydra (Graf) – *Freiheitlicher Pressedienst / 28.2.1987* **187**

DOOFE (Semmering-Basis-Tunnel-Befürworter) – *Der Standard / 17.2.1992* **811**

DOPPELBÖDIGE Argumentation (Wagner zur Autobahnmaut) – *Freiheitlicher Pressedienst / 4.5.1987* **266**

DOPPELBÖDIGE Argumentation (Wagner zur Autobahnmaut) – *Freiheitlicher Pressedienst / 4.5.1987* **267**

DOPPELBÖDIGE Moral (Fischer) – *Freiheitlicher Pressedienst / 24.10.1987* **438**

DOPPELBÖDIGE Moral (Funktionäre der Landwirt zur Autobahnmaut) – *Freiheitlicher Pressedienst / 27.6.1987* **332**

DOPPELBÖDIGE Moral (Harald Scheucher) – *Freiheitlicher Pressedienst / 14.5.1987* **279**

DOPPELKONSULAT der rot-schwarzen Einheitspartei (Große Koalition) – *Freiheitlicher Pressedienst / 29.1.1987* **143**

DOPPELMORAL (Regierungsparteien, Ausländerpolitik) – *Freiheitlicher Pressedienst / 23.9.1993* **933**

DOPPELSTRATEGIE (Vranitzky — SPÖ) – *Freiheitlicher Pressedienst / 1.5.1994* **1063**

DOPPELSTRATEGIE der handelnden Personen – *Freiheitlicher Pressedienst / 17.6.1987* **323**

DOPPELTE Belastungen der Bevölkerung für halbe Lösungen der Regierung – *Freiheitlicher Pressedienst / 4.6.1988* **613**

DOPPELTE Moral, verdächtige ... (Regierungsparteien, Ausländerpolitik) – *Freiheitlicher Pressedienst / 23.9.1993* **932**

DOPPELZÜNGIG (Busek) – *Freiheitlicher Pressedienst / 20.10.1987* **433**

DOPPELZÜNGIGKEIT, Spitze der ... – *Freiheitlicher Pressedienst / 2.7.1987* **335**

DRACULA: siehe **GRAF DRACULA**

DRAHTZIEHER (der Waldheim-Kampagne) – *Kleine Zeitung / 22.1.1988* **543**

DRAMATISCHE Einbrüche bei ihren Stammwählerschichten (SPÖ) – *Kurier / 27.9.1987* **396**

DRAMATISCHES Bauernsterben – *Freiheitlicher Pressedienst / 1.6.1993* **863**

DRAMATISIERUNG der Lage in Kärnten, betrieben von linksradikalen Kreisen – *Freiheitlicher Pressedienst / 18.2.1987* **169**

DRASTISCHE Gebührenerhöhung (ÖBB, Übleis) – *Freiheitlicher Pressedienst / 30.10.1987* **453**

DRAUFZAHLER – *Freiheitlicher Pressedienst / 24.5.1994* **1095**

DRECK (Drückeberger und politische Opportunisten bewerfen Soldaten mit ...) – *Freiheitlicher Pressedienst / 2.11.1986* **50**

DRECK (Drückeberger und politische Opportunisten bewerfen Soldaten mit ...) – *Profil / 17.11.1986* **80**

DREHSCHEIBE risikoloser Spekulation – *Freiheitlicher Pressedienst / 15.12.1987* **501**

DREIFACH-ABGEFERTIGTEN, einen ... Olympiasieger in der Klasse der ... (Vranitzky) – *Freiheitlicher Pressedienst / 4.11.1989* **674**

DRITTE Reihe, Koalition der besten Köpfe aus der ... – *Freiheitlicher Pressedienst / 4.2.1987* **155**

DRITTE Republik – *Freiheitlicher Pressedienst / 9.1.1994* **988**

DRITTKLASSIGER Raubritterstadel (Sanierungspartnerschaft) – *Freiheitlicher Pressedienst / 29.6.1987* **333**

DRITTKLASSIGER Sekretär im wunschlosen Unglück des Bundestheaterverbandes (Scholten) – *Freiheitlicher Pressedienst / 2.6.1988* **619**

DROHEN: VP-Betriebsinhaber ... Arbeitern mit der Kündigung – *Freiheitlicher Pressedienst / 25.1.1993* **837**

DROHUNG, gefährliche, für die Österreicher (Regierung) – *Freiheitlicher Pressedienst / 13.1.1991* **746**

DROHUNGEN Schilchers, ein Fall für die Strafgerichte (Draken-Streit) – *Freiheitlicher Pressedienst / 11.3.1987* **201**

DROHUNGEN, latente, für Steuererhöhungen (Regierung) – *Freiheitlicher Pressedienst / 19.10.1987* **430**

DROHUNGEN, Schilchers (Draken-Streit) – *Kurier / 12.3.1987* **203**

DRÜBER, drunter und ... – *Freiheitlicher Pressedienst / 21.4.1994* **1047**

DRUCK auf die Altparteien – *Freiheitlicher Pressedienst / 6.4.1987* **232**
DRUCK im Landesdienst – *Kleine Zeitung / 26.10.1986* **35**
DRUCK, durch massiven politischen ... jeden Ansatz zur Reform von vornherein im Keim erstickt (Schmölz, Eisenbahnergewerkschaft) – *Freiheitlicher Pressedienst / 20.10.1987* **454**
DRUCK, massiver ... auf die Arbeiterschaft (von den Ausländervolksbegehrensgegnern) – *Der Standard / 3.2.1993* **843**
DRUCK, politischer – *Freiheitlicher Pressedienst / 10.1.1988* **525**
DRUCK: sozialistische Betriebsräte setzen Arbeiter unter ... – *Freiheitlicher Pressedienst / 25.1.1993* **837**
DRÜCKEBERGER bewerfen Soldaten mit Dreck – *Freiheitlicher Pressedienst / 2.11.1986* **50**
DRÜCKEBERGER bewerfen Soldaten mit Dreck – *Profil / 17.11.1986* **80**
DRUNTER und drüber – *Freiheitlicher Pressedienst / 21.4.1994* **1047**
DSCHUNGEL der Mißwirtschaft – *Profil / 17.11.1986* **83**
DSCHUNGEL der unzähligen Privilegien und Sonderpensionsrechte – *Freiheitlicher Pressedienst / 2.10.1987* **411**
DSCHUNGEL des zu 11 Sektionen aufgeblähten Ministeriums (Graf-Ministerium) – *Freiheitlicher Pressedienst / 24.2.1987* **174**
DUBIOSE Personengruppe (Opernball-Demonstration) – *Freiheitlicher Pressedienst / 27.2.1987* **182**
DUBIOSE Zusagen an wilde Streikkomitees aus der linken Ecke – *Freiheitlicher Pressedienst / 22.10.1987* **435**
DUCKMAUS (Meissner-Blau) – *Die Presse / 17.11.1986* **76**
DUMM sterben lassen (will die Regierung das Volk) – *Freiheitlicher Pressedienst / 4.5.1994* **1073**
DUMM, faul, und arbeitslos (Nazi-Gruppen) – *Mittagsjournal / 22.1.1992* **806**
DUMM, Graf Bobby müsse die Österreicher für sehr ... halten – *Freiheitlicher Pressedienst / 28.2.1987* **186**
DUMME Menschen (machen zweimal den gleichen Fehler) – *Freiheitlicher Pressedienst / 17.9.1987* **387**
DUMMHEIT, Grundrecht auf ... (Smolle) – *Arbeiter-Zeitung / 24.11.1987* **469**
DUMMHEIT, Recht auf ... (Wabl) – *Mittagsjournal / 14.1.1988* **539**
DUMMHEITEN, verbreitet durch das sozialistische Gruselkabinett in der Löwelstraße – *Kurier / 7.11.1986* **64**
DÜMMLICH, und antiquiert, aber ständig im Programm (Bundesregierung, wie die „Munsters") – *Kleine Zeitung / 14.1.1991* **750**
DUMPING: siehe **LOHN-DUMPING**
DUNKELSTE Machtausübung (Koalitionsparteien) – *Freiheitlicher Pressedienst / 29.7.1993* **895**
DUNKLE Machenschaften (der alten Parteien) – *Freiheitlicher Pressedienst / 6.4.1987* **229**
DUNKLE Machenschaften (seiner politischen Gegner) – *Freiheitlicher Pressedienst / 24.10.1986* **30**
DUNKLEN (im ... gedeiht alles, wenn genug Mist darauf kommt) – *Ganze Woche / 6.11.1986* **55**
DUNSTGLOCKE, rote ... über Wien (SPÖ) – *Der Standard / 12.10.1991* **791**
DURCHEINANDER, wüstes – *Salzburger Nachrichten / 4.7.1987* **337**
DURCHGEPEITSCHT (Ergebnisse der Nationalratsausschußberatungen) – *Salzburger Nachrichten / 4.7.1987* **337**
DURCHHAUS für disziplinlose Egozentriker (Burgtheater: Peymann) – *Freiheitlicher Pressedienst / 28.5.1988* **611**
DURCHSETZUNGSGOLIATH (Sinowatz im Vergleich zu Vranitzky) – *Kleine Zeitung / 11.1.1988* **538**

DURCHZUPEITSCHEN (versucht die Regierung den EU-Vertrag) – *Freiheitlicher Pressedienst / 21.4.1994* **1043**
DURCHZUTAUCHEN (versuche die Koalition) – *Freiheitlicher Pressedienst / 15.6.1993* **866**
DÜRFTIGE Ergebnis (das mehr als ... der Regierungstätigkeit der Großen Koalition) – *Freiheitlicher Pressedienst / 24.2.1987* **177**
DUSCHE, kalte – *Freiheitlicher Pressedienst / 23.10.1987* **437**

— E —

ECHTER Flop (Mietengesetzgebung, Verwaltungsreform) – *Freiheitlicher Pressedienst / 6.4.1994* **1022**
ECHTER Vertragsbruch – *Zeit im Bild 1 / 19.6.1990* **708**
EGOZENTRIKER, Durchhaus für disziplinlose ... (Burgtheater: Peymann) – *Freiheitlicher Pressedienst / 28.5.1988* **611**
EHEMALIGE Bombenschmeißer (Slowenenvertreter) – *Salzburger Nachrichten / 16.7.1987* **353**
EHRE, keine (Zernatto) – *Täglich Alles / 27.4.1994* **1059**
EHRE, keine (Zernatto) – *Zeit im Bild 2 / 25.4.1994* **1050**
EHRENMANN (Haider über Haider) – *Inlandsreport / 21.4.1994* **1040**
EHRENMANN, kein (Zernatto) – *Zeit im Bild 2 / 25.4.1994* **1051**
EHRENMÄNNER – *Inlandsreport / 21.4.1994* **1038**
EHRLOSE, wortbrüchige Menschen (wie Zernatto) – *Der Standard / 26.4.1994* **1058**
EI legen: siehe **HÜHNERSTALL**
EIERTANZ, großkoalitionärer (betreffend EG) – *Freiheitlicher Pressedienst / 6.11.1987* **463**
EIGENE Interessen, Nomenklatura der Betriebsräte in der Verstaatlichten vertritt nur mehr ... – *Freiheitlicher Pressedienst / 11.3.1987* **200**
EIGENE Interessen: Betriebsräte in der Verstaatlichten vertreten nur mehr ... – *Arbeiter-Zeitung / 12.3.1987* **204**
EIGENNÜTZIGE Bedürfnisbefriedigung der Altparteien – *Der Standard / 14.1.1991* **749**
EIGENNÜTZIGER Wunsch (AK-Funktionäre, Czettel) – *Freiheitlicher Pressedienst / 30.3.1987* **224**
EIGENTUM: Bürger als ... betrachten, rot-schwarze Einheitspartei – *Die Presse / 6.4.1987* **236**
EIGENTUMSBILDUNGSFEINDLICHE Maßnahmen des sozialistischen Weges in Österreich (ÖVP als Erfüllungsgehilfe) – *Freiheitlicher Pressedienst / 13.6.1987* **322**
EIGENWERBUNG (Mißbrauch des Bundesrates zur ..., durch die Regierung) – *Freiheitlicher Pressedienst / 30.1.1987* **148**
EILZUGSTEMPO (EG-Verhandlungen) – *Freiheitlicher Pressedienst / 24.6.1993* **877**
EIN(ZU)BETONIEREN, sich selbstgefällig ... (SPÖ und ÖVP in Kärnten) – *Freiheitlicher Pressedienst / 16.5.1994* **1082**
EINFLÜSTERUNGEN der linkslinken Schickeria – *Der Standard / 11.1.1993* **832**
EINHEITSPARTEI, rot-schwarz-grüne – *Freiheitlicher Pressedienst / 22.6.1991* **783**
EINHEITSPARTEI, rot-schwarze – *Arbeiterzeitung / 25.11.1988* **650**
EINHEITSPARTEI, rot-schwarze (Große Koalition) – *Die Presse / 16.9.1987* **382**
EINHEITSPARTEI, rot-schwarze – *Die Presse / 6.4.1987* **236**
EINHEITSPARTEI, rot-schwarze (Große Koalition) – *Freiheitlicher Pressedienst / 29.1.1987* **146**
EINHEITSPARTEI, rot-schwarze – *Freiheitlicher Pressedienst / 14.4.1987* **249**
EINHEITSPARTEI, rot-schwarze – *Freiheitlicher Pressedienst / 3.10.1990* **727**

EINHEITSPARTEI, rot-schwarze (als) Käseglocke über Österreich – *Die Presse / 2.5.1988* **595**

EINHEITSPARTEI, rot-schwarze (Burgenland) – *Freiheitlicher Pressedienst / 2.10.1987* **409**

EINHEITSPARTEI, rot-schwarze (Große Koalition) – *Freiheitlicher Pressedienst / 29.1.1987* **143**

EINHEITSPARTEI, rot-schwarze, totalitäre – *Freiheitlicher Pressedienst / 22.4.1988* **573**

EINKOMMENSVERLUSTE, reale (Pensionisten) – *Freiheitlicher Pressedienst / 6.10.1987* **412**

EINPARTEIENHERRSCHAFT (ÖVP Niederösterreich) – *Basta / 3/1993* **847**

EINSCHÜCHTERN (Kellereiinspektoren, die Weinbauern ...) – *Freiheitlicher Pressedienst / 17.11.1986* **73**

EINSCHÜCHTERN, nicht ... lassen (FPÖ) – *Freiheitlicher Pressedienst / 11.1.1987* **116**

EINSCHULUNG als Demokrat in Moskau (Fischer) – *Morgenjournal / 25.2.1993* **846**

EINSEITIGE und halbwahre Information (des ORF betreffend Kärnten) – *Freiheitlicher Pressedienst / 18.2.1987* **169**

EINSICHT des Unvernünftigen (Ausländerpolitik der Sozialisten) – *Der Standard / 8.6.1990* **707**

EINSICHT eines Unvernünftigen (Ausländerpolitik der Sozialisten) – *Zeit im Bild 1 / 7.6.1990* **706**

EINSTREIFEN, Geld von den Steuerzahlern (Löschnak) – *Morgenjournal / 21.9.1990* **722**

EINZEMENTIERUNG gehorsamer Genossen gegen den Willen des Wählers – *Freiheitlicher Pressedienst / 27.10.1986* **38**

EINZIGARTIGER Vertragsbruch (Kürzung der Bausparprämien) – *Freiheitlicher Pressedienst / 25.5.1987* **295**

EINZIGES Kriminalstück (großkoalitionäre Fondsverwaltung) – *Freiheitlicher Pressedienst / 28.10.1993* **965**

EISBRECHER in der österreichischen Innenpolitik (FPÖ) – *Freiheitlicher Pressedienst / 10.1.1988* **531**

EISEN, heiße (anfassen, durch FPÖ) – *Freiheitlicher Pressedienst / 11.1.1987* **116**

EISSCHRANK, verhandelt mit Eiswürfeln (Verhalten Vranitzkys gegenüber seinen Genossen) – *Die Presse / 17.11.1986* **74**

EITELKEIT, verletzte (Vranitzky) – *Freiheitlicher Pressedienst / 21.4.1994* **1046**

EKLATANTE Fehlleistung (Finanzministerium) – *Freiheitlicher Pressedienst / 23.6.1987* **329**

EKLATANTER Vertragsbruch (Lacina) – *Freiheitlicher Pressedienst / 2.7.1987* **231**

EKLATANTER Vertragsbruch (Vranitzky) – *Freiheitlicher Pressedienst / 30.11.1986* **87**

ELEFANT, rot-schwarzer – *Freiheitlicher Pressedienst / 16.1.1987* **129**

ELEFANTENHOCHZEIT (Große Koalition) – *Kleine Zeitung / 26.10.1986* **33**

ELEFANTENHOCHZEIT rot-schwarze (Große Koalition) – *Freiheitlicher Pressedienst / 18.10.1986* **21**

ELEFANTENHOCHZEIT, rot-schwarze (trampelt über die Österreicher hinweg) – *Freiheitlicher Pressedienst / 23.12.1986* **105**

ELFMETER, Angst vor dem politischen ... (Fischer) – *Freiheitlicher Pressedienst / 6.4.1987* **232**

ELOQUENZ (Grafs) umgekehrt proportional zu seinem Fachwissen – *Arbeiterzeitung / 10.3.1987* **199**

ENDE, totales, für die Österreicher (Mocks Wende) – *Freiheitlicher Pressedienst / 22.12.1986* **103**

ENDLÖSUNG der Bauernfrage durch die Bundesregierung – *Freiheitlicher Pressedienst / 17.6.1987* **324**

ENGLISCHE Art, nicht nur die feine ... (in der Bischofskonferenz) – *Kleine Zeitung / 14.1.1991* **750**

ENORMER Belastungsvandalismus (Große Koalition) – *Freiheitlicher Pressedienst / 28.10.1987* **442**

ENTBEHRLICH, und inkompetent (Ausserwinkler) – *Freiheitlicher Pressedienst / 15.7.1993* **883**

ENTE, lahme (Koalition) – *Die Presse / 6.4.1987* **234**

ENTE, lahme (Regierungspolitik) – *Die Presse / 6.4.1987* **235**

ENTEIGNUNG, kalte (steuerliches Damoklesschwert) – *Freiheitlicher Pressedienst / 16.12.1987* **502**

ENTGLEISUNG, unerhörte (Vranitzky) – *Freiheitlicher Pressedienst / 25.4.1994* **1053**

ENTGLEISUNG, ungeheuerliche Vranitzkys – *Freiheitlicher Pressedienst / 28.9.1986* **6**

ENTGLEITEN, Überblick über die Aktivitäten der Minister (Vranitzky) – *Freiheitlicher Pressedienst / 13.2.987* **166**

ENTMÜNDIGT (leistungsfeindlicher Wohlfahrtsstaat ... die Fleißigen) – *Freiheitlicher Pressedienst / 18.10.1986* **17**

ENTMÜNDIGUNG, selbstgewählte ... einer Partei (ÖVP) – *Freiheitlicher Pressedienst / 13.7.1988* **628**

ENTMÜNDIGUNG, vollständige (Busek-ÖVP im Verhältnis zur SPÖ) – *Freiheitlicher Pressedienst / 23.2.1994* **1009**

ENTRÜMPELT (Subventionsdschungel) – *Freiheitlicher Pressedienst / 7.9.1993* **916**

ENTSANDTE Arbeitskräfte – *Freiheitlicher Pressedienst / 17.5.1994* **1089**

ENTSCHEIDUNGSLOSIGKEIT (Vranitzky) – *Freiheitlicher Pressedienst / 7.9.1987* **378**

ENTSCHLUSSLOSE Regierung – *Freiheitlicher Pressedienst / 13.1.1991* **747**

ENTSORGEN, einen Problemminister (Ausserwinkler durch Vranitzky) – *Freiheitlicher Pressedienst / 14.3.1994* **1013**

ENTTÄUSCHUNG der Bevölkerung – *Kurier / 27.9.1987* **395**

ENTWICKLUNGSDEMOKRATIE, autoritäre (Österreich) – *Basta / 3/1993* **847**

ENTWICKLUNGSDEMOKRATIE, autoritäre (Österreich) – *Der Standard / 3.2.1993* **842**

ENTWICKLUNGSDEMOKRATIE, autoritäre (in Österreich) – *Der Standard / 3.2.1993* **843**

ERBSÜNDE: Makel der Parteibuchwirtschaft haftet an der ÖVP wie die ... – *Freiheitlicher Pressedienst / 27.3.1987* **219**

ERDRÜCKT (Normalbürger, kleiner Mann, wird ... von den Gruppenegoismen des rot-schwarzen Elefanten) – *Freiheitlicher Pressedienst / 16.1.1987* **129**

ERFOLGLOSE, und hilflose, Versuche Dallingers – *Freiheitlicher Pressedienst / 10.12.1987* **488**

ERFOLGLOSER Täuschungsversuch, ebenso plumper wie ... – *Freiheitlicher Pressedienst / 17.9.1987* **389**

ERFÜLLUNGSGEHILFE (Bundesregierung in bezug auf FPÖ) – *Die Presse / 26.7.1990* **717**

ERFÜLLUNGSGEHILFE (sozialistischer Politik) (ÖVP) – *Freiheitlicher Pressedienst / 13.6.1987* **322**

ERFÜLLUNGSGEHILFE der roten Plünderungspolitik (Busek) – *Freiheitlicher Pressedienst / 18.9.1991* **788**

ERFÜLLUNGSGEHILFE einer Gruppe von Geschäftemachern und Exporteuren von Agrarprodukten (Riegler) – *Freiheitlicher Pressedienst / 23.5.1988* **604**

ERHALTUNG der Bonzen- und Privilegienparadiese – *Freiheitlicher Pressedienst / 3.10.1990* **727**

ERHALTUNG von Funktionärsmacht und Pfründen – *Freiheitlicher Pressedienst / 2.12.1988* **652**

ERKLÄRUNGEN, reumütige ... gegen Multifunktionäre – *Neue Freie Zeitung / 10.7.1990* **714**

ERLEUCHTUNG, keine ... (ÖVP) – *Kleine Zeitung / 11.1.1988* **538**
ERMÄCHTIGUNG für die Regierung – *Freiheitlicher Pressedienst / 4.5.1994* **1073**
ERMÄCHTIGUNGSGESETZ (EU-Beitrittsverfassungsgesetz) – *Freiheitlicher Pressedienst / 26.4.1994* **1055**
ERMÄCHTIGUNGSGESETZ (EU-Beitrittsverfassungsgesetz) – *Freiheitlicher Pressedienst / 3.5.1994* **1072**
ERNIEDRIGT, Republik wird zum Operettenstaat ... (Draken-Streit) – *Freiheitlicher Pressedienst / 11.3.1987* **201**
EROSIONSPROZESS der Altparteien – *Freiheitlicher Pressedienst / 28.10.1993* **973**
ERPRESSUNG, Art (von) ... an der Bevölkerung (Regierung) – *Freiheitlicher Pressedienst / 30.5.1994* **1107**
ERPRESSUNGSPOLITIK, Auswuchs deutscher ... (Klepsch) – *Freiheitlicher Pressedienst / 1.6.1994* **1112**
ERPRESSUNGSPOLITIK, brutale ... gegenüber der Bevölkerung Österreichs – *Freiheitlicher Pressedienst / 1.6.1994* **1111**
ERPRESSUNGSVERSUCH, ungeheuerlicher ... der Regierung gegenüber der parlamentarischen Opposition – *Freiheitlicher Pressedienst / 14.5.1993* **858**
ERPRESSUNGSVERSUCHE (Regierung) – *Freiheitlicher Pressedienst / 1.6.1994* **1113**
ERPRESSUNGSVORGÄNGE (zwischen Lacina und Flemming) – *Freiheitlicher Pressedienst / 20.6.1989* **621**
ERSCHEINUNG, unbeleuchtete (Cap) – *Der Standard / 18.2.1994* **1003**
ERSCHRECKENDE Unkenntnis (Graf) – *Freiheitlicher Pressedienst / 28.2.1987* **190**
ERSCHRECKENDES Beispiel von Geheimdiplomatie – *Freiheitlicher Pressedienst / 19.1.1987* **135**
ERSCHÜTTERNDE Primitivität (Sprecher der Slowenendemonstration) – *Freiheitlicher Pressedienst / 2.2.1987* **153**
ERSTER vorbestrafter Minister in der Großen Koalition (Graf) – *Freiheitlicher Pressedienst / 10.12.1987* **491**
ERSTICKT, im Keim, jeden Ansatz zur Reform (Schmölz, Eisenbahnergewerkschaft) – *Freiheitlicher Pressedienst / 30.10.1987* **454**
ERTRINKENDER (wie ein ..., der im aufgewühlten Meer untergehen werde) (Graf) – *Freiheitlicher Pressedienst / 24.2.1987* **174**
ERWACHEN, böses (EU-Finanzierung) – *Freiheitlicher Pressedienst / 3.5.1994* **1069**
EU-FAHRPLAN, fahrlässiger – *Freiheitlicher Pressedienst / 8.4.1994* **1025**
EU-Hysterie (Regierung) – *Freiheitlicher Pressedienst / 1.6.1994* **1111**
EU-SPIEL mit gezinkten Karten, rotschwarzes – *Freiheitlicher Pressedienst / 8.4.1994* **1026**
EUROPAPOLITIK, total konfuse ... (der Regierung) – *Freiheitlicher Pressedienst / 28.10.1993* **968**
EWIG zweite Partei (ÖVP durch Kukacka) – *Freiheitlicher Pressedienst / 8.4.1988* **555**
EWIGER Ja-Sager, Funktion des ... (ÖVP läßt sich degradieren) – *Freiheitlicher Pressedienst / 21.6.1988* **622**
EXEKUTOR, brutaler ... seiner Machtpolitik (Fischer) – *Morgenjournal / 25.2.1993* **846**
EXPERTE in Parteibuchwirtschaft (Lichal) – *Freiheitlicher Pressedienst / 9.2.1987* **162**
EXPO, Monsterprojekt – *Freiheitlicher Pressedienst / 17.5.1991* **775**
EXPO-Geldvernichtung, gigantische Maschinerie der ... – *Freiheitlicher Pressedienst / 17.5.1991* **775**
EXTREMISTEN, linksradikale (Pädagogenmodell-Gegner) – *Freiheitlicher Pressedienst / 10.1.1988* **523**
EXTREMISTEN, politische (Slowenenorganisationen) (ORF als Sprachrohr) – *Freiheitlicher Pressedienst / 18.2.1987* **169**

EXZESSE anarchistische (Opernball-Demonstration) – *Freiheitlicher Pressedienst / 27.2.1987* **182**

— F —

FADENSCHEINIGEN Argument, hinter dem ... verschanzt (SPÖ bezüglich EG) – *Freiheitlicher Pressedienst / 6.11.1987* **462**
FADER Alois (Mock) – *Kurier / 7.11.1986* **57**
FÄHIGKEITEN, mangelnde wirtschaftliche (Vranitzky) – *Kurier / 16.11.1987* **466**
FÄHNLEIN nach dem Wind richten – *Freiheitlicher Pressedienst / 19.10.1986* **24**
FAHRDIENSTLEITER Vranitzky (beim EU-Zug) – *Freiheitlicher Pressedienst / 6.4.1994* **1019**
FAHRLÄSSIG (Dallinger) – *Freiheitlicher Pressedienst / 14.11.1986* **72**
FAHRLÄSSIG, grob – *Freiheitlicher Pressedienst / 23.6.1987* **329**
FAHRLÄSSIG, grob schädigen (Umwelt) (Große Koalition) – *Freiheitlicher Pressedienst / 10.2.1987* **164**
FAHRLÄSSIGE KRIDA (Verdacht, Steyr-Daimler-Puch) – *Freiheitlicher Pressedienst / 23.2.1987* **172**
FAHRLÄSSIGE Kurzsichtigkeit (Mock) – *Freiheitlicher Pressedienst / 23.3.1987* **211**
FAHRLÄSSIGER EU-Fahrplan (Regierung) – *Freiheitlicher Pressedienst / 8.4.1994* **1025**
FAHRLÄSSIGER Umgang mit der Gesundheit der Menschen (Müllverbrennungsanlage Flözersteig) – *Freiheitlicher Pressedienst / 29.10.1987* **449**
FAHRLÄSSIGKEIT, Tatbestand der groben ... (Dallinger) – *Freiheitlicher Pressedienst / 7.5.1987* **272**
FAHRPLAN (EU-), fahrlässiger – *Freiheitlicher Pressedienst / 8.4.1994* **1025**
FAKTISCHE Ausschaltung des Parlaments – *Freiheitlicher Pressedienst / 20.4.1988* **563**
FALCO der österreichischen Innenpolitik (Haider) – *Kleine Zeitung / 11.1.1988* **534**
FALL für den Staatsanwalt (Regierung) – *Freiheitlicher Pressedienst / 28.10.1993* **964**
FALL für die Strafgerichte (Schilcher wegen Äußerung im Draken-Streit) – *Freiheitlicher Pressedienst / 11.3.1987* **201**
FALL für's Strafgericht (Schilchers Äüßerung im Draken-Streit) – *Kurier / 12.3.1987* **203**
FALSCHE Angstparolen (Regierung) – *Freiheitlicher Pressedienst / 19.5.1994* **1092**
FALSCHE Information (Große Koalition) – *Freiheitlicher Pressedienst / 10.10.1987* **417**
FALSCHEN Weg (Bundeskanzler Vranitzky auf dem ...) – *Freiheitlicher Pressedienst / 10.2.1987* **165**
FALSCHER Mann (Lacina) – *Freiheitlicher Pressedienst / 24.6.1987* **330**
FALSCHES Budget – *Kurier / 16.11.1987* **466**
FAMILIENAUSFLUG von Franz Ratlos und Alois Hilflos (Regierungsklausur) – *Freiheitlicher Pressedienst / 12.6.1987* **317**
FAMILIENAUSFLUG von Franz Ratlos und Alois Hilflos (Regierungsklausur) – *Mittagsjournal / 12.6.1987* **320**
FAMILIENDEALS (BAWAG) (Flöttl) – *Freiheitlicher Pressedienst / 10.5.1994* **1080**
FASCHING ist aus (in der Verstaatlichten, bei der Agrarbürokratie und der Bundesbahn) – *Die Presse / 9.4.1987* **238**
FASCHINGSSCHERZE (Vranitzky) – *Freiheitlicher Pressedienst / 10.2.1992* **810**

FASCHINGSSITZUNGEN, öffentliche (Graf-Pressekonferenz) – *Freiheitlicher Pressedienst / 28.2.1987* **189**

FASCHIST (Vogler) – *Freiheitlicher Pressedienst / 1.5.1994* **1063**

FASCHIST (Vranitzky) – *News Nr. 13 / 1.4.1993* **850**

FASCHISTEN: zum ... gestempelt – *Profil / 27.6.1988* **624**

FASCHISTOIDER Zug (Absetzung Foreggers, durch SPÖ) – *Mittagsjournal / 23.4.1991* **762**

FASCHISTOIDER Zug (Einwirkung auf die unabhängige Gerichtsbarkeit durch SPÖ) – *Freiheitlicher Pressedienst / 24.4.1991* **763**

FASCHISTOIDER Zug (SPÖ) – *Der Standard / 25.4.1991* **764**

FASS (setzt dem Faß die Krone auf [!]) (Verpolitisierung des Verwaltungsgerichtshofs) – *Freiheitlicher Pressedienst / 20.1.1987* **136**

FASSADE des Fernsehkanzlers beginnt zu bröckeln (Vranitzky) – *Neue Freie Zeitung / 28.4.1988* **579**

FASTRENTNER (und Pensionisten) (ÖVP-Regierungsmitglieder in der Großen Koalition) – *Freiheitlicher Pressedienst / 16.1.1987* **128**

FAUL, arbeitslos und dumm (Nazi-Gruppen) – *Mittagsjournal / 22.1.1992* **806**

FAULE (und teure) Technokraten (in den Sozialversicherungsanstalten) – *Ganze Woche / 6.11.1986* **56**

FAULE Kompromisse – *Freiheitlicher Pressedienst / 16.5.1994* **1083**

FAULENZER – *Der Standard / 18.2.1994* **1002**

FEHDEHANDSCHUH – *Der Standard / 3.2.1993* **842**

FEHDEHANDSCHUH – *Der Standard / 3.2.1993* **843**

FEHLENTWICKLUNG (des sozialistischen Machtsystems) – *Freiheitlicher Pressedienst / 9.1.1994* **985**

FEHLKALKULATION (Budget) – *Freiheitlicher Pressedienst / 23.6.1987* **329**

FEHLLEISTUNG, eklatante (Finanzministerium) – *Freiheitlicher Pressedienst / 23.6.1987* **329**

FEHLLEISTUNGEN privilegierter ÖBB-Manager – *Freiheitlicher Pressedienst / 12.1.1987* **119**

FEHLLEISTUNGEN, ständig ... (produziert Löschnak) – *Mittagsjournal / 16.5.1991* **774**

FEHLTRITT (EU-Beitritt) – *Freiheitlicher Pressedienst / 26.4.1994* **1056**

FEIG, zu ... (Riegler) – *Kleine Zeitung/ Graz / 13.11.1988* **648**

FEIGE, zu ... (Regierung) – *Freiheitlicher Pressedienst / 28.10.1993* **962**

FEIGHEIT und Unentschlossenheit (Bundesregierung) – *Freiheitlicher Pressedienst / 14.1.1992* **805**

FEINDSCHAFT, sprichwörtliche (Grafs gegen Sauerzopf) – *Mittagsjournal / 4.11.1987* **460**

FEINE englische Art, nicht nur die ... (in der Bischofskonferenz) – *Kleine Zeitung / 14.1.1991* **750**

FEINER Maxe (SPÖ) – *Freiheitlicher Pressedienst / 15.10.1993* **955**

FERDINAND der Ahnungslose (Lacina) – *Freiheitlicher Pressedienst / 24.6.1987* **330**

FERDINAND der Sparstrumpfplünderer (Lacina) – *Freiheitlicher Pressedienst / 10.1.1988* **529**

FERDINAND der Sparstrumpfplünderer (Lacina) – *Zeit im Bild 1 / 10.1.1988* **532**

FERDINAND mit der leeren Tasche (Lacina) – *Kleine Zeitung / 11.1.1988* **538**

FERNSEHKANZLER (Vranitzky) – *Freiheitlicher Pressedienst / 23.7.1993* **892**

FERNSEHKANZLERS Fassade beginnt zu bröckeln (Vranitzky) – *Neue Freie Zeitung / 28.4.1988* **579**

FESCHER Franz (Vranitzky) – *Kleine Zeitung / 26.10.1986* **33**

FESCHER Franz (Vranitzky) – *Kurier / 7.11.1986* **57**

FESTIVAL der Spekulanten (EXPO) – *Freiheitlicher Pressedienst / 11.5.1991* **772**
FESTSPIELE, sozialistische (in den Informations-Sendungen des ORF) – *Freiheitlicher Pressedienst / 16.2.1994* **999**
FETTE Pfründe (Kammern) – *Ganze Woche / 6.11.1986* **56**
FETTNAPF (sozialistische Koalition tappt von einem ... in den anderen) – *Freiheitlicher Pressedienst / 4.2.1987* **154**
FETTNAPF, bis zum Hals im ... (Dallinger) – *Freiheitlicher Pressedienst / 13.2.1987* **167**
FETZEN, mit nassen ... nach Hause geschickt (gehörten die schwarzen Bauernvertreter) – *Der Standard / 1.9.1993* **912**
FEUDALE Pfründe (aufteilen, Großkoalitionäre) – *Freiheitlicher Pressedienst / 12.1.1987* **120**
FEUDALER Landesherr (Graf Bobby) – *Freiheitlicher Pressedienst / 28.2.1987* **191**
FEUDALFÜRSTEN, die neuen ... (Arbeiterführer von heute) – *Freiheitlicher Pressedienst / 30.4.1990* **698**
FEUDALHERREN, rot-schwarze – *Freiheitlicher Pressedienst / 10.7.1990* **713**
FEUDALISMUS, sozialistischer, fortgesetzt durch ÖVP – *Neue Freie Zeitung / 30.10.1986* **46**
FEUER am Dach (der Großen Koalition) – *Freiheitlicher Pressedienst / 22.5.1991* **776**
FEUER, Kastanien aus dem ... holen – *Freiheitlicher Pressedienst / 17.9.1990* **720**
FIASKO, finanzielles (ÖBB-Defizit) – *Freiheitlicher Pressedienst / 30.10.1987* **452**
FIASKO, finanzielles (Verstaatlichtenkrise) – *Freiheitlicher Pressedienst / 9.12.1987* **487**
FIASKO, gigantisches Milliarden- ... – *Freiheitlicher Pressedienst / 13.9.1993* **919**
FIASKOS, zahlreiche (Verstaatlichten-Management) – *Freiheitlicher Pressedienst / 23.2.1987* **172**
FILIALBETRIEB der Sozialisten (ÖVP) – *Freiheitlicher Pressedienst / 15.10.1993* **958**
FILIALBETRIEB der SPÖ (ÖVP) – *Die Presse / 6.12.1986* **91**
FILZ – *Inlandsreport / 21.4.1994* **1035**
FILZ der rot-schwarzen Bürokratie – *Der Standard / 10.1.1994* **991**
FILZLÄUSE, rote und schwarze ... (die mit Blausäure bekämpft werden sollten) – *Profil / 25.4.1994* **1049**
FINANZDEBAKEL, riesiges (ÖBB) – *Freiheitlicher Pressedienst / 10.2.1994* **996**
FINANZIELLES Fiasko (ÖBB-Defizit) – *Freiheitlicher Pressedienst / 30.10.1987* **452**
FINANZIELLES Fiasko (Verstaatlichtenkrise) – *Freiheitlicher Pressedienst / 9.12.1987* **487**
FINANZPLANUNG, chaotische (Bundesregierung) – *Freiheitlicher Pressedienst / 17.5.1994* **1085**
FINANZPOLITIK, chaotische (der Koalition) – *Freiheitlicher Pressedienst / 18.10.1993* **961**
FINGERN, mit langen ... in die Geldbörsen der Steuerzahler (Große Koalition) – *Freiheitlicher Pressedienst / 28.2.1987* **191**
FINTEN, trickreiche (Budgetpolitik der Großkoalitionäre) – *Freiheitlicher Pressedienst / 16.1.1987* **126**
FIRMENTITEL „Bluff und Schmäh" (Koalition) – *Freiheitlicher Pressedienst / 22.4.1987* **252**
FISKALSOZIALISMUS (mit ÖVP-Beteiligung) – *Freiheitlicher Pressedienst / 9.2.1987* **161**
FLASCHEN herumsitzen (gehören in eine Brauerei und nicht in die Regierung) (Regierungsmitglieder) – *Freiheitlicher Pressedienst / 25.5.1991* **778**

FLASCHEN kommen in die Bundesregierung – *Sozialistische Korrespondenz / 18.11.1987* **468**

FLASCHENHALS (Finanzminister Lacina) – *Freiheitlicher Pressedienst / 25.5.1991* **778**

FLATTRIGE Nerven – *Inlandsreport / 21.4.1994* **1034**

FLATTRIGE Nerven – *Profil / 9.3.1992* **815**

FLEISSIGE (werden bestraft) – *Freiheitlicher Pressedienst / 25.3.1987* **216**

FLEISSIGE landen auf dem Abstellgleis – *Neue Freie Zeitung / 15.1.1987* **124**

FLICKSCHUSTEREI (im Koalitionsübereinkommen zwischen SPÖ und ÖVP) – *Freiheitlicher Pressedienst / 29.1.1987* **142**

FLÖHE: Wer sich mit Hunden ins Bett legt, darf sich nicht wundern, wenn er mit Flöhen aufwacht – *Freiheitlicher Pressedienst / 7.1.1988* **516**

FLOP (Vranitzkys USA-Reise) – *Wiener Zeitung / 24.5.1987* **294**

FLOP, echter (Mietengesetzgebung, Verwaltungsreform) – *Freiheitlicher Pressedienst / 6.4.1994* **1022**

FLOP, großer (Grafs Autobahnbaufinanzierung) – *Freiheitlicher Pressedienst / 4.6.1987* **307**

FLOP, nächster großer (Zusammenschluß der Sonderstraßenbaugesellschaften: Schüssel) – *Freiheitlicher Pressedienst / 20.4.1993* **851**

FLOP, und Pfusch und (Koalitions-Pensionsreformpolitik) – *Freiheitlicher Pressedienst / 22.12.1992* **831**

FLUCH der bösen Tat – *Der Standard / 26.1.1991* **753**

FLUCH der bösen Tat – *Freiheitlicher Pressedienst / 16.7.1987* **349**

FLURBEREINIGUNG – *Freiheitlicher Pressedienst / 30.9.1987* **403**

FORTSETZUNG (von Versailles ohne Krieg) (Maastricht) – *Frankfurter Rundschau Nr.117 Pfingsten / 22.5.1994* **1093**

FORTSETZUNG des permanenten Selbstbetruges der Großen Koaliton (Budget 1989) – *Freiheitlicher Pressedienst / 30.11.1988* **651**

FRAGWÜRDIG, moralisch – *Freiheitlicher Pressedienst / 12.1.1987* **119**

FRANZ Guck-in-die-Luft (Vranitzky) – *Die Presse / 17.9.1987* **384**

FRANZ Ratlos (nicht mehr) (Vranitzky) – *Die Presse / 17.9.1987* **384**

FRANZ Ratlos (Vranitzky) – *Freiheitlicher Pressedienst / 12.6.1987* **317**

FRANZ Ratlos (Vranitzky) – *Mittagsjournal / 12.6.1987* **320**

FRANZ, bestenfalls eine Schuhfabrik (Vranitzky) – *Die Presse / 2.5.1988* **596**

FRANZ, fescher (Vranitzky) – *Kleine Zeitung / 26.10.1986* **33**

FRANZ, fescher (Vranitzky) – *Kurier / 7.11.1986* **57**

FRANZ, schöner (Vranitzky) – *Die Presse / 17.11.1986* **74**

FRECHE AUSBEUTUNG der Steuerzahler (Sonderlohnrunde der Beamten) – *Freiheitlicher Pressedienst / 12.1.1990* **684**

FRECHHEIT (Fischers) – *Freiheitlicher Pressedienst / 21.5.1987* **289**

FRECHHEIT, wirtschaftspolitische (sozialistischer Initiativantrag zur Abschaffung der vorzeitigen Abschreibung) – *Freiheitlicher Pressedienst / 9.6.1988* **614**

FREIMAURER – *Arbeiterzeitung / 16.9.1986* **2**

FREIMAURER und Bilderberger (Aufträge) (Vranitzky) – *Freiheitlicher Pressedienst / 30.5.1994* **1109**

FREISTAAT Kärnten – *Abendjournal + Zeit im Bild 1 / 8.1.1991* **739**

FREISTAAT Kärnten – *APA / 8.1.1991* **740**

FREMDENLEGION made in Austria (Buseks Vorschlag für eine ständige UNO-Truppe) – *Freiheitlicher Pressedienst / 13.5.1993* **856**

FREUNDERLWIRTSCHAFT (der alten Parteien) – *Freiheitlicher Pressedienst / 6.4.1987* **229**

FREUNDERLWIRTSCHAFT, unerhörte (BAWAG) – *Freiheitlicher Pressedienst / 17.5.1994* **1087**
FREUNDERLWIRTSCHAFT, ungeheuerliche (BAWAG) – *Freiheitlicher Pressedienst / 17.5.1994* **1087**
FRIEDENSRICHTER (für die Koalition) (Haider) – *APA / 19.4.1994* **1032**
FRIEDENSTREFFEN — und kein SS-Treffen — ist die Veranstaltung auf dem Kärntner Ulrichsberg – *Freiheitlicher Pressedienst / 5.11.1986* **53**
FRIVOL (sei es, von einem Gießkannenprinzip bei Unternehmensförderung zu sprechen) – *Freiheitlicher Pressedienst / 6.4.1987* **231**
FRÖHLICHE Urständ (feiern Politikerprivilegien) – *Freiheitlicher Pressedienst / 1.5.1994* **1065**
FRONT der Ausgrenzer – *Der Standard / 28.10.1993* **975**
FRONTEN, Rückzug auf allen ... (ÖVP) – *Freiheitlicher Pressedienst / 15.10.1993* **956**
FRÜCHTCHEN, besonderes (Scholten) – *Der Standard / 11.4.1992* **816**
FRÜHBAUER-PLEITE (Papst-Pleite) – *Kleine Zeitung/Kärnten / 20.8.1987* **364**
FRÜHSTÜCKSDIREKTOR, Art ... (Zernatto) – *Der Standard / 21.5.1993* **860**
FÜHRER der 5. Kolonne der SPÖ in der ÖVP (Graf) – *Freiheitlicher Pressedienst / 29.8.1987* **372**
FÜHRER, autoritärer (Vranitzky) – *Freiheitlicher Pressedienst / 27.5.1994* **1101**
FÜHRUNGSSTRUKTUR, autoritäre, des Parlaments (Fischer) – *Freiheitlicher Pressedienst / 22.2.1993* **844**
FÜNFTE Kolonne der SPÖ in der Volkspartei (Kukacka) – *Freiheitlicher Pressedienst / 8.4.1988* **555**
FUNKTIONÄRE (Sanierung eigener ... durch die alten Parteien) – *Freiheitlicher Pressedienst / 11.1.1987* **115**
FUNKTIONÄRE, geschlossene Anstalt der ... (SPÖ) – *Freiheitlicher Pressedienst / 24.4.1991* **763**
FUNKTIONÄRS- und Privilegien-Paradies, Überbürokratisiertes (Sozialversicherungen) – *Freiheitlicher Pressedienst / 14.11.1986* **72**
FUNKTIONÄRSBEREICHERUNG minus schlechtes Gewissen (Sozialismus) – *Freiheitlicher Pressedienst / 20.9.1990* **721**
FUNKTIONÄRSCLIQUEN, orthodoxe (der alten Parteien) – *Freiheitlicher Pressedienst / 11.1.1987* **116**
FUNKTIONÄRSDSCHUNGEL (vgl. Dallinger) – *Freiheitlicher Pressedienst / 14.11.1986* **71**
FUNKTIONÄRSFILZ – *Freiheitlicher Pressedienst / 6.4.1987* **229**
FUNKTIONÄRSHERRLICHKEIT, sozialistische (Beispiel Hesoun) – *Freiheitlicher Pressedienst / 22.12.1990* **737**
FUNKTIONÄRSHIERARCHIEN (der alten Parteien) – *Zeit im Bild 1 / 11.1.1987* **118**
FUNKTIONÄRSMACHT, Erhaltung von ... und Pfründen – *Freiheitlicher Pressedienst / 2.12.1988* **652**
FUNKTIONÄRSPARADIES (Sozialversicherungsanstalten) – *Freiheitlicher Pressedienst / 29.1.1987* **147**
FUNKTIONÄRSPARADIES, Portier zum ... (Dallinger) – *Freiheitlicher Pressedienst / 25.3.1987* **215**
FUNKTIONÄRSPARADIESE (auf Kosten der Fleißigen und Tüchtigen) – *Freiheitlicher Pressedienst / 17.9.1990* **720**
FUNKTIONÄRSPRIVILEGIEN – *Die Presse / 6.4.1987* **233**
FUNKTIONÄRSPRIVILEGIEN (werden vermehrt) – *Freiheitlicher Pressedienst / 25.3.1987* **216**
FUNKTIONÄRSRAMBOS, Geiselhaft dieser ... – *Mittagsjournal / 23.4.1991* **762**
FUNKTIONÄRSRAMBOS, in der Geiselhaft der ... (Vranitzky) – *Freiheitlicher Pressedienst / 24.4.1991* **763**

FUNKTIONÄRSRAMBOS, in Geiselhaft der ... (Vranitzky) – *Der Standard / 25.4.1991* **764**

FUNKTIONÄRSSTAAT – *Freiheitlicher Pressedienst / 30.5.1987* **304**

FUNKTIONÄRSSTAAT, hemmungsloser – *Mittagsjournal / 23.4.1991* **762**

FUNKTIONÄRSSTAAT, hemmungsloser der Machtverfilzung, der Parteibuchwirtschaft und der Privilegien – *Freiheitlicher Pressedienst / 24.4.1991* **763**

FUNKTIONÄRSSTAAT, kalter – *Freiheitlicher Pressedienst / 18.10.1986* **17**

FUNKTIONEN (manche Funktionäre haben so viele ..., daß sie vor lauter Geldzählen nicht zum Arbeiten kommen) – *Ganze Woche / 6.11.1986* **56**

FÜRSTLICH (der bestehende Funktionärsstaat bedient sich ... an den Steuergeldern des kleinen Mannes) – *Freiheitlicher Pressedienst / 30.5.1987* **304**

FÜRSTLICHE BEZÜGE (Verstaatlichten-Manager) – *Freiheitlicher Pressedienst / 9.12.1987* **487**

FÜRSTLICHE Gagen (Hesoun) – *Freiheitlicher Pressedienst / 22.12.1990* **736**

FÜSSE abputzen (SPÖ an der Kriegsgeneration – *Die Presse / 17.11.1986* **77**

FÜSSE abstreifen (an der Geschichte Kärntens, Tito-Partisanen) – *Freiheitlicher Pressedienst / 21.7.1991* **787**

FÜSSE, kalte ... holen (werden sich Vranitzky und Busek bei der Nationalratswahl 1994) – *Inlandsreport / 21.4.1994* **1042**

FÜSSEN trete, die Menschenrechte mit ... (Vranitzky) – *Freiheitlicher Pressedienst / 14.1.1992* **804**

FÜSSEN, mit ... (tritt Regierung Anliegen der Bevölkerung) – *Freiheitlicher Pressedienst / 23.9.1993* **930**

FÜSSEN, mit ... treten (Demokratie, durch die Große Koalition) – *Freiheitlicher Pressedienst / 1.5.1994* **1061**

FÜSSEN, mit ... tritt Israel täglich die Menschenrechte – *Kleine Zeitung / 22.1.1988* **542**

FUTTERTRÖGE, großkoalitionäre – *Der Standard / 10.1.1994* **991**

— G —

GACKERN: siehe Hühnerstall

GAGEN, fürstliche (Hesoun) – *Freiheitlicher Pressedienst / 22.12.1990* **736**

GALEERENSTRÄFLINGE, schwarze – *Freiheitlicher Pressedienst / 25.5.1991* **777**

GALEERENSTRÄFLINGS, mit der Rolle eines ... (begnügt sich die ÖVP Burgenland) – *Kleine Zeitung / 12.7.1991* **785**

GANGART verschärfen – *Freiheitlicher Pressedienst / 21.4.1994* **1045**

GÄNGELBAND, rot-schwarzes – *Freiheitlicher Pressedienst / 10.1.1988* **522**

GANOVEN (treiben Unwesen, in Österreich) – *Der Standard / 20.6.1991* **782**

GANZ normaler Wahnsinn – *Freiheitlicher Pressedienst / 30.9.1987* **404**

GANZE ZEIT halbe Arbeit (leistet die Regierung) – *Freiheitlicher Pressedienst / 19.10.1987* **430**

GARNITUR, zweite und dritte (Bundesregierung) – *Freiheitlicher Pressedienst / 21.1.1987* **138**

GASTARBEITER (ÖVP in SPÖ-Koalitionsregierung) – *Kleine Zeitung / 12.1.1987* **122**

GASTARBEITER tyrannisieren – *Freiheitlicher Pressedienst / 21.8.1993* **906**

GASTARBEITER, 140.000 Ausländer als ..., unverständlich bei 180.000 Arbeitslosen – *Zeit im Bild 1 / 10.1.1988* **533**

GASTARBEITER, privilegierte Stellung der ... – *Freiheitlicher Pressedienst / 8.2.1987* **159**
GASTARBEITER, schwarze (ÖVP-Regierungsmitglieder in der „Sozialistischen Koalition“) – *Freiheitlicher Pressedienst / 6.2.1987* **157**
GAUNER in den eigenen Reihen (SPÖ und ÖVP) – *Freiheitlicher Pressedienst / 19.2.1988* **546**
GAUNER und korrupte Personen – *Freiheitlicher Pressedienst / 23.3.1988* **553**
GAUNER und Korruptionisten (Drahtzieher der Waldheim-Kampagne) – *Kleine Zeitung / 22.2.1988* **543**
GAUNER, große ..., im Schutz der Politik, können es sich richten (Proksch) – *Freiheitlicher Pressedienst / 14.12.1987* **498**
GAUNER, politische, und Korruptionäre (in der SPÖ) – *Freiheitlicher Pressedienst / 30.4.1988* **589**
GAUNER, und Korruptionisten (in der SPÖ) – *Freiheitlicher Pressedienst / 11.5.1988* **600**
GAUNEREI, und Korruption – *Freiheitlicher Pressedienst / 10.1.1988* **525**
GAUNEREI, und Korruption – *Kleine Zeitung / 11.1.1988* **538**
GAUNERREPUBLIK – *Sozialistische Korrespondenz / 25.4.1988* **578**
GAUNERREPUBLIK, Österreich ist auf dem Weg zur ... – *Kleine Zeitung / 29.4.1988* **588**
GEBEUGT (Geschäftsordnung durch die Parteien) – *Freiheitlicher Pressedienst / 21.4.94* **1044**
GEBILDE, aufgeblasene, gedopte ... (Regierungsparteien) – *Oberösterreichische Nachrichten / 3.10.1988* **635**
GEBOGEN (Geschäftsordnung, durch die Regierung) – *Freiheitlicher Pressedienst / 21.4.1994* **1045**
GEBOTS- und Verbotsminister (Dallinger) – *Freiheitlicher Pressedienst / 14.4.1988* **557**
GEBROCHEN, Versprechungen (durch Großkoalitionäre) – *Freiheitlicher Pressedienst / 29.1.1987* **144**
GEBROCHEN, Vertrag (Zernatto) – *Freiheitlicher Pressedienst / 1.5.1994* **1064**
GEBROCHEN, Wahlversprechen (ÖVP) – *Freiheitlicher Pressedienst / 26.2.1988* **550**
GEBROCHEN, Wahlversprechen (ÖVP) – *Mittagsjournal / 26.2.1988* **551**
GEBROCHENE Versprechen (rotschwarze Koalition) – *Freiheitlicher Pressedienst / 12.10.1987* **420**
GEBÜHRENERHÖHUNG, drastische (ÖBB, Übleis) – *Freiheitlicher Pressedienst / 30.10.1987* **453**
GEDÄCHTNISSCHWUND (ÖVP-Generalsekretär Graff) – *Freiheitlicher Pressedienst / 10.4.1987* **241**
GEDANKENLOSES Mißmanagement (Verstaatlichte Industrie) – *Freiheitlicher Pressedienst / 26.2.1987* **180**
GEDOPTE, aufgeblasene, Gebilde (Regierungsparteien) – *Oberösterreichische Nachrichten / 3.10.1988* **635**
GEFAHR (Radikale in der Grünen Bewegung: Pilz) – *Freiheitlicher Pressedienst / 1.3.1987* **195**
GEFÄHRLICHE Drohung für die Österreicher (Regierung) – *Freiheitlicher Pressedienst / 13.1.1991* **746**
GEFÜHL, relativ wenig ... bei Entscheidungen (Vranitzky) – *Basta / 11/1986* **49**
GEFÜHLSKÄLTE (gegenüber Notlage der Landwirte) (Vranitzky) – *Profil / 17.11.1986* **79**
GEGENPROPAGANDA, massive – *Freiheitlicher Pressedienst / 8.4.1994* **1027**
GEGENSEITIGES Haxelstellen von Rot und Schwarz – *Der Standard / 24.2.1990* **690**
GEHÄLTER, 19 1/2 (Vranitzky) – *Die Presse / 17.11.1986* **74**

GEHEIMDIPLOMATIE (der Koalition, in Sachen Budgetkrise) – *Freiheitlicher Pressedienst / 15.7.1993* **886**

GEHEIMDIPLOMATIE, erschreckendes Beispiel von ... – *Freiheitlicher Pressedienst / 19.1.1987* **135**

GEHEUL, wütendes (Reaktion der beiden alten Parteien auf das FPÖ-Volksbegehren) – *Freiheitlicher Pressedienst / 6.4.1987* **228**

GEHIRNWÄSCHE, wahre – *Freiheitlicher Pressedienst / 8.4.1994* **1028**

GEHIRNWÄSCHE, politische (Regierung) – *Freiheitlicher Pressedienst / 30.5.1994* **1106**

GEHIRNWÄSCHE, unglaubliche (Pro-EU-Propaganda der Regierung) – *Freiheitlicher Pressedienst / 25.5.1994* **1097**

GEHIRNWÄSCHE, wahre (Pro-EU-Propaganda der Regierung) – *Freiheitlicher Pressedienst / 25.5.1994* **1097**

GEHORSAM, vorauseilender (ÖVP-Regierungsmitglieder, vor allem Graf) – *Kurier / 27.9.1987* **398**

GEISELHAFT (in) (der) Industrielobby (Vranitzky) – *Freiheitlicher Pressedienst / 30.5.1994* **1109**

GEISELHAFT der Funktionärsrambos, in der ... (Vranitzky) – *Der Standard / 25.4.1991* **764**

GEISELHAFT der Funktionärsrambos, in der ... (Vranitzky) – *Freiheitlicher Pressedienst / 24.4.1991* **763**

GEISELHAFT der Sozialisten, in der ... (ÖVP Burgenland) – *Kleine Zeitung / 12.7.1991* **785**

GEISELHAFT dieser Funktionärsrambos – *Mittagsjournal / 23.4.1991* **762**

GEISELHAFT, in der ... einiger linker Ideologen (befindet sich die Regierung) – *Freiheitlicher Pressedienst / 13.1.1991* **744**

GEISTERREITER, apokalyptische (rotgrüne Szene) – *Freiheitlicher Pressedienst / 11.1.1987* **117**

GEISTIG und moralisch weggetreten (ÖVP) – *Neue Freie Zeitung / 18.12.1986* **100**

GEISTIG und politisch abtreten (eine Partei) – *Mittagsjournal / 12.12.1986* **94**

GEISTIG-atomare Kernspaltung – *Freiheitlicher Pressedienst / 13.1.1991* **746**

GEISTIGE Obdachlosigkeit der Mächtigen, politischer Kreuzzug gegen die ... – *Freiheitlicher Pressedienst / 1.5.1989* **662**

GEISTIGE Ruinen als Produkt der überheblichen Machtpolitik der beiden alten Parteien – *Freiheitlicher Pressedienst / 19.11.1989* **676**

GEISTIGE Schräglage (in unserer Gesellschaft) – *Der Standard / 10.1.1994* **991**

GEISTIGE Umerziehung (ÖVP) – *Freiheitlicher Pressedienst / 26.2.1988* **549**

GEISTIGE Umerziehung der Altparteien, notwendige ... – *Der Standard / 23.4.1990* **696**

GEISTIGER Irrläufer (Busek) – *Die Presse / 27.10.1992* **826**

GEISTIGER Irrläufer (Busek) – *Täglich Alles / 27.10.1992* **827**

GEISTIGES Leergebinde – *Freiheitlicher Pressedienst / 11.10.1992* **824**

GEISTIGES Zurückdrehen der Uhren um mehr als 40 Jahre (Slowenendemonstranten) – *Freiheitlicher Pressedienst / 21.12.1987* **510**

GEJAMMER, bürgerliches ... über das Nichtzustandekommen einer Koalition der beiden bürgerlichen Lager – *Freiheitlicher Pressedienst / 13.7.1988* **628**

GEKAUFTE Printmedienlandschaft – *Freiheitlicher Pressedienst / 8.4.1994* **1028**

GEKLÄFFE (Cap) – *Kleine Zeitung / 14.1.1991* **750**

GEKLOTZT und nicht gekleckert – *Freiheitlicher Pressedienst / 10.6.1987* **313**

GELD aus der Börse gezogen, mit allen nur erdenklichen Tricks (dem österreichischen Steuerzahler) – *Freiheitlicher Pressedienst / 17.10.1987* **428**

GELD der Reichen (von den Altparteien zur eigenen Sanierung verwendet) – *Kleine Zeitung / 12.1.1987* **121**

GELD einstreifen von den Steuerzahlern (Löschnak) – *Morgenjournal / 21.9.1990* **722**

GELDBEDÜRFTIGE ÖVP-Funktionäre, Selbstbedienungsladen für ... (Bundesländer-Versicherung) – *Freiheitlicher Pressedienst / 26.1.1989* **656**

GELDBESCHAFFUNGSAKTION, räuberische (von Dallinger und Schwimmer ausgehandelt) – *Freiheitlicher Pressedienst / 20.10.1987* **432**

GELDBESCHAFFUNGSAKTION, überhastete (Pensionsreform Dallingers) – *Kleine Zeitung / 1.10.1987* **406**

GELDBESCHAFFUNGSAKTIONEN, panikartige – *Freiheitlicher Pressedienst / 26.11.1987* **474**

GELDÜBERWEISEN (Kontonummern fürs ... bekanntgeben, Multifunktionäre) – *Kronen-Zeitung / 10.11.1986* **69**

GELDVERNICHTUNG (EXPO) gigantische Maschinerie der – *Freiheitlicher Pressedienst / 17.5.1991* **775**

GELDVERNICHTUNG, amtliche, zu Lasten der Steuerzahler (Volkszählung 1991) – *Freiheitlicher Pressedienst / 16.5.1991* **773**

GELDVERNICHTUNG, amtliche, zu Lasten der Steuerzahler (Volkszählung 1991) – *Mittagsjournal / 16.5.1991* **774**

GELDVERSCHIEBUNG (fälschlich als Privatisierung bezeichnet) – *Freiheitlicher Pressedienst / 21.6.1987* **327**

GELDVERSCHWENDER, Sammlung inkompetenter ... (Regierung) – *Freiheitlicher Pressedienst / 25.5.1991* **778**

GELDZÄHLEN (manche Funktionäre haben so viele Funktionen, daß sie vor lauter ... nicht mehr zum Arbeiten kommen) – *Ganze Woche / 6.11.1986* **56**

GELEGT, auf's Kreuz ... (betreffend Steuerreform) – *Freiheitlicher Pressedienst / 16.12.1987* **505**

GELOGEN, daß sich die Balken biegen (zuständige Minister, betreffend Transitvertrag) – *Freiheitlicher Pressedienst / 28.9.1993* **938**

GEMEINHEIT, undemokratische – *Zeit im Bild 1 / 18.3.1994* **1017**

GEMEINHEITEN, alle ... (lasse sich die ÖVP gefallen) – *Kleine Zeitung / 14.1.1991* **750**

GEMEINSAMER Deal (SPÖ und ÖVP) – *Freiheitlicher Pressedienst / 26.1.1989* **657**

GENOSSENSCHAFTSKONZERNE, übermächtige – *Freiheitlicher Pressedienst / 18.10.1986* **20**

GERÄUMT, aus dem Weg ... (Foregger) – *Freiheitlicher Pressedienst / 18.7.1991* **786**

GEREIZT, ständig ... und zu nichts gut (ÖVP) – *Die Presse / 17.9.1987* **385**

GEREIZT, ständig ... und zu nichts nutze (ÖVP Burgenland, Blinddarm der Landesregierung) – *Freiheitlicher Pressedienst / 24.8.1987* **367**

GESAGT, Unwahrheit (Zernatto) – *Freiheitlicher Pressedienst / 1.5.1994* **1064**

GESCHADET (dem österreichischen Fremdenverkehr) (Graf) – *Freiheitlicher Pressedienst / 4.6.1987* **307**

GESCHÄFTEMACHERN, Erfüllungsgehilfen einer Gruppe von ... (Riegler) – *Freiheitlicher Pressedienst / 23.5.1988* **604**

GESCHÄFTSORDNUNGEN biegen (Große Koalition) – *Freiheitlicher Pressedienst / 3.5.1994* **1068**

GESCHEITERT, fast ausschließlich ... (rot-schwarze Koalition) – *Die Presse / 2.5.1988* **594**

GESCHEITERTE Arbeitsmarktpolitik (Dallinger) – *Freiheitlicher Pressedienst / 9.5.1987* **274**

GESCHICHTSFÄLSCHER (Vranitzky) – *Der Standard / 14.2.1994* **997**

GESCHICHTSFÄLSCHUNG, Monopol der linken ... – *Der Standard / 14.10.1991* **795**
GESCHLOSSENE Anstalt der Funktionäre (SPÖ) – *Freiheitlicher Pressedienst / 24.4.1991* **763**
GESCHMACKLOSER roter Populismus – *Freiheitlicher Pressedienst / 20.10.1987* **431**
GESCHMEIDIG, biegsam und ... (ÖVP gegenüber SPÖ) – *Der Standard / 28.10.1993* **977**
GESCHWÄTZIGE Grundsatzlosigkeit (ÖVP) – *Freiheitlicher Pressedienst / 13.1.1991* **748**
GESCHWÄTZIGE Untätigkeit (Regierungsparteien) – *Freiheitlicher Pressedienst / 3.6.1988* **612**
GESELLSCHAFTSPOLITISCHE Systemveränderer – *Freiheitlicher Pressedienst / 11.1.1987* **117**
GESETZ verletzt (Graf) – *Freiheitlicher Pressedienst / 10.12.1987* **492**
GESETZE mißachten (Große Koalition) – *Freiheitlicher Pressedienst / 3.5.1994* **1068**
GESETZESBRUCHES, Nähe des ... (Regierung) – *Freiheitlicher Pressedienst / 28.10.1993* **966**
GESETZWIDRIGE Vergabe von Landesgeldern (ÖVP-Zustimmung) – *Freiheitlicher Pressedienst / 2.10.1987* **407**
GESICHTSVERLUST, massiver – *Freiheitlicher Pressedienst / 13.10.1993* **947**
GESICHTSVERLUST, massiver – *Freiheitlicher Pressedienst / 13.10.1993* **952**
GESINDEL, rotes – *Der Standard / 5.10.1990* **728**
GESINNUNG der Großparteien hört dann auf, wenn es um Geld geht – *Freiheitlicher Pressedienst / 5.6.1987* **308**
GESINNUNG der Museumswärter (Sozialpolitik der Großen Koalition) – *Freiheitlicher Pressedienst / 10.12.1987* **488**
GESINNUNG, heuchlerische (der Koalition) – *Freiheitlicher Pressedienst / 1.7.1988* **625**
GESINNUNG, menschenverachtende (Busek) – *Freiheitlicher Pressedienst / 25.11.1991* **798**
GESINNUNGSSCHNÜFFELEI (Ambrozy) – *Freiheitlicher Pressedienst / 10.6.1988* **617**
GESINNUNGSSCHNÜFFELEI, Kommissare für Denkverbote und ... (Scholten) – *Die Presse / 18.2.1994* **1005**
GESPALTENER Zunge, spricht mit ... (Vranitzky) – *Freiheitlicher Pressedienst / 6.10.1993* **943**
GESPÖTT, Österreich zum internationalen ... (mache die Bundesregierung) – *Freiheitlicher Pressedienst / 14.1.1992* **805**
GESPRÄCHSBASIS mit Burger – *Profil / 21.2.1988* **547**
GESTOHLEN, Steuern hinterzogen und korrumpiert – *Arbeiterzeitung / 6.12.1988* **654**
GESTÖRTES Verhältnis zum Parlamentarismus (Vranitzky) – *Freiheitlicher Pressedienst / 14.10.1992* **825**
GETARNTE, grün ... Anarchokommunisten – *Freiheitlicher Pressedienst / 27.2.1987* **183**
GETÄUSCHT (wurde Parlament bei Budgetdebatte) – *Freiheitlicher Pressedienst / 23.6.1987* **329**
GETRETEN, mit Füßen (Demokratie durch die Große Koalition) – *Freiheitlicher Pressedienst / 1.5.1994* **1061**
GEWAGTES Spiel (auf dem Rücken der Südtiroler Bevölkerung) – *Freiheitlicher Pressedienst / 26.5.1988* **606**
GEWALT als Mittel der Politik (Teile der Grünen) – *Freiheitlicher Pressedienst / 27.2.1987* **183**
GEWALT zur Durchsetzung politischer Mittel[!] – *Die Presse / 11.8.1987* **358**
GEWALTAKTIONEN, Akteure von ... (Slowenenvertreter) – *Salzburger Nachrichten / 16.7.1987* **353**

GEWALTANSCHLÄGE (Grün-Alternative Partei, Opernball-Demonstration) – *Freiheitlicher Pressedienst / 15.5.1987* **281**
GEWALTANWENDUNG, böser Vorsatz der ... (Opernball-Demonstration) – *Freiheitlicher Pressedienst / 4.3.1987* **197**
GEWALTIGE Lawine (losgetreten) – *Mittagsjournal / 1.4.1987* **227**
GEWERKSCHAFTS- und Parteibonze (Schmölz, SPÖ) – *Freiheitlicher Pressedienst / 27.10.1986* **37**
GEWINNMACHER, gehen als erste weg (Ausländerkriminalität) – *Die Presse / 2.4.1990* **693**
GEWISSE Portion Masochismus (ÖVP) – *Freiheitlicher Pressedienst / 15.10.1993* **955**
GEWISSENLOSER Mißbrauch des Bundesrates (zur Eigenwerbung, durch die Regierung) – *Freiheitlicher Pressedienst / 30.1.1987* **148**
GEZÄNKE, kleinkariertes (Vranitzky mit Salcher) – *Freiheitlicher Pressedienst / 15.4.1987* **251**
GEZIELTE Meinungsmanipulation (ORF) – *Freiheitlicher Pressedienst / 16.2.1994* **1001**
GEZINKTE Karten (Lacina) – *Freiheitlicher Pressedienst / 17.5.1994* **1086**
GEZINKTE Karten (Regierungspolitik) – *Freiheitlicher Pressedienst / 26.2.1987* **179**
GEZINKTEN Karten, mit ..., rot-schwarzes EU-Spiel – *Freiheitlicher Pressedienst / 8.4.1994* **1026**
GEZINKTEN Karten, ÖVP spielt mit ... – *Freiheitlicher Pressedienst / 3.7.1988* **627**
GEZOGEN, über den Tisch ... – *Inlandsreport / 21.4.1994* **1034**
GEZOGEN, über den Tisch ... (hätten die Bauern den Finanzminister) – *Freiheitlicher Pressedienst / 3.5.1994* **1070**
GHETTOSCHULEN (in Jugoslawien für ungarische und italienische Minderheiten) – *Freiheitlicher Pressedienst / 1.12.1987* **479**
GHETTOSCHULEN (in Jugoslawien) – *Freiheitlicher Pressedienst / 27.11.1987* **476**
GHETTOSCHULEN (in Jugoslawien) – *Freiheitlicher Pressedienst / 10.1.1988* **524**
GIERIGER Zugriff (auf Machtpositionen im Staat) (Große Koalition) – *Freiheitlicher Pressedienst / 8.3.1994* **1011**
GIFTPILZ, marxistisch verstrahlter ... mit rotem Hut (Pilz) – *Freiheitlicher Pressedienst / 11.1.1987* **117**
GIGANTISCHE Grundstückdeals (EXPO) – *Freiheitlicher Pressedienst / 11.5.1991* **772**
GIGANTISCHE Maschinerie der EXPO-Geldvernichtung – *Freiheitlicher Pressedienst / 17.5.1991* **775**
GIGANTISCHE Steuermittel (in Ressort Dallingers gepumpt) – *Freiheitlicher Pressedienst / 9.5.1987* **275**
GIGANTISCHER Scherbenhaufen (ÖVP-Politik) – *Freiheitlicher Pressedienst / 22.12.1986* **103**
GIGANTISCHES Defizit (ÖBB) – *Freiheitlicher Pressedienst / 30.10.1987* **452**
GIGANTISCHES Milliarden-Fiasko – *Freiheitlicher Pressedienst / 13.9.1993* **919**
GIGANTISCHES Täuschungsmanöver (Privatisierung der E-Wirtschaft) – *Kurier / 21.6.1987* **327**
GIPFEL der Unverfrorenheit – *Freiheitlicher Pressedienst / 6.10.1987* **412**
GIPFELPUNKT der Infamie (betreffend Parteibuchwirtschaft der ÖVP) – *Freiheitlicher Pressedienst / 27.3.1987* **220**
GIRAFFE, politische (Keller) – *Neue Freie Zeitung / 28.4.1988* **583**
GLASPALÄSTE (Sozialversicherungsanstalten) – *Freiheitlicher Pressedienst / 17.10.1987* **427**

GLASSTURZ von Zwangsorganisationen – *Freiheitlicher Pressedienst / 8.5.1990* **703**
GLAUBWÜRDIGKEIT, abnehmende (SPÖ und ÖVP) – *Freiheitlicher Pressedienst / 11.1.1987* **113**
GLEICHGEWICHT des Schreckens (Große Koalition) – *Freiheitlicher Pressedienst / 29.1.1987* **113**
GLEICHGEWICHT des Schreckens (rotschwarze Koalition) – *Freiheitlicher Pressedienst / 17.9.1987* **386**
GLEICHGEWICHT, seelisches ... verloren (Vranitzky) – *Freiheitlicher Pressedienst / 29.10.1987* **386**
GLEICHSTELLUNG, soziale, einheimischer Arbeitskräfte mit den Gastarbeitern – *Freiheitlicher Pressedienst / 8.2.1987* **159**
GLÜCKLOSE Volkspartei – *Freiheitlicher Pressedienst / 22.12.1986* **101**
GLÜCKSBRINGER (Parteibuch) – *Zeit im Bild 1 / 7.11.1986* **68**
GNADENFRIST (für Busek) – *Der Standard / 26.4.1994* **1057**
GNADENHALBER ein Ministeramt übernehmen (Graf) – *Freiheitlicher Pressedienst / 11.1.1987* **114**
GOEBBELS: Bronfman hetzt ärger als ... – *Kleine Zeitung / 22.1.1987* **541**
GOLDFASANE (Generäle im Bundesheer) – *Zeit im Bild 1 / 14.1.1990* **687**
GOLDFASANE, bald mehr ... als Soldaten – *Die Presse / 9.1.1990* **683**
GRAF Bobby – *Kleine Zeitung / 2.9.1987* **374**
GRAF Bobby aus dem Burgenland – *Profil / 9.6.1987* **309**
GRAF Bobby der Großen Koalition – *Freiheitlicher Pressedienst / 28.2.1987* **190**
GRAF Bobby, Dompteur der Ministeriumshydra, ist völlig überfordert – *Freiheitlicher Pressedienst / 28.2.1987* **187**
GRAF Bobby, müsse die Österreicher für sehr dumm halten – *Freiheitlicher Pressedienst / 28.2.1987* **186**
GRAF Bobby, vorbestrafter – *Kleine Zeitung / 11.1.1988* **538**
GRAF Bobby, wie ein Rokoko-Prinz – *Freiheitlicher Pressedienst / 28.2.1987* **191**
GRAF Dracula umarmt (SPÖ & ÖVP) – *Zeit im Bild 1 / 12.12.1990* **734**
GRAF und Konsorten – *Kurier / 1.12.1987* **481**
GRALSHÜTER der Großen Koalition (Kanzleramtsminister) – *Freiheitlicher Pressedienst / 24.2.1987* **173**
GRALSHÜTER der Moralität (USA, spielen sich auf) – *Freiheitlicher Pressedienst / 17.5.1987* **285**
GRAPSCH-Affäre (Hesoun) – *Freiheitlicher Pressedienst / 6.10.1993* **944**
GREIFEN, in die Taschen des kleinen Mannes (Dallinger) – *Freiheitlicher Pressedienst / 6.5.1987* **270**
GREIFEN, mit langen Fingern (in die Geldbörsen der Steuerzahler) – *Freiheitlicher Pressedienst / 28.2.1987* **191**
GREIFT schamlos in die Taschen der sozial Schwachen (Regierung) – *Freiheitlicher Pressedienst / 23.9.1987* **391**
GREIFT tiefer in die Taschen der Österreicher als jede andere (Regierung) vor ihr – *Freiheitlicher Pressedienst / 30.10.1987* **450**
GRENZE der politischen Agitation weit überschritten (Graf) – *Freiheitlicher Pressedienst / 4.11.1987* **456**
GRENZENLOSE Mutlosigkeit (Regierung) – *Freiheitlicher Pressedienst / 28.10.1993* **962**
GREUEL-Propaganda (Regierung) – *Freiheitlicher Pressedienst / 1.6.1994* **1111**
GRIFF, skandalöser ... der alten Parteien in die Staatskasse – *Freiheitlicher Pressedienst / 17.12.1989* **679**
GROB fahrlässig (Finanzministerium) – *Freiheitlicher Pressedienst / 23.6.1987* **329**

GROB fahrlässig schädigen (Umwelt) (Große Koalition) – *Freiheitlicher Pressedienst / 10.2.1987* **164**

GROB fahrlässige Kurzsichtigkeit (Mock) – *Freiheitlicher Pressedienst / 23.3.1987* **211**

GROB verantwortungslose Weise (Politik der rot-schwarzen Koalition) – *Freiheitlicher Pressedienst / 12.10.1987* **420**

GROBE Fahrlässigkeit (Dallinger) – *Freiheitlicher Pressedienst / 7.5.1987* **272**

GROBE Täuschung der Österreicher (durch Vranitzky, betreffend Wackersdorf) – *Freiheitlicher Pressedienst / 12.4.1988* **556**

GROBER Mangel an Demokratieverständnis und politischer Kultur (Graf) – *Freiheitlicher Pressedienst / 10.12.1987* **492**

GROBES Täuschungsmanöver (ÖBB-Ausgliederung) – *Freiheitlicher Pressedienst / 10.2.1994* **996**

GROSSARTIGE Cleverness (Vranitzky) – *Freiheitlicher Pressedienst / 19.11.1989* **676**

GROSSBAUPROJEKTE, Milliarden in unsinnige ... verpulvern (Regierung) – *Freiheitlicher Pressedienst / 30.9.1987* **405**

GROSSE Gauner, im Schutz der Politik, können es sich richten (Proksch) – *Freiheitlicher Pressedienst / 14.12.1987* **498**

GROSSE Sprüche klopfen (ÖVP und besonders Graff) – *Freiheitlicher Pressedienst / 16.12.1986* **99**

GROSSE Stinker (Umweltverschmutzung) – *Freiheitlicher Pressedienst / 22.6.1988* **623**

GROSSE wie leere Versprechen (Regierung) – *Freiheitlicher Pressedienst / 7.3.87* **198**

GROSSEN Flop, nächsten ... (Schüssel: Zusammenschluß der Sonderstraßenbaugesellschaften) – *Freiheitlicher Pressedienst / 20.4.1993* **851**

GROSSER Flop (Grafs Autobahnbaufinanzierung) – *Freiheitlicher Pressedienst / 4.6.1987* **307**

GROSSER Schaden (dem Lande zugefügt durch Ankündigung der sozialischen Koalition) – *Freiheitlicher Pressedienst / 4.2.1987* **154**

GROSSINQUISITOR, selbsterwählter (Schranz) – *Freiheitlicher Pressedienst / 26.11.1987* **472**

GROSSKOALITIONÄRE – *Freiheitlicher Pressedienst / 23.12.1986* **104**

GROSSKOALITIONÄRE – *Freiheitlicher Pressedienst / 16.1.1987* **126**

GROSSKOALITIONÄRE – *Freiheitlicher Pressedienst / 19.1.1987* **133**

GROSSKOALITIONÄRE – *Freiheitlicher Pressedienst / 20.1.1987* **136**

GROSSKOALITIONÄRE – *Freiheitlicher Pressedienst / 29.1.1987* **144**

GROSSKOALITIONÄRE – *Kleine Zeitung / 24.12.1986* **109**

GROSSKOALITIONÄRE (verantwortungslose Realitätsferne) – *Freiheitlicher Pressedienst / 12.1.1987* **120**

GROSSKOALITIONÄRE Absichten – *Freiheitlicher Pressedienst / 16.12.1987* **502**

GROSSKOALITIONÄRE Futtertröge – *Der Standard / 10.1.1994* **991**

GROSSKOALITIONÄRE Packelei – *Freiheitlicher Pressedienst / 29.10.1986* **44**

GROSSKOALITIONÄRE Plünderungspolitik – *Freiheitlicher Pressedienst / 11.1.1989* **655**

GROSSKOALITIONÄRE Plünderungspolitik – *Freiheitlicher Pressedienst / 11.1.1989* **655**

GROSSKOALITIONÄRE Regierung (wirklichkeitsfremde Haltung der Bürokratieproponenten in der ...) – *Freiheitlicher Pressedienst / 10.2.1987* **164**

GROSSKOALITIONÄRER Eiertanz (betreffend EG) – *Freiheitlicher Pressedienst / 6.11.1987* **463**

GROSSKOALITIONÄRER Putsch (Sipötz-Wahl) – *Mittagsjournal / 4.11.1987* **460**

GROSSKOALITIONÄRER Putsch, inszeniert von Graf (Sipötz-Wahl) – *Freiheitlicher Pressedienst / 4.11.1987* **457**

GROSSKOALITIONÄRER Skandalabtausch (Noricum gegen Bundesländer-Versicherung) – *Freiheitlicher Pressedienst / 2.5.1989* **663**

GROSSKOALITIONÄRER Weg in die agrarpolitische Sackgasse (fortgesetzt von Riegler) – *Freiheitlicher Pressedienst / 9.6.1988* **615**

GROSSPURIGE Ankündigung (Übleis) – *Freiheitlicher Pressedienst / 30.10.1987* **453**

GRÖSSTER Psychoterror in der Geschichte der Zweiten Republik (Ausländervolksbegehrensgegner) – *Der Standard / 2.2.1993* **841**

GROSSZÜGIG, recht ... (geht Regierung mit Geld der Steuerzahler um) – *Freiheitlicher Pressedienst / 7.10.1987* **413**

GRUFT-SOZIS – *Basta / 6/1991* **779**

GRÜN getarnte Anarchokommunisten – *Freiheitlicher Pressedienst / 27.2.1987* **183**

GRÜN-NAIVE – *Freiheitlicher Pressedienst / 14.1.1990* **685**

GRUNDKONSENS der Kassierer (zwischen Rot und Schwarz) – *Freiheitlicher Pressedienst / 2.12.1988* **652**

GRUNDRECHT auf Dummheit (Smolle) – *Arbeiterzeitung / 24.11.1987* **469**

GRUNDSATZLOSIGKEIT, geschwätzige (ÖVP) – *Freiheitlicher Pressedienst / 13.1.1991* **748**

GRUNDSTÜCKDEALS, gigantische (EXPO) – *Freiheitlicher Pressedienst / 11.5.1991* **772**

GRÜNE „Sauberkeitsphilosophie" (scheinheilig) – *Freiheitlicher Pressedienst / 17.12.1989* **679**

GRÜNE Schlingpflanze, vom roten Spaltpilz befallen (Pilz) – *Kleine Zeitung / 11.1.1988* **538**

GRUPPENEGOISMEN des rot-schwarzen Elefanten – *Freiheitlicher Pressedienst / 16.1.1987* **129**

GRUPPENEGOISMUS, unsozialer – *Neue Freie Zeitung / 6.11.1986* **54**

GRUSELKABINETT, ideologisches (SPÖ-Löwelstraße) – *Freiheitlicher Pressedienst / 18.10.1986* **19**

GRUSELKABINETT, ideologisches (SPÖ-Zentrale in Wien) – *Neue Freie Zeitung / 23.10.1986* **27**

GRUSELKABINETT, sozialistisches (Löwelstraße) – *Kurier / 7.11.1986* **64**

GUCK-IN-DIE-LUFT: siehe **FRANZ**

GULAG, Archipel (betreffend ÖVP Niederösterreich) – *Basta / 3/1993* **847**

GÜNSTIGE Villenkauf, äußerst ... (Ex-BAWAG-Vorstandsdirektor Böck) – *Freiheitlicher Pressedienst / 10.5.1994* **1079**

GÜNSTLING, der hochbezahlte Vranitzky- ... (Bundestheatergeneralsekretär Scholten) – *Freiheitlicher Pressedienst / 12.6.1988* **619**

GUSTOSTÜCKERL der Regierungsfehlkonstruktion (Familien- und Umweltministerium) – *Freiheitlicher Pressedienst / 24.2.1987* **176**

GUSTOSTÜCKERL, unfaßbares (angeordnet von Vranitzky, durchgeführt von Graf) – *Freiheitlicher Pressedienst / 10.4.1987* **240**

— H —

HAARE zu Berge stehen (betreffend Sozialversicherungen) – *Freiheitlicher Pressedienst / 14.4.1987* **249**

HAARSTRÄUBENDE Beispiele (Aktionen der Ausländervolksbegehrensgegner) – *Freiheitlicher Pressedienst / 29.1.1993* **838**

HAARSTRÄUBENDE Mißwirtschaft (Dallinger) – *Freiheitlicher Pressedienst / 7.5.1987* **273**

HAARSTRÄUBENDE Verschwendung (Graf-Ressort) – *Freiheitlicher Pressedienst / 22.4.1987* **253**
HABERER (Hesoun) – *Mittagsjournal / 20.12.1990* **735**
HÄFERLGUCKER (Dallinger) – *Freiheitlicher Pressedienst / 8.4.1987* **237**
HAHN am Mist, stolz wie ein ... (Kery) – *Freiheitlicher Pressedienst / 24.8.1987* **366**
HAHN krähen (Verrat an Haider durch Zernatto) – *Kronen-Zeitung / 1.5.1994* **1066**
HAHN krähen (Verrat an Haider durch Zernatto) – *News / 5.5.1994* **1074**
HALBE Arbeit, ganze Zeit (Regierung) – *Freiheitlicher Pressedienst / 19.10.1987* **430**
HALBE Herzen, halbe Lösungen (SPÖ und ÖVP) – *Freiheitlicher Pressedienst / 26.5.1988* **605**
HALBE Lösungen der Regierung, doppelte Belastungen der Bevölkerung für ... – *Freiheitlicher Pressedienst / 4.6.1988* **613**
HALBE Wahrheiten (Große Koalition) – *Freiheitlicher Pressedienst / 10.10.1987* **417**
HALBHERZIGE Erklärungen (Meissner-Blau, distanziert sich von Opernball-Demonstration) – *Freiheitlicher Pressedienst / 1.3.1987* **194**
HALBHERZIGE Maßnahme, typisch für Große Koalition (Vranitzky) – *Freiheitlicher Pressedienst / 16.4.1988* **559**
HALBHERZIGKEIT, politische – *Freiheitlicher Pressedienst / 29.12.1991* **800**
HALBJUDE – *Arbeiterzeitung / 16.9.1986* **2**
HALBWAHRE, einseitige und ... Information (des ORF, betreffend Kärnten) – *Freiheitlicher Pressedienst / 18.2.1987* **169**
HALS, an den ... geworfen (Vranitzky, den kommunistischen Putschisten in Moskau) – *Freiheitlicher Pressedienst / 12.1.1992* **802**
HALS, an den ... schmeißen (gegenüber USA) – *Freiheitlicher Pressedienst / 16.5.1987* **283**
HALS, Wasser bis zum ... (ÖVP) – *Freiheitlicher Pressedienst / 13.1.1991* **748**
HALS: mehr um den ... als im Hirn (Cap) – *Die Presse / 18.2.1994* **1005**
HALTUNG, heuchlerische (Journalisten) – *Der Standard / 3.2.1992* **808**
HAND in den Mund, von der ... (lebt die Große Koalition) – *Mittagsjournal / 22.7.1988* **631**
HAND, schützende, der Sozialpartnerschaft (Große Koalition lebt davon) – *Freiheitlicher Pressedienst / 20.9.1987* **390**
HANDEL, mafioser (Transportgenehmigungen) – *Freiheitlicher Pressedienst / 23.10.1990* **730**
HANDFESTER Skandal (AK-Broschüre) – *Freiheitlicher Pressedienst / 12.6.1987* **321**
HANDLANGER des Bauernbundes und der Agrarbürokratie (Riegler) – *Freiheitlicher Pressedienst / 2.7.1988* **626**
HANDLUNGSUNFÄHIGKEIT (Koalition) – *Freiheitlicher Pressedienst / 24.3.1987* **212**
HÄRTE, ungeahnte (der Kellereiinspektoren) – *Freiheitlicher Pressedienst / 17.11.1986* **73**
HARTER Widerpart (Haider über Haider) – *Der Standard / 28.10.1993* **976**
HARTHERZIG (Vranitzky) – *Kurier / 7.11.1986* **65**
HARTHERZIGE Politik (gegen den kleinen Mann) – *Freiheitlicher Pressedienst / 6.2.1987* **156**
HARTHERZIGKEIT, moralische, in beschämende Weise zum Prinzip ihrer Politik gemacht (Regierung) – *Freiheitlicher Pressedienst / 9.1.1992* **801**
HASE, Name ist (Lacina) – *Freiheitlicher Pressedienst / 27.2.1992* **814**

HASS in der Politik wieder salonfähig machen (Graf) – *Freiheitlicher Pressedienst / 4.11.1987* **456**
HASS, blinder (Schranz) – *Freiheitlicher Pressedienst / 26.11.1987* **472**
HASSERFÜLLTE Aggressionen – *Freiheitlicher Pressedienst / 11.1.1987* **116**
HASSTIRADEN (Marjan Sturms) – *Freiheitlicher Pressedienst / 7.1.1988* **517**
HASSTIRADEN gegen die FPÖ (Graf) – *Freiheitlicher Pressedienst / 4.11.1987* **456**
HASSTIRADEN und Aggressionen (Graf) – *Mittagsjournal / 4.11.1987* **459**
HAUFEN Hühner, aufgescheucht durch Pleitegeier, ziellos herumflatternd (Regierung) – *Freiheitlicher Pressedienst / 5.9.1987* **375**
HAUT und Haar, mit ... an die Sozialisten seine Seele verkauft (Graf) – *Mittagsjournal / 4.11.1987* **459**
HAUT, Seele mit ... und Haar an die Sozialisten verkauft (Graf) – *Freiheitlicher Pressedienst / 4.11.1987* **456**
HAXELSTELLEN, gegenseitiges ... von Rot und Schwarz – *Der Standard / 24.2.1990* **690**
HEBAMMENFUNKTION (ÖVP) – *Freiheitlicher Pressedienst / 30.4.1987* **261**
HEER der Illegalen – *Freiheitlicher Pressedienst / 17.6.1993* **872**
HEILIGENSCHEIN (einer schwarzen Alleinregierung) – *Freiheitlicher Pressedienst / 18.10.1986* **21**
HEILIGENSCHEIN (ÖVP-Politik) – *Neue Freie Zeitung / 30.10.1986* **46**
HEILIGER Josef aus der Steiermark, zum unglaubwürdigen Peperl geworden (Riegler) – *Kleine Zeitung / Graz / 13.11.1988* **648**
HEILLOSES Chaos (verursacht durch SPÖ und ÖVP) – *Freiheitlicher Pressedienst / 23.12.1986* **108**
HEILSAPOSTEL, marxistische (rot-grüne Szene) – *Freiheitlicher Pressedienst / 11.1.1987* **117**
HEISSE Eisen anfassen (durch FPÖ) – *Freiheitlicher Pressedienst / 11.1.1987* **116**
HEISSE Luft (produziert die Regierung) – *Neue Freie Zeitung / 28.5.1987* **299**
HELLE KÖPFE (werden abgeschnitten) – *Ganze Woche / 6.11.1986* **55**
HEMD ausziehen (dem kleinen Mann) (Regierung) – *Freiheitlicher Pressedienst / 17.9.1993* **927**
HEMMUNGSLOSE Schönfärberei (Übleis) – *Freiheitlicher Pressedienst / 30.10.1987* **451**
HEMMUNGSLOSER Belastungsvandalismus – *Freiheitlicher Pressedienst / 22.4.1987* **253**
HEMMUNGSLOSER Funktionärsstaat – *Mittagsjournal / 23.4.1991* **762**
HEMMUNGSLOSER Funktionärsstaat der Machtverfilzung, der Parteibuchwirtschaft und der Privilegien – *Freiheitlicher Pressedienst / 24.4.1991* **763**
HENDLBRATER (Graf) – *Freiheitlicher Pressedienst / 15.12.1987* **499**
HERAUSGEPRESST (Geld von Steuerzahlern, unter Anwendung verschiedenster Kunstgriffe) – *Freiheitlicher Pressedienst / 10.4.1987* **239**
HERRSCHAFT der Privilegienritter – *Freiheitlicher Pressedienst / 10.7.1990* **712**
HERRSCHAFT der Sozialschmarotzer und Funktionäre – *Freiheitlicher Pressedienst / 28.10.1993* **970**
HERRSCHAFTSRECHTE (der Systemparteien) – *Freiheitlicher Pressedienst / 18.10.1986* **18**
HERUMSITZEN (Flaschen: Regierungsmitglieder) – *Freiheitlicher Pressedienst / 25.5.1991* **778**
HERZ, kaltes (Vranitzky) – *Die Presse / 21.10.1986* **25**
HERZ, kaltes (Vranitzky) – *Neue Freie Zeitung / 30.10.1986* **47**
HERZLOSE und brutale Agrarbürokratie – *Die Presse / 21.10.1986* **26**

HETZER (Ausländervolksbegehrensgegner) – *Der Standard / 3.2.1993* **843**
HETZJAGD, menschenverachtende (gegen FPÖ-Mitglieder) – *Basta / 6/1991* **779**
HETZJAGD, noch nie dagewesene (gegen Haider) – *Freiheitlicher Pressedienst / 22.6.1991* **783**
HEUCHLERISCHE Gesinnung (der Koalition) – *Freiheitlicher Pressedienst / 1.7.1988* **625**
HEUCHLERISCHE Haltung (Journalisten) – *Der Standard / 3.2.1992* **808**
HEUCHLERISCHE, und weltfremde, Argumentation (SPÖ betreffend Waffenproduktion) – *Freiheitlicher Pressedienst / 21.2.1988* **548**
HEUCHLERTUM, pures – *Freiheitlicher Pressedienst / 8.1.1988* **519**
HEXENJAGD, politische ... auf aufrechte Demokraten – *Der Standard / 3.2.1992* **808**
HILF- und Konzeptlosigkeit (Koalitionsregierung) – *Freiheitlicher Pressedienst / 19.2.1988* **546**
HILFLOS gegenüber dem Problem der Jugendarbeitslosigkeit – *Freiheitlicher Pressedienst / 30.12.1987* **514**
HILFLOS, völlig (Bundesregierung) – *Freiheitlicher Pressedienst / 19.5.1987* **286**
HILFLOSE und erfolglose Versuche Dallingers – *Freiheitlicher Pressedienst / 10.12.1987* **488**
HILFLOSENZUSCHUSS (für Regierungsmitglieder) – *Kleine Zeitung / 11.1.1988* **538**
HIMMELSCHREIENDE Ungerechtigkeit – *Freiheitlicher Pressedienst / 14.4.1987* **249**
HINAUFHIEVEN (eines ÖAAB-lers durch Minister Lichal) – *Freiheitlicher Pressedienst / 9.2.1987* **162**
HINEINSCHIESSEN eines Eisenbahnergewerkschaftsfunktionärs in den Nationalrat (Schmölz) – *Freiheitlicher Pressedienst / 27.10.1986* **39**
HINGERICHTET, politisch (jeder, der als mutiger Richter nicht den Parteistandpunkt vertritt) (von SPÖ) – *Mittagsjournal / 23.4.1991* **762**
HINRICHTUNG, mediale und politische (Haider) – *Der Standard / 26.6.1991* **784**
HINTER'S Licht führen (Altparteien) – *Freiheitlicher Pressedienst / 6.4.1987* **232**
HINTER'S Licht führen (Regierung) – *Freiheitlicher Pressedienst / 22.4.1987* **252**
HINTERHÄLTIGE Umfunktionierung (Opernball-Demonstration) – *Freiheitlicher Pressedienst / 4.3.1987* **196**
HINTERHÄLTIGSTE Form der Budgetsanierung (Quellensteuer) – *Freiheitlicher Pressedienst / 29.10.1987* **448**
HINTERTÜRCHEN (für weitere finanzielle Unterstützung des gedankenlosen Mißmanagements in der Verstaatlichten Industrie) – *Freiheitlicher Pressedienst / 26.2.1987* **180**
HINTERZOGEN (Steuern) (Sozialisten) – *Arbeiterzeitung / 6.12.1988* **654**
HIRN, so klein kann unser ... nicht sein (Vergleich ÖVP) – *Oberösterreichische Nachrichten / 3.10.1988* **640**
HIRN: mehr um den Hals als im ... (Cap) – *Die Presse / 18.2.1994* **1005**
HITLERS Arbeitsprogramm – *ÖVP-Pressedienst / 13.9.1993* **920**
HITZKÖPFIGER Parteiobmann (Vranitzky) – *Freiheitlicher Pressedienst / 22.4.1988* **575**
HITZKÖPFIGER SPÖ-Parteiobmann in spe (Vranitzky) – *Freiheitlicher Pressedienst / 22.4.1988* **576**
HOCHBEZAHLTER Vranitzky-Günstling (Bundestheatergeneralsekretär Scholten) – *Freiheitlicher Pressedienst / 12.6.1988* **619**
HOCHGEJUBELTER VP-Verstaatlichtensprecher (Taus) – *Freiheitlicher Pressedienst / 10.4.1987* **242**
HÖCHSTEM Maße unehrlich, in ... (ÖVP Burgenland) – *Freiheitlicher Pressedienst / 24.8.1987* **367**

HÖCHSTEM Maße unredlich, in ... (Lacina) – *Freiheitlicher Pressedienst / 8.12.1987* **486**
HÖCHSTEN Maße unmoralisch, im ... (Entscheidung des Höchstgerichts betreffend Mehrfachpensionen von Politikern) – *Freiheitlicher Pressedienst / 30.5.1987* **304**
HOFFNUNGSLOS überfordert (Löschnak) – *Mittagsjournal / 16.5.1991* **774**
HOHE Arbeitslosigkeit – *Kurier / 16.11.1987* **466**
HOHEN Herren im Nadelstreif (SPÖ-Regierung) – *Kurier / 27.9.1987* **396**
HOHEN Roß der Macht herunterzuholen, vom ... (Vranitzky durch Haider) – *Freiheitlicher Pressedienst / 25.4.1994* **1054**
HÖHEN, astronomische (VEW-Verluste) – *Freiheitlicher Pressedienst / 16.7.1987* **345**
HOHEPRIESTER des sozialen Niedergangs (Dallinger) – *Freiheitlicher Pressedienst / 25.3.1987* **215**
HÖHEPUNKT der Unverfrorenheit – *Freiheitlicher Pressedienst / 22.4.1987* **253**
HÖHEPUNKT des Faschings (Graf-Pressekonferenz) – *Freiheitlicher Pressedienst / 28.2.1987* **190**
HÖHEPUNKT, im Nummerntafel-Kabarett – *Freiheitlicher Pressedienst / 20.12.1989* **681**
HOHES Maß an Unfähigkeit (Grünwald und Lacina) – *Freiheitlicher Pressedienst / 30.4.1987* **262**
HOHES Maß an Unkenntnis und politischer Blindheit (Lacina) – *Zeit im Bild 1 / 30.4.1987* **263**
HOHES Roß (Ludwig) – *Freiheitlicher Pressedienst / 19.6.1988* **620**
HOHLE Phrasen – *Freiheitlicher Pressedienst / 27.9.1993* **937**
HOLT zum nächsten Schlag aus (Regierung) – *Freiheitlicher Pressedienst / 24.10.1987* **440**
HORDE, maßlos gewordene ... von Funktionären (hat sich auf Kosten der Steuerzahler bereichert) – *Freiheitlicher Pressedienst / 2.7.1990* **710**
HORRENDE Belastungen – *Freiheitlicher Pressedienst / 17.8.1987* **389**
HORRENDER Verwaltungsapparat (Sozialministerium Dallinger) – *Freiheitlicher Pressedienst / 17.3.1987* **206**
HORRENDES Gehalt (Bundestheatergeneralsekretär Scholten) – *Freiheitlicher Pressedienst / 12.6.1988* **619**
HORROR-BUDGET – *Freiheitlicher Pressedienst / 20.7.1993* **890**
HOSEN: Er kriegt ja bald seine Hosen nicht mehr zu (Vranitzky) – *Basta / 6/1991* **779**
HÜHNER: siehe **HAUFEN**
HÜHNERSTALL: Die Regierung gleicht einem ..., wo alle gackern, aber niemand ein Ei legt – *Die Presse / 17.9.1987* **385**
HUND gekommen, auf den ... (ÖVP unter Busek) – *Freiheitlicher Pressedienst / 12.1.1992* **802**
HUNDEN, sich mit ... ins Bett legen (mit Flöhen aufwachen) – *Freiheitlicher Pressedienst / 7.1.1988* **516**
HUNDESTEUERPFLICHTIG (Cap) – *Der Standard / 14.1.1991* **749**
HUNDESTEUERPFLICHTIG (Cap) – *Kleine Zeitung / 14.1.1991* **750**
HÜTE, alte (Arbeitszeitverkürzung) – *Freiheitlicher Pressedienst / 17.11.1993* **980**
HYSTERIE: siehe **EU-HYSTERIE**
HYSTERISCH (Regierung) – *Freiheitlicher Pressedienst / 1.6.1994* **1113**
HYSTERISCHE Erklärungen (Vranitzky) – *Freiheitlicher Pressedienst / 16.10.1986* **16**
HYSTERISCHE Reaktionen (der Kammern über das Anti-Privilegien-Volksbegehren der FPÖ) – *Freiheitlicher Pressedienst / 10.6.1987* **311**

— I —

IDEOLOGEN, in der Geiselhaft einiger linker ... (befindet sich die Regie-

rung) – *Freiheitlicher Pressedienst / 13.1.1991* **744**
IDEOLOGISCHE Aggression (Fischer) – *Freiheitlicher Pressedienst / 15.12.1993* **983**
IDEOLOGISCHE Wurzeln bei Trotzkij (Bewegung unter den Grünen) – *Freiheitlicher Pressedienst / 1.3.1987* **194**
IDEOLOGISCHES Gruselkabinett (SPÖ-Löwelstraße) – *Freiheitlicher Pressedienst / 18.10.1986* **19**
IDEOLOGISCHES Gruselkabinett (SPÖ-Zentrale in Wien) – *Neue Freie Zeitung / 23.10.1986* **27**
ILLEGAL (eine 3-Millionen-Abfertigung Vranitzkys) – *Zeit im Bild 1 / 12.10.1986* **12**
ILLEGALEN, Heer der ... – *Freiheitlicher Pressedienst / 17.6.1993* **872**
ILLEGALER [Nationalsozialist] (Politische Gegner wollen nachweisen, daß er schon 1934 ein ... gewesen sei) – *Profil / 17.11.1986* **78**
IMPORT von Kriminalität – *Morgenjournal / 21.9.1990* **722**
IMPORT von Kriminalität – *Zeit im Bild 1 / 8.9.1990* **719**
INDOLENTE Regierung – *Freiheitlicher Pressedienst / 13.1.1991* **747**
INDUSTRIEFRIEDHOF (Hohenau) – *Freiheitlicher Pressedienst / 7.4.1994* **1024**
INDUSTRIEFRIEDHOF, österreichischer (ÖIAG) – *Freiheitlicher Pressedienst / 21.9.1993* **928**
INFAMIE (der Belastungswellen) – *Freiheitlicher Pressedienst / 6.4.1987* **230**
INFAMIE, Gipfelpunkt der ... (betreffend Parteibuchwirtschaft der ÖVP) – *Freiheitlicher Pressedienst / 27.3.1987* **220**
INFORMATION, halbwahre und einseitige (ORF) – *Freiheitlicher Pressedienst / 18.2.1987* **169**
INFORMATIONEN, falsche (Große Koalition) – *Freiheitlicher Pressedienst / 10.10.1987* **417**
INHALTE, leere (Koalitions-Sozial- und Konjunkturpolitik) – *Freiheitlicher Pressedienst / 21.12.1992* **830**
INHALTSLEERE (und unhaltbare) Ausführungen (Neisser zum Pädagogenmodell) – *Freiheitlicher Pressedienst / 21.3.1987* **210**
INHUMANES Zögern (Vranitzky) – *Freiheitlicher Pressedienst / 14.1.1992* **804**
INKARNATION des Rentenklaus (Hesoun) – *Freiheitlicher Pressedienst / 8.2.1992* **809**
INKASSO-AKTION (Lacina-Paket) – *Freiheitlicher Pressedienst / 7.9.1987* **377**
INKASSOAKTION, überstürzte (Pensionsreform) – *Freiheitlicher Pressedienst / 2.10.1987* **411**
INKOMPETENT und entbehrlich (Ausserwinkler) – *Freiheitlicher Pressedienst / 15.7.1993* **883**
INKOMPETENT, in der Sache ... (Vranitzky) – *Kleine Zeitung / 14.1.1991* **750**
INKOMPETENTE Ankündigungen (Dallingers) – *Freiheitlicher Pressedienst / 13.2.1987* **166**
INKOMPETENTE Parteibonzen (ORF) – *Freiheitlicher Pressedienst / 24.10.1986* **29**
INKOMPETENTER Geldverschwender, Sammlung ... (Regierung) – *Freiheitlicher Pressedienst / 25.5.1991* **778**
INKOMPETENZ, sachliche (Flemming) – *Freiheitlicher Pressedienst / 18.2.1987* **168**
INNERPARTEILICHE Revolutionen (in SPÖ und ÖVP) – *Freiheitlicher Pressedienst / 14.8.1993* **904**
INNOVATIONSLOSIGKEIT (in der Verstaatlichten) – *Freiheitlicher Pressedienst / 11.3.1987* **200**
INSTINKTLOSIGKEIT, personifizierte Anstands- und ... gegenüber den Anliegen der österreichischen Bevölkerung (Busek) – *Die Presse / 27.10.1992* **826**

INSZENIERTES Schauspiel der Koalition – *Der Standard / 9.3.1994* **1012**
INTERESSE am Schutz der eigenen Partei vor das Interesse der Republik gestellt (die beiden alten Parteien) – *Zeit im Bild 1 / 16.1.1987* **127**
INTERESSEN, nur mehr eigene ... vertreten (Betriebsräte in der Verstaatlichten) – *Arbeiterzeitung / 12.3.1987* **204**
INTERESSEN, nur mehr eigene ... vertreten (Betriebsräte der Verstaatlichten) – *Freiheitlicher Pressedienst / 11.3.1987* **200**
INTERNATIONALER linker Medienverbund – *Der Standard / 20.6.1991* **782**
INTERNE Zerrissenheit der Sozialisten – *Freiheitlicher Pressedienst / 15.4.1987* **251**
INTOLERANT (Grüne gegenüber Buchner) – *Freiheitlicher Pressedienst / 10.12.1987* **493**
INTRIGANTEN – *Die Presse / 3.10.1988* **644**
INTRIGEN, Altar der ... (Osterlamm Salcher geopfert) – *Freiheitlicher Pressedienst / 15.4.1987* **251**
INTROVERTIERTES Problemkind (Vranitzky) – *Die Presse / 3.10.1988* **645**
IRONIE, ungeheure (Sparen) – *Freiheitlicher Pressedienst / 17.10.1987* **425**
IRREZUFÜHREN, die österreichische Bevölkerung ... (versucht die Große Koalition) – *Freiheitlicher Pressedienst / 10.10.1987* **417**
IRRLÄUFER, geistiger (Busek) – *Die Presse / 27.10.1992* **826**
IRRLÄUFER, geistiger (Busek) – *Täglich Alles / 27.10.1992* **827**
IRRWEG in der Wirtschaftspolitik (der alten Parteien) – *Freiheitlicher Pressedienst / 26.2.1987* **181**
ITALIENISCHE Mafiosi – *Pressestunde / 17.4.1994* **1031**

— J —

JA-SAGER, ewiger (ÖVP im Verhältnis zur SPÖ) – *Freiheitlicher Pressedienst / 21.6.1988* **622**
JAGD auf Pensionen, bei gleichzeitiger Schonzeit für Privilegien (Regierung) – *Freiheitlicher Pressedienst / 20.10.1987* **434**
JAGDGESELLSCHAFT, politisch pragmatisierte ... (Demonstranten gegen Krenn) – *Kleine Zeitung / 23.6.1993* **876**
JAGT eine Plünderungsaktion die andere (in der Großen Koalition) – *Freiheitlicher Pressedienst / 17.10.1987* **428**
JAHRMARKT, sündteurer (EXPO) – *Mittagsjournal / 14.11.1990* **733**
JAHRZEHNTELANGE Mißwirtschaft (Burgenland) – *Freiheitlicher Pressedienst / 2.10.1987* **409**
JAHRZEHNTELANGE Versäumnisse (ÖBB) – *Freiheitlicher Pressedienst / 12.1.1987* **119**
JAKOBINER – *Freiheitlicher Pressedienst / 11.1.1987* **116**
JAMMER-SCHAUSPIEL (Budgetpolitik der Bundesregierung) – *Freiheitlicher Pressedienst / 28.10.1993* **962**
JÄMMERLICH (im Stich lassen) (die österreichischen Arbeitnehmer) (Vranitzky) – *Freiheitlicher Pressedienst / 30.5.1994* **1109**
JÄMMERLICHES Dahinsiechen der Großen Koalition – *Freiheitlicher Pressedienst / 30.1.1990* **689**
JAMMERS, Bild des ... (Bundesregierung) – *Freiheitlicher Pressedienst / 21.1.1987* **137**
JAMMERS, Bild des ... (Bundesregierung) – *Freiheitlicher Pressedienst / 24.3.1987* **212**
JANUSKÖPFIGE Politik (der beiden alten Parteien) – *Freiheitlicher Pressedienst / 27.6.1987* **331**
JANUSKÖPFIGKEIT (der Grünen: Meissner-Blau, Pilz) – *Freiheitlicher Pressedienst / 1.3.1987* **194**

JEDERMANN: Besser ein ... als ein Niemand – *Freiheitlicher Pressedienst / 30.1.1990* **689**
JOHANNES der Belaster (Ditz) – *Freiheitlicher Pressedienst / 24.6.1987* **330**
JOSEF, heiliger ... aus der Steiermark (Riegler) – *Kleine Zeitung/ Graz / 13.11.1988* **648**
JOURNALISTISCHE rote Partisanen (im ORF-Untergrund) – *Freiheitlicher Pressedienst / 16.2.1994* **1000**
JUD' (Steger) (Zitat eines Mannes aus dem Kreis um Haider) – *Arbeiterzeitung / 16.9.1986* **2**
JUDAS (Verrätersuche im Burgenland) – *Kurier / 31.10.1987* **455**

— K —

KABARETT, Nummerntafel- ... – *Freiheitlicher Pressedienst / 20.12.1989* **681**
KABARETTREIF (Regierung) – *Die Presse / 3.10.1988* **646**
KABARETTREIF (rot-schwarze Nachtwächterregierung) – *Kleine Zeitung / 3.10.1988* **641**
KABINETT der Ratlosigkeit – *Kleine Zeitung / 11.1.1988* **538**
KABINETT der Schwachköpfe (Bundesregierung) – *Kleine Zeitung / 14.1.1991* **750**
KAFFEE, alter (Graf-Aussagen) – *Freiheitlicher Pressedienst / 28.2.1987* **186**
KAISER Franz (Vranitzky) – *Freiheitlicher Pressedienst / 30.3.1990* **692**
KALT (Vranitzky) – *Basta / 11/1986* **49**
KALTBLÜTIG (Große Koalition) – *Freiheitlicher Pressedienst / 7.12.1987* **485**
KALTE Dusche – *Freiheitlicher Pressedienst / 23.10.1987* **437**
KALTE Enteignung (steuerliches Damoklesschwert) – *Freiheitlicher Pressedienst / 16.12.1987* **502**
KALTE Füße holen (werden sich Vranitzky und Busek bei der Nationalratswahl 1994) – *Inlandsreport / 21.4.1994* **1042**
KALTER Funktionärsstaat – *Freiheitlicher Pressedienst / 18.10.1986* **17**
KALTES Herz (Vranitzky) – *Die Presse / 21.10.1986* **25**
KALTES Herz des politisierenden Bankdirektors (Vranitzky) – *Neue Freie Zeitung / 30.10.1986* **47**
KAMMER-HERREN (fette Pfründe) – *Ganze Woche / 6.11.1986* **56**
KAMMERBONZEN – *Freiheitlicher Pressedienst / 9.1.1994* **988**
KAMMERNSYSTEM (der beiden alten Parteien) – *Zeit im Bild 1 / 11.1.1987* **118**
KAMMERSEKRETÄRE, Tummelplätze für ... (Landwirtschafts-Fonds) – *Freiheitlicher Pressedienst / 27.11.1989* **677**
KAMMERSYSTEM, undemokratisches – *Freiheitlicher Pressedienst / 11.10.1986* **11**
KAMMERZWANGSMITGLIEDSCHAFT – *Freiheitlicher Pressedienst / 7.7.1990* **711**
KAMMERZWANGSMITGLIEDSCHAFT – *Freiheitlicher Pressedienst / 25.7.1990* **716**
KAMPAGNE der Slowenenorganisationen – *Freiheitlicher Pressedienst / 2.2.1987* **152**
KAMPAGNE, Drahtzieher der ... (gegen Waldheim) – *Kleine Zeitung / 22.1.1988* **543**
KAMPAGNE, übelste Schmutzkübel- ... in der Geschichte des Landes Kärnten gegen einen amtierenden Landeshauptmann – *Freiheitlicher Pressedienst / 22.6.1991* **783**
KAMPFANSAGE (Freistaat Kärnten) – *APA / 8.1.1991* **740**
KANALRÄUMERBRIGADEN, rote und schwarze – *Kleine Zeitung / 19.7.1989* **668**
KANINCHEN, angstschlotterndes ... vor der Schlange Gewerkschaft (Geppert) – *Freiheitlicher Pressedienst / 18.6.1989* **667**

KANONENFUTTER: nicht zum ... dürften die Soldaten werden – *Oberösterreichische Nachrichten / 21.5.1990* **704**

KAPITALISTISCHE Phantasielosigkeit (Vranitzky) – *Freiheitlicher Pressedienst / 16.9.1993* **923**

KAPITÄNE des Regierungsschiffs (setzen sich immer mehr ins Ausland ab) – *Freiheitlicher Pressedienst / 27.11.1989* **677**

KAPITULATIONSGIPFEL, hochoffizieller, der Volkspartei vor den Sozialisten – *Freiheitlicher Pressedienst / 7.1.1987* **111**

KAPITULIERT (Übleis vor der Eisenbahnergewerkschaft) – *Freiheitlicher Pressedienst / 30.10.1987* **454**

KAPITULIERT vor den Bürokraten in den Fonds (Riegler) – *Freiheitlicher Pressedienst / 23.5.1988* **604**

KAPUTT SPAREN, die intellektuelle und wissenschaftliche Zukunft Österreichs (Bundesregierung) – *Freiheitlicher Pressedienst / 22.10.1987* **436**

KAPUTTSPAREN (Große Koalition) – *Freiheitlicher Pressedienst / 27.5.1987* **297**

KAPUTTSPAREN hintanhalten – *Freiheitlicher Pressedienst / 16.7.1987* **348**

KÄRNTEN, Freistaat – *Abendjournal + Zeit im Bild 1 / 8.1.1991* **739**

KÄRNTEN, Freistaat – *APA / 8.1.1991* **740**

KÄRNTNER WESEN: am ... könnte auch diese Republik genesen Alltagsgeschichten – *(ORF FS1) / 14.8.1989* **670**

KARREN: Interessenvertretungen lassen sich vor den ... der Großen Koalition spannen – *Freiheitlicher Pressedienst / 14.8.1987* **359**

KARRIERE, persönliche, wichtiger als die Reputation der Republik (Botschafter Klestil) – *Freiheitlicher Pressedienst / 29.4.1987* **260**

KARTEN auf den Tisch gelegt – *Freiheitlicher Pressedienst / 30.9.1987* **403**

KARTEN, gezinkte (Lacina) – *Freiheitlicher Pressedienst / 17.5.1994* **1086**

KARTEN, gezinkte (ÖVP) – *Freiheitlicher Pressedienst / 3.7.1988* **627**

KARTEN, gezinkte (Regierungspolitik) – *Freiheitlicher Pressedienst / 26.2.1987* **179**

KARTEN, rot-schwarzes EU-Spiel mit gezinkten ... – *Freiheitlicher Pressedienst / 8.4.1994* **1026**

KÄSEGLOCKE, politische (über ÖBB) – *Kleine Zeitung / 24.11.1987* **470**

KÄSEGLOCKE: Wie eine ... liegt die rot-schwarze Einheitspartei über Österreich – *Die Presse / 2.5.1988* **595**

KASSE, zur ... gebeten werden – *Freiheitlicher Pressedienst / 31.3.1987* **225**

KASSEN, leere (Koalitions-Sozial- und Konjunkturpolitik) – *Freiheitlicher Pressedienst / 21.12.1992* **830**

KASSIEREN statt sanieren – *Freiheitlicher Pressedienst / 9.10.1987* **416**

KASSIEREN zweimal, arbeiten aber nur einmal (Verfassungsrichter) – *Arbeiterzeitung / 11.6.1987* **315**

KASSIEREN: laut kritisieren und still ... (Motto der Grün-Alternativen) – *Freiheitlicher Pressedienst / 18.12.1989* **680**

KASSIERER, Grundkonsens der ... (zwischen Rot und Schwarz) – *Freiheitlicher Pressedienst / 2.12.1988* **652**

KASSIERT, aber nicht reformiert (Große Koalition) – *Freiheitlicher Pressedienst / 30.10.1987* **450**

KASTANIEN aus dem Feuer holen – *Freiheitlicher Pressedienst / 17.9.1990* **720**

KASTE der Sozialschmarotzer – *Freiheitlicher Pressedienst / 2.12.1988* **652**

KATALOG der Unübersichtlichkeit (Regierungsparteien) – *Freiheitlicher Pressedienst / 3.6.1988* **612**

KATASTROPHALE Auswirkungen (des Regierungschaos) – *Freiheitlicher Pressedienst / 10.4.1987* **243**

KATASTROPHALE Budgetsituation – *Freiheitlicher Pressedienst / 22.6.1987* **328**

KATASTROPHALE Mißwirtschaft (Verstaatlichte Industrie) – *Freiheitlicher Pressedienst / 23.2.1987* **171**

KATASTROPHALE Mißwirtschaft – *Freiheitlicher Pressedienst / 17.7.1987* **352**

KATASTROPHALES Budget (mehr Löcher als ein Schweizer Käse) – *Freiheitlicher Pressedienst / 2.7.1987* **335**

KATASTROPHALES Verhandlungsergebnis (Transitvertrag) – *Freiheitlicher Pressedienst / 30.4.1992* **818**

KATASTROPHE für die Mittel- und Kleinverdiener (Philosophie der sozialistischen Koalition) – *Freiheitlicher Pressedienst / 17.1.1987* **132**

KATASTROPHE in den Staatsbetrieben – *Zeit im Bild 1 / 30.4.1987* **263**

KATZENJAMMER in der ÖVP – *Zeit im Bild 1 / 8.10.1990* **729**

KATZENJAMMER, rot-schwarzer – *Freiheitlicher Pressedienst / 21.4.1988* **569**

KÄUFLICHKEIT (ÖVP) – *Freiheitlicher Pressedienst / 6.9.1993* **914**

KÄUFLICHKEIT, leichte ... der Grün-Alternativen – *Freiheitlicher Pressedienst / 17.12.1989* **679**

KEIM, im ... erstickt, jeden Ansatz zur Reform (Eisenbahnergewerkschaft, Schmölz) – *Freiheitlicher Pressedienst / 30.10.1987* **454**

KEIMZELLE einer linksradikalen, die Verfassung negierenden, undemokratischen Bewegung (unter Grünen) – *Freiheitlicher Pressedienst / 1.3.1987* **194**

KEIN Ehrenmann (Zernatto) – *Zeit im Bild 2 / 25.4.1994* **1051**

KEINE Ehre (Zernatto) – *Täglich Alles / 27.4.1994* **1059**

KEINE Ehre (Zernatto) – *Zeit im Bild 2 / 25.4.1994* **1050**

KELLER wird zum Killer in der eigenen Partei – *Neue Freie Zeitung / 28.4.1988* **583**

KELLEREIINSPEKTOREN (hartes und schikanöses Vorgehen) – *Freiheitlicher Pressedienst / 17.11.1986* **73**

KERNSPALTUNG, geistig-atomare – *Freiheitlicher Pressedienst / 13.1.1991* **746**

KERZE vom Lichterlfest abgeben (Vranitzky) – *Freiheitlicher Pressedienst / 12.8.1993* **902**

KERZENLEUCHTER, armseliger (Cap) – *Der Standard / 18.2.1994* **1003**

KERZENLEUCHTER, Art ... (Cap) – *Die Presse / 18.2.1994* **1005**

KERZERLTRÄGER – *Freiheitlicher Pressedienst / 12.8.1993* **903**

KETTE, an die ... legen (wild gewordenen Sozialminister Dallinger) – *Freiheitlicher Pressedienst / 13.2.1987* **166**

KEULENSCHLAG gegen die österreichischen Steuerzahler – *Freiheitlicher Pressedienst / 2.7.1987* **336**

KGB-Methoden der Gesinnungsschnüffelei (Ambrozy) – *Freiheitlicher Pressedienst / 10.6.1988* **617**

KILLER der österreichischen Demokratie (Keller) – *Freiheitlicher Pressedienst / 22.4.1988* **573**

KILLER in der eigenen Partei (Keller) – *Neue Freie Zeitung / 28.4.1988* **583**

KILOMETER, leere, von Wien nach Tirol zurückgelegt (Regierungsklausur) – *Mittagsjournal / 12.6.1987* **320**

KLÄGLICH, äußerst (Vorgangsweise der Bundesregierung betreffend Wackersdorf) – *Freiheitlicher Pressedienst / 16.4.1988* **559**

KLÄGLICHES Sommertheater (rot-schwarzer Streithähne) – *Freiheitlicher Pressedienst / 14.7.1993* **880**

KLÄGLICHES Wischi-Waschi-Papier (ÖVP-Pensionspapier) – *Freiheitlicher Pressedienst / 27.5.1988* **610**

KLASSENJUSTIZ (Privilegien der Verfassungsrichter) – *Arbeiterzeitung / 11.6.1987* **315**

KLASSENKAMPF zwischen den Bauern (durch Regierung) – *Freiheitlicher Pressedienst / 16.12.1987* **503**

KLASSENKAMPFES, Neuauflage des ... – *Freiheitlicher Pressedienst / 23.3.1990* **691**

KLASSENSTAAT erster Ordnung – *Freiheitlicher Pressedienst / 1.5.1988* **590**

KLASSENSTAAT, Tendenz zum ... – *Neue Freie Zeitung / 6.11.1986* **54**

KLECKERN und Klotzen: siehe **GEKLECKERT** und geklotzt

KLEINBÜRGER, Wiener (Busek) – *Basta / 6/1991* **779**

KLEINER Daniel in der rot-schwarzen Löwengrube (FPÖ) – *Freiheitlicher Pressedienst / 28.10.1993* **972**

KLEINES HIRN: So klein kann unser Hirn gar nicht sein, daß wir es nicht mit der VP aufnehmen – *Oberösterreichische Nachrichten / 3.10.1988* **640**

KLEINES Lüfterl (jetzige Zuwanderung) – *Freiheitlicher Pressedienst / 28.10.1993* **969**

KLEINKARIERTER Bauernbündler (Schwarzböck) – *Freiheitlicher Pressedienst / 16.6.1993* **869**

KLEINKARIERTES Gezänke (Vranitzky mit Salcher) – *Freiheitlicher Pressedienst / 15.4.1987* **251**

KLEINLANDWIRT aus Kärnten (Haider über Haider) – *Der Standard / 1.9.1993* **911**

KLEINSTMÖGLICHE Logik (ÖVP) – *Freiheitlicher Pressedienst / 6.11.1987* **462**

KLIMA der Unfreiheit (Parteibuchwirtschaft von SPÖ und ÖVP) – *Freiheitlicher Pressedienst / 28.10.1986* **41**

KLIMA zwischen den Parteien durch Haßtiraden und Aggressionen verschlechtern (Graf) – *Mittagsjournal / 4.11.1987* **459**

KLINGENDER Münze, mit ... (Menschenrechte abkaufen) (Vranitzky) – *Freiheitlicher Pressedienst / 15.6.1993* **867**

KLUGSCHEISSER der Nation (Ditz) – *Freiheitlicher Pressedienst / 20.6.1987* **325**

KNEBELN des Bürgers (durch Obrigkeit) – *Freiheitlicher Pressedienst / 20.6.1987* **326**

KNEBELUNG des Parlamentarismus in totalitären Regimen (untragbare Haltung der Bundesregierung daran anschließend) – *Freiheitlicher Pressedienst / 14.5.1993* **859**

KNESSET: siehe **ARROGANT**

KNIE gegangen, vor den Politikern in die ... (Verstaatlichten-Manager) – *Freiheitlicher Pressedienst / 9.12.1987* **487**

KNIE: geht gleich in die ... (Busek) – *Inlandsreport / 21.4.1994* **1036**

KNIE: nicht in die ... gehen (Haider über Haider) – *Inlandsreport / 21.4.1994* **1037**

KNIEFALL (der ÖVP, vor dem sozialistischen Macher Vranitzky) – *Freiheitlicher Pressedienst / 16.12.1986* **99**

KNIEFALL (gegenüber den USA) – *Zeit im Bild 1 / 1.5.1987* **265**

KNIEFALL (Mocks, vor der Großen Koalition) – *Die Presse / 6.12.1986* **91**

KNIEFALL (Mocks, vor der Großen Koalition) – *Zeit im Bild 1 / 5.12.1986* **88**

KNIEFALL (Vranitzky) – *Mittagsjournal / 24.9.1990* **724**

KNIEFALLDIPLOMATIE (gegenüber den USA) – *Freiheitlicher Pressedienst / 16.5.1987* **283**

KNIEFALLDIPLOMATIE der Koalition – *Freiheitlicher Pressedienst / 23.5.1987* **292**

KNIEFALLDIPLOMATIE der rot-schwarzen Koalitionsregierung (Vranitzky) – *Freiheitlicher Pressedienst / 22.5.1987* **290**

KNIEFALLDIPLOMATIE Vranitzkys chancenlos – *Freiheitlicher Pressedienst / 19.5.1987* **286**

KNIEN, auf den ... daherrutschen (vor den Sozialisten, vor allem Graf) – *Kurier / 27.9.1987* **398**
KOALITION der besten Köpfe aus der dritten Reihe – *Freiheitlicher Pressedienst / 4.2.1987* **155**
KOALITION der Verlierer (SPÖ, ÖVP) – *Freiheitlicher Pressedienst / 23.12.1986* **105**
KOALITION der Verlierer (SPÖ, ÖVP) – *Kleine Zeitung / 24.12.1986* **110**
KOALITION, sozialistische – *Freiheitlicher Pressedienst / 17.1.1987* **132**
KOALITION, sozialistische – *Freiheitlicher Pressedienst / 4.2.1987* **154**
KOALITION, sozialistische – *Freiheitlicher Pressedienst / 28.2.1987* **186**
KOALITION, sozialistische (mit schwarzen Gastarbeitern) – *Freiheitlicher Pressedienst / 6.2.1987* **157**
KOALITIONSCHAOS – *Freiheitlicher Pressedienst / 13.5.1987* **277**
KOALITIONSMORAST – *Die Presse / 4.9.1989* **671**
KOALITIONSPACKELEI (alte Parteien) – *Freiheitlicher Pressedienst / 12.1.1987* **119**
KOALITIONSREGIERUNG, sozialistische – *Freiheitlicher Pressedienst / 17.1.1987* **132**
KOLLABORATEUR mit dem NS-Regime (Karl Renner) – *Freiheitlicher Pressedienst / 12.1.1992* **802**
KOMMISSARE für Denkverbote und Gesinnungsschnüffelei (Scholten) – *Die Presse / 18.2.1994* **1005**
KOMMUNISTISCHE Gruppierungen, linke bis ... (kritisieren das Pädagogenmodell) – *Freiheitlicher Pressedienst / 15.12.1987* **500**
KOMMUNISTISCHE Gruppierungen, und linksextreme – *Freiheitlicher Pressedienst / 2.2.1987* **152**
KOMMUNISTISCHEN Eck, Angst vor Kritik aus dem ... (Smolle) – *Freiheitlicher Pressedienst / 27.5.1988* **608**
KOMÖDIE, miese (Angebot von Gratisstromlieferungen an die CSFR durch Vranitzky) – *Freiheitlicher Pressedienst / 30.1.1991* **755**
KOMPETENZ des Machers (vertauscht mit der Präpotenz des Versagers) – *Mittagsjournal / 27.8.1987* **370**
KOMPETENZ des Machers mit Präpotenz des Versagers vertauscht (Vranitzky) – *Freiheitlicher Pressedienst / 27.8.1987* **369**
KOMPETENZ durch Präpotenz ersetzt (Graf) – *Freiheitlicher Pressedienst / 24.6.1987* **330**
KOMPETENZEN der Hilflosigkeit (teilen sich die Minister auf) – *Kleine Zeitung / 11.1.1988* **538**
KOMPETENZWIRRWARR (zwischen Bundeskanzler Vranitzky und Verkehrsminister Streicher) – *Freiheitlicher Pressedienst / 24.2.1987* **175**
KOMPLEXE, als Schul- und Ausbildungsabbrecher (Graf) – *Arbeiter-Zeitung / 5.11.1987* **461**
KOMPLEXE, als Schul- und Ausbildungsabbrecher (Graf) – *Mittagsjournal / 4.11.1987* **459**
KOMPROMISSE, faule – *Freiheitlicher Pressedienst / 16.5.1994* **1083**
KONFERENZEN, auf pompösen ... (Vranitzky) – *Freiheitlicher Pressedienst / 6.10.1993* **945**
KONFUSE Europapolitik, total ... (Regierung) – *Freiheitlicher Pressedienst / 28.10.1993* **968**
KONKURS, als Gastwirt (Graf) – *Profil / 9.6.1987* **309**
KONKURSMASSE seiner Partei (Mock) – *Arbeiterzeitung / 6.12.1986* **90**
KONKURSMASSE seiner Partei (Mock) – *Zeit im Bild 1 / 5.12.1986* **88**
KONKURSREIFEN Regierung, Masseverwalter einer ... (Vranitzky und Busek) – *Kronen Zeitung / 12.11.1991* **797**
KONSORTEN, Graf und ... – *Kurier / 1.12.1987* **481**
KONSTITUTIONELLER Monarch (Vranitzky) – *Freiheitlicher Pressedienst / 14.10.1992* **825**

KONSTRUKTIVE Gespräche, keine, der Vertreter der Kärntner Minderheit – *Freiheitlicher Pressedienst / 2.2.1987* **153**

KONTONUMMERN (für's Geldüberweisen bekanntgeben; Multifunktionäre) – *Kronen-Zeitung / 10.11.1986* **69**

KONTRAPRODUKTIVE Wirtschaftspolitik (Graf) – *Freiheitlicher Pressedienst / 29.5.1987* **302**

KONZEPTLOSE Milliardenverschwendung (der rot-schwarzen Koalitionsregierung) – *Freiheitlicher Pressedienst / 16.7.1987* **350**

KONZEPTLOSE, beispiellos chaotische und ... Weise (Budgetsanierung) – *Freiheitlicher Pressedienst / 30.10.1987* **450**

KONZEPTLOSIGKEIT, Hilf- und ... – *Freiheitlicher Pressedienst / 19.2.1988* **546**

KONZEPTLOSIGKEIT, völlige (Bundesregierung) – *Freiheitlicher Pressedienst / 8.7.1987* **341**

KONZESSIONSENTZUG fällig (Vranitzky) – *Profil / 3.4.1989* **659**

KOPF gefallen, auf den ... : Selbst wenn Mock beim Schifahren auf den ... wäre, wäre er noch immer vernünftiger als Busek – *Morgenjournal / 25.2.1993* **846**

KÖPFE der zweiten und dritten Wahl (Bundesregierung) – *Freiheitlicher Pressedienst / 21.1.1987* **137**

KÖPFE, helle, werden abgeschnitten – *Ganze Woche / 6.11.1986* **55**

KÖPFE, leere (Koalitions-Sozial- und Konjunkturpolitik) – *Freiheitlicher Pressedienst / 21.12.1992* **830**

KOPFLOSIGKEIT der Regierungsmitglieder – *Freiheitlicher Pressedienst / 16.7.1987* **351**

KORRUMPIEREN lassen (haben sich die Grün-Alternativen von Rot und Schwarz) – *Freiheitlicher Pressedienst / 17.12.1989* **679**

KORRUMPIERT – *Arbeiterzeitung / 6.12.1988* **654**

KORRUPT, und verfilzt (Koalitionsparteien) – *Arbeiterzeitung / 5.12.1988* **653**

KORRUPTE Bürgermeister (in Griechenland) – *Pressestunde / 17.4.1994* **1031**

KORRUPTE Personen, und Gauner – *Freiheitlicher Pressedienst / 23.3.1988* **553**

KORRUPTION und Gaunerei – *Freiheitlicher Pressedienst / 10.1.1988* **525**

KORRUPTION und Gaunerei – *Kleine Zeitung / 11.1.1988* **538**

KORRUPTION, Bonzen, Privilegienritter – *Mittagsjournal / 24.9.1990* **724**

KORRUPTIONÄRE und politische Gauner (in der SPÖ) – *Freiheitlicher Pressedienst / 30.4.1988* **589**

KORRUPTIONÄRE zur Verantwortung gezogen (Vranitzky) – *Freiheitlicher Pressedienst / 1.5.1988* **592**

KORRUPTIONISTEN (in der SPÖ) – *Die Presse / 2.5.1988* **596**

KORRUPTIONISTEN und Gauner (in der SPÖ) – *Freiheitlicher Pressedienst / 11.5.1988* **600**

KORRUPTIONISTEN, Bonzen, Privilegienritter – *Mittagsjournal / 24.9.1990* **723**

KORRUPTIONISTEN, und Gauner (Drahtzieher der Waldheim-Kampagne) – *Kleine Zeitung / 22.1.1988* **543**

KORRUPTIONISTEN, und Verschwender, (deckt Vranitzky) – *Freiheitlicher Pressedienst / 11.5.1988* **601**

KOSTEN, ungerechtfertigte (Steyr-Daimler-Puch) – *Kronen-Zeitung / 9.2.1987* **163**

KRAFTLOSE Bewegung (rot-schwarze Koalition) – *Die Presse / 2.5.1988* **594**

KRÄHT: ehe der Hahn das zweite Mal ..., wirst du mich dreimal verleugnen (Verrat an Haider durch Zernatto) – *Kronen-Zeitung / 1.5.1994* **1066**

KRÄHT: ehe der Hahn das zweite Mal ..., wirst du mich dreimal verleugnen

(Verrat an Haider durch Zernatto) – *News / 5.5.1994* **1074**
KRANKHAFTE Ausgrenzungsneurose gegenüber der FPÖ (Vranitzky) – *Freiheitlicher Pressedienst / 25.4.1994* **1053**
KRAUSE dogmatische Ansätze (SPÖ-Minderheitenschulpolitik) – *Freiheitlicher Pressedienst / 25.2.1987* **178**
KREDIT der Wähler verspielt (ÖVP) – *Freiheitlicher Pressedienst / 27.3.1987* **219**
KREUZ, auf's ... gelegt (betreffend Steuerreform) – *Zeit im Bild 1 / 16.12.1987* **505**
KREUZZUG, politischer, gegen die geistige Obdachlosigkeit der Mächtigen – *Freiheitlicher Pressedienst / 1.5.1989* **662**
KRIDA, fahrlässige (Verdacht, Steyr-Daimler-Puch) – *Freiheitlicher Pressedienst / 23.2.1987* **172**
KRIEG, totaler (der Großparteien gegen die FPÖ) – *Arbeiterzeitung / 25.11.1988* **650**
KRIEG: Fortsetzung von Versailles ohne ... (Maastricht) – *Frankfurter Rundschau Nr.117 Pfingsten / 22.5.1994* **1093**
KRIEGERDENKMAL für die Gefallenen abgerissen (erst dann würden einflußreiche Kreise in den USA eine Ruhe geben) – *Kronen-Zeitung / 12.6.1987* **319**
KRIEGSGENERATION (an der sich die SPÖ die Füße abputzt) – *Die Presse / 17.11.1986* **77**
KRIMINALISIERUNG Österreichs (betreiben Grüne) – *Freiheitlicher Pressedienst / 17.6.1993* **871**
KRIMINALISIERUNG Österreichs, pauschale (betreiben Grüne) – *Freiheitlicher Pressedienst / 17.6.1993* **870**
KRIMINALITÄT, Import von ... – *Morgenjournal / 21.9.1990* **722**
KRIMINALITÄT, Import von ... – *Zeit im Bild 1 / 8.9.1990* **719**
KRIMINALSTÜCK, einziges (großkoalitionäre Fondsverwaltung) – *Freiheitlicher Pressedienst / 28.10.1993* **965**
KRIMINELLE Machenschaften – *Freiheitlicher Pressedienst / 20.9.1990* **721**
KRITISIEREN, laut ... und still kassieren (Motto der Grün-Alternativen) – *Freiheitlicher Pressedienst / 18.12.1989* **680**
KRONE: setzt dem Faß die Krone auf (die Verpolitisierung des Verwaltungsgerichtshofes) – *Freiheitlicher Pressedienst / 20.1.1987* **136**
KRYPTOKOMMUNIST (Wabl) – *Mittagsjournal / 14.1.1988* **539**
KRYPTOKOMMUNISTEN (im Grünen Klub) – *Die Presse / 11.8.1987* **358**
KRYPTOKOMMUNISTEN (Opernball-Demonstration) – *Freiheitlicher Pressedienst / 4.3.1987* **196**
KRYPTOKOMMUNISTEN und Chaoten (Grüne) – *Freiheitlicher Pressedienst / 8.10.1986* **8**
KÜCHENCHEF, der nie kocht, sondern nur kassiert (Vranitzky) – *Kleine Zeitung / 11.1.1988* **538**
KUCKUCKSEI Lacinas (Budget 1989) – *Freiheitlicher Pressedienst / 30.11.1988* **651**
KUENRINGER mit ihrer Raubritterherrschaft sind nahtlos auf die Rot-Schwarzen übergegangen – *Oberösterreichische Nachrichten / 3.10.1988* **639**
KULTURGUT zerstört (Peymann) – *Die Presse / 27.2.1992* **812**
KÜMMERLING, politischer (Christof Zernatto) – *Abendjournal / 13.10.1991* **793**
KURATEL: unter sozialistischer ... (Busek-ÖVP) – *Freiheitlicher Pressedienst / 23.2.1994* **1009**
KURIOSITÄTENKABINETT, politisches (Regierungsmannschaft) – *Mittagsjournal / 20.12.1990* **735**
KURZSCHLUSSHANDLUNG, unsinnige (Angebot von Gratisstromlieferun-

gen an die CSFR) – *Der Standard / 31.1.1991* **756**

KURZSCHLUSSHANDLUNG, unsinnige (Angebot für Gratisstromlieferungen an die CSFR durch Vranitzky) – *Freiheitlicher Pressedienst / 30.1.1991* **755**

KURZSICHTIG agiert (die Bundesregierung) – *Freiheitlicher Pressedienst / 17.10.1987* **428**

KURZSICHTIGE Regierung – *Freiheitlicher Pressedienst / 13.1.1991* **747**

KURZSICHTIGE und planlose Wirtschafts- und die CSFR durch Vranitzky) – *Freiheitlicher Pressedienst / 7.3.1987* **198**

KURZSICHTIGER Blick (Vranitzky) – *Freiheitlicher Pressedienst / 10.2.1987* **165**

KURZSICHTIGKEIT, grob fahrlässige (Mock) – *Freiheitlicher Pressedienst / 23.3.1987* **211**

KÜRZUNGEN, verschämte (Ruhensbestimmungen) – *Freiheitlicher Pressedienst / 29.10.1987* **447**

KURZZEITDENKER mit Maximalabfertigung (Vranitzky) – *Freiheitlicher Pressedienst / 12.10.1991* **792**

KUSSMUND und Nadelstreif – *Freiheitlicher Pressedienst / 9.1.1994* **987**

— L —

LÄCHERLICHE und traurige Rolle (Haltung gegenüber Kroatien, Vranitzky) – *Freiheitlicher Pressedienst / 12.1.1992* **802**

LÄCHERLICHKEIT preisgeben (Marjan Sturm) – *Freiheitlicher Pressedienst / 7.1.1988* **517**

LADLSCHIEBER (Mock) – *Kleine Zeitung / 12.1.1987* **122**

LAHME Ente (Koalition) – *Die Presse / 6.4.1987* **234**

LAHME Ente (Regierungspolitik) – *Die Presse / 6.4.1987* **235**

LAMMFROMM und widerstandslos (folgt die ÖVP der SPÖ) – *Freiheitlicher Pressedienst / 6.7.1988* **338**

LANDESDIENST, Druck im – *Kleine Zeitung / 26.10.1986* **35**

LANDESHAUPTMANNPOKER – *Freiheitlicher Pressedienst / 16.5.1994* **1082**

LANDESHERR, feudaler, wie ein Roko-ko-Prinz (Graf Bobby) – *Freiheitlicher Pressedienst / 28.2.1987* **191**

LANGE Finger (in die Geldbörsen der Steuerzahler greifen, rot-schwarze Proporz-Regierung) – *Freiheitlicher Pressedienst / 28.2.1987* **191**

LANGWEILIGER Alois (Mock) – *Kleine Zeitung / 26.10.1986* **33**

LATENTE Drohungen für Steuererhöhungen (Regierung) – *Freiheitlicher Pressedienst / 19.10.1987* **430**

LAUES Plauderstündchen (einer SPÖ-Sektion) (Vranitzky-Pressestunde) – *Freiheitlicher Pressedienst / 29.5.1994* **1105**

LAUFENDE Abwertung (des Parlaments, durch Große Koalition) – *Freiheitlicher Pressedienst / 15.7.1993* **887**

LAUT kritisieren und still kassieren (Motto der Grün-Alternativen) – *Freiheitlicher Pressedienst / 18.12.1989* **680**

LAUTER Verbrecher (als wären unsere Väter ...) – *Nordwest-Zeitung / 21.5.1994* **1094**

LAWINE, gewaltige, würde losgetreten (Belastungen) – *Mittagsjournal / 1.4.1987* **227**

LEERE Inhalte (Koalitions-Sozial- und Konjunkturpolitik) – *Freiheitlicher Pressedienst / 21.12.1992* **830**

LEERE Kassen (Koalitions-Sozial- und Konjunkturpolitik) – *Freiheitlicher Pressedienst / 21.12.1992* **830**

LEERE Kilometer von Wien nach Tirol zurückgelegt (Regierungsklausur) – *Mittagsjournal / 12.6.1987* **320**

LEERE Köpfe (Koalitions-Sozial- und Konjunkturpolitik) – *Freiheitlicher Pressedienst / 21.12.1992* **830**
LEERE, wie große, Versprechen (Regierung) – *Freiheitlicher Pressedienst / 7.3.1987* **198**
LEERE: Behauptungen Wagners gehen ins ... – *Freiheitlicher Pressedienst / 4.5.1987* **267**
LEEREN Truhe, Ferdinand mit der ... (Lacina) – *Kleine Zeitung / 11.1.1988* **538**
LEERES Stroh (Koalitions-Sozial- und Konjunkturpolitik) – *Freiheitlicher Pressedienst / 21.12.1992* **830**
LEERGEBINDE, geistiges – *Freiheitlicher Pressedienst / 11.10.1992* **824**
LEGITIMATION verloren (Regierung – *Freiheitlicher Pressedienst / 15.6.1993* **866**
LEHENSHERREN (Genossenschaftskonzerne) – *Freiheitlicher Pressedienst / 18.10.1986* **20**
LEHRLING (Riegler) – *Mittagsjournal / 20.12.1990* **735**
LEHRLINGE, wirtschaftspolitische (Graf und Konsorten) – *Kurier / 1.12.1987* **481**
LEHRLINGSROLLE (der ÖVP in einer zukünftigen sozialistischen Regierung) – *Mittagsjournal / 12.12.1986* **93**
LEHRLINGSROLLE (der ÖVP in einer zukünftigen sozialistischen Regierung) – *Zeit im Bild 1 / 12.11.1986* **91**
LEICHENDUFT, süßer (in der SPÖ, unter Berufung auf steirische ÖVP-Funktionäre) – *Mittagsjournal / 24.9.1990* **723**
LEICHTE Käuflichkeit der Grün-Alternativen – *Freiheitlicher Pressedienst / 17.12.1989* **679**
LEICHTFERTIG die Chancen einer vollen wirtschaftlichen Integration Österreichs am Europäischen Binnenmarkt 1992 verspiele (Mock) – *Freiheitlicher Pressedienst / 23.3.1987* **211**
LEICHTFERTIG versprochene Sanierung – *Freiheitlicher Pressedienst / 24.2.1987* **177**
LEICHTFERTIG, liederlich, sorglos (Politik der Umweltministerin) – *Die Presse / 3.10.1988* **646**
LEINE, an die ... genommen (Busek durch Vranitzky) – *Der Standard / 22.4.1994* **1048**
LEINE, an die ... nehmen (Busek durch Vranitzky) – *Freiheitlicher Pressedienst / 21.4.1994* **1046**
LEISTUNGSHEMMNISSE – *Die Presse / 17.11.1986* **75**
LEISTUNGSHEMMNISSE – *Freiheitlicher Pressedienst / 8.5.1990* **703**
LEISTUNGSKÜRZUNGEN (Versicherungen) – *Freiheitlicher Pressedienst / 14.4.1987* **249**
LEISTUNGSSCHWACHE Regierung – *Freiheitlicher Pressedienst / 25.6.1992* **821**
LETZTEN Loch, pfeift aus dem ... (Koalition) – *Freiheitlicher Pressedienst / 13.10.1993* **948**
LETZTER Pyrrhus-Sieg (der ÖVP) – *Der Standard / 20.6.1991* **782**
LETZTES Aufgebot (ÖVP-Regierungsmitglieder in der Großen Koalition) – *Freiheitlicher Pressedienst / 16.1.1987* **128**
LETZTES Aufgebot (ÖVP-Regierungsmitglieder in der Großen Koalition) – *Zeit im Bild 1 / 16.1.1987* **127**
LETZTES Aufgebot (Regierungsklausur) – *Die Presse / 11.6.1987* **316**
LICHT, hinter's ... führen, die Österreicher (Regierung) – *Freiheitlicher Pressedienst / 22.4.1987* **252**
LICHT, hinter's ... führen (Altparteien) – *Freiheitlicher Pressedienst / 6.4.1987* **232**
LIEBESTAUMEL der ÖVP (in Richtung Sozialisten und Große Koalition) – *Kurier / 7.11.1986* **66**
LIEDERLICH (Umgang mit den Prinzipien der Demokratie; Vranitzky) – *Die Presse / 21.4.1989* **661**

LIEDERLICH, leichtfertig, sorglos (Politik der Umweltministerin) – *Die Presse / 3.10.1988* **646**
LIEDERLICHE Budgetpolitik – *Der Standard / 26.1.1991* **753**
LIEDERLICHE Budgetpolitik der Großen Koalition – *Freiheitlicher Pressedienst / 25.1.1991* **752**
LIEDERLICHE Politik mit Vorwahlcharakter – *Freiheitlicher Pressedienst / 19.4.1990* **695**
LIEDERLICHE Schuldenpolitik (Budgetpolitik der Koalition) – *Mittagsjournal / 22.7.1988* **631**
LIEDERLICHER Umgang mit Ordnung und Moral (manche SPÖ-Funktionäre) – *Freiheitlicher Pressedienst / 11.5.1988* **601**
LINIE, keine ... in Europafragen – *Freiheitlicher Pressedienst / 20.9.1987* **390**
LINKE (solange die Linken an der Macht sind, kann nichts Rechtes dabei herauskommen) – *Freiheitlicher Pressedienst / 19.11.1986* **84**
LINKE Berufsdiskutanten (Grüne) – *Freiheitlicher Pressedienst / 9.10.1986* **9**
LINKE bis kommunistische Gruppierungen (kritisieren das Pädagogenmodell) – *Freiheitlicher Pressedienst / 15.12.1987* **500**
LINKE Chaoten (Grüne) – *Freiheitlicher Pressedienst / 9.10.1986* **9**
LINKE Geschichtsfälschung – *Der Standard / 14.10.1991* **795**
LINKE Medien, aufheulende ... – *Freiheitlicher Pressedienst / 6.2.1994* **993**
LINKE Schickeria – *Der Bund, Bern / 18.1.1993* **833**
LINKE, gewisse, haben Narrenfreiheit (Scholten) – *Der Standard / 27.2.1992* **813**
LINKEN Ecke, wilde Streikkomitees aus der ... – *Freiheitlicher Pressedienst / 22.10.1987* **435**
LINKEN, Nachtschwärmer der ... (angeführt von AndrÈ Heller) – *Der Standard / 11.1.1993* **832**
LINKER Ideologen, in der Geiselhaft einiger ... (befindet sich die Regierung) – *Freiheitlicher Pressedienst / 13.1.1991* **744**
LINKER Medienverbund, internationaler ... – *Der Standard / 20.6.1991* **782**
LINKER Mob – *Der Standard / 31.5.1994* **1110**
LINKS-AKTIVISTEN (in den Regierungsparteien) – *Freiheitlicher Pressedienst / 14.8.1993* **904**
LINKS-CHAOTISCHER Tümpel (Grüne) – *Freiheitlicher Pressedienst / 9.10.1986* **10**
LINKSEXTREME und kommunistische Gruppierungen – *Freiheitlicher Pressedienst / 2.2.1987* **152**
LINKSLINKE Schickeria (Einflüsterungen an Klestil) – *Der Standard / 11.1.1993* **832**
LINKSRADIKALE Extremisten (Pädagogenmodell-Gegner) – *Freiheitlicher Pressedienst / 10.1.1988* **523**
LINKSRADIKALE Kreise, betreiben Dramatisierung der Lage in Kärnten – *Freiheitlicher Pressedienst / 18.2.1987* **169**
LINKSRADIKALE Personengruppen (Opernball-Demonstration) – *Freiheitlicher Pressedienst / 1.3.1987* **193**
LINKSRADIKALE Raufbolde (Opernball-Demonstration) – *Freiheitlicher Pressedienst / 1.3.1987* **194**
LINKSRADIKALE, die Verfassung negierende, undemokratische Bewegung (Keimzelle unter Grünen) – *Freiheitlicher Pressedienst / 1.3.1987* **194**
LINKSRADIKALES, österreichfeindliches Element (Grüne) – *Freiheitlicher Pressedienst / 15.5.1987* **282**
LINKSWALZER – *Freiheitlicher Pressedienst / 20.4.1988* **565**
LIPPENBEKENNTNIS demokratischer Grundsätze, nur ein ... (Vranitzky) – *Freiheitlicher Pressedienst / 14.1.1992* **804**
LIPPENBEKENNTNISSE, reine ... der alten Parteien zum Privilegienabbau –

Freiheitlicher Pressedienst / 3.5.1990 **700**
LISTEN, schwarze ... für Würdige (ÖVP-Klub) – *Kleine Zeitung / 28.3.1987* **222**
LIZENZPARTEIEN, Vorherrschaft von ... – *Basta / 3/1993* **847**
LOBBYIST der Atomindustrie (Vranitzky) – *Freiheitlicher Pressedienst / 16.4.1988* **560**
LOCH, pfeift aus dem letzten ... (Koalition) – *Freiheitlicher Pressedienst / 13.10.1993* **948**
LOGENBRÜDER, alte Seilschaft der ... (betreffend Frühbauer) – *Der Standard / 2.5.1991* **767**
LOGIK, kleinstmögliche (ÖVP) – *Freiheitlicher Pressedienst / 6.11.1987* **462**
LOHN-DUMPING, das sich gewaschen hat – *Freiheitlicher Pressedienst / 17.5.1994* **1090**
LOS von Wien – *APA / 8.1.1991* **742**
LÖSUNGEN, halbe ... mit halbem Herzen – *Freiheitlicher Pressedienst / 26.5.1988* **605**
LÖSUNGSKOMPETENZ, nicht die geringste (Große Koalition) – *Freiheitlicher Pressedienst / 10.6.1987* **312**
LÖWELSTRASSE (ideologisches Gruselkabinett) – *Freiheitlicher Pressedienst / 18.10.1986* **19**
LÖWENGRUBE, rot-schwarze – *Freiheitlicher Pressedienst / 28.10.1993* **972**
LÜFTERL, kleines (jetzige Zuwanderung) – *Freiheitlicher Pressedienst / 28.10.1993* **969**
LUFTVERSCHMUTZUNGS- und Schornsteinerhaltungsgesetz (Luftreinhaltegesetz) – *Freiheitlicher Pressedienst / 22.6.1988* **623**
LÜGE, politische – *Freiheitlicher Pressedienst / 26.2.1988* **550**
LÜGE, politische ... salonfähig – *Mittagsjournal / 26.2.1988* **551**
LÜGE, politische ... salonfähig geworden (in dieser Regierung) – *Mittagsjournal / 26.2.1988* **551**
LÜGEN (Grabher-Meyer) – *Die Presse / 22.11.1986* **86**
LÜGEN, in die Tasche ... (Verstaatlichten-Subventionen) – *Kleine Zeitung / 26.10.1986* **32**
LÜGENGEBÄUDE der SPÖ (Verkauf der Anteile der SPÖ an der Nationalbank) – *Freiheitlicher Pressedienst / 13.5.1993* **857**
LÜGENPACK, und Diebsgesindel (Liberales Forum) – *Wiener / 4/1993* **849**
LÜGNER (Zernatto) – *Täglich Alles / 27.4.1994* **1059**
LÜGNER (Zernatto) – *Zeit im Bild 2 / 25.4.1994* **1050**
LÜGNER Sinowatz – *Kleine Zeitung / 11.1.1988* **538**
LÜGNER und Vertragsbrecher (Zernatto) – *Der Standard / 27.4.1994* **1060**
LÜGT öffentlich (Ausserwinkler) – *Freiheitlicher Pressedienst / 15.7.1993* **882**
LUKRATIVE Sonderverträge (VOEST-Manager) – *Freiheitlicher Pressedienst / 9.12.1987* **487**
LUNTE (betreffend Einheitswerterhöhung) – *Freiheitlicher Pressedienst / 16.12.1987* **502**
LUXURIÖSE Büros – *Freiheitlicher Pressedienst / 17.10.1987* **428**
LUXUSBÜROKRATIE (Sozialversicherungsanstalten) – *Freiheitlicher Pressedienst / 1.5.1991* **765**

— M —

MACHENSCHAFTEN, dunkle (der alten Parteien) – *Freiheitlicher Pressedienst / 6.4.1987* **229**
MACHENSCHAFTEN, dunkle (der politischen Gegner) – *Freiheitlicher Pressedienst / 24.10.1986* **30**
MACHENSCHAFTEN, kriminelle – *Freiheitlicher Pressedienst / 20.9.1990* **721**
MACHER, sozialistische – *Mittagsjournal / 12.12.1986* **93**

MACHER, sozialistische – *Zeit im Bild 1 / 12.12.1986* **92**
MACHER, sozialistischer (Vranitzky) – *Freiheitlicher Pressedienst / 16.12.1986* **99**
MACHERS, Kompetenz des ... (mit der Präpotenz des Versagers vertauscht) (Vranitzky) – *Mittagsjournal / 27.8.1987* **370**
MACHERS, Kompetenz des ..., mit der Präpotenz des Versagers vertauscht (Vranitzky) – *Freiheitlicher Pressedienst / 27.8.1987* **369**
MACHT (alte Parteien) – *Freiheitlicher Pressedienst / 11.1.1987* **115**
MACHT (aufgeteilt zwischen SPÖ und ÖVP) – *Neue Freie Zeitung / 30.10.1986* **46**
MACHT (SPÖ und ÖVP teilen Macht wie auf einem Schachbrett auf) – *Freiheitlicher Pressedienst / 23.10.1986* **44**
MACHTAUFTEILUNG, und Machterhaltung, um jeden Preis (rot-schwarze Proporz-Regierung) – *Freiheitlicher Pressedienst / 28.2.1987* **191**
MACHTAUFTEILUNG, Verfestigung [...] der rot-schwarzen ... – *Freiheitlicher Pressedienst / 13.11.1988* **649**
MACHTAUSÜBUNG, dunkelste (Koalitionsparteien) – *Freiheitlicher Pressedienst / 29.7.1993* **895**
MACHTBESESSENHEIT – *Freiheitlicher Pressedienst / 25.6.1992* **821**
MACHTBLÖCKE (von ÖVP und SPÖ) – *Freiheitlicher Pressedienst / 28.10.1986* **41**
MACHTERHALTUNG und Machtaufteilung um jeden Preis (rot-schwarze Proporz-Regierung) – *Freiheitlicher Pressedienst / 28.2.1987* **191**
MACHTERHALTUNG, Tyrannei der ... bei den Altparteien – *Freiheitlicher Pressedienst / 1.5.1994* **1062**
MACHTGEBÄUDE, morsches ... der beiden alten Parteien – *Freiheitlicher Pressedienst / 10.1.1988* **525**
MACHTHEBEL (Koalition) – *Freiheitlicher Pressedienst / 24.4.1993* **853**
MACHTKARTELL (Große Koalition) – *Freiheitlicher Pressedienst / 29.1.1987* **143**
MACHTKARTELL, rot-schwarzes – *Profil / 17.11.1986* **82**
MACHTKARTELL, rot-schwarzes – *Die Presse / 6.12.1986* **91**
MACHTKARTELLE, rot-schwarze – *Freiheitlicher Pressedienst / 17.9.1990* **720**
MACHTPOLITIK, überhebliche (der beiden alten Parteien) – *Freiheitlicher Pressedienst / 19.11.1989* **676**
MACHTSYSTEM, angeschlagenes sozialistisches ... – *Freiheitlicher Pressedienst / 27.5.1994* **1101**
MACHTSYSTEM, sozialistisches – *Freiheitlicher Pressedienst / 9.1.1994* **985**
MACHTVERFILZUNG – *Freiheitlicher Pressedienst / 24.4.1991* **763**
MADEN im Speck (Sozialversicherungsfunktionäre) – *Freiheitlicher Pressedienst / 14.11.1986* **71**
MAFIA: die beiden alten Parteien ärger als ... – *Die Presse / 3.10.1988* **646**
MAFIAMETHODEN (bei Bauvergaben) – *Kleine Zeitung / 3.10.1988* **642**
MAFIOSER Handel mit den Transportgenehmigungen – *Freiheitlicher Pressedienst / 23.10.1990* **730**
MAFIOSI, italienische – *Pressestunde / 17.4.1994* **1031**
MAJESTÄTSBELEIDIGUNG – *Kleine Zeitung / 19.7.1989* **668**
MAKABER (Mocks Erklärungen) – *Freiheitlicher Pressedienst / 17.9.1987* **389**
MAKEL der Parteibuchwirtschaft (ÖVP) – *Freiheitlicher Pressedienst / 27.3.1987* **219**
MAKULATUR (Regierungserklärung Vranitzkys) – *Freiheitlicher Pressedienst / 22.6.1988* **623**
MANAGEMENT by chaos (Vranitzkys Politik) – *Freiheitlicher Pressedienst / 29.12.1991* **800**
MANGEL an Demokratiebewußtsein (Fischer) – *Freiheitlicher Pressedienst / 24.10.1987* **438**

MANGEL an sachlicher und fachlicher Qualifikation – *Freiheitlicher Pressedienst / 21.1.1987* **137**

MANGEL an Zivilcourage (Smolle) – *Freiheitlicher Pressedienst / 27.5.1988* **608**

MANGEL, grober ... an Demokratieverständnis und politischer Kultur – *Freiheitlicher Pressedienst / 10.12.1987* **492**

MANGELNDE Problemlösungskapazität und Durchsetzungsfähigkeit (ÖVP) – *Freiheitlicher Pressedienst / 11.3.1987* **202**

MANGELNDE Sensibilität gegenüber sozial Schwächeren (Vranitzky) – *Freiheitlicher Pressedienst / 29.10.1987* **446**

MANGELNDE Sensibilität gegenüber sozial Schwächeren (Vranitzky) – *Freiheitlicher Pressedienst / 29.10.1987* **444**

MANGELNDE wirtschaftliche Fähigkeiten (Vranitzky) – *Kurier / 16.11.1987* **466**

MANGELNDER Wettbewerb – *Freiheitlicher Pressedienst / 10.1.1988* **525**

MANGELNDES politisches Stehvermögen (Klestil) – *Freiheitlicher Pressedienst / 12.1.1992* **802**

MANGELNDES Verantwortungsbewußtsein (Koalitionsparteien) – *Freiheitlicher Pressedienst / 6.4.1994* **1023**

MANIER, marktschreierische (Angebot von Gratisstromlieferungen durch Vranitzky an die CSFR) – *Freiheitlicher Pressedienst / 30.1.1991* **755**

MANIPULATION (in Reinkultur) (ORF) – *Freiheitlicher Pressedienst / 30.5.1994* **1107**

MANIPULIEREN des Wählerwillens – *Freiheitlicher Pressedienst / 27.10.1986* **39**

MANNSTOPPENDE Waffen im österreichischen Bundesheer (Philosophie der ..., Lichal) – *Zeit im Bild 1 / 16.1.1987* **127**

MANÖVER, parteipolitisch durchschaubare ... (Fischer) – *Freiheitlicher Pressedienst / 23.4.1993* **852**

MÄNTELCHEN des Arbeitnehmervertreters abgelegt (AK-Präsident Czettel) – *Freiheitlicher Pressedienst / 30.3.1987* **223**

MÄRCHENERZÄHLER (in der Regierung) – *Freiheitlicher Pressedienst / 13.10.1993* **949**

MÄRCHENSTUNDE – *Freiheitlicher Pressedienst / 13.10.1993* **903**

MARIONETTE (der Eisenbahnergewerkschaft: Schmölz) (Übleis) – *Freiheitlicher Pressedienst / 30.10.1987* **454**

MARKTORDNUNGEN (Zwangswirtschaft, wie im Ostblock) – *Kleine Zeitung / 26.10.1986* **34**

MARKTSCHREIERISCHER Manier, in ... (Angebot von Gratisstromlieferungen an die CSFR durch Vranitzky) – *Freiheitlicher Pressedienst / 30.1.1991* **755**

MARXIST (Keller) – *Kurier / 16.11.1987* **467**

MARXISTEN (Opernball-Demonstration) – *Freiheitlicher Pressedienst / 4.3.1987* **197**

MARXISTISCH verstrahlte Spaltpilze (Pilz) – *Freiheitlicher Pressedienst / 1.3.1987* **195**

MARXISTISCH verstrahlter Giftpilz (Pilz) – *Freiheitlicher Pressedienst / 11.1.1987* **117**

MARXISTISCH-totalitäres Denken (Keller) – *Freiheitlicher Pressedienst / 22.4.1988* **573**

MARXISTISCHE Heilsapostel (rot-grüne Szene) – *Freiheitlicher Pressedienst / 11.1.1987* **117**

MASCHINERIE der EXPO-Geldvernichtung – *Freiheitlicher Pressedienst / 17.5.1991* **775**

MASOCHISMUS, gewisse Portion ... (ÖVP) – *Freiheitlicher Pressedienst / 15.10.1993* **955**

MASSEVERWALTER (Pleitier wird zum eigenen ..: Vranitzky) – *Kleine Zeitung / 12.1.1987* **122**

MASSEVERWALTER einer konkursreifen Regierung (Vranitzky und Busek) – *Kronen Zeitung / 12.11.1991* **797**

MASSIVE Belastungen – *Freiheitlicher Pressedienst / 17.12.1987* **506**

MASSIVE Gegenpropaganda – *Freiheitlicher Pressedienst / 8.4.1994* **1027**

MASSIVER Druck auf die Arbeiterschaft (von den Ausländervolksbegehrensgegnern) – *Der Standard / 3.2.1993* **843**

MASSIVER Gesichtsverlust – *Freiheitlicher Pressedienst / 13.10.1993* **947**

MASSIVER Gesichtsverlust – *Freiheitlicher Pressedienst / 13.10.1993* **952**

MASSIVER politischer Druck (Schmölz) – *Freiheitlicher Pressedienst / 30.10.1987* **454**

MASSLOS aufgeblähter Apparat (Graf-Ministerium) – *Freiheitlicher Pressedienst / 28.2.1987* **188**

MASSLOS gewordene Horde von Funktionären (hat sich auf Kosten der Steuerzahler bereichert) – *Freiheitlicher Pressedienst / 2.7.1990* **710**

MASSLOSER Raubzug durch die Taschen der Steuerzahler – *Freiheitlicher Pressedienst / 17.9.1993* **925**

MASSLOSIGKEIT, sanfte (Fischer) – *Freiheitlicher Pressedienst / 15.12.1993* **983**

MATTGESETZT: Schachspiel, bei dem die Bürger ständig ... werden (Politik der Großen Koalition) – *Freiheitlicher Pressedienst / 10.1.1988* **528**

MAUER: Graf macht Sozialisten die ... – *Freiheitlicher Pressedienst / 29.8.1987* **372**

MAULKÖRBE verteilen (ÖVP unter Busek) – *Freiheitlicher Pressedienst / 12.1.1992* **802**

MAULKORBERLASS (Vranitzkys für die ÖVP) – *Mittagsjournal / 7.11.1990* **731**

MAXE, feiner (Sozialisten) – *Freiheitlicher Pressedienst / 15.10.1993* **955**

MAXIMALABFERTIGUNG, Kurzzeitdenker mit ... – *Freiheitlicher Pressedienst / 12.10.1991* **792**

MEDIALE UND POLITISCHE Hinrichtung – *Der Standard / 26.6.1991* **784**

MEDIEN (Schmutzkampagne) – *Freiheitlicher Pressedienst / 11.1.1987* **116**

MEDIEN, aufheulende linke ... – *Freiheitlicher Pressedienst / 6.2.1994* **993**

MEDIENVERBUND, internationaler linker – *Der Standard / 20.6.1991* **782**

MEHRHEITSBESCHAFFER für die SPÖ (Anerkennung des Liberalen Forums als Parlamentsklub durch Fischer) – *Freiheitlicher Pressedienst / 22.2.1993* **844**

MEHRHEITSBESCHAFFER für die SPÖ (ÖVP) – *Freiheitlicher Pressedienst / 6.9.1993* **915**

MEINUNGSDIKTATUR – *Freiheitlicher Pressedienst / 8.4.1994* **1029**

MEINUNGSLOSES Wesen (Leopold Wagner) – *Freiheitlicher Pressedienst / 19.7.1988* **630**

MEINUNGSMANIPULATION, gezielte (ORF) – *Freiheitlicher Pressedienst / 16.2.1994* **1001**

MEINUNGSSLALOM (Schüssel) – *Freiheitlicher Pressedienst / 7.5.1989* **664**

MEINUNGSTERROR – *Freiheitlicher Pressedienst / 27.5.1994* **1101**

MEINUNGSTERROR, ungeheuerlicher Fall von ... – *Freiheitlicher Pressedienst / 27.5.1994* **1100**

MENSCHEN, dumme (wie Graff) – *Freiheitlicher Pressedienst / 17.9.1987* **387**

MENSCHEN- und umweltverachtendes Gesetz (Luftreinhaltegesetz) – *Freiheitlicher Pressedienst / 22.6.1988* **623**

MENSCHENJAGD gegen freiheitliche Politiker – *Freiheitlicher Pressedienst / 14.1.1990* **685**

MENSCHENRECHTE abkaufen (läßt sich Vranitzky, mit klingender Münze) – *Freiheitlicher Pressedienst / 15.6.1993* **867**
MENSCHENRECHTE mit Füßen (trete Vranitzky) – *Freiheitlicher Pressedienst / 14.1.1992* **804**
MENSCHENRECHTE mit Füßen tritt (Israel) – *Kleine Zeitung / 22.1.1988* **542**
MENSCHENVERACHTEND (Vorgangsweise der SPÖ) – *Die Presse / 30.3.1989* **658**
MENSCHENVERACHTENDE Gesinnung (Busek) – *Freiheitlicher Pressedienst / 25.11.1991* **798**
MENSCHENVERACHTENDE Hetzjagd (gegen FPÖ-Mitglieder) – *Basta / 6/1991* **779**
MENSCHENVERACHTENDER Poker (der Sozialisten) – *Freiheitlicher Pressedienst / 14.1.1992* **804**
METHODEN der mittelalterlichen Steuervögte und Raubritter im Verkehrswesen beleben – *Mittagsjournal / 1.4.1987* **227**
METHODEN, stalinistische (Fischer) – *Der Standard / 27.6.1992* **822**
MIES, absolut (Zernattos Politik) – *Inlandsreport / 21.4.1994* **1039**
MIESE Komödie (Angebot von Gratisstromlieferungen an die CSFR durch Vranitzky) – *Freiheitlicher Pressedienst / 30.1.1991* **755**
MIESE Tour (gegenüber Foregger) – *Freiheitlicher Pressedienst / 13.1.1991* **746**
MIESE Tour (ÖVP) – *Kleine Zeitung / 22.1.1988* **540**
MIESES Spiel (betrieben durch SPÖ-Zeitung) – *Pressestunde / 25.1.1987* **139**
MIKRIGES Programm (SPÖ-Programm) – *Freiheitlicher Pressedienst / 12.1.1994* **992**
MIKROSKOP nötig (um das Ergebnis der Regierungszusammenarbeit zu sehen) – *Freiheitlicher Pressedienst / 28.10.1987* **442**
MILCH- und Zuschuß-Desaster – *Freiheitlicher Pressedienst / 2.7.1988* **626**
MILCHMÄDCHENRECHNUNG, demagogische (Zweiradproduktion von Steyr-Daimler-Puch praktisch verschenkt) – *Freiheitlicher Pressedienst / 23.2.1987* **172**
MILCHWIRTSCHAFTSFONDS (Asphaltagrarier) – *Kleine Zeitung / 26.10.1986* **34**
MILCHWIRTSCHAFTSFONDS, aufgeblasener – *Die Presse / 21.10.1986* **26**
MILLIARDEN in unsinnige Großbauprojekte verpulvern (Regierung) – *Freiheitlicher Pressedienst / 30.9.1987* **405**
MILLIARDEN-Fiasko, gigantisches – *Freiheitlicher Pressedienst / 13.9.1993* **919**
MILLIARDENFLOPS – *Freiheitlicher Pressedienst / 23.9.1993* **936**
MILLIARDENSKANDAL (St. Magdalen) – *Freiheitlicher Pressedienst / 27.9.1989* **673**
MILLIARDENTEURE Tintenburgen – *Profil / 17.11.1986* **81**
MILLIARDENVERSCHWENDUNG, konzeptlose (der rot-schwarzen Koalitionsregierung) – *Freiheitlicher Pressedienst / 17.7.1987* **350**
MILLIONÄR (Victor Adler) – *Freiheitlicher Pressedienst / 13.1.1991* **748**
MILLIONÄR (Vranitzky) – *Freiheitlicher Pressedienst / 13.1.1991* **748**
MILLIONEN-DEAL (Schüssel: Verkehrsbüro-Privatisierung) – *Freiheitlicher Pressedienst / 7.5.1990* **702**
MILLIONENABFERTIGUNG (Vranitzky) – *Die Presse / 17.11.1986* **74**
MILLIONENABFERTIGUNGSEMPFÄNGER, privilegierter (Vranitzky) – *Freiheitlicher Pressedienst / 2.11.1986* **51**
MILLIONENPFRÜNDE (die Mächtigen in diesem Staat schieben sich ... zu) – *Freiheitlicher Pressedienst / 10.4.1987* **239**

MILLIONENVERSCHWENDUNG (Staatsbetriebe) – *Freiheitlicher Pressedienst / 16.3.1987* **205**
MINDERBELEUCHTETE Erscheinung (Cap) – *Die Presse / 18.2.1994* **1005**
MINIMALPROGRAMM ihrer Wahlversprechen, nicht einmal mehr an ein ... (hält sich die ÖVP) – *Kurier / 27.9.1987* **397**
MINISTER, erster vorbestrafter ... in der Großen Koalition (Graf) – *Freiheitlicher Pressedienst / 10.12.1987* **491**
MINISTERIUMSHYDRA mit elf Sektionsköpfen, Chef der ... (Graf) – *Freiheitlicher Pressedienst / 28.2.1987* **190**
MINISTERIUMSHYDRA, (Graf) als Dompteur der ... – *Freiheitlicher Pressedienst / 28.2.1987* **187**
MINISTERSEKRETÄRE, Tummelplatz für Partei- und ... (ORF) – *Freiheitlicher Pressedienst / 27.11.1989* **678**
MISERE (Verstaatlichte Industrie) – *Freiheitlicher Pressedienst / 29.8.1987* **371**
MISSACHTEN, Gesetze (Große Koalition) – *Freiheitlicher Pressedienst / 3.5.1994* **1068**
MISSBRAUCH (mit öffentlichen Geldern) – *Freiheitlicher Pressedienst / 28.10.1993* **971**
MISSBRAUCH bei Sozialleistungen – *Freiheitlicher Pressedienst / 10.2.1987* **164**
MISSBRAUCH des Parlaments (Sondersitzung des Nationalrats) – *Die Presse / 29.10.1986* **42**
MISSBRAUCH des Parteibuchzwanges – *Freiheitlicher Pressedienst / 9.2.1987* **162**
MISSBRAUCH, gewissenloser (Regierung mißbraucht Bundesrat zur Eigenwerbung) – *Freiheitlicher Pressedienst / 30.1.1987* **148**
MISSBRÄUCHE im Sozialbereich – *Freiheitlicher Pressedienst / 6.2.1987* **156**
MISSBRÄUCHLICHE Verwendung von Arbeitergeldern für sozialistische Propagandazwecke (AK-Broschüre) – *Freiheitlicher Pressedienst / 12.6.1987* **321**
MISSBRAUCHT, politisch ... (SOS-Aktivisten) – *Freiheitlicher Pressedienst / 23.9.1993* **934**
MISSBRAUCHT, positive politische Anliegen idealistischer Jugendlicher ... (Opernball-Demonstration) – *Freiheitlicher Pressedienst / 4.3.1987* **197**
MISSERFOLGE, nur ... (Vranitzky) – *Neue Freie Zeitung / 28.4.1988* **580**
MISSGEBURT (die österreichische Nation) – *Inlandsreport / 18.8.1988* **632**
MISSGEBURT eines Finanzierungspaketes – *Freiheitlicher Pressedienst / 30.4.1987* **261**
MISSMANAGEMENT, gedankenloses (in der Verstaatlichten Industrie) – *Freiheitlicher Pressedienst / 26.2.1987* **180**
MISSSTÄNDE (beseitigen, durch Haider) – *Die Presse / 17.11.1986* **75**
MISSSTÄNDE, bestehende ... einzementieren (Sozialpartner) – *Freiheitlicher Pressedienst / 10.10.1987* **418**
MISSTRAUEN innerhalb der Koalition – *Freiheitlicher Pressedienst / 24.2.1987* **177**
MISSWIRTSCHAFT (Vranitzkys und Streichers) – *Freiheitlicher Pressedienst / 28.4.1987* **259**
MISSWIRTSCHAFT in den Sozialversicherungen – *Freiheitlicher Pressedienst / 12.1.1987* **119**
MISSWIRTSCHAFT in den Verstaatlichten Betrieben – *Zeit im Bild 1 / 11.1.1987* **118**
MISSWIRTSCHAFT, Dschungel der ... – *Profil / 17.11.1986* **83**
MISSWIRTSCHAFT, haarsträubende (Dallinger) – *Freiheitlicher Pressedienst / 7.5.1987* **273**
MISSWIRTSCHAFT, jahrzehntelange (Burgenland) – *Freiheitlicher Pressedienst / 2.10.1987* **409**
MISSWIRTSCHAFT, katastrophale (Verstaatlichte Industrie) – *Freiheitlicher Pressedienst / 23.2.1987* **171**

MISSWIRTSCHAFT, katastrophale – *Freiheitlicher Pressedienst / 17.7.1987* **352**
MISSWIRTSCHAFT, verantwortungslose, im Staatsbereich – *Freiheitlicher Pressedienst / 6.4.1987* **269**
MIST (alles gedeiht nur mehr im Dunklen, wenn genug Mist darauf kommt) – *Ganze Woche / 6.11.1986* **55**
MIST sei viel gebaut worden (Burgenland) – *Freiheitlicher Pressedienst / 24.8.1987* **366**
MIST, stolz wie ein Hahn am ... (Kery) – *Freiheitlicher Pressedienst / 24.8.1987* **366**
MIT-REGIERUNGS-ATTRAPPE (ÖVP im Verhältnis zur SPÖ) – *Freiheitlicher Pressedienst / 21.6.1988* **622**
MITSCHULDIG an der Verelendung des Bauernstandes (Funktionäre der Landwirtschaftskammern) – *Freiheitlicher Pressedienst / 27.6.1987* **332**
MITTELALTERLICHE Spitzelmethoden – *Freiheitlicher Pressedienst / 24.4.1991* **763**
MITTELALTERLICHEN Steuervögte und Raubritter, Methoden der ... im Verkehrswesen beleben – *Mittagsjournal / 1.4.1987* **227**
MITTELALTERLICHES Bauernlegen, fortgesetzt in der heutigen Sozialpartnerschaft – *Freiheitlicher Pressedienst / 6.5.1990* **701**
MITTELEUROPAS, Schutzmacht ... (Österreich und Bayern) – *Der Standard / 2.5.1991* **768**
MITWISSERSCHAFT (Regierung im VOEST-Waffenskandal) – *Freiheitlicher Pressedienst / 28.4.1988* **586**
MOB, linker – *Der Standard / 31.5.1994* **1110**
MOCK, unglaubwürdig – *Kurier / 7.11.1986* **67**
MOCK: siehe auch **ALOIS**
MODEL, teuerstes ... des Landes (Pröll) – *Der Standard / 29.3.1993* **848**
MODERNES Raubrittertum – *Freiheitlicher Pressedienst / 31.3.1987* **225**
MODERNES Raubrittertum – *Freiheitlicher Pressedienst / 1.4.1987* **226**
MOGELPACKUNG (SPÖ-Programm) – *Freiheitlicher Pressedienst / 12.1.1994* **992**
MOGELPACKUNG der Regierung (Transitvertrag) – *Freiheitlicher Pressedienst / 22.2.1994* **1008**
MOLOCH Große Koalition – *Freiheitlicher Pressedienst / 15.7.1993* **888**
MONARCH, konstitutioneller (Vranitzky) – *Freiheitlicher Pressedienst / 14.10.1992* **825**
MONOPOL der linken Geschichtsfälschung – *Der Standard / 14.10.1991* **795**
MONOPOL der organisierten Kräfte – *Der Standard / 10.1.1994* **990**
MONOPOLISTEN (beuten aus) – *Freiheitlicher Pressedienst / 17.12.1987* **506**
MONOPOLSTELLUNG, rot-schwarze – *Freiheitlicher Pressedienst / 29.7.1993* **894**
MONSTERPROJEKT EXPO – *Freiheitlicher Pressedienst / 17.5.1991* **775**
MORAL, doppelbödige (Funktionäre der Landwirtschaftskammern) – *Freiheitlicher Pressedienst / 27.6.1987* **332**
MORAL, doppelbödige (Harald Scheucher) – *Freiheitlicher Pressedienst / 14.5.1987* **279**
MORAL, sehr doppelbödige (Fischer) – *Freiheitlicher Pressedienst / 24.10.1987* **438**
MORAL, verdächtige doppelte ... (Regierungsparteien: Ausländerpolitik) – *Freiheitlicher Pressedienst / 23.9.1993* **932**
MORALISCH ääußerst fragwürdig" – *Freiheitlicher Pressedienst / 12.1.1987* **119**
MORALISCH fragwürdig – *Freiheitlicher Pressedienst / 17.6.1987* **323**
MORALISCH und geistig weggetreten (ÖVP) – *Neue Freie Zeitung / 18.12.1986* **100**

MORALISCH untragbar (Vranitzkys 3-Millionen-Abfertigung) – *Freiheitlicher Pressedienst / 13.10.1986* **13**
MORALISCHE Hartherzigkeit in beschämender Weise zum Prinzip ihrer Politik gemacht (Regierung) – *Freiheitlicher Pressedienst / 9.1.1992* **801**
MORALISCHER Kultur, Verfall politischer und ... – *Freiheitlicher Pressedienst / 16.10.1987* **422**
MÖRDERBANDEN, marxistische ... in Serbien (Bündnis und Gemeinsamkeit der sozialistischen Staatslenker mit ihnen) – *Zeit im Bild 1 / 12.1.1992* **803**
MORSCHES Machtgebäude der beiden alten Parteien – *Freiheitlicher Pressedienst / 10.1.1988* **525**
MORSCHES Staatsgebäude der schwarz-roten Altparteien – *Kleine Zeitung / 11.1.1988* **538**
MÜLLHOFRÄTE – *Der Standard / 24.2.1990* **690**
MÜLLTRENNUNG (auf ihren Hüten) (Rauch-Kallat) – *Die Presse / 18.2.1994* **1005**
MULTIFUNKTIONÄR wie aus dem Bilderbuch (Ruhaltinger) – *Kronen-Zeitung / 10.11.1986* **69**
MULTIFUNKTIONÄRE – *Mittagsjournal / 20.12.1990* **735**
MULTIFUNKTIONÄRE (Verstaatlichte) – *Freiheitlicher Pressedienst / 28.4.1987* **259**
MULTIFUNKTIONÄRE, reumütige Erklärungen gegen ... – *Neue Freie Zeitung / 10.7.1990* **714**
MULTIFUNKTIONÄRS- und Apparatschikpartei (SPÖ) – *Freiheitlicher Pressedienst / 27.10.1986* **36**
MULTIFUNKTIONÄRSFILZ – *Freiheitlicher Pressedienst / 27.6.1987* **332**
MULTIKULTI-Spuk – *Freiheitlicher Pressedienst / 6.10.1993* **945**
MUNDRAUB (gegenüber dem kleinen Mann) – *Freiheitlicher Pressedienst / 15.9.1987* **380**
MUNDRAUBES, Politik des ... am kleinen Mann – *Die Presse / 16.9.1987* **382**
MUNSTERS (Bundesregierung) – *Kleine Zeitung / 14.1.1991* **750**
MÜNZE, mit klingender ... (läßt sich Vranitzky Menschenrechte abkaufen) (Vranitzky) – *Freiheitlicher Pressedienst / 15.6.1993* **867**
MUPPET-SHOW (ernsthaft im Vergleich zur Politik der Bundesregierung) – *Freiheitlicher Pressedienst / 20.6.1987* **325**
MÜRBE gemacht (Mock, zu Kniefall vor der Großen Koalition) – *Die Presse / 6.12.1986* **91**
MUSEUMSWÄRTER, Gesinnung der ... (Sozialpolitik der Großen Koalition) – *Freiheitlicher Pressedienst / 10.12.1987* **488**
MUSKELSPIEL, versuchtes ... einer leistungsschwachen Regierung – *Freiheitlicher Pressedienst / 25.6.1992* **821**
MUTLOSE, Bitt- und Bettelgänge nach Wien (Zeit sei vorbei) – *Freiheitlicher Pressedienst / 14.2.1991* **757**
MUTLOSIGKEIT, grenzenlose (Budgetpolitik der Bundesregierung) – *Freiheitlicher Pressedienst / 28.10.1993* **962**
MYSTERIÖSESTEN Geschäfte, eines der ... (Verkauf des Verkehrsbüros) – *Freiheitlicher Pressedienst / 10.4.1990* **694**

— N —

NACHHALTIG schädigt Österreich (Peymann) – *Die Presse / 27.2.1992* **812**
NACHHALTIGEN Schaden (Österreich zufügen, Grün-Alternative) – *Freiheitlicher Pressedienst / 15.5.1987* **281**
NACHSEHEN, Bürger hat das ... – *Freiheitlicher Pressedienst / 19.1.1987* **135**

NACHT- und Nebelaktion (Regierung) – *Freiheitlicher Pressedienst / 23.10.1987* **437**

NACHTSCHWÄRMER der Linken (angeführt von AndrÈ Heller) – *Der Standard / 11.1.1993* **832**

NACHTWÄCHTERREGIERUNG, rotschwarze, nicht europareif, sondern kabarettreif – *Kleine Zeitung / 3.10.1988* **641**

NADELSTREIF (trägt und redet Vranitzky) – *Kleine Zeitung / 3.10.1988* **641**

NADELSTREIF: Austrofaschist im ... (Vranitzky) – *Basta / 3/1993* **847**

NADELSTREIF: die hohen Herren im ... (SPÖ-Regierung) – *Kurier / 27.9.1987* **396**

NADELSTREIF: Kußmund und ... – *Freiheitlicher Pressedienst / 9.1.1994* **987**

NAGELPROBE (Große Koalition) – *Freiheitlicher Pressedienst / 19.1.1987* **134**

NAIVE, GRÜN- ... – *Freiheitlicher Pressedienst / 14.1.1990* **685**

NAME ist Hase (Lacina) – *Freiheitlicher Pressedienst / 27.2.1992* **814**

NARRENFREIHEIT: Gewisse Linke haben ... (Scholten) – *Der Standard / 27.2.1992* **813**

NARRENSCHIFF, rot-schwarzes (Bundesregierung) – *Sozialistische Korrespondenz / 25.4.1988* **578**

NASENRING der roten Zaren – *Freiheitlicher Pressedienst / 15.10.1993* **957**

NASENRING: am ... durch Österreich führen (läßt sich die ÖVP durch Vranitzky) – *Inlandsreport / 21.4.1994* **1041**

NASSEN Fetzen, mit ... nach Hause geschickt (gehörten die schwarzen Bauernvertreter) – *Der Standard / 1.9.1993* **912**

NEBBOCHANTEN in den Parteisekretariaten – *Profil / 17.11.1986* **81**

NEBELVORHANG über Steuerplänen – *Freiheitlicher Pressedienst / 8.1.1988* **518**

NEBULOSE Absichtserklärungen (der Altparteien) – *Freiheitlicher Pressedienst / 6.4.1987* **232**

NEBULOSE Vorstellungen (Regierung) – *Freiheitlicher Pressedienst / 8.7.1987* **341**

NEGIEREND (bezüglich Verfassung) (Bewegung unter den Grünen) – *Freiheitlicher Pressedienst / 1.3.1987* **194**

NERVEN weggeschmissen (Vranitzky) – *Freiheitlicher Pressedienst / 16.10.1986* **15**

NERVEN, flattrige – *Inlandsreport / 21.4.1994* **1034**

NERVEN, flattrige – *Profil / 9.3.1992* **815**

NETZ, dichtes ... der personalpolitischen Kontrolle (ÖVP-Klub) – *Kleine Zeitung / 28.3.1987* **222**

NEUAUFLAGE des Klassenkampfes – *Freiheitlicher Pressedienst / 23.3.1990* **691**

NEUES Biedermeier – *Freiheitlicher Pressedienst / 26.5.1994* **1099**

NEUSOZIALIST (Vranitzky) – *Die Presse / 17.11.1986* **74**

NEUTRALITÄTSAPOSTEL, selbsternannte (Vranitzky & Co.) – *Freiheitlicher Pressedienst / 16.1.1991* **751**

NICHT saniert, sondern ... demontiert – *Kurier / 27.9.1987* **395**

NICHT tragbar für eine Demokratie (Graf) – *Freiheitlicher Pressedienst / 10.12.1987* **492**

NICHTREGIEREN, für's ... nobelpreisverdächtig (Vranitzky) – *Kleine Zeitung / 14.1.1991* **750**

NICHTS nutze, zu ... (ÖVP Burgenland) – *Freiheitlicher Pressedienst / 24.8.1987* **367**

NICHTS weiterbringt (Regierungspolitik) – *Die Presse / 6.4.1987* **235**

NICHTS zusammenbringt (Regierung) – *Neue Freie Zeitung / 28.5.1987* **299**

NICHTSTUER (im Süden) – *Zeit im Bild 2 / 8.4.1994* **1030**

NICHTSTUNS: einen wortreichen Verkauf ihres eigenen ... (habe die Regierung über die Bühne gebracht) – *Kleine Zeitung / 12.7.1991* **785**
NIEDERGESTIMMT, brutal (Vertreter der Südtiroler Volkspartei im italienischen Parlament) – *Freiheitlicher Pressedienst / 22.2.1987* **170**
NIEDERWALZEN, einen führungslosen ORF (durch Große Koalition) – *Freiheitlicher Pressedienst / 24.10.1986* **28**
NIETE (Ausserwinkler) – *Freiheitlicher Pressedienst / 15.7.1993* **883**
NIVEAULOSE Beschimpfungen (Graf) – *Freiheitlicher Pressedienst / 10.12.1987* **492**
NOBELPREISTRÄGER im Schuldenmachen (Vranitzky) – *Freiheitlicher Pressedienst / 1.5.1994* **1065**
NOBELPREISVERDÄCHTIG für Wahnsinn in der Sozialpolitik (Dallinger: Aussteigerprämie) – *Die Presse / 3.10.1988* **646**
NOBELPREISVERDÄCHTIG, für's Nichtregieren (Vranitzky) – *Kleine Zeitung / 14.1.1991* **750**
NOCH NIE DAGEWESENE Hetzjagd (gegen Haider) – *Freiheitlicher Pressedienst / 22.6.1991* **783**
NOMENKLATURA der Betriebsräte (in der Verstaatlichten Industrie) – *Freiheitlicher Pressedienst / 11.3.1987* **200**
NOT der Bauern (nicht erkannt vom kalten Herz Vranitzkys) – *Neue Freie Zeitung / 30.10.1986* **47**
NOTLÖSUNG (Bundesregierung) – *Freiheitlicher Pressedienst / 21.1.1987* **138**
NOTORISCHE Verschwendung von Steuergeldern – *Freiheitlicher Pressedienst / 23.12.1987* **512**
NOTSTAND der alten Parteien – *Kronen-Zeitung / 6.12.1986* **89**
NS-METHODEN (praktiziert SPÖ) – *Die Presse / 30.3.1989* **658**
NUMMERNTAFELKABARETT – *Freiheitlicher Pressedienst / 20.12.1989* **681**
NUSS, taube (Aufsichtsrecht des Ministers) – *Neue Freie Zeitung / 10.7.1990* **714**
NUTZLOSE Diskussion (Draken-Streit) – *Freiheitlicher Pressedienst / 11.3.1987* **202**

— O —

ÖBB (jahrzehntelange Versäumnisse) – *Freiheitlicher Pressedienst / 12.1.1987* **119**
ÖBB-Desaster – *Freiheitlicher Pressedienst / 10.2.1994* **996**
ÖBB-Manager, privilegierte (Fehlleistungen) – *Freiheitlicher Pressedienst / 12.1.1987* **119**
OBDACHLOSIGKEIT der Mächtigen, geistige (politischer Kreuzzug gegen ...) – *Freiheitlicher Pressedienst / 1.5.1989* **662**
OBERBANKDIREKTOR, armer ... mit dem Bauchansatz (Vranitzky) – *Basta / 6/1991* **779**
OBERLEHRER der Nation (Vranitzky) – *Die Presse / 21.4.1989* **661**
OBMANN einer Skandalpartei (Vranitzky) – *Freiheitlicher Pressedienst / 30.4.1988* **589**
OBSTRUKTIONSPOLITIK (Regierung) – *Freiheitlicher Pressedienst / 21.4.1994* **1043**
ÖDE soziale Belastungspolitik (Riegler) – *Kleine Zeitung/ Graz / 13.11.1988* **648**
OFFEN, Rechnung (in Kärnten) – *Profil / 9.3.1992* **815**
OFFENSICHTLICHE Unfähigkeit (Zernatto, Ambrozy) – *Der Standard / 19.2.1994* **1006**
OFFENSICHTLICHES Versagen (der sozialistischen Koalition) – *Freiheitlicher Pressedienst / 4.2.1987* **154**
OFFENSIVE zur Reparatur der Demokratie – *Der Standard / 3.2.1992* **807**
ÖFFENTLICH lügt (Ausserwinkler) – *Freiheitlicher Pressedienst / 15.7.1993* **882**

ÖFFENTLICHE Faschingssitzungen – *Freiheitlicher Pressedienst / 28.2.1987* **189**
ÖFFENTLICHE Verschwendung – *Freiheitlicher Pressedienst / 10.2.1987* **164**
ÖFFENTLICHE Voreingenommenheit und Vorverurteilung – *Freiheitlicher Pressedienst / 15.12.1993* **984**
OHNE Plan und Programm (Vranitzkys Regierungskurs) – *Freiheitlicher Pressedienst / 22.4.1987* **253**
ÖKO-Sozialisten – *Freiheitlicher Pressedienst / 11.1.1987* **117**
OLYMPIASIEGER in der Klasse der Dreifach-Abgefertigten (Vranitzky) – *Freiheitlicher Pressedienst / 4.11.1989* **674**
OPAS, Polit-, rot-schwarze – *Der Standard / 10.1.1994* **991**
OPERETTENHEER, in dem es bald mehr Goldfasane als Soldaten gibt – *Die Presse / 9.1.1990* **683**
OPERETTENSTAAT, Republik zum ... erniedrigt (Draken-Streit) – *Freiheitlicher Pressedienst / 11.3.1987* **201**
OPFER einer verfehlten Budgetpolitik (Bauern) – *Freiheitlicher Pressedienst / 11.10.1987* **419**
OPFER, bestenfalls ..., nicht Täter (Soldaten des Zweiten Weltkriegs) – *Profil / 3.6.1991* **780**
OPPORTUNE (SPÖ) – *Freiheitlicher Pressedienst / 19.10.1986* **22**
OPPORTUNISMUS, purer (Vranitzky) – *Freiheitlicher Pressedienst / 12.8.1993* **903**
OPPORTUNISMUS, schamloser (Sozialisten) – *Der Standard / 8.6.1990* **707**
OPPORTUNIST (Vranitzky) – *Freiheitlicher Pressedienst / 19.10.1986* **23**
OPPORTUNISTEN, politische (bewerfen Soldaten mit Dreck) – *Freiheitlicher Pressedienst / 1.11.1986* **50**
OPPORTUNISTEN, politische (bewerfen Soldaten mit Dreck) – *Profil / 17.11.1986* **80**
OPPORTUNISTEN, schamlose (Sozialisten: Ausländerpolitik) – *Zeit im Bild 1 / 7.6.1990* **706**
OPPORTUNISTISCHE Politik – *Freiheitlicher Pressedienst / 19.10.1986* **24**
ORDEN (andere behängen sich mit ...) – *Neue Freie Zeitung / 15.1.1987* **123**
ORDENTLICHE Beschäftigungspolitik (im Dritten Reich) – *Abendjournal / 13.6.1991* **781**
ORDNUNG und Sauberkeit – *Wiener 10/1986* **7**
ORF als Tummelplatz für Partei- und Ministersekretäre – *Freiheitlicher Pressedienst / 27.11.1989* **678**
ORF-UNTERGRUND (mit journalistischen roten Partisanen) – *Freiheitlicher Pressedienst / 16.2.1994* **1000**
ORIENTIERUNGSLOSE Pleitegemeinschaft (Regierung) – *Freiheitlicher Pressedienst / 26.9.1987* **394**
ORTHODOXE Funktionärscliquen (der alten Parteien) – *Freiheitlicher Pressedienst / 11.1.1987* **116**
OSTBLOCK, auch bei uns (Privilegien und Parteibuchwirtschaft usw.) – *Freiheitlicher Pressedienst / 14.1.1990* **686**
OSTBLOCK, wie im (Gewerkschaftswahlen) – *Morgenjournal / 15.12.1986* **97**
OSTBLOCK, wie im (Zwangswirtschaft der Marktordnungen) – *Kleine Zeitung / 26.10.1986* **34**
OSTBLOCK, wie im ... (Sozialversicherungen) – *Freiheitlicher Pressedienst / 15.6.1989* **665**
OSTBLOCK, wie im früheren ..., werden die Polit-Ganoven protegiert – *Freiheitlicher Pressedienst / 2.12.1991* **799**
OSTBLOCK-MANIER (Vranitzky) – *Freiheitlicher Pressedienst / 16.10.1986* **14**
OSTBLOCK-SENDER (ORF) – *Freiheitlicher Pressedienst / 16.2.1994* **999**

OSTBLOCK: planwirtschaftliches System Marke ... – *Freiheitlicher Pressedienst / 15.12.1987* **501**

OSTBLOCK: zurück zum ... statt hin nach Europa (Motto der Regierung) – *Freiheitlicher Pressedienst / 17.3.1991* **759**

OSTBLOCKMETHODEN (Ausländervolksbegehrensgegner) – *Täglich Alles / 30.1.1993* **839**

OSTBLOCKMETHODEN eines Marxisten (Keller) – *Kurier / 16.11.1987* **467**

OSTERLAMM der SPÖ (Salcher) – *Freiheitlicher Pressedienst / 15.4.1987* **251**

ÖSTERREICH nachhaltig schädigt – *Die Presse / 27.2.1992* **812**

ÖSTERREICH: Annäherung zwischen ... und Sizilien – *Oberösterreichische Nachrichten / 3.10.1988* **637**

ÖSTERREICHER für sehr dumm halten (Graf Bobby) – *Freiheitlicher Pressedienst / 28.2.1987* **186**

ÖSTERREICHER-MAUT – *Freiheitlicher Pressedienst / 4.6.1987* **306**

ÖSTERREICHFEINDLICH (Grüne Alternative) – *Freiheitlicher Pressedienst / 15.5.1987* **280**

ÖSTERREICHFEINDLICHES, linksradikales, Element (Grüne) – *Freiheitlicher Pressedienst / 17.5.1987* **282**

ÖSTERREICHFEINDLICHES, politisches, Süppchen (Pädagogenmodell-Gegner) – *Freiheitlicher Pressedienst / 10.1.1988* **523**

OSTLASTIGE Bundespolitik – *Abendjournal und Zeit im Bild 1 / 8.1.1991* **739**

ÖSTLICHER Bazillus der Planwirtschaft – *Freiheitlicher Pressedienst / 1.5.1991* **766**

ÖVP (als Partei geistig und moralisch weggetreten) – *Neue Freie Zeitung / 18.12.1986* **100**

ÖVP-Ladenhüter anpreisen (muß Kukacka) – *Neue Freie Zeitung / 28.4.1988* **581**

ÖVP-Postenbüro – *Kleine Zeitung / 28.3.1987* **221**

OZONLOCH: die gegen das ... anredet (Freda Meissner-Blau) – *Basta / 12/1987* **477**

— P —

PACKELEI (der Politiker) – *Kurier / 17.9.1987* **383**

PACKELEI, großkoalitionäre – *Freiheitlicher Pressedienst / 29.10.1986* **44**

PACKELEI, politische – *Freiheitlicher Pressedienst / 27.10.1986* **40**

PACKELEI, politische (Große Koalition) – *Freiheitlicher Pressedienst / 24.10.1986* **28**

PACKELEI, Restauration der rotschwarzen – *Wiener Zeitung / 17.1.1987* **130**

PACKELEI, rot-schwarze – *Freiheitlicher Pressedienst / 2.10.1987* **408**

PACKELEIEN (der kommenden Großen Koalition) – *Freiheitlicher Pressedienst / 2.11.1986* **52**

PACKESEL: SPÖ auf dem politischen ... hinter dem hohen Roß Ludwigs – *Freiheitlicher Pressedienst / 19.6.1988* **620**

PÄDAGOGENMODELL: siehe **DEMAGOGENMODELL**

PANIK (Regierung) – *Freiheitlicher Pressedienst / 1.6.1994* **1111**

PANIK-Argumente (Bundesregierung) – *Freiheitlicher Pressedienst / 1.6.1994* **1113**

PANIKARTIG den ungeordneten Rückzug angetreten (Wagner in der Frage der Autobahnmaut) – *Freiheitlicher Pressedienst / 4.5.1987* **267**

PANIKARTIGE Geldbeschaffungsaktionen – *Freiheitlicher Pressedienst / 26.11.1987* **474**

PANIKMACHE (Vranitzky, Busek und Co.) – *Freiheitlicher Pressedienst / 1.6.1994* **1111**

PAPIERENE Arbeitsplatzgarantien (von der SPÖ jahrelang verkündet) – *Freiheitlicher Pressedienst / 20.10.1987* **431**

PAPST-PLEITE auch Frühbauer-Pleite – *Kleine Zeitung / Klagenfurt / 20.8.1987* **364**

PARADEWIRTSCHAFTSEXPERTEN, zum ... hochgejubelt (Taus) – *Freiheitlicher Pressedienst / 10.4.1987* **242**

PARAMILITÄRISCH organisierte Aktionsgruppen (Opernball-Demonstration) – *Freiheitlicher Pressedienst / 1.3.1987* **193**

PARASITEN, die jahrelang keine Leistung erbringen (in den Bundestheatern) – *Die Presse / 2.5.1988* **597**

PARIAS: wie soziale ... werden Frauen aus dem bäuerlichen und gewerblichen Bereich behandelt – *Freiheitlicher Pressedienst / 22.5.1990* **705**

PARLAMENT getäuscht (bei Budgetdebatte) – *Freiheitlicher Pressedienst / 23.6.1987* **329**

PARLAMENT, Mißbrauch des ... (Sondersitzung des Nationalrats) – *Die Presse / 29.10.1986* **42**

PARLAMENT: Versuch, das ... auszuschalten (Vranitzky) – *Freiheitlicher Pressedienst / 14.10.1992* **825**

PARLAMENTARISMUS, Knebelung des – *Freiheitlicher Pressedienst / 14.5.1993* **859**

PARLAMENTSKRISE, dauerhafte – *Freiheitlicher Pressedienst / 15.12.1993* **984**

PARTEI- und Funktionärsdschungel – *Freiheitlicher Pressedienst / 14.11.1986* **71**

PARTEI- und Gewerkschaftsinteressen über seine Verpflichtung gegenüber den österreichischen Steuerzahlern (stellt Dallinger) – *Freiheitlicher Pressedienst / 7.5.1987* **273**

PARTEIBONZE und Gewerkschaftsbonze (Schmölz, SPÖ) – *Freiheitlicher Pressedienst / 27.10.1986* **37**

PARTEIBONZEN, inkompetente (ORF) – *Freiheitlicher Pressedienst / 24.10.1986* **29**

PARTEIBUCH, verflixtes, als Glücksbringer – *Zeit im Bild 1 / 7.11.1986* **68**

PARTEIBUCH- und Privilegienwirtschaft – *Freiheitlicher Pressedienst / 1.9.1993* **908**

PARTEIBUCH- und Verpolitisierungskoalition (Vranitzkys) – *Freiheitlicher Pressedienst / 10.2.1987* **165**

PARTEIBUCH-STRATEGIE, unheimliche Allianz der rot-schwarzen ... – *Freiheitlicher Pressedienst / 26.5.1988* **607**

PARTEIBUCHINDEX (Liste im ÖVP-Klub) – *Freiheitlicher Pressedienst / 27.3.1987* **218**

PARTEIBUCHPOLITIK (rote, im Sozialversicherungssystem) – *Freiheitlicher Pressedienst / 14.11.1986* **71**

PARTEIBUCHTERROR – *Inlandsreport / 21.4.1994* **1035**

PARTEIBUCHWIRTSCHAFT – *Freiheitlicher Pressedienst / 27.3.1987* **218**

PARTEIBUCHWIRTSCHAFT – *Freiheitlicher Pressedienst / 27.3.1987* **219**

PARTEIBUCHWIRTSCHAFT – *Freiheitlicher Pressedienst / 27.3.1987* **220**

PARTEIBUCHWIRTSCHAFT – *Freiheitlicher Pressedienst / 24.4.1991* **763**

PARTEIBUCHWIRTSCHAFT – *Freiheitlicher Pressedienst / 1.9.1993* **907**

PARTEIBUCHWIRTSCHAFT (Burgenland) – *Freiheitlicher Pressedienst / 2.10.1987* **409**

PARTEIBUCHWIRTSCHAFT (Schwarze, ÖVP) – *Zeit im Bild 1 / 20.11.1986* **85**

PARTEIBUCHWIRTSCHAFT, Experte in ... (Lichal) – *Freiheitlicher Pressedienst / 9.2.1987* **162**

PARTEIBUCHZWANG (ÖVP) – *Kleine Zeitung / 28.3.1987* **221**

PARTEIBUCHZWANG (von SPÖ und ÖVP) – *Freiheitlicher Pressedienst / 28.10.1986* **41**

PARTEIBUCHZWANGES, Mißbrauch des ... – *Freiheitlicher Pressedienst / 9.2.1987* **162**
PARTEIEN (ÖVP und SPÖ), haben Besatzungszonen wiederaufgerichtet – *Neue Freie Zeitung / 30.10.1986* **46**
PARTEIEN, alte – *Freiheitlicher Pressedienst / 17.12.1989* **679**
PARTEIEN, alte – *Freiheitlicher Pressedienst / 11.10.1986* **11**
PARTEIEN, alte – *Freiheitlicher Pressedienst / 23.12.1986* **104**
PARTEIEN, alte – *Freiheitlicher Pressedienst / 11.1.1987* **113**
PARTEIEN, alte – *Freiheitlicher Pressedienst / 11.1.1987* **115**
PARTEIEN, alte – *Freiheitlicher Pressedienst / 11.1.1987* **116**
PARTEIEN, alte – *Freiheitlicher Pressedienst / 12.1.1987* **119**
PARTEIEN, alte – *Freiheitlicher Pressedienst / 30.1.1987* **149**
PARTEIEN, alte – *Freiheitlicher Pressedienst / 24.2.1987* **177**
PARTEIEN, alte – *Freiheitlicher Pressedienst / 26.2.1987* **181**
PARTEIEN, alte – *Freiheitlicher Pressedienst / 29.10.1986* **44**
PARTEIEN, alte – *Kleine Zeitung / 24.12.1986* **110**
PARTEIEN, alte – *Profil / 17.11.1986* **81**
PARTEIEN, alte – *Zeit im Bild 1 / 16.1.1987* **127**
PARTEIEN, alte – *Zeit im Bild 1 / 7.11.1986* **68**
PARTEIEN, alte (Notstand) – *Kronenzeitung / 6.12.1986* **89**
PARTEIEN, alte (sind Sanierungsfall) – *Zeit im Bild 1 / 11.1.1987* **118**
PARTEIEN, alte: siehe **ALTE** Parteien und **ALTPARTEIEN** (ÖVP und SPÖ)
PARTEIENFILZ, rot-schwarzer – *Freiheitlicher Pressedienst / 29.7.1993* **893**
PARTEIENPROPORZ (Koalitionsparteien) – *Freiheitlicher Pressedienst / 29.7.1993* **895**
PARTEIENSTAATES, Auswüchse unseres ... – *Freiheitlicher Pressedienst / 6.4.1987* **229**
PARTEIENSUMPF, Privilegien und rotschwarzer – *Freiheitlicher Pressedienst / 31.7.1993* **900**
PARTEIENZANK, tobender rotschwarzer ... – *APA / 19.4.1994* **1032**
PARTEIFUNKTIONÄRE (mit wohldotierten Pöstchen versorgen) – *Freiheitlicher Pressedienst / 19.11.1986* **84**
PARTEIPOLITIK – *Inlandsreport / 21.4.1994* **1035**
PARTEIPOLITISCH durchschaubare Manöver (Fischer) – *Freiheitlicher Pressedienst / 23.4.1993* **852**
PARTEIPOLITISCHER Kleinigkeiten, Zankstelle ... (Regierung) – *Freiheitlicher Pressedienst / 7.5.1993* **855**
PARTEIPROTEKTION – *Freiheitlicher Pressedienst / 24.10.1986* **28**
PARTEISEKRETARIATE (Nebbochanten) – *Profil / 17.11.1986* **81**
PARTEISTAATSMUSEUM – *Freiheitlicher Pressedienst / 9.1.1994* **988**
PARTEITAKTIK – *Freiheitlicher Pressedienst / 6.7.1987* **339**
PARTISANEN, rote, journalistische (im ORF-Untergrund) – *Freiheitlicher Pressedienst / 16.2.1994* **1000**
PATE des Unternehmens (Frühbauer) – *Freiheitlicher Pressedienst / 27.9.1989* **673**
PAUSCHALE Absolution (Zustimmung der ÖVP zum Koalitionsübereinkommen mit SPÖ) – *Freiheitlicher Pressedienst / 29.1.1987* **142**
PAUSCHALE Kriminalisierung Österreichs (betreiben Grüne) – *Freiheitlicher Pressedienst / 17.6.1993* **870**
PAUSENFÜLLER (Busek) – *Die Presse / 18.2.1994* **1005**
PEINLICH, mehr als ... (Streit Rot-Schwarz betreffend Unterzeichnung des EU-Vertrags) – *Freiheitlicher Pressedienst / 10.5.1994* **1076**

PEINLICHE Unterwürfigkeit (Vranitzky gegenüber USA) – *Freiheitlicher Pressedienst / 22.5.1987* **291**

PEITSCHE, Zuckerbrot und ... – *Freiheitlicher Pressedienst / 16.12.1987* **504**

PENETRANTE Politik (SPÖ in Kärnten) – *Inlandsreport / 21.4.1994* **1036**

PENSIONISTEN dürfen nicht zum Spielball einer verfehlten Budgetpolitik gemacht werden – *Freiheitlicher Pressedienst / 30.9.1987* **402**

PENSIONISTEN und Fastrentner (ÖVP-Regierungsmitglieder) – *Freiheitlicher Pressedienst / 16.1.1987* **128**

PENSIONISTEN und Fastrentner (ÖVP-Regierungsmitglieder in der Großen Koalition) – *Freiheitlicher Pressedienst / 16.1.1987* **128**

PENSIONISTEN, zukünftige (ÖVP-Regierungsmitglieder in der Großen Koalition) – *Zeit im Bild 1 / 16.1.1987* **127**

PENSIONSKÜRZUNGEN – *Freiheitlicher Pressedienst / 6.10.1987* **412**

PENSIONSKÜRZUNGEN, von den Sozialisten diktierte – *Freiheitlicher Pressedienst / 8.10.1987* **414**

PENSIONSREFORM, chaotische – *Kronen-Zeitung / 13.10.1987* **421**

PENSIONSREFORM, keine ..., sondern Plünderungsaktion gegenüber Arbeitnehmern und Pensionisten (Dallinger) – *Freiheitlicher Pressedienst / 25.9.1987* **392**

PENSIONSREFORM, Pleite bei der ... – *Freiheitlicher Pressedienst / 21.12.1987* **507**

PENSIONSSTALINIST (Dallinger) – *Freiheitlicher Pressedienst / 14.4.1988* **557**

PEPERL, der unglaubwürdige ... (Riegler) – *Kleine Zeitung/ Graz / 13.11.1988* **648**

PERMANENTER Befugnismißbrauch von Kammerfunktionären – *Freiheitlicher Pressedienst / 10.7.1990* **712**

PERMANENTER Selbstbetrug der Großen Koalition (Fortsetzung: Budget 1989) – *Freiheitlicher Pressedienst / 30.11.1988* **651**

PERSONAL- und Parteibuchpolitik (rote, im Sozialversicherungssystem) – *Freiheitlicher Pressedienst / 14.11.1986* **71**

PERSONALPOLITIK (brutal, im Burgenland) – *Freiheitlicher Pressedienst / 24.8.1987* **366**

PERSONALPOLITISCHE Kontrolle (ÖVP-Klub) – *Kleine Zeitung / 28.3.1987* **222**

PERSONIFIZIERTE Anstands- und Instinktlosigkeit gegenüber den Anliegen der österreichischen Bevölkerung (Busek) – *Die Presse / 27.10.1992* **826**

PERSÖNLICHE Karriere wichtiger als die Reputation der Republik (Botschafter Klestil) – *Freiheitlicher Pressedienst / 29.4.1987* **260**

PFEIFE (ÖVP tanzt inhaltlich nach der ... der SPÖ) – *Freiheitlicher Pressedienst / 7.1.1987* **111**

PFEIFT aus dem letzten Loch (Koalition) – *Freiheitlicher Pressedienst / 13.10.1993* **946**

PFEIFT aus dem letzten Loch (Koalition) – *Freiheitlicher Pressedienst / 13.10.1993* **948**

PFLANZEN (läßt sich die ÖVP von den SPÖ-Regierungsmitgliedern) – *Freiheitlicher Pressedienst / 21.6.1988* **622**

PFLANZEREI der US-Regierung gegenüber Österreich – *Kronen-Zeitung / 26.5.1987* **296**

PFRÜNDE – *Freiheitlicher Pressedienst / 18.10.1986* **17**

PFRÜNDE (und Privilegien) (der E-Wirtschaft) – *Freiheitlicher Pressedienst / 14.4.1987* **246**

PFRÜNDE und Pöstchen – *Freiheitlicher Pressedienst / 17.10.1987* **428**

PFRÜNDE und Privilegien (Sozialbereich) – *Freiheitlicher Pressedienst / 6.2.1987* **156**

PFRÜNDE verteilen (rot-schwarze Einheitspartei) – *Freiheitlicher Pressedienst / 14.4.1987* **249**
PFRÜNDE, fette (der Kammer-Herren) – *Ganze Woche / 6.11.1986* **56**
PFRÜNDE, feudale (aufteilen, Großkoalitionäre) – *Freiheitlicher Pressedienst / 12.1.1987* **120**
PFRÜNDEGESELLSCHAFT, rot-schwarze – *Freiheitlicher Pressedienst / 12.10.1991* **792**
PFRÜNDEN, Erhaltung von Funktionärsmacht und ... – *Freiheitlicher Pressedienst / 2.12.1988* **652**
PFRÜNDESICHERUNG – *Freiheitlicher Pressedienst / 1.9.1993* **908**
PFRÜNDEWIRTSCHAFT, Verschwendungs- und ... – *Freiheitlicher Pressedienst / 7.12.1987* **485**
PFUSCH und Flop (Koalitions-Pensionsreformpolitik) – *Freiheitlicher Pressedienst / 22.12.1992* **831**
PFUSCHER des Jahres (Vranitzky und Busek) – *Freiheitlicher Pressedienst / 21.12.1992* **829**
PHANTASIELOSIGKEIT, kapitalistische (Vranitzky) – *Freiheitlicher Pressedienst / 16.9.1993* **923**
PHASE, politische pubertäre (Fischer) – *Freiheitlicher Pressedienst / 24.10.1987* **439**
PHILOSOPHIE der mannstoppenden Waffen im österreichischen Bundesheer (Lichal) – *Zeit im Bild 1 / 16.1.1987* **127**
PHRASEN, hohle – *Freiheitlicher Pressedienst / 27.9.1993* **937**
PICK (Vranitzky auf Haider) – *Freiheitlicher Pressedienst / 21.4.1994* **1047**
PINKELT (FPÖ an) (Cap) – *Kleine Zeitung / 14.1.1991* **750**
PINKELT der FPÖ ständig ans Bein (Cap) – *Der Standard / 14.1.1991* **749**
PIRAT, roter (Vranitzky) – *Freiheitlicher Pressedienst / 25.5.1991* **777**
PLAN, ohne (Vranitzkys Regierungskurs) – *Freiheitlicher Pressedienst / 22.4.1987* **253**
PLANLOSE, kursichtige und ... Wirtschafts- und Budgetpolitik (Regierung) – *Freiheitlicher Pressedienst / 7.3.1987* **198**
PLANLOSE, und willkürliche, Subventionsvergaben (Dallinger) – *Freiheitlicher Pressedienst / 7.5.1987* **272**
PLANLOSIGKEIT, völlige (der Regierung in Wirtschaftsfragen) – *Freiheitlicher Pressedienst / 16.7.1987* **344**
PLANWIRTSCHAFT, östlicher Bazillus der ... – *Freiheitlicher Pressedienst / 1.5.1991* **766**
PLANWIRTSCHAFTLICHE, dirigistische Maßnahmen – *Freiheitlicher Pressedienst / 19.10.1987* **429**
PLANWIRTSCHAFTLICHER Apparat mit Denkverbot (Sozialpartner) – *Freiheitlicher Pressedienst / 10.10.1987* **418**
PLANWIRTSCHAFTLICHES System Marke Ostblock – *Freiheitlicher Pressedienst / 15.12.1987* **501**
PLASTILIN-Politik (Busek) – *Freiheitlicher Pressedienst / 18.10.1993* **959**
PLASTILINPARTNER ÖVP (gegenüber SPÖ) – *Der Standard / 28.10.1993* **977**
PLAUDERSTÜNDCHEN, laues ... (einer SPÖ-Sektion) (Vranitzky-Pressestunde) – *Freiheitlicher Pressedienst / 29.5.1994* **1105**
PLAYBOY-SPÄTLESE (Pröll) – *Täglich Alles / 15.5.1994* **1081**
PLEITE bei der Pensionsreform – *Freiheitlicher Pressedienst / 21.12.1987* **507**
PLEITE des Verschwendungsministers Dallinger – *Freiheitlicher Pressedienst / 6.5.1987* **269**
PLEITE, totale ... bei der Steuerreform – *Freiheitlicher Pressedienst / 21.12.1987* **507**
PLEITE: Papst-Pleite auch Frühbauer-Pleite – *Kleine Zeitung/Kärnten / 20.8.1987* **364**
PLEITEBEDÜRFNISSE in der Verstaatlichten, Abdeckung der ... – *Freiheitlicher Pressedienst / 24.2.1987* **175**

PLEITEBETRIEBE (werden subventioniert) – *Freiheitlicher Pressedienst / 25.3.1987* **216**

PLEITEGEIER, Haufen Hühner, aufgescheucht durch einen ... (Regierung) – *Freiheitlicher Pressedienst / 5.9.1987* **375**

PLEITEGEMEINSCHAFT, orientierungslose (Regierung) – *Freiheitlicher Pressedienst / 26.9.1987* **394**

PLEITEN auf allen Linien (Koalitionsregierung) – *Freiheitlicher Pressedienst / 6.4.1994* **1021**

PLEITENKANZLER (Vranitzky) – *Freiheitlicher Pressedienst / 6.5.1993* **854**

PLEITEPOLITIK, selbstverschuldete (Regierung) – *Freiheitlicher Pressedienst / 29.6.1987* **334**

PLEITIER wird zum eigenen Masseverwalter (Vranitzky) – *Kleine Zeitung / 12.1.1987* **122**

PLEITIERS und Wirtschaftschaoten – *Freiheitlicher Pressedienst / 26.4.1987* **258**

PLEITIERS, Belohungswelle für ... (Sokol-Pension) – *Freiheitlicher Pressedienst / 13.4.1987* **245**

PLUMPE Schönfärberei – *Freiheitlicher Pressedienst / 8.10.1987* **415**

PLUMPE Wählertäuschung (Taus) – *Freiheitlicher Pressedienst / 23.12.1986* **107**

PLUMPER wie erfolgloser Täuschungsversuch (durch Mock) – *Freiheitlicher Pressedienst / 17.9.1987* **389**

PLUMPES Täuschungsmanöver (Autobahnbausondergesellschaft) – *Freiheitlicher Pressedienst / 29.10.1987* **445**

PLÜNDERUNG der Zwangsversicherten auf Raten – *Freiheitlicher Pressedienst / 4.11.1991* **796**

PLÜNDERUNG des Katastrophen- und des Familienlastenausgleichsfonds – *Freiheitlicher Pressedienst / 15.9.1987* **381**

PLÜNDERUNGSAKTION (eine jagt die andere) (in der Großen Koalition) – *Freiheitlicher Pressedienst / 17.10.1987* **428**

PLÜNDERUNGSAKTION gegenüber Arbeitnehmern und Pensionisten, keine Pensionsreform (Dalllinger) – *Freiheitlicher Pressedienst / 25.9.1987* **392**

PLÜNDERUNGSPOLITIK, Erfüllungsgehilfe der roten ... (Busek) – *Freiheitlicher Pressedienst / 18.9.1991* **788**

PLÜNDERUNGSPOLITIK, großkoalitionäre – *Freiheitlicher Pressedienst / 11.1.1989* **655**

POKER, beinharter (der Macht) – *Inlandsreport / 21.4.1994* **1037**

POKER, menschenverachtender (der Sozialisten) – *Freiheitlicher Pressedienst / 14.1.1992* **804**

POLEMISCHE (und unsachliche) Äußerungen Neissers (zum Pädagogenmodell) – *Freiheitlicher Pressedienst / 21.3.1987* **209**

POLIT-GANGSTER in der Kommission (Wiener Schulkommission) – *Die Presse / 18.8.1987* **362**

POLIT-Ganoven, wie im früheren Ostblock protegiert – *Freiheitlicher Pressedienst / 2.12.1991* **799**

POLIT-OPAS, rot-schwarze – *Der Standard / 10.1.1994* **991**

POLIT-PILZ, der im Kanal gedeiht (Pilz) – *Arbeiterzeitung / 11.5.1988* **599**

POLITARROGANZ – *Freiheitlicher Pressedienst / 16.5.1994* **599**

POLITBONZEN – *Mittagsjournal / 20.12.1990* **735**

POLITIK der Reparaturwerkstätte (Waffenindustrie Liezen) – *Freiheitlicher Pressedienst / 21.4.1988* **567**

POLITIK der Verunsicherung und der gebrochenen Versprechen (rotschwarze Koalition) – *Freiheitlicher Pressedienst / 12.10.1987* **420**

POLITIK des Mundraubes am kleinen Mann – *Die Presse / 16.9.1987* **382**

POLITIK, hartherzige (gegen den kleinen Mann) – *Freiheitlicher Pressedienst / 6.2.1987* **156**

POLITIK, Korruption und Gaunerei (zwangsweise Verbindung) – *Kleine Zeitung / 11.1.1988* **538**
POLITIK, liederliche ... mit Vorwahlcharakter (Große Koalition) – *Freiheitlicher Pressedienst / 19.4.1990* **695**
POLITIK, penetrante (SPÖ in Kärnten) – *Inlandsreport / 21.4.1994* **1036**
POLITIK, zynische (der Sozialistischen Koalition mit schwarzen Gastarbeitern) – *Freiheitlicher Pressedienst / 6.2.1987* **157**
POLITIKER, verantwortungslose – *Freiheitlicher Pressedienst / 6.2.1994* **993**
POLITIKERKASTE, verrottete – *Der Standard / 24.2.1990* **690**
POLITIKERPRIVILEGIEN – *Freiheitlicher Pressedienst / 1.5.1994* **690**
POLITIKERPRIVILEGIEN – *Freiheitlicher Pressedienst / 29.10.1986* **44**
POLITISCH abgetreten (ÖVP) – *Mittagsjournal / 12.12.1986* **94**
POLITISCH hingerichtet (wer als mutiger Richter nicht den Parteistandpunkt vertritt) (durch SPÖ) – *Mittagsjournal / 23.4.1991* **762**
POLITISCH mißbraucht (SOS-Aktivisten) – *Freiheitlicher Pressedienst / 23.9.1993* **934**
POLITISCH pragmatisierte Jagdgesellschaft (Demonstranten gegen Krenn) – *Kleine Zeitung / 23.6.1993* **876**
POLITISCH pubertäre Phase (Fischer) – *Freiheitlicher Pressedienst / 24.10.1987* **439**
POLITISCH säubern (Österreich, vom Schutt der Altparteien) – *Der Standard / 10.1.1994* **990**
POLITISCH verfolgt (Andersdenkende durch die SPÖ) – *Der Standard / 25.4.1991* **764**
POLITISCH-GEISTIGER Vandalismus – *Freiheitlicher Pressedienst / 25.1.1993* **836**
POLITISCHE Ablauffrist abgelaufen (Ausserwinkler) – *Freiheitlicher Pressedienst / 15.7.1993* **883**
POLITISCHE Arpatheid – *Freiheitlicher Pressedienst / 9.1.1994* **986**
POLITISCHE Beichte des Verrates an den Grundsätzen der VP (Graf) – *Freiheitlicher Pressedienst / 26.4.1987* **256**
POLITISCHE Blindheit (Lacina) – *Zeit im Bild 1 / 30.4.1987* **263**
POLITISCHE Extremisten (ORF als Sprachrohr ..., betreffend Lage in Kärnten) – *Freiheitlicher Pressedienst / 18.2.1987* **169**
POLITISCHE Gauner und Korruptionäre (in der SPÖ) – *Freiheitlicher Pressedienst / 30.4.1988* **589**
POLITISCHE Gehirnwäsche (Regierung) – *Freiheitlicher Pressedienst / 30.5.1994* **1106**
POLITISCHE Giraffe (Keller) – *Neue Freie Zeitung / 28.4.1988* **583**
POLITISCHE Halbherzigkeit (Vranitzky) – *Freiheitlicher Pressedienst / 29.12.1991* **800**
POLITISCHE Hexenjagd auf aufrechte Demokraten – *Der Standard / 3.2.1992* **808**
POLITISCHE Käseglocke (über ÖBB) – *Kleine Zeitung / 24.11.1987* **470**
POLITISCHE Kultur, grober Mangel an ... (Graf) – *Freiheitlicher Pressedienst / 10.12.1987* **492**
POLITISCHE Lüge – *Freiheitlicher Pressedienst / 26.2.1988* **550**
POLITISCHE Lüge – *Mittagsjournal / 26.2.1988* **551**
POLITISCHE Opportunisten bewerfen Soldaten mit Dreck – *Freiheitlicher Pressedienst / 2.11.1986* **50**
POLITISCHE Opportunisten bewerfen Soldaten mit Dreck – *Profil / 17.11.1986* **80**
POLITISCHE Packelei – *Freiheitlicher Pressedienst / 27.10.1986* **40**
POLITISCHE Packelei – *Freiheitlicher Pressedienst / 24.10.1986* **28**
POLITISCHE Prostitution (Heide Schmidt) – *Kleine Zeitung / 3.10.1993* **941**

POLITISCHE Rodungsbewilligung – *Die Presse / 17.11.1986* **75**

POLITISCHE Selbstaufgabe (ÖVP) – *Freiheitlicher Pressedienst / 13.7.1988* **628**

POLITISCHE Sondermülldeponie – *Freiheitlicher Pressedienst / 21.4.1988* **570**

POLITISCHE Vetternwirtschaft – *Freiheitlicher Pressedienst / 6.7.1987* **339**

POLITISCHE, und mediale, Hinrichtung (Haider) – *Der Standard / 26.6.1991* **784**

POLITISCHEN Packesel: die SPÖ auf dem ... hinter dem hohen Roß Ludwigs – *Freiheitlicher Pressedienst / 19.6.1988* **620**

POLITISCHER Abfertigungsmillionär (Vranitzky) – *Freiheitlicher Pressedienst / 13.1.1991* **620**

POLITISCHER Bauchfleck 1. Klasse (Transiteinigung mit der EG) – *Freiheitlicher Pressedienst / 12.5.1992* **819**

POLITISCHER Druck – *Freiheitlicher Pressedienst / 10.1.1988* **525**

POLITISCHER Kreuzzug gegen die geistige Obdachlosigkeit der Mächtigen – *Freiheitlicher Pressedienst / 1.5.1989* **662**

POLITISCHER Kümmerling (Christof Zernatto) – *Abendjournal / 13.10.1991* **793**

POLITISCHER Stil, für eine Demokratie nicht zumutbar (Graf) – *Freiheitlicher Pressedienst / 10.12.1987* **492**

POLITISCHER Taschendiebstahl in Reinkultur (Umsatzsteuervorauszahlung) – *Freiheitlicher Pressedienst / 25.5.1994* **1096**

POLITISCHER Trau-mich-Nicht Österreichs (Dallinger) – *Freiheitlicher Pressedienst / 10.12.1987* **488**

POLITISCHER Unsinn (ÖVP-Ablehnung einer Kleinen Koalition) – *Kurier / 27.9.1987* **399**

POLITISCHES Ablaufdatum abgelaufen (Ausserwinkler) – *Freiheitlicher Pressedienst / 15.7.1993* **881**

POLITISCHES Asyl (für Vranitzky) – *Die Presse / 14.10.1991* **794**

POLITISCHES Begräbnis für das Volksbegehren ist gleichzeitig Auferstehung für die Bevölkerung – *Freiheitlicher Pressedienst / 23.9.1993* **931**

POLITISCHES Betrugsmanöver am Tiroler Bürger – *Der Standard / 9.3.1994* **931**

POLITISCHES Brandstiftertum – *Freiheitlicher Pressedienst / 15.12.1993* **984**

POLITISCHES Kuriositätenkabinett (Regierungsmannschaft) – *Mittagsjournal / 20.12.1990* **735**

POLITISCHES österreichfeindliches Süppchen – *Freiheitlicher Pressedienst / 10.1.1988* **523**

POLITISCHES Schoßhündchen der ÖVP (Ernst Höger) – *Profil / 27.6.1988* **624**

POLITISCHES Stehvermögen, mangelndes (Klestil) – *Freiheitlicher Pressedienst / 12.1.1992* **802**

POLITISCHES System, verfilztes ... – *Freiheitlicher Pressedienst / 28.10.1993* **974**

POLITISCHES Tempelhüpfen ohne Ziel (ÖVP-EG-Politik) – *Freiheitlicher Pressedienst / 27.11.1987* **475**

POLITISCHES Traummännchen (Lacina) – *Freiheitlicher Pressedienst / 30.11.1988* **651**

POLITISIERENDER Bankdirektor (Vranitzky) – *Neue Freie Zeitung / 30.10.1986* **47**

POMPÖSE Konferenzen – *Freiheitlicher Pressedienst / 6.10.1993* **945**

POMPÖSE wie unglaubwürdige Ankündigung des Bankrott-Ministers (Dallinger) – *Freiheitlicher Pressedienst / 7.5.1987* **272**

POPANZ der 129 Direktoren mit Millionenbezügen (Sozialversicherungsanstalten) – *Freiheitlicher Pressedienst / 7.4.1988* **554**

POPULISMUS, geschmackloser roter – *Freiheitlicher Pressedienst / 20.10.1987* **431**

PORTIER zum Funktionärsparadies (Dallinger) – *Freiheitlicher Pressedienst / 25.3.1987* **215**

PORTION, gewisse ... Masochismus (ÖVP) – *Freiheitlicher Pressedienst / 15.10.1993* **955**

PÖSTCHEN, und Pfründe – *Freiheitlicher Pressedienst / 17.10.1987* **428**

PÖSTCHEN, wohldotierte (für Parteifunktionäre) – *Freiheitlicher Pressedienst / 19.11.1986* **84**

POSTENBEZIEHER, rote und schwarze (Bundesrat) – *Freiheitlicher Pressedienst / 30.1.1987* **150**

POSTENBÜRO (ÖVP) – *Kleine Zeitung / 28.3.1987* **221**

POSTENSCHACHER – *Freiheitlicher Pressedienst / 27.10.1986* **40**

POSTENSCHACHER (ÖVP) – *Kleine Zeitung / 28.3.1987* **221**

POSTENSCHACHER, rot-schwarzer – *Freiheitlicher Pressedienst / 1.9.1993* **907**

POSTENSCHACHER, rot-schwarzer – *Freiheitlicher Pressedienst / 1.9.1993* **908**

POSTENSCHACHER, unverfrorener (durch Vranitzky) – *Freiheitlicher Pressedienst / 7.9.1993* **917**

POSTENSCHACHEREI, rot-schwarze – *Freiheitlicher Pressedienst / 31.7.1993* **897**

POSTENVERMEHRUNGEN rotschwarze, wundersame (in der Vorstandsetage, bei Verbund und ÖBB) – *Freiheitlicher Pressedienst / 31.7.1993* **901**

POTEMKINSCHE Dörfer, mehr als ... (Aussage der Grünen) – *Freiheitlicher Pressedienst / 4.5.1987* **268**

PRAGMATISIERT (Sozialismus in Österreich) – *Der Standard / 10.1.1994* **990**

PRAGMATISIERTE Jagdgesellschaft, politisch ... (Demonstranten gegen Kren) – *Kleine Zeitung / 23.6.1993* **876**

PRAGMATISIERTE Vergangenheitsbewältiger – *Der Standard / 14.1.1991* **749**

PRÄPOTENT (Lexer) – *Profil / 3.4.1989* **659**

PRÄPOTENT, gegenüber dem Gegner ... (Vranitzky) – *Kleine Zeitung / 13.1.1991* **750**

PRÄPOTENZ des Versagers (Kompetenz des Machers mit der ... vertauscht) (Vranitzky) – *Mittagsjournal+ Zeit im Bild 1 / 27.8.1987* **370**

PRÄPOTENZ des Versagers, Kompetenz des Machers mit der ... vertauscht (Vranitzky) – *Freiheitlicher Pressedienst / 27.8.1987* **369**

PRÄPOTENZ: Kompetenz durch ... ersetzt (Graf) – *Freiheitlicher Pressedienst / 24.6.1987* **330**

PREISTREIBERMINISTER (Schüssel) – *Freiheitlicher Pressedienst / 22.12.1990* **738**

PRIMITIV und billig, absolut ... (Forderung nach einer Null-Lohnrunde für Politiker) – *Freiheitlicher Pressedienst / 14.9.1993* **921**

PRIMITIV-ARGUMENTE der Koalitionsregierung (EU) – *Freiheitlicher Pressedienst / 24.5.1994* **1095**

PRIMITIVE Untergriffe gegen die FPÖ (Vranitzky) – *Freiheitlicher Pressedienst / 11.5.1988* **600**

PRIMITIVITÄT, erschütternde (Aussagen und Angriffe bei Slowenendemonstration) – *Freiheitlicher Pressedienst / 2.2.1987* **153**

PRIMITIVITÄT, Umschulungskurs in ... (Vranitzky durch Keller) – *Freiheitlicher Pressedienst / 22.4.1988* **577**

PRINTMEDIENLANDSCHAFT, gekaufte – *Freiheitlicher Pressedienst / 8.4.1994* **1028**

PRINZIP der politischen Apartheid (in Österreich) – *Freiheitlicher Pressedienst / 9.1.1994* **986**

PRIVATANGELEGENHEIT, nicht, eines trunksüchtigen Versicherungsdirektors (Bundesländerskandal — Ruso) – *Freiheitlicher Pressedienst / 28.4.1988* **585**

PRIVATANGELEGENHEIT, nicht, eines trunksüchtigen Versicherungsdirektors (Bundesländerskandal — Ruso) – *Mittagsjournal / 28.4.1988* **587**

PRIVILEGIEN – *Freiheitlicher Pressedienst / 24.4.1991* **763**

PRIVILEGIEN – *Freiheitlicher Pressedienst / 10.2.1987* **164**

PRIVILEGIEN (Burgenland) – *Freiheitlicher Pressedienst / 2.10.1987* **164**

PRIVILEGIEN (der alten Parteien) – *Zeit im Bild 1 / 11.1.1987* **118**

PRIVILEGIEN (der Altparteien) – *Freiheitlicher Pressedienst / 6.4.1987* **232**

PRIVILEGIEN der Politiker – *Kurier / 17.9.1987* **383**

PRIVILEGIEN der Verfassungsrichter – *Arbeiterzeitung / 11.6.1987* **315**

PRIVILEGIEN und Pfründe – *Freiheitlicher Pressedienst / 18.10.1986* **17**

PRIVILEGIEN und Pfründe (der E-Wirtschaft) – *Freiheitlicher Pressedienst / 14.4.1987* **246**

PRIVILEGIEN und Sonderpensionsrechte, unzählige – *Freiheitlicher Pressedienst / 2.10.1987* **411**

PRIVILEGIEN, längst überholte ... der Eisenbahner – *Freiheitlicher Pressedienst / 27.10.1986* **39**

PRIVILEGIEN, Schonzeit für ... (Regierung) – *Freiheitlicher Pressedienst / 20.10.1987* **434**

PRIVILEGIEN- und Parteiensumpf, rotschwarzer – *Freiheitlicher Pressedienst / 31.7.1993* **900**

PRIVILEGIEN: Pfründe und ... (Sozialbereich) – *Freiheitlicher Pressedienst / 6.2.1987* **156**

PRIVILEGIEN: siehe auch **POLITIKER-PRIVILEGIEN**

PRIVILEGIEN: siehe auch **POLITIKER-PRIVILEGIEN**

PRIVILEGIENDSCHUNGEL – *Freiheitlicher Pressedienst / 5.6.1987* **308**

PRIVILEGIENDSCHUNGEL – *Freiheitlicher Pressedienst / 31.7.1993* **900**

PRIVILEGIENKONSUM (Götz) – *Kleine Zeitung / 30.5.1987* **303**

PRIVILEGIENKONSUM (Götz), wie bei den Altparteien – *Freiheitlicher Pressedienst / 29.5.1987* **300**

PRIVILEGIENNUTZNIESSER (und Kammerfunktionäre) – *Freiheitlicher Pressedienst / 30.3.1987* **223**

PRIVILEGIENPARADIESE, Bonzen- und ... – *Freiheitlicher Pressedienst / 3.10.1990* **727**

PRIVILEGIENRITTER – *Profil / 17.11.1986* **82**

PRIVILEGIENRITTER (Vranitzky) – *Freiheitlicher Pressedienst / 16.10.1986* **14**

PRIVILEGIENRITTER (Vranitzky) – *Kurier / 7.11.1986* **63**

PRIVILEGIENRITTER, Bonzen, Korruptionisten – *Mittagsjournal / 24.9.1990* **723**

PRIVILEGIENRITTER, Herrschaft der – *Freiheitlicher Pressedienst / 10.7.1990* **712**

PRIVILEGIENRITTER, Korruption, Bonzen – *Mittagsjournal / 24.9.1990* **724**

PRIVILEGIENRITTER, Sümpfe der ... – *Freiheitlicher Pressedienst / 12.1.1987* **119**

PRIVILEGIENRITTER, wahre – *Freiheitlicher Pressedienst / 10.7.1990* **713**

PRIVILEGIENSCHWEIN – *Kleine Zeitung / 11.1.1988* **538**

PRIVILEGIENSCHWEIN (schlachten) – *Freiheitlicher Pressedienst / 10.1.1988* **529**

PRIVILEGIENSUMPF – *Freiheitlicher Pressedienst / 14.4.1987* **250**

PRIVILEGIENSUMPF (Trockenlegung) – *Freiheitlicher Pressedienst / 29.10.1986* **43**

PRIVILEGIENWIRTSCHAFT – *Freiheitlicher Pressedienst / 27.10.1986* **40**

PRIVILEGIENWIRTSCHAFT – *Freiheitlicher Pressedienst / 11.10.1986* **11**

PRIVILEGIENWIRTSCHAFT – *Zeit im Bild 1 / 12.10.1986* **12**

PRIVILEGIENWIRTSCHAFT der Großen Koalition – *Freiheitlicher Pressedienst / 29.10.1986* **44**

PRIVILEGIENWIRTSCHAFT, Parteibuch- und – *Freiheitlicher Pressedienst / 1.9.1993* **908**

PRIVILEGIERTE (Meissner-Blau) – *Die Presse / 17.11.1986* **76**
PRIVILEGIERTE ÖBB-Manager (Fehlleistungen) – *Freiheitlicher Pressedienst / 12.1.1987* **119**
PRIVILEGIERTE Stellung der Gastarbeiter – *Freiheitlicher Pressedienst / 8.2.1987* **159**
PRIVILEGIERTER Millionenabfertigungsempfänger (Vranitzky) – *Freiheitlicher Pressedienst / 2.11.1986* **51**
PROBLEMDEPONIE (Kärnten) (gescheiterte SP-Politiker, Ausserwinkler) – *Freiheitlicher Pressedienst / 14.3.1994* **1013**
PROBLEME Österreichs vergrößert (Regierung) – *Freiheitlicher Pressedienst / 26.9.1987* **394**
PROBLEME: die rot-schwarze Einheitspartei macht ihre eigenen ... zu den Problemen Österreichs – *Freiheitlicher Pressedienst / 29.1.1987* **146**
PROBLEMFLÜCHTLING (Ausserwinkler) – *Freiheitlicher Pressedienst / 16.3.1994* **1014**
PROBLEMFLÜCHTLING (Ausserwinkler) – *Freiheitlicher Pressedienst / 16.3.1994* **1015**
PROBLEMFLÜCHTLING mit Präsidentschaftsambitionen (Vranitzky) – *Freiheitlicher Pressedienst / 1.10.1991* **789**
PROBLEMKIND, introvertiertes (Vranitzky) – *Die Presse / 3.10.1988* **645**
PROBLEMLÖSERZWERG: aus einem Ankündigungsriesen zu einem ... geworden (Große Koalition) – *Kleine Zeitung / 24.11.1987* **470**
PROBLEMLÖSUNGSKAPAZITÄT, mangelnde (ÖVP) – *Freiheitlicher Pressedienst / 11.3.1987* **202**
PROBLEMMINISTER entsorgen (Ausserwinkler durch Vranitzky) – *Freiheitlicher Pressedienst / 14.3.1994* **1013**
PRODUZIEREN, ständig Fehlleistungen zu ... (Löschnak) – *Mittagsjournal / 16.5.1991* **774**
PROGRAMM, mikriges (SPÖ-Programm) – *Freiheitlicher Pressedienst / 12.1.1994* **992**
PROGRAMM, ohne (Vranitzkys Regierungskurs) – *Freiheitlicher Pressedienst / 22.4.1987* **253**
PROGRAMMIERTER Absturz (Abspaltung des Liberalen Forums, für jede andere Partei) – *Der Standard / 28.10.1993* **978**
PROLETARISCHE Allüren (Vranitzky) – *Basta / 6/1991* **779**
PROLONGIEREN, Debakel (Busek) – *Basta / 6/1991* **779**
PROPAGANDA, billige, einseitige und falsche (Regierung) – *Freiheitlicher Pressedienst / 10.5.1994* **1075**
PROPAGANDAMASCHINERIE (der SP) (ORF) – *Freiheitlicher Pressedienst / 16.2.1994* **999**
PROPAGANDAWALZE, blödsinnige (Bundesregierung) – *Freiheitlicher Pressedienst / 1.6.1994* **1113**
PROPAGANDAZWECKE, sozialistische (AK-Broschüre) – *Freiheitlicher Pressedienst / 12.6.1987* **321**
PROPAGANDISTISCHE Vergangenheitsbewältigung – *Freiheitlicher Pressedienst / 13.1.1991* **744**
PROPORZ – *Inlandsreport / 21.4.1994* **1035**
PROPORZ (von SPÖ und ÖVP) – *Freiheitlicher Pressedienst / 28.10.1986* **41**
PROPORZ auf Kosten des kleinen Mannes – *Freiheitlicher Pressedienst / 19.1.1987* **135**
PROPORZ, politischer – *Freiheitlicher Pressedienst / 11.10.1986* **11**
PROPORZ-REGIERUNG, rot-schwarze – *Freiheitlicher Pressedienst / 28.2.1987* **191**
PROPORZBESETZUNGEN, sündteure – *Freiheitlicher Pressedienst / 31.7.1993* **899**
PROPORZMINISTER (Kanzleramtsminister) – *Wiener Zeitung / 17.1.1987* **131**

PROPORZPARADIES, rot-schwarzes – *Kleine Zeitung / 3.10.1988* **643**
PROPORZWIRTSCHAFT, Verfestigung der ... – *Freiheitlicher Pressedienst / 13.11.1988* **649**
PROSTITUTION, politische (Heide Schmidt) – *Kleine Zeitung / 3.10.1993* **941**
PROTEGIERT: Polit-Ganoven wie im früheren Ostblock ... – *Freiheitlicher Pressedienst / 2.12.1991* **799**
PROTEKTION: siehe **PARTEIPROTEKTION**
PROTEKTIONISMUS in Österreich zum System erhoben (Sozialpartnerschaft) – *Freiheitlicher Pressedienst / 20.9.1987* **390**
PROTESTAKTIONEN, sinnlose (Grün-Alternative) – *Freiheitlicher Pressedienst / 15.5.1987* **281**
PROVOKATEURE (Pädagogenmodell-Gegner) – *Freiheitlicher Pressedienst / 10.1.1988* **523**
PROVOKATION, besondere – *Freiheitlicher Pressedienst / 8.10.1987* **414**
PROVOKATION, Unverfrorenheit und ... (ÖBB-Defizit) – *Freiheitlicher Pressedienst / 30.10.1987* **452**
PROVOKATION, zynische (Lacina) – *Freiheitlicher Pressedienst / 10.6.1988* **616**
PSYCHOTERROR (gegen FPÖ-Mitglieder) – *Basta / 6/1991* **779**
PSYCHOTERROR der Altparteien (Aktionen der Ausländervolksbegehrensgegner) – *Freiheitlicher Pressedienst / 29.1.1993* **838**
PSYCHOTERROR der Altparteien (Ausländervolksbegehrensgegner) – *Täglich Alles / 30.1.1993* **839**
PSYCHOTERROR, größter ... in der Geschichte der Zweiten Republik – *Der Standard / 2.2.1993* **841**
PUBERTÄRE Phase (Grüne) – *Freiheitlicher Pressedienst / 9.10.1986* **10**
PUBERTÄRE Phase, politisch ... (Fischer) – *Freiheitlicher Pressedienst / 24.10.1987* **439**
PURER Opportunismus (Vranitzky) – *Freiheitlicher Pressedienst / 12.8.1993* **903**
PURES Heuchlertum – *Freiheitlicher Pressedienst / 8.1.1988* **519**
PURZELBAUM in Richtung Sozialismus (statt Wende, vollzogen von ÖVP) – *Kurier / 13.12.1986* **96**
PURZELBAUM in Richtung Sozialismus (statt Wende, vollzogen von ÖVP) – *Mittagsjournal / 12.12.1986* **93**
PURZELBAUM in Richtung Sozialismus (statt Wende, vollzogen von ÖVP) – *Mittagsjournal / 12.12.1986* **93**
PURZELBAUM in Richtung Sozialismus (statt Wende, vollzogen von ÖVP) – *Zeit im Bild 1 / 12.12.1986* **92**
PUTSCH der Großkoalitionäre auf den Rechtsstaat – *Freiheitlicher Pressedienst / 19.1.1987* **133**
PUTSCH, großkoalitionärer – *Mittagsjournal / 4.11.1987* **460**
PUTSCH, großkoalitionärer, von Graf inszeniert (Sipötz-Wahl) – *Freiheitlicher Pressedienst / 4.11.1987* **457**
PUTSCH, schleichender – *Zeit im Bild 1 / 18.3.1994* **1017**
PUTSCH: siehe auch VERFASSUNGSPUTSCH –
PYRRHUS-SIEG, letzter (der ÖVP) – *Der Standard / 20.6.1991* **782**

— Q —

QUALIFIKATION, keine sachliche und fachliche (Bundesregierung) – *Freiheitlicher Pressedienst / 21.1.1987* **137**
QUALITÄT des Ablenkens und des Zuschauens (Vranitzky) – *Der Standard / 12.7.1990* **715**
QUARTETT des Chaos – *Kleine Zeitung/Kärnten / 7.5.1988* **598**
QUASIAUTORITÄRE Regierungsform (Große Koalition) – *Freiheitlicher Pressedienst / 20.1.1987* **136**

— R —

RADIKALE Elemente (unter Slowenen) – *Freiheitlicher Pressedienst / 7.1.1988* **516**

RADIKALE gesellschaftsverändernde Forderungen (Teile der Grünen) – *Freiheitlicher Pressedienst / 27.2.1987* **183**

RADIKALE Slowenenfunktionäre – *Freiheitlicher Pressedienst / 1.12.1987* **478**

RADIKALE Slowenenfunktionäre – *Freiheitlicher Pressedienst / 1.12.1987* **480**

RADIKALE, undemokratische Kräfte (in Schutz genommen von einigen grünen Abgeordneten) – *Freiheitlicher Pressedienst / 1.3.1987* **192**

RADIKALER Bruderkrieg (innerhalb der Slowenenorganisationen) – *Freiheitlicher Pressedienst / 7.1.1988* **515**

RADIKALISIERUNG – *Der Standard / 3.2.1992* **808**

RADIKALISIERUNG des politischen Klimas in Österreich – *Freiheitlicher Pressedienst / 1.3.1987* **193**

RAMBO-AKTIONEN (Ambrozy) – *Freiheitlicher Pressedienst / 10.6.1988* **617**

RAMBO-Stil, undemokratischer – *Freiheitlicher Pressedienst / 20.4.1988* **563**

RANDALIERER, anarchistische (Opernball-Demonstration) – *Freiheitlicher Pressedienst / 1.3.1987* **193**

RASENMÄHERMETHODE (Budgetkürzungen) – *Freiheitlicher Pressedienst / 7.9.1987* **379**

RATLOS: siehe **FRANZ**

RATLOSIGKEIT, Kabinett der ... – *Kleine Zeitung / 11.1.1988* **538**

RATTENFÄNGERPHILOSOPHIE (Vranitzky) – *Freiheitlicher Pressedienst / 29.10.1987* **446**

RATTENSCHWANZ von Bonzen, Privilegienrittern und Korruptionisten – *Mittagsjournal / 24.9.1990* **723**

RÄUBERBUND (österreichischer Bauernbund) – *Freiheitlicher Pressedienst / 9.8.1987* **356**

RÄUBERISCHE Geldbeschaffungsaktion (von Dallinger und Schwimmer – *Freiheitlicher Pressedienst / 20.10.1987* **432**

RÄUBERKLAUSUR (Bundesregierung) – *Freiheitlicher Pressedienst / 11.6.1987* **314**

RAUBRITTER (in Österreich) – *Mittagsjournal / 1.4.1987* **227**

RAUBRITTER: Methoden der ... im Verkehrswesen beleben – *Mittagsjournal / 1.4.1987* **227**

RAUBRITTERHERRSCHAFT (der Kuenringer), nahtlos auf die Rot-Schwarzen übergegangen – *Oberösterreichische Nachrichten / 3.10.1988* **639**

RAUBRITTERSTADEL, drittklassiger (Sanierungspartnerschaft) – *Freiheitlicher Pressedienst / 29.6.1987* **333**

RAUBRITTERTUM, modernes – *Freiheitlicher Pressedienst / 31.3.1987* **225**

RAUBRITTERTUM, modernes Autofahrer – *Freiheitlicher Pressedienst / 1.4.1987* **226**

RAUBRITTERZUNFT (historisches Vorbild für Wirtschaftsminister Graf) – *Die Presse / 6.4.1987* **236**

RAUBZUG, maßloser ... durch die Taschen der Steuerzahler – *Freiheitlicher Pressedienst / 17.9.1993* **925**

RAUCH: siehe **SCHALL**

RAUFBOLDE, linksradikale (Opernball-Demonstration) – *Freiheitlicher Pressedienst / 1.3.1987* **194**

RAUSCHEBÄRTE (ältere Wähler) – *Freiheitlicher Pressedienst / 11.1.1987* **112**

REALE Einkommensverluste (Pensionisten) – *Freiheitlicher Pressedienst / 6.10.1987* **412**

REALITÄTSFERNE, verantwortungslose (Großkoalitionäre) – *Freiheitlicher Pressedienst / 12.1.1987* **120**

RECHNUNG offen (in Kärnten) – *Profil / 9.3.1992* **815**

RECHT auf Dummheit (Wabl) – *Mittagsjournal / 14.1.1988* **539**
RECHT beugen (Fischer) – *Morgenjournal / 25.2.1993* **846**
RECHT des Stärkeren (amerikanische Wildwestmanieren) – *Freiheitlicher Pressedienst / 27.5.1987* **298**
RECHT großzügig (geht Regierung mit Geld der Steuerzahler um) – *Freiheitlicher Pressedienst / 7.10.1987* **413**
RECHTE Stürmer (bei Grünen) – *Freiheitlicher Pressedienst / 9.10.1986* **9**
RECHTER Schuh (am linken Fuß) (Busek) – *Freiheitlicher Pressedienst / 9.1.1994* **989**
RECHTLICHES Chaos – *Freiheitlicher Pressedienst / 10.7.1990* **712**
RECHTSBRUCH, täglicher ... als Routinetätigkeit der Regierenden – *Freiheitlicher Pressedienst / 13.7.1988* **628**
RECHTSFASCHISTOIDE Regierung – *Der Standard / 1.2.1993* **840**
RECHTSPARTEI (demokratische, nationale) (FPÖ) – *Wochenpresse / 16.9.1986* **4**
RECHTSRADIKALE (FPÖ wolle mit ... nichts zu tun haben) – *Die Presse / 22.11.1986* **86**
RECHTSSTAATES unwürdig, eines demokratischen ... (Lass-Ernennung) – *Freiheitlicher Pressedienst / 8.3.1994* **1010**
RECHTSSTAATES: Ansehen des ... zu untergraben (werde versucht durch Buseks Forderung nach Sinowatz-Begnadigung) – *Freiheitlicher Pressedienst / 18.7.1991* **786**
RECHTSSTAATLICHE Auflösungserscheinungen – *Freiheitlicher Pressedienst / 19.1.1987* **134**
RECHTSVERLETZUNGEN, schuldhafte (Kery) – *Freiheitlicher Pressedienst / 29.9.1987* **401**
RECHTSVERLETZUNGEN, zahllose schuldhafte (SPÖ und ÖVP im Burgenland) – *Freiheitlicher Pressedienst / 2.10.1987* **408**
REFORMBEDÜRFTIG (sei das politische System) – *Der Standard / 3.2.1992* **807**
REFORMGESCHWÄTZ (ÖVP) – *Freiheitlicher Pressedienst / 13.1.1991* **748**
REGEN stehen, im ... (läßt Riegler die Bauern stehen) – *Freiheitlicher Pressedienst / 9.6.1988* **615**
REGIEREN über die Köpfe ihrer Genossen hinweg (SPÖ-Regierung) – *Kurier / 27.9.1987* **396**
REGIERUNG der ebenso großen wie leeren Versprechen – *Freiheitlicher Pressedienst / 7.3.1987* **198**
REGIERUNG der Wortbrüchigen (Große Koalition) – *Freiheitlicher Pressedienst / 20.10.1987* **431**
REGIERUNG, entschlußlose – *Freiheitlicher Pressedienst / 13.1.1991* **747**
REGIERUNG, indolente – *Freiheitlicher Pressedienst / 13.1.1991* **747**
REGIERUNG, kurzsichtige – *Freiheitlicher Pressedienst / 13.1.1991* **747**
REGIERUNG, rechtsfaschistoide – *Der Standard / 1.2.1993* **840**
REGIERUNG, sozialistenbefreite – *Mittagsjournal / 14.11.1990* **733**
REGIERUNGSCHAOS – *Freiheitlicher Pressedienst / 10.4.1987* **243**
REGIERUNGSCHAOS (Bundeswohnrecht) – *Freiheitlicher Pressedienst / 22.6.1993* **874**
REGIERUNGSCOUP – *Freiheitlicher Pressedienst / 10.4.1987* **240**
REGIERUNGSFEHLKONSTRUKTION (Familien- und Umweltministerium) – *Freiheitlicher Pressedienst / 24.2.1987* **176**
REGIERUNGSPLEITIERS, rot-schwarz – *Freiheitlicher Pressedienst / 29.8.1987* **371**
REGIERUNGSSCHIFF, wankendes – *Freiheitlicher Pressedienst / 25.5.1991* **777**
REGIERUNGSSPRECHER, nicht der ..., sondern der Regierungschef (Vranitzky) – *Freiheitlicher Pressedienst / 1.5.1988* **591**

REICHE (mit dem Geld der Reichen wollen sich die Altparteien selbst sanieren) – *Kleine Zeitung / 12.1.1987* **121**

REICHE reicher, ARME ärmer (durch Politik der sozialistischen Koalitionsregierung) – *Freiheitlicher Pressedienst / 17.1.1987* **132**

REINER Schwachsinn (Vorschläge von Ettl) – *Freiheitlicher Pressedienst/ 25.7.1990 + Neue Freie Zeitung / 2.8.1990* **716**

REINER Versorgungsposten (Nationalbank-Vizepräsident) – *Freiheitlicher Pressedienst / 7.9.1993* **916**

REISEBÜRO, rot-schwarzes (Regierung) – *Freiheitlicher Pressedienst / 8.2.1994* **994**

RENOMMEE, kein (Bundesregierung) – *Freiheitlicher Pressedienst / 13.2.1987* **167**

RENTENKLAU (Dallingers) – *Freiheitlicher Pressedienst / 30.9.1987* **402**

RENTENKLAU Dallingers – *Freiheitlicher Pressedienst / 27.9.1987* **400**

RENTENKLAU im Nadelstreif, nicht (Vranitzky) – *Freiheitlicher Pressedienst / 29.10.1987* **446**

RENTENKLAUS, Inkarnation des ... (Hesoun) – *Freiheitlicher Pressedienst / 8.2.1992* **809**

REPARATUR der Demokratie – *Der Standard / 3.2.1992* **807**

REPARATURWERKSTÄTTE, Politik der ... (Liezen) – *Freiheitlicher Pressedienst / 21.4.1988* **567**

REPUBLIK, Dritte – *Freiheitlicher Pressedienst / 9.1.1994* **988**

REPUBLIK, Schlafkammer der ... (Bundesrat) – *Freiheitlicher Pressedienst / 13.1.1991* **745**

RESOZIALISIERBAR (Rückfallstäter, der nicht mehr ... ist) (ÖVP) – *Freiheitlicher Pressedienst / 27.3.1987* **219**

RESOZIALISIERUNG, eigene (durch Rückfallstäter) – *Freiheitlicher Pressedienst / 19.11.1986* **84**

RESPEKTLOSIGKEIT, unerträgliche ... gegenüber demokratischen Entscheidungen (Vranitzky) – *Die Presse / 21.4.1989* **661**

RESTAURATION der rot-schwarzen Packelei – *Wiener Zeitung / 17.1.1987* **130**

RESTBESTAND an Marktwirtschaft – *Freiheitlicher Pressedienst / 20.9.1987* **390**

RESTLOS überfordert (Große Koalition) – *Freiheitlicher Pressedienst / 22.5.1991* **776**

RESTRIKTIVE Ausländerbeschäftigung nach Schweizer Muster – *Freiheitlicher Pressedienst / 10.12.1987* **490**

RETORTENPOLITIKER (Vranitzky) – *Basta / 6/1991* **779**

REUMÜTIGE Erklärungen gegen Multifunktionäre – *Neue Freie Zeitung / 10.7.1990* **714**

REVOLUTIONEN, innerparteiliche (in SPÖ und ÖVP) – *Freiheitlicher Pressedienst / 14.8.1993* **904**

RICHTET sich selbst (Regierung) – *Neue Freie Zeitung / 28.5.1987* **299**

RIESENSKANDAL in der österreichischen Justizpolitik (Proksch-Ausreiseerlaubnis) – *Freiheitlicher Pressedienst / 14.12.1987* **497**

RIESIGES Finanzdebakel (ÖBB) – *Freiheitlicher Pressedienst / 10.2.1994* **996**

RINDVIECH in die Regierung setzen – *Kleine Zeitung / 19.7.1989* **668**

RODUNGSBEWILLIGUNG im Dschungel der Mißwirtschaft – *Profil / 17.11.1986* **83**

RODUNGSBEWILLIGUNG, politische – *Die Presse / 17.11.1986* **75**

ROKOKO-PRINZ (Graf Bobby) – *Freiheitlicher Pressedienst / 28.2.1987* **191**

ROLLE eines Galeerensträflings, mit der ... (begnügt sich die ÖVP Burgenland) – *Kleine Zeitung / 12.7.1991* **785**

ROLLE, lächerliche und traurige (Haltung Österreichs gegenüber Kroati-

en) – *Freiheitlicher Pressedienst / 12.1.1992* **802**
ROSINENSTRATEGIE (Verstaatlichte: Sekyra) – *Freiheitlicher Pressedienst / 3.5.1990* **699**
ROSINENTHEORIE (ÖVP-EG-Politik: Vollintegration ohne Mitgliedschaft) – *Freiheitlicher Pressedienst / 27.11.1987* **475**
ROSS, hohes ... Ludwigs – *Freiheitlicher Pressedienst / 19.6.1988* **620**
ROSS: vom hohen ... der Macht herunterzuholen (Vranitzky durch Haider) – *Freiheitlicher Pressedienst / 25.4.1994* **1054**
ROSSTÄUSCHEREI (Budgetpolitik der Bundesregierung) – *Freiheitlicher Pressedienst / 28.10.1993* **962**
ROT-GRÜNE Szene (apokalyptische Geisterreiter) – *Freiheitlicher Pressedienst / 11.1.1987* **117**
ROT-SCHWARZ-GRÜNE Einheitspartei – *Freiheitlicher Pressedienst / 22.6.1991* **783**
ROT-SCHWARZE Belastungsmaschinerie – *Freiheitlicher Pressedienst / 9.8.1987* **357**
ROT-SCHWARZE Bürokratie – *Der Standard / 10.1.1994* **991**
ROT-SCHWARZE Chaosregierung – *Freiheitlicher Pressedienst / 15.7.1993* **885**
ROT-SCHWARZE Einheitspartei – *Arbeiterzeitung / 25.11.1988* **650**
ROT-SCHWARZE Einheitspartei – *Die Presse / 6.4.1987* **236**
ROT-SCHWARZE Einheitspartei (Große Koalition) – *Freiheitlicher Pressedienst / 29.1.1987* **146**
ROT-SCHWARZE Einheitspartei – *Freiheitlicher Pressedienst / 14.4.1987* **249**
ROT-SCHWARZE Einheitspartei – *Freiheitlicher Pressedienst / 22.4.1988* **575**
ROT-SCHWARZE Einheitspartei – *Freiheitlicher Pressedienst / 3.10.1990* **727**
ROT-SCHWARZE Einheitspartei (Burgenland) – *Freiheitlicher Pressedienst / 2.10.1987* **409**
ROT-SCHWARZE Einheitspartei (Große Koalition) – *Die Presse / 16.9.1987* **382**
ROT-SCHWARZE Einheitspartei (Große Koalition) – *Freiheitlicher Pressedienst / 29.1.1987* **143**
ROT-SCHWARZE Einheitspartei, wie eine Käseglocke über Österreich – *Die Presse / 2.5.1988* **595**
ROT-SCHWARZE Eintracht bei den [...] zahllosen schuldhaften Rechtsverletzungen – *Freiheitlicher Pressedienst / 2.10.1987* **408**
ROT-SCHWARZE Elefantenhochzeit – *Freiheitlicher Pressedienst / 18.10.1986* **21**
ROT-SCHWARZE Elefantenhochzeit (trampelt über die Österreicher hinweg) – *Freiheitlicher Pressedienst / 23.12.1986* **105**
ROT-SCHWARZE Feudalherren – *Freiheitlicher Pressedienst / 10.7.1990* **713**
ROT-SCHWARZE Koalition – *Freiheitlicher Pressedienst / 17.9.1987* **386**
ROT-SCHWARZE Koalition – *Freiheitlicher Pressedienst / 17.9.1987* **388**
ROT-SCHWARZE Löwengrube – *Freiheitlicher Pressedienst / 28.10.1993* **972**
ROT-SCHWARZE Machtkartelle – *Freiheitlicher Pressedienst / 17.9.1990* **720**
ROT-SCHWARZE Monopolstellung (Wiener Städtische und Bundesländer-Versicherung beim Bundesheer) – *Freiheitlicher Pressedienst / 29.7.1993* **894**
ROT-SCHWARZE Nachtwächterregierung – *Kleine Zeitung / 3.10.1988* **641**
ROT-SCHWARZE Packelei – *Freiheitlicher Pressedienst / 2.10.1987* **408**
ROT-SCHWARZE Packelei – *Wiener Zeitung / 17.1.1987* **130**

ROT-SCHWARZE Pfründegesellschaft – *Freiheitlicher Pressedienst / 12.10.1991* **792**
ROT-SCHWARZE Polit-Opas – *Der Standard / 10.1.1994* **991**
ROT-SCHWARZE Postenschacherei – *Freiheitlicher Pressedienst / 31.7.1993* **897**
ROT-SCHWARZE Postenvermehrungen (in der Vorstandsetage, bei Verbund und ÖBB) – *Freiheitlicher Pressedienst / 31.7.1993* **901**
ROT-SCHWARZE Proporzregierung – *Freiheitlicher Pressedienst / 28.2.1987* **191**
ROT-SCHWARZE Regierungspleitiers – *Freiheitlicher Pressedienst / 29.8.1987* **371**
ROT-SCHWARZE Rumpelstilzchen der österreichischen Budgetpolitik – *Freiheitlicher Pressedienst / 13.10.1993* **950**
ROT-SCHWARZE Schmierenkomödie (Noricum-Diskussion) – *Freiheitlicher Pressedienst / 14.8.1989* **669**
ROT-SCHWARZE Schmierenkomödie, widerliche ... – *Freiheitlicher Pressedienst / 9.1.1992* **801**
ROT-SCHWARZE Skandalbrüder – *Freiheitlicher Pressedienst / 19.2.1988* **546**
ROT-SCHWARZE Streithähne – *Freiheitlicher Pressedienst / 14.7.1993* **880**
ROT-SCHWARZE, totalitäre, Einheitspartei – *Freiheitlicher Pressedienst / 22.4.1988* **573**
ROT-SCHWARZER Bluff (Budgetsanierung) – *Freiheitlicher Pressedienst / 10.1.1988* **527**
ROT-SCHWARZER Blutegel – *Freiheitlicher Pressedienst / 30.10.1986* **45**
ROT-SCHWARZER Elefant – *Freiheitlicher Pressedienst / 16.1.1987* **129**
ROT-SCHWARZER Katzenjammer, ausgewachsener – *Freiheitlicher Pressedienst / 21.4.1988* **569**
ROT-SCHWARZER Parteienfilz – *Freiheitlicher Pressedienst / 29.7.1993* **893**
ROT-SCHWARZER Parteienzank, tobender ... – *APA / 19.4.1994* **1032**
ROT-SCHWARZER Postenschacher – *Freiheitlicher Pressedienst / 1.9.1993* **907**
ROT-SCHWARZER Postenschacher – *Freiheitlicher Pressedienst / 1.9.1993* **908**
ROT-SCHWARZER Staatszirkus – *Freiheitlicher Pressedienst / 13.1.1991* **743**
ROT-SCHWARZER Staatszirkus – *Kleine Zeitung / 14.1.1991* **750**
ROT-SCHWARZER Deutschvorstand, aufgebläht (Verbund) – *Freiheitlicher Pressedienst / 17.9.1993* **926**
ROT-SCHWARZER Watschentanz – *Freiheitlicher Pressedienst / 30.3.1990* **692**
ROT-SCHWARZES Bauernlegen – *Freiheitlicher Pressedienst / 9.6.1988* **615**
ROT-SCHWARZES Chaos (Lacinas Steuerreform) – *Freiheitlicher Pressedienst / 9.1.1988* **520**
ROT-SCHWARZES EU-Spiel mit gezinkten Karten – *Freiheitlicher Pressedienst / 8.4.1994* **1026**
ROT-SCHWARZES Gängelband – *Freiheitlicher Pressedienst / 10.1.1988* **522**
ROT-SCHWARZES Machtkartell – *Die Presse / 6.12.1986* **91**
ROT-SCHWARZES Machtkartell – *Profil / 17.11.1986* **82**
ROT-SCHWARZES Narrenschiff (Bundesregierung) – *Sozialistische Korrespondenz / 25.4.1988* **578**
ROT-SCHWARZES Proporzparadies – *Kleine Zeitung / 3.10.1988* **643**
ROT-SCHWARZES Reisebüro (Regierung) – *Freiheitlicher Pressedienst / 8.2.1994* **994**
ROT-SCHWARZES Sittenbild (Verbindung von Korruption und Gaunerei) – *Freiheitlicher Pressedienst / 10.1.1988* **525**

ROT- UND SCHWARZWILD, keine Schonzeit für ... – *Oberösterreichische Nachrichten / 21.5.1990* **704**
ROTE Dunstglocke über Wien – *Der Standard / 12.10.1991* **791**
ROTE Partisanen, journalistische ... (im ORF-Untergrund) – *Freiheitlicher Pressedienst / 16.2.1994* **1000**
ROTE Plünderungspolitik (Busek als Erfüllungsgehilfe) – *Freiheitlicher Pressedienst / 18.9.1991* **788**
ROTE und schwarze Filzläuse – *Profil / 25.4.1994* **1049**
ROTE und schwarze Postenbezieher (Bundesrat) – *Freiheitlicher Pressedienst / 30.1.1987* **150**
ROTE Zensoren (ORF) – *Freiheitlicher Pressedienst / 16.2.1994* **1001**
ROTEN Zaren, Nasenring der – *Freiheitlicher Pressedienst / 15.10.1993* **957**
ROTEN, die ... und die Schwarzen haben (aus Österreich) eine Champignonzucht gemacht – *Ganze Woche / 6.11.1986* **55**
ROTER Pirat (Vranitzky) – *Freiheitlicher Pressedienst / 25.5.1991* **777**
ROTER Populismus, geschmackloser – *Freiheitlicher Pressedienst / 20.10.1987* **431**
ROTER Spaltpilz (Pilz) – *Kleine Zeitung / 11.1.1988* **538**
ROTES Gesindel – *Der Standard / 5.10.1990* **728**
ROTFUNK (ORF) – *Freiheitlicher Pressedienst / 16.2.1994* **999**
ROTKEHLCHEN, Blaumeise zum ... (Meissner-Blau) – *Kurier / 7.11.1986* **59**
ROTKREUZSTATION (FPÖ) – *Mittagsjournal / 9.11.1990* **732**
ROWDY-STIL (Bischof Johann Weber) – *Der Standard / 14.1.1991* **749**
ROWDYSTIL (Bischof Johann Weber) – *Kleine Zeitung / 14.1.1991* **750**
RÜCKEN des kleinen Mannes, auf dem ... (Budgetsanierung) – *Freiheitlicher Pressedienst / 23.6.1987* **329**
RÜCKEN des kleinen Mannes, auf dem ... (Belastungsvandalismus) – *Freiheitlicher Pressedienst / 24.6.1987* **330**
RÜCKFALLSTÄTER – *Freiheitlicher Pressedienst / 19.11.1986* **84**
RÜCKFALLSTÄTER (Koalition) – *Freiheitlicher Pressedienst / 31.7.1993* **896**
RÜCKFALLSTÄTER (ÖVP) – *Freiheitlicher Pressedienst / 27.3.1987* **219**
RÜCKGRAT, keines, Dickhäuter SPÖ und ÖVP – *Kurier / 7.11.1986* **58**
RÜCKGRAT: ob er ein ... hat (Bischof Johann Weber) – *Kleine Zeitung / 14.1.1991* **750**
RÜCKGRAT: ob er selbst ein ... besitzt (Bischof Johann Weber) – *Der Standard / 14.1.1991* **749**
RÜCKSICHT, ohne (auf die Interessen Österreichs) – *Freiheitlicher Pressedienst / 24.6.1993* **877**
RÜCKSICHTSLOSES Verwirrspiel (ÖVP mit den Steuerzahlern) – *Freiheitlicher Pressedienst / 10.4.1987* **242**
RÜCKTRITTSKANDIDAT, potentieller (Dallinger) – *Freiheitlicher Pressedienst / 9.5.1987* **274**
RÜCKTRITTSREIF (Dallinger) – *Freiheitlicher Pressedienst / 14.4.1988* **557**
RÜCKZUG auf allen Fronten (ÖVP) – *Freiheitlicher Pressedienst / 15.10.1993* **956**
RÜCKZUG, ungeordneter (Schüssel: Verkehrsbüro-Privatisierung) – *Freiheitlicher Pressedienst / 7.5.1990* **702**
RÜCKZUG, ungeordneter, für ÖVP (eingeleitet von Graff) – *Freiheitlicher Pressedienst / 2.10.1987* **410**
RÜCKZUG, ungeordneter, panikartig (Wagner betreffend Autobahnmaut) – *Freiheitlicher Pressedienst / 4.5.1987* **267**
RÜCKZUGSZWERG (Vranitzky) – *Freiheitlicher Pressedienst / 30.1.1990* **689**

RUIN, Tausender Familien – *Freiheitlicher Pressedienst / 30.10.1986* **45**
RUINEN, geistige ... als Produkt der überheblichen Machtpolitik der beiden alten Parteien – *Freiheitlicher Pressedienst / 19.11.1989* **676**
RUMÄNIEN, in ... bewerben (möge sich Landwirtschaftsminister Fischler) – *Der Standard / 1.9.1993* **912**
RUMPELSTILZCHEN (Keller) – *Freiheitlicher Pressedienst / 20.4.1988* **565**
RUMPELSTILZCHEN, rot-schwarze ... der österreichischen Budgetpolitik – *Freiheitlicher Pressedienst / 13.10.1993* **950**
RUNDUMSCHLAG, verbaler (in Richtung FPÖ) (SPÖ) – *Der Standard / 18.2.1994* **1004**
RUNDUMSCHLÄGE, verbale (Graff) – *Freiheitlicher Pressedienst / 17.5.1987* **284**

— S —

SÄBELRASSELN, nicht ..., sondern Kampfansage (Freistaat Kärnten) – *APA / 8.1.1991* **740**
SACHLICHE Inkompetenz (Flemming) – *Freiheitlicher Pressedienst / 18.2.1987* **168**
SACKGASSE – *Freiheitlicher Pressedienst / 15.6.1993* **866**
SACKGASSE, agrarpolitische (fortgesetzt von Riegler) – *Freiheitlicher Pressedienst / 9.6.1988* **615**
SALONDEMOKRATEN spielt, Marxist im Nadelstreif (Keller) – *Kurier / 16.11.1987* **467**
SAMMLUNG inkompetenter Geldverschwender (Regierung) – *Freiheitlicher Pressedienst / 25.5.1991* **778**
SAND (auf ... gebaut: Pyramiden wie VOEST) – *Kronen-Zeitung / 10.11.1986* **69**
SANDLER und Sozialstaatschnorrer – *Die Presse / 17.11.1986* **77**
SANDMÄNNCHEN Graf – *Freiheitlicher Pressedienst / 24.6.1987* **330**
SANFTE Maßlosigkeit (Fischer) – *Freiheitlicher Pressedienst / 15.12.1993* **983**
SANIEREN (sich selbst, mit dem Geld der Reichen und mit den Stimmen der Armen:die Altparteien) – *Kleine Zeitung / 12.1.1987* **121**
SANIEREN: kassieren statt ... – *Freiheitlicher Pressedienst / 9.10.1987* **416**
SANIERT, nicht ..., sondern [...] demontiert – *Kurier / 27.9.1987* **395**
SANIERUNGSBEDÜRFTIG (die beiden alten Parteien) – *Zeit im Bild 1 / 11.1.1987* **118**
SANIERUNGSFALL (die beiden alten Parteien) – *Zeit im Bild 1 / 11.1.1987* **118**
SANIERUNGSFALL (Regierung und Verstaatlichte Industrie) – *Freiheitlicher Pressedienst / 8.7.1987* **340**
SANIERUNGSFALL (Sanierungskoalition wird zum ...) – *Freiheitlicher Pressedienst / 21.4.1988* **571**
SANIERUNGSFALL (Sanierungskoalition) – *Die Presse / 6.4.1987* **233**
SANIERUNGSFALL der alten Parteien – *Freiheitlicher Pressedienst / 26.2.1987* **181**
SANIERUNGSKOALITION wird zum Sanierungsfall – *Freiheitlicher Pressedienst / 21.4.1988* **571**
SANIERUNGSKOALITION, die selbst zum Sanierungsfall geworden ist – *Die Presse / 6.4.1987* **233**
SANIERUNGSPARTNERSCHAFT (SPÖ & ÖVP, saniert eigenen Apparat und eigene Funktionäre) – *Freiheitlicher Pressedienst / 11.1.1987* **115**
SANIERUNGSPOLITIK, angebliche (der rot-schwarzen Regierungspleitiers) – *Freiheitlicher Pressedienst / 29.8.1987* **371**
SAUBERKEIT, Ordnung und ... – *Wiener / 10/1986* **7**
SAUBERKEITSFIMMEL (Vranitzky) – *Freiheitlicher Pressedienst / 20.9.1990* **721**

SAUBERKEITSPHILOSOPHIE, Scheinheiligkeit der grünen ... – *Freiheitlicher Pressedienst / 17.12.1989* **679**

SAUBERMANN: versucht sich als ... zu präsentieren (ÖVP Burgenland) – *Freiheitlicher Pressedienst / 24.8.1987* **367**

SÄUBERN, politisch (Österreich, vom Schutt der Altparteien) – *Der Standard / 10.1.1994* **990**

SAUER: sich am eigenen Zopf aus dem sauren Sumpf ziehen (ÖVP Burgenland, Sauerzopf) – *Freiheitlicher Pressedienst / 24.8.1987* **367**

SAUSTALL – *Mittagsjournal / 23.8.1990* **718**

SCHACHBRETT (die beiden alten Parteien teilen ihre Macht wie auf einem ... auf) – *Freiheitlicher Pressedienst / 29.10.1986* **44**

SCHACHSPIEL, bei dem die Bürger ständig mattgesetzt werden (Politik der Großen Koalition) – *Freiheitlicher Pressedienst / 10.1.1988* **528**

SCHADEN, großen (Österreich zufügen) (Vranitzky) – *Freiheitlicher Pressedienst / 7.9.1987* **378**

SCHADEN, großer, dem Land zugefügt (durch Ankündigung der sozialistischen Koalition) – *Freiheitlicher Pressedienst / 4.2.1987* **154**

SCHADEN, nachhaltigen ... zufügen (Österreich durch Grün-Alternative) – *Freiheitlicher Pressedienst / 15.5.1987* **281**

SCHADEN, schweren ... zugefügt (dem Ansehen Osterreichs) (Vranitzkys USA-Reise) – *Kronen-Zeitung / 23.5.1987* **293**

SCHÄDIGT, nachhaltig (Österreich: Peymann) – *Die Presse / 27.2.1992* **812**

SCHAF im Wolfspelz (Keller) – *Die Presse / 2.5.1988* **596**

SCHÄFCHEN ins Trockene holen (AK-Funktionäre) – *Freiheitlicher Pressedienst / 30.3.1987* **224**

SCHAFSPELZ, Wolf im ... (Vranitzky) – *Freiheitlicher Pressedienst / 24.4.1991* **763**

SCHALL und Rauch (ÖVP-Wahlversprechungen) – *Freiheitlicher Pressedienst / 14.8.1987* **361**

SCHAMLOS, greift ... in die Taschen der sozial Schwachen (Regierung) – *Freiheitlicher Pressedienst / 23.9.1987* **391**

SCHAMLOSE Ausnützung des Monopols durch die ÖMV auf Kosten der Konsumenten (betreffend Heizölpreise) – *Freiheitlicher Pressedienst / 12.12.1987* **496**

SCHAMLOSE Opportunisten (Sozialisten, Ausländerpolitik) – *Zeit im Bild 1 / 7.6.1990* **706**

SCHAMLOSER Opportunismus (Sozialisten) – *Der Standard / 8.6.1990* **707**

SCHANDE (Bauern-Politik der ÖVP) – *Freiheitlicher Pressedienst / 20.6.1992* **820**

SCHANDPENSION – *Freiheitlicher Pressedienst / 25.6.1990* **709**

SCHANDPENSIONEN – *Freiheitlicher Pressedienst / 10.7.1990* **713**

SCHANDPENSIONEN (für Gewerbetreibende) – *Freiheitlicher Pressedienst / 23.3.1990* **691**

SCHAUSPIEL, inszeniertes, der Koalition – *Der Standard / 9.3.1994* **1012**

SCHEIDUNGSANWALT unter dem Ehebett (der Großen Koalition) – *Freiheitlicher Pressedienst / 28.10.1987* **443**

SCHEIDUNGSANWALT unterm Bett (der Großen Koalition) – *Freiheitlicher Pressedienst / 13.7.1988* **628**

SCHEINASYLANTEN (Nationalratsmitglieder des Liberalen Forums) – *Morgenjournal / 25.2.1993* **845**

SCHEINERFOLG (Mock) – *Freiheitlicher Pressedienst / 26.5.1988* **605**

SCHEINHEILIG, in höchstem Maße (Große Koalition) – *Freiheitlicher Pressedienst / 21.5.1989* **603**

SCHEINHEILIGKEIT der grünen „Sauberkeitsphilosophie" – *Freiheitlicher Pressedienst / 17.12.1989* **679**

SCHEINHEILIGKEIT, unverfrorene (Regierung) – *Freiheitlicher Pressedienst / 30.9.1987* **405**

SCHEINMANÖVER (Entstaatlichung) – *Freiheitlicher Pressedienst / 16.7.1987* **346**

SCHEINMORAL (Grün-Alternative) – *Freiheitlicher Pressedienst / 18.12.1989* **680**

SCHEINTOTEN: Verbindung eines ... mit einem Abfertigungsmillionär (Regierung: Riegler & Vranitzy) – *Kleine Zeitung / 14.1.1991* **750**

SCHEINVERHANDLUNGEN (zwischen Mock und Vranitzky) – *Freiheitlicher Pressedienst / 26.2.1988* **549**

SCHEITERN seiner chaotischen Arbeitsmarktpolitik (Dallinger) – *Freiheitlicher Pressedienst / 9.5.1987* **275**

SCHEITERN, totales (der großkoalitionären Budgetpolitik) – *Freiheitlicher Pressedienst / 3.4.1991* **760**

SCHERBENHAUFEN, gigantischer (ÖVP-Politik) – *Freiheitlicher Pressedienst / 22.12.1986* **103**

SCHICKERIA, linke – *Der Bund, Bern / 18.1.1993* **833**

SCHICKERIA, linkslinke (Einflüsterungen: Klestil) – *Der Standard / 11.1.1993* **832**

SCHICKI-MICKI-PARTIE – *Freiheitlicher Pressedienst / 9.1.1994* **987**

SCHIER untragbares Belastungspaket – *Freiheitlicher Pressedienst / 24.10.1987* **440**

SCHIKANÖS (Vorgehen von Kellereiinspektoren) – *Freiheitlicher Pressedienst / 17.11.1986* **73**

SCHILDBÜRGERSTREICH (Gratisstromlieferungen an die CSFR) – *Freiheitlicher Pressedienst / 29.1.1991* **754**

SCHILDBÜRGERSTREICH (Nummerntafelkabarett – *Freiheitlicher Pressedienst / 20.12.1989* **681**

SCHILDBÜRGERSTREICHE, einer der größten ... (Volkszählung) – *Freiheitlicher Pressedienst / 4.5.1991* **769**

SCHIMPFKANONADE auf die FPÖ (durch Bauernbundfunktionäre) – *Freiheitlicher Pressedienst / 19.8.1987* **363**

SCHLACHTFELD (Straßen zum ... machen) (Opernball-Demonstration) – *Freiheitlicher Pressedienst / 27.2.1987* **184**

SCHLAFKAMMER der Republik (Bundesrat) – *Freiheitlicher Pressedienst / 13.1.1991* **745**

SCHLAG ins Gesicht (der Arbeitslosen) – *Freiheitlicher Pressedienst / 6.2.1987* **157**

SCHLAG, holt zum nächsten ... aus (Regierung) – *Freiheitlicher Pressedienst / 24.10.1987* **440**

SCHLAG, schwerer, gegen die Demokratie (Opernball-Demonstration) – *Freiheitlicher Pressedienst / 1.3.1987* **193**

SCHLÄGEREIEN und Gewaltanwendung (Opernball-Demonstration) – *Freiheitlicher Pressedienst / 1.3.1987* **193**

SCHLAMMSCHLACHT (Graf) – *Arbeiterzeitung / 5.11.1987* **461**

SCHLAMMSCHLACHT (Graf) – *Freiheitlicher Pressedienst / 4.11.1987* **456**

SCHLAMPIG, wortbrüchig und unseriös (Arbeit der Großen Koalition) – *Freiheitlicher Pressedienst / 13.7.1988* **628**

SCHLAMPIGE Unwissenheit – *Freiheitlicher Pressedienst / 27.9.1993* **937**

SCHLANGE Gewerkschaft: angstschlotterndes Kaninchen vor der ... (Geppert) – *Freiheitlicher Pressedienst / 18.6.1989* **667**

SCHLECHTERER Bruder von Haiden (Riegler) – *Freiheitlicher Pressedienst / 8.7.1987* **342**

SCHLECHTESTES Zeugnis (Große Koalition) – *Freiheitlicher Pressedienst / 19.1.1987* **134**

SCHLEICHENDE Abwertung der Funktionen der Länder – *APA / 8.1.1991* **742**
SCHLEICHENDER Putsch – *Zeit im Bild 1 / 18.3.1994* **1017**
SCHLEICHENDER Verfassungsputsch – *Abendjournal / 18.3.1994* **1016**
SCHLEICHENDER Verfassungsputsch – *Der Standard / 19./20.3.1994* **1018**
SCHLEUDERPREIS (Zweirad-Produktion von Steyr-Daimler-Puch praktisch verschenkt) – *Freiheitlicher Pressedienst / 23.2.1987* **172**
SCHLIESSEN von defizitären Staatsbetrieben – *Abendjournal / 30.4.1987* **264**
SCHLINGPFLANZE, grüne, vom roten Spaltpilz befallen (Grüne, Pilz) – *Kleine Zeitung / 11.1.1988* **538**
SCHMÄH: Bluff und ... (Regierungstätigkeit) – *Freiheitlicher Pressedienst / 22.4.1987* **252**
SCHMÄHLICHE und verantwortungslose Haltung (Vranitzky) – *Freiheitlicher Pressedienst / 12.1.1992* **802**
SCHMANKERL, besonderes (Kleinreisen) – *Freiheitlicher Pressedienst / 8.2.1994* **995**
SCHMIERENKOMÖDIE, rot-schwarze (Noricum-Diskussion) – *Freiheitlicher Pressedienst / 14.8.1989* **669**
SCHMIERENKOMÖDIE, widerliche rot-schwarze ... – *Freiheitlicher Pressedienst / 9.1.1992* **801**
SCHMUTZ, in den ... ziehen (Kärnten) (radikale Elemente unter den Slowenen) – *Freiheitlicher Pressedienst / 7.1.1988* **516**
SCHMUTZER, unverantwortlicher (Umweltverschmutzung) – *Freiheitlicher Pressedienst / 22.6.1988* **623**
SCHMUTZIGES Tauschgeschäft (Transitvertrag) – *Freiheitlicher Pressedienst / 30.4.1992* **818**
SCHMUTZKAMPAGNE mancher Medien – *Freiheitlicher Pressedienst / 11.1.1987* **116**
SCHMUTZKÜBEL über einer ganzen Generation ausgeschüttet – *Kleine Zeitung / 17.5.1987* **285**
SCHMUTZKÜBEL-KAMPAGNE, übelste ... in der Geschichte des Landes Kärnten gegen einen amtierenden Landeshauptmann – *Freiheitlicher Pressedienst / 22.6.1991* **783**
SCHNELLER geredet als gedacht (Wagner) – *Freiheitlicher Pressedienst / 4.5.1987* **266**
SCHNELLSCHUSS: nicht aus einem ... entwickelt (Vereinbarung der ÖVP mit der FPÖ) – *Freiheitlicher Pressedienst / 21.4.1994* **1046**
SCHNORRER (Sozial-Schnorrer) – *Freiheitlicher Pressedienst / 18.10.1986* **18**
SCHNORRER (Sozialstaat-Schnorrer) – *Ganze Woche / 6.11.1986* **58**
SCHOCKIEREND (Pilz-Anwesenheit bei Opernball-Demonstration) – *Freiheitlicher Pressedienst / 1.3.1987* **193**
SCHÖNER Franz (Vranitzky) – *Die Presse / 17.11.1986* **74**
SCHÖNFÄRBEREI, hemmungslose (Übleis) – *Freiheitlicher Pressedienst / 30.10.1987* **451**
SCHÖNFÄRBEREI, plumpe – *Freiheitlicher Pressedienst / 8.10.1987* **415**
SCHONZEIT für Privilegien, Jagd auf Pensionen (Regierung) – *Freiheitlicher Pressedienst / 20.10.1987* **434**
SCHONZEIT, keine ... für Rot-und Schwarzwild – *Oberösterreichische Nachrichten / 21.5.1990* **704**
SCHORNSTEINERHALTUNGSGESETZ, Luftverschmutzungs- und ... (Luftreinhaltegesetz) – *Freiheitlicher Pressedienst / 22.6.1989* **623**
SCHOSSHÜNDCHEN, politisches ... der ÖVP (Ernst Höger) – *Profil / 27.6.1988* **624**
SCHRÄGLAGE, geistige (in unserer Gesellschaft) – *Der Standard / 10.1.1994* **991**
SCHRANKEN, in die ... gewiesen werden (müßten die Provokateure:

Pädagogenmodell-Gegner) – *Freiheitlicher Pressedienst / 10.1.1988* **523**

SCHRECKEN: siehe **GLEICHGEWICHT**

SCHRÖPFAKTION (Autobahnmaut) – *Freiheitlicher Pressedienst / 4.6.1987* **305**

SCHRÖPFAKTION (Autobahnmaut) – *Freiheitlicher Pressedienst / 4.6.1987* **306**

SCHRÖPFUNGSVORGANG gegenüber der heimischen Wirtschaft (Budgetsanierungspläne Lacinas) – *Freiheitlicher Pressedienst / 27.8.1987* **368**

SCHRUMPFAUSTRIAKE (Busek) – *Basta / 3/1993* **847**

SCHRUMPFORGANISATION (ÖVP) – *Basta / 3/1993* **847**

SCHUFTE (Bundesregierung) – *Kleine Zeitung / 3.10.1993* **942**

SCHUHE abputzen (an der Ehre der Gefallenen und Lebenden des Weltkriegs) – *Profil / 17.11.1986* **79**

SCHUHFABRIK, Franz bestenfalls eine ... (Vranitzky) – *Die Presse / 2.5.1988* **596**

SCHUL- und Ausbildungsabbrecher (Graf) – *Arbeiterzeitung / 5.11.1987* **461**

SCHULABBRECHER (Graf) – *Wiener 2/1988* **544**

SCHULDENMACHEN, Nobelpreisträger im ... (Vranitzky) – *Freiheitlicher Pressedienst / 1.5.1994* **1065**

SCHULDENPOLITIK, liederliche (Budgetpolitik der Großen Koalition) – *Mittagsjournal / 22.7.1988* **631**

SCHULDHAFTE Rechtsverletzungen (Kery) – *Freiheitlicher Pressedienst / 29.9.1987* **401**

SCHULDHAFTE Rechtsverletzungen, zahllose (SPÖ und ÖVP im Burgenland) – *Freiheitlicher Pressedienst / 2.10.1987* **408**

SCHULDTURM: die rot-schwarze Koalition treibt Österreich weiter in den ... – *Freiheitlicher Pressedienst / 12.12.1987* **494**

SCHUTT (der Altparteien) – *Der Standard / 10.1.1994* **990**

SCHÜTZENDE Hand der Sozialpartnerschaft (Große Koalition lebt davon) – *Freiheitlicher Pressedienst / 20.9.1987* **390**

SCHUTZMACHT Mitteleuropas (Österreich und Bayern) – *Der Standard / 2.5.1991* **768**

SCHUTZPATRON der kleinen Leute – *Der Standard / 1.9.1993* **910**

SCHUTZPATRON der Sozialschmarotzer (AK-Präsident Heinz Vogler) – *Freiheitlicher Pressedienst / 11.5.1991* **771**

SCHUTZPATRON für die Österreicher (FPÖ) – *Der Standard / 28.10.1993* **979**

SCHWACHKÖPFE, Kabinett der ... (Bundesregierung) – *Kleine Zeitung / 14.1.1991* **750**

SCHWÄCHLING der Nation (Vranitzky) – *Der Standard / 12.7.1990* **715**

SCHWACHSINN, reiner (Vorschläge von Ettl) – *Freiheitlicher Pressedienst/ 25.7.1990+ Neue Freie Zeitung / 2.8.1990* **716**

SCHWACHSTELLE (Bundes-ÖVP) – *Die Presse / 2.5.1988* **593**

SCHWÄCHSTER Minister der Regierung (Graf) – *Freiheitlicher Pressedienst / 4.11.1987* **456**

SCHWÄCHSTER Minister der Regierung (Graf) – *Mittagsjournal / 4.11.1987* **459**

SCHWAMMERL, wie die ..., wachsen Direktoren und Vizedirektoren – *Freiheitlicher Pressedienst / 31.7.1993* **898**

SCHWARZ (so schwarz sein [im Landesdienst], daß man im Tunnel einen Schatten wirft) – *Kleine Zeitung / 26.10.1986* **35**

SCHWARZ (so schwarz sein, daß er in einem Tunnel auch noch einen Schatten wirft) – *Zeit im Bild 1 / 7.11.1986* **68**

SCHWARZ-ROTE Altparteien – *Kleine Zeitung / 11.1.1988* **538**

SCHWARZE Filzläuse, rote und ... – *Profil / 25.4.1994* **1049**
SCHWARZE Galeerensträflinge – *Freiheitlicher Pressedienst / 25.5.1991* **777**
SCHWARZE Gastarbeiter (ÖVP-Regierungsmitglieder in der sozialistischen Koalition) – *Freiheitlicher Pressedienst / 6.2.1987* **157**
SCHWARZE Listen für Würdige (ÖVP-Klub) – *Kleine Zeitung / 28.3.1987* **222**
SCHWARZE Listen werden aufgelegt (ÖVP) – *Freiheitlicher Pressedienst / 27.3.1987* **219**
SCHWARZE Minderheit in der roten Koalition – *Freiheitlicher Pressedienst / 10.4.1987* **243**
SCHWARZEN, die Roten und die ... haben (aus Österreich) eine Champignonzucht gemacht – *Ganze Woche / 6.11.1986* **55**
SCHWEDISCHE Verhältnisse – *Freiheitlicher Pressedienst / 15.6.1993* **866**
SCHWEIN, das falsche ... geschlachtet (hat Lacina) – *Kleine Zeitung / 11.1.1988* **538**
SCHWEIN, das falsche ... geschlachtet (hat Lacina) – *Freiheitlicher Pressedienst / 10.1.1988* **529**
SCHWEINEHIRT für diesen Saustall (Vranitzky und Riegler) – *Mittagsjournal / 23.8.1990* **718**
SCHWEINEJOURNALISMUS – *Täglich Alles / 16.5.1994* **1084**
SCHWELGEN in ihren Glaspalästen (die Sozialversicherungsanstalten) – *Freiheitlicher Pressedienst / 17.10.1987* **427**
SCHWEREN Schaden (dem Ansehen Österreichs zugefügt) (Vranitzkys USA-Reise) – *Kronen-Zeitung / 23.5.1987* **293**
SCHWERER Schlag gegen die Demokratie (Opernball-Demonstration) – *Freiheitlicher Pressedienst / 1.3.1987* **193**
SCHWINDELBUDGETS – *Freiheitlicher Pressedienst / 15.9.1988* **634**
SCHWINDLIGE Zeitungen (SPÖ) – *Freiheitlicher Pressedienst / 11.11.1986* **70**
SCHWINDSUCHT sondergleichen (ÖVP) – *Freiheitlicher Pressedienst / 17.10.1987* **424**
SEELE mit Haut und Haar an die Sozialisten verkauft – *Mittagsjournal / 4.11.1987* **459**
SEELE mit Haut und Haar an die Sozialisten verkauft – *Freiheitlicher Pressedienst / 4.11.1987* **456**
SEELISCHES Gleichgewicht verloren (Vranitzky) – *Freiheitlicher Pressedienst / 29.10.1987* **446**
SEIFENBLASE (groß angekündigte Steuerreform der ÖVP zerplatzt wie eine ...) – *Freiheitlicher Pressedienst / 22.12.1986* **101**
SEIFENBLASE, zerplatzt wie eine ... (Übleis-Ankündigung) – *Freiheitlicher Pressedienst / 30.10.1987* **453**
SEILSCHAFT(EN), alte (an der Spitze Fischer) – *Mittagsjournal / 23.4.1991* **762**
SEILSCHAFT, alte (in der SPÖ) – *Freiheitlicher Pressedienst / 24.4.1991* **763**
SEILSCHAFT, alte ... der Logenbrüder (betreffend Frühbauer) – *Der Standard / 2.5.1991* **767**
SEITENBLICKE-GESELLSCHAFT – *Freiheitlicher Pressedienst / 9.1.1994* **987**
SEKRETÄR, drittklassiger ... im wunschlosen Unglück des Bundestheaterverbandes (Scholten) – *Freiheitlicher Pressedienst / 12.6.1988* **619**
SEKTIONSCHEFBEGÜNSTIGUNGS-REFORM (Besoldungsreform) – *Freiheitlicher Pressedienst / 10.5.1994* **1077**
SEKTIONSCHEFPRIVILEGIERUNG – *Freiheitlicher Pressedienst / 10.5.1994* **1078**
SELBST besser bedienen (Schwimmer, Kohlmaier, Schranz) – *Freiheitlicher Pressedienst / 14.4.1987* **247**

SELBSTACHTUNG, sehr wenig (repräsentieren österreichische Politiker) – *Zeit im Bild 1 / 1.5.1987* **265**

SELBSTAUFGABE (ÖVP) – *Freiheitlicher Pressedienst / 15.10.1993* **956**

SELBSTAUFGABE der ÖVP (durch Kukacka) – *Freiheitlicher Pressedienst / 8.4.1988* **555**

SELBSTAUFGABE, politische (ÖVP) – *Freiheitlicher Pressedienst / 13.7.1988* **628**

SELBSTBEDIENUNGSLADEN für geldbedürftige ÖVP-Funktionäre bedürftige ÖVP-Funktionäre – *Freiheitlicher Pressedienst / 26.1.1989* **656**

SELBSTBEDIENUNGSLADEN für Landeshauptleute (Bundesländerversicherung) – *Freiheitlicher Pressedienst / 18.5.1988* **602**

SELBSTBETRUG, permanenter ... der Großen Koalition (Fortsetzung: Budget 1989) – *Freiheitlicher Pressedienst / 30.11.1988* **651**

SELBSTBEWUSSTSEIN (auch als Kleinstaat) – *Zeit im Bild 1 / 13.5.1987* **278**

SELBSTBEWUSSTSEIN, sehr wenig (repräsentieren österreichische Politiker) – *Zeit im Bild 1 / 1.5.1987* **265**

SELBSTERNANNTE Neutralitätsapostel (Vranitzky & Co.) – *Freiheitlicher Pressedienst / 16.1.1991* **751**

SELBSTERWÄHLTER Großinquisitor (Schranz) – *Freiheitlicher Pressedienst / 26.11.1987* **472**

SELBSTGEFÄLLIG ein(zu)betonieren, sich ... (SPÖ und ÖVP in Kärnten) – *Freiheitlicher Pressedienst / 16.5.1994* **1082**

SELBSTGEFÄLLIGKEIT der teuren und faulen Technokraten – *Ganze Woche / 6.11.1986* **56**

SELBSTGEWÄHLTE Entmündigung einer Partei (ÖVP) – *Freiheitlicher Pressedienst / 13.7.1988* **628**

SELBSTHERRLICHSTE, und verantwortungsloseste, Politiker (regieren im Burgenland) – *Freiheitlicher Pressedienst / 2.10.1987* **409**

SELBSTVERSCHULDETE Pleitepolitik (Regierung) – *Freiheitlicher Pressedienst / 29.6.1987* **334**

SENSIBILITÄT, mangelnde, gegenüber den sozial Schwächeren (Vranitzky) – *Freiheitlicher Pressedienst / 29.10.1987* **446**

SENSIBILITÄT, mangelnde, gegenüber sozial Schwächeren (Vranitzky) – *Freiheitlicher Pressedienst / 29.10.1987* **444**

SESSELSCHIEBEREIEN (betreffend Schmölz) – *Freiheitlicher Pressedienst / 27.10.1986* **39**

SETZEN sich immer mehr ins Ausland ab (die Kapitäne des Regierungsschiffs) – *Freiheitlicher Pressedienst / 27.11.1989* **677**

SIAMESISCHE ZWILLINGE (ÖVP und SPÖ) – *Neue Freie Zeitung / 30.10.1986* **46**

SIEBENSCHLÄFER, ein Bündel an Energie und Aktivität (gemessen an Vranitzky) – *Kleine Zeitung / 3.10.1988* **641**

SIEBENSCHLÄFER, ein Bündel an Energie und Aktivität (im Vergleich zu Vranitzky) – *Oberösterreichische Nachrichten / 3.10.1988* **636**

SINNLOSE Protestaktionen (Grün-Alternative) – *Freiheitlicher Pressedienst / 15.5.1987* **281**

SITTENBILD, rot-schwarzes (Verbindung von Korruption und Gaunerei) – *Freiheitlicher Pressedienst / 10.1.1988* **525**

SITZPIROUETTE, eingesprungene, mit Bauchfleck (Wende Mocks) – *Kronen-Zeitung / 10.11.1986* **69**

SIZILIEN, Annäherung zwischen Österreich und ... – *Die Presse / 3.10.1988* **646**

SIZILIEN, Annäherung zwischen Österreich und ... – *Oberösterreichische Nachrichten / 3.10.1988* **637**

SIZILIEN, und Wien wieder Distanz – *Kleine Zeitung / 3.10.1988* **642**

SKANDAL (Äußerungen des Kärntner Handelskammerpräsidenten Bau-

recht) – *Freiheitlicher Pressedienst / 14.8.1987* **359**
SKANDAL (Budgetfehlkalkulation) – *Freiheitlicher Pressedienst / 23.6.1987* **329**
SKANDAL (im Burgenland) – *Freiheitlicher Pressedienst / 2.10.1987* **408**
SKANDAL (Pilz-Aufforderung zur Befehlsverweigerung) – *Freiheitlicher Pressedienst / 11.1.1987* **117**
SKANDAL (Verhalten der Funktionäre der Landwirtschaftskammern) – *Freiheitlicher Pressedienst / 27.6.1987* **332**
SKANDAL, handfester (AK-Broschüre) – *Freiheitlicher Pressedienst / 12.6.1987* **321**
SKANDALABTAUSCH, großkoalitionärer (Noricum gegen „Bundesländer") – *Freiheitlicher Pressedienst / 2.5.1989* **663**
SKANDALBRÜDER, rot-schwarze – *Freiheitlicher Pressedienst / 19.2.1988* **546**
SKANDALÖSE Verschwendungen (Dallingers) – *Freiheitlicher Pressedienst / 9.5.1987* **275**
SKANDALÖSER Umgang mit Steuergeldern – *Freiheitlicher Pressedienst / 8.7.1987* **340**
SKANDALÖSER Umgang mit Steuergeldern (Regierung) – *Wiener Zeitung / 10.7.1987* **343**
SKANDALÖSER, und überfallsartiger, Griff der alten Parteien in die Staatskasse – *Freiheitlicher Pressedienst / 17.12.1989* **679**
SKANDALPARTEI, Chef einer ... (Vranitzky) – *Oberösterreichische Nachrichten / 21.5.1990* **704**
SKANDALPARTEI, Obmann einer ... (Vranitzky) – *Freiheitlicher Pressedienst / 30.4.1988* **589**
SKRUPELLOSE Art und Weise – *Freiheitlicher Pressedienst / 10.10.1987* **417**
SKURRILE Ideen (Vranitzky) – *Freiheitlicher Pressedienst / 10.2.1992* **810**
SKURRILE, mehr ... als brauchbare Ideen (Flemming) – *Freiheitlicher Pressedienst / 18.2.1987* **168**
SKURRILITÄT (Budgetpolitik der Großkoalitionäre) – *Freiheitlicher Pressedienst / 16.1.1987* **126**
SLOWENENDEMONSTRANTEN zeigen wahres Gesicht – *Freiheitlicher Pressedienst / 21.12.1987* **509**
SLOWENENDEMONSTRATION, erschütternde Primitivität der Aussaugen und Angriffe der Sprecher der ... – *Freiheitlicher Pressedienst / 2.2.1987* **153**
SLOWENENORGANISATIONEN, Kampagne der ... – *Freiheitlicher Pressedienst / 2.2.1987* **152**
SLOWENISCHUNTERRICHT (Diskriminierung Deutschkärntner Kinder durch den ...) – *Wochenpresse / 16.9.1986* **3**
SMARTER Abfertigungsmillionär von staatlichen Gnaden (Vranitzky) – *Freiheitlicher Pressedienst / 19.11.1989* **676**
SOGENANNTE Sanierungspolitik – *Freiheitlicher Pressedienst / 6.2.1987* **157**
SOLDATENTUM, von „bestimmten Kreisen" beschimpft und besudelt – *Freiheitlicher Pressedienst / 2.11.1986* **50**
SOLDATENTUM, von „bestimmten Kreisen" beschimpft und besudelt – *Profil / 17.11.1986* **79**
SOMMERTHEATER, klägliches (rot-schwarzer Streithähne) – *Freiheitlicher Pressedienst / 14.7.1993* **880**
SONDERGLEICHEN, Bankrotterklärung (Verzetnitsch) – *Freiheitlicher Pressedienst / 23.7.1993* **891**
SONDERMÜLLDEPONIE, politische – *Freiheitlicher Pressedienst / 21.4.1988* **570**
SONDERMÜLLFLÜCHTLING (Kukacka) – *Profil / 3.4.1989* **659**
SONDERMÜLLKARRIERE (Kukacka) – *Neue Freie Zeitung / 28.4.1988* **581**

SONDERPENSIONSRECHTE, unzählige Privilegien und ... – *Freiheitlicher Pressedienst / 2.10.1987* **411**
SONDERVERTRÄGE, lukrative (VOEST-Manager) – *Freiheitlicher Pressedienst / 9.12.1987* **487**
SONNE in unserem Sozialstaat, werde bald endgültig untergehen – *Freiheitlicher Pressedienst / 10.12.1987* **488**
SORGLOS, liederlich, leichtfertig (Politik der Umweltministerin) – *Die Presse / 3.10.1988* **646**
SOZIAL-SCHNORRER – *Freiheitlicher Pressedienst / 18.10.1986* **18**
SOZIALBEREICH, Mißbräuche im ... – *Freiheitlicher Pressedienst / 6.2.1987* **156**
SOZIALDEMONTAGE auf Kosten der Schwächeren (Arbeitslosengeld-Besteuerung) – *Wiener Zeitung / 7.2.1987* **158**
SOZIALE Parias, wie ... (Frauen aus dem bäuerlichen und gewerblichen Bereich) – *Freiheitlicher Pressedienst / 22.5.1990* **705**
SOZIALE, öde ... Belastungspolitik – *Kleine Zeitung/ Graz / 13.11.1988* **648**
SOZIALEN Niedergangs, Hohepriester des ... (Dallinger) – *Freiheitlicher Pressedienst / 25.3.1987* **215**
SOZIALES Empfinden, ohne ... (Vranitzky) – *Kurier / 7.11.1986* **65**
SOZIALISMUS = Funktionärsbereicherung minus schlechtes Gewissen – *Freiheitlicher Pressedienst / 20.9.1990* **721**
SOZIALISMUS ohne Anständigkeit (repräsentiert durch Vranitzky) – *Freiheitlicher Pressedienst / 19.11.1989* **676**
SOZIALISMUS, verbrecherischer, von einst (in den osteuropäischen Ländern) – *Freiheitlicher Pressedienst / 1.5.1991* **765**
SOZIALISTENBEFREITE Regierung in Österreich – *Mittagsjournal / 14.11.1990* **733**
SOZIALISTISCHE Festspiele (in den Informationssendungen des ORF) – *Freiheitlicher Pressedienst / 16.2.1994* **999**
SOZIALISTISCHE Funktionärsherrlichkeit (Beispiel Hesoun) – *Freiheitlicher Pressedienst / 22.12.1990* **737**
SOZIALISTISCHE Koalition – *Freiheitlicher Pressedienst / 17.1.1987* **132**
SOZIALISTISCHE Koalition – *Freiheitlicher Pressedienst / 4.2.1987* **154**
SOZIALISTISCHE Koalition – *Freiheitlicher Pressedienst / 28.2.1987* **186**
SOZIALISTISCHE Koalition mit schwarzen Gastarbeitern – *Freiheitlicher Pressedienst / 6.2.1987* **157**
SOZIALISTISCHE Koalitionsregierung – *Freiheitlicher Pressedienst / 17.1.1987* **132**
SOZIALISTISCHE Macher – *Mittagsjournal / 12.12.1986* **33**
SOZIALISTISCHE Macher – *Zeit im Bild 1 / 12.12.1986* **92**
SOZIALISTISCHE Propagandazwecke (AK-Broschüre) – *Freiheitlicher Pressedienst / 12.6.1987* **321**
SOZIALISTISCHE Staatslenker – *Zeit im Bild 1 / 12.1.1992* **803**
SOZIALISTISCHE Verschwendungspolitik – *Freiheitlicher Pressedienst / 10.5.1987* **276**
SOZIALISTISCHE Wankelmütigkeit – *Freiheitlicher Pressedienst / 15.6.1993* **867**
SOZIALISTISCHE Wühlmäuse (gegen den Rechtsstaat) – *Mittagsjournal / 23.4.1991* **762**
SOZIALISTISCHE, dominante (Politik) – *Inlandsreport / 21.4.1994* **1036**
SOZIALISTISCHER Feudalismus – *Neue Freie Zeitung / 30.10.1986* **46**
SOZIALISTISCHER Kuratel, unter ... (Busek-ÖVP) – *Freiheitlicher Pressedienst / 23.2.1994* **1009**
SOZIALISTISCHER Macher (Vranitzky) – *Freiheitlicher Pressedienst / 16.12.1986* **99**

SOZIALISTISCHES Gruselkabinett (SPÖ-Zentrale in der Löwelstraße) – *Kurier / 7.11.1986* **64**
SOZIALISTISCHES Machtsystem – *Freiheitlicher Pressedienst / 9.1.1994* **985**
SOZIALISTISCHES Machtsystem, angeschlagenes – *Freiheitlicher Pressedienst / 27.5.1994* **1101**
SOZIALLEISTUNGEN, Mißbrauch bei ... – *Freiheitlicher Pressedienst / 10.2.1987* **164**
SOZIALMINISTER, wildgewordener (Dallinger) – *Freiheitlicher Pressedienst / 13.2.1987* **166**
SOZIALMISSBRAUCH – *Freiheitlicher Pressedienst / 20.7.1993* **890**
SOZIALPACKELEI (Sozialpartnerschaft) – *Der Standard / 24.11.1993* **981**
SOZIALPARTNERSCHAFT (Fortsetzung des mittelalterlichen 'Bauernlegens) – *Freiheitlicher Pressedienst / 6.5.1990* **701**
SOZIALPARTNERSTRUKTUREN, verkrustete – *Freiheitlicher Pressedienst / 22.9.1989* **672**
SOZIALPOLITISCHES U-Boot (Geppert) – *Freiheitlicher Pressedienst / 15.6.1989* **665**
SOZIALPOLITISCHES U-Boot (Geppert) – *Mittagsjournal / 15.6.1989* **666**
SOZIALSCHMAROTZER – *Der Standard / 18.2.1994* **1002**
SOZIALSCHMAROTZER – *Freiheitlicher Pressedienst / 13.10.1993* **953**
SOZIALSCHMAROTZER (werden unterstützt) – *Freiheitlicher Pressedienst / 25.3.1987* **216**
SOZIALSCHMAROTZER, Herrschaft der ... und Funktionäre – *Freiheitlicher Pressedienst / 28.10.1993* **970**
SOZIALSCHMAROTZER, Kaste der ... – *Freiheitlicher Pressedienst / 2.12.1988* **652**
SOZIALSCHMAROTZER, Schutzpatron der (AK-Präsident Heinz Vogler) – *Freiheitlicher Pressedienst / 11.5.1991* **771**
SOZIALSCHMAROTZER-UNFUG – *Basta / 12/1987* **477**
SOZIALSCHMAROTZERDEBATTE – *Freiheitlicher Pressedienst / 13.10.1993* **954**
SOZIALSTAAT (wurde zum Verschiebebahnhof gemacht) – *Neue Freie Zeitung / 15.1.1987* **124**
SOZIALSTAAT-SCHNORRER – *Ganze Woche / 6.11.1986* **56**
SOZIALSTAATSCHNORRER – *Die Presse / 17.1.1986* **77**
SOZIALVERSICHERUNGEN (Mißwirtschaft) – *Freiheitlicher Pressedienst / 12.1.1987* **119**
SOZIALVERSICHERUNGSANSTALTEN (teure und faule Technokraten) – *Ganze Woche / 6.11.1986* **56**
SPALTPILZ, roter (Pilz) – *Kleine Zeitung / 11.1.1988* **538**
SPALTPILZE (Pilz) – *Die Presse / 3.10.1988* **644**
SPALTPILZE, marxistisch verstrahlte (Grüne, Pilz) – *Freiheitlicher Pressedienst / 1.3.1987* **195**
SPARBUCHSTEUER – *Die Presse / 17.11.1986* **76**
SPARBUCHSTEUEREI (gelegt von der ÖVP) – *Neue Freie Zeitung / 28.4.1988* **582**
SPARPOLITIK, unsinnige (Bundesregierung) – *Freiheitlicher Pressedienst / 22.10.1987* **436**
SPARSTRUMPFPLÜNDERER, Ferdinand der ... (Lacina) – *Freiheitlicher Pressedienst / 10.1.1988* **529**
SPARSTRUMPFPLÜNDERER, Ferdinand der ... (Lacina) – *Zeit im Bild 1 / 10.1.1988* **532**
SPECK, Maden im ... (Sozialversicherungsfunktionäre) – *Freiheitlicher Pressedienst / 14.11.1986* **71**
SPEKULANTEN, Festival der ... (EXPO) – *Freiheitlicher Pressedienst / 11.5.1991* **772**
SPEKULATIONEN, risikolose – *Freiheitlicher Pressedienst / 15.12.1987* **501**

SPIEL, gewagtes, auf dem Rücken der Südtiroler Bevölkerung – *Freiheitlicher Pressedienst / 26.5.1988* **606**
SPIEL, mieses (betrieben durch SPÖ-Zeitung) – *Pressestunde / 25.1.1987* **139**
SPIELBALL einer verfehlten Budgetpolitik (Pensionisten) – *Freiheitlicher Pressedienst / 30.9.1987* **402**
SPITZE der Doppelzüngigkeit (ÖVP) – *Freiheitlicher Pressedienst / 2.7.1987* **335**
SPITZELMETHODEN, mittelalterliche – *Freiheitlicher Pressedienst / 24.4.1991* **763**
SPRACHE der Unversöhnlichkeit (SPÖ) – *Der Standard / 18.2.1994* **1004**
SPRACHROHR politischer Extremisten (ORF, betreffend Lage in Kärnten) – *Freiheitlicher Pressedienst / 18.2.1987* **169**
SPRENGSTOFF, steuerpolitischer (Einheitswerterhöhung) – *Freiheitlicher Pressedienst / 16.12.1987* **502**
SPRICHWÖRTLICHE Feindschaft Grafs gegen Sauerzopf – *Mittagsjournal / 4.11.1987* **460**
SPRÜCHE, große ... klopfen (ÖVP und besonders Graff) – *Freiheitlicher Pressedienst / 16.12.1986* **99**
SPUK, Multikulti- – *Freiheitlicher Pressedienst / 6.10.1993* **945**
SPÜRBAR ärmer (werden die Österreicher) – *Freiheitlicher Pressedienst / 17.10.1987* **428**
SS-TREFFEN (Ulrichsberg) – *Freiheitlicher Pressedienst / 5.11.1986* **53**
STAATSANWALT, Fall für den ... (Regierung) – *Freiheitlicher Pressedienst / 28.10.1993* **964**
STAATSBEGRÄBNISSE für Betriebsleichen finanzieren (Dallinger) – *Freiheitlicher Pressedienst / 25.3.1987* **217**
STAATSBESCHIMPFUNG, subventionierte (Thomas Bernhard, Heldenplatz) – *Der Standard / 13.4.1992* **817**
STAATSGEBÄUDE, morsches, der schwarz-roten Altparteien – *Kleine Zeitung / 11.1.1988* **538**
STAATSZIRKUS, rot-schwarzer – *Freiheitlicher Pressedienst / 13.1.1991* **743**
STAATSZIRKUS, rot-schwarzer – *Kleine Zeitung / 14.1.1991* **750**
STAFFAGE für Polit-Gangster in der Kommission (Wiener Schulkommisson) – *Die Presse / 18.8.1987* **362**
STALINISTISCHE Methoden (Fischer) – *Der Standard / 27.6.1992* **822**
STANDGERICHTE: Wir brauchen keine ... – *Kleine Zeitung / 11.1.1988* **537**
STÄNDIG Fehlleistungen zu produzieren (Löschnak) – *Mittagsjournal / 16.5.1991* **774**
STÄNDIGER BETRUG an der Masse der ASVG-Pensionisten (Regierung) – *Freiheitlicher Pressedienst / 12.6.1988* **618**
STARALLÜREN wie Kreisky (Vranitzky) – *Freiheitlicher Pressedienst / 23.3.1988* **552**
STARKE Verwicklung (Regierung im VOEST-Waffenskandal) – *Freiheitlicher Pressedienst / 28.4.1988* **586**
STARRSINNIG, und unsozial (Dallinger) – *Freiheitlicher Pressedienst / 14.4.1988* **557**
STEGER zur Potenz (Mock) – *Kurier / 13.12.1986* **96**
STEGER zur Potenz (Mock) – *Mittagsjournal / 12.12.1986* **95**
STEGER zur Potenz (Mock) – *Zeit im Bild 1 / 12.12.1986* **92**
STEHVERMÖGEN, mangelndes politisches (Klestil) – *Freiheitlicher Pressedienst / 12.1.1992* **802**
STEIGBÜGELHALTEN für Vranitzky (einzige Funktion Buseks) – *Freiheitlicher Pressedienst / 1.5.1994* **1067**
STEIGBÜGELHALTER der Sozialisten (Kukacka) – *Freiheitlicher Pressedienst / 8.4.1988* **555**
STEIGBÜGELHALTER der SPÖ (ÖVP) – *Inlandsreport / 21.4.1994* **1041**

STEIGBÜGELHALTER für die Vernichter des Bauernstandes (ÖVP) – *Freiheitlicher Pressedienst / 20.6.1992* **820**
STEIGBÜGELHALTER für einen sozialistischen Bundeskanzler (Riegler) – *Zeit im Bild 2 / 28.9.1990* **725**
STEIGBÜGELHALTERFUNKTION für SPÖ (ÖVP) – *Freiheitlicher Pressedienst / 25.4.1994* **1052**
STEINZEITALTER der Demokratie (Kukacka) – *Freiheitlicher Pressedienst / 15.7.1988* **629**
STEIRERANZUG, ein Alois Mock im ... (Riegler) – *Zeit im Bild 1 / 9.4.1989* **660**
STELLVERTRETERKRIEG der ÖVP (Draken-Streit) – *Freiheitlicher Pressedienst / 19.3.1987* **207**
STERBEHILFE (Waffenfabrik Liezen) – *Freiheitlicher Pressedienst / 21.4.1988* **567**
STERBEN (zum ... verurteiltr Betrieb: Donawitz) – *Kleine Zeitung / 26.10.1986* **32**
STERBEN lassen, dumm ... (will die Regierung das Volk) – *Freiheitlicher Pressedienst / 4.5.1994* **1073**
STEUERGELDER verschleudert (Peymann) – *Die Presse / 27.2.1992* **812**
STEUERGELDER, werden verantwortungslos verschwendet (Verstaatlichte) – *Freiheitlicher Pressedienst / 16.3.1987* **205**
STEUERGELDERN, skandalöser Umgang mit ... – *Freiheitlicher Pressedienst / 8.7.1987* **340**
STEUERGELDERN, skandalöser Umgang mit ... – *Wiener Zeitung / 10.7.1987* **343**
STEUERHINTERZIEHUNG, ungeklärter Vorwurf der ... (Graf) – *Arbeiterzeitung / 5.11.1987* **461**
STEUERLICHES Damoklesschwert der kalten Enteignung – *Freiheitlicher Pressedienst / 16.12.1987* **502**
STEUERLÜGE (Lacina, Vranitzky) – *Freiheitlicher Pressedienst / 29.5.1994* **1104**
STEUERN hinterzogen – *Arbeiterzeitung / 6.12.1988* **654**
STEUERPOLITISCH völlig unsinnige Vorgangsweise – *Freiheitlicher Pressedienst / 4.11.1987* **458**
STEUERPOLITISCHER Sprengstoff (Einheitswerterhöhung) – *Freiheitlicher Pressedienst / 16.12.1987* **502**
STEUERPOLITISCHER Unsinn (Lacina) – *Freiheitlicher Pressedienst / 5.10.1992* **823**
STEUERREFORM, totale Pleite bei der ... – *Freiheitlicher Pressedienst / 21.12.1987* **507**
STEUERVANDALISMUS – *Kleine Zeitung / 2.9.1987* **374**
STEUERVANDALISMUS, reiner – *Freiheitlicher Pressedienst / 10.6.1993* **864**
STEUERVÖGTE, mittelalterliche (Methoden der ... im Verkehrswesen beleben) – *Mittagsjournal / 1.4.1987* **227**
STIL, politischer ... nicht tragbar für eine Demokratie (Graf) – *Freiheitlicher Pressedienst / 10.12.1987* **492**
STILL kassieren, laut kritisieren und ... (Motto der Grün-Alternativen) – *Freiheitlicher Pressedienst / 18.12.1989* **680**
STIMMEN der Armen (von den Altparteien zur eigenen Sanierung verwendet) – *Kleine Zeitung / 12.1.1987* **121**
STIMMENKAUF und Abhängigkeit – *Basta / 3/1993* **847**
STIMMUNGSMACHE, tendenziöse (des ORF, betreffend Lage in Kärnten) – *Freiheitlicher Pressedienst / 18.2.1987* **169**
STINKER, die alten ... (Umweltverschmutzung) – *Freiheitlicher Pressedienst / 20.6.1988* **621**
STINKER, die großen (Umweltverschmutzung) – *Freiheitlicher Pressedienst / 22.6.1988* **623**
STOLPERSTEINE (bei Budgetsanierung) (Verstaatlichte, Agrarbürokra-

tie, Bundesbahn) – *Die Presse / 9.4.1987* **238**
STOLZ wie ein Hahn am Mist (Kery) – *Freiheitlicher Pressedienst / 24.8.1987* **366**
STRAFGERICHT, Fall für's ... (Schilchers Äußerung im Draken-Streit) – *Kurier / 12.3.1987* **203**
STRAFGERICHTE, Drohungen Schilchers (Draken-Streit) ein Fall für die ... – *Freiheitlicher Pressedienst / 11.3.1987* **201**
STRAFMASSNAHME für die Privatwirtschaft (Anhebung des Außenhandelsförderungsbeitrages) – *Der Standard / 26.1.1991* **753**
STRASSEN zum Schlachtfeld machen (Opernball-Demonstration) – *Freiheitlicher Pressedienst / 27.2.1987* **184**
STREIKKOMITEES, wilde ... aus der linken Ecke – *Freiheitlicher Pressedienst / 22.10.1987* **435**
STREITHÄHNE, rot-schwarze – *Freiheitlicher Pressedienst / 14.7.1993* **880**
STROH, leeres (Koalitions-Sozial- und Konjunkturpolitik) – *Freiheitlicher Pressedienst / 21.12.1992* **830**
STRUKTURREFORMEN, keine ... (Große Koalition) – *Die Presse / 16.9.1987* **382**
STRUKTURREFORMEN, keine ... (Große Koalition) – *Freiheitlicher Pressedienst / 7.9.1987* **376**
STURM kündigt sich an (Zuwanderung) – *Freiheitlicher Pressedienst / 28.10.1993* **969**
STÜRMER, rechte (Teil der Grünen) – *Freiheitlicher Pressedienst / 9.10.1986* **9**
STURMREIF (dieses verfilzte politische System) – *Freiheitlicher Pressedienst / 28.10.1993* **974**
STÜRZENDER sucht Halt bei Wankendem (Regierungsparteien) – *Freiheitlicher Pressedienst / 12.6.1987* **318**
SUBKUTAN (das Elternrecht) unterminieren (ORF) – *Freiheitlicher Pressedienst / 22.12.1987* **511**
SUBVENTIONIERTE Staatsbeschimpfung (Thomas Bernhard, Heldenplatz) – *Der Standard / 13.4.1992* **817**
SUBVENTIONSDSCHUNGEL müsse entrümpelt werden – *Freiheitlicher Pressedienst / 7.9.1993* **916**
SUBVENTIONSVERGABEN, planlose und willkürliche (Dallinger) – *Freiheitlicher Pressedienst / 7.5.1987* **272**
SUMPERER, lauter (Riegler-Umgebung) – *Basta / 6/1991* **779**
SUMPF aus Parteibuchwirtschaft und Privilegien (Burgenland) – *Freiheitlicher Pressedienst / 2.10.1987* **409**
SUMPF in diesem Land – *Der Standard / 1.9.1993* **909**
SUMPF, blühe im Verborgenen ein ... (Wohnbaugenossenschaften) – *Freiheitlicher Pressedienst / 22.2.1991* **758**
SUMPF, der abenteuerliche Blüten treibt (Bundestheater) – *Die Presse / 2.5.1988* **597**
SUMPF: sich am eigenen Zopf aus dem sauren Sumpf ziehen (ÖVP Burgenland) – *Freiheitlicher Pressedienst / 24.8.1987* **367**
SUMPF: siehe auch Privilegiensumpf
SÜMPFE der Privilegienritter – *Freiheitlicher Pressedienst / 12.1.1987* **119**
SÜNDENREGISTER (der Sozialisten) – *Freiheitlicher Pressedienst / 1.6.1993* **862**
SÜNDTEURE Proporzbesetzungen – *Freiheitlicher Pressedienst / 31.7.1993* **899**
SÜNDTEURER Jahrmarkt (EXPO) – *Mittagsjournal / 14.11.1990* **733**
SUPERDEMOKRATEN (Großparteien) – *Der Standard / 1.2.1993* **840**
SÜPPCHEN, politisches, österreichfeindliches (Pädagogenmodell-Gegner) – *Freiheitlicher Pressedienst / 10.1.1988* **523**

SÜSSER Leichenduft (in der SPÖ, unter Berufung auf steirische ÖVP-Funktionäre) – *Mittagsjournal / 24.9.1990* 723
SYSTEM, verfilztes politisches ... – *Freiheitlicher Pressedienst / 28.10.1993* 974
SYSTEM, verkrustetes (Sozialversicherungswesen, alte Parteien) Parteien – *Kleine Zeitung / 24.12.1986* 110
SYSTEMPARTEIEN – *Freiheitlicher Pressedienst / 18.10.1986* 18
SYSTEMVERÄNDERER, gesellschaftspolitische – *Freiheitlicher Pressedienst / 11.1.1987* 117

— T —

TACHINIERER – *Der Standard / 18.2.1994* 1002
TÄGLICHE Umfallerpolitik (ÖVP) – *Freiheitlicher Pressedienst / 10.4.1987* 243
TÄGLICHER Rechtsbruch, Routinetätigkeit der Regierenden – *Freiheitlicher Pressedienst / 13.7.1988* 628
TANTE Freda (Meissner-Blau), die gegen das Ozonloch anredet – *Basta / 12/1987* 477
TANZT (ÖVP) inhaltlich nach der Pfeife der SPÖ – *Freiheitlicher Pressedienst / 7.1.1987* 111
TASCHE, Ferdinand mit der leeren ... (Lacina) – *Kleine Zeitung / 11.1.1988* 538
TASCHE, in die ... lügen (Verstaatlichten-Subventionen) – *Kleine Zeitung / 26.10.1986* 32
TASCHEN, greift tiefer in die ... als jede andere (Regierung) zuvor – *Freiheitlicher Pressedienst / 30.10.1987* 450
TASCHEN, in die ... des kleinen Mannes greifen (Dallinger) – *Freiheitlicher Pressedienst / 6.5.1987* 270
TASCHEN, in die ... greifen, schamlos (Regierung) – *Freiheitlicher Pressedienst / 23.9.1987* 391
TASCHENDIEBSTAHL, politischer ... in Reinkultur (Umsatzsteuervorauszahlung) – *Freiheitlicher Pressedienst / 25.5.1994* 1096
TASCHENGELDSOZIALISMUS (Hesoun) – *Freiheitlicher Pressedienst / 8.2.1992* 809
TATBESTAND der groben Fahrlässigkeit (Dallinger) – *Freiheitlicher Pressedienst / 7.5.1987* 272
TÄTER: nicht ..., bestenfalls Opfer (Soldaten des Zweiten Weltkriegs) – *Profil / 3.6.1991* 780
TAUB und blind (Vranitzky) – *Freiheitlicher Pressedienst / 13.7.1988* 628
TAUB und blind gegenüber den wirklichen Herausforderungen (Große Koalition) – *Freiheitlicher Pressedienst / 2.12.1988* 652
TAUBE Nuß (Aufsichtsrecht des Ministers) – *Neue Freie Zeitung / 10.7.1990* 714
TAUBSTUMMEN, Dialog von ... (Budgetverhandlungen der Koalitionspartner) – *Freiheitlicher Pressedienst / 28.9.1993* 939
TAUCHSTATION (Vranitzky, Klima) – *Freiheitlicher Pressedienst / 16.9.1993* 924
TAUSCHGESCHÄFT, schmutziges (Transitvertrag) – *Freiheitlicher Pressedienst / 30.4.1992* 818
TÄUSCHUNG, grobe ... der Österreicher durch Vranitzky (betreffend Wackersdorf) – *Freiheitlicher Pressedienst / 12.4.1988* 556
TÄUSCHUNG, versuchte ... des Wählers – *Freiheitlicher Pressedienst / 27.10.1986* 38
TÄUSCHUNGSMANÖVER, gigantisches (Privatisierung der E-Wirtschaft) – *Kurier / 21.6.1987* 327
TÄUSCHUNGSMANÖVER, grobes (ÖBB-Ausgliederung) – *Freiheitlicher Pressedienst / 10.2.1994* 996
TÄUSCHUNGSMANÖVER, plumpes (Autobahnbau-Sondergesellschaften) – *Freiheitlicher Pressedienst / 29.10.1987* 445

TÄUSCHUNGSVERSUCH, ebenso plumper wie erfolgloser ... (durch Mock) – *Freiheitlicher Pressedienst / 17.9.1987* **389**

TECHNOKRATEN, teure und faule selbstgefällige (in den Sozialversicherungsanstalten) – *Ganze Woche / 6.11.1986* **56**

TEILENTMÜNDIGUNG (Busek-ÖVP im Verhältnis zur SPÖ) – *Freiheitlicher Pressedienst / 23.2.1994* **1009**

TELEFONSTEUER (Telefongebührenerhöhung) – *Kleine Zeitung / 2.9.1987* **374**

TEMPELHÜPFEN, politisches, ohne Ziel (ÖVP-EG-Politik) – *Freiheitlicher Pressedienst / 27.11.1987* **475**

TENDENZIÖSE Stimmungsmache (des ORF, betreffend Lage in Kärnten) – *Freiheitlicher Pressedienst / 18.2.1987* **169**

TERRORISIEREN (Kellereiinspektoren die Weinbauern) – *Freiheitlicher Pressedienst / 17.11.1986* **73**

TERRORKOCHBUCH – *Freiheitlicher Pressedienst / 15.2.1994* **958**

TERRORMETHODEN (Volksbegehrensgegner) – *Freiheitlicher Pressedienst / 25.1.1993* **836**

TEUERSTES Model des Landes (Pröll) – *Der Standard / 29.3.1993* **848**

TEURE und faule Technokraten (in den Sozialversicherungsanstalten) – *Ganze Woche / 6.11.1986* **56**

THEATER (um Donawitz) – *Kleine Zeitung / 26.10.1986* **32**

THEATER, beschämendes (Bundesratssitzung) – *Freiheitlicher Pressedienst / 30.1.1987* **151**

THEATERDONNER (Sondersitzung des Nationalrats) – *Die Presse / 29.10.1986* **42**

TIEFPUNKT: Die rot-schwarze Koalition steuert gewaltsam dem völligen ... zu – *Freiheitlicher Pressedienst / 17.9.1987* **388**

TINTENBURGEN, milliardenteure – *Profil / 17.11.1986* **81**

TISCH: über den ... gezogen – *Inlandsreport / 21.4.1994* **1034**

TISCH: über den ... gezogen (hätten die Bauern den Finanzminister) – *Freiheitlicher Pressedienst / 3.5.1994* **1070**

TOBENDER rot-schwarzer Parteienzank – *APA / 19.4.1994* **1032**

TODESTRIEB der Beteiligten (Verstaatlichtensanierung) – *Freiheitlicher Pressedienst / 16.7.1987* **345**

TODESTRIEB und Wählerauszehrung (ÖVP und SPÖ) – *Die Presse / 14.10.1991* **794**

TODESTRIP (der ÖVP) – *Mittagsjournal / 9.11.1990* **732**

TÖDLICHE Umarmung (der ÖVP durch die SPÖ) – *Mittagsjournal / 9.11.1990* **732**

TÖDLICHE Umarmung (der ÖVP durch die SPÖ) – *Mittagsjournal / 7.11.1990* **731**

TOREN, tumbe (in der Regierung) – *Der Standard / 1.9.1993* **911**

TORSCHLUSSPANIK (EU) – *Freiheitlicher Pressedienst / 24.5.1994* **1095**

TOTAL konfuse Europapolitik (der Regierung) – *Freiheitlicher Pressedienst / 28.10.1993* **968**

TOTALE Pleite bei der Steuerreform – *Freiheitlicher Pressedienst / 21.12.1987* **507**

TOTALE Unterwerfung (ÖVP) – *Freiheitlicher Pressedienst / 15.10.1993* **958**

TOTALER Krieg (der Großparteien gegen die FPÖ) – *Arbeiterzeitung / 25.11.1988* **650**

TOTALES Chaos (im Umweltbereich) – *Die Presse / 4.9.1989* **671**

TOTALES Ende für die Österreicher (Mocks Wende) – *Freiheitlicher Pressedienst / 22.12.1986* **103**

TOTALES Scheitern der großkoalitionären Budgetpolitik – *Freiheitlicher Pressedienst / 3.4.1991* **760**

TOTALES Versagen der Großen Koalition (Budget 1988) – *Freiheitlicher Pressedienst / 16.11.1987* **465**

TOTALITÄRE rot-schwarze Einheitspartei – *Freiheitlicher Pressedienst / 22.4.1988* **573**

TOTALITÄRES, marxistisch- ... Denken (Keller) – *Freiheitlicher Pressedienst / 22.4.1988* **573**

TOTGERECHNET (Vorstandsdirektoren im Steyr-Daimler-Puch-Konzern) – *Kronen-Zeitung / Steiermark / 9.2.1987* **163**

TOUR, miese (gegenüber Foregger) – *Freiheitlicher Pressedienst / 13.1.1991* **746**

TOUR, üble (Grabher-Meyer) – *Die Presse / 22.11.1986* **86**

TOURISTIKREISE auf Kosten der Steuerzahler (Vranitzky in die USA) – *Kronen-Zeitung / 23.5.1987* **293**

TRAGBAR, nicht ... für eine Demokratie (Graf) – *Freiheitlicher Pressedienst / 10.12.1987* **492**

TRAGIKOMISCHE Züge (Sanierung der Sozialversicherungen) – *Freiheitlicher Pressedienst / 23.12.1986* **104**

TRAMPELT ungeniert auf dem Rücken des Staatsbürgers herum (rot-schwarze Proporz-Regierung) (Koalition) – *Freiheitlicher Pressedienst / 28.2.1987* **191**

TRAMPELT: die Koalition der Verlierer ... über die Österreicher hinweg – *Kleine Zeitung / 24.12.1986* **110**

TRAMPELT: rot-schwarze Elefantenhochzeit ... über die Österreicher hinweg – *Freiheitlicher Pressedienst / 23.12.1986* **105**

TRAU-mich-Nicht, politischer ... Österreichs (Dallinger) – *Freiheitlicher Pressedienst / 10.12.1987* **488**

TRAUMBÜCHL, Vortrag aus dem ... (Wirtschaftsbericht 1987) – *Freiheitlicher Pressedienst / 24.6.1987* **330**

TRAUMMÄNNCHEN, politisches (Lacina) – *Freiheitlicher Pressedienst / 30.11.1988* **651**

TRAURIGE Rolle, lächerliche und ... (Österreichs Haltung gegenüber Kroatien, Vranitzky) – *Freiheitlicher Pressedienst / 12.1.1992* **802**

TRAUZEUGE der Koalition (Sallinger) – *Freiheitlicher Pressedienst / 2.9.1987* **373**

TRICKREICHE Finten (Budgetpolitik der Großkoalitionäre) – *Freiheitlicher Pressedienst / 16.1.1987* **126**

TRICKS (Regierung) – *Freiheitlicher Pressedienst / 21.4.1994* **1043**

TRICKS, mit allen erdenklichen ... ausgequetscht (werden die Bürger von den Großkoalitionären) – *Freiheitlicher Pressedienst / 28.10.1987* **441**

TRICKS, mit allen nur erdenklichen ..., wird dem österreichischen Steuerzahler das Geld aus der Börse gezogen – *Freiheitlicher Pressedienst / 17.10.1987* **428**

TRICKSELT (Regierung) – *Freiheitlicher Pressedienst / 21.4.1994* **1044**

TRITT Anliegen der Bevölkerung mit Füßen (Regierung) – *Freiheitlicher Pressedienst / 23.9.1993* **930**

TROCKENDOCK (für SPÖ) – *Freiheitlicher Pressedienst / 19.11.1986* **84**

TROCKENGELEGT: Sumpf aus Parteibuchwirtschaft und Privilegien (Burgenland) – *Freiheitlicher Pressedienst / 2.10.1987* **409**

TROCKENLEGUNG des Privilegiensumpfes – *Freiheitlicher Pressedienst / 29.10.1986* **43**

TROTT, im alten ... weiterwursteln (die alten Parteien) – *Freiheitlicher Pressedienst / 11.1.1987* **113**

TRÜBE, besonders (Sparwille der Bundesregierung) – *Freiheitlicher Pressedienst / 17.10.1987* **427**

TRÜMMER eines gigantischen Scherbenhaufens (ÖVP-Politik) – *Freiheitlicher Pressedienst / 22.12.1986* **103**

TRÜMMERFELD (österreichische Außenpolitik durch Regierung zu einem ... gemacht) – *Freiheitlicher Pressedienst / 16.1.1991* **751**

TRUNKSÜCHTIGER Versicherungsdirektor (Ruso) – *Mittagsjournal / 28.4.1988* **587**

TUMBE Toren (in der Regierung) – *Der Standard / 1.9.1993* **911**

TUMMELPLATZ für Kammersekretäre – *Freiheitlicher Pressedienst / 27.11.1989* **677**

TUMMELPLATZ für Partei- und Ministersekretäre (ORF als Ausgedinge) – *Freiheitlicher Pressedienst / 27.11.1989* **678**

TÜRKENKRIEGE – *Der Standard / 1.2.1993* **840**

TÜRKENKRIEGE – *Profil / 25.1.1993* **834**

TYRANNEI der Machterhaltung (bei den Altparteien) – *Freiheitlicher Pressedienst / 1.5.1994* **1062**

TYRANNISIEREN, Gastarbeiter – *Freiheitlicher Pressedienst / 21.8.1993* **906**

— U —

U-BOOT (Bundestheatergeneralsekretär Scholten) – *Freiheitlicher Pressedienst / 12.6.1988* **619**

U-BOOT, sozialpolitisches (Geppert) – *Freiheitlicher Pressedienst / 15.6.1989* **665**

U-BOOT, sozialpolitisches (Geppert) – *Mittagsjournal / 15.6.1989* **666**

ÜBELSTE Schmutzkübel-Kampagne in der Geschichte des Landes Kärnten gegen einen amtierenden Landeshauptmann – *Freiheitlicher Pressedienst / 22.6.1991* **783**

ÜBELSTER Art, vor Untergriffen ... (schrecken manche sozialistische Funktionäre nicht zurück) – *Freiheitlicher Pressedienst / 26.11.1987* **471**

ÜBER den Tisch gezogen – *Inlandsreport / 21.4.1994* **1034**

ÜBER den Tisch gezogen (hätten die Bauern den Finanzminister) – *Freiheitlicher Pressedienst / 3.5.1994* **1070**

ÜBERBROKRATISIERTE Verwertungsgenossenschaften – *Freiheitlicher Pressedienst / 2.7.1988* **626**

ÜBERBÜROKRATISIERTES Funktionärs- und Privilegienparadies (Sozialversicherungen) – *Freiheitlicher Pressedienst / 14.11.1986* **72**

ÜBERBÜROKRATISIERTES Privilegienparadies – *Freiheitlicher Pressedienst / 14.11.1986* **72**

ÜBERFALLSARTIGE Vorgangsweise – *Freiheitlicher Pressedienst / 20.4.1988* **563**

ÜBERFALLSARTIGER und skandalöser Griff der alten Parteien in die Staatskasse – *Freiheitlicher Pressedienst / 17.12.1989* **679**

ÜBERFORDERT, hoffnungslos (Löschnak) – *Mittagsjournal / 16.5.1991* **774**

ÜBERFORDERT, restlos (Große Koalition) – *Freiheitlicher Pressedienst / 22.5.1991* **776**

ÜBERFORDERT, völlig (Minister Graf Bobby) – *Freiheitlicher Pressedienst / 28.2.1987* **187**

ÜBERHASTETE Geldbeschaffungsaktion (Pensionsreform Dallingers) – *Kleine Zeitung / 1.10.1987* **406**

ÜBERHEBLICHE Machtpolitik (der beiden alten Parteien) – *Freiheitlicher Pressedienst / 19.11.1989* **676**

ÜBERHEBLICHKEIT (der beiden alten Parteien) – *Zeit im Bild 1 / 11.1.1987* **118**

ÜBERHEBLICHKEIT (die die Verfassung negiert) – *Freiheitlicher Pressedienst / 17.4.1988* **561**

ÜBERHEBLICHKEIT (Regierung) – *Freiheitlicher Pressedienst / 25.1.1993* **835**

ÜBERHEBLICHKEIT: Unfähigkeit, gepaart mit Arroganz und ... (Scholten) – *Die Presse / 27.2.1992* **812**

ÜBERMÄCHTIGE Genossenschaftskonzerne – *Freiheitlicher Pressedienst / 18.10.1986* **20**

ÜBERMÄCHTIGE Regierungsform (Große Koalition) – *Freiheitlicher Pressedienst / 20.1.1987* **136**

ÜBERMUT, bürokratischer (Volkszählung 1991) – *Freiheitlicher Pressedienst / 16.5.1991* **773**

ÜBERSCHRITTEN, weit, die Grenze der politischen Agitation (Graf) – *Freiheitlicher Pressedienst / 4.11.1987* **456**

ÜBERSETZUNG, wortreiche ... des Unerklärlichen ins Unverständliche – *Freiheitlicher Pressedienst / 13.1.1991* **748**

ÜBERSTÜRZTE Inkassoaktion (Pensionsreform) – *Freiheitlicher Pressedienst / 2.10.1987* **411**

ÜBLE Tour (Grabher-Meyer) – *Die Presse / 22.11.1986* **86**

ULRICHSBERGGEMEINSCHAFT ist kein SS-Treffen, sondern Friedenstreffen – *Freiheitlicher Pressedienst / 5.11.1986* **53**

UMARMT von Graf Dracula (ÖVP durch SPÖ) – *Zeit im Bild 1 / 12.12.1990* **734**

UMARMUNG, tödliche (der ÖVP durch SPÖ) – *Mittagsjournal / 7.11.1990* **731**

UMARMUNG, tödliche (der ÖVP durch SPÖ) – *Mittagsjournal / 9.11.1990* **732**

UMBRINGEN, Bauern durch Asphaltagrarier im Milchwirtschaftsfonds – *Kleine Zeitung / 26.10.1986* **34**

UMERZIEHUNG, geistige (ÖVP) – *Freiheitlicher Pressedienst / 26.2.1988* **549**

UMERZIEHUNG, notwendige geistige (der Altparteien) – *Der Standard / 23.4.1990* **696**

UMFALLERMENTALITÄT (der ÖVP) – *Freiheitlicher Pressedienst / 22.12.1986* **101**

UMFALLERPARTEI (ÖVP) – *Freiheitlicher Pressedienst / 23.12.1986* **106**

UMFALLERPARTEI (ÖVP) – *Kleine Zeitung / 24.12.1986* **110**

UMFALLERPARTEI (ÖVP) – *Freiheitlicher Pressedienst / 22.4.1987* **255**

UMFALLERPOLITIK der ÖVP – *Freiheitlicher Pressedienst / 10.4.1987* **241**

UMFALLERPOLITIK, tägliche – *Freiheitlicher Pressedienst / 10.4.1987* **243**

UMFUNKTIONIERUNG, hinterhältige (Opernball-Demonstration) – *Freiheitlicher Pressedienst / 4.3.1987* **196**

UMGANG, fahrlässiger ... mit der Gesundheit der Menschen (Flötzersteig) – *Freiheitlicher Pressedienst / 29.10.1987* **449**

UMGANG, skandalöser ... mit Steuergeldern – *Wiener Zeitung / 10.7.1987* **343**

UMGEFALLEN (ÖVP) – *Freiheitlicher Pressedienst / 30.4.1987* **261**

UMSCHULUNGSKURS in Primitivität (Vranitzky durch Keller) – *Freiheitlicher Pressedienst / 22.4.1988* **577**

UMSCHULUNGSPROZESS der alten Parteien (organisiert von der FPÖ) – *Freiheitlicher Pressedienst/ 25.7.1990+ Neue Freie Zeitung / 2.8.1990* **716**

UMTRIEBE seiner Organe (Landwirtschaftsminister Erich Schmidt) – *Freiheitlicher Pressedienst / 17.11.1986* **73**

UMVERTEILUNG des Vorschlagrechtes (Verwaltungsgerichtshof) – *Freiheitlicher Pressedienst / 20.1.1987* **136**

UMWELT grob fahrlässig schädigen (Große Koalition) – *Freiheitlicher Pressedienst / 10.2.1987* **164**

UMWELTVERACHTENDES Gesetz, menschen- und ... (Luftreinhaltegesetz) – *Freiheitlicher Pressedienst / 22.6.1988* **623**

UMWELTVERSCHMUTZUNG – *Freiheitlicher Pressedienst / 30.9.1987* **404**

UNAPPETITLICHE Vorwürfe (Keller gegenüber Haider) – *Freiheitlicher Pressedienst / 2.12.1987* **482**

UNAPPETITLICHE Vorwürfe (Keller gegenüber Haider) – *Freiheitlicher Pressedienst / 4.12.1987* **483**

UNAUSGEGOREN (Belastungspaket) – *Freiheitlicher Pressedienst / 22.6.1987* **328**

UNBEFÄHIGTE (dürfen in der Politik ihrem Beruf nachgehen) (Vranitzky) – *Profil / 3.4.1989* **659**

UNBEFRIEDIGEND (NR-Ausschußberatungen) – *Salzburger Nachrichten / 4.7.1987* **337**

UNBEGRÜNDETE Werturteile (des ORF, betreffend Lage in Kärnten) – *Freiheitlicher Pressedienst / 18.2.1987* **169**

UNBELEUCHTETE Erscheinung (Cap) – *Der Standard / 18.2.1994* **1003**

UNDEMOKRAT (Vranitzky) – *Profil / 3.4.1989* **659**

UNDEMOKRATISCH (Vorgangsweise der SPÖ) – *Die Presse / 30.3.1989* **658**

UNDEMOKRATISCHE Aktionen anarchistischer Randalierer (Opernball-Demonstration) – *Freiheitlicher Pressedienst / 1.3.1987* **193**

UNDEMOKRATISCHE Gemeinheit – *Zeit im Bild 1 / 18.3.1994* **1017**

UNDEMOKRATISCHE, radikale Kräfte (in Schutz genommen von einigen grünen Abgeordneten) – *Freiheitlicher Pressedienst / 1.3.1987* **192**

UNDEMOKRATISCHER Rambo-Stil – *Freiheitlicher Pressedienst / 20.4.1988* **563**

UNEHRENHAFTIGKEIT: Aktion zur Bekämpfung der ... und Charakterlosigkeit) (Verhinderung der Wahl Zernattos zum Landeshauptmann von Kärnten) – *Freiheitlicher Pressedienst / 1.5.1994* **1064**

UNEHRLICH, in höchstem Maße ... – *Freiheitlicher Pressedienst / 24.8.1987* **367**

UNEHRLICHKEIT dieser Regierung – *Freiheitlicher Pressedienst / 7.10.1987* **413**

UNEINSICHTIGE Haltung (Vranitzky betreffend Anerkennung Sloweniens und Kroatiens) – *Freiheitlicher Pressedienst / 29.12.1991* **800**

UNENTSCHLOSSENHEIT als Maxime der Amtsführung (Vranitzky) – *Freiheitlicher Pressedienst / 21.4.1988* **569**

UNENTSCHLOSSENHEIT, Feigheit und ... (Bundesregierung) – *Freiheitlicher Pressedienst / 14.1.1992* **805**

UNERHÖRTE Entgleisung (Vranitzky) – *Freiheitlicher Pressedienst / 25.4.1994* **1053**

UNERHÖRTE Freunderlwirtschaft (BAWAG) – *Freiheitlicher Pressedienst / 17.5.1994* **1087**

UNERKLÄRLICHEN: Übersetzung des ... ins Unverständliche (in der ÖVP) – *Freiheitlicher Pressedienst / 13.1.1991* **748**

UNERTRÄGLICHE Respektlosigkeit gegenüber demokratischen Entscheidungen (Vranitzky) – *Die Presse / 21.4.1989* **661**

UNFÄHIGE Manager feuern (Vorstandsdirektoren bei Steyr-Daimler-Puch) – *Kronen-Zeitung / Stmk. / 9.2.1987* **163**

UNFÄHIGER Bauernbund – *Die Presse / 21.10.1986* **26**

UNFÄHIGKEIT (Vorstandsdirektoren bei Steyr-Daimler-Puch) – *Kronen-Zeitung / 9.2.1987* **163**

UNFÄHIGKEIT (Vranitzky) – *Freiheitlicher Pressedienst / 15.4.1987* **251**

UNFÄHIGKEIT zur Problemlösung (Altparteienkoalition) – *Freiheitlicher Pressedienst / 20.3.1987* **208**

UNFÄHIGKEIT, dilettantische (der Bundesregierung) – *Freiheitlicher Pressedienst / 15.6.1993* **865**

UNFÄHIGKEIT, gepaart mit Arroganz und Überheblichkeit (Scholten) – *Die Presse / 27.2.1992* **812**

UNFÄHIGKEIT, hohes Maß an ... (Gründwald und Lacina) – *Freiheitlicher Pressedienst / 30.4.1987* **262**

UNFÄHIGKEIT, offensichtliche (Zernatto, Ambrozy) – *Der Standard / 19.2.1994* **1006**

UNFÄHIGKKEIT zu klaren Entscheidungen (Vranitzky) – *Freiheitlicher Pressedienst / 16.4.1988* **559**

UNFASSBARE und offensichtliche Beeinflussung der Höchstgerichte – *Freiheitlicher Pressedienst / 19.1.1987* **134**
UNFASSBARE Verstrickungen (BAWAG, Österreichische Nationalbank, Konsum, Arbeiterkammer) – *Freiheitlicher Pressedienst / 17.5.1994* **1088**
UNFASSBARER Anschlag auf die Rechtsstaatlichkeit – *Freiheitlicher Pressedienst / 19.1.1986* **133**
UNFASSBARES Gustostückerl (angeordnet von Vranitzky, durchgeführt von Graf) – *Freiheitlicher Pressedienst / 10.4.1987* **240**
UNFREIHEIT, Klima der ... (Parteibuchwirtschaft von SPÖ und ÖVP) – *Freiheitlicher Pressedienst / 28.10.1986* **41**
UNGEAHNTE Härte (Vorgehen von Kellereiinspektoren) – *Freiheitlicher Pressedienst / 17.11.1986* **73**
UNGEHEUERLICH (Differenz zwischen Reden und Handeln in der unheimlichen Allianz der rot-schwarzen Parteibuch-Strategie) – *Freiheitlicher Pressedienst / 26.5.1988* **607**
UNGEHEUERLICH (Telefongebührenerhöhung) – *Kleine Zeitung / 2.9.1987* **374**
UNGEHEUERLICHE Arroganz (Vranitzky) – *Freiheitlicher Pressedienst / 10.11.1989* **675**
UNGEHEUERLICHE Aussagen (Vranitzkys) – *Freiheitlicher Pressedienst / 16.10.1986* **15**
UNGEHEUERLICHE Demokratieschändung durch die rot-schwarze Pfründegesellschaft – *Freiheitlicher Pressedienst / 12.10.1991* **792**
UNGEHEUERLICHE Diffamierung Kärntens (Vranitzky) – *Freiheitlicher Pressedienst / 25.4.1994* **1053**
UNGEHEUERLICHE Dinge (Taus-Aussagen) – *Freiheitlicher Pressedienst / 22.12.1986* **102**
UNGEHEUERLICHE Freunderlwirtschaft (BAWAG) – *Freiheitlicher Pressedienst / 17.5.1994* **1087**
UNGEHEUERLICHER Erpressungsversuch der Regierung gegenüber der parlamentarischen Opposition – *Freiheitlicher Pressedienst / 14.5.1993* **858**
UNGEHEUERLICHER Fall von Meinungsterror – *Freiheitlicher Pressedienst / 27.5.1994* **1100**
UNGEHEUERLICHKEIT (Behauptung Lacinas) – *Freiheitlicher Pressedienst / 9.1.1988* **521**
UNGEHEUERLICHKEIT (Budgetkalkulation für 1988) – *Freiheitlicher Pressedienst / 23.6.1987* **329**
UNGEHEUERLICHKEIT (Verhalten der Obrigkeit gegenüber dem Bürger) – *Freiheitlicher Pressedienst / 20.6.1987* **326**
UNGEHEURE Ironie (Sparen) – *Freiheitlicher Pressedienst / 17.10.1987* **425**
UNGEHEURE Ungereimtheiten (bei den heimischen Banken) – *Freiheitlicher Pressedienst / 28.10.1993* **967**
UNGEHEURE Verschwendung (Bundestheater) – *Freiheitlicher Pressedienst / 7.12.1987* **484**
UNGEHEURE Vorgangsweise (Steuergelder in den Staatsbetrieben verschwendet) – *Freiheitlicher Pressedienst / 16.3.1987* **205**
UNGEHEURER Zynismus (der Bundesregierung: „Sparen“) – *Freiheitlicher Pressedienst / 17.10.1987* **427**
UNGENIERT auf dem Rücken des Staatsbürgers (herumtrampeln) (rot-schwarze Proporz-Regierung) – *Freiheitlicher Pressedienst / 28.2.1987* **191**
UNGEORDNETEN Rückzug (panikartig) angetreten (Wagner in der Frage der Autobahnmaut) – *Freiheitlicher Pressedienst / 4.5.1987* **267**
UNGEORDNETER Rückzug (Schüssel: Verkehrsbüro-Privatisierung) – *Freiheitlicher Pressedienst / 7.5.1990* **702**

UNGEORDNETER Rückzug für ÖVP (eingeleitet von Graff) – *Freiheitlicher Pressedienst / 2.10.1987* **410**

UNGERECHTFERTIGTE Kosten (im Steyr-Daimler-Puch-Konzern in Graz) – *Kronen-Zeitung / 9.2.1987* **163**

UNGERECHTIGKEIT, himmelschreiende – *Freiheitlicher Pressedienst / 14.4.1987* **249**

UNGEREIMTHEITEN, ungeheure (bei den heimischen Banken) – *Freiheitlicher Pressedienst / 28.10.1993* **967**

UNGLAUBLICHE Belastungswelle – *Freiheitlicher Pressedienst / 13.10.1993* **951**

UNGLAUBLICHE Biegsamkeit (ÖVP unter Busek) – *Freiheitlicher Pressedienst / 18.10.1993* **959**

UNGLAUBLICHE Brutalisierung der Personalpolitik (Lichal) – *Freiheitlicher Pressedienst / 9.2.1987* **162**

UNGLAUBLICHE Gehirnwäsche (Pro-EU-Propaganda der Regierung) – *Freiheitlicher Pressedienst / 25.5.1994* **1097**

UNGLAUBLICHE Unverfrorenheit – *Freiheitlicher Pressedienst / 17.9.1993* **926**

UNGLAUBWÜRDIG (Mock) – *Kurier / 7.11.1986* **67**

UNGLAUBWÜRDIGE, wie pompöse, Ankündigung des Bankrottministers (Dallinger) – *Freiheitlicher Pressedienst / 7.5.1987* **272**

UNGLAUBWÜRDIGER Peperl: aus dem heiligen Josef aus der Steiermark geworden (Riegler) – *Kleine Zeitung/ Graz / 13.11.1988* **648**

UNGLÜCK sondergleichen (Pensionsreformüberlegungen Dallingers, zitiert Sauerzopf) – *Freiheitlicher Pressedienst / 27.9.1987* **400**

UNGLÜCK, im wunschlosen ... des Bundestheaterverbandes (agiert Scholten als drittklassiger Sekretär) – *Freiheitlicher Pressedienst / 12.6.1988* **619**

UNGLÜCK, wunschloses (Höger) – *Der Standard / 29.3.1993* **848**

UNHALTBARE und inhaltsleere Ausführungen (Neissers zum Pädagogenmodell) – *Freiheitlicher Pressedienst / 21.3.1987* **210**

UNHEIMLICHE Allianz der rot-schwarzen Parteibuch-Strategie – *Freiheitlicher Pressedienst / 26.5.1988* **607**

UNKENNTNIS, erschreckende (Graf) – *Freiheitlicher Pressedienst / 28.2.1987* **190**

UNKENNTNIS, hohes Maß an ... (Lacina) – *Zeit im Bild 1 / 30.4.1987* **263**

UNKOORDINIERTE Vorgangsweise (Pensionsreform) – *Freiheitlicher Pressedienst / 2.10.1987* **410**

UNLAUTERE Mittel (Dallinger) – *Freiheitlicher Pressedienst / 17.3.1987* **206**

UNMORALISCH, im höchsten Maße ... (Entscheidung des Höchstgerichts betreffend Mehrfachpensionen von Politikern) – *Freiheitlicher Pressedienst / 30.5.1987* **304**

UNMORALISCHE Diffamierung (von Personen und Gruppen) – *Freiheitlicher Pressedienst / 11.1.1987* **116**

UNPRODUKTIVE Zankereien (innerhalb der rot-schwarzen Regierung) – *Freiheitlicher Pressedienst / 14.7.1993* **880**

UNQUALIFIZIERTE Angriffe – *Freiheitlicher Pressedienst / 26.11.1987* **471**

UNRECHTSGESINNUNG zum gängigen Rechtsbewußtsein umzufunktionieren (versuche die SPÖ) – *Freiheitlicher Pressedienst / 24.4.1991* **763**

UNREDLICH, in höchstem Maße (Lacina) – *Freiheitlicher Pressedienst / 8.12.1987* **486**

UNSACHLICHE und polemische Äußerungen Neissers (gegen das Pädagogenmodell) – *Freiheitlicher Pressedienst / 21.3.1987* **209**

UNSERIÖS: schlampig, wortbrüchig und ... (Arbeit der Großen Koalition)

– *Freiheitlicher Pressedienst / 13.7.1988* **628**
UNSERIÖSE Ankündigungspolitik (Bundesregierung) – *Freiheitlicher Pressedienst / 20.6.1987* **325**
UNSINN zur Potenz (Milchimporte) – *Freiheitlicher Pressedienst / 14.4.1988* **558**
UNSINN, absoluter (Pro-EU-Argument der Bundesregierung) – *Freiheitlicher Pressedienst / 19.5.1994* **1091**
UNSINN, barer (Graf-Aussagen) – *Freiheitlicher Pressedienst / 9.2.1987* **160**
UNSINN, politischer (ÖVP-Ablehnung einer Kleinen Koalition) – *Kurier / 27.9.1987* **399**
UNSINN, steuerpolitischer (Lacina) – *Freiheitlicher Pressedienst / 5.10.1992* **823**
UNSINN, wirtschaftlicher (Kürzung der Bausparförderung) – *Freiheitlicher Pressedienst / 29.5.1987* **301**
UNSINNIGE Großbauprojekte, Milliarden in ... verpulvern (Regierung) – *Freiheitlicher Pressedienst / 30.9.1987* **405**
UNSINNIGE Kurzschlußhandlung (Angebot von Gratisstromlieferungen an die CSFR durch Vranitzky) – *Der Standard / 31.1.1991* **756**
UNSINNIGE Kurzschlußhandlung (Angebot von Gratisstromlieferungen an die CSFR durch Vranitzky) – *Freiheitlicher Pressedienst / 30.1.1991* **755**
UNSINNIGE Kürzungen, ökonomisch ... (Bausparprämie) – *Freiheitlicher Pressedienst / 2.7.1987* **335**
UNSINNIGE Sparpolitik (Bundesregierung) – *Freiheitlicher Pressedienst / 22.10.1987* **436**
UNSINNIGE Vorgangsweise, steuerpolitisch völlig ... – *Freiheitlicher Pressedienst / 4.11.1987* **458**
UNSITTLICHES Angebot (Lacinas Landeslehrerbesoldungsvorschlag) – *Freiheitlicher Pressedienst / 11.10.1991* **790**
UNSOZIAL und starrsinnig (Dallinger) – *Freiheitlicher Pressedienst / 14.4.1988* **557**
UNSOZIALE Politik, absolute – *Freiheitlicher Pressedienst / 31.3.1987* **225**
UNSOZIALE und ökonomisch unsinnige Kürzungen (Bausparprämie) – *Freiheitlicher Pressedienst / 2.7.1987* **335**
UNSOZIALER Gruppenegoismus – *Neue Freie Zeitung / 6.11.1986* **54**
UNTÄTIGKEIT, geschwätzige (Regierungsparteien) – *Freiheitlicher Pressedienst / 3.6.1988* **612**
UNTERGEHEN, Sonne in unserem Sozialstaat, werde bald endgültig ... – *Freiheitlicher Pressedienst / 10.12.1987* **488**
UNTERGEHEN: der im Dschungel seines zu 11 Sektionen aufgeblähten Ministeriums wie ein Ertrinkender im aufgewühlten Meer ... werde (Graf) – *Freiheitlicher Pressedienst / 24.2.1987* **174**
UNTERGRABEN, das Ansehen des Rechtsstaates zu ... (Buseks Forderung nach Sinowatz-Begnadigung) – *Freiheitlicher Pressedienst / 18.7.1991* **786**
UNTERGRIFFE (Grabher-Meyer) – *Die Presse / 22.11.1986* **86**
UNTERGRIFFE übelster Art (sozialistische Funktionäre) – *Freiheitlicher Pressedienst / 26.11.1987* **471**
UNTERGRIFFE, primitive, gegen die FPÖ (Vranitzky) – *Freiheitlicher Pressedienst / 11.5.1988* **600**
UNTERGRUND, ORF- (mit journalistischen roten Partisanen) – *Freiheitlicher Pressedienst / 16.2.1994* **1000**
UNTERMINIEREN (subkutan), das verfassungsmäßige Elternrecht (ORF) – *Freiheitlicher Pressedienst / 22.12.1987* **511**
UNTERSCHRIFT zurückgezogen (Zernatto) – *Inlandsreport / 21.4.1994* **1033**

UNTERSTÜTZER (und Verteidiger) der sozialistischen Verschwendungspolitik (ÖVP) – *Freiheitlicher Pressedienst / 10.5.1987* **276**

UNTERTÄNIGKEIT und Demutsgesten (gegenüber USA) – *Zeit im Bild 1 / 13.5.1987* **278**

UNTERWANDERNDE Kräfte (bei Grünen) – *Freiheitlicher Pressedienst / 1.3.1987* **194**

UNTERWERFUNG, totale (ÖVP) – *Freiheitlicher Pressedienst / 15.10.1993* **958**

UNTERWERFUNG, völlige ... unter die SPÖ (Busek) – *Freiheitlicher Pressedienst / 25.11.1991* **798**

UNTERWERFUNGSVERTRAG (EWR-Vertrag) – *Freiheitlicher Pressedienst / 13.4.1991* **761**

UNTERWÜRFIGKEIT, beschämende (Vranitzky gegenüber den kommunistischen Putschisten in Moskau) – *Freiheitlicher Pressedienst / 12.1.1992* **802**

UNTERWÜRFIGKEIT, peinliche (Vranitzkys in den USA) – *Freiheitlicher Pressedienst / 22.5.1987* **291**

UNTRAGBAR, moralisch ... (Vranitzkys 3-Millionen-Abfertigung) – *Freiheitlicher Pressedienst / 13.10.1986* **13**

UNTRAGBARES, schier ... Belastungspaket – *Freiheitlicher Pressedienst / 24.10.1987* **440**

UNÜBERSICHTLICHKEIT, Katalog der ... (Regierungsparteien) – *Freiheitlicher Pressedienst / 3.6.1988* **612**

UNVERANTWORTLICHE Schmutzer (Umweltverschmutzung) – *Freiheitlicher Pressedienst / 22.6.1988* **623**

UNVERFRORENE Scheinheiligkeit (Regierung) – *Freiheitlicher Pressedienst / 30.9.1987* **405**

UNVERFRORENER Postenschacher (durch Vranitzky) – *Freiheitlicher Pressedienst / 7.9.1993* **917**

UNVERFRORENHEIT (alte Parteien) – *Freiheitlicher Pressedienst / 11.1.1987* **115**

UNVERFRORENHEIT (Sparpaket) – *Freiheitlicher Pressedienst / 17.10.1987* **426**

UNVERFRORENHEIT und Provokation (ÖBB-Defizit) – *Freiheitlicher Pressedienst / 30.10.1987* **452**

UNVERFRORENHEIT, beispiellose – *Freiheitlicher Pressedienst / 11.10.1987* **419**

UNVERFRORENHEIT, Gipfel der ... – *Freiheitlicher Pressedienst / 6.10.1987* **412**

UNVERFRORENHEIT, Höhepunkt der ... – *Freiheitlicher Pressedienst / 22.4.1987* **253**

UNVERFRORENHEIT, unglaubliche – *Freiheitlicher Pressedienst / 17.9.1993* **926**

UNVERNÜNFTIGEN, Einsicht des ... (Ausländerpolitik der Sozialisten) – *Der Standard / 8.6.1990* **707**

UNVERNÜNFTIGEN, Einsicht eines ... (Ausländerpolitik der Sozialisten) – *Zeit im Bild 1 / 7.6.1990* **706**

UNVERSÖHNLICHKEIT, Sprache der ... – *Der Standard / 18.2.1994* **1004**

UNVORHERSEHBARKEIT der Wirtschaftspolitik – *Freiheitlicher Pressedienst / 24.6.1987* **330**

UNWAHRE (eigene) Aussagen auf andere abwälzen – *Freiheitlicher Pressedienst / 4.5.1987* **267**

UNWAHRHEIT (sagt Zernatto) – *Zeit im Bild 2 / 25.4.1994* **1051**

UNWAHRHEIT gesagt (Zernatto) – *Freiheitlicher Pressedienst / 1.5.1994* **1064**

UNWESEN TREIBEN (Ganoven in Österreich) – *Der Standard / 20.6.1991* **782**

UNWIRTSCHAFTLICHES und widersinniges Vorgehen (Zweirad-Produktion von Steyr-Daimler-Puch praktisch verschenkt) – *Freiheitlicher Pressedienst / 23.2.1987* **172**

UNWISSENHEIT (Lacina) – *Freiheitlicher Pressedienst / 24.6.1987* **330**

UNWISSENHEIT, schlampige – *Freiheitlicher Pressedienst / 27.9.1993* **937**

UNWÜRDIG, eines demokratischen Rechtsstaates ... (Lass-Ernennung) – *Freiheitlicher Pressedienst / 8.3.1994* **1010**

UNZÄHLIGE Privilegien und Sonderpensionsrechte – *Freiheitlicher Pressedienst / 2.10.1987* **411**

UNZUSTÄNDIGER Diskutantenstadel (Bundesrat, von roten und schwarzen Postenbeziehern dazu gemacht) – *Freiheitlicher Pressedienst / 30.1.1987* **150**

URSTÄND, fröhliche (feiern Politikerprivilegien) – *Freiheitlicher Pressedienst / 1.5.1994* **1065**

— V —

VANDALISMUS, politisch-geistiger – *Freiheitlicher Pressedienst / 25.1.1993* **836**

VANDALISMUS: siehe auch **ABGABENVANDALISMUS, BELASTUNGSVANDALISMUS, STEUERVANDALISMUS**

VERACHTUNG der Anliegen der heimischen Bevölkerung – *Freiheitlicher Pressedienst / 23.9.1993* **935**

VERANTWORTUNG von sich geschoben (Lacina) – *Freiheitlicher Pressedienst / 27.2.1992* **814**

VERANTWORTUNGSBEWUSSTSEIN, mangelndes (Koalitionsparteien) – *Freiheitlicher Pressedienst / 6.4.1994* **1023**

VERANTWORTUNGSLOS (Vranitzkys Haltung betreffend Wackersdorf) – *Freiheitlicher Pressedienst / 12.4.1988* **556**

VERANTWORTUNGSLOS (Vranitzkys Haltung betreffend Wackersdorf) – *Freiheitlicher Pressedienst / 16.4.1988* **559**

VERANTWORTUNGSLOS, Steuergelder werden in den Staatsbetrieben ... verschwendet – *Freiheitlicher Pressedienst / 16.3.1987* **205**

VERANTWORTUNGSLOSE Mißwirtschaft im Staatsbereich – *Freiheitlicher Pressedienst / 6.5.1987* **269**

VERANTWORTUNGSLOSE Politiker – *Freiheitlicher Pressedienst / 6.2.1994* **993**

VERANTWORTUNGSLOSE Realitätsferne (Großkoalitionäre) – *Freiheitlicher Pressedienst / 12.1.1987* **120**

VERANTWORTUNGSLOSE Verschleuderung von Steuergeldern (Dallinger) – *Freiheitlicher Pressedienst / 7.5.1987* **272**

VERANTWORTUNGSLOSE Weise, grob ... (Politik der rot-schwarzen Koalition) – *Freiheitlicher Pressedienst / 12.10.1987* **420**

VERANTWORTUNGSLOSE, und schmähliche, Haltung (Vranitzky) – *Freiheitlicher Pressedienst / 12.1.1992* **802**

VERANTWORTUNGSLOSESTE und selbstherrlichste Politiker (regieren im Burgenland) – *Freiheitlicher Pressedienst / 2.10.1987* **409**

VERBALE Ausgrenzungspolitik (Fischer) – *Freiheitlicher Pressedienst / 15.12.1993* **982**

VERBALE Rundumschläge (Graff) – *Freiheitlicher Pressedienst / 17.5.1987* **284**

VERBALER Rundumschlag (in Richtung FPÖ) (SPÖ) – *Der Standard / 18.2.1994* **1004**

VERBINDUNG eines Scheintoten mit einem abgefertigten Millionär (Riegler und Vranitzky in der Regierung) – *Kleine Zeitung / 14.1.1991* **750**

VERBINDUNG, zwangsweise ... von Politik, Korruption und Gaunerei – *Freiheitlicher Pressedienst / 10.1.1988* **525**

VERBORGENEN, blühe im ... ein Sumpf (Wohnbaugenossenschaften) – *Freiheitlicher Pressedienst / 22.2.1991* **758**

VERBOTSMINISTER, Gebots- und ... (Dallinger) – *Freiheitlicher Pressedienst / 14.4.1988* **557**

VERBRECHER, lauter ... (als wären unsere Väter ...) – *Nordwest-Zeitung / 21.5.1994* **1094**
VERBRECHERISCHER Sozialismus von einst (in den osteuropäischen Ländern) – *Freiheitlicher Pressedienst / 1.5.1991* **765**
VERDÄCHTIGE doppelte Moral (Regierungsparteien in der Ausländerpolitik) – *Freiheitlicher Pressedienst / 23.9.1993* **932**
VERDREHUNG, völlige, der sachlichen Zusammenhänge (Kritik am Pädagogenmodell) – *Freiheitlicher Pressedienst / 15.12.1987* **500**
VEREINHEITLICHUNG (EU) – *Freiheitlicher Pressedienst / 1.6.1994* **1114**
VERELENDUNG (der Bauern, durch Genossenschaftskonzerne) – *Freiheitlicher Pressedienst / 18.10.1986* **20**
VERELENDUNG des Bauernstandes – *Freiheitlicher Pressedienst / 27.6.1987* **332**
VERELENDUNGSTENDENZ (betreffend Bauernstand) – *Freiheitlicher Pressedienst / 30.10.1986* **45**
VERFALL der demokratischen Bereiche – *Die Presse / 6.12.1986* **91**
VERFALL politischer und moralischer Kultur – *Freiheitlicher Pressedienst / 16.10.1987* **422**
VERFALL sozialer Gerechtigkeit – *Freiheitlicher Pressedienst / 11.10.1986* **11**
VERFALLSERSCHEINUNGEN, ärgste (der Großen Koalition vor 1966) – *Freiheitlicher Pressedienst / 19.1.1987* **134**
VERFASSUNG beugen (Große Koalition) – *Freiheitlicher Pressedienst / 3.5.1994* **1068**
VERFASSUNG wird in Österreich negiert, mit Überheblichkeit – *Freiheitlicher Pressedienst / 17.4.1988* **561**
VERFASSUNGSBRUCH, Beihilfe zum ... – *Freiheitlicher Pressedienst / 6.4.1994* **1020**
VERFASSUNGSBRÜCHE – *Freiheitlicher Pressedienst / 3.5.1994* **1071**
VERFASSUNGSPUTSCH, garniert mit Verfassungsbrüchen (EU-Beitrittsverfassungsgesetz) – *Freiheitlicher Pressedienst / 3.5.1994* **1071**
VERFASSUNGSPUTSCH, schleichender – *Abendjournal / 18.3.1994* **1016**
VERFASSUNGSPUTSCH, schleichender – *Der Standard / 19./20.3.1994* **1018**
VERFASSUNGSRICHTER, Privilegien der ... – *Arbeiterzeitung / 11.6.1987* **315**
VERFASSUNGSWIDRIGER Vorschlag (Pädagogenmodell-Gegenvorschlag) – *Freiheitlicher Pressedienst / 21.12.1987* **509**
VERFEHLTE Budgetpolitik – *Freiheitlicher Pressedienst / 30.9.1987* **402**
VERFEHLTE Budgetpolitik – *Freiheitlicher Pressedienst / 11.10.1987* **419**
VERFEHLTE Wirtschaftspolitik, völlig ... – *Freiheitlicher Pressedienst / 10.6.1987* **313**
VERFESTIGUNG der Proporzwirtschaft – *Freiheitlicher Pressedienst / 13.11.1988* **649**
VERFILZT und korrupt (Koalitionsparteien) – *Arbeiterzeitung / 5.12.1988* **653**
VERFILZTES politisches System – *Freiheitlicher Pressedienst / 28.10.1993* **974**
VERFLIXTES Parteibuch – *Zeit im Bild 1 / 7.11.1986* **68**
VERFOLGT, politisch (Andersdenkende durch die SPÖ) – *Der Standard / 25.4.1991* **764**
VERGABE, gesetzwidrige ... von Landesgeldern (ÖVP-Zustimmung) – *Freiheitlicher Pressedienst / 2.10.1987* **407**
VERGANGENHEIT wühlen, in der ... (SPÖ am 1. Mai) – *Freiheitlicher Pressedienst / 1.5.1994* **1061**

VERGANGENHEITSBEWÄLTIGER, pragmatisierte – *Der Standard / 14.1.1991* **749**

VERGANGENHEITSBEWÄLTIGUNG, propagandistische – *Freiheitlicher Pressedienst / 13.1.1991* **744**

VERGEWALTIGUNG des Parlaments (durch die Große Koalition) – *Freiheitlicher Pressedienst / 20.4.1988* **562**

VERGEWALTIGUNG des Parlaments – *Freiheitlicher Pressedienst / 21.4.1988* **568**

VERGRÖSSERT, Probleme Österreichs ... (Regierung) – *Freiheitlicher Pressedienst / 26.9.1987* **394**

VERHÄLTNIS, gestörtes ... zum Parlamentarismus (Vranitzky) – *Freiheitlicher Pressedienst / 14.10.1992* **825**

VERHÄLTNISSE, schwedische – *Freiheitlicher Pressedienst / 15.6.1993* **866**

VERHANDLUNGSERGEBNIS, katastrophales (Transitvertrag) – *Freiheitlicher Pressedienst / 30.4.1992* **818**

VERHINDERER des freien Marktes (Schüssel) – *Freiheitlicher Pressedienst / 27.4.1990* **697**

VERKAUF, wortreicher ... ihres eigenen Nichtstuns (Regierung) – *Kleine Zeitung / 12.7.1991* **785**

VERKAUFT, seine Seele mit Haut und Haar an die Sozialisten ... (Graf) – *Freiheitlicher Pressedienst / 4.11.1987* **456**

VERKEHRUNG von Wertigkeiten – *Freiheitlicher Pressedienst / 25.3.1987* **216**

VERKRUSTETE Sozialpartnerstrukturen – *Freiheitlicher Pressedienst / 22.9.1989* **672**

VERKRUSTETES System (Sozialversicherungswesen, alte Parteien) – *Kleine Zeitung / 24.12.1986* **110**

VERLETZT, Gesetz (Graf) – *Freiheitlicher Pressedienst / 10.12.1987* **492**

VERLETZTE Eitelkeit (Vranitzky) – *Freiheitlicher Pressedienst / 21.4.1994* **1046**

VERLEUMDERISCHE Aussagen (Ambrozy -Innsbruck-Flug) – *Freiheitlicher Pressedienst / 24.10.1986* **31**

VERLIERER (Koalition der ...) – *Freiheitlicher Pressedienst / 23.12.1986* **105**

VERLIERER (Koalition der ...) – *Kleine Zeitung / 24.12.1986* **110**

VERLIERERPARTNERSCHAFT zwischen „Blender" Vranitzky und „Blindgänger" Riegler – *Die Presse / 27.1.1990* **688**

VERLOREN, Legitimation (Regierung) – *Freiheitlicher Pressedienst / 15.6.1993* **866**

VERNADERUNG Österreichs (durch grüne Politiker) – *Freiheitlicher Pressedienst / 17.6.1993* **871**

VERNICHTER des Bauernstandes, Steigbügelhalter für die ... (ÖVP) – *Freiheitlicher Pressedienst / 20.6.1992* **820**

VERNICHTUNG der Bauern (Agrarpolitik der Großen Koalition) – *Freiheitlicher Pressedienst / 2.7.1988* **626**

VERPACKUNGSWAHNSINN – *Freiheitlicher Pressedienst / 28.9.1993* **940**

VERPOLITISIERUNG des öffentlichen Lebens – *Freiheitlicher Pressedienst / 24.2.1987* **177**

VERPOLITISIERUNG des Verwaltungsgerichtshofes – *Freiheitlicher Pressedienst / 19.1.1987* **135**

VERPOLITISIERUNG des Verwaltungsgerichtshofes – *Freiheitlicher Pressedienst / 20.1.1987* **136**

VERPOLITISIERUNGSKOALITION, Parteibuch- und ... (Vranitzkys) – *Freiheitlicher Pressedienst / 10.2.1987* **165**

VERRAT (politische Beichte des Verrates an den Grundsätzen der VP) (Graf) – *Freiheitlicher Pressedienst / 26.4.1987* **256**

VERRAT an den österreichischen Bauern (ÖVP) – *Freiheitlicher Pressedienst / 20.6.1992* **820**

VERRAT an der freien Wirtschaft (Graf) – *Freiheitlicher Pressedienst / 26.4.1987* **257**
VERRAT an eigenen Forderungen betreiben die Großparteien – *Freiheitlicher Pressedienst / 29.1.1987* **141**
VERRAT der Berufsvertretungen an ihren Zwangsmitgliedern – *Freiheitlicher Pressedienst / 27.6.1987* **332**
VERRATEN (das Funktionärsvolk der ÖVP fühlt sich ...) – *Neue Freie Zeitung / 18.12.1986* **100**
VERRATEN (habe Riegler die Bauern) – *Freiheitlicher Pressedienst / 2.7.1988* **626**
VERRATEN (Haider durch Zernatto) – *Kronen-Zeitung / 1.5.1994* **1066**
VERRATEN (Haider durch Zernatto) – *News / 5.5.1994* **1074**
VERRATEN, Jugend fühlt sich ... (durch SPÖ-Regierung) – *Kurier / 27.9.1987* **396**
VERRÄTER (Sipötz-Wahl) – *Kurier / 31.10.1987* **455**
VERRÄTER (Zernatto) – *Der Standard / 26.4.1994* **1058**
VERROTTETE Politikerkaste – *Der Standard / 24.2.1990* **690**
VERSAGEN, offensichtliches (der sozialistischen Koalition) – *Freiheitlicher Pressedienst / 4.2.1987* **154**
VERSAGEN, totales ... der Großen Koalition (Budget 1988) – *Freiheitlicher Pressedienst / 16.11.1987* **465**
VERSAGER geworden, vom hochgelobten Experten zum ... (Vranitzky) – *Freiheitlicher Pressedienst / 7.9.1987* **378**
VERSAGER und Blindgänger (Manager der Verstaatlichten Industrie) – *Freiheitlicher Pressedienst / 11.1.1989* **655**
VERSAGERREGIERUNG (Große Koalition) – *Freiheitlicher Pressedienst / 7.9.1987* **376**
VERSAGERS, Präpotenz des ... (Vranitzky) – *Freiheitlicher Pressedienst / 27.8.1987* **369**
VERSAGERS, Präpotenz des ... (Vranitzky) – *Mittagsjournal / 27.8.1987* **370**
VERSAILLES: Fortsetzung von ... ohne Krieg (Maastricht) – *Frankfurter Rundschau Nr.117 Pfingsten / 22.5.1994* **1093**
VERSATZSTÜCKE (politisches Kuriositätenkabinett, Regierungsmannschaft) – *Mittagsjournal / 20.12.1990* **735**
VERSÄUMNISSE, jahrzehntelange (ÖBB) – *Freiheitlicher Pressedienst / 12.1.1987* **119**
VERSCHÄMTE Kürzungen (Ruhensbestimmungen) – *Freiheitlicher Pressedienst / 29.10.1987* **447**
VERSCHÄRFEN, Gangart (FPÖ gegenüber Regierung) – *Freiheitlicher Pressedienst / 21.4.1994* **1045**
VERSCHAUKELUNG der Bevölkerung (Burgstaller) – *Freiheitlicher Pressedienst / 16.7.1987* **351**
VERSCHIEBEBAHNHOF (Budgetpolitik) – *Freiheitlicher Pressedienst / 15.9.1987* **381**
VERSCHIEBEBAHNHOF (Sozialstaat) – *Neue Freie Zeitung / 15.1.1987* **124**
VERSCHIEBEN von Reserven im Sozialbereich – *Freiheitlicher Pressedienst / 8.4.1987* **237**
VERSCHLECHTERT: Einkommenslage des kleinen Mannes wird weiter ... – *Freiheitlicher Pressedienst / 25.3.1987* **216**
VERSCHLEIERN, ihr offensichtliches Versagen (sozialistische Koalition) – *Freiheitlicher Pressedienst / 4.2.1987* **154**
VERSCHLEUDERT, Steuergelder (Peymann) – *Die Presse / 27.2.1992* **812**
VERSCHLEUDERUNG (des Verkehrsbüros) – *Freiheitlicher Pressedienst / 25.7.1990* **716**
VERSCHLEUDERUNG der Zweirad-Produktion von Steyr-Daimler-Puch – *Freiheitlicher Pressedienst / 23.2.1987* **171**
VERSCHLEUDERUNG, verantwortungslose, von Steuergeldern (Dallinger) – *Freiheitlicher Pressedienst / 7.5.1987* **272**

VERSCHWENDER und Korruptionisten deckt (Vranitzky) – *Freiheitlicher Pressedienst / 11.5.1988* **601**

VERSCHWENDET, Steuergelder werden in den Staatsbetrieben verantwortungslos ... – *Freiheitlicher Pressedienst / 16.3.1987* **205**

VERSCHWENDUNG auf Kosten der Steuerzahler (betrieben durch die alten Parteien) – *Zeit im Bild 1 / 11.1.1987* **118**

VERSCHWENDUNG, haarsträubende (Graf-Ressort) – *Freiheitlicher Pressedienst / 22.4.1987* **253**

VERSCHWENDUNG, notorische, von Steuergeldern – *Freiheitlicher Pressedienst / 23.12.1987* **512**

VERSCHWENDUNG, öffentliche – *Freiheitlicher Pressedienst / 10.2.1987* **164**

VERSCHWENDUNG, ungeheure (Bundestheater) – *Freiheitlicher Pressedienst / 7.12.1987* **484**

VERSCHWENDUNG, zügellose (Budgetbereich) – *Freiheitlicher Pressedienst / 13.1.1991* **745**

VERSCHWENDUNGEN, skandalöse (Dallinger) – *Freiheitlicher Pressedienst / 9.5.1987* **275**

VERSCHWENDUNGS- und Pfründewirtschaft – *Freiheitlicher Pressedienst / 7.12.1987* **485**

VERSCHWENDUNGSMINISTER Dallinger – *Freiheitlicher Pressedienst / 6.5.1987* **269**

VERSCHWENDUNGSPOLITIK, sozialistische – *Freiheitlicher Pressedienst / 10.5.1987* **276**

VERSCHWENDUNGSPOLITIKER sozialistischer Prägung (Vranitzky) – *Freiheitlicher Pressedienst / 22.4.1987* **254**

VERSCHWENDUNGSPOLITIKER (Vranitzky) – *Freiheitlicher Pressedienst / 22.4.1987* **252**

VERSICHERUNGSDIREKTOR, trunksüchtiger (Ruso) – *Mittagsjournal / 28.4.1988* **587**

VERSORGUNGSPOSTEN, reiner (Nationalbank-Vizepräsident) – *Freiheitlicher Pressedienst / 7.9.1993* **916**

VERSORGUNGSPOSTEN, reiner (Nationalbank-Vizepräsident) – *Freiheitlicher Pressedienst / 7.9.1993* **917**

VERSPRECHEN nicht einhalten (Graf) – *Mittagsjournal / 4.11.1987* **459**

VERSPRECHEN nicht gehalten (Riegler) – *Freiheitlicher Pressedienst / 2.7.1988* **626**

VERSPRECHEN, ebenso große wie leere (Regierung) – *Freiheitlicher Pressedienst / 7.3.1987* **198**

VERSPRECHEN, Politik der Verunsicherung und der gebrochenen ... – *Freiheitlicher Pressedienst / 12.10.1987* **420**

VERSPRECHEN, sämtliche ... brechen (Graf) – *Freiheitlicher Pressedienst / 4.11.1987* **456**

VERSPRECHEN, sämtliche ... gebrochen (Große Koalition) – *Freiheitlicher Pressedienst / 2.12.1988* **652**

VERSPRECHEN: Graf hält seine ... nicht – *Freiheitlicher Pressedienst / 29.5.1987* **301**

VERSPRECHUNGEN (vorgaukeln) (rotschwarze Einheitspartei) – *Freiheitlicher Pressedienst / 14.4.1987* **249**

VERSPRECHUNGEN nicht einhalten (die beiden alten Parteien) – *Freiheitlicher Pressedienst / 27.6.1987* **331**

VERSPRECHUNGEN, alle ... gebrochen (Großkoalitionäre) – *Freiheitlicher Pressedienst / 29.1.1987* **144**

VERSTAATLICHTE „Betriebskaiser" und Multifunktionäre – *Freiheitlicher Pressedienst / 28.4.1987* **259**

VERSTAATLICHTE Betriebe (Mißwirtschaft) – *Zeit im Bild 1 / 11.1.1987* **118**

VERSTAATLICHTE Industrie, gefangen in der „Nomenklatura der Betriebsräte" – *Freiheitlicher Pressedienst / 11.3.1987* **200**

VERSTAATLICHTENCHAOS – *Freiheitlicher Pressedienst / 24.6.1987* **330**

VERSTAATLICHTENDEBAKEL – *Freiheitlicher Pressedienst / 10.2.1994* **996**
VERSTAATLICHTENDESASTER – *Freiheitlicher Pressedienst / 16.9.1993* **922**
VERSTAATLICHTENDESASTER (Grünwald verantwortlich) – *Freiheitlicher Pressedienst / 21.9.1993* **929**
VERSTRAHLT, marxistisch, Giftpilz (Pilz) – *Freiheitlicher Pressedienst / 11.1.1987* **117**
VERSTRAHLTE Spaltpilze, marxistisch ... (Pilz) – *Freiheitlicher Pressedienst / 1.3.1987* **195**
VERSTRICKUNGEN, unfaßbare (BAWAG, Österreichische Nationalbank, Konsum, Arbeiterkammer) – *Freiheitlicher Pressedienst / 17.5.1994* **1088**
VERSUCHE, hilflose und erfolglose (Dallinger) – *Freiheitlicher Pressedienst / 10.12.1987* **488**
VERSUCHTE Täuschung des Wählers – *Freiheitlicher Pressedienst / 27.10.1986* **38**
VERSUCHTES Muskelspiel einer leistungsschwachen Regierung – *Freiheitlicher Pressedienst / 25.6.1992* **821**
VERTEIDIGER und Unterstützer der sozialistischen Verschwendungspolitik (ÖVP) – *Freiheitlicher Pressedienst / 10.5.1987* **276**
VERTRAG gebrochen (Zernatto) – *Freiheitlicher Pressedienst / 1.5.1994* **1064**
VERTRÄGE bricht (Zernatto) – *Zeit im Bild 2 / 25.4.1994* **1050**
VERTRÄGE bricht ... (Vranitzky) – *Freiheitlicher Pressedienst / 7.10.1988* **647**
VERTRAGSBRECHER, Lügner und ... (Zernatto) – *Der Standard / 27.4.1994* **1060**
VERTRAGSBRUCH (gegenüber den Bausparern) – *Freiheitlicher Pressedienst / 27.5.1987* **298**
VERTRAGSBRUCH (Lacina) – *Freiheitlicher Pressedienst / 21.5.1987* **288**
VERTRAGSBRUCH (Lacina) (Bausparen) – *Freiheitlicher Pressedienst / 2.7.1987* **335**
VERTRAGSBRUCH (SPÖ) – *Freiheitlicher Pressedienst / 15.9.1986* **1**
VERTRAGSBRUCH (Vranitzky) – *Kurier / 7.11.1986* **62**
VERTRAGSBRUCH (Vranitzky) – *Freiheitlicher Pressedienst / 16.10.1986* **16**
VERTRAGSBRUCH (Vranitzky) – *Freiheitlicher Pressedienst / 26.9.1986* **5**
VERTRAGSBRUCH der großkoalitionären Politiker – *Freiheitlicher Pressedienst / 27.6.1987* **332**
VERTRAGSBRUCH durch den Finanzminister (Lacina) – *Freiheitlicher Pressedienst / 21.5.1987* **287**
VERTRAGSBRUCH gegenüber den Bausparern – *Freiheitlicher Pressedienst / 13.7.1988* **628**
VERTRAGSBRUCH, echter (Minderheitenschulgesetz) – *Zeit im Bild 1 / 19.6.1990* **708**
VERTRAGSBRUCH, einzigartiger (Kürzung der Bausparprämien) – *Freiheitlicher Pressedienst / 25.5.1987* **295**
VERTRAGSBRUCH, eklatanter (Vranitzky) – *Freiheitlicher Pressedienst / 30.11.1986* **87**
VERTRAGSBRÜCHE (Zernatto) – *Täglich Alles / 27.4.1994* **1059**
VERUNGLIMPFUNGEN, ständige ... einer Generation – *Freiheitlicher Pressedienst / 2.11.1986* **50**
VERUNSICHERUNG, Politik der ..., und der gebrochenen Versprechen (rot-schwarze Koalition) – *Freiheitlicher Pressedienst / 12.10.1987* **420**
VERWALTUNGSAPPARAT, aufgeblähter (Dallinger) – *Freiheitlicher Pressedienst / 6.5.1987* **270**
VERWALTUNGSAPPARAT, horrender (Sozialministerium Dallingers) – *Freiheitlicher Pressedienst / 17.3.1987* **206**
VERWENDUNG, mißbräuchliche, von Arbeitergeldern für sozialistische Propagandazwecke (AK-Broschüre) – *Freiheitlicher Pressedienst / 12.6.1987* **321**
VERWERTUNGSGENOSSENSCHAFTEN, überbürokratisierte – *Freiheitlicher Pressedienst / 2.7.1988* **626**

VERWICKLUNG, starke (Regierung im VOEST-Waffenskandal) – *Freiheitlicher Pressedienst / 28.4.1988* **586**

VERWIRRSPIEL, rücksichtsloses – *Freiheitlicher Pressedienst / 10.4.1987* **242**

VERWIRRTER Chaotenverein (Regierung) – *Freiheitlicher Pressedienst / 2.10.1987* **411**

VETTERNWIRTSCHAFT, politische – *Freiheitlicher Pressedienst / 6.7.1987* **339**

VIERERBANDE (Sozialpartnerschaft) – *Freiheitlicher Pressedienst / 20.9.1987* **390**

VIERERVORSTAND, aufgeblähter rotschwarzer (Verbund) – *Freiheitlicher Pressedienst / 17.9.1993* **926**

VILLENKAUF, äußerst günstige ... (Ex-BAWAG-Vorstandsdirektor Böck) – *Freiheitlicher Pressedienst / 10.5.1994* **1079**

VOEST (Pyramiden sind wie die ... auf Sand gebaut) – *Kronen-Zeitung / 10.11.1986* **69**

VOLK, EU- ..., wurzelloses (neues) – *Nordwest-Zeitung / 21.5.1994* **1094**

VOLKSREPUBLIKEN, wie in ... (beschämendes Theater: Bundesratssitzung) – *Freiheitlicher Pressedienst / 30.1.1987* **151**

VÖLLIG hilflos (Bundesregierung) – *Freiheitlicher Pressedienst / 19.5.1987* **286**

VÖLLIG überfordert, Minister Graf Bobby – *Freiheitlicher Pressedienst / 28.2.1987* **187**

VÖLLIG verfehlte Wirtschaftspolitik (Bundesregierung) – *Freiheitlicher Pressedienst / 10.6.1987* **313**

VÖLLIG verwirrter Chaotenverein (Regierung) – *Freiheitlicher Pressedienst / 2.10.1987* **411**

VÖLLIGE Konzeptlosigkeit (Bundesregierung) – *Freiheitlicher Pressedienst / 8.7.1987* **341**

VÖLLIGE Planlosigkeit der Regierung in Wirtschaftsfragen – *Freiheitlicher Pressedienst / 16.7.1987* **344**

VÖLLIGE Unterwerfung unter die SPÖ (Busek) – *Freiheitlicher Pressedienst / 25.11.1991* **798**

VÖLLIGE Verdrehung der sachlichen Zusammenhänge (Kritik am Pädagogenmodell) – *Freiheitlicher Pressedienst / 15.12.1987* **500**

VÖLLIGER Tiefpunkt (dem die rotschwarze Koalition zusteuert) – *Freiheitlicher Pressedienst / 17.9.1987* **388**

VÖLLIGER Zusammenbruch der Finanzen (Dallinger) – *Freiheitlicher Pressedienst / 7.5.1987* **272**

VOLLSTÄNDIGE Entmündigung (Busek-ÖVP im Verhältnis zur SPÖ) – *Freiheitlicher Pressedienst / 23.2.1994* **1009**

VORAUSEILENDER Gehorsam (ÖVP-Regierungsmitglieder, vor allem Graf) – *Kurier / 27.9.1987* **398**

VORBESTRAFTE Minister, erste ... in der Großen Koalition (Graf) – *Freiheitlicher Pressedienst / 10.12.1987* **491**

VORBESTRAFTER Graf Bobby – *Kleine Zeitung / 11.1.1988* **538**

VORBILD, kein ... für Österreich (Privilegienritter Vranitzky) – *Kurier / 7.11.1986* **63**

VORDERGRÜNDIG (Fischers Aufregung) – *Freiheitlicher Pressedienst / 24.10.1987* **438**

VOREINGENOMMENHEIT, öffentliche – *Freiheitlicher Pressedienst / 15.12.1993* **984**

VORGÄNGE, chaotische (Budgeterstellung) – *Freiheitlicher Pressedienst / 13.10.1993* **948**

VORGANGSWEISE, steuerpolitisch völlig unsinnige ... – *Freiheitlicher Pressedienst / 4.11.1987* **458**

VORGANGSWEISE, ungeheure (Steuergelder in den Verstaatlichten Betrieben verschwendet) – *Freiheitlicher Pressedienst / 16.3.1987* **205**

VORHERRSCHAFT von Lizenzparteien – *Basta / 3/1993* **847**

VORSATZ, böser ... der Gewaltanwendung (Opernball-Demonstration) – *Freiheitlicher Pressedienst / 4.3.1987* **197**
VORSTANDSETAGEN, Blindgänger in den ... – *Freiheitlicher Pressedienst / 29.8.1987* **371**
VORSTELLUNGEN, nebulose (Regierung) – *Freiheitlicher Pressedienst / 8.7.1987* **341**
VORTRAG aus dem Traumbüchl (Wirtschaftsbericht 1987) – *Freiheitlicher Pressedienst / 24.6.1987* **330**
VORVERURTEILUNG – *Freiheitlicher Pressedienst / 15.12.1993* **984**
VORWAHLCHARAKTER: liederliche Politik mit ... – *Freiheitlicher Pressedienst / 19.4.1990* **695**
VORWÜRFE, unappetitliche (Keller gegenüber Haider) – *Freiheitlicher Pressedienst / 2.12.1987* **482**
VORWÜRFE, unappetitliche (Keller gegenüber Haider) – *Freiheitlicher Pressedienst / 4.12.1987* **483**
VORZUGSSCHÜLER: aus dem politischen ... ist ein introvertiertes Problemkind geworden (Vranitzky) – *Die Presse / 3.10.1988* **645**
VRANITZKY-GÜNSTLING, hochbezahlter (Bundestheatergeneralsekretär Scholten) – *Freiheitlicher Pressedienst / 12.6.1988* **619**

— W —

WACHS (ÖVP zerfließt wie ... in den Händen der sozialistischen Macher) – *Mittagsjournal / 12.12.1986* **93**
WACHS (ÖVP zerfließt wie ... in den Händen der sozialistischen Macher) – *Zeit im Bild 1 / 12.12.1986* **92**
WACHSEN wie die Schwammerl (Direktoren und Vizedirektoren) – *Freiheitlicher Pressedienst / 31.7.1993* **898**
WACHSFIGURENKABINETT (Bundesregierung) – *Mittagsjournal / 20.12.1990* **735**
WAFFEN, Philosophie der mannstoppenden ... im österreichischen Bundesheer (Lichal) – *Zeit im Bild 1 / 16.1.1987* **127**
WÄHLERAUSZEHRUNG, Todestrieb und ... (ÖVP und SPÖ) – *Die Presse / 14.10.1991* **794**
WÄHLERTÄUSCHUNG, arglistige – *Freiheitlicher Pressedienst / 22.12.1986* **102**
WÄHLERTÄUSCHUNG, plumpe (Mock) – *Freiheitlicher Pressedienst / 23.12.1986* **107**
WAHLTAG ist Zahltag – *Freiheitlicher Pressedienst / 27.9.1987* **400**
WAHLVERSPRECHEN gebrochen (ÖVP) – *Freiheitlicher Pressedienst / 26.2.1988* **550**
WAHLVERSPRECHEN gebrochen (ÖVP) – *Mittagsjournal / 26.2.1988* **551**
WAHLVERSPRECHEN, Buch von ... – *Freiheitlicher Pressedienst / 4.11.1987* **458**
WAHLVERSPRECHEN, hält sich nicht einmal mehr an ein Minimalprogramm ihrer ... (ÖVP) – *Kurier / 27.9.1987* **397**
WAHLVERSPRECHUNGEN (der ÖVP) nur Schall und Rauch – *Freiheitlicher Pressedienst / 14.8.1987* **361**
WAHNSINN (ÖVP-Politik) – *Freiheitlicher Pressedienst / 22.12.1986* **103**
WAHNSINN in der Sozialpolitik (nobelpreisverdächtig) (Dallinger: Aussteigerprämie) – *Die Presse / 3.10.1988* **646**
WAHNSINN, ganz normaler ... – *Freiheitlicher Pressedienst / 30.9.1987* **404**
WAHNSINNIGER, der das ganze Jahr arbeitet (angesichts der österreichischen Sozialgesetzgebung) – *Profil / 9.6.1987* **310**
WAHRE Gehirnwäsche – *Freiheitlicher Pressedienst / 8.4.1994* **1028**
WAHRE Gehirnwäsche (Pro-EU-Propaganda der Regierung) – *Freiheitlicher Pressedienst / 25.5.1994* **1097**

WAHRE Privilegienritter – *Freiheitlicher Pressedienst / 10.7.1990* **713**

WAHRHAFTIGE Demaskierung (der Sozialisten, betreffend Kärnten) – *Freiheitlicher Pressedienst / 25.4.1994* **1053**

WAHRHEITEN, halbe – *Freiheitlicher Pressedienst / 10.10.1987* **417**

WANKELMÜTIGKEIT, sozialistische (Vranitzky) – *Freiheitlicher Pressedienst / 15.6.1993* **867**

WANKENDER: Stürzender sucht Halt bei Wankendem (Regierungsparteien) – *Freiheitlicher Pressedienst / 12.6.1987* **318**

WANKENDES Regierungsschiff – *Freiheitlicher Pressedienst / 25.5.1991* **777**

WARTESAAL, für Politiker der beiden alten Parteien (Bundesrat) – *Freiheitlicher Pressedienst / 30.1.1987* **149**

WASSER bis zum Hals (ÖVP) – *Freiheitlicher Pressedienst / 13.1.1991* **748**

WASSERKOPF der ÖBB-Direktionsetage – *Freiheitlicher Pressedienst / 27.5.1988* **609**

WASSERKOPF von hohen Diensträngen (Bundesheer) – *Die Presse / 9.1.1990* **683**

WASSERKOPF Wien – *APA / 8.1.1991* **741**

WASSERMELONE (Grüne), außen grün, innen rot – *Freiheitlicher Pressedienst / 27.2.1987* **185**

WASSERWIRTSCHAFTSFONDS praktisch nicht mehr aktionsfähig – *Freiheitlicher Pressedienst / 30.9.1987* **404**

WATERLOO (der österreichischen Außenpolitik) – *Freiheitlicher Pressedienst / 19.5.1987* **286**

WATERLOO der Zinsertragssteuer – *Freiheitlicher Pressedienst / 17.9.1987* **387**

WATSCHENTANZ, rot-schwarzer – *Freiheitlicher Pressedienst / 30.3.1090* **692**

WEIHNACHTSGESCHENK für die Opposition (Bundesregierung) – *Kleine Zeitung / 14.1.1991* **750**

WEITERSANDELT (ÖVP) – *Kurier / 27.9.1987* **399**

WEITERWURSTELN, im alten Trott (die alten Parteien) – *Freiheitlicher Pressedienst / 11.1.1987* **113**

WELTFREMDE und heuchlerische Argumentation (der SPÖ betreffend Waffenproduktion) – *Freiheitlicher Pressedienst / 21.2.1988* **548**

WELTMEISTER im Erfinden von Belastungen für die Bürger – *Freiheitlicher Pressedienst / 7.9.1987* **376**

WENDE (mit Brieftaschen) – *Freiheitlicher Pressedienst / 9.8.1987* **355**

WENDE (Mocks) (eingesprungene Sitzpirouette mit Bauchfleck) – *Kronenzeitung / 10.11.1986* **69**

WERKZEUG, willenloses ... der SPÖ (ÖVP) – *Freiheitlicher Pressedienst / 6.7.1987* **338**

WERTURTEILE, unbegründete (des ORF, betreffend Lage in Kärnten) – *Freiheitlicher Pressedienst / 18.2.1987* **169**

WESEN, meinungsloses (Leopold Wagner) – *Freiheitlicher Pressedienst / 19.7.1988* **630**

WETTBEWERB, mangelnder – *Freiheitlicher Pressedienst / 10.1.1988* **525**

WETTERHAHN (Busek) – *Täglich Alles / 27.10.1992* **827**

WIDERLICHE Angelegenheit (Parteibuchwirtschaft der ÖVP) – *Freiheitlicher Pressedienst / 27.3.1987* **220**

WIDERLICHE rot-schwarze Schmierenkomödie – *Freiheitlicher Pressedienst / 9.1.1992* **801**

WIDERPART, harter (Haider über Haider) – *Der Standard / 28.10.1993* **976**

WIDERSINNIGES Vorgehen, unwirtschaftliches und ... (Zweirad-Produktion von Steyr-Daimler-Puch praktisch verschenkt) – *Freiheitlicher Pressedienst / 23.2.1987* **172**

WIDERSPRÜCHE der Regierung (täglich größer werdend) – *Freiheitlicher Pressedienst / 5.9.1987* **375**

WIDERSPRÜCHE zwischen Rot und Schwarz – *Freiheitlicher Pressedienst / 20.3.1987* **208**

WIDERSTANDSLOS gebilligt (Pensionskürzungen) (ÖVP-Bundesparteivorstand) – *Freiheitlicher Pressedienst / 8.10.1987* **414**

WIDERSTANDSLOS, und lammfromm (folgt die ÖVP der SPÖ) – *Freiheitlicher Pressedienst / 6.7.1987* **338**

WIDERSTANDSRECHT, demokratisches – *Neue Freie Zeitung / 10.7.1990* **714**

WIEDERAUFERSTEHUNG nach einer medialen und politischen Hinrichtung (Haider) – *Der Standard / 26.6.1991* **784**

WIEDERAUFERSTEHUNG, feiert die politische Lüge – *Freiheitlicher Pressedienst / 26.2.1988* **550**

WIEDERAUFERSTEHUNG, feiert die politische Lüge – *Freiheitlicher Pressedienst / 26.2.1988* **551**

WIEDERGEBURT eines Austrofaschismus – *Basta / 3/1993* **847**

WIEDERHOLUNGSTÄTER (Fischer) – *Der Standard / 25.4.1991* **764**

WIEN, Los von – *APA / 8.1.1991* **742**

WIEN, Wasserkopf – *APA / 8.1.1991* **741**

WIENER Kleinbürger (Busek) – *Basta / 6/1991* **779**

WIESENTHAL-Museum – *Der Standard / 1.9.1993* **913**

WILD gewordener Abgeordneter (Nowotny) – *Freiheitlicher Pressedienst / 27.5.1994* **1102**

WILD GEWORDENER Sozialminister (Dallinger) – *Freiheitlicher Pressedienst / 13.2.1987* **166**

WILD-WEST-METHODEN (der Bonzen) – *Freiheitlicher Pressedienst / 10.7.1990* **712**

WILDE Streikkomitees aus der linken Ecke – *Freiheitlicher Pressedienst / 22.10.1987* **435**

WILDWESTMANIEREN, amerikanische – *Freiheitlicher Pressedienst / 27.5.1987* **298**

WILDWUCHS (in der Sozialversicherungsbürokratie) – *Freiheitlicher Pressedienst / 20.7.1993* **889**

WILLENLOSES Werkzeug der SPÖ (ÖVP) – *Freiheitlicher Pressedienst / 6.7.1987* **338**

WILLKÜRLICHE und planlose Subventionsvergaben (Dallinger) – *Freiheitlicher Pressedienst / 7.5.1987* **272**

WINSELT vor der Tür des Bürgermeisters um einen Koalitionsvertrag (Busek) – *Kurier / 17.9.1987* **383**

WIRKLICHKEITSFREMDE Haltung der Bürokratieproponenten in der großkoalitionären Regierung – *Freiheitlicher Pressedienst / 10.2.1987* **164**

WIRRE Konstruktion (Große Koalition) – *Freiheitlicher Pressedienst / 24.2.1987* **173**

WIRTSCHAFTLICHER Unsinn (Kürzung der Bausparförderung) – *Freiheitlicher Pressedienst / 29.5.1987* **301**

WIRTSCHAFTSCHAOTEN, und Pleitiers – *Freiheitlicher Pressedienst / 26.4.1987* **258**

WIRTSCHAFTSPOLITIK, chaotische (Koalition) – *Freiheitlicher Pressedienst / 28.10.1993* **963**

WIRTSCHAFTSPOLITIK, Irrweg in der ... (der alten Parteien) – *Freiheitlicher Pressedienst / 26.2.1987* **181**

WIRTSCHAFTSPOLITIK, kontraproduktiv (Graf) – *Freiheitlicher Pressedienst / 29.5.1987* **302**

WIRTSCHAFTSPOLITIK, völlig verfehlte – *Freiheitlicher Pressedienst / 10.6.1987* **313**

WIRTSCHAFTSPOLITISCHE Frechheit (sozialistischer Initiativantrag zur Abschaffung der vorzeitigen Abschreibung) – *Freiheitlicher Pressedienst / 9.6.1988* **614**

WIRTSCHAFTSPOLITISCHE Lehrlinge (Graf und Konsorten) – *Kurier / 1.12.1987* **481**

WIRTSCHAFTSWACHSTUMSHEMMENDE und eigentumsbildungsfeindliche Maßnahmen des sozialistischen Weges in Österreich – *Freiheitlicher Pressedienst / 13.6.1987* **322**

WISCHI-WASCHI-Papier (ÖVP-Pensionspapier) – *Freiheitlicher Pressedienst / 27.5.1988* **610**

WOHLDOTIERTE Pöstchen (für Parteifunktionäre) – *Freiheitlicher Pressedienst / 19.11.1986* **84**

WOHN- und Herrschaftsrechte (40jährige, der Systemparteien) – *Freiheitlicher Pressedienst / 18.10.1986* **18**

WOLF im Schafspelz (Vranitzky) – *Freiheitlicher Pressedienst / 24.4.1991* **763**

WOLFSPELZ, Schaf im ... (Keller) – *Die Presse / 2.5.1988* **596**

WORT gebrochen (Graf) – *Freiheitlicher Pressedienst / 21.5.1987* **288**

WORT- und vertragsbrüchig (Vranitzky) – *Freiheitlicher Pressedienst / 16.10.1986* **16**

WORTBRUCH (ÖVP) – *Freiheitlicher Pressedienst / 10.1.1988* **530**

WORTBRUCH (Regierung) – *Freiheitlicher Pressedienst / 12.6.1988* **618**

WORTBRUCH, ein ... mehr oder weniger gegenüber ihren Wählern (ÖVP) – *Freiheitlicher Pressedienst / 17.9.1987* **387**

WORTBRÜCHIG (Koalition) – *Freiheitlicher Pressedienst / 27.9.1987* **400**

WORTBRÜCHIG (Verzetnitsch gegenüber Arbeitnehmern) – *Freiheitlicher Pressedienst / 17.11.1993* **980**

WORTBRÜCHIG gegenüber Wählern (ÖVP, wegen der Quellensteuer) – *Freiheitlicher Pressedienst / 17.9.1987* **386**

WORTBRÜCHIG, in einem besonders krassen Fall (ÖVP und SPÖ) – *Freiheitlicher Pressedienst / 9.1.1988* **520**

WORTBRÜCHIG: schlampig, ... und unseriös (Große Koalition) – *Freiheitlicher Pressedienst / 13.7.1988* **628**

WORTBRÜCHIGE Koalition (SP-VP) – *Freiheitlicher Pressedienst / 27.9.1987* **400**

WORTBRÜCHIGE, ehrlose Menschen (wie Zernatto) – *Der Standard / 26.4.1994* **1058**

WORTBRÜCHIGEN, Ansammlung von ... (Regierungsmannschaft der Großen Koalition) – *Freiheitlicher Pressedienst / 26.9.1987* **393**

WORTBRÜCHIGEN, Regierung der ... (Große Koalition) – *Freiheitlicher Pressedienst / 20.10.1987* **431**

WORTREICHE Übersetzung des Unerklärlichen ins Unverständliche (ÖVP) – *Freiheitlicher Pressedienst / 13.1.1991* **748**

WORTREICHER Verkauf ihres eigenen Nichttuns (Regierung) – *Kleine Zeitung / 12.7.1991* **785**

WÜHLEN, in der Vergangenheit ... (SPÖ am 1. Mai) – *Freiheitlicher Pressedienst / 1.5.1994* **1061**

WÜHLMÄUSE, sozialistische (gegen den Rechtsstaat) – *Mittagsjournal / 23.4.1991* **762**

WUNDERKNABE als Problemflüchtling enttarnt (Ausserwinkler) – *Freiheitlicher Pressedienst / 16.3.1994* **1014**

WUNDERSAME rot-schwarze Postenvermehrungen (in der Vorstandsetage, bei Verbund und ÖBB) – *Freiheitlicher Pressedienst / 31.7.1993* **901**

WUNSCHLOSES Unglück (Höger) – *Der Standard / 29.3.1993* **848**

WUNSCHLOSES Unglück des Bundestheaterverbandes (Scholten als drittklassiger Sekretär im ...) – *Freiheitlicher Pressedienst / 12.6.1988* **619**

WURZELLOSES (neues) EU-Volk – *Nordwest-Zeitung / 21.5.1994* **1094**

WÜSTES Durcheinander – *Salzburger Nachrichten / 4.7.1987* **337**

WÜTENDES Geheul (Reaktion der beiden alten Parteien auf das FPÖ-Volksbegehren) – *Freiheitlicher Pressedienst / 6.4.1987* **228**

— Z —

ZAHLENFRIEDHOF (Budget 1988) – *Freiheitlicher Pressedienst / 26.11.1987* **473**

ZAHLLOSE schuldhafte Rechtsverletzungen (SPÖ und ÖVP im Burgenland) – *Freiheitlicher Pressedienst / 2.10.1987* **408**
ZAHLTAG, Wahltag ist ... – *Freiheitlicher Pressedienst / 27.9.1987* **400**
ZAHLUNGEN, nicht ganz durchsichtige (Vranitzky, Sokol, Androsch) – *Freiheitlicher Pressedienst / 10.4.1987* **239**
ZANKEREIEN, unproduktive (innerhalb der rot-schwarzen Regierung) – *Freiheitlicher Pressedienst / 14.7.1993* **880**
ZANKSTELLE parteipolitischer Kleinlichkeiten (Regierung) – *Freiheitlicher Pressedienst / 7.5.1993* **855**
ZAREN, Nasenring der roten ... – *Freiheitlicher Pressedienst / 15.10.1993* **957**
ZEIT, die ganze ... halbe Arbeit leisten (Regierung) – *Freiheitlicher Pressedienst / 19.10.1987* **430**
ZEITERSCHEINUNG: nur noch eine ... in der ÖVP (Busek) – *Der Standard / 26.4.1994* **1057**
ZEITUNGEN, schwindlige (SPÖ) – *Freiheitlicher Pressedienst / 11.11.1986* **70**
ZENSOREN, rote (ORF) – *Freiheitlicher Pressedienst / 16.2.1994* **1001**
ZERPLATZT wie eine Seifenblase (Übleis' Ankündigung) – *Freiheitlicher Pressedienst / 30.10.1987* **453**
ZERRISSENHEIT, interne, der Sozialisten – *Freiheitlicher Pressedienst / 15.4.1987* **251**
ZERSTÖRT, Kulturgut (Peymann) – *Die Presse / 27.2.1992* **812**
ZICKZACK-KURS (Vranitzky) – *Freiheitlicher Pressedienst / 22.4.1987* **253**
ZIEL, ohne (politisches Tempelhüpfen) (ÖVP-EG-Politik) – *Freiheitlicher Pressedienst / 27.11.1987* **475**
ZIELLOS herumflattern: Haufen Hühner, aufgescheucht durch Pleitegeier (Regierung) – *Freiheitlicher Pressedienst / 5.9.1987* **375**
ZIGEUNERKAPELLENMEISTER (Graf) – *Basta / 12/1987* **477**
ZINSERTRAGSSTEUER, Waterloo der ... – *Freiheitlicher Pressedienst / 17.9.1987* **387**
ZINSKNECHTSCHAFT (aufgrund von Schuldenwirtschaft) – *Freiheitlicher Pressedienst / 18.10.1986* **17**
ZIRKUSREIFE Budgetakrobatik (Regierung) – *Freiheitlicher Pressedienst / 28.10.1993* **962**
ZIVILCOURAGE, Mangel an ... (Smolle) – *Freiheitlicher Pressedienst / 27.5.1988* **608**
ZÖGERN, inhumanes (Vranitzky) – *Freiheitlicher Pressedienst / 14.1.1992* **804**
ZOPF: sich am eigenen Zopf aus dem sauren Sumpf ziehen (ÖVP Burgenland) – *Freiheitlicher Pressedienst / 24.8.1987* **367**
ZUCKERBROT und Peitsche – *Freiheitlicher Pressedienst / 16.12.1987* **504**
ZUDECKERKURS (der rot-schwarzen Einheitspartei) – *Freiheitlicher Pressedienst / 3.10.1990* **727**
ZUG, faschistoider (in der politischen Diskussion) – *Der Standard / 25.4.1991* **764**
ZUG, faschistoider (in der politischen Diskussion) – *Freiheitlicher Pressedienst / 24.4.1991* **763**
ZÜGELLOSE Verschwendung (Budgetbereich) – *Freiheitlicher Pressedienst / 13.1.1991* **745**
ZUGRIFF, brutaler (auf Machtpositionen im Staat) (Große Koalition) – *Freiheitlicher Pressedienst / 8.3.1994* **1011**
ZUGRIFF, gieriger (auf Machtpositionen im Staat) (Große Koalition) – *Freiheitlicher Pressedienst / 8.3.1994* **1011**
ZUGRUNDE gehen (wird die ÖVP) – *Der Standard / 19.8.1993* **905**
ZUMUTUNG für die Bevölkerung (Bundesregierung) – *Freiheitlicher Pressedienst / 14.1.1992* **805**

ZUNGE, spricht mit gespaltener ... (Vranitzky) – *Freiheitlicher Pressedienst / 6.10.1993* **943**
ZURECHNUNGSFÄHIG: ob politisch noch ... (Dallinger und Co.) – *Freiheitlicher Pressedienst / 4.9.1988* **633**
ZURÜCK zum Ostblock, statt hin nach Europa (Motto der Regierung) – *Freiheitlicher Pressedienst / 17.3.1991* **759**
ZURÜCKDREHEN, geistiges ... der Uhren um 40 Jahre (Slowenendemonstranten) – *Freiheitlicher Pressedienst / 21.12.1987* **510**
ZURÜCKGEZOGEN (Unterschrift durch Zernatto) – *Inlandsreport / 21.4.1994* **1033**
ZUSAMMENBRUCH, völliger, der Finanzen (Dallinger) – *Freiheitlicher Pressedienst / 7.5.1987* **272**
ZUSAMMENGEBROCHEN, in sich (die Schmutzkampagne mancher Medien) – *Freiheitlicher Pressedienst / 11.1.1987* **116**
ZUSPERREN (verstaatlichte Betriebe wie Donawitz) – *Kronen-Zeitung / 26.1.1987* **140**
ZUSPERREN (verstaatlichte Betriebe wie Donawitz) – *Kleine Zeitung / 26.10.1986* **32**
ZUTIEFST angewidert (Über die dunklen Machenschaften seiner politischen Gegner) – *Freiheitlicher Pressedienst / 24.10.1986* **30**
ZWANGSABGABEN für Koalitionschaos – *Freiheitlicher Pressedienst / 13.5.1987* **277**
ZWANGSBEGLÜCKUNG (Zwangsmitgliedschaft in den Kammern) – *Freiheitlicher Pressedienst / 7.7.1990* **711**
ZWANGSKAMMERNSYSTEMS, Abschaffung des ... – *Freiheitlicher Pressedienst / 19.6.1993* **873**
ZWANGSKAMMERSYSTEM – *Freiheitlicher Pressedienst / 10.7.1990* **712**
ZWANGSMITGLIEDER (Berufsvertretungen) – *Freiheitlicher Pressedienst / 27.6.1987* **332**
ZWANGSMITGLIEDSCHAFT in den Kammern – *Freiheitlicher Pressedienst / 7.7.1990* **711**
ZWANGSMITGLIEDSCHAFTEN – *Freiheitlicher Pressedienst / 17.9.1990* **720**
ZWANGSMODELL (Pädagogenmodell-Gegenvorschlag) – *Freiheitlicher Pressedienst / 21.12.1987* **509**
ZWANGSORGANISATIONEN, Glassturz von ... – *Freiheitlicher Pressedienst / 8.5.1990* **703**
ZWANGSWEISE Verbindung von Politik, Korruption und Gaunerei – *Freiheitlicher Pressedienst / 10.1.1988* **525**
ZWANGSWEISE Verbindung von Politik, Korruption und Gaunerei – *Kleine Zeitung / 11.1.1988* **538**
ZWANGSWIRTSCHAFT der Marktordnungen wie im Ostblock – *Kleine Zeitung / 26.10.1986* **34**
ZWEITE GEIGE (Mock als Vizekanzler) – *Arbeiterzeitung / 31.10.1986* **48**
ZWEITE PARTEI, ewig (ÖVP, durch Kukacka) Kukacka – *Freiheitlicher Pressedienst / 8.4.1988* **555**
ZWERGE (wären Bauernbundfunktionäre geworden, wenn Lügen kurze Beine hätten) – *Oberösterreichische Nachrichten / 3.10.1988* **638**
ZWIESPÄLTIGE Haltung der Volkspartei (zum Sozialbudget Dallingers). – *Freiheitlicher Pressedienst / 17.6.1987* **323**
ZWILLINGE, Siamesische (ÖVP und SPÖ) – *Neue Freie Zeitung / 30.10.1986* **46**
ZYNISCHE Politik (der Sozialistischen Koalition mit schwarzen Gastarbeitern) – *Freiheitlicher Pressedienst / 6.2.1987* **157**
ZYNISCHE Provokation (Lacina) – *Freiheitlicher Pressedienst / 10.6.1988* **616**
ZYNISMUS, ungeheurer (Bundesregierung, Sparen) – *Freiheitlicher Pressedienst / 17.10.1987* **427**

– DIE QUELLEN –

Vorgezogene Neuwahlen sind Vertragsbruch der SPÖ. 1
Freiheitlicher Pressedienst / 15.9.1986

„Wenn man in der FPÖ verbreitet, jemand sei Freimaurer oder Halbjude, ist er bald hin", hat Jörg Haider einmal aus der Parteischule geplaudert. In Innsbruck, beim FP-Parteitag, ist auch in dieser Hinsicht eine Saat aufgegangen. „Der Jud' Steger" hat da ein Mann aus dem Kreis um Haider gemeint, und Betonung, Gesichtsausdruck und Schenkelklopfen haben mehr gesagt als diese Worte. *Arbeiterzeitung 16.9.1986* 2

Haider lernte perfekt den Kärntner Dialekt, und plötzlich hatte er auch etwas gegen die „Diskriminierung Deutsch-Kärntner Kinder durch den Slowenischunterricht". *Wochenpresse 16.9.1986* 3

[Haider] forderte die FPÖ auf, eine „demokratische nationale Rechtspartei" zu sein. *Wochenpresse 16.9.1986* 4

Vranitzky, dessen Budgetprognosen als Finanzminister bereits gescheitert seien, habe sich durch die Vorverlegung der Wahlen und den Vertragsbruch bezüglich des Koalitionspaktes mit der FPÖ nun auch der Verantwortung als Bundeskanzler entzogen. *Freiheitlicher Pressedienst / 26.9.1986* 5

Sein mangelhaftes Demokratieverständnis bewies der Privilegienkanzler mit der Aussage, daß er gegen eine plebiszitäre Regierungsform sei. Plebiszitär bedeutet nämlich übersetzt: das ungebildete Volk, der Pöbel [!]. Diese Behauptung sei eine ungeheuerliche Entgleisung des Kanzlers und könne nur auf das schärfste zurückgewiesen werden, sagte Haider. 6
Freiheitlicher Pressedienst / 28.9.1986

Auftritt Haiders am Grazer Rathausplatz: „Ich kämpfe nicht, um Minister zu werden, wir kämpfen für Ordnung und Sauberkeit." 7
Wiener / 10/1986

„Wie sich anläßlich der Diskussion um die Grüne Einigung zeigt, ist die verhinderte grüne Spitzenkandidatin Freda Meissner-Blau von Kryptokommunisten und Chaoten umgeben, die das Linksaußen des linken Randes der denkbaren politischen Möglichkeiten darstellen", erklärte heute der freiheitliche Bundesparteiobmann Dr. Jörg Haider gegenüber dem Pressedienst seiner Partei. *Freiheitlicher Pressedienst / 8.10.1986* 8

Seit Wochen erlebt Österreich ein Schauspiel von besonderer Qualität. Die „Grüne Einigung" zwischen linken Chaoten und rechten Stürmern zeichnet sich durch kabarettistische Züge aus. Während das interne Auftreten von Freda Meissner-Blau durch autoritäre Akzente gekennzeichnet ist, gibt sie sich im ORF dem „soft touch" hin. Unterdessen agieren linke Berufsdiskutanten und bezeichnen unseren Staat als „völlig verrottet". 9
Freiheitlicher Pressedienst / 9.10.1986

10 „Es ist fraglich, ob die Grünen ihre pubertäre Phase je überwinden werden, wenn sie weiter in ihrem links-chaotischen Tümpel dahinplantschen. Dem österreichischen Wähler muß klar sein, daß die „Grüne Alternative" keine echte Alternative darstellt, da sie unter diesen Vorzeichen nicht als konstruktive Kraft zu bewerten sind", schloß Haider.

Freiheitlicher Pressedienst / 9.10.1986

11 „Die alten Parteien SPÖ und ÖVP haben den Machtanspruch auf Führung der Republik verspielt, da diese das Debakel in den Staatsbetrieben durch den politischen Proporz, die Bürokratisierung der Wirtschaft sowie ein undemokratisches Kammersystem und den Verfall der sozialen Gerechtigkeit durch Privilegienwirtschaft zu verantworten haben", sagte der freiheitliche Bundesparteiobmann Dr. Jörg Haider vor Tausenden Besuchern einer Wahlveranstaltung im Klagenfurter Konzerthaus.

Freiheitlicher Pressedienst / 11.10.1986

12 „Und dann ist es natürlich auch klar, daß vielleicht auch von der Persönlichkeitsstruktur das Zusammenarbeiten nicht so leicht gewesen wäre, denn er [Vranitzky] ist ja bekanntermaßen auch einer, der sich durchaus mit Privilegien anfreunden kann. ... Der sich halt illegal eine 3-Millionen-Abfertigung bei seinem Ausscheiden aus einer Staatsbank geholt hat. Und ich bin halt einer, der [gegen] diese Privilegienwirtschaft ankämpft. Und da hätten wir wahrscheinlich härter geredet." *Zeit im Bild 1 / 12.10.1986*

13 „In jedem Fall ist diese Vorgangsweise moralisch untragbar, wenn ausgerechnet der Spitzenkandidat einer Arbeiterpartei sich bei seinem Wechsel von einer staatlichen Bank in ein Staatsamt Millionenabfertigungen ausbezahlen läßt", schloß Haider. *Freiheitlicher Pressedienst / 13.10.1986*

14 Es darf niemanden wundern, wenn Haider, bekannt für sein kompromißloses Eintreten beim Privilegienabbau, vom Privilegienritter Vranitzky angegriffen wird. Nur die Art und Weise, wie das geschehen ist, gibt zu denken. Nach Ostblock-Manier versucht Vranitzky, Haider „gesetzwidriges Vorgehen" zu unterschieben, um so einen gefährlichen Konkurrenten auszuschalten und ihn an den Rand der Legalität zu drängen.

Freiheitlicher Pressedienst / 16.10.1986

15 „Der coole Banker Vranitzky hat bereits in der ersten Phase der Sanierung seiner Partei die Nerven weggeschmissen, wenn er sich im Interesse der Beruhigung seines linken Parteiflügels zu solchen ungeheuerlichen Aussagen hinreißen läßt", erläutert Haider. *Freiheitlicher Pressedienst / 16.10.1986*

16 „Mit seinen hysterischen Erklärungen versucht der Bundeskanzler ganz offensichtlich den Umstand zu verschleiern, daß er der erste sozialistische Politiker ist, der gegenüber der freiheitlichen Partei wort- und vertragsbrüchig wurde", schloß Haider. *Freiheitlicher Pressedienst / 16.10.1986*

17 Haider wörtlich: „Die Schuldenwirtschaft der Vergangenheit führt die Steuerzahler in eine belastende Zukunft der Zinsknechtschaft, ein lei-

stungsfeindlicher Wohlfahrtsstaat entmündigt die Fleißigen. Übermächtige Kammern und Verbände behindern eine gedeihliche Entwicklung der Wirtschaft. Ein kalter Funktionärsstaat läßt Privilegien und Pfründe sprießen wie Champignons im Dunkeln."

Freiheitlicher Pressedienst / 18.10.1986

Die 40-jährigen Wohn- und Herrschaftsrechte der Systemparteien müssen gebrochen werden, forderte Haider. Das Haus Österreich müsse wieder mit einem neuen Geist erfüllt werden: 18

*) Wieder Vorrang des Bürgers vor den „Bonzen".
*) Ehrlichkeit muß wieder vor Parteitaktik stehen.
*) Das Recht muß wieder vor der Macht kommen.
*) Dem Leistungswilligen muß der Vorzug vor den „Sozial-Schnorrern eingeräumt werden. *Freiheitlicher Pressedienst / 18.10.1986*

Aufgabe der Freiheitlichen sei es schließlich, Anwalt der Bürger zu sein, und nicht ein Anhängsel der „alten Parteien". 19
„Wer aber in Österreich Demokrat ist, entscheidet nicht das ideologische Gruselkabinett in der Löwelstraße, sondern das entscheiden allemal noch die Bürger dieses Landes." *Freiheitlicher Pressedienst / 18.10.1986*

Damit soll der durch die übermächtigen Genossenschaftskonzerne bewirkten Verelendung der Bauern entgegengewirkt werden. Die Bauern brauchen wieder Partner und keine Lehensherren, denen sie voll ausgeliefert sind. *Freiheitlicher Pressedienst / 18.10.1986* 20

Abschließend gab Haider einen Ausblick auf die möglichen Folgen einer rot-schwarzen Elefantenhochzeit: „Die Große Koalition wird nicht die Probleme lösen können, die sie selber geschaffen hat. Das würde nämlich bedeuten, eine Schildkröte zur Weltmeisterschaft im Stabhochsprung antreten zu lassen. Eine schwarze Alleinregierung bedeutet allerdings nichts anderes als die SPÖ-Alleinregierung, überzogen mit einem Heiligenschein und von CV-Cliquen exekutiert." *Freiheitlicher Pressedienst / 18.10.1986* 21

Haider: Die wahren Opportunen sitzen in der SPÖ. 22

Freiheitlicher Pressedienst / 19.10.1986

„Hier zeigt sich einmal mehr, wer der wahre Opportunist ist. Nicht zu vergessen, daß Vranitzky aus offensichtlich opportunistischen Gründen das Regierungsabkommen mit der freiheitlichen Partei gebrochen hat", sagte Haider ... *Freiheitlicher Pressedienst / 19.10.1986* 23

„Am 23. November werden die Wähler entscheiden, wer in Österreich sein Fähnlein nach dem Wind richtet und opportunistische Politik betreibt." 24

Freiheitlicher Pressedienst / 19.10.1986

„Der Herr Bankdirektor hat gesagt, er würde mir politisch nicht die Hand reichen. Leider hat er vorher nicht gefragt, ob ich sie ihm überhaupt rei- 25 che." Und: „Mir ist es mehr wert, einem anständigen Bauern die Hand zu geben, als einem Bundeskanzler, dessen kaltes Herz die Nöte des Bauern nicht mehr kennt." Oder: „Dabei ist der Herr Bankdirektor a guater Mann. Den hätt i gern als Vizekanzler in meiner Regierung."

Die Presse / 21.10.1986

26 Von Mock ist kaum die Rede, bestenfalls von der „brutalen und herzlosen Agrarbürokratie", vom aufgeblasenen Milchwirtschaftsfonds", vom „unfähigen Bauernbund". Doch Mock selbst bleibt weitgehend ausgespart. Warum? „Jetzt hat er sein sechzehntes Steuerreformkonzept präsentiert. Also, was soll man da noch sagen?" *Die Presse / 21.10.1986*

27 „Wer in Österreich ein Demokrat ist, entscheidet sicherlich nicht das ideologische Gruselkabinett in der SPÖ-Zentrale in Wien, sondern immer noch der Wähler am 23. November."

Neue Freie Zeitung / 23.10.1986

28 Käme es nach der Wahl zu einer Großen Koalition, so könnte diese einen führungslosen ORF niederwalzen und dem Generalintendanten Entscheidungen aufzwingen, die nichts mit der Sache, dafür aber alles mit politischer Packelei und Parteiprotektion zu tun hätten, führte Dr. Haider aus.

Freiheitlicher Pressedienst / 24.10.1986

29 Es bestünde daher die Gefahr, daß sich dann wieder inkompetente Parteibonzen anstatt der dringend notwendigen tüchtigen Manager mit Zivilcourage im ORF etablierten. *Freiheitlicher Pressedienst / 24.10.1986*

30 Der freiheitliche Bundesparteiobmann Dr. Jörg Haider zeigte sich heute zutiefst angewidert über die dunklen Machenschaften seiner politischen Gegner. *Freiheitlicher Pressedienst / 24.10.1986*

31 Im gegenständlichen Fall wird Haider die Einvernahme des sozialistischen Landesparteisekretärs Dr. Ambrozy fordern müssen, da Ambrozy bereits vor Wochen im Schutze seiner Abgeordnetenimmunität ähnliche verleumderische Aussagen [betreffend Innsbruck-Flug] getätigt hat.

Freiheitlicher Pressedienst / 24.10.1986

32 Auf die Frage, ob es dann nicht konsequenter wäre, sogleich die Schließung der VOEST zu verlangen, zumal diese bereits einen Kapitalbedarf von fast 22 Milliarden Schilling angemeldet habe, durch Eigenleistungen jedoch nur ein bis zwei Milliarden Schilling aufbringen kann, antwortete Haider, man solle sich „nicht in die Tasche lügen". Betriebe, die zum Sterben verurteilt seien, müsse man zusperren. Er meine damit nicht die ganze VOEST, doch sollte die Fusion mit der Alpine rückgängig gemacht werden. Er halte das „ganze Theater" um Donawitz für falsch, wenn jetzt wieder neue Investitionsprogramme gewälzt würden: „Es wäre billiger, die Leute daheim zu lassen und ihnen den Lohn zu überweisen."

Kleine Zeitung / 26.10.1986

Der Gegner, den Haider attackiert, heißt Vranitzky, aber die Weide, auf der er grasen will, gehört Mock. Am 23. November gehe es nicht darum, ob der „fesche Franz oder der langweilige Alois“ Bundeskanzler werden soll, sondern gegen die „Alleinherrschaft der alten Parteien“, die sich auf einem vorverlegten Polterabend bereits auf die Elefantenhochzeit einer neuen Großen Koalition geeinigt hätten. *Kleine Zeitung / 26.10.1986* 33

Er schimpfte über die Bürokraten, die andere bei der Arbeit nicht stören sollten, wenn sie schon selber nichts arbeiten wollen. Er empfahl, lieber ein paar „Asphaltagrarier“ im Milchwirtschaftsfonds zu entlassen, statt die Bauern umzubringen, weil es in der Zwangswirtschaft der Marktordnungen „wie im Ostblock zugeht“. *Kleine Zeitung / 26.10.1986* 34

Beispielsweise vom Druck im Landesdienst, in dem man als Beamter so schwarz sein müßte, „daß man sogar im Tunnel noch einen Schatten wirft“. *Kleine Zeitung / 26.10.1986* 35

Im Zusammenhang mit der Ankündigung des Wiener SPÖ-Vorsitzenden Gratz, der Zentralsekretär der Eisenbahnergewerkschaft, Schmölz, werde ein Nationalratsmandat erhalten, stellte heute der FPÖ-Bundesparteiobmann Dr. Jörg Haider fest, daß die SPÖ offensichtlich auch weiterhin eine Multifunktionärs- und Apparatschikpartei bleiben wolle. *Freiheitlicher Pressedienst / 27.10.1986* 36

„Obwohl Dr. Vranitzky überall ehrliche Politik plakatieren läßt, duldet er es jetzt, daß wiederum ein Gewerkschafts- und Parteibonze in den Nationalrat eingeschleust werden soll“, sagte Haider. *Freiheitlicher Pressedienst / 27.10.1986* 37

Dies stelle eine versuchte Täuschung des Wählers dar, fuhr Haider fort und betonte, daß typisch für die SPÖ die Methode sei, ihre offensichtlich nicht mehr zu legitimierende Macht durch die Einzementierung gehorsamer Genossen gegen den Willen des Wählers zu sichern. *Freiheitlicher Pressedienst / 27.10.1986* 38

„Ich fordere Bundeskanzler Vranitzky auf, dem österreichischen Wähler zu erklären, ob er tatsächlich gewillt ist, durch solche Sesselschiebereien den Wählerwillen manipulieren zu lassen und durch das Hineinschießen eines Eisenbahnergewerkschaftsfunktionärs in den Nationalrat die der Bevölkerung völlig unverständlichen und längst überholten Privilegien der Eisenbahner unantastbar zu machen.“ *Freiheitlicher Pressedienst / 27.10.1986* 39

„Ich werde jedenfalls mit ganzer Kraft gegen Postenschacher, politische Packelei und Privilegienwirtschaft auftreten.“ *Freiheitlicher Pressedienst / 27.10.1986* 40

„Ein Klima der Unfreiheit schaffen die beiden Großparteien überall dort, wo sie ihre Macht durch Parteibuchzwang und Proporz entfalten können. Demgegenüber steht die Freiheitliche Partei, die zwischen den Macht- 41 blöcken von SPÖ und ÖVP als Anwalt des Bürgers für die Interessen des Einzelnen eintritt und somit die Demokratie in unserer Heimat Österreich belebt sowie zu einer politischen Erneuerung beiträgt." Dies erklärte heute der freiheitliche Bundesparteiobmann Dr. Jörg Haider bei einer Wahlveranstaltung in Wien. *Freiheitlicher Pressedienst / 28.10.1986*

42 Die von der ÖVP durchgesetzte Sondersitzung des Nationalrats am kommenden Montag bezeichnete Jörg Haider als „Theaterdonner vor den Wahlen". Da die Volkspartei festgestellt habe, „daß sie in der Wählergunst Probleme hat", müsse sie Aufmerksamkeit erregen. „Wir betrachten das aber eher als Mißbrauch des Parlaments." *Die Presse / 29.10.1986*

43 Haider: Neuer Vorstoß zur Trockenlegung des Privilegiensumpfes. *Freiheitlicher Pressedienst / 29.10.1986*

44 „Dieses dubiose Überbleibsel erinnert an die Privilegienwirtschaft der Großen Koalition, die aber heute nicht mehr tragbar ist. Die Versuche, Politikerprivilegien in diesem Bereich des öffentlichen Lebens abzustellen, scheiterten bisher, allerdings verständlicherweise, am Widerstand der beiden alten Parteien, die ihre Macht wie auf einem Schachbrett aufteilten. Wir Freiheitlichen werden diese großkoalitionäre Packelei auf Kosten des Steuerzahlers schonungslos aufdecken. Die Bezirksfürsten müssen von ihren hohen Rössern steigen."
Freiheitlicher Pressedienst / 29.10.1986

45 „Für den Bauernstand, der sowieso schon den rot-schwarzen Blutegel am Hals hängen hat, bedeutet dies den Anfang einer Verelendungstendenz, die in den Ruin Tausender Familien führen muß", schloß Haider.
Freiheitlicher Pressedienst / 30.10.1986

46 Bei einer kritischen Gesamtbeurteilung der Republik erkenne man, daß beim Wiederaufbau der Republik die Macht zwischen den beiden Großparteien aufgeteilt worden sei. „Die Zonen, die die Besatzer verlassen haben, sind durch die Parteien wieder aufgerichtet worden", sagte Haider wörtlich. „Die Österreichische Volkspartei ist in ihren Programmen — schau'n Sie es sich genau an — und auch in ihren Handlungen nicht viel anders als die Sozialistische Partei. ÖVP und SPÖ sind siamesische Zwillinge, die einander sehr stark gleichen. Würde die Volkspartei die Führung in dieser Republik übernehmen, dann würde das die Fortsetzung des sozialistischen Feudalismus, versehen mit einem Heiligenschein und gemacht von einer Clique von CV-Organisationen, bedeuten." *Neue Freie Zeitung / 30.10.1986*

47 „Vranitzky hat gemeint, auch deshalb könne er mir politisch nicht die Hand geben, weil ich im Burgenland zu Bauern gefahren bin, die demonstriert haben. Das ist also ein Ausschließungsgrund für politische Anständigkeit. Der Herr Bundeskanzler wird zur Kenntnis nehmen müssen, daß es mir mehr wert ist, einem anständigen Bauern die Hand zu geben als einem politisierenden Bankdirektor, dessen kaltes Herz die Not der Bauern nicht erkennen will." *Neue Freie Zeitung / 30.10.1986*

... aber es wäre für ihn „ja dumm, als Vizekanzler unter einem Regierungschef Franz Vranitzky nur die zweite Geige zu spielen“, sagt Haider in dem Interview. In einer Großen Koalition würden, so der FP-Obmann, „die Roten den Schwarzen schon zeigen, wo der Bartl den Most holt, so wie sie das uns gezeigt haben in den letzten drei Jahren“. 48

Arbeiterzeitung / 31.10.1986

„Vranitzky wird sich viel schneller in der Politik erübrigen als ich“, formuliert Haider flott seinen Groll gegen den Ex-Banker, von dem er sagt: „Er ist ein Mensch, der relativ wenig Gefühl bei seinen Entscheidungen zeigt. Den läßt es doch völlig kalt, wenn er 10.000 Menschen auf die Straße setzt.“ 49

Basta / 11/1986

„Der Männer des Ersten und Zweiten Weltkrieges, die ihr Leben gaben, um ihrer Heimat die Zukunft zu sichern, sei zu dieser Stunde und an diesem Ort gedacht, ebenso auch den zahllosen Opfern unter der Zivilbevölkerung, Frauen und Kindern, die schutzlos den Bomben und Granaten ausgesetzt waren“, erklärte Haider und fuhr fort: 50

„Daß es möglich war, unsere Heimat aus den Trümmern des Krieges wieder aufzubauen und zu materiellem Wohlstand zu führen, ist ebenfalls dieser Generation zu danken — einer Generation, die ständigen Verunglimpfungen ausgesetzt ist. Das Soldatentum wird von bestimmten Kreisen beschimpft und besudelt. An der Ehre der Gefallenen und Lebenden des Weltkrieges putzen sich so manche Herren nur allzu gerne ihre Schuhe ab — aber die Wählerstimmen dieser Gruppe wollen sie doch.“

„Es ist beschämend, wenn man sieht, wie Menschen, die alles gegeben haben, was sie zu geben hatten — nämlich ihr Leben — von Drückebergern und politischen Opportunisten mit Dreck beworfen werden.“

„Damit muß ein für allemal Schluß sein. Es ist unverständlich, warum unsere Väter und Großväter Verbrecher sein sollen, wie so viele Politiker lautstark verkünden. Ich stehe zu dieser Kriegsgeneration, zu den Toten wie zu den Lebenden“, schloß Haider. *Freiheitlicher Pressedienst / 2.11.1986*

Die heutige Aussage Vranitzkys, daß er weder mit Jörg Haider noch mit der FPÖ eine Zusammenarbeit machen werde, sei der Ausdruck einer undemokratischen Gesinnung des Bankdirektors im Bundeskanzleramt und zeuge nur von der Angst Vranitzkys vor der klaren und eindeutigen Antiprivilegienlinie Jörg Haiders, die er verständlicherweise nie mitvollziehen wird können, da er selbst ein privilegierter Millionenabfertigungsempfänger sei, sagte der Bundesparteiobmann der Freiheitlichen Partei, Dr. Jörg Haider. *Freiheitlicher Pressedienst / 2.11.1986* 51

Die Freiheitliche Partei bereite sich jedenfalls angesichts der Tatsache, daß die Große Koalition schon so gut wie eine beschlossene Sache sei, auf ihre Oppositionsrolle nach dem 23. November vor, um die Packeleien, die in einer solchen Koalition an der Tagesordnung stehen werden, durch eine starke, wirkungsvolle Opposition zu verhindern, sagte Haider. 52

Freiheitlicher Pressedienst / 2.11.1986

53 Der Bundesparteiobmann wurde auch auf seine Teilnahme an der vielfach als SS-Treffen bezeichneten regelmäßigen Veranstaltung auf dem Kärntner Ulrichsberg angesprochen. Haider wertete die Ulrichsberggemeinschaft als Friedenstreffen. Es hätten daran auch schon SP-Landeshauptmann Wagner und VP-Landesrat Gallob teilgenommen. Eine Messe in diesem Rahmen habe auch der Kärntner Bischof Dr. Egon Kapellari zelebriert, dem man doch gewiß keine Nähe zum Extremismus nachsagen könne. Gefragt, ob er nicht an SS-Treffen teilnehmen werde, sagte Haider, er werde sicher nicht an SS-Treffen teilnehmen, die Teilnahme an einem Friedenstreffen werde er sich freilich nicht verbieten lassen. *Freiheitlicher Pressedienst / 5.11.1986*

54 „Unsere freiheitliche Weltanschauung ermöglicht es uns, gegen einen unsozialen Gruppenegoismus, der die Tendenz zum Klassenstaat in sich trägt, aufzutreten und jenes Gemeinschaftsdenken wieder in den Mittelpunkt unserer politischen Entscheidung zu rücken, das einen freien und gleichberechtigten Bürger, unabhängig von seinem sozialen Status und seiner Herkunft, zum Ziele hat." *Neue Freie Zeitung / 6.11.1986*

55 „Die Schwarzen und die Roten haben aus unserem Land eine Champignonzucht gemacht: Alles gedeiht nur mehr im Dunklen, wenn genug Mist draufkommt; und wenn sich einmal helle Köpfe zeigen, werden sie abgeschnitten", ruft Junker Jörg. *Ganze Woche / 6.11.1986*

56 Er weiß eben, wie er ihnen die Notwendigkeit erklärt, das Kreuz bei der FPÖ zu machen. Er geißelt die Selbstgefälligkeit der „teuren und faulen Technokraten" in den Sozialversicherungsanstalten; er nimmt die Zwangsmitgliedschaften aufs Korn, die Kammer-Herren „fette Pfründe sichern"; er räumt mit den Polit-Funktionären auf, „die so viele Funktionen haben, daß sie vor lauter Geldzählen nicht mehr zum Arbeiten kommen"; er heizt den Managern in der Elektrizitätswirtschaft ein, die Gratisstrom zum Heizen beziehen; er verdammt die „Sozialstaat-Schnorrer", die sich ausrechnen, wie sie auf unser aller Kosten am besten durchs Leben radieren. *Ganze Woche / 6.11.1986*

57 Der 36jährige aus Kärnten zieht alle Register. Ätzt wider den „feschen Franz" (Vranitzky) und höhnt den „faden Alois" (Mock). *Kurier / 7.11.1986*

58 Da ist die Rede von den „Dickhäutern" SPÖ und ÖVP, die nach dem 23. November gemeinsam die Regierung sein werden, „deren Haut so dick ist, daß sie kein Rückgrat mehr haben, wenn sie an ihre Wahlversprechen erinnert werden". *Kurier / 7.11.1986*

59 Da ist die Rede von Freda Meissner-Blau, die von der „Blaumeise zum Rotkehlchen" geworden sei, weil sie die Grün-Unterstützung für eine Minderheitsregierung nicht ausschloß. *Kurier / 7.11.1986*

60 Es ist nimmer zimperlich, wie er dann mit den Spitzenleuten der beiden „alten Parteien" umspringt. *Kurier / 7.11.1986*

Franz Vranitzky nennt er prinzipiell den „Bankdirektor im Bundeskanzleramt". *Kurier / 7.11.1986* 61

Ihm [Vranitzky] wirft er nach wie vor Vertragsbruch (Koalitionsauflösung) vor. *Kurier / 7.11.1986* 62

... daß er [Vranitzky] ein „Privilegienritter" sei (Abfertigung) und damit „kein Vorbild für Österreich". *Kurier / 7.11.1986* 63

Das „sozialistische Gruselkabinett in der Wiener Löwelstraße" (SPÖ-Parteizentrale) verbreite „Dummheiten", wenn man ihm [Haider] demokratische Gesinnung absprече. *Kurier / 7.11.1986* 64

Im übrigen sei Vranitzky „hartherzig" und „ohne soziales Empfinden". *Kurier / 7.11.1986* 65

Dazu komme der „Liebestaumel der ÖVP" in Richtung Sozialisten und Große Koalition, was die versprochene „Wende" im Land nie und nimmer bringe. *Kurier / 7.11.1986* 66

Mock sei überdies „unglaubwürdig". *Kurier / 7.11.1986* 67

„Das einzige entscheidende Kriterium ist das verflixte Parteibuch in Österreich als Glücksbringer für jeden einzelnen Bürger, wenn er im öffentlichen Leben unterkommen will. Wenn er in Wien unterkommen will im öffentlichen Dienst, dann muß er halt offenbar bis zur Urgroßmutter nachweisen, daß immer alle schon sozialistisch waren, und daß er bei der ersten Geburtsminute bereits die Internationale auf den Lippen geträllert hat, dann ist er richtig qualifiziert, um aufgenommen zu werden. Aber man sollte auch nicht davor sich drücken zu sagen, daß beide alten Parteien einander gleichen wie ein Ei dem anderen, denn auch hier, wenn ein junger Mensch in Salzburg in den öffentlichen Dienst aufgenommen werden will, in der Landesregierung unterkommen will, ist nicht die Qualifikation entscheidend, sondern er muß so schwarz sein, daß er in einem Tunnel auch noch einen Schatten wirft, dann hat er eine richtige Chance, um aufgenommen zu werden." *Zeit im Bild 1 / 7.11.1986* 68

Jörg Haiders liebste Zielscheibe ist dabei VOEST-Zentralbetriebsrat Ruhaltinger, der als „Multifunktionär wie aus dem Bilderbuch" mit Spott und Hohn übergossen wird. „Diese Leute haben so viele Ämter, daß sie nicht mehr zum Arbeiten kommen, weil sie randvoll damit ausgelastet sind, ihre Kontonummern fürs Geldüberweisen bekanntzugeben. Ruhaltinger ist schon Monate vor Platzen des VOEST-Skandals auf Regimentskosten zu Studien nach Ägypten gereist. Er wollte offenbar ergründen, wie es denn möglich ist, daß Pyramiden, die genauso wie die VOEST auf Sand gebaut sind, bis heute überlebt haben." 69

Beim Autogrammschreiben, das „Jörgl" mit volkstribunhafter Lässigkeit („Paßt scho', Servus!") erledigt, stutzt er nur einmal kurz, als ihm ein Fan gesteht: „Ich bin ‚schwarzer' Gemeinderat." — „Ja, was soll aus Mocks

Wende werden?" schmunzelt Haider. „Doch höchstens eine eingesprungene Sitzpirouette mit Bauchfleck." *Kronen-Zeitung / 10.11.1986*

70 Bei der Presse gebe es einen Industriemachtbereich, in dem die ÖVP zu Hause sei, da seien dann noch einige „schwindlige Zeitungen", die zur SPÖ gehörten. Die FPÖ werde die Vorwürfe durch Handeln widerlegen.
Freiheitlicher Pressedienst / 11.11.1986

71 „... daß dieser Herr [Dallinger] ja im Partei- und Funktionärsdschungel groß geworden ist und eigentlich nie einen zivilen Beruf ausgeübt hat". Dallinger sei die Personifikation der roten Personal- und Parteibuchpolitik im Sozialversicherungssystem, das aufgrund der wie Maden im Speck festsitzenden Funktionäre keinerlei Leistungsfähigkeit mehr aufweise.
Freiheitlicher Pressedienst / 14.11.1986

72 „Nicht das Nachdenken über ständiges Mehrbelasten des Bürgers, sondern die Beseitigung dieses überbürokratisierten Funktionärs- und Privilegienparadieses wäre eine Aufgabe für den Sozialminister [Dallinger], die dieser mindestens fahrlässig bisher nicht wahrgenommen hat", schloß Haider.
Freiheitlicher Pressedienst / 14.11.1986

73 Gegen Weinbauern, die die Banderole in ihrer jetzigen Form ablehnten, gingen Kellereiinspektoren mit ungeahnter Härte und in äußerst schikanöser Weise vor, fuhr Haider fort und schloß mit der Aufforderung an Landwirtschaftsminister Schmidt, derartige Umtriebe seiner Organe einzustellen und diese Kellereiinspektoren zurückzupfeifen, die aus offenbar politischen Gründen ehrliche Landwirte terrorisierten und vor der Wahl einzuschüchtern versuchten. *Freiheitlicher Pressedienst / 17.11.1986*

74 Bundeskanzler Vranitzky als Hauptopfer: der Bankdirektor mit 19 1/2 Gehältern und der Millionenabfertigung, der Neusozialist, der „schöne Franz". „Wenn der mit seinen Genossen spricht, dann ist das so, wie wenn der Eisschrank mit seinen Eiswürfeln verhandelt."
Die Presse / 17.11.1986

75 Er will „die Mißstände und Leistungshemmnisse beseitigen". Er will „die politische Erneuerung". Er will „eine politische Rodungsbewilligung", ausgestellt am 23. November. *Die Presse / 17.11.1986*

76 „Kaum hat der Bobby Graf gemerkt, da geht's in die Regierung, hat er gleich gesagt, man kann auch über die Sparbuchsteuer reden." Freda Meissner-Blau wird als Privilegierte und Duckmaus angegangen: Weil in ihrem Arbeitszimmer „die Beleuchtung so schlecht ist" und „damit sich die arme Haut die Augen net vertut", habe sie um Frühpension angesucht und diese bekommen. Jetzt führe sie pumperlgesund Wahlkampf. Und „jetzt spielt sie die Anti-Atom-Tante und hat bis vor kurzem, bevor sie s' aus der SPÖ hinausgeschmissen haben, nichts dabei gefunden am sozialistischen Kurs für Zwentendorf". *Die Presse / 17.11.1986*

In Salzburg-Wals zieht er in einem einzigen Satz gegen „die Sandler und Sozialstaatschnorrer" vom Leder und verbittet sich deren Stimmen. Ebendort auch: „Ich stelle mich vor jene ältere, vor die Kriegsgeneration, die Österreich aufgebaut hat und an der sich die SPÖ dennoch die Füße abputzt." In Oberpullendorf steht ein brauner Golf acht Meter von Haiders Redepodest entfernt, B 184.079, mit Klebern wie „Ehrenbund Rudel" und „Ein Herz für Deutschland" und der im Fond, neben einem Haider-Plakat, weit ausgebreiteten „Deutschen National-Zeitung". Das ist nicht verboten. Haider hat nichts bestellt davon. Wem da graust, der braucht ja nicht hinzuschauen. 77

Die Presse / 17.11.1986

„Mir, der ich in den fünfziger Jahren geboren bin, will man nachweisen, daß ich schon im vierunddreißiger Jahr Illegaler gewesen bin!" Dabei ist er „ein Antifaschist", so seine taufrische Selbsteinschätzung. 78

Profil / 17.11.1986

Die alten Krieger haben es dem Kärntner Landesrat besonders angetan. Bei einer Kranzniederlegung vor dem Start der Wahlreise formulierte er: „Der Männer des Ersten und Zweiten Weltkrieges, die ihr Leben gaben, um ihrer Heimat die Zukunft zu sichern, sei zu dieser Stunde gedacht." Und weiter: „Das Soldatentum wird von bestimmten Kreisen beschimpft und besudelt. An der Ehre der Gefallenen und der Lebenden putzen sich so manche Herren nur allzu gern ihre Schuhe ab, aber die Wählerstimmen dieser Gruppe wollen sie doch." [...] 79

Johlende Zustimmung, als er den „Herrn Vranitzky" angeht: „Ich geb' lieber einem ehrlichen Bauern die Hand als einem sozialistischen Bundeskanzler, der mit seiner Gefühlskälte die Notlage der Landwirte nicht kapiert."

Profil / 17.11.1986

Es sei „beschämdend, wenn man sieht, wie Menschen, die alles gegeben haben, was sie zu geben hatten — nämlich ihr Leben -, von Drückebergern und politischen Opportunisten mit Dreck beworfen werden". 80

Profil / 17.11.1986

„Irgendwelche Nebbochanten in den Parteisekretariaten" nehmen den braven Bürgern das Weiße aus den Augen. „Das Land ist Besitztum der alten Parteien", in den „milliardenteuren Tintenburgen" dösen „die Bürokraten und plündern die fleißigen Leut' aus". Und das, bedauert der Wahlkämpe und genehmigt sich einen Schluck aus dem Wasserglas, „ist leider nicht nur Polemik, das ist das Leben". 81

Profil / 17.11.1986

Treffsicher nimmt der FP-Boß, der ohne sichtbare Ermüdungserscheinungen fünf, sechs Stunden an einem Nachmittag predigt, das „rot-schwarze Machtkartell" ins Visier, die Landwirtschaftskammern, die Sozialversicherungen, die „Privilegienritter". 82

Profil / 17.11.1986

Haiders Schlußwort: „Ich ersuche auch für den 23. um eine Rodungsbewilligung im Dschungel der Mißwirtschaft, damit die Sonne wieder rein kann und was Gesundes nachwächst!" 83

Profil / 17.11.1986

84 [...] Installierung von dreißig verschiedenen Sozialversicherungsanstalten, die nur dazu dienten, Parteifunktionäre mit wohldotierten Pöstchen zu versorgen, und andere mehr, käme ihm die Wiedereinführung dieser Regierungsform [Große Koalition] so vor, wie wenn ein Rückfallstäter seine eigene Resozialisierung bewirken wolle.
Abschließend zitierte Haider den Kärntner Landeshauptmann Wagner, der eine Erneuerung der SPÖ „an Haupt und Gliedern" gefordert hatte, und schloß: „Der Wähler sollte die Sozialisten aus der Regierungsverantwortung entlassen und die SPÖ eine Zeitlang aufs Trockendock schicken, denn solange die Linken an der Macht sind, kann nichts Rechtes dabei herauskommen." *Freiheitlicher Pressedienst / 19.11.1986*

85 „Aber die Österreichische Volkspartei ist ja hier nicht viel anders. Daher habe ich fast das Gefühl, daß man eher in Südafrika das Apartheidsystem gegen die Schwarzen überwindet, als die Schwarzen in Österreich die Parteibuchwirtschaft abzuschaffen bereit sind. *Zeit im Bild 1 / 20.11.1986*

86 Der neue Parteichef Jörg Haider reagierte darauf ziemlich grob und ohne jedes Bedauern: Er begrüße diesen FP-Austritt, im übrigen seien die Begründungen Grabhers „Lügen", eine „üble Tour", sie strotzten vor „Untergriffen" und „Diffamierungen".
[...] und er habe bereits in Innsbruck betont, daß die FPÖ „mit Rechtsradikalen nichts zu tun haben will". *Die Presse / 22.11.1986*

87 ... denn einem [Vranitzky], der schon einen eklatanten Vertragsbruch durchgeführt habe, könne kein Vertrauen mehr entgegengebracht werden, sagte der freiheitliche Bundesparteiobmann Dr. Jörg Haider.
Freiheitlicher Pressedienst / 30.11.1986

88 „Er [Mock] hat also einen Kniefall vor der Großen Koalition gemacht, hat seine Präferenz dafür erklärt, um sozusagen die Konkursmasse seiner Partei herüberzuretten in der Hoffnung, daß er über eine Regierungsbeteiligung eine Unternehmenssanierung der eigenen Partei zustande bringen könnte."
Zeit im Bild 1 / 5.12.1986

89 Jörg Haider zeigte sich darüber verwundert, daß Bundespräsident Waldheim einer Großen Koalition offenbar den Vorzug gebe. „Es gibt keinen Staatsnotstand, aber einen Notstand der alten Parteien", zog der Jörg, der sich was traut' munter vom Leder. *Kronen-Zeitung / 6.12.1986*

90 Mock versuche, „die Konkursmasse seiner Partei herüberzuretten".
Arbeiterzeitung / 6.12.1986

91 Vor der drohenden Neuformierung des „rot-schwarzen Machtkartells", das zwangsläufig zu einem Verfall der demokratischen Bereiche führen müßte, warnte gestern FP-Chef Jörg Haider. Mock sei zu einem „Kniefall vor der Großen Koalition mürbe gemacht" worden und die Volkspartei damit von einer Partei der Wende zu einem „Filialbetrieb der SPÖ" geworden.
Die Presse / 6.12.1986

„Die ÖVP zerfließt offenbar bei diesen Verhandlungen wie Wachs in den Händen der sozialistischen Macher, weil sie von ihren bisherigen Prinzipien abrückt. Statt einer Wende wird ein Purzelbaum in Richtung Sozialismus vollzogen, wo man all jene Dinge, die man vor der Wahl versprochen hat, aufgibt und sich mit der Lehrlingsrolle in einer zukünftigen sozialistischen Regierung abgeben wird. Also so, wie es jetzt läuft, würde ich sagen, ist Mock auf dem besten Wege, Steger zur Potenz zu spielen. 92
Zeit im Bild 1 / 12.12.1986

„Die ÖVP zerfließt offenbar bei diesen Verhandlungen wie Wachs in den Händen der sozialistischen Macher, weil sie von ihren bisherigen Prinzipien abrückt. Statt einer Wende wird ein Purzelbaum in Richtung Sozialismus vollzogen, wo man all jene Dinge, die man vor der Wahl versprochen hat, aufgibt und sich mit der Lehrlingsrolle in einer zukünftigen sozialistischen Regierung abgeben wird.“ *Mittagsjournal / 12.12.1986* 93

„Wenn eine Partei geistig und politisch abtritt, muß eine Alternative da sein.“ *Mittagsjournal / 12.12.1986* 94

„So wie es jetzt läuft, würde ich sagen, ist der Mock auf dem besten Wege, Steger zur Potenz zu spielen.“ *Mittagsjournal / 12.12.1986* 95

Heftige Attacken gegen Koalitionsverhandler ÖVP und im speziellen gegen VP-Chef Mock ritt am Freitag FP-Chef Jörg Haider: Statt der von ihm so plakativ verlangten Wende vollziehe jetzt die ÖVP einen „Purzelbaum in Richtung Sozialismus“. VP-Chef Alois Mock drohe in einer Koalition SPÖ-ÖVP zu einem „Steger zur Potenz“ zu werden, polterte Haider. 96
Kurier / 13.12.1986

„Ich bin also schon sehr lange Gewerkschaftsmitglied. Ich bin noch nie eingeladen worden zu einer Landesversammlung oder zu einer Bezirksversammlung, geschweige denn, daß ich eine Möglichkeit gehabt hätte, einen Funktionär dort zu wählen. Die wählen sich immer alle selber; das ist wie im Ostblock. Sind aber dann gleichzeitig diejenigen, die am meisten auf die Demokratie pochen, interessanterweise. Aber wir dürfen alle Beiträge zahlen, nur mitzureden haben wir nichts.“ *Morgenjournal / 15.12.1986* 97

Daß es sich bei den freiheitlichen Ankündigungen nicht um leere Worte handle, werde die ÖVP bald genug erkennen müssen. Ob allerdings das freiheitliche Volksbegehren in das Konzept der Cliquenwirtschaft der beiden alten Parteien passen wird, sei mehr als fraglich, sagte Haider. 98
Freiheitlicher Pressedienst / 16.12.1986

Abschließend ging der Bundesparteiobmann nochmals auf die von der ÖVP propagierte Wende ein und bezeichnete sie als „Kniefall vor dem sozialistischen Macher Vranitzky“. Während die ÖVP und allen voran Michael Graff große Sprüche klopfe, die keine Wirkung hätten, würde er, Haider, nur kleine Sprüche klopfen, dafür aber große Wirkung erzielen. 99
Freiheitlicher Pressedienst / 16.12.1986

100 Haider zusammenfassend: „Die ÖVP ist als Partei geistig und moralisch weggetreten. Das Funktionärsvolk der ÖVP fühlt sich verraten."
Neue Freie Zeitung / 18.12.1986

101 „Die Umfallermentalität der ÖVP kennt keine Grenzen mehr. Nachdem sich die glücklose Volkspartei nicht einmal bei der Schulbuchaktion durchsetzen konnte, zerplatzt jetzt ihre groß angekündigte Steuerreform wie eine Seifenblase", erklärte Jörg Haider gegenüber dem Pressedienst seiner Partei.
Freiheitlicher Pressedienst / 22.12.1986

102 „Taus sprach von ungeheuerlichen Dingen, die ja fast schon in den Bereich der arglistigen Wählertäuschung fallen." *Freiheitlicher Pressedienst / 22.12.1986*

103 „Aus Mocks Wende wurde tatsächlich das totale Ende für die Österreicher. Wie vielen gutgläubigen Menschen konnte die Volkspartei ihren Wahlslogan von der ‚Wende' andrehen. Jetzt müssen sie die Trümmer eines gigantischen Scherbenhaufens erkennen, unter dem ihre Hoffnungen begraben liegen", führte der freiheitliche Bundesparteiobmann aus und schloß, daß nicht der ÖVP-Parteiapparat diesen Wahnsinn zu verdauen habe, wie Taus meinte, sondern jeder einzelne Bürger unseres Landes, der die Rechnung der Großkoalitionäre zu begleichen habe.
Freiheitlicher Pressedienst / 22.12.1986

104 „Die Sanierung der Sozialversicherungen nimmt nun tragikomische Züge an. Wie aus Medienberichten über die Koalitionsverhandlungen zu erfahren war, beabsichtigen die Großkoalitionäre einen neuen Anschlag auf die Börsen der Österreicher. Anstatt das Sozialversicherungswesen grundlegend zu reformieren, beabsichtigen die beiden alten Parteien jetzt, die Beiträge zu erhöhen." *Freiheitlicher Pressedienst / 23.12.1986*

105 „Daß diese Koalition eine Koalition der Verlierer ist und die rot-schwarze Elefantenhochzeit über die Österreicher hinwegtrampelt, war ebenfalls abzusehen." *Freiheitlicher Pressedienst / 23.12.1986*

106 „Die ÖVP profiliert sich zusehend als Umfallerpartei."
Freiheitlicher Pressedienst / 23.12.1986

107 Er [Mock] würde sein Steuerkonzept innerhalb von 100 Tagen realisieren, stellte sich als plumpe Wählertäuschung heraus.
Freiheitlicher Pressedienst / 23.12.1986

108 [...] sagte Haider und schloß, daß mit so einem „heillosen Chaos" wohl niemand gerechnet hätte. „Das Traurige an dieser Entwicklung ist, daß Millionen Wähler durch die alten Parteien um ihre Hoffnungen betrogen wurden und nun zusätzlich kräftig zur Kasse gebeten werden", meinte Haider abschließend. *Freiheitlicher Pressedienst / 23.12.1986*

109 Die FPÖ ist zwar noch immer in der Regierung, doch Parteiobmann Jörg Haider macht voll in Opposition: Er warf den künftigen „Großkoali-

tionären" vor, eine neue Belastungswelle vorzubereiten: „Die Regierung beabsichtigt einen Anschlag auf die Geldbörsen der Österreicher."
Kleine Zeitung / 24.12.1986

Statt das Sozialversicherungswesen grundlegend zu reformieren, wollten SPÖ und ÖVP die Beiträge erhöhen, kritisierte Haider. Ein Umdenken in diesem „verkrusteten System" ist für die beiden alten Parteien anscheinend nicht denkbar". Die „Koalition der Verlierer trampelt über die Österreicher hinweg". Vor allem die ÖVP profiliere sich zusehends zu einer „Umfallerpartei". *Kleine Zeitung / 24.12.1986* 110

„Das Dreikönigstreffen der ÖVP wurde zum hochoffiziellen Kapitulationsgipfel der Volkspartei vor den Sozialisten", erklärte heute der freiheitliche Bundesparteiobmann Dr. Jörg Haider gegenüber dem Pressedienst seiner Partei. [...] habe die ÖVP nicht nur die vor den Wahlen versprochene Wende aufgegeben, sondern tanzt inhaltlich nach der Pfeife der SPÖ und überläßt den Sozialisten alle wesentlichen Ministerressorts, meinte Haider.
Freiheitlicher Pressedienst / 7.1.1987 111

Alleine der Umstand, daß 30 Prozent der Jungwähler die FPÖ gewählt hätten und somit der höchste Erstwähleranteil sowie auch der höchste Anteil der 30- bis 50jährigen erreicht wurde, sei ein Beweis dafür, daß dieser Wahlerfolg nicht auf die „Rauschebärte" zurückzuführen sei.
Freiheitlicher Pressedienst / 11.1.1987 112

Im Gegensatz dazu würde die FPÖ mit einem neuen Anfang die alten Parteien in Unruhe versetzen. Aus der abnehmenden Glaubwürdigkeit von Sozialisten und Volkspartei schloß Haider, daß „die alten Parteien nichts gelernt haben und im alten Trott weiterwursteln" und nur Posten und Pfründe im Sinn hätten. *Freiheitlicher Pressedienst / 11.1.1987* 113

Schwere Angriffe richtete Haider gegen den Wirtschaftssprecher der ÖVP, Robert Graf. Der Umstand, daß Graf gnadenhalber ein Ministeramt in der Republik übernehmen könnte, veranlaßte Haider zu der Feststellung, daß es sich um ein Ehrenamt in unserer Republik handle und nicht um eine Ehre, die Graf der Republik erweise. *Freiheitlicher Pressedienst / 11.1.1987* 114

Im weiteren kritisierte der freiheitliche Parteiobmann die Tatsache, daß die beiden alten Parteien Österreich permanent als Sanierungsfall bezeichneten. „Wie es scheint, hat die Sanierungspartnerschaft von SPÖ und ÖVP nicht den Zweck, Österreich zu sanieren, sondern ihren eigenen Apparat und ihre Funktionäre." Haider meinte im weiteren, daß erst, wenn aus „Arroganz Demut, aus Unverfrorenheit Rechtschaffenheit und aus Macht Machtverzicht" werde, das geistige Klima für eine grundlegende Reform gegeben sei. *Freiheitlicher Pressedienst / 11.1.1987* 115

Zur „Schmutzkampagne" mancher Medien meinte Haider, daß diese in sich zusammengebrochen sei. „Die unmoralische Diffamierung von Personen und ganzen Gruppen mit dem Ziel, sie menschlich und politisch zum Gegenstand 116 haßerfüllter Aggressionen zu machen, ist nicht nur seit den Jakobinern bekannt", erklärte Haider zu diesem Thema und sagte, daß sich die FPÖ auch in Zukunft nicht einschüchtern lassen werde, im weiteren der Garant für Wahrheit sei und sich nicht davon abbringen lassen werde, heiße Eisen anzufassen. Haider zitierte in diesem Zusammenhang einen Artikel von Kurt Vorhofer, der bei ihm, Haider, die Gefahr ortete, daß er „mit schlafwandlerischer Sicherheit das anspricht, was die Menschen ärgert". Es stelle ich hier die Frage, ob Reformen eine Gefahr seien. Haider kam zu dem Schluß, daß es sehr wohl eine Gefahr für die alten Parteien und ihre orthodoxen Funktionärscliquen bedeutet, wenn die FPÖ weiter ihren erfolgreichen Kurs durchziehen wird.

Freiheitlicher Pressedienst / 11.1.1987

117 Zur Entwicklung bei den Öko-Sozialisten meinte Haider, daß die FPÖ wachsam gegen gesellschaftspolitische Systemveränderer sei. Der Aufruf zur Befehlsverweigerung vom „marxistisch verstrahlten Giftpilz mit rotem Hut" sei schlichtweg ein Skandal und beweise einmal mehr, daß die FPÖ die einzig österreichbewußte Opposition darstelle. „Wir werden uns von apokalyptischen Geisterreitern der rot-grünen Szene und marxistischen Heilsaposteln Österreich nicht in Frage stellen lassen."

Freiheitlicher Pressedienst / 11.1.1987

118 „Sanierungsfall ist Österreich nicht; Sanierungsfall sind die beiden alten Parteien. Mit ihrem Kammernsystem, mit ihren Funktionärshierarchien, mit ihren Privilegien, mit ihrer Überheblichkeit, mit ihrer Verschwendung auf Kosten der Steuerzahler sind sie in einem hohen Maße sanierungsbedürftig. Wir werden gemeinsam mit den Bürgern in Österreich im Frühjahr dieses Jahres gegen die Allianz der alten Parteien ein Volksbegehren gegen Privilegien, Mißwirtschaft in den verstaatlichten Betrieben und für Ordnung und Sauberkeit in diesem Lande starten, damit die beiden alten Parteien im wahrsten Sinne des Wortes in Bewegung gebracht werden, weil sie das dann umsetzen müssen, was der Bürger dieses Landes haben will."

Zeit im Bild 1 / 11.1.1987

119 „Wir Freiheitlichen wenden uns mit aller Entschlossenheit gegen diese Methoden. Hart arbeitende Menschen für die Fehlleistungen privilegierter ÖBB-Manager büßen zu lassen, ist moralisch äußerst fragwürdig. Die Bestrafung dieser Bevölkerungsgruppe ist allerdings bezeichnend für die Gesinnung dieser Koalition. Anstatt die Sümpfe der Privilegienritter trockenzulegen und mit der Mißwirtschaft in den Sozialversicherungen aufzuräumen, versuchen jetzt die Vertreter der alten Parteien durch ihre Koalitionspackelei, auf Kosten der pendelnden Arbeitnehmer die jahrzehntelangen Versäumnisse bei den ÖBB zu finanzieren", empörte sich Haider.

Freiheitlicher Pressedienst / 12.1.1987

120 Auch dies zeige erneut die verantwortungslose Realitätsferne der Großkoalitionäre, die nur darauf aus sind, „momentan ihre feudalen Pfründe möglichst schnell untereinander aufzuteilen", stellte Haider abschließend fest.

Freiheitlicher Pressedienst / 12.1.1987

[...] sind die vom FP-Chef konsequent als „Altparteien“ herabgemachten Koalitionspartner SPÖ und ÖVP, die „mit dem Geld der Reichen und mit den Stimmen der Armen“ nicht den Staat, sondern sich selbst sanieren möchten. *Kleine Zeitung / 12.1.1987* 121

[...] normalerweise würden in einem Sanierungsfall die Spitzen einer Firma ausgetauscht, doch nun werde „der Pleitier zu seinem eigenen Masseverwalter“; nur weil Vranitzky einen Nadelstreifanzug anhabe, halte ihn die ÖVP bereits für einen der ihren. Und: Für Mock empfinde er eigentlich schon Mitleid, da er für diese „charakterlose“ Partei zu anständig sei, die ihren Obmann in eine „SPÖ-Koalitionsregierung mit ÖVP-Gastarbeitern schicke, wo Mock bloß „Ladlschieber“ werden dürfe, aber nicht an die Kassen der Republik herangelassen werde. 122

Kleine Zeitung / 12.1.1987

„Der Bürger braucht unseren Schutz, weil er sonst abgeräumt wird wie ein Christbaum, damit sich andere mit Orden behängen.“ 123

Neue Freie Zeitung / 15.1.1987

„Unser Sozialstaat wurde zum Verschiebebahnhof gemacht, in dem die Fleißigen auf dem Abstellgleis landen.“ *Neue Freie Zeitung / 15.1.1987* 124

Es zeichne sich aber besonders auf dem Agrarsektor die Tatsache ab, daß es zu einem „Bauernlegen größten Stils“ komme. 125

Freiheitlicher Pressedienst / 16.1.1987

Wenn auf dem Budgetsektor von den Großkoalitionären von besonderer Sparsamkeit gesprochen werde, so sei das eine eigentümliche Skurrilität, zumal man „mit trickreichen Finten versuche, der Bevölkerung neuerliche Belastungen schmackhaft zu machen.“ *Freiheitlicher Pressedienst / 16.1.1987* 126

„Das ist nicht verwunderlich, daß also die ÖVP, die diese Wende herbeiführen wollte, eigentlich in die Ministerien überwiegend zukünftige Pensionisten schickt, denn Graf wurde direkt aus der Pension zurückgeholt, Mock wird sozusagen noch einmal ein paar Dienstreisen machen dürfen, bevor man ihn dann irgendwann auswechseln wird, und Lichal ist ja auch schon am Weg ins Ausgedinge gewesen und darf also jetzt noch einmal ein paar Jahre der Philosophie der mannstoppenden Waffen im österreichischen Bundesheer zum Durchbruch zu verhelfen. Es ist also das nicht eine Koalition der besten Köpfe, sondern das letzte Aufgebot, wo die beiden alten Parteien das Interesse am Schutz der eigenen Partei vor das Interesse der Republik gesetzt haben. *Zeit im Bild 1 / 16.1.1987* 127

Bei der Volkspartei sei „schlicht das letzte Aufgebot“ auf der Regierungsbank, wenn sie „Pensionisten und Fastrentner“ in die sozialistische Regierungskoalition entsende. *Freiheitlicher Pressedienst / 16.1.1987* 128

Die FPÖ müsse jetzt verstärkt die Schutzfunktion für den Normalbürger, den „Kleinen Mann“, übernehmen, der von den „Gruppenegoismen“ des 129

rot-schwarzen Elefanten erdrückt werde.
Freiheitlicher Pressedienst / 16.1.1987

130 Erneut herbe Kritik übten gestern führende Funktionäre der FPÖ an dem Abschluß der Großen Koalition. FPÖ-Chef Dr. Jörg Haider befürchtet eine „Restauration der rot-schwarzen Packelei".
Wiener Zeitung / 17.1.1987

131 Er kritisierte auch die Auflösung von zwei Fachministerien und die Installierung von zwei Kanzleramtsministern als „Proporzminister".
Wiener Zeitung / 17.1.1987

132 „Die Philosophie der sozialistischen Koalitio" ist, wie die jüngsten steuerpolitischen Maßnahmen beweisen, eine Hoffnung für Wohlhabende und eine Katastrophe für die Mittel- und Kleinverdiener unseres Landes."
Diese Art von Politik, wie sie die neue sozialistische Koalitionsregierung vertritt, mache die Reichen reicher und die Armen ärmer, sagte der Bundesparteiobmann der Freiheitlichen Partei, Dr. Jörg Haider.
Freiheitlicher Pressedienst / 17.1.1987

133 Bestürzt zeigte sich heute der freiheitliche Parteiobmann Jörg Haider über die Bestrebungen der Großen Koalition, sich den Verwaltungsgerichtshof zu eigen zu machen. „Das muß als Putsch der Großkoalitionäre auf den Rechtsstaat angesehen werden", sagte Haider und wies auf die jahrzehntelange Unabhängigkeit der Höchstgerichte hin. Der Vorschlag der Großkoalitionäre, die Höchstrichter im Verwaltungsbereich selbst zu nominieren, stelle „einen unfassbaren Anschlag auf die Rechtsstaatlichkeit" dar.
Freiheitlicher Pressedienst / 19.1.1987

134 „Nicht einmal in den ärgsten Verfallserscheinungen der Großen Koalition vor 1966 war eine so unfaßbare und offensichtliche Beeinflussung der Höchstgerichte möglich. Diese rechtsstaatlichen Auflösungserscheinungen sind das schlechteste Zeugnis, das sich die wiederauferstandene Große Koalition ausstellen kann", erklärte der freiheitliche Bundesparteiobmann und meinte, daß es sich hier um die erste „Nagelprobe" der Großen Koalition handle.
Freiheitlicher Pressedienst / 19.1.1987

135 Wie man höre, so Haider, würde diese neue Regelung ohne Begutachtungsfrist dem Ministerrat zugeleitet werden. Es zeige sich abermals ein „erschreckendes Beispiel von Geheimdiplomatie, bei dem der Bürger das Nachsehen" hätte, meinte Haider. Die Verpolitisierung des Verwaltungsgerichtshofes solle Mittwoch der Landeshauptleutekonferenz zur Begutachtung vorgelegt werden, um möglichst schnell den „Proporz auf Kosten des kleinen Mannes" zu vollstrecken.
Freiheitlicher Pressedienst / 19.1.1987

136 „Diese übermächtige, quasiautoritäre Regierungsform stellt in einer modernen Demokratie sowieso schon einen Anachronismus dar", fuhr Haider fort. Wenn die Großkoalitionäre jetzt im Wege der Umverteilung des Vorschlagrechtes eine Verpolitisierung des Verwaltungsgerichtshofes anstreb-

ten, so setze dies dem Faß die Krone auf.
Freiheitlicher Pressedienst / 20.1.1987

Anläßlich der Angelobung der neuen Bundesregierung stellte der freiheitliche Klubobmann Dr. Jörg Haider im Rahmen einer ganztägigen Klubklausur der FPÖ fest, daß das neue Kabinett ein „Bild des Jammers" abgebe. „Köpfe der zweiten und dritten Wahl wurden hier angelobt", meinte Haider und wies darauf hin, daß es den neuen Ministern in den meisten Fällen an sachlicher und fachlicher Qualifikation ermangle. **137**
Freiheitlicher Pressedienst / 21.1.1987

Der Wahlslogan der „besten Köpfe" sei einer Notlösung gewichen, wobei nun dem verblüfften Österreicher die „zweite und dritte Garnitur" vorgeführt werde. *Freiheitlicher Pressedienst / 21.1.1987* **138**

„Hier sollte man wirklich fair sein. Das Gleiche meine ich für meine gesamte betriebliche Situation. Ich habe letztlich im Interesse einer betrieblichen Sanierung und im Interesse auch der Arbeitsplätze, die in diesem Betrieb zu erhalten sind, eine Geschäfsführungsentscheidung getroffen. Und das ist also sehr kritisiert worden von der SPÖ-Zeitung mit Dingen und Aussagen des angeblich Betroffenen, die er heute bereits schriftlich zurückgenommen hat. Das heißt, daß hier versucht wurde, vor der Wahl ein ganz mieses Spiel zu machen. Der Wähler hat auch dort eine deutliche Antwort gegeben." *ORF-Pressestunde / 25.1.1987* **139**

FPÖ-Chef Jörg Haider forderte in der gestrigen ORF-Pressestunde, daß alle nicht lebensfähigen Betriebe der Verstaatlichten, wie etwa das VOEST-Werk Donawitz, zugesperrt werden sollten. *Kronen-Zeitung / 26.1.1987* **140**

Großparteien betreiben Verrat an eigenen Forderungen. Alte Parteien wissen nicht mehr, was Bürger denken. **141**
Freiheitlicher Pressedienst / 29.1.1987

Im Koalitionsübereinkommen sei sehr viel „Flickschusterei" enthalten, und die Zustimmung der ÖVP stelle eine pauschale Absolution für 17 Jahre sozialistische Regierung dar. *Freiheitlicher Pressedienst / 29.1.1987* **142**

„In der Regierungserklärung ist aber kein Ansatz zur Verbesserung enthalten", sagte Haider, und bezeichnete die Große Koalition als „Machtkartell" und „Doppelkonsulat der rot-schwarzen Einheitspartei". **143**
Freiheitlicher Pressedienst / 29.1.1987

Großkoalitionäre haben alle Versprechungen gebrochen. **144**
Freiheitlicher Pressedienst / 29.1.1987

Jetzt säßen allein ein Drittel der Ministerschaft, nämlich fünf, im Kanzleramt, offenbar um dort „ein Gleichgewicht des Schreckens" zu sichern. **145**
Freiheitlicher Pressedienst / 29.1.1987

146 „Die rot-schwarze Einheitspartei auf der Regierungsbank macht ihre eigenen Probleme zu den Problemen Österreichs", fuhr Haider fort.
Freiheitlicher Pressedienst / 29.1.1987

147 Als weiteres Beispiel erwähnte Haider die Sozialversicherungsanstalten, die ein „Funktionärsparadies" seien, in dem alle, die irgendwie versorgt werden müssen oder einen zweiten oder dritten Posten benötigten, einsteigen dürften. *Freiheitlicher Pressedienst / 29.1.1987*

148 „Die Regierung mißbraucht gewissenlos die demokratische Einrichtung des Bundesrates zur Eigenwerbung", führte Haider aus.
Freiheitlicher Pressedienst / 30.1.1987

149 Der Bundesrat, ursprünglich als föderalistisches Instrument der Legislative gedacht, sei in den letzten Jahren immer mehr zum „Auszugsstüberl" oder zum „Wartesaal" für Politiker der beiden alten Parteien geworden, die den Einzug in den Nationalrat nicht oder nicht mehr geschafft hätten.
Freiheitlicher Pressedienst / 30.1.1987

150 Diese Verfassungsreform solle den Bundesrat vom unzuständigen Diskutantenstadel, zu den ihn rote und schwarze Postenbezieher gemacht hätten, [...] *Freiheitlicher Pressedienst / 30.1.1987*

151 „Ein beschämendes Theater, wie die heutige Bundesratssitzung, ist jedenfalls dem Image Österreichs in der Welt nicht zuträglich, weil derartige Beispiele bislang nur aus Volksrepubliken bekannt waren", schloß Haider.
Freiheitlicher Pressedienst / 30.1.1987

152 Mit Genugtuung stelle er [Haider] fest, daß die österreichische Bevölkerung sich durch die Kampagne der Slowenenorganisationen, unterstützt von linksextremen und kommunistischen Gruppierungen, nicht beeinflussen lasse. *Freiheitlicher Pressedienst / 2.2.1987*

153 Die erschütternde Primitivität der Aussagen und Angriffe der Sprecher dieser Slowenendemonstration habe einmal mehr bewiesen, daß die Vertreter der Kärntner Minderheit an keinen konstruktiven Gesprächen interessiert seien. Sie müssen nun auch die Verantwortung dafür übernehmen, wenn in Zukunft Entscheidungen ohne ihre Mitsprache getroffen werden.
Freiheitlicher Pressedienst / 2.2.1987

154 „In dem Bemühen, ihr bereits offensichtliches Versagen zu verschleiern, tappt die sozialistische Koalition von einem Fettnapf in den anderen", sagte Haider. Schon mit der langfristigen Ankündigung der Senkung der Mehrwertsteuer für andere Güter sei dem Lande großer Schaden zugefügt worden. *Freiheitlicher Pressedienst / 4.2.1987*

155 Dem Dilletantismus der „Koalition der besten Köpfe aus der dritten Reihe" stehe jedenfalls der bereits eingebrachte Initiativantrag der FPÖ gegenüber.
Freiheitlicher Pressedienst / 4.2.1987

„Anstatt Mißbräuche im Sozialbereich abzubauen und Pfründe und Privilegien zu beseitigen, setzt nun eine hartherzige Politik gegen den kleinen Mann ein", sagte Haider. *Freiheitlicher Pressedienst / 6.2.1987* 156

Diese Maßnahme [Arbeitslosengeld-Besteuerung] sei ein Schlag ins Gesicht der 234.000 derzeit Arbeitslosen, die auch typisch für die zynische Politik der „Sozialistischen Koalition mit schwarzen Gastarbeitern" sei, weil auf dem Rücken dieser sozial schwächsten Bevölkerungsgruppe die sogenannte Sanierungspolitik beginne. *Freiheitlicher Pressedienst / 6.2.1987* 157

FPÖ-Chef Dr. Haider nannte sie [die Politik der Großen Koalition] eine „Sozialdemontage auf Kosten der Schwächeren". 158

Wiener Zeitung / 7.2.1987

Kritik übte Haider an der derzeitigen Situation am Arbeitsmarkt im Baugewerbe. Im Jahresschnitt seien 1986 um 4 Prozent mehr Gastarbeiter in diesem Bereich beschäftigt gewesen, als noch ein Jahr zuvor. Der Grund sei, daß es für die Unternehmer offenbar billiger sei, Gastarbeiter zu beschäftigen, die die „große Trennungszulage" von ca. öS 4.000,— steuerfrei kassierten, da sie ihren ordentlichen Wohnsitz im Ausland hätten. Dafür würden sie niedrigere Grundlöhne erhalten, und die Differenz zahle der Staat. „Diese privilegierte Stellung der Gastarbeiter führt zu einer Verstärkung der Arbeitslosigkeit und ist daher abzuschaffen", meinte Haider und forderte in diesem Zusammenhang die „soziale Gleichstellung einheimischer Arbeitskräfte mit den Gastarbeitern". *Freiheitlicher Pressedienst / 8.2.1987* 159

„Diese Aussagen Grafs sind natürlich barer Unsinn", sagte Haider. Der Wirtschaftsminister müsse sich den Vorwurf gefallen lassen, daß er den Unterschied zwischen EG und NATO verkenne. 160

Freiheitlicher Pressedienst / 9.2.1987

„Wir stehen vor dem Versuch, einen Fiskalsozialismus mit ÖVP-Beteiligung auf dem Rücken des kleinen Steuerzahlers zu betreiben", meinte Haider. *Freiheitlicher Pressedienst / 9.2.1987* 161

Als Beispiel des Mißbrauches des Parteibuchzwanges nannte Haider jüngste Entwicklungen im Bundesministerium für Landesverteidigung, wo Minister Lichal am ersten Tage seiner Amtsführung im Zuge der Bestellung des G2-Armeekommandos eine bereits dekretierte und unterfertigte Personalentscheidung seines Vorgängers per Dienstzettel rückgängig gemacht habe, um „einen ÖAAB-ler hinaufzuhieven". „Dies ist eine unglaubliche Brutalisierung der Personalpolitik", stellte Haider fest und nannte Lichal einen „Experten in Parteibuchwirtschaft". 162

Freiheitlicher Pressedienst / 9.2.1987

Haider: „Unfähige Manager feuern!" 163

Jetzt hat sich FPÖ-Bundesobmann Jörg Haider in den Konflikt um die Erhaltung der Puch-Zweiradproduktion in Graz eingeschaltet. Er verlangt die Ablöse der im Steyr-Daimler-Puch-Konzern für Graz zuständigen Vorstandsdirektoren Stockmar und Koch wegen Unfähigkeit. Haider wirft ihnen vor, sie hätten den Zweiradbereich mit ungerechtfertigten Kosten „totgerechnet". *Kronen-Zeitung/Steiermark / 9.2.1987*

164 „Dies ist ein klarer Beweis für die wirklichkeitsfremde Haltung der Bürokratieproponenten in der großkoalitionären Regierung", sagte Haider. Anstatt bei Privilegien, Mißbrauch bei Sozialleistungen und öffentlicher Verschwendung den Sparstift anzusetzen, nehme man lieber in Kauf, die Umwelt weiterhin grob fahrlässig zu schädigen, indem man keinen steuerlichen Anreiz für Kat-Autos einführen wolle.
Freiheitlicher Pressedienst / 10.2.1987

165 „Bundeskanzler Vranitzky ist jedenfalls auf dem falschen Weg, wenn er mit kurzsichtigem Blick das Budget auf Kosten der Umwelt sanieren will, um dadurch einen Imagegewinn für seine Parteibuch- und Verpolitisierungskoalition zu erreichen", meinte Haider. *Freiheitlicher Pressedienst / 10.2.1987*

166 Haider: Wild gewordenen Sozialminister an die Kette legen.
[...] Offensichtlich entgleite Bundeskanzler Vranitzky aber allmählich der Überblick über die zum Teil diametral entgegengesetzten Aktivitäten mancher seiner Minister. „Besonders seinen wild gewordenen Sozialminister sollte der Bundeskanzler schleunigst wieder an die Kette legen", sagte Haider und verwies auf die „inkompetenten Ankündigungen Dallingers" bezüglich der Besteuerung der Arbeitslosenunterstützung und eines Beitrages der Bauern zur Arbeitslosenversicherung.
Freiheitlicher Pressedienst / 13.2.1987

167 „Für eine Bundesregierung ist es jedenfalls kein Renommee, wenn jede Woche einer ihrer Ressortminister bis zum Hals im Fettnapf steht", schloß Haider. *Freiheitlicher Pressedienst / 13.2.1987*

168 Die neue Umweltministerin Flemming, die schon vom ersten Tag ihres Amtsantrittes an vor allem durch mehr skurrile als brauchbare Ideen aufgefallen sei, habe es nun geschafft, beinahe jedermann von ihrer sachlichen Inkompetenz zu überzeugen, sagte heute der freiheitliche Bundesparteiobmann Dr. Jörg Haider. *Freiheitlicher Pressedienst / 18.2.1987*

169 Gerade im Hinblick auf den derzeitigen Staatsbesuch von Bundeskanzler Vranitzky in Jugoslawien weise er ausdrücklich darauf hin, daß die von linksradikalen Kreisen betriebene Dramatisierung der Lage in Kärnten von jugoslawischer Seite mit Distanz bewertet werde. Der ORF habe in seiner Berichterstattung auch darauf Bedacht zu nehmen, die zwischenstaatlichen Beziehungen nicht durch tendenziöse Stimmungsmache und unbegründete Werturteile zu belasten und nicht durch einseitige und halbwahre Information der Allgemeinheit zum Sprachrohr politischer Extremisten zu werden, schloß Haider. *Freiheitlicher Pressedienst / 18.2.1987*

170 Die Bundesparteileitung der FPÖ unter Vorsitz des Bundesparteiobmannes Dr. Jörg Haider befaßte sich in der letzten Sitzung in Salzburg eingehend

mit der Situation, die dadurch entstanden ist, daß die Vertreter der Südtiroler Volkspartei im römischen Parlament — Existenzfragen der Verwirklichung des Südtirol-Pakets betreffend — brutal niedergestimmt wurden.
Freiheitlicher Pressedienst / 22.2.1987

Die Verschleuderung der Zweirad-Produktion von Steyr-Daimler-Puch stelle neuerlich die katastrophale Mißwirtschaft in der österreichischen Verstaatlichten Industrie unter Beweis, erklärte heute der freiheitliche Bundesparteiobmann Dr. Jörg Haider. *Freiheitlicher Pressedienst / 23.2.1987* **171**

Offenbar habe man im Verstaatlichten-Management aus den zahlreichen Fiaskos der letzten Zeit nichts gelernt. Anders sei es nämlich nicht zu erklären, daß die Zweirad-Produktion von Steyr-Daimler-Puch um den Schleuderpreis von 50 Millionen Schilling an den italienischen Piaggio-Konzern praktisch verschenkt werde, ohne daß die Liquidierungskosten von rund 500 Millionen Schilling in dieser demagogischen Milchmädchenrechnung auch nur die geringste Berücksichtigung gefunden hätten. Ein derartig unwirtschaftliches und widersinniges Vorgehen würde in der Privatwirtschaft zumindest den Verdacht der fahrlässigen Krida aufkommen lassen, sagte Haider. Nicht so in der Verstaatlichten, wo offensichtlich andere Gesetze gelten und Grundsätze eines ordentlichen Kaufmannes bestenfalls vom Hörensagen bekannt sein dürften. **172**
„Bezahlen muß diese kompromißlose Ausverkaufssanierung wieder einmal der Steuerzahler, während die verantwortlichen Manager einer friedlichen, gut dotierten Pension oder einer neuen — zumindest für sie selbst — lukrativen Aufgabe entgegensehen dürfen", erklärte Haider.
Freiheitlicher Pressedienst / 23.2.1987

Den wohl schlimmsten Auswuchs dieser wirren Konstruktion stelle die Einsetzung von zwei Kanzleramtsministern als „Gralshüter der Großen Koalition" dar. *Freiheitlicher Pressedienst / 24.2.1987* **173**

Ein ähnlich betrübliches Schicksal werde auch Wirtschaftsminister Robert Graf bevorstehen, der im Dschungel seines zu 11 Sektionen aufgeblähten Ministeriums wie ein Ertrinkender im aufgewühlten Meer untergehen werde. *Freiheitlicher Pressedienst / 24.2.1987* **174**

Ebenso sei zu erwarten, daß das Kompetenzwirrwarr zwischen Bundeskanzler und Verkehrsminister im Bereich der Raumordnung und Strukturpolitik lediglich dazu dienen werde, daß Minister Streicher weiterhin Gelder zur Investitionsförderung zur Abdeckung der Pleitebedürfnisse in der Verstaatlichten heranziehen könne. *Freiheitlicher Pressedienst / 24.2.1987* **175**

Das besondere „Gustostückerl" der Regierungsfehlkonstruktion stelle jedoch zweifellos das Familien- und Umweltministerium dar, erklärte Haider. Die atemberaubende Wendigkeit, mit der die ÖVP ein Ministerium übernommen habe, das sie noch vor der Wahl schlichtweg als „Provokation für den Steuerzahler" bezeichnet habe, sowie die konsequente Praxis von Ministerin Flemming, heute anders zu argumentieren als morgen zu ent- **176** scheiden, lasse gerade in der besonders wichtigen Materie des Umweltschutzes wenig Gutes für die Zukunft erwarten.

Freiheitlicher Pressedienst / 24.2.1987

177 Das mehr als dürftige Ergebnis der bisherigen Regierungstätigkeit, so Haider abschließend, sei lediglich die zur Sicherheit gewordene Vermutung, daß bei der ÖVP alles vergessen sei, wofür sie sich in den vergangenen Jahren stark gemacht habe, sowie die beschämende Tatsache, daß das gegenseitige Mißtrauen innerhalb der Koalition der beiden alten Parteien und die zunehmende Verpolitisierung des öffentlichen Lebens die leichtfertig versprochene und so dringend notwendige Sanierung und Wende zum Besseren verhindern werde.

Freiheitlicher Pressedienst / 24.2.1987

178 Zu befürchten ist nur, daß Wagner die Anliegen der Kärntner Bevölkerung vergißt, nur um krause dogmatische Ansätze der Sinowatz-SPÖ in der Löwelstraße zu exekutieren", meinte Haider und schloß neuerlich mit dem Hinweis, daß eine „weitere Verschleppung in dieser für die Kärntner so wichtigen Angelegenheit" [Minderheitenschulpolitik] der Bevölkerung nicht länger zugemutet werden könne.

Freiheitlicher Pressedienst / 25.2.1987

179 Haider: „Regierung spielt weiter mit gezinkten Karten".
FPÖ fordert konkrete Budgetzahlen und klare Konzepte.

Freiheitlicher Pressedienst / 26.2.1987

180 Hier liege ganz offenbar die Absicht zugrunde, sich ein Hintertürchen für eine weitere finanzielle Unterstützung des gedankenlosen Mißmanagements in der Verstaatlichten Industrie offenzuhalten.

Freiheitlicher Pressedienst / 26.2.1987

181 „Wir Freiheitlichen werden nicht tatenlos zusehen, wie die rot-schwarze Koalition aus dem Sanierungsfall der alten Parteien und ihrem Irrweg in der Wirtschaftspolitik einen Sanierungsfall Österreich macht, und fordern deshalb klare Konzepte für die Verstaatlichte und konkrete und realistische Budgetzahlen", sagte Haider abschließend.

Freiheitlicher Pressedienst / 26.2.1987

182 „Ich fordere die Grünen auf, sich eindeutig von den anarchistischen Exzessen zu distanzieren, die eine dubiose Personengruppe anläßlich der Opernballdemonstration inszenierte", erklärte heute der freiheitliche Bundesparteiobmann Jörg Haider gegenüber dem parteieigenen Pressedienst.

Freiheitlicher Pressedienst / 27.2.1987

183 [...] daß durch solche Aktionen der Eindruck entstehe, daß es sich bei Teilen der Grünen nur um „grün getarnte Anarchokommunisten" handeln würde. „Es ist der Bevölkerung nicht zuzumuten, daß eine politische Gruppierung mit radikalen gesellschaftsverändernden Forderungen zur Gewalt als Mittel ihrer Politik greift", sagte der freiheitliche Parteiobmann. *Freiheitlicher Pressedienst / 27.2.1987*

„Dem Versuch, die Straßen zum Schlachtfeld zu machen, ähnlich wie bei Zusammenstößen in der BRD, muß mit aller Entschlossenheit entgegengetreten werden". *Freiheitlicher Pressedienst / 27.2.1987* 184

Abschließend verglich Haider die Grünen mit einer Wassermelone, die außen grün ist, wenn man allerdings hineinsticht, tief rot erscheint. *Freiheitlicher Pressedienst / 27.2.1987* 185

Graf Bobby im Wirtschaftsministerium müsse die Österreicher wirklich für sehr dumm halten, wenn er jetzt wieder mit diesem alten Kaffee auffahre, führte Haider aus und sprach in diesem Zusammenhang auch von „einer nicht vorhandenen Bereitschaft Grafs, den Volkswillen oder zumindest die Beschlüsse demokratisch gewählter Gremien zur Kenntnis zu nehmen", was ebenfalls sehr bezeichnend für die Mentalität der sozialistischen Koalition sei. *Freiheitlicher Pressedienst / 28.2.1987* 186

„Minister Graf Bobby ist als Dompteur der Ministeriumshydra mit ihren elf Sektionen offenbar völlig überfordert", meinte Haider zur Ankündigung Grafs, ein neues Energiekonzept entwickeln lassen zu wollen. *Freiheitlicher Pressedienst / 28.2.1987* 187

„Möglicherweise ist dem Minister das in seinem Ministerium noch von der letzten Regierung unter freiheitlicher Federführung erstellte fix und fertige Energiekonzept nicht vorgelegt worden, was mich allerdings nicht wundert, da sich in einem solch maßlos aufgeblähten Apparat auch fähigere Minister als Graf nicht zurechtfinden würden", sagte Haider. *Freiheitlicher Pressedienst / 28.2.1987* 188

„Es steht aber zu befürchten, daß der Wirtschaftsminister weiterhin öffentliche Faschingssitzungen für die Presse abhält, damit sich und ganz Österreich blamiert und auf seine eigentliche Pflicht, die durchführende Gewalt endlich zum Tragen zu bringen, vergißt", meinte Haider abschließend. *Freiheitlicher Pressedienst / 28.2.1987* 189

„Anscheinend hat der Graf Bobby der Großen Koalition seine Pressekonferenz absichtlich am Höhepunkt des Faschings angesetzt", meinte heute der FPÖ-Bundesparteiobmann Jörg Haider in einer Reaktion auf jüngste Ankündigungen Grafs zu Autobahnmaut, Ladenschlußzeit und Energiekonzept. „Ich hege den Verdacht, daß der Chef der Ministeriumshydra mit elf Sektionsköpfen diesen Zeitpunkt absichtlich gewählt hat, um von seiner erschreckenden Unkenntnis abzulenken", kritisierte Haider. *Freiheitlicher Pressedienst / 28.2.1987* 190

„Graf Bobby kommt mir vor wie ein Rokoko-Prinz, wie ein feudaler Landesherr, der auf seinem Thron residiert, von den Vorgängen draußen vor der Tür aber keine Ahnung hat", stellte Haider fest. Leider sei das Thema in Wahrheit sehr traurig, da hier wieder einmal die tatsächlichen Absichten der rot-schwarzen Proporz-Regierung klar zutage träten. Man strebe Machterhaltung und Machtaufteilung um jeden Preis an, man trample un- 191 geniert auf dem Rücken des Staatsbürgers herum und greife mit langen Fingern immer wieder in die sowieso schon arg strapazierten Geldbörsen der Steuerzahler. *Freiheitlicher Pressedienst / 28.2.1987*

192 „Es ist ganz offensichtlich, daß einige grüne Abgeordnete radikale, undemokratische Kräfte in Schutz nehmen", stellte Haider fest. „Damit disqualifiziert sich die Grüne Bewegung aber selbst als Repräsentant vieler umweltbewußter Wähler." *Freiheitlicher Pressedienst / 1.3.1987*

193 Es sei mehr als eigenartig, so Haider, daß immer dann, wenn die Grünen eine Kundgebung organisierten, jene linksradikale Personengruppe auftrete, für die Schlägereien und Gewaltanwendung offensichtlich das einzig probate Mittel zur Durchsetzung ihrer politischen Doktrinen sei. Schockierend aber sei es und mit politischer Usance in Österreich völlig unvereinbar, wenn ein gewählter grüner Abgeordneter mit seiner Anwesenheit bei den Ausschreitungen sich de facto mit den undemokratischen Aktionen anarchistischer Randalierer solidarisiere. Die Anwendung von Reizmitteln und Molotowcocktails durch offenbar bereits paramilitärisch organisierte Aktionsgruppen gegenüber der Polizei sei ein schwerer Schlag gegen die Demokratie und ein qualitativer Schritt zu einer Radikalisierung des politischen Klimas in Österreich. *Freiheitlicher Pressedienst / 1.3.1987*

194 „Die halbherzigen Erklärungen Frau Blaus, sie verurteile die Gewaltanwendung durch die Demonstranten, sind nicht einmal das Papier wert, auf dem sie stehen, wenn gleichzeitig Herr Pilz offen für die linksradikalen Raufbolde Stellung nimmt", kritisierte Haider. Diese Janusköpfigkeit offenbare deutlich die Rolle, die der Grünen Bewegung von den sie unterwandernden Kräften zugedacht werde, nämlich die Keimzelle einer linksradikalen, die Verfassung negierenden, undemokratischen Bewegung zu werden, die ihre ideologischen Wurzeln bei Trotzkij, ihren Aktionismus aber von Gadaffi habe. *Freiheitlicher Pressedienst / 1.3.1987*

195 „Vom Standpunkt der Demokratie ist es höchst bedauerlich, wenn eine im Parlament vertretene Gruppierung diesen Weg geht", meinte Haider abschließend. „Ich fordere daher alle staatsbewußten, sich der Demokratie verpflichtet fühlenden Persönlichkeiten in der Grünen Bewegung auf, die Augen nicht vor dieser Gefahr zu verschließen, sondern sich von den marxistisch verstrahlten Spaltpilzen und ihren Anhängern schnellstens zu trennen." *Freiheitlicher Pressedienst / 1.3.1987*

196 Der freiheitliche Bundesparteiobmann Jörg Haider äußerte heute in seiner Parlamentsrede anläßlich des Berichtes von Minister Blecha zu den Vorfällen während der Demonstration der Grünen Alternativen am 26. Februar 1987 seine tiefe Betroffenheit über die „hinterhältige Umfunktionierung" einer sicherlich mit voller Berechtigung vorgebrachten Anti-Wackersdorf-Demonstration. *Freiheitlicher Pressedienst / 4.3.1987*

197 „Positive politische Anliegen idealistischer Jugendlicher wurden von Kryptokommunisten, Anarchisten und Marxisten wissentlich mißbraucht", erklärte

Haider und sprach in diesem Zusammenhang vom „bösen Vorsatz der Gewaltanwendung bereits zu Beginn der Demonstration", zumal die Bewaffnung, wie Tränengassprays, leere Tonnen, Flaschen und Leuchtkörper, nicht in der Ringstraßen-Passage zu finden sei. *Freiheitlicher Pressedienst / 4.3.1987*

„Es ist ein weiterer Beweis für die kurzsichtige und planlose Wirtschafts- und Budgetpolitik dieser ‚Regierung der ebenso großen wie leeren Versprechen', die angesichts der gefährlichen Rezession in der Bauwirtschaft ohne Zögern eine beträchtliche Verteuerung des Wohnbaues herbeiführt", erklärte Haider abschließend. *Freiheitlicher Pressedienst / 7.3.1987* 198

Die Eloquenz von Wirtschaftsminister Graf sei umgekehrt proportional zu dessen Fachwissen, höhnte gestern FP-Chef Haider. Er bezog sich dabei auf Graf-Pläne, bei der Autobahnumfahrung von Klagenfurt einzusparen. *Arbeiterzeitung / 10.3.1987* 199

Haider: Verstaatlichte ist gefangen durch die Nomenklatura der Betriebsräte. 200
Die Innovationslosigkeit sei ein Ergebnis des Umstandes, daß die Verstaatlichte Industrie gefangen sei in der „Nomenklatura der Betriebsräte", die nur mehr ihre eigenen Interessen vertrete und nicht mehr das Wohl ihrer Mitarbeiter vor Augen hätte. *Freiheitlicher Pressedienst / 11.3.1987*

„Nicht nur, daß die Diskussion um die Draken die Regierung in eine schwierige Lage gebracht hat, wurde nun auch die Republik in eine bedenkliche Situation gesteuert", meinte Haider und wies auf die nicht mehr haltbare Entwicklung hin, an deren Spitze Landeshauptmann Krainer stehe, die aber auch von Regierungsmitgliedern, wie Minister Riegler, getragen werde. „Durch diese Aktionen wird die Republik zum Operettenstaat erniedrigt", fuhr der freiheitliche Parteiobmann fort und erläuterte, daß die Drohungen Schilchers, falls dieser dabei bleibe, „ein Fall für die Strafgerichte" wären. *Freiheitlicher Pressedienst / 11.3.1987* 201

In diesem Zusammenhang mutmaßte Haider, daß die Volkspartei durch diese nutzlose Diskussion nur von ihrer mangelnden Problemlösungskapazität und Durchsetzungsfähigkeit im wirtschaftlichen Bereich ablenken möchte. *Freiheitlicher Pressedienst / 11.3.1987* 202

Der steirische VP-Klubobmann Bernd Schilcher könnte wegen seiner Drohungen mit „zivilem Widerstand" gegen eine Draken-Stationierung ein „Fall für's Strafgericht" werden, meint FP-Chef Haider. „Wenn jemand durch Drohung mit Gewalt die Regierung hindert, ihre Befugnisse auszuüben, stehen darauf bis zu zehn Jahre Freiheitsstrafe." Auch Landeshauptmann Josef Krainer müsse geschlossene Verträge anerkennen. *Kurier / 12.3.1987* 203

Die Betriebsräte in der Verstaatlichten würden außerdem nur noch „ihre eigenen Interessen vertreten" und hätten „nicht mehr das Wohl der Mitarbeiter vor Augen". *Arbeiterzeitung / 12.3.1987* 204

205 „Es ist eine ungeheure Vorgangsweise, die einmal mehr deutlich macht, wie verantwortungslos Steuergelder in den Staatsbetrieben verschwendet werden", sagte Haider. Die FPÖ werde alle Schritte unternehmen, um die Verantwortlichen für diese Millionenverschwendung zur Rechenschaft zu ziehen, sagte FPÖ-Landesparteiobmann Abg. Dr. Jörg Haider.
Freiheitlicher Pressedienst / 16.3.1987

206 „Auf der Suche nach neuen Einnahmequellen zur Finanzierung seines horrenden Verwaltungsapparates greift Sozialminister Dallinger nun tatsächlich zu unlauteren Mitteln", erklärte heute der freiheitliche Sozialsprecher Bundesparteiobmann Dr. Jörg Haider. *Freiheitlicher Pressedienst / 17.3.1987*

207 Haider: Draken-Streit ist reiner Stellvertreterkrieg der ÖVP. Diskussion lenkt vom Chaos in der Verstaatlichten Industrie ab.
Freiheitlicher Pressedienst / 19.3.1987

208 „Nachdem diese Regierung seit zwei Monaten im Amt ist und ihr Budget für das Jahr 1987 vorgelegt hat, hat sich sowohl bei den Medien, die sie mit starken Vorschußlorbeeren bedacht hatten, vor allem aber auch bei der österreichischen Bevölkerung inzwischen eine breite Enttäuschung gezeigt. Die Widersprüche zwischen Rot und Schwarz werden immer größer, und die Altparteienkoalition hat es in kurzer Zeit bereits geschafft, ihre Unfähigkeit zur Problemlösung eindrucksvoll unter Beweis zu stellen", erklärte heute der freiheitliche Bundesparteiobmann Dr. Jörg Haider in seiner Parlamentsrede zum Bericht des Budgetausschusses.
Freiheitlicher Pressedienst / 20.3.1987

209 Schärfstens wies der freiheitliche Bundesparteiobmann Abg. Dr. Jörg Haider die unsachlichen und polemischen Äußerungen von Minister Neisser zum Kärntner Pädagogenmodell in der gestrigen Parlamentsdebatte zurück. *Freiheitlicher Pressedienst / 21.3.1987*

210 Darüber hinaus desavouiere Neisser mit seinen unhaltbaren und inhaltsleeren Ausführungen, die jeglicher sachlichen Grundlage entbehren, nicht nur die Kärntner ÖVP, sondern auch seinen Bundesparteiobmann Vizekanzler Mock, der sich im Nationalratswahlkampf eindeutig für das Kärntner Pädagogenmodell ausgesprochen hatte, schloß Haider.
Freiheitlicher Pressedienst / 21.3.1987

211 Die Meinung Mocks, daß ein Vollbeitritt „staatspolitisch nicht aktuell" sei, sei ein Zeichen für die grob fahrlässige Kurzsichtigkeit des Außenministers, der leichtfertig die Chancen einer vollen wirtschaftlichen Integration Österreichs am Europäischen Binnenmarkt 1992 verspiele, ohne die Konsequenzen zu bedenken. *Freiheitlicher Pressedienst / 23.3.1987*

212 „Die Handlungsunfähigkeit dieser Koalition aber geht zu Lasten der österreichischen Steuerzahler und das Bild des Jammers, das diese Regierung bietet, zu Lasten der internationalen Reputation unseres Landes", erklärte Haider abschließend. *Freiheitlicher Pressedienst / 24.3.1987*

„Trotz gegenseitiger Versprechungen haben SPÖ und ÖVP im Koalitionspakt die Erhöhung der Einheitswerte für Grundvermögen der Häuslbauer, Gewerbetreibenden und der Landwirte vereinbart, was einen brutalen Anschlag auf das private Eigentum darstellt", sagte Landesparteiobmann Dr. Jörg Haider. *Freiheitlicher Pressedienst / 24.3.1987* 213

„Die Vollmitgliedschaft bei der Europäischen Gemeinschaft ist für Österreich eine unabdingbare Notwendigkeit, um das Mitspracherecht für unser Land zu sichern und zu verhindern, daß Österreich zu einer europäischen Bettlerrepublik wird, die wegen jeder Kleinigkeit bei der EG anklopfen und verhandeln muß", erklärte Haider. *Freiheitlicher Pressedienst / 25.3.1987* 214

Dallinger sei damit, so Haider weiter, von einem engagierten Sozialpolitiker zum Hohepriester des sozialen Niedergangs geworden und fungiere in erster Linie als „Portier zum Funktionärsparadies", anstatt sein besonderes Augenmerk auf die bedrohten Randgruppen der Gesellschaft zu lenken. 215
Freiheitlicher Pressedienst / 25.3.1987

Es finde hier eine gefährliche Verkehrung von Wertigkeiten statt, die sich u. a. darin zeige, daß Sozialschmarotzer unterstützt und Fleißige bestraft, Pleitebetriebe subventioniert und gewinnbringende Betriebe höher besteuert, die Einkommenslage des kleinen Mannes weiter verschlechtert und die Funktionärsprivilegien weiter vermehrt würden. 216
Freiheitlicher Pressedienst / 25.3.1987

Der „Arbeitslosenminister" Dallinger arrondiere sich außerdem wirtschaftliche Kompetenzen zweifelhaften Charakters, um auf Kosten der Steuerzahler Staatsbegräbnisse für Betriebsleichen finanzieren zu können. 217
Freiheitlicher Pressedienst / 25.3.1987

Haider: Volkspartei legt Parteibuchindex an. Brechung der Parteibuchwirtschaft durch FP-Volksbegehren. *Freiheitlicher Pressedienst / 27.3.1987* 218

„Die Volkspartei entpuppt sich als Rückfallstäter, der nicht mehr resozialisierbar ist", meinte Haider und war von dem Tatbestand angewidert, daß hier „schwarze Listen aufgelegt werden, in die junge Menschen aufgenommen werden, die würdig erscheinen, politisch gefördert zu werden. Damit hat die Volkspartei den Kredit der Wähler verspielt, und der Makel der Parteibuchwirtschaft haftet an ihr wie die Erbsünde." 219
Freiheitlicher Pressedienst / 27.3.1987

Der Gipfelpunkt der Infamie sei allerdings damit erreicht, daß Kanzleramtsminister Neisser, just jener Minister, der die Kompetenz zum Vorgehen gegen die Parteibuchwirtschaft zugewiesen bekam in dieser widerlichen Angelegenheit völlig involviert sei. 220
Freiheitlicher Pressedienst / 27.3.1987

Ein zwielichtiges ÖVP-"Postenbüro" hat gestern die Opposition in einer dringlichen Anfrage im Nationalrat aufgegriffen: FP und Grüne attackier- 221 ten mit einem teilweise sehr heftigen Vokabular den „Postenschacher" und „Parteibuchzwang". Die ÖVP versuchte die Angelegenheit als völlig unparteiliche Hilfsaktion für Arbeitsuchende darzustellen. Die SPÖ ging demonstrativ auf Distanz. *Kleine Zeitung / 28.3.1987*

222 FPÖ-Chef Jörg Haider witterte in dem Brief „den Versuch, ein dichtes Netz der personalpolitischen Kontrolle einzurichten". Hier würden schwarze Listen für Würdige eingerichtet, damit kein anderer Zugang finde. *Kleine Zeitung / 28.3.1987*

223 „Mit seiner Kritik am ‚Volksbegehren gegen Parteibuchwirtschaft und Privilegien' hat Arbeiterkammerpräsident Czettel nun endgültig das Mäntelchen des Arbeitnehmervertreters abgelegt und aufgezeigt, welche Interessen er in Wahrheit vertritt: nämlich jene der Kammerfunktionäre und Privilegiennutznießer", antwortete heute der freiheitliche Bundesparteiobmann Dr. Jörg Haider auf eine Presseaussendung Czettels. *Freiheitlicher Pressedienst / 30.3.1987*

224 Der „soziale Friede", den Czettel mit Hilfe der „Schlagkraft der Kammern" erhalten wolle, entpuppe sich somit als eigennütziger Wunsch jener Funktionäre, die sich auch in Zukunft weiterhin still und heimlich ihre Schäfchen ins Trockene holen wollen. *Freiheitlicher Pressedienst / 30.3.1987*

225 „Diese Vorgangsweise kann nur mehr als modernes Raubrittertum bezeichnet werden", sagte der freiheitliche Parteiobmann und verwies abschließend auf den Umstand, daß durch diese „absolut unsoziale Politik nur die wohlhabenden Bürger unseres Landes in den Genuß von steuerlichen Begünstigungen kommen, während weniger begüterte Bevölkerungsgruppen immer kräftiger zu Kasse gebeten werden". *Freiheitlicher Pressedienst / 31.3.1987*

226 „Es darf auf keinen Fall dazu kommen, daß die durchschnittlichen Belastungskosten für die Autofahrer von dzt. öS 3,70/km, im Gegensatz zu öS 2,83 in der BRD, wie von der Regierung geplant, auf öS 4,—/km erhöht werden. Es handelt sich hier um modernes Raubrittertum, das uns Österreichern nicht hilft und dem Tourismus schadet." *Freiheitlicher Pressedienst / 1.4.1987*

227 „Ich glaub also, daß hier wirklich eine gewaltige Lawine losgetreten würde und wir, so wie es ausländische Kommentatoren heute schon tun, ein bißchen zu Raubrittern in Österreich gestempelt würden, die die Methoden der mittelalterlichen Steuervögte und Raubritter im modernen Verkehrswesen beleben, ohne daß es uns Österreichern hilft. Denn es würde das ja nicht eine reine Transitbelastung sein, aber es würde uns in der jetzigen Situation sicherlich einmal im Tourismus schaden, weil man schon jetzt über ausländische Agenturen lesen kann, daß Österreich ohnedies schon so teuer ist und man sich's wird überlegen müssen, wenn das jetzt alles kommt, überhaupt noch Werbung zu machen, wie das einige deutsche Medien heute schon getan haben." *Mittagsjournal / 1.4.1987*

„Die FPÖ zeigt mit diesem Volksbegehren die Schwächen der beiden alten Parteien auf, und die Reaktion darauf, egal ob nun von den Sozialisten oder von der Volkspartei, ist nur wütendes Geheul.“ 228
Freiheitlicher Pressedienst / 6.4.1987

„Wir haben mit unserer Bürgerbewegung genau in den Funktionärsfilz getroffen und sind auf dem besten Wege, die Auswüchse unseres Parteienstaates zu beseitigen“, sagte Haider. Der Erfolg dieses Volksbegehrens werde den alten Parteien vor Augen führen, wie sehr ihre „dunklen Machenschaften und Freunderlwirtschaft in privaten Klubs und Zirkeln“ von der hart arbeitenden Bevölkerung abgelehnt werden. 229
Freiheitlicher Pressedienst / 6.4.1987

Von Fahrlässigkeit oder Vorsatz zu sprechen, grenze, so Haider, an Infamie, wenn man die neuen Belastungswellen der Bundesregierung ihren Wahlversprechen entgegensetze. *Freiheitlicher Pressedienst / 6.4.1987* 230

Von einem Gießkannenprinzip bei der Unternehmensförderung zu sprechen, sei überhaupt frivol, wenn man bedenke, daß nun darüber verhandelt werde, ob die Verstaatlichte Industrie 32, 42 oder gar 50 Milliarden Schilling an Subventionen erhalten solle. *Freiheitlicher Pressedienst / 6.4.1987* 231

„Der Druck auf die Altparteien, auf ihre angestammten Rechte und Privilegien zu verzichten, wird immer größer. Die Wähler lassen sich nicht mehr durch nebulose Absichtserklärungen hinter's Licht führen“, meinte Haider und schloß, daß nun „Fischer Angst vor dem politischen Elfmeter bekommt“. *Freiheitlicher Pressedienst / 6.4.1987* 232

Parteichef Jörg Haider wurde bei seinen rhetorischen Attacken gegen die „Sanierungskoalition, die selbst zum Sanierungsfall geworden ist“ gefeiert. Jubel war ihm auch sicher bei der Aufzählung von Funktionärsprivilegien. 233
Die Presse / 6.4.1987

Haider höhnt Koalition „Eine lahme Ente“. *Die Presse / 6.4.1987* 234

Parteichef Haider kritisierte dann zunächst die Regierungspolitik, die „nichts weiterbringt“, aber „als lahme Ente“ ständig neue Geschwindigkeitsrekorde ankündigt. *Die Presse / 6.4.1987* 235

Wirtschaftsminister Robert Graf warf er vor, er orientiere sich mit seinem Vorschlag einer Generalmaut an „historischen Vorbildern aus der Raubritterzunft“. Die „rot-schwarze Einheitspartei“ beginnt, den Bürger als Eigentum zu betrachten. *Die Presse / 6.4.1987* 236

„Dallinger wird zum Häferlgucker. Ständiges Verschieben von Reserven im Sozialbereich.“ *Freiheitlicher Pressedienst / 8.4.1987* 237

Es gehe nun aber darum, den Budgetspielraum zu erhöhen und Stolpersteine aus dem Weg zu räumen. Als solche Stolpersteine sieht Haider die 238

„Verstaatlichte" — bei der man nun überlegen müsse welche Teile überlebensfähig seien und welche nicht -, die Agrarbürokratie, und die Bundesbahn. Denen wird man sagen müssen: „Der Fasching ist aus".

Die Presse / 9.4.1987

239 Einmal mehr zeige sich, wie sich die Mächtigen in diesem Staat Millionenpfründe zuschieben. Die Parallelen zwischen der 3-Millionen-Abfertigung von Vranitzky und der Millionen-Abfertigung von Sokol zeigten in bedrückender Art und Weise, wie das Geld, welches von den Steuerzahlern unter Anwendung verschiedenster Kunstgriffe herausgepreßt wird, im Dunklen verschoben werden soll. „Überhaupt erscheint die Achse Sokol-Androsch-Vranitzky eigentümlich, wenn man bedenkt, daß alle drei Herren in nicht ganz durchsichtige Zahlungen des Staates verwickelt sind", erklärte der freiheitliche Parteiobmann und ergänzte, daß Minister Graf dieses Schauspiel aus der Loge beobachte und sich anschicke, Applaus zu spenden. Haider dann lakonisch: „Nur ein etwas teurer Applaus".

Freiheitlicher Pressedienst / 10.4.1987

240 Wenn man bedenke, so Haider, daß ein gewöhnlich Sterblicher im ASVG-Bereich nach lebenslanger Arbeit eine Höchtspension von 19.200 Schilling brutto erhält oder ein durchschnittlicher Bruttomonatsbezug eines Angestellten im Verkehrsbüro etwa 17.000 Schilling beträgt, mache sich dieser Regierungscoup, angeordnet von Vranitzky und durchgeführt von Minister Graf, als „unfaßbares Gustostückerl" aus.

Freiheitlicher Pressedienst / 10.4.1987

241 Haider: „Gedächtnisschwund des VP-Generalsekretärs. Umfallerpolitik der ÖVP ist Anschlag auf die Steuerzahler."

Freiheitlicher Pressedienst / 10.4.1987

242 Besondere Aufmerksamkeit verdiene dabei das rücksichtslose Verwirrspiel, das die ÖVP mit den Steuerzahlern treibe. Noch am 17. November des Vorjahres hätten VP-Obmann Mock, der zum Paradewirtschaftsexperten hochgejubelte VP-Verstaatlichtensprecher Taus und der nunmehrige Wirtschaftsminister Graf in einer gemeinsamen Pressekonferenz erklärt, die Verstaatlichte brauche 50 Milliarden Schilling nur zum Überleben. Nach der Wahl hätten sich dieselben Herren offensichtlich anders besonnen und sich auf einen Betrag von 32 Milliarden festgelegt.

Freiheitlicher Pressedienst / 10.4.1987

243 „Die von der schwarzen Minderheit in der roten Koalition praktizierte tägliche Umfallerpolitik stellt einen Anschlag auf die Wirtschaft unseres Landes und die immer mehr belasteten Steuerzahler dar, die schließlich für das Regierungschaos und dessen katastrophale Auswirkungen bezahlen müssen."

Freiheitlicher Pressedienst / 10.4.1987

244 „Die Große Koalition, was soll ich sagen: Das ist doch nur mehr ein „Chaos de Luxe!" formuliert er flott drauf los, um sich vor allem an der ÖVP zu reiben.

Kurier / 12.4.1987

Haider: „Belohnungswelle für Pleitiers rollt. Es war sehr schön, es hat mich sehr gefreut.“ *Freiheitlicher Pressedienst / 13.4.1987* 245

Außerdem wäre dadurch sichergestellt, daß es mehr Transparenz bei der Strompreiskalkulation gäbe, zumal das Parlament sicher keine Anträge auf Erhöhung der Strompreise genehmigen könnte, solange in den Unternehmen der E-Wirtschaft hohe Privilegien und Pfründe für Funktionäre existieren, die alle Strompreiskonsumenten zahlen müssen, schloß der freiheitliche Bundesparteiobmann. *Freiheitlicher Pressedienst / 14.4.1987* 246

„Neben den enormen Bezügen der Direktoren Kohlmaier, Schwimmer und Schranz erhalten diese Herren auch noch eine bis zu 80-prozentige Pension wie Beamte und eine zusätzliche Abfertigung“, erklärte Haider und wies darauf hin, daß sie sich somit selbst „wesentlich besser bedienen als ihre Klienten“. *Freiheitlicher Pressedienst / 14.4.1987* 247

Die Herren in der Chefetage, die ohnedies „zu den besten Köpfen beim Nehmen zählen“, interessiere, wie es scheint, überhaupt nicht, ob ihre Angestellten effizient arbeiten würden. *Freiheitlicher Pressedienst / 14.4.1987* 248

Die Gebarung stehe in krassem Gegensatz zu den Leistungskürzungen, die die Versicherten erfahren müßten. „Jedem Menschen, der nur einen Funken Gerechtigkeitsgefühl besitzt, müßten bei diesen Zuständen die Haare zu Berge stehen. Die rot-schwarze Einheitspartei ist aber nur daran interessiert, ihre Pfründe zu verteilen. Das Schicksal des kleinen Mannes kümmert sie nur soweit, als er bei der nächsten Wahl wieder brav für sie stimmt, nachdem sie ihm alle möglichen Versprechungen vorgegaukelt haben“, erläuterte der freiheitliche Bundesparteiobmann und schloß mit dem Aufruf zum Widerstand gegen diese „himmelschreiende Ungerechtigkeit“. *Freiheitlicher Pressedienst / 14.4.1987* 249

„Das Anti-Privilegien-Volksbegehren ist hier ein erster Schritt. Die FPÖ als Parlamentsfraktion wird aber alles unternehmen, damit die wohlerworbenen und bereits bezahlten Rechte der Bürger nicht im Privilegiensumpf untergehen.“ *Freiheitlicher Pressedienst / 14.4.1987* 250

Haider: Salcher ist das Osterlamm der SPÖ. 251
Die Diskussion über Exminister Salcher, der anscheinend als Osterlamm der SPÖ auf dem Altar der Intrigen geopfert werde, zeige deutlich die interne Zerrissenheit der Sozialisten und die Unfähigkeit des amtierenden Bundeskanzlers, der, anstatt sich um die Lösung der lebenswichtigen Bereiche für unser Österreich zu kümmern, sich in einem kleinkarierten Gezänke mit einem Exminister ergehe. *Freiheitlicher Pressedienst / 15.4.1987*

Haider: Regierung versucht, Österreicher hinter's Licht zu führen. Verschwendungspolitiker Vranitzky in den Fußstapfen Kreiskys. 252
Scharfe Kritik an der rot-schwarzen Koalition, deren bisherige Regierungstätigkeit bestenfalls unter dem Firmentitel „Bluff und Schmäh“ laufen könne, übte heute der freiheitliche Bundesparteiobmann Abg. Dr. Jörg Haider

in einer Pressekonferenz in Bregenz. Auch bei der Verstaatlichtenfinanzierung mache die Regierung den Versuch, die Österreicher hinter's Licht zu führen, erklärte Haider. *Freiheitlicher Pressedienst / 22.4.1987*

253 Bundeskanzler Vranitzky regiere völlig ohne Plan und Programm und steuere mit seinen Ministern im Zick-Zack-Kurs von einem Desaster ins andere. Als Beispiel nannte Haider den hemmungslosen Belastungsvandalismus, der erst jüngst in der Einführung einer generellen Autobahnmaut gipfelte. Höhepunkt der Unverfrorenheit aber sei, so Haider, daß diese Idee ausgerechnet von Wirtschaftsminister Graf stamme, der trotz wiederholter Aufforderungen und einer diesbezüglich ausgearbeiteten Studie keinerlei Anstalten mache, mit der haarsträubenden Verschwendung in seinem Ressort Schluß zu machen und Einsparungen mit den möglichen Reserven in Form der Verwaltungsvereinfachung durchzuführen.
Freiheitlicher Pressedienst / 22.4.1987

254 „Auch wenn Vranitzky sich in der Rolle des Bankiers einen bürgerlichen Habitus geschaffen hat, bleibt er doch ein typischer Verschwendungspolitiker sozialistischer Prägung", erklärte Haider abschließend.
Freiheitlicher Pressedienst / 22.4.1987

255 Der freiheitliche Bundesparteiobmann erklärte abschließend, es sei mit den Vorgängen um das IKZ nur der Beweis erbracht, daß kontroversielle Standpunkte in der Regierung nicht ausdiskutiert würden und die ÖVP das Image einer „Umfallerpartei" zu Recht besäße.
Freiheitlicher Pressedienst / 22.4.1987

256 In der heutigen TV-Pressestunde des Wirtschaftsministers Robert Graf habe dieser eine politische Beichte des Verrates an den Grundsätzen der VP abgelegt. *Freiheitlicher Pressedienst / 26.4.1987*

257 Ebenso verhält er sich bei anderen Fragen, wo er die VP-Grundsätze einer gesunden Wirtschaftspolitik mit jenen der sozialistischen eigentumsfeindlichen Thesen vertausche und somit Verrat an der freien Wirtschaft, die sich nach Leistungen zu orientieren hat, begeht.
Freiheitlicher Pressedienst / 26.4.1987

258 Die FPÖ unter seiner, Haiders, Führung, wird sich weiter für die von der ÖVP verlassenen leistungsorientierten Menschen einsetzen, damit diese zu ihrem Recht kommen und nicht, wie jetzt, Pleitiers und Wirtschaftschaoten auf Kosten der gesunden Wirtschaft und ihrer Arbeitnehmer ihre Geschäfte machen können. *Freiheitlicher Pressedienst / 26.4.1987*

259 Die einzigen, die von der Mißwirtschaft Vranitzkys und Streichers profitierten, seien die verstaatlichten „Betriebskaiser" und Multifunktionäre, wie z.B. Ruhaltinger, der sich in erster Linie dem Problem widme, welche Pension er zuerst in Anspruch nehmen soll.
Freiheitlicher Pressedienst / 28.4.1987

„Es mutet eigenartig an, daß der österreichische Botschafter über die Vorgänge im amerikanischen Justizministerium lange Zeit im Dunkeln tappte", meinte Haider und schloß mit der Vermutung, daß Botschafter Klestil vielleicht seine persönliche Karriere wichtiger war als die Reputation der Republik Österreich. *Freiheitlicher Pressedienst / 29.4.1987* 260

Durch die Diskussion um den Bundespräsidenten gehe die „Mißgeburt eines Finanzierungspaketes" unter, bei dem der Mittelbedarf ohne klare Konzepte weitergehen werde. „Die Volkspartei ist umgefallen und hat jetzt auch noch die Hebammenfunktion eingenommen", sagte Haider. *Freiheitlicher Pressedienst / 30.4.1987* 261

Grünwald und Lacina hätten „ein hohes Maß an Unfähigkeit", das im Fall von Finanzminister Lacina bereits in den Jahren 1985 und 1986 von der Volkspartei heftig kritisiert wurde. *Freiheitlicher Pressedienst / 30.4.1987* 262

„Und es ist sicherlich aus der Warte der freiheitlichen Opposition auch nicht ganz verständlich, daß als oberster Hüter dann dieses Finanzierungspaketes ein Finanzminister in der Person Lacina tätig sein wird, der ja durch ein hohes Maß an Unkenntnis und politischer Blindheit die Katastrophe in den Staatsbetrieben in den letzten Jahren mitherbeigeführt hat, was ihm ja selbst der jetzige Koalitionspartner — ÖVP — im Parlament im 85er und 86er Jahr ja mehrfach bescheinigt hat." *Zeit im Bild 1 / 30.4.1987* 263

„Wir verlangen daher, daß man auch die schwerdefizitären Unternehmungen wirklich ausweist und entsprechend auflöst, weil sie mit keinen weiteren Milliarden-Spritzen mehr am Leben erhalten werden sollen." 264
ORF: Schließen!?
„Schließen, um nicht gute Steuerschillinge in schlechte Betriebe zu geben, sondern gute Steuerschillinge für neue Investitionen zur Verfügung zu haben, daß man ertragsfähige Betriebe neu organisiert, auch gesellschaftsrechtlich organisiert und aus den Großkonzernbereichen ausgliedert, daß man bei den neuen Gesellschaften, die also Zukunftsbranchen noch darstellen in der Verstaatlichten, die Kapitalzufuhr, die für Investitionen notwendig ist, aus dem privaten Kapitalmarkt ..." *Abendjournal / 30.4.1987*

„Wir haben auch als Republik — und nicht zuletzt aus Respekt vor unseren älteren Menschen — dieser Regierung in den Vereinigten Staaten zu sagen, daß man mit uns nicht alles machen kann und daß sich eine Regierung nicht auf der einen Seite auf die Backe schlägen läßt und gleich die andere hinhält und sagt, wir machen auch noch einen Kniefall dazu und kommen gleich hinüber, um Abbitte zu leisten, daß wir ohnedies nicht so schlecht sind, wie man uns derzeit sieht. Wir sind an sich ein sehr selbstbewußtes Land, aber wir haben offenbar Politiker an der Spitze unseres Staates stehen, die sehr wenig Selbstbewußtsein und sehr wenig Selbstachtung derzeit repräsentieren. *Zeit im Bild 1 / 1.5.1987* 265

Haider: Wagners doppelbödige Argumentation zum Schaden Kärntens. 266
„Wie üblich hat der Kärntner Landeshauptmann Wagner auch in der Fra-

ge der Autobahnmaut wieder schneller geredet als gedacht", kommentierte der freiheitliche Bundesparteiobmann, Abg. Dr. Jörg Haider, die jüngsten verbalen Kraftakte Wagners. *Freiheitlicher Pressedienst / 4.5.1987*

267 Nachdem er sich bei seiner doppelbödigen Argumentation ertappt fühlte, habe Wagner panikartig den ungeordneten Rückzug angetreten und, wie er dies schon mehrfach praktiziert habe, versucht, seine eigenen unwahren Aussagen auf andere abzuwälzen. Er, Haider, habe die generelle Autobahnmaut von Anfang an abgelehnt und seine Meinung auch nicht geändert, weshalb die Behauptungen des Kärntner Landeshauptmannes wieder einmal völlig ins Leere gingen, erklärte der freiheitliche Bundesparteiobmann abschließend. *Freiheitlicher Pressedienst / 4.5.1987*

268 Die Aussagen der Grünen in dieser Angelegenheit seien „mehr als Potemkinsche Dörfer", zumal sie bis jetzt noch keine Aktivitäten gesetzt hätten, während die FPÖ bereits vor Wochen durch Abg. Praxmarer eine Verwaltungsgerichtshofbeschwerde in dieser Angelegenheit eingebracht habe.
Freiheitlicher Pressedienst / 4.5.1987

269 Durch die Pleite des Verschwendungsministers Dallinger werde von der Regierung eine neue Belastungslawine losgetreten und einmal mehr der kleine Mann für die verantwortungslose Mißwirtschaft im Staatsbereich zur Kasse gebeten, kommentierte heute der freiheitliche Bundesparteiobmann, Abg. Dr. Jörg Haider, das finanzielle Fiasko des Sozialministeriums.
Freiheitlicher Pressedienst / 6.5.1987

270 Er [Sozialminister Dallinger] mache statt dessen das, was er schon immer sehr gut gekonnt habe: In die Taschen des kleinen Mannes zu greifen und sich von dort das Geld für seinen aufgeblähten Verwaltungsapparat und seine planlose Subventionierungspolitik zu holen.
Freiheitlicher Pressedienst / 6.5.1987

271 Haider: Bankrott des Sozialministers wird unter den Tisch gekehrt. ÖVP läßt sich mit Versprechungen abspeisen.
Freiheitlicher Pressedienst / 7.5.1987

272 Die willkürlichen und planlosen Subventionsvergaben nach dem Ermessen des Sozialministers hätten zum völligen Zusammenbruch der Finanzen in diesem Ressort geführt. Dieser skandalöse Fall von verantwortungsloser Verschleuderung von Steuergeldern dürfe nicht einfach unter den Tisch gekehrt werden. Offensichtlich genüge der ÖVP die ebenso pompöse wie unglaubwürdige Ankündigung des Bankrott-Ministers, er werde in Zukunft mehr „sparen", und sie zeige nicht das geringste Interesse daran, Dallinger für sein Verhalten, von dem noch zu prüfen wäre, ob es nicht den Tatbestand der groben Fahrlässigkeit erfüllt, zur Verantwortung zu ziehen.
Freiheitlicher Pressedienst / 7.5.1987

273 „Wir wiederholen daher unsere Forderung nach einer Sonderprüfung durch den Rechnungshof und verlangen von der Regierung, der haarsträu-

benden Mißwirtschaft des Berufsfunktionärs Dallinger, der — wie es scheint — Partei- und Gewerkschaftsinteressen über seine Verpflichtung gegenüber den österreichischen Steuerzahlern stellt, endlich Einhalt zu gebieten", erklärte Haider abschließend. *Freiheitlicher Pressedienst / 7.5.1987*

Haider: Dallingers Arbeitsmarktpolitik entpuppt sich als Arbeitsmarktkatastrophe. 274
Die gescheiterte Arbeitsmarktpolitik des sozialistischen Ministers Alfred Dallinger mache ihn zum ersten potentiellen Rücktrittskandidaten dieser Großen Koalition, sagte der freiheitliche Bundesparteiobmann Dr. Jörg Haider. *Freiheitlicher Pressedienst / 9.5.1987*

Sozialminister Dallinger, in dessen Ressort zwar gigantische Steuermittel jährlich gepumpt werden, jedoch ohne Erfolg, habe durch seine skandalösen Verschwendungen ein Scheitern seiner chaotischen Arbeitsmarktpolitik herbeigeführt. *Freiheitlicher Pressedienst / 9.5.1987* 275

Erschreckend sei auch, daß mit Hilfe der ÖVP dieser Betrug am Steuerzahler gemacht werde, da sich die ÖVP damit zum Verteidiger und Unterstützer der sozialistischen Verschwendungspolitik degradieren läßt, sagte Haider. *Freiheitlicher Pressedienst / 10.5.1987* 276

Haider: Regierung verlangt Zwangsabgaben für Koalitionschaos. 277
Freiheitlicher Pressedienst / 13.5.1987

„Jetzt empfängt man wieder eine Delegation des Justizministeriums und der amerikanischen Regierung. Die sagen heute schon, sie werden uns an sich nichts vorlegen, was wir sehen wollen. Aber sie soll empfangen werden. Wäre ich Bundeskanzler, ich würde dieser Delegation die Türe weisen, weil ich glaube, daß man so mit uns nicht reden kann. Auch wenn wir ein Kleinstaat sind, haben wir ein Selbstbewußtsein zu haben. Das schafft Respekt, nicht die Untertänigkeit und die Demutsgesten." *Zeit im Bild 1 / 13.5.1987* 278

„Wie doppelbödig die Moral des Kärntner ÖVP-Landesparteiobmannes Scheucher ist, zeigt sich deutlich daran, daß er von der FPÖ verlangt, seine Unterschriftenaktion zu unterzeichnen, wobei er seinerseits aber nicht an eine Unterstützung des viel umfassenderen echten Volksbegehrens gegen Parteibuchwirtschaft und Privilegien denkt", erklärte FPÖ-Bundesparteiobmann Jörg Haider gegenüber dem Pressedienst seiner Partei. *Freiheitlicher Pressedienst / 14.5.1987* 279

Haider: Grün-Alternative österreichfeindlich. Beschwichtigungsversuche der Alternativen kommen zu spät. *Freiheitlicher Pressedienst / 15.5.1987* 280

Nach den Brandaktionen und Gewaltanschlägen der Grün-Alternativen Partei beim Opernball und dem Versuch, das Klima der guten Beziehungen zwischen Österreich und Ungarn durch sinnlose Protestaktionen zu zerstören, stelle das Herzeigen einer Hakenkreuzfahne im Parlament den vor- 281

läufigen Höhepunkt des Bemühens der Grün-Alternativen, dem Land Österreich nachhaltigen Schaden zuzufügen, dar.
Freiheitlicher Pressedienst / 15.5.1987

282 Alle Bürger, die bisher aus Umweltgesinnung dieser neuen Partei Vertrauen entgegengebracht haben, werden daher gut beraten sein, sich von diesem linksradikalen und österreich-feindlichen Element zu distanzieren, damit dem Land weiterer Schaden erspart bleibt, schloß Haider.
Freiheitlicher Pressedienst / 15.5.1987

283 Die heutigen Aussagen von Michael Graff, wonach die VP es ebenfalls nicht für richtig finde, daß Vranitzky nach diesen skandalösen Vorfällen nach Amerika reise, nehme er, Haider, mit Genugtuung zur Kenntnis. Es könne einfach nicht hingenommen werden, daß sich die österreichische Bundesregierung nach einem derartig skandalösen Verhalten der Amerikaner gegenüber uns Österreichern den Amerikanern auch noch an den Hals schmeiße. Wir Österreicher haben keine Kniefalldiplomatie notwendig, sagte Haider heute vor Funktionären in Kärnten.
Freiheitlicher Pressedienst / 16.5.1987

284 Die verbalen Rundumschläge von Generalsekretär Graff in der heutigen Fernsehpressestunde beweisen, daß die VP-Führung mit ihrem Latein in der Causa Waldheim am Ende sei, sagte der freiheitliche Bundesparteiobmann Dr. Jörg Haider. *Freiheitlicher Pressedienst / 17.5.1987*

285 Noch schärfer als Graff attackierte FPÖ-Obmann Haider. Man dürfe nicht zulassen, daß „Schmutzkübel über einer ganzen Generation ausgeschüttet" werden. Gerade die USA hätten kein Recht, als Richter aufzutreten: „Als Gralshütter der Moralität kann sich nur ein Staat aufspielen, der selbst eine reine Weste hat, nicht aber, der zugeschaut hat, wie Hunderttausende Sudetendeutsche aus ihrer Heimat ausgetrieben wurden, und der als erster eine Atombombe geworfen hat. *Kleine Zeitung / 17.5.1987*

286 Haider: Bundesregierung in Sache Waldheim völlig hilflos. Kniefalldiplomatie Vranitzkys chancenlos.
Als völlig hilflos bezeichnete heute der freiheitliche Bundesparteiobmann Dr. Jörg Haider die Bundesregierung, die in Sachen Waldheim offenbar weder ein noch aus wüßte. „Österreich steht heute vor einem Waterloo seiner Außenpolitik", führte Haider aus. *Freiheitlicher Pressedienst / 19.5.1987*

287 Haider: Protest gegen Kürzungen der Bausparförderungen für 4 Millionen Österreicher. Vertragsbruch durch Finanzminister.
Scharfe Kritik an der von Finanzminister Lacina geplanten Kürzung der Bausparprämie von 13 auf 8 Prozent übte der freiheitliche Bundesparteiobmann Abg. Dr. Jörg Haider bei einer Diskussion mit Wirtschaftstreibenden in Salzburg. *Freiheitlicher Pressedienst / 21.5.1987*

288 Dem ÖVP-Wirtschaftsminister Graf müsse er, so Haider weiter, den Vorwurf machen, daß dieser sein Wort gebrochen habe, weil er noch vor weni-

gen Wochen bei einer Pressekonferenz und in einer Aussprache mit den Spitzen des Bausparsektors eindeutig versprochen habe, die Bausparprämie erhöhen zu wollen. Jetzt mache er für den Finanzminister die Mauer für einen Vertragsbruch gegenüber 4 Millionen Bürgern und unterstütze eine Politik der Arbeitslosigkeit, sagte der freiheitliche Bundesparteiobmann.
Freiheitlicher Pressedienst / 21.5.1987

Behauptungen des sozialistischen Klubobmannes Dr. Heinz Fischer, das Antiprivilegien-Volksbegehren koste 10 Millionen Schilling, wies Haider als „Frechheit" zurück. *Freiheitlicher Pressedienst / 21.5.1987* 289

Als weiteren Beweis für die Kniefalldiplomatie der rot-schwarzen Koalitionsregierung bezeichnete heute der freiheitliche Bundesparteiobmann, Abg. Dr. Jörg Haider, bei einer Pressekonferenz in Klagenfurt die Reise von Bundeskanzler Vranitzky in die USA. Die Tatsache, daß Vranitzky von Präsident Reagan nicht einmal offiziell empfangen worden sei und der Besuch somit rein privaten Charakter hatte, stelle eine beispiellose Demütigung Österreichs dar. 290
Freiheitlicher Pressedienst / 22.5.1987

„Vranitzky hat im Fall Waldheim durch seine peinliche Unterwürfigkeit rein gar nichts erreicht und darüber hinaus — entgegen seinen Versprechungen — andere, für unser Land wichtige Fragen, vor allem im Bereich der bilateralen wirtschaftlichen Beziehungen, nicht einmal angeschnitten. 291
Freiheitlicher Pressedienst / 22.5.1987

Scharfe Worte für Vranitzkys Amerikareise fand gestern FPÖ-Chef Haider: Wie vorausgesagt, habe dieser Besuch außer einer „beispiellosen Demütigung Österreichs" nichts gebracht. Es handle sich um eine Kniefalldiplomatie der Koalition. *Kronen-Zeitung / 23.5.1987* 292

Als Fazit bleibe eine Touristikreise des Regierungschefs in den USA auf Kosten der Steuerzahler, die das Image Reagans aufpoliere, dem Ansehen Österreichs aber schweren Schaden zugefügt habe, attackierte Haider Bundeskanzler Vranitzky. *Kronen-Zeitung / 23.5.1987* 293

FP-Obmann Dr. Jörg Haider befürchtet negative Auswirkungen der amerikanischen Watchlist-Entscheidung auf den österreichischen Fremdenverkehr. Haider kritisierte neuerlich die Reise des Bundeskanzlers in die USA und sprach von einem „Flop". *Wiener Zeitung / 24.5.1987* 294

Als einzigartigen Vertragsbruch des Staates gegenüber 4 Millionen Bausparern bezeichnete der freiheitliche Bundesparteiobmann die angekündigte Kürzung der Bausparprämien von 13 auf 8 Prozent durch Finanzminister Lacina. *Freiheitlicher Pressedienst / 25.5.1987* 295

FPÖ-Chef Haider sprach Montag von einer Pflanzerei der US-Regierung gegenüber Österreich: Daß Waldheim keines Kriegsverbrechens beschuldigt werde, hätten die Amerikaner nämlich erst dann offiziell bekanntgege- 296

ben, als Vranitzky keine Pressekonferenz mehr abhalten konnte.
Kronen-Zeitung / 26.5.1987

297 „Immer mehr stellt sich heraus, daß die Große Koalition nicht saniert, sondern den Weg des Kaputtsparens und der steigenden Arbeitslosigkeit geht", schloß Haider. *Freiheitlicher Pressedienst / 27.5.1987*

298 Der brutale Vertragsbruch gegenüber den 4 Millionen Bausparern, an dem Bundeskanzler Vranitzky festhalten will, seien amerikanische Wildwestmanieren, wonach das Recht des Stärkeren gelte, und habe mit Vertragstreue nichts mehr zu tun, sagte der freiheitliche Bundesparteiobmann, Abg. Dr. Jörg Haider, gegenüber dem Freiheitlichen Pressedienst.
Freiheitlicher Pressedienst / 27.5.1987

299 „Diese Regierung richtet sich selbst, weil sie nichts zusammenbringt. Von all dem, was versprochen wurde, ist bisher außer heißer Luft nichts produziert worden, und dort, wo man tätig geworden ist, hat sie noch Belastungen für die Bevölkerung erfunden. *Neue Freie Zeitung / 28.5.1987*

300 Götz's Vorgangsweise sei jedenfalls völlig unvereinbar mit der neuen Linie der FPÖ. Wenn Götz sich damit nicht identifizieren könne und den offenbar von ihm eingeschlagenen Weg des Privilegienkonsums, wie er bei den Altparteien üblich sei, weitergehen wolle, so stehe ihm dies selbstverständlich frei, jedoch würde er, Haider, sich ausbitten, daß dies dann außerhalb der FPÖ geschähe. *Freiheitlicher Pressedienst / 29.5.1987*

301 Haider: Kürzung der Bausparförderung ist wirtschaftlicher Unsinn. Graf hält seine Versprechen nicht. *Freiheitlicher Pressedienst / 29.5.1987*

302 Besonders unverständlich finde er, so Haider, daß diese Entscheidung mit Zustimmung der ÖVP gefallen sei. Noch am 25. Jänner dieses Jahres habe Wirtschaftsminister Graf vor einer Direktorenversammlung der Bausparkassen eine „Politik zur Ankurbelung der Bauwirtschaft" versprochen. „Das ist nur eines von vielen Beispielen, um zu zeigen, wie Graf zu seinen Aussagen steht und wie kontraproduktiv seine Wirtschaftspolitik tatsächlich ist", schloß Haider. *Freiheitlicher Pressedienst / 29.5.1987*

303 Peinlich berührt reagierte FPÖ-Obmann Jörg Haider über die Verfassungsbeschwerde von Ex-Bürgermeister Alexander Götz. Er legte ihm den Parteiaustritt nahe: „Der Privilegienkonsum steht Götz selbstverständlich frei, jedoch bitte ich mir aus, daß dies dann außerhalb der FPÖ geschieht."
Kleine Zeitung / 30.5.1987

304 Die Entscheidung des Höchstgerichts, daß Mehrfachpensionen bei Politikern rechtlich abgesichert sind, sei im höchsten Maße unmoralisch und zeige deutlich die Dekadenz des bestehenden Funktionärsstaates, der von dem kleinen Bürger Sparsamkeit und Verzicht auf Leistung erfordert, sich jedoch fürstlich an den Steuergeldern des kleinen Mannes bediene.
Freiheitlicher Pressedienst / 30.5.1987

„Die Hauptleidtragenden dieser neuen Schröpfaktion werden die Pendler sein, eine Bevölkerungsgruppe, die ohnehin nicht zu den begütertsten zählt. *Freiheitlicher Pressedienst / 4.6.1987* 305

„Die Mischform der Autobahnmaut nach den Vorstellungen von Graf wird zu einer reinen Österreicher-Maut führen", erklärte der freiheitliche Bundesparteiobmann und wies abermals darauf hin, daß diese Mehrbelastung einzig und allein auf Kosten und auf dem Rücken der Kleinverdiener realisiert werden wird. „Die Hauptleidtragenden dieser neuen Schröpfaktion werden die Pendler sein, eine Bevölkerungsgruppe, die ohnehin nicht zu den begütersten zählt." *Freiheitlicher Pressedienst / 4.6.1987* 306

„Grafs Finanzierungsstrategien haben sich, wie zu erwarten war, als großer Flop herausgestellt. Neben der beabsichtigten Mehrbelastung für Pendler hat er auch in unverantwortlicher Art und Weise dem österreichischen Fremdenverkehr geschadet." *Freiheitlicher Pressedienst / 4.6.1987* 307

Haider: VP und SP wollen nur kleine Reparaturen im Privilegiendschungel. Die Gesinnung der Großparteien hört dann auf, wenn es um Geld geht. *Freiheitlicher Pressedienst / 5.6.1987* 308

Und das alles von einer Regierung, wo sich tagtäglich Versager und Verschwender die Hand geben: „Die neuen Leute in der Regierung sind ja auch nicht besser als die, die schon lang drin sind. Wenn ich denke, was der Graf Bobby aus dem Burgenland, der Wirtschaftsminister geworden ist, so alles vor der Wahl versprochen hat. Aber man darf sich nicht wundern, daß jene Leute, die jetzt an den Schaltstellen sitzen, net mehr zusammenbringen: Denn er war ja selber ein Wirtschaftstreibender, der Graf Bobby, im Burgenland. Er war Gastwirt. Aber als Gastwirt hat er Konkurs gemacht und daher die Voraussetzung erworben, daß er jetzt im Wirtschaftsministerium sitzt." *Profil / 9.6.1987* 309

Selbst markige Sprüche über die Arbeitslosigkeit gehen in der Krisenregion Steiermark unter Applaus rein: „Es gibt eine gar nicht so kleine Anzahl von Menschen, die eigentlich nicht mehr arbeiten wollen und sich schon längst daran gewöhnt haben, sich auf unser aller Kosten bequem in diesem Staat einzurichten. Denn wenn du dir heute die österreichische Sozialgesetzgebung anschaust, dann bist du eigentlich ein Wahnsinniger, wenn du das ganze Jahr einer Arbeit nachgehst. Viel g'scheiter ist es, wenn du ein halbes Jahr arbeitest, die restlichen sechs Monate gehst stempeln. Über den Jahresausgleich holst du dir die Steuer zurück und hast unterm Strich um 30 Prozent mehr verdient als der, der zwölf Monate brav in die Arbeit gegangen ist." *Profil / 9.6.1987* 310

Der freiheitliche Bundesparteiobmann Jörg Haider ging zu Beginn seiner heutigen Pressekonferenz auf die „hysterischen Reaktionen" der Kammern auf das Antiprivilegienvolksbegehren ein. *Freiheitlicher Pressedienst / 10.6.1987* 311

312 Anläßlich der Regierungsklausur erklärte der freiheitliche Bundesparteiobmann Jörg Haider in seiner heutigen Pressekonferenz, daß die Große Koalition nicht die geringste Lösungskompetenz für die enormen wirtschaftlichen Probleme unseres Landes aufweise, was sich in einem zunehmenden Vertrauensschwund in die Wirtschaftskompetenz der Bundesregierung und in „Angstsparen" der Bevölkerung, trotz fallender Zinsen, artikuliere.

Freiheitlicher Pressedienst / 10.6.1987

313 Als Alternative zu dieser völlig verfehlten Wirtschaftspolitik der Bundesregierung forderte Haider baldigst eine Steuerreform, bei der aber geklotzt und nicht gekleckert werden müsse.

Freiheitlicher Pressedienst / 10.6.1987

314 Die bisherigen Ergebnisse der Beratungen der Bundesregierung müssen als Räuberklausur bezeichnet werden, da ein weiterer Anschlag auf die Einkommen und die Arbeitsplätze der Österreicher beschlossen wurde, sagte der freiheitliche Bundesparteiobmann Dr. Jörg Haider.

Freiheitlicher Pressedienst / 11.6.1987

315 FP-Obmann Haider attackierte Mittwoch „die Privilegien der Verfassungsrichter", die die FPÖ „nicht ungeschoren lassen" wolle: Man habe kein Verständnis für „Klassenjustiz", wenn es um die Privilegien der Verfassungsrichter gehe, „wahlerworbene Rechte" müßten für alle Bevölkerungsschichten gelten, meinte der um Stimmen für das FPÖ-Volksbegehren werbende Haider und behauptete: Verfassungsrichter „kassieren zweimal, arbeiten aber nur einmal", weil sie als Beamte 100 Prozent weiter entlohnt werden.
Arbeiterzeitung / 11.6.1987

316 „Das letzte Aufgebot tritt zusammen, um zu retten, was noch zu retten ist."

Die Presse / 11.6.1987

317 Die Regierungsklausur sei nichts weiter gewesen als ein „Familienausflug von Franz Ratlos und Alois Hilflos", der eine Reihe neuer Belastungen für die Steuerzahler und für keines der anstehenden großen Probleme eine Lösung gebracht habe, sagte Haider. Es seien lediglich Dinge beschlossen worden, die erst nach der nächsten Wahl tatsächlich zur Entscheidung anstünden. *Freiheitlicher Pressedienst / 12.6.1987*

318 Insgesamt machten die beiden Regierungsparteien derzeit den Eindruck, als ob „ein Stürzender bei einem Wankenden Halt suchte".

Freiheitlicher Pressedienst / 12.6.1987

319 FPÖ-Chef Haider stellte gestern fest, offenbar würden einflußreiche Kreise in den USA erst dann eine Ruhe geben, „wenn in Österreich das letzte Kriegerdenkmal für die Gefallenen abgerissen wurde". Österreich müsse sich geschlossen zur Wehr setzen, und die Regierung solle den dubiosen „Rückstellungsvertrag" von 1954 kündigen, verlangte Haider.

Kronen-Zeitung / 12.6.1987

„Vom Ergebnis her kann man sagen, ohne zu übertreiben, daß leere Kilometer von Wien nach Tirol zurückgelegt wurden und daß der Familienausflug, den Franz Ratlos und Alois Hilflos in die Tiroler Lande unternommen haben, in Wirklichkeit keinerlei Problemlösungen gebracht hat, weil man über jene Dinge diskutiert hat, die erst nach der nächsten Nationalratswahl virulent werden und zur Entscheidung anstehen, aber jene Fragen, die derzeit gelöst werden müssen, überhaupt nicht in Bezug genommen worden sind." *Mittagsjournal / 12.6.1987* 320

Es sei auch ein handfester Skandal, daß die AK mit dem Geld aller Arbeitnehmer sogar eine eigene Broschüre in ganz Österreich versendet, in der in polemischer Weise das Anti-Privilegienvolksbegehren der FPÖ schlecht gemacht wird und auf die Leistungen der Sozialisten beim Privilegienabbau verwiesen wird. Die Forderung des Anti-Privilegienvolksbegehrens, eine Aufhebung der Zwangsmitgliedschaft bei den Kammern zu verlangen, sei daher richtig, damit eine derartige mißbräuchliche Verwendung von Arbeitergeldern für sozialistische Propagandazwecke in Zukunft unterbleibe, sagte Haider. 321

Freiheitlicher Pressedienst / 12.6.1987

Die ÖVP entlarve sich immer mehr als Erfüllungsgehilfe zur Umsetzung sozialistischer, wirtschaftswachstumshemmender und eigentumsbildungsfeindlicher Maßnahmen des sozialistischen Weges in Österreich, sagte Haider. *Freiheitlicher Pressedienst / 13.6.1987* 322

Besonders unverständlich und moralisch fragwürdig fand Haider die Doppelstrategie der handelnden Personen. Als eines der vielen Beispiele führte Haider die zwiespältige Haltung der Volkspartei zum Sozialbudget von Minister Dallinger an. *Freiheitlicher Pressedienst / 17.6.1987* 323

Als dritten Schwerpunkt seiner Pressekonferenz griff Haider die Landwirtschaftspolitik der Bundesregierung auf. „Die Regierung zieht auf brutalste Art und Weise das Bauernopfer durch", sagte Haider und sprach in diesem Zusammenhang von einer „Endlösung der Bauernfrage durch die Bundesregierung". *Freiheitlicher Pressedienst / 17.6.1987* 324

Zu Finanzstaatssekretär Ditz gewandt, erkärte Haider, daß dieser der „Klugscheißer der Nation" sei, zumal das Budget bereits nach 2 Monaten um 10 Milliarden nicht stimme. Die Vorgangsweise der Bundesregierung sei deshalb als „unseriöse Ankündigungspolitik" zu qualifizieren und die „Muppet-Show" im Fernsehen vergleichsweise ernsthaft. 325

Freiheitlicher Pressedienst / 20.6.1987

Es sei eine Ungeheuerlichkeit, wie die Obrigkeit in diesem Staat mit dem Bürger umspringt und versucht, den mündigen Bürger zu knebeln. Das sei ein Grund mehr für das nun laufende Anti-Privilegien-Volksbegehren. „Es ist eine Mutprobe für den kritischen Bürger, gegen die Obrigkeit aufzutreten", meinte Haider. *Freiheitlicher Pressedienst / 20.6.1987* 326

327 Die fälschlich als Privatisierung bezeichnete Geldverschiebung ist nichts als ein gigantisches Täuschungsmanöver. *Kurier / 21.6.1987*

328 Haider: Belastungspaket der Großen Koalition völlig unausgegoren.
„In der Regierung wurde offenbar über die katastrophale Budgetsituation nicht geredet, sonst hätte der Finanzstaatssekretär anläßlich der Klausur über das geplante Belastungspaket die Österreicher informiert und eine Beschlußfassung angestrebt", erklärte heute der freiheitliche Bundesparteiobmann, Abg. Dr. Jörg Haider, in einer Presseaussendung.
Freiheitlicher Pressedienst / 22.6.1987

329 „Es ist ein Skandal, daß im Finanzministerium grob fahrlässig mit unwirklichen Budgetdaten gearbeitet wird. Bei der Budgetdebatte wurde das Parlament getäuscht, und nun soll auf dem Rücken des kleinen Mannes eine Budgetsanierung durchgeführt werden", sagte Haider. Im weiteren wies er darauf hin, daß bereits nach zwei Monaten das Budget eine Fehlkalkulation von 10 Milliarden Schilling aufweise, was bei realistischer Einschätzung der Wirtschaftslage nie passieren hätte können. Als einzige Erklärung für diese Ungeheuerlichkeit sieht Haider eine eklatante Fehlleistung des Finanzministeriums, was letztlich auch den Grund für den Mißtrauensantrag darstelle. *Freiheitlicher Pressedienst / 23.6.1987*

330 Haider ging im Laufe seiner Rede auf den Wirtschaftsbericht 1987 ein und bezeichnete ihn als einen „Vortrag aus dem Traumbüchl". Trotz einer ständig fallenden Wirtschaftsentwicklung, steigender Arbeitslosigkeit, Verstaatlichtenchaos und Angstsparen bei der Bevölkerung stimme das „Sandmännchen Graf" den 50 Milliarden Subventionen für die Verstaatlichte Industrie zu und streiche auf der anderen Seite die Förderungen für die Gewerbliche Wirtschaft, den Fremdenverkehr und die Investitionsprämie. Daraus entstehe eine Unvorhersehbarkeit der Wirtschaftspolitik, und „diese Bocksprünge" würden die Menschen zutiefst verunsichern, meinte Haider. Die gesamte Wirtschaftspolitik sei von Ankündigungen geprägt. Graf sei „ein Akrobat der Worte und ein Dilettant der Taten". Beim Wirtschaftsminister würde „die Kompetenz durch Präpotenz ersetzt", Haider weiter.
Einen kongenialen Partner hätte Graf in der Person des Finanzministers gefunden — „Ferdinand der Ahnungslose", wie Haider ihn nannte, da bei diesem bereits nach vier Monaten eine Lücke von 10 Milliarden im Budget klaffen würde. Da dieses falsche Budget entweder aus Unwissenheit oder aus taktischen Gründen erstellt wurde, sei Lacina „der falsche Mann" auf diesem Platz, der gemeinsam mit „Johannes dem Belaster" einen „Belastungsvandalismus" sondergleichen freisetze, der auf dem Rücken des kleinen Mannes ausgetragen werde. *Freiheitlicher Pressedienst / 24.6.1987*

331 „Der Belastungsvandalismus der Bundesregierung hat bereits nie geahnte Ausmaße angenommen", sagte Haider und bezeichnete in diesem Zusammenhang die Verhaltensweise der „beiden alten Parteien" als „janusköpfige Politik", zumal vor der Wahl eine Reihe von Versprechungen abgegeben wurden, im Bewußtsein, sie nicht einhalten zu können.
Freiheitlicher Pressedienst / 27.6.1987

Der freiheitliche Parteiobmann sprach in diesem Zusammenhang vom „Verrat der Berufsvertretungen an ihren Zwangsmitgliedern" und führte dazu das Beispiel von Arbeiterkammerpräsident Czettel an, der zwar halbherzige Erklärungen gegen die Kürzung der Bausparförderung abgegeben hätte, aber im Parlament diesem „Vertragsbruch der großkoalitionären Politiker" sicher zustimmen werde. Als zweites Beispiel nannte Haider die Vorgangsweise der Landwirtschaftskammern. „Die Funktionäre haben sich mitschuldig gemacht an der Verelendung des Bauernstandes", führte der Parteiobmann aus und nannte die Zustimmung zur Saatgutbesteuerung, zur Einheitswerterhöhung und Eiweißfuttermittelabgabe „schlichtweg einen Skandal". 332
„Aber den Kammern kann die Erhöhung der Einheitswerte nur recht sein, denn damit steigen ihre Einkünfte aus den Kammerumlagen, kritisierte Haider und warf den Kammerfunktionären mit Nationalratsmandat eine „doppelbödige Moral" vor.
Dieser Multifunktionärsfilz müsse gelöst werden, und dazu sei das Antiprivilegienvolksbegehren angetreten. *Freiheitlicher Pressedienst / 27.6.1987*

Haider: Hände weg von den Abfertigungen. 333
Aus der großangekündigten Sanierungspartnerschaft ist schon längst ein drittklassiger Raubritterstadel geworden", sagte heute der freiheitliche Bundesparteiobmann Dr. Jörg Haider zu den Plänen der Regierung, die Ausnahmebestimmungen für die Besteuerung von Abfertigungen abzuschaffen. *Freiheitlicher Pressedienst / 29.6.1987*

Er frage sich, was jene Zehntausende Arbeitnehmer, die in den nächsten Jahren in Pension gehen werden, von einer Regierung hielten, die ihre selbstverschuldete Pleitepolitik durch den brutalen Griff auf ihre sauer durch Jahrzehnte verdienten Abfertigungen finanzieren wolle. 334
Freiheitlicher Pressedienst / 29.6.1987

Der Finanzminister begehe einen eklatanten Vertragsbruch, indem er das Vertrauen von 4 Millionen Bausparern in bestehende Verträge in gröbster Weise mißachte. 335
Als Spitze der Doppelzüngigkeit bezeichnete Haider die Haltung der ÖVP in dieser Frage, die bei einer früher erfolgten Anpassung der Bausparförderung um nur 1% Zeter und Mordio geschrien habe, jetzt aber stillschweigend ihre Zustimmung dazu gebe, daß die Bürger über Nacht vor vollendete Tatsachen gestellt werden und der Finanzminister sich mit diesen im höchsten Maße unsozialen und ökonomisch unsinnigen Kürzungen ein Körberlgeld für sein katastrophales Budget, das schon mehr Löcher habe als ein Schweizer Käse, verschaffen wolle. *Freiheitlicher Pressedienst / 2.7.1987*

„Was Sie jetzt hier beschließen, ist ein Keulenschlag gegen die österreichischen Steuerzahler", erklärte der freiheitliche Bundesparteiobmann, Abg. Dr. Jörg Haider, in der heutigen Parlamentsdebatte zur ÖIAG-Finanzierung an die Adresse der Koalitionsparteien. 336
Freiheitlicher Pressedienst / 2.7.1987

337 „Sollten die Koalitionsfraktionen nicht von ihrer Vorgangsweise abgehen, werde es im Herbst ein „wüstes Durcheinander“ geben, sagte Haider. Haider beklagt, daß die Ausschußberatungen unbefriedigend seien und die Ergebnisse dann im Plenum durchgepeitscht würden.
Salzburger Nachrichten / 4.7.1987

338 „Die Volkspartei ist damit endgültig zum willenlosen Werkzeug der SPÖ geworden und handelt — wenn überhaupt — nicht mehr nach ihren eigenen Grundsätzen, sondern folgt lammfromm und widerstandslos den Anweisungen der Sozialisten“. *Freiheitlicher Pressedienst / 6.7.1987*

339 Als Beispiel nannte er einen ähnlichen gelagerten Fall in der Dresdner Bank, der sofort zu einer Suspendierung des betreffenden Direktors geführt habe. Nicht so in Österreich. „Hier haben offensichtlich Parteitaktik und politische Vetternwirtschaft Vorrang vor der internationalen Reputation des CA-Konzerns“, sagte Haider und betonte, wie wichtig daher die von der FPÖ schon wiederholt gestellte Forderung nach einer vollen Privatisierung der verstaatlichten Banken sei. *Freiheitlicher Pressedienst / 6.7.1987*

340 Die neuaufgeflammte Diskussion um die Sanierung der Verstaatlichten Industrie nahm der freiheitliche Bundesparteiobmann Dr. Jörg Haider zum Anlaß, der Regierung einen „skandalösen Umgang mit Steuergeldern“ vorzuwerfen.
Der freiheitliche Bundesparteiobmann meinte abschließend, daß Regierung und Verstaatlichte Industrie ein einziger Sanierungsfall seien, der immer wieder auf Kosten der Steuerzahler saniert werden müßte.
Freiheitlicher Pressedienst / 8.7.1987

341 Generell warf Haider der Bundesregierung eine völlige Konzeptlosigkeit vor. Nicht nur auf wirtschaftspolitischem Sektor, sondern in praktisch allen Staatsbereichen hätte die Regierung „nebulose Vorstellungen“.
Freiheitlicher Pressedienst / 8.7.1987

342 Im weiteren forderte Haider Landwirtschaftsminister Riegler auf, den „Bürokratiedschungel“ bei den Vermarktungsfonds abzubauen und nannte den Landwirtschaftsminister den „schlechteren Bruder von Günther Haiden“, der noch brutaler als dieser vorgehe.
Freiheitlicher Pressedienst / 8.7.1987

343 Einen „skandalösen Umgang mit Steuergeldern“ warf neuerlich FPÖ-Obmann Dr. Jörg Haider der Regierung vor. *Wiener Zeitung / 10.7.1987*

344 Haider: Völlige Planlosigkeit der Regierung in Wirtschaftsfragen.
Freiheitlicher Pressedienst / 16.7.1987

345 Der freiheitliche Bundesparteiobmann Jörg Haider ortete heute in den Sanierungsbemühungen der Bundesregierung für die Verstaatlichte Industrie einen „Todestrieb der Beteiligten“. „Die VEW hat bereits ihr viertes Sanierungskonzept, wobei das Konzept VEW 2000 schon fünfmal modifiziert

wurde und die Verluste in astronomische Höhen steigen", erklärte Haider.
Freiheitlicher Pressedienst / 16.7.1987

Als Alternativen sieht Haider eine wirkliche Privatisierung, die auch die staatlichen Großbanken betreffen müsse. Die jetzt durchgeführte Entstaatlichung sei „nichts anderes als ein Scheinmanöver". 346
Freiheitlicher Pressedienst 16.7.1987

Dieser Staatsbetrieb sei nur zu 50 Prozent ausgelastet und würde nun eine Raffinerie in Deutschland kaufen. Dieser Zukauf komme einer Arbeitsplatzvernichtung gleich. 347
Freiheitlicher Pressedienst / 16.7.1987

Als zweiten Punkt in seinem Forderungspaket nannte der freiheitliche Bundesparteiobmann ein Innovationsförderungskonzept, um das „Kaputtsparen hintanzuhalten". Als Fehler bezeichnete er es, daß die Bundesregierung die „Top-Förderungsaktion" zurückgestellt hat, obwohl aus diesen Zuschüssen zukunftsorientierte Investitionen erfolgten. 348
Freiheitlicher Pressedienst / 16.7.1987

Als Fluch der „bösen Tat" der rot-schwarzen Regierung, die vor der Wahl so große Hoffnungen geschürt habe, obwohl sie wußte, daß sie sie nicht realisieren könne, bezeichnete heute der freiheitliche Bundesparteiobmann Dr. Jörg Haider die Protestaktion der AMAG-Vertreter vor dem Bundeskanzleramt. 349
Freiheitlicher Pressedienst / 16.7.1987

Im Bereich des Fremdenverkehrs und des Gewerbes fehle berechtigterweise jedes Verständnis für die konzeptlose Milliardenverschwendung, die von der rot-schwarzen Koalitionsregierung seit ihrem Amtsantritt betrieben werde, sagte Haider. 350
Freiheitlicher Pressedienst / 16.7.1987

Die Kopflosigkeit der Regierungsmitglieder äußere sich auch darin, daß die eine Hand offensichtlich nicht wisse, was die andere tue. Die Verschaukelung der Bevölkerung sei aber gestern, so Haider, durch den ÖVP-Abgeordneten Burgstaller auf die Spitze getrieben worden. 351
Freiheitlicher Pressedienst / 16.7.1987

„Die Regierung darf sich daher nicht wundern, wenn die Bevölkerung, die für diese katastrophale Mißwirtschaft kräftig zur Kasse gebeten wird, sich nun selbst zur Wehr setzt", schloß Haider. 352
Freiheitlicher Pressedienst / 17.7.1987

Die Vertreter der Kärntner Slowenen haben gegen FPÖ-Bundesparteiobmann Jörg Haider Klage erhoben. Dies meldete Mittwoch der deutschsprachige slowenische Pressedienst „Nas+ tednik". Geklagt wurde Haider wegen seiner Aussage, die Slowenenvertreter seien „ehemalige Bombenschmeißer und Akteure von Gewaltaktionen". Haider hatte die Aussage bei einem Gespräch mit Kanzleramtsminister Heinrich Neisser gemacht. 353
Salzburger Nachrichten / 16.7.1987

354 Zunächst gilt es einmal, die Riesenkapazität des Maltakraftwerkes voll in Funktion zu setzen. Wenn dies geschehen ist, muß die Frage geklärt werden, ob das Dorfertal überhaupt noch nötig ist. Was wir brauchen, sind Laufkraftwerke. Hier werden aber gegenwärtig nur dilettantische Projekte an der Donau vorgelegt. *Kleine Zeitung / 19.7.1987*

355 „Die Wende, die den Österreichern von der ÖVP angekündigt wurde, müssen die Bauern jetzt mit ihren Brieftaschen erleben.
Freiheitlicher Pressedienst / 9.8.1987

356 „Der Österreichische Bauernbund ist kein Bauernbund, sondern ein Räuberbund!" *Freiheitlicher Pressedienst / 9.8.1987*

357 Es sei daher notwendig, daß es in Österreich zu einer wirklichen Änderung in der Agrarpolitik komme und die Bauern aus dieser rot-schwarzen Belastungsmaschinerie befreit werden, schloß Haider.
Freiheitlicher Pressedienst / 9.8.1987

358 Für den „Rest" der parlamentarischen Grünfraktion fand Haider nur scharfe Worte: Im Klub seien „Kryptokommunisten" in Führungsfraktionen gelangt, denen Grün-Themen völlig egal seien und die selbst vor Gewalt zur Durchsetzung politischer Mittel[!] nicht zurückschreckten, erklärte er. *Die Presse / 11.8.1987*

359 Haider: Interessensvertretungen lassen sich vor den Karren der Großen Koalition spannen.
Der freiheitliche Bundesparteiobmann Abg. Dr. Jörg Haider nahm heute in einer ersten Reaktion zu den „Lobreden" des Kärntner Handelskammerpräsidenten Baurecht auf den Kurs der Bundesregierung anläßlich der Eröffnung der Klagenfurter Messe Stellung. „Es ist ein Skandal, daß sich ein freigewählter Interessenvertreter der Wirtschaft zu solchen Äußerungen hinreißen läßt", erklärte Haider. *Freiheitlicher Pressedienst / 14.8.1987*

360 Als zweiter Redner kündigte Minister Neisser die erste Etappe der Steuerreform für 1989 an. „Dieses Reformpaket wird allen Steuerzahlern und im besonderen der Wirtschaft einen neuen Belastungsschub bringen", vermerkte Haider. *Freiheitlicher Pressedienst / 14.8.1987*

361 „Den Wählern wird nun sehr drastisch vor Augen geführt, daß die Wahlversprechungen der Volkspartei nur Schall und Rauch sind."
Freiheitlicher Pressedienst / 14.8.1987

362 Vor der Kommission werde das Kärntner „Pädagogenmodell" völlig ignoriert. Die FPÖ behalte es sich vor, ihre Mitglieder zurückzuziehen, sie sollten nicht als „Staffage für Polit-Gangster in der Kommission" dienen.
Die Presse / 18.8.1987

363 Große Koalition bringt brutalste Belastungswelle für Bauern seit 1945.
Kaum war die ÖVP in der Großen Koalition, habe sie mit den Sozialisten

im Koalitionspakt schriftlich vereinbart, daß ab 1988/89 die von der ÖVP noch vor der Wahl abgelehnte Einheitswerterhöhung nun doch kommen wird. „Damit hat die ÖVP die Bauern bewußt angelogen, wovon auch eine Schimpfkanonade auf die FPÖ, wie sie Bauernbundfunktionäre fast täglich veranstalten, nicht ablenken kann", sagte FPÖ-Chef Haider.

Freiheitlicher Pressedienst / 19.8.1987

„Papst-Pleite auch Frühbauer-Pleite." 364

Kleine Zeitung / Klagenfurt 20.8.1987

FPÖ-Chef Haider bezeichnete die Idee von Minister Löschnak, 50 Schilling Verpflegungskosten von Spitalspatienten kassieren zu wollen, als Anschlag auf die sozial Schwachen unseres Staates. 365

Kronen-Zeitung / 24.8.1987

[...] Landeshauptmann Kery spaziere „stolz wie ein Hahn am Mist" daher, und Mist sei viel gebaut worden in den letzten Jahren, sagte Haider. Besonders in der Personalpolitik gehe es im Burgenland so brutal zu wie in keinem anderen Bundesland. 366

Angefangen vom Sohn des Landeshauptmannes, der es mit knapp 35 Jahren schon bis zum Bezirksschulinspektor gebracht habe, über die inzwischen abtrünnig gewordene Ottilie Matysek, die ohne entsprechende Vorkenntnisse zur Kuratorin der Hypobank und Direktorin einer der größten Schulen im Burgenland gemacht wurde, bis hin zu Ex-Landesrat Vogl, dem mit einer Abfindung von 7 Millionen Schilling auf Kosten der burgenländischen Strombezieher der Abschied von der BEWAG versüßt wurde, regiert das Parteibuch im Burgenland. *Freiheitlicher Pressedienst / 24.8.1987*

Ein Versuch, sich nun „am eigenen Zopf aus dem sauren Sumpf zu ziehen" und sich als Saubermann zu präsentieren, sei daher in höchstem Maße unehrlich. Die ÖVP im Burgenland bezeichnete Haider insgesamt als „Blinddarm der Landesregierung — ständig gereizt und zu nichts nutze". 367

Freiheitlicher Pressedienst / 24.8.1987

Als Anschlag auf die sozial Schwachen und Schröpfungsvorgang gegenüber der heimischen Wirtschaft bezeichnete heute der FPÖ-Bundesparteiobmann, Abg. Dr. Jörg Haider, in einer Pressekonferenz in Salzburg die Budgetsanierungspläne von Finanzminister Lacina. 368

Freiheitlicher Pressedienst / 27.8.1987

Mit dem „Sparpaket" seines Finanzministes habe Bundeskanzler Vranitzky nun endgültig die „Kompetenz des Machers" mit der „Präpotenz des Versagers" vertauscht. *Freiheitlicher Pressedienst / 27.8.1987* 369

„Somit hat man also die Kompetenz des Machers, mit der er ja ausgestattet worden ist, getauscht in die Präpotenz des Versagers, mit der er also fast tagtäglich in der Öffentlichkeit auftritt, um irgendwelche allgemeinen Erklärungen abzugeben, sich aber nicht bewußt zu sein, daß jenes Paket, das sein Finanzminister vorgelegt hat, eigentlich in erster Linie ein Anschlag 370 auf die kleineren und schwächeren Einkommensgruppen in unserem Land ist, auf die sozial Schwachen, und ein neuerlicher Schröpfungsvorgang gegenüber der heimischen Wirtschaft." *Mittagsjournal / 27.8.1987*

371 „Gekündigt werden aber die Falschen, nämlich die fleißigen Arbeiter, die an der Misere keine Schuld haben, während die Blindgänger in den Vorstandsetagen erhalten bleiben. So sieht die Wirklichkeit der angeblichen Sanierungspolitik der rot-schwarzen Regierungspleitiers aus", schloß Haider. *Freiheitlicher Pressedienst / 29.8.1987*

372 Obwohl sich ÖVP-Bundesparteiobmann und Vizekanzler Mock gegen die unüberlegten und mit der ÖVP offensichtlich nicht abgesprochenen Vorstellungen Lacinas gewandt hätte, mache im Gegensatz dazu der ÖVP-Wirtschaftsminister Graf den Sozialisten „die Mauer", so daß Graf von führenden Sozialisten als „klasser Bursch" tituliert werde, erklärte heute der freiheitliche Bundesparteiobmann Dr. Haider anläßlich einer Wahlveranstaltung im Burgenland.
„Der Wirtschaftsminister Graf muß daher in Kauf nehmen, künftig als „Führer der 5. Kolonne der SPÖ in der ÖVP" bezeichnet zu werden", betonte der freiheitliche Bundesparteiobmann.
Freiheitlicher Pressedienst / 29.8.1987

373 „Bundeskammerpräsident Sallinger soll sich nicht als Trauzeuge der Koalition aufspielen, sondern lieber die ihm zugedachte Funktion als ‚Anwalt der Wirtschaft' wahrnehmen", forderte heute FPÖ-Bundesparteiobmann Abg. Dr. Jörg Haider in einer Presseaussendung.
Freiheitlicher Pressedienst / 2.9.1987

374 Ungeheuerlich sei auch die Erhöhung der Telefongebühren. Tatsächlich werde eine „Telefonsteuer" eingeführt. „Wenn Graf Bobby mit Verwandten in New York telefoniert, wird das billiger, wenn aber ein Bettlägeriger seinen Arzt anrufen will, muß er dafür seit gestern mehr bezahlen." Dies, obwohl die Überschüsse aus dem Telefondienst im Vorjahr 5,7 Milliarden betragen haben. Der wieder mehr wortmächtige FPÖ-Obmann sprach von einem „Steuervandalismus". *Kleine Zeitung / 2.9.1987*

375 Die täglich größer werdenden Widersprüche der Regierung lassen einen Vergleich mit einem Haufen Hühner zu, die aufgescheucht durch einen Pleitegeier ziellos herumflattern, sagte heute Bundesparteiobmann Dr. Jörg Haider in einer Funktionärskonferenz in Kärnten.
Freiheitlicher Pressedienst / 5.9.1987

376 Haider bezeichnete die Große Koalition als „Versagerregierung", die zwar Weltmeister im Erfinden von Belastungen für die Bürger sei, aber keine Strukturreformen zustande bringe. *Freiheitlicher Pressedienst / 7.9.1987*

377 Das Lacina-Paket stelle eine reine Inkasso-Aktion dar und würde nicht verhindern, daß die gleichen Probleme nächstes Jahr wieder zur Debatte stehen. Bevor man die Masse der Bürger belaste, müsse man zunächst ganz

oben anfangen, nämlich Ausgaben kürzen, Privilegien abbauen und die Bereitschaft haben, selbst zu sparen, forderte Haider.

Freiheitlicher Pressedienst / 7.9.1987

Bundeskanzler Vranitzky sei vom hochgelobten Experten zum Versager geworden, der mit seiner Entscheidungslosigkeit Österreich großen Schaden zufüge. *Freiheitlicher Pressedienst / 7.9.1987* 378

Als besonders negativ werte die FPÖ den Versuch, das Budget mit einer „Rasenmähermethode" generell um 8% zu kürzen. 379

Freiheitlicher Pressedienst / 7.9.1987

Die Regierung müsse nun gerade im Hinblick auf das Belastungspaket beweisen, daß sie sich nicht nur darauf beschränke, gegenüber dem kleinen Mann Mundraub zu betreiben, sondern auch bereit sei, das Paket um konkrete Maßnahmen zum Privilegienabbau zu erweitern, forderte Haider. 380

Freiheitlicher Pressedienst / 15.9.1987

Eine mittel- und langfristige Budgetsanierung könne jedenfalls nicht erreicht werden, wenn — wie von der Regierung praktiziert — Ansprüche wie auf einem Verschiebebahnhof von einem Titel zum anderen verlagert werden, z.B. durch die Plünderung des Katastrophen- und des Familienlastenausgleichsfonds, und die privilegierten Funktionäre ausgespart werden, betonte Haider. Die FPÖ werde ihren konstruktiven Weg fortsetzen und auch Alternativkonzepte zur Steuerreform und Wirtschaftspolitik ausarbeiten. *Freiheitlicher Pressedienst / 15.9.1987* 381

Die Koalition — der FP Chef sprach von der „rot-schwarzen Einheitspartei" — betreibt laut Haider eine „Politik des Mundraubes am kleinen Mann", für den es zu Belastungen, nicht aber zu Strukturreformen komme. Weiters äußerte Haider einen Wunsch an die Medien: Diese mögen der Sachpolitik der FPÖ „mehr Augenmerk schenken". *Die Presse / 16.9.1987* 382

Die Privilegien der Politiker, ihre „Packelei", standen im Zentrum der blauen Angriffe. „Busek winselt vor der Tür des Bürgermeisters um einen Koalitionsvertrag", lautete eines der vielbejubelten Bonmots in Jörg Haiders Rede. Ein „Bundesparteiobmann zum Herzeigen" übrigens, wie die Wiener Landespartei in Anspielung auf Personaldebatten in VP und SP vermerkte. 383

Kurier / 17.9.1987

Bundeskanzler Franz Vranitzky ist nicht mehr, wie früher, „Franz Ratlos", sondern wird von Haider nun als „Franz Guck-in-die-Luft" tituliert. 384

Die Presse / 17.9.1987

Neu ist auch folgendes: „Die Regierung gleicht einem Hühnerstall, wo alle gackern, aber niemand ein Ei legt." Daß die ÖVP einem Blinddarm gleicht — „ständig gereizt und eigentlich zu nichts gut" — das hatten wir schon bei früheren Haider-Auftritten. *Die Presse / 17.9.1987* 385

386 ÖVP bei der Quellensteuer wortbrüchig gegenüber Wählern.
„Das Gleichgewicht des Schreckens, das die rot-schwarze Koalition mit dem Belastungspaket hergestellt hat, nimmt nun immer bedrohlichere Formen an", erklärte heute der freiheitliche Bundesparteiobmann, Abg. Dr. Jörg Haider, in einer Presseaussendung.
Freiheitlicher Pressedienst / 17.9.1987

387 „Man sollte eigentlich annehmen, daß die Verantwortlichen aus dem Waterloo der Zinsertragssteuer gelernt haben", sagte Haider. Normalerweise gelte der Grundsatz, daß „nur dumme Menschen zweimal den gleichen Fehler machen". Das solle sich besonders auch ÖVP-Generalsekretär Graff vor Augen halten, der am lautesten gegen die ZEST gewettert hatte und nun einer der diensteifrigsten Befürworter der Quellensteuer sei. Offenbar komme es aber der ÖVP auf einen Wortbruch mehr oder weniger gegenüber ihren Wählern nicht mehr an.
Freiheitlicher Pressedienst / 17.9.1987

388 „Die heutigen Äußerungen von Vizekanzler Mock haben bewiesen, daß die rot-schwarze Koalition geradewegs dem völligen Tiefpunkt zusteuert", erklärte FPÖ-Bundesparteiobmann Abg. Dr. Jörg Haider heute in einer Presseaussendung. *Freiheitlicher Pressedienst / 17.9.1987*

389 Es sei geradezu makaber, wenn Mock versuche, die horrenden Belastungen für die Steuerzahler als großartige Leistung zu verkaufen. Man wage sich angesichts dieser Aussage gar nicht vorzustellen, was den Österreichern unter dieser Regierung noch alles blühe. Mocks Behauptung, die ÖVP habe mit ihrem Einsatz eine einnahmenseitige Budgetsanierung erreicht, bezeichnete Haider als ebenso plumpen wie erfolglosen Täuschungsversuch.
Freiheitlicher Pressedienst / 17.9.1987

390 Haider kritisierte, daß die Regierung überhaupt keine Linie in Europafragen habe. Dies vor allem auch deshalb, weil die Große Koalition von der schützenden Hand der Sozialpartnerschaft lebe, die als eine Art „Viererbande" den Protektionismus in Österreich zum System erhoben habe, mit dem Ergebnis, daß wir heute nur mehr einen Restbestand an Marktwirtschaft haben. *Freiheitlicher Pressedienst / 20.9.1987*

391 „Mit der Einführung des täglichen Selbstbehaltes beim Spitalsaufenthalt und den Einsparungen beim Hilflosenzuschuß für Pensionisten greift die Regierung auch weiterhin schamlos in die Taschen der sozial Schwachen", erklärte heute der freiheitliche Sozialsprecher, Bundesparteiobmann Abg. Dr. Jörg Haider, in einer Presseaussendung.
Freiheitlicher Pressedienst / 23.9.1987

392 „Was Sozialminister Dallinger heute der Öffentlichkeit präsentiert hat, ist keine Pensionsreform, sondern eine Plünderungsaktion gegenüber Arbeitnehmern und Pensionisten."
Freiheitlicher Pressedienst / 25.9.1987

Die Kürzung der Pensionen zeige wieder einmal mehr, daß diese Regierungsmannschaft der Großen Koalition eine Ansammlung von Wortbrüchigen sei. *Freiheitlicher Pressedienst / 26.9.1987* 393

„Diese Regierung ist nichts anderes als eine orientierungslose Pleitegemeinschaft, die die Probleme Österreichs vergrößert, anstatt mit vernünftigen Reformschritten diese zu beseitigen", sagte Haider. 394
Freiheitlicher Pressedienst / 26.9.1987

„Die Enttäuschung der Bevölkerung ist halt sehr groß. Es wird nicht saniert, sondern der fleißige Bürger und der kleine Mann demontiert!" 395
Kurier / 27.9.1987

Die SPÖ, sagt Haider, werde dramatische Einbrüche bei ihren Stammwählerschichten erleben, „die hohen Herren im Nadelstreif regieren über die Köpfe ihrer Genossen hinweg, die Jugend fühlt sich verraten". 396
Kurier / 27.9.1987

Daß die ÖVP zur Zeit abstürzt, das liege daran, daß sie sich nicht einmal mehr an ein Minimalprogramm ihrer Wahlversprechen hält. 397
Kurier / 27.9.1987

„Der Alois Mock ist doch der einzige, der versucht, Linie zu wahren, während seine Umgebung, seine Regierungskollegen — vor allem der ‚Bobby' Robert Graf — permanent vor den Sozialisten auf den Knien daherrutschen in ihrem vorauseilenden Gehorsam." *Kurier / 27.9.1987* 398

„Wenn die ÖVP so weitersandelt, gibt's bald keine Mehrheit mehr. Die ÖVP müßte sich in ihrer Lage ja schön langsam fragen: Was war's doch für ein politischer Unsinn, damals die Chance nicht zu ergreifen, die Nummer eins in Österreich zu werden?" *Kurier / 27.9.1987* 399

„Die Aussagen der beiden Spitzenkandidaten von SP und VP in der heute vormittag stattgefundenen TV-Diskussion beweisen, daß die Pensionsreformüberlegungen des Ministers Dallinger ein ‚Unglück sondergleichen', so Originalton Sauerzopf, für die Pensionisten darstellen. Es gibt nun außer den Regierungsmitgliedern selbst kaum jemanden mehr in Österreich, der sich mit dem Rentenklau des Ministers Dallinger identifizieren möchte", sagte der freiheitliche Bundesparteiobmann, Dr. Jörg Haider. 400
„Wahltag ist Zahltag", und die burgenländische Landtagswahl am 4. Oktober sei die erste Gelegenheit, der wortbrüchigen Koalition von SP und VP auf Bundesebene eine kräftige Abfuhr zu erteilen.
Freiheitlicher Pressedienst / 27.9.1987

Wie aus dem Rohbericht des Rechnungshofes eindeutig hervorgehe, habe Kery Millionenbeträge aus burgenländischen Wohnbauförderungsmitteln an begüterte Wiener mit Wohnsitz in Wien vergeben, und zwar unter Umgehung der gesetzlichen Bestimmungen und unter Ausnützung seines direkten Weisungsrechtes. Weiters seien Landesgelder in Millionenhöhe 401 rechtswidrig an verschiedene Vereine, je nach Gutdünken Kerys, vergeben worden. Kery habe damit schuldhafte Rechtsverletzungen begangen und sei daher gemäß Art. 142 BVG entsprechend seiner verfassungsmäßigen Verantwortlichkeit anzuklagen, sagte Haider und richtete an die Bundesregierung die Aufforderung, den entsprechenden Beschluß zu fassen.

Freiheitlicher Pressedienst / 29.9.1987

402 Die FPÖ werde jedoch nicht nur im Parlament gegen den „Rentenklau" des Sozialministers kämpfen, sondern nächste Woche österreichweit eine Petition starten und Unterschriften gegen die Pensionskürzungen sammeln. „Die Pensionisten dürfen nicht zum Spielball einer verfehlten Budgetpolitik gemacht werden".

Freiheitlicher Pressedienst / 30.9.1987

403 Als Beispiele nannte Haider unter anderem die AUA, wo auf vier Aufsichtsräte und einen Direktor nur mehr elf arbeitende Angestellte kommen, oder die Österreichische Gesellschaft für Sonnenenergie mit dem noch krasseren Verhältnis von zwölf Aufsichtsräten, einem Direktor und nur neun Mitarbeitern. Hier müssen, so Haider, schleunigst die Karten auf den Tisch gelegt werden und eine Flurbereinigung stattfinden. Die FPÖ werde entsprechende Initiativen im Parlament setzen, um die Aufsichtsrechte der Ministerien zu verbessern und die Verantwortlichen endlich zur Raison zu bringen. *Freiheitlicher Pressedienst / 30.9.1987*

404 Haider bezeichnete es als „ganz normalen Wahnsinn", daß der Wasserwirtschaftsfonds praktisch nicht mehr aktionsfähig sei und daher Investitionen auf halber Strecke abgebrochen werden müßten, was zu „weiterer Umweltverschmutzung" führe. *Freiheitlicher Pressedienst / 30.9.1987*

405 Damit treibe diese Regierung ihre unverfrorene Scheinheiligkeit auf die Spitze, sagte Haider. Auf der einen Seite verlange sie von den Steuerzahlern ein Opfer nach dem anderen, auf der anderen Seite bereite es ihr offenbar kein Kopfzerbrechen, Milliarden in unsinnige Großbauprojekte zu verpulvern. *Freiheitlicher Pressedienst / 30.9.1987*

406 Dieser sicher nicht unpopuläre Antrag soll für aktive und auch bereits pensionierte Politiker gelten. Mit der Petition will Haider „so viele Menschen mobilisieren, daß Dallinger die Pensionskürzungen zurücknehmen muß". Die „überhastete Geldbeschaffungsaktion" treffe vor allem jene Generation, die die Republik 1945 unter größten Entbehrungen aufgebaut habe.

Kleine Zeitung / 1.10.1987

407 „Wie nun weitere bekanntgewordene Details aus dem Rechnungshofrohbericht zeigen, hat die ÖVP nicht nur der gesetzwidrigen Vergabe von Landesgeldern durch Landeshauptmann Kery zugestimmt, sondern auch selbst kräftig mitgemischt", erklärte heute der FPÖ-Bundesparteiobmann, Abg. Dr. Jörg Haider, in einer Presseaussendung.

Freiheitlicher Pressedienst / 2.10.1987

Angesichts dieser rot-schwarzen Eintracht bei den von Verantwortlichen beider Parteien begangenen zahllosen schuldhaften Rechtsverletzungen werde die FPÖ-Burgenland nach ihrem Einzug in den Landtag sofort einen Untersuchungsausschuß beantragen, um dafür zu sorgen, daß die Schuldigen zur Verantwortung gezogen werden. Die Verwicklung des damaligen VP-Landesvizes Grohotolsky in diesen Skandal zeige, daß die ÖVP im Burgenland nicht für eine Wende zum Besseren, sondern in Wahrheit für eine Fortsetzung der rot-schwarzen Packelei garantiere. 408

Freiheitlicher Pressedienst / 2.10.1987

„Das Burgenland ist nicht nur dank der jahrzehntelangen Mißwirtschaft der rot-schwarzen Einheitspartei das wirtschaftlich am meisten benachteiligte Bundesland Österreichs, es wird auch von den verantwortungslosesten und selbstherrlichsten Politikern regiert. Die FPÖ wird als Kontrollpartei im Landtag dafür sorgen, daß es nicht in den ausgetretenen Pfaden weitergeht, sondern daß der Sumpf aus Parteibuchwirtschaft und Privilegien endlich trockengelegt wird", schloß Haider. 409

Freiheitlicher Pressedienst / 2.10.1987

Haider: Pensionskürzung größte Niederlage für Bundeskanzler. Graff leitet ungeordneten Rückzug für ÖVP ein. 410

Freiheitlicher Pressedienst / 2.10.1987

„Die überstürzte Inkassoaktion gegen die Pensionisten und die völlig unkoordinierte Vorgangsweise haben die Regierung als das entlarvt, was sie in Wahrheit ist, nämlich ein völlig verwirrter Chaotenverein, der nur abkassieren, aber nicht reformieren kann", sagte Haider und wiederholte die Aufforderung seiner Partei an die Regierung, zuerst einmal Ordnung in dem Dschungel der unzähligen Privilegien und Sonderpensionsrechte zu schaffen. 411

Freiheitlicher Pressedienst / 2.10.1987

Haider abschließend: „Niemand, der rechnen kann, wird ernsthaft behaupten können, daß die Pensionisten nicht reale Einkommensverluste hinnehmen müssen. Die durch die Nichtanpassung entstehenden Pensionskürzungen auch noch als „sozial ausgewogen" zu bezeichnen, stellt wirklich den Gipfel der Unverfrorenheit dar." 412

Freiheitlicher Pressedienst / 6.10.1987

Die Unehrlichkeit dieser Regierung zeige sich auch bei der Finanzierung der Verstaatlichten Industrie, erklärte Haider. Denn schon jetzt, nur wenige Monate nach der angeblich letztmaligen Finanzspritze von 30 Milliarden, sei das eingetreten, was die FPÖ gesagt habe, nämlich daß bereits über neue Milliarden für die Verstaatlichte verhandelt werde. Mit dem Geld der Steuerzahler geht die Regierung recht großzügig um, kritisierte Haider. 413

Freiheitlicher Pressedienst / 7.10.1987

„Wie zu erwarten war, hat der ÖVP-Bundesparteivorstand heute die von den Sozialisten diktierten Pensionskürzungen widerstandslos gebilligt. Eine besondere Provokation ist es jedoch, wenn diese Bankrotterklärung von 414

Mock und Schwimmer auch noch als Erfolg gefeiert wird", erklärte heute FPÖ-Bundesparteiobmann Abg. Dr. Jörg Haider in einer ersten Reaktion.
Freiheitlicher Pressedienst / 8.10.1987

415 Die Behauptung der ÖVP, es werde im Verwaltungsbereich der Sozialversicherung zu Einsparungen von 1,8 Milliarden Schilling kommen, bezeichnete Haider als plumpe Schönfärberei.
Freiheitlicher Pressedienst / 8.10.1987

416 „Wie in allen anderen für unser Land lebenswichtigen Bereichen heißt auch in der Sozialpolitik das Motto der Großen Koalition: ‚Kassieren statt sanieren'", schloß Haider. *Freiheitlicher Pressedienst / 9.10.1987*

417 „In ausgesprochen skrupelloser Art und Weise versucht die Große Koalition die österreichische Bevölkerung durch falsche Informationen und halbe Wahrheiten irrezuführen", erklärte heute FPÖ-Bundesparteiobmann Abg. Dr. Jörg Haider in einer Presseaussendung.
Freiheitlicher Pressedienst / 10.10.1987

418 Eine zukunftsweisende wirtschaftliche Entwicklung bedürfe, so Haider, in erster Linie einer Änderung der politischen Strukturen in Österreich. Solange jedoch die Sozialpartner als planwirtschaftlicher Apparat mit Denkverbot bestehende Mißstände einzementieren, seien wesentliche Verbesserungen nicht zu erwarten. *Freiheitlicher Pressedienst / 10.10.1987*

419 „Ihnen aber anstatt der notwendigen Hilfe dafür weitere Belastungen zu präsentieren und damit auch die Bauern zum Opfer einer verfehlten Budgetpolitik zu machen, ist eine beispiellose Unverfrorenheit", schloß Haider.

Freiheitlicher Pressedienst / 11.10.1987

420

„In grob verantwortungsloser Weise setzt die rot-schwarze Koalition ihre Politik der Verunsicherung und der gebrochenen Versprechen fort. Alles, was sie den Österreichern bringt, sind neue Steuern anstelle der versprochenen Reformen", schloß Haider. *Freiheitlicher Pressedienst / 12.10.1987*

421 Die SPÖ sehe in einer solchen Steuer offensichtlich ein bequemes Mittel zur Finanzierung der „chaotischen Pensionsreform".
Kronen-Zeitung / 13.10.1987

422 Resümierend sagte Haider, daß die Erklärungen von Keller nur die Weiterführung des alten Sinowatzsatzes, wonach der Einzelne nichts und die Partei alles sei, darstelle. „Von Parteivorsitzendem Sinowatz ist die Öffentlichkeit so eine Einstellung bereits gewohnt, daß aber der ehemalige Anwalt Keller, dem eine objektive Rechtssprechung am Herzen liegen müßte, in die gleiche Kerbe schlägt, muß als klarer Verfall politischer und moralischer Kultur in Österreich gewertet werden", schloß der freiheitliche Bundesparteiobmann. *Freiheitlicher Pressedienst / 16.10.1987*

„Die Österreicher werden durch den Belastungsvandalismus der Großen Koalition in den nächsten Jahren deutlich ärmer.“ 423

Freiheitlicher Pressedienst / 17.10.1987

Die Unfähigkeit der SPÖ, diesem Treiben Einhalt zu gebieten, resultiere aus dem Umstand, daß die gesamte Belegschaft der Verstaatlichten Industrie plus Familien in den Wahlkalkulationen etwa 11 Mandate ausmachen und die ÖVP von einer „Schwindsucht sondergleichen“ befallen sei. 424

Freiheitlicher Pressedienst / 17.10.1987

„Weder die Ministerien noch die Kammerorganisationen wie auch die Instrumente der Sozialpartnerschaft zeigen Anzeichen, ihren milliardenteuren Aufwand abzubauen. Wenn dann die Repräsentanten dieser Organisationen von Sparen sprechen, so kann dies nur als ungeheure Ironie bezeichnet werden“, meinte der freiheitliche Bundesparteiobmann. 425

Freiheitlicher Pressedienst / 17.10.1987

„Wenn man nur die erwerbstätige Bevölkerung in Rechnung zieht, so ist mit einem Mehraufwand von über 1.300,—Schilling pro Monat zu rechnen“, führte Haider aus und meinte, daß es in diesem Zusammenhang als „Unverfrorenheit“ angesehen werden muß, wenn die Bundesregierung ständig von einem „Sparpaket“ spreche. 426

Freiheitlicher Pressedienst / 17.10.1987

Einer der weiteren Kritikpunkte Haiders waren naturgemäß die Einsparungsvorhaben von Sozialminister Dallinger bei den Pensionen. Hier stehe es „besonders trübe beim Sparwillen der Bundesregierung. Während dem Pensionisten wohlerworbene Rechte gekürzt werden, schwelgen die Sozialversicherungsanstalten in ihren Glaspalästen. Ein erneutes Beispiel des ungeheuren Zynismus der Bundesregierung im Zusammenhang mit dem Wort ‚Sparen‘“, führte Haider aus. 427

Freiheitlicher Pressedienst / 17.10.1987

„In der Großen Koalition jagt eine Plünderungsaktion die andere. Dem österreichischen Steuerzahler wird mit allen nur erdenklichen Tricks das Geld aus der Börse gezogen. Wenn diese Entwicklung so weitergeht, werden die Österreicher spürbar ärmer werden, was seinen Niederschlag natürlich im Handel, im Konsum und in logischer Konsequenz im Steueraufkommen hat. Unter diesem Aspekt muß der Bundesregierung vorgeworfen werden, daß sie kurzsichtig agiert“, resümierte Haider und betonte abschließend, daß die Vertreter dieser Regierung selber in keiner Weise ans Sparen denken würden und nur ihre Dienstwagen, luxuriösen Büros, Pfründe und Pöstchen im Sinn hätten. 428

Freiheitlicher Pressedienst / 17.10.1987

Haider forderte Minister Graf auf, den Entwurf für eine Novelle zum „Bevorratungs- und Meldegesetz“ zurückzunehmen und die dirigistischen, planwirtschaftlichen Maßnahmen gegenüber den österreichischen Gewerbebetrieben zu unterbinden, und kündigte auch eine diesbezügliche parla- 429

mentarische Anfrage an Minister Graf an.
Freiheitlicher Pressedienst / 19.10.1987

430 Mit latenten Drohungen für Steuererhöhungen und die Einführung neuer Steuern „leiste die Regierung die ganze Zeit halbe Arbeit", schloß Haider.
Freiheitlicher Pressedienst / 19.10.1987

431 Die SPÖ-Funktionäre hätten in allen Wahlkämpfen persönlich für die Sicherung der Pensionen garantiert, was sie jedoch jetzt bieten, sei nichts anderes als geschmackloser roter Populismus, der genausowenig wert sei wie die papierenen Arbeitsplatzgarantien, die die SPÖ jahrelang verkündet habe. Haider bezeichnete die Große Koalition als „Regierung der Wortbrüchigen", die entgegen ihrem Wahlkampfversprechen „keine neuen Steuern und Belastungen einführen zu wollen" in nur wenigen Monaten
- eine Telefonsteuer unter mißbräuchlicher Verwendung des Postmonopols eingeführt habe,
- über Nacht die Verträge mit 3 Millionen Bausparern durch die Kürzung vereinbarter Prämien gebrochen habe,
- und entgegen allen anderslautenden Beteuerungen die Pensionen der ASVG-Pensionisten gekürzt habe. *Freiheitlicher Pressedienst / 20.10.1987*

432 Die von Dallinger und Schwimmer ausgehandelten Maßnahmen hätten daher nicht den Charakter einer Reform, sondern stellten „eine räuberische Geldbeschaffungsaktion zugunsten des Finanzministers und zu Lasten Tausender Menschen, die jahrelang Beiträge gezahlt und daher das Recht aus Leistungen erworben haben, dar", sagte Haider.
Freiheitlicher Pressedienst / 20.10.1987

433 Als besonders „doppelzüngig" bezeichnete Haider auch das Spiel von Erhard Busek, der auf Wahlkampfplakaten in Wien gegen die Pensionskürzungen protestiere, im Bundesparteivorstand der ÖVP jedoch dafür gestimmt habe. *Freiheitlicher Pressedienst / 20.10.1987*

434 „Diese Regierung macht Jagd auf Pensionen bei gleichzeitiger Schonzeit für Privilegien, sie behandelt Gleiches ungleich und erwartet auch noch Beifall dafür", stellte Haider fest. *Freiheitlicher Pressedienst / 20.10.1987*

435 Abschließend forderte der freiheitliche Bundesparteiobmann die Bundesregierung auf, mit den gewählten Studentenvertretern zu verhandeln und nicht dubiose Zusagen an „wilde Streikkomitees aus der linken Ecke" zu machen. *Freiheitlicher Pressedienst / 22.10.1987*

436 Haider forderte die Bundesregierung auf, die „unsinnige Sparpolitik einzustellen", um nicht die intellektuelle und wissenschaftliche Zukunft Österreichs „kaputt zu sparen". *Freiheitlicher Pressedienst / 22.10.1987*

437 Minister Dallinger werde seine Behauptung, jeder, der von Kürzungen spreche, sei „ein Lügner", nicht mehr aufrechterhalten können, denn der Sozialminister selbst habe gestern in seinen Verhandlungen mit den Frauen

und den Parteien zugeben müssen, daß sein Entwurf in hohem Maße überprüfungswürdig sei. „Es ist also hier sichtbar, daß die Regierung wirklich in einer Nacht- und Nebelaktion versucht hat, für den Finanzminister Geld einzutreiben, ohne aber langfristig oder wenigstens mittelfristig die Strukturen des Pensionsversicherungssystems zu korrigieren", sagte Haider. Diese Entwicklung bedeute aber auch eine kalte Dusche für den Bundeskanzler, der sich ja als erster und bisher ohne Einschränkungen hinter das Kürzungskonzept von Dallinger und Schwimmer gestellt hatte. Auch er werde nun seinen Standpunkt korrigieren müssen.

Freiheitlicher Pressedienst / 23.10.1987

Haider: Fischers Aufregung sehr vordergründig. Diffamierungsversuch zeigt Mangel an Demokratiebewußtsein. 438
Als Ausdruck einer sehr doppelbödigen Moral bezeichnete der freiheitliche Bundesparteiobmann Abg. Dr. Jörg Haider heute die plötzliche Aufregung von SPÖ-Klubomann Fischer über den burgenländischen FPÖ-Abg. Robert Dürr. *Freiheitlicher Pressedienst / 24.10.1987*

„Es ist sehr bedauerlich, daß sich Fischer offenbar immer noch in einer politisch pubertären Phase befindet, wo er nicht damit fertig werden kann, daß nicht alles nach seinem Willen geht", schloß Haider. 439

Freiheitlicher Pressedienst / 24.10.1987

„Nachdem die Regierung gerade den Österreichern ein schier untragbares Belastungspaket aufgebürdet hat, holt sie nun bereits zum nächsten Schlag, nämlich der Erhöhung der Einheitswerte, aus", erklärte FPÖ-Bundesparteiobmann Abg. Dr. Jörg Haider heute in einer Presseaussendung. 440

Freiheitlicher Pressedienst / 24.10.1987

„Die einzigen Betroffenen von dieser Radlpartie sind die Bürger, denn sie werden von den Großkoalitionären mit allen erdenklichen Tricks ausgequetscht, um noch das Letzte aus ihnen herauszuholen", meinte Haider. 441

Freiheitlicher Pressedienst / 28.10.1987

Im Vergleich zu dem enormen Belastungsvandalismus, den die Große Koalition seit Amtsantritt den Bürgern beschert hat, muß der Ruf dieser Koalition noch immer als ausgezeichnet bezeichnet werden", sagte Haider und merkte zu der Aussage Königs, daß sich das Ergebnis der Regierungszusammenarbeit sehen lassen könne, an, daß dazu „sicherlich ein Mikroskop nötig ist". *Freiheitlicher Pressedienst / 28.10.1987* 442

Abschließend resümierte der freiheitliche Parteiobmann die beiden Parteiveranstaltungen und kam zu dem Schluß, daß „bereits der Scheidungsanwalt unter dem Ehebett der Großen Koalition liegt". 443

Freiheitlicher Pressedienst / 28.10.1987

„Bundeskanzler weist mangelnde Sensibilität gegenüber sozial Schwächerern auf." *Freiheitlicher Pressedienst / 29.10.1987* 444

445 Ein weiterer Kritikpunkt war der Umstand, daß die Neuverschuldung des Staates in Form von Sondergesellschaften zur Regel werde. Haider bezeichnete dies als „plumpes Täuschungsmanöver".
Freiheitlicher Pressedienst / 29.10.1987

446 Zu den Angriffen von Bundeskanzler Vranitzky meinte Haider, daß dieser in Anbetracht der Budgetentwicklung wohl „das seelische Gleichgewicht verloren" hätte. „Wenn Vranitzky die FPÖ als Rattenfänger bezeichnet, dann unterstellt er den Bürgern, daß sie Ratten sind", meinte Haider zu den Vorwürfen des Bundeskanzlers und warf ihm im Zusammenhang mit dem Sozialabbau „mangelnde Sensibilität gegenüber den sozial Schwächeren" vor. Der freiheitliche Bundesparteiobmann forderte den Bundeskanzler im weiteren auf, seine „Rattenfängerphilosophie einzustellen", zumal die FPÖ Vranitzky auch nicht als „Rentenklau im Nadelstreif" bezeichne.
Freiheitlicher Pressedienst / 29.10.1987

447 Zu den Ruhensbestimmungen bemerkte Haider, daß es sich um „verschämte Kürzungen" handle. *Freiheitlicher Pressedienst / 29.10.1987*

448 Auf eine Journalistenfrage antwortete Haider, daß die von der Großen Koalition geplante Quellensteuer von der Freiheitlichen Fraktion sicherlich keine Zustimmung erhalten werde, zumal sie die „hinterhältigste Form der Budgetsanierung" darstelle.
Freiheitlicher Pressedienst / 29.10.1987

449 Der FPÖ-Bundesparteiobmann warf den Betreibern der Müllverbrennungsanlage Flötzersteig einen fahrlässigen Umgang mit der Gesundheit der Menschen vor und erklärte, daß er eine Strafanzeige über seinen Anwalt einbringen werde. *Freiheitlicher Pressedienst / 29.10.1987*

450 Haider abschließend: „Diese Regierung greift tiefer in die Taschen der Österreicher als jede andere vor ihr. Sie tut dies in beispiellos chaotischer und konzeptloser Weise, ohne den Steuerzahlern auch nur zu erklären, wieviel sie ihnen noch wegnehmen wird und wozu. Denn bisher hat die Große Koalition nur kassiert, aber nicht reformiert."
Freiheitlicher Pressedienst / 30.10.1987

451 „Generaldirektor Übleis' Ausführungen zur wirtschaftlichen Situation der ÖBB sind kein ordentlicher Bericht über die Lage des Unternehmens, sondern hemmungslose Schönfärberei", erklärte heute FPÖ-Bundesparteiobmann Abg. Dr. Jörg Haider in einer ersten Reaktion.
Freiheitlicher Pressedienst / 30.10.1987

452 Die Überschreitung eines derart gigantischen Defizits auch noch als „Einsparungserfolg" zu bezeichnen, sei eine Unverfrorenheit und Provokation gegenüber allen Österreichern, die seit Jahrzehnten für das finanzielle Fiasko der ÖBB zur Kasse gebeten würden.
Freiheitlicher Pressedienst / 30.10.1987

„Übleis' großspurige Ankündigung, er werde umfassende Reformen durchsetzen, ist zerplatzt wie eine Seifenblase", sagte Haider. Das einzige, was der vielgepriesene neue Generaldirektor bis jetzt zuwege gebracht habe, sei eine drastische Gebührenerhöhung. *Freiheitlicher Pressedienst / 30.10.1987* 453

Der ÖBB-Generaldirektor habe ganz offensichtlich vor der Eisenbahnergewerkschaft kapituliert und sei zu einer Marionette geworden, deren Fäden niemand anderer als Schmölz ziehe. „Anders ist es nämlich nicht zu erklären, daß Übleis die ‚Bereitschaft zur Zusammenarbeit' eines Personalvertreters lobt, der durch massiven politischen Druck jeden Ansatz zur Reform von vornherein im Keim erstickt", schloß Haider. 454

Freiheitlicher Pressedienst / 30.10.1987

Wenn es erwiesen ist, daß einer von unseren Leuten ein gegebenes Versprechen nicht eingehalten hat, und wenn unseren Wiener Freunden am 8. November daraus Nachteile erwachsen, dann werde ich meinen Rücktritt anbieten", will FPÖ-Obmann Jörg Haider für sich „politische Konsequenzen" ziehen. Wenn FP-Abgeordneter Munzenrieder für Sipötz und nicht, wie vereinbart, für Sauerzopf gestimmt habe, dann sei dies eine „böse Situation". Aber gegen einen Judas sei man nicht gefeit. Haider schloß aber nicht aus, daß der „Verräter auch in den Reihen der VP sitzen könne, einer der Großkoalitionäre, die dem Ruf von Minister Robert Graf gefolgt seien. 455

Kurier / 31.10.1987

Haider zeigte sich besonders betroffen darüber, daß ein Minister der Regierung den Haß in der Politik offenbar wieder salonfähig machen wolle. Die Ausfälle, die sich Graf gegen die FPÖ geleistet habe, seien einzigartig in der Geschichte der Zweiten Republik. Um seinen Ministersessel behalten zu können, habe Graf augenscheinlich seine Seele mit Haut und Haar an die Sozialisten verkauft und ergehe sich nun in Haßtiraden gegen die Freiheitliche Partei. Haider bezeichnete Graf als den „schwächsten Minister der Regierung", der bisher nichts geleistet habe, außer zum sozialistischen Koalitionspartner „ja" zu sagen und sämtliche Versprechen, die er der mittelständischen Wirtschaft gegeben habe, zu brechen. Die FPÖ werde sich an Grafs Schlammschlacht nicht beteiligen, stellte Haider fest, doch gebiete es die Selbstachtung, entsprechende rechtliche Schritte zu unternehmen, da Graf mit seinen Äußerungen die Grenze der politischen Agitation weit überschritten habe. Haider teilte mit, daß er durch seinen Rechtsanwalt eine Ehrenbeleidigungsklage gegen Graf einbringen werde. 456

Freiheitlicher Pressedienst / 4.11.1987

Es bestehe durchaus die Möglichkeit, daß es sich um einen „von Graf aufgrund seiner Feindschaft zu Sauerzopf inszenierten großkoalitionären Putsch" gehandelt habe. *Freiheitlicher Pressedienst / 4.11.1987* 457

Die Maxime der Regierung laute offenbar, zuerst allen etwas wegzunehmen und ihnen dann die Hälfte wieder zurückzugeben. „Das ist nicht nur ein Bruch von Wahlversprechen, sondern auch eine steuerpolitisch völlig un- 458

sinnige Vorgangsweise", stellte Haider fest.
Freiheitlicher Pressedienst / 4.11.1987

459 „Ein Mann, der offenbar mit Haut und Haar an die Sozialisten seine Seele verkauft hat, um seinen Ministersessel behalten zu können, ist bereit, auch das Klima zwischen den Parteien durch Haßtiraden und Aggressionen zu verschlechtern. Er heißt zwar Graf, was darauf Rückschlüsse ziehen läßt, daß er einen vornehmen Namen hat, aber das ist das einzige, was vornehm ist an diesem Herrn. Der Herr Graf ist sicherlich der schwächste Minister, den derzeit diese Regierung hat, denn außer Jasagen gegenüber dem sozialistischen Koalitionspartner hat er ja bisher noch keine Leistungen zusammengebracht, außer daß er seine Versprechen, die er vor der Wahl der mittelständischen Wirtschaft gegeben hat, nicht einzuhalten bereit ist. Aber das bestimmt seinen Lebensweg, und vielleicht ist er deshalb auch von Komplexen gegenüber all jenen behaftet, die in ihrem Leben etwas gelernt haben, denn als Schul- und Ausbildungsabbrecher hat er also offenbar einen Komplex gegenüber all jenen, die in ihrem Leben einen soliden Beruf gelernt haben, etwas zusammengebracht haben und auch wirtschaftlich erfolgreich gewesen sind und nicht die Partei gebraucht haben, um zu Millionenverdiensten zu kommen. *Mittagsjournal / 4.11.1987*

460 „Ich halte das durchaus für möglich. Und dieser Prozeß wird uns die Gelegenheit geben, daß herauskommt, daß es sich hier eher um einen großkoalitionären Putsch gehandelt hat, den der Herr Graf in seiner auch sprichwörtlichen Feindschaft gegenüber dem Herrn Sauerzopf angezettelt hat, um sich bei seinen roten Freunden in Wien beliebt zu machen und unentbehrlich zu machen und gleichzeitig seine wirtschaftlichen Einflußmöglichkeiten im Burgenland zu wahren." *Mittagsjournal / 4.11.1987*

461 „Das einzig Vornehme an Graf ist sein Name", so der FPÖ-Chef. Er wolle sich aber an der von Graf ausgelösten Schlammschlacht nicht beteiligen und habe seinen Anwalt beauftragt, gegen ihn eine Ehrenbeleidigungsklage einzubringen. Sprach's und legte los: Vielleicht habe der Minister als „Schul- und Ausbildungsabbrecher Komplexe gegenüber jenen, die es zu etwas gebracht haben, die auch ohne Partei einen Millionenverdienst haben". Und weiter: Graf solle seinen Steuerakt öffnen, es gebe den ungeklärten Vorwurf der Steuerhinterziehung. „Der Minister hat zwar ein Millioneneinkommen, aber keine Sparguthaben." Möglicherweise habe der Minister dieses Geld über eine Import-Export-Firma ins Ausland verschickt.
Arbeiterzeitung / 5.11.1987

462 Die SPÖ habe bisher völlige Ablehnung bekundet und sich hinter dem fadenscheinigen Argument verschanzt, eine EG-Mitgliedschaft stehe im Widerspruch zur österreichischen Neutralität, ähnlich auch die Stellungnahmen seitens der ÖVP, die mit kleinstmöglicher Logik ständig von „größtmöglicher Annäherung" spreche. Die Haltlosigkeit dieses Stnadpunktes sei neben einzelnen ÖVP-Funktionären nun offenbar auch dem Bundeskanzler klar geworden. Dies längst überfällige Erkenntnis allein sei jedoch zu wenig, erklärte Haider. *Freiheitlicher Pressedienst / 6.11.1987*

„Halbe Lösungen und ein ‚Jein' in der Frage des Beitrittes wird die EG nicht akzeptieren. Wir fordern daher den Bundeskanzler auf, den großkoalitionären Eiertanz in dieser Frage endlich zu beenden, denn mit schönen Worten allein wird die wirtschaftliche Zukunft unseres Landes nicht gesichert werden können", schloß Haider. 463

Freiheitlicher Pressedienst / 6.11.1987

Als „Bankrotterklärung der Regierung" bezeichnete FPÖ-Bundesparteiobmann Dr. Jörg Haider in einer Presseaussendung das Budget der Großen Koalition. *Freiheitlicher Pressedienst / 16.11.1987* 464

Das totale Versagen der Großen Koalition in dieser Frage werde bereits im nächsten Frühjahr spürbar zu Tage treten, wenn der Bevölkerung das nächste Belastungspaket in Form von Gebührenerhöhungen und einer massiven Erhöhung der Einheitswerte aufgebürdet werde. 465

Freiheitlicher Pressedienst / 16.11.1987

„Letztendlich ist eine Firma so gut, wie der Chef ist." Die Situation sei das Resultat der „mangelnden wirtschaftlichen Fähigkeiten" des Kanzlers: hohe Arbeitslosigkeit und ein falsches Budget. *Kurier / 16.11.1987* 466

Ein Zeichen der Schwäche der Großen Koalition sei auch die — von der SP Niederösterreich heftig kritisierte — Ansicht des SP-Zentralsekretärs Keller, die SPÖ auf Landes- und Gemeindeebene zur Zusammenarbeit nur mit der ÖVP zu verdonnern. Haider: „Das sind typische Ostblockmethoden eines Marxisten, der im Nadelstreif den Salondemokraten spielt." 467

Kurier / 16.11.1987

Keller bezeichnete die Sprache Haiders als „enthüllend" und zitierte aus einer Rede des FPÖ-Obmannes, in der dieser die Sozialpartnerschaft als außerhalb der Demokratie stehend bezeichnete, den Medienkoffer Sexualunterricht als Anleitung für Perversitäten oder Österreich als Brauerei, wo „die Flaschen in die Bundesregierung kommen". 468

Sozialistische Korrespondenz / 18.11.1987

FPÖ-Klubobmann Haider attackierte deswegen vor allem den Grün-Abgeordneten Smolle scharf: Dieser mache in seinen Aussagen vom „Grundrecht auf Dummheit" reichlich Gebrauch. *Arbeiterzeitung / 24.11.1987* 469

Die Große Koalition sei aus einem „Ankündigungsriesen zu einem Problemlöserzwerg" geworden, bemerkte Haider. Milliardenzuschüsse gingen weiterhin an die verstaatlichten Betriebe, und über die Bundesbahnen sei die „politische Käseglocke" gestülpt worden. Die dorthin fließenden Milliarden fehlen der österreichischen Wirtschaft für die Modernisierung. 470

Kleine Zeitung / 24.11.1987

In ihrem Bemühen, eine Strategie gegen die erfolgreiche FPÖ zu finden, schreckten manche sozialistische Funktionäre auch vor Untergriffen übelster Art nicht zurück, sagte Haider und forderte auch die ÖVP auf, derart 471

unqualifizierte Angriffe zu unterlassen.
Freiheitlicher Pressedienst / 26.11.1987

472 Der SPÖ-Abgeordnete Schranz, der sich als „selbsterwählter Großinquisitor zur Verkündung der Reinheit der Lehre, der Demokratie und des Rechtsbewußtseins“ aufspiele, sollte endlich akzeptieren, daß blinder Haß ein schlechter Ratgeber ist. Schranz habe eine Reihe von nur indirekt oder falsch übermittelten Zitaten präsentiert. Dafür aber all jene klaren und eindeutigen Stellungnahmen Haiders, die nicht in sein Konzept paßten, verschwiegen. *Freiheitlicher Pressedienst / 26.11.1987*

473 Haider: Auch zweites „Semesterzeugnis“ der Großen Koalition ist negativ. Das Budget ist ein einziger Zahlenfriedhof.
Freiheitlicher Pressedienst / 26.11.1987

474 „Was Österreich aber heute wirklich braucht, sind nicht „panikartige Geldbeschaffungsaktionen, sondern eine Änderung der heute bestehenden wirtschaftspolitischen Realität. Das heißt, vor allem eine offensive Beschäftigungspolitik und neue Impulse, auch vom Budget, zur Ankurbelung der Wirtschaft“, schloß Haider. *Freiheitlicher Pressedienst / 26.11.1987*

475 Den Stil der Volkspartei verglich Haider mit einem „politischen Tempelhüpfen ohne Ziel“. Bemerkenswert sei, daß der Bundeskanzler in dieser für ganz Österreich so wichtigen Frage offensiver agiere als der Außenminister. Die Volkspartei huldige der „Rosinentheorie“, einer Vollintegration, aber ohne Mitgliedschaft. Die Zeit laufe in der Frage des EG-Beitrittes in immer stärkerem Maße davon, und VP-Abg. Steiner als außenpolitischer Sprecher der Volkspartei huldige dem alten Prinzip, wonach niemand weiß, was wir wollen, das aber mit ganzer Kraft. *Freiheitlicher Pressedienst / 27.11.1987*

476 Abschließend verglich Haider die Volksgruppen- und Minderheitenpolitik Jugoslawiens mit der Österreichs und kam zu dem Schluß, daß in unserem südlichen Nachbarland sehr wohl Apartheid gegenüber Volksgruppen herrsche und teilweise Ghettoschulen eingerichtet würden. „Für die positiven Leistungen in der Volksgruppenpolitik haben wir uns nicht zu schämen“, schloß Haider. *Freiheitlicher Pressedienst / 27.11.1987*

477 Mit den ÖBB, dem Sozialschmarotzer-Unfug wie dem „Sozialtherapeutischen Würstelstand“ („Weiß zwar keiner, was das ist — aber es klingt grauslich“), der „Tante Freda“, die „gegen das Ozonloch anredet, aber ihr in der Farbe täglich wechselndes Haar mit Spray vollsprüht ...“ Und freilich Spezialfreund Robert Graf, der besser als „Zigeunerkapellenmeister“ — „eine schöne kulturelle Aufgabe“ — aufgehoben wäre, der keine abgeschlossene Ausbildung — „nicht einmal die Handelsschule“ — vorweisen könne.
Basta / 12/1987

478 Haider: Minderheitenschulregelung in Kärnten vorbildlich. Radikale Slowenenfunktionäre bieten keine Alternativen. „Demagogenmodell statt Pädagogenmodell“. *Freiheitlicher Pressedienst / 1.12.1987*

Vorwürfe wie „Apartheid" und „Ghettoschulen" wies Haider schärfstens zurück. Solche Ghettoschulen gebe es in Jugoslawien für die ungarischen und italienischen Minderheiten, während es in Kärnten eine gemeinsame Schule mit der Variationsmöglichkeit zur Führung von Parallelklassen und Parallelabteilungen gebe. *Freiheitlicher Pressedienst / 1.12.1987* 479

„Die radikalen Slowenenfunktionäre bieten keine Alternative zur Reform, sondern stellen dem Pädagogenmodell ihr ‚Demagogenmodell' gegenüber", sagte Haider. Es sei mit auch eine Aufgabe der Kärntner Parteien, die slowenische Minderheit vor ihren eigenen Funktionären, die aus sehr durchsichtigen politischen Motiven jede Konsensbereitschaft vermissen lassen, zu schützen. *Freiheitlicher Pressedienst / 1.12.1987* 480

FPÖ-Obmann Haider meinte Montag, mit „Graf und Konsorten" seien in Österreich „wirtschaftspolitische Lehrlinge am Werk". *Kurier / 1.12.1987* 481

Haider appellierte in diesem Zusammenhang an den ORF, Sendezeit nicht nur für Kellers Anschuldigungen gegen seine Person zur Verfügung zu stellen, sondern eine Diskussion zwischen ihm und dem sozialistischen Zentralsekretär zu ermöglichen, in der dann Keller die Möglichkeit habe, seine unappetitlichen Vorwürfe gegen ihn in aller Öffentlichkeit unter Beweis zu stellen. *Freiheitlicher Pressedienst / 2.12.1987* 482

„Falls Sie über die nötigen Beweise verfügen, wird es Ihnen sicherlich ein Leichtes sein, ihre unappetitlichen Vorwürfe gegen meine Person zu beweisen." *Freiheitlicher Pressedienst / 4.12.1987* 483

Haider: Keine Pensionskürzungen, dafür ungeheure Verschwendung bei Bundestheatern einstellen. *Freiheitlicher Pressedienst / 7.12.1987* 484

„Kaltblütig verlangt die Große Koalition Opfer von den sozial Schwächsten, wie den Pensionisten, während gleichzeitig die Verschwendungs- und Pfründewirtschaft weiter blüht", schloß Haider. *Freiheitlicher Pressedienst / 7.12.1987* 485

In höchstem Maße unredlich sei auch Lacinas Eintreten für die Quellensteuer. Die Tatsache, daß der Finanzminister eine neue Steuer zur Vorbedingung für eine Tarifsenkung mache, sei eine Brüskierung der Steuerzahler, die ihresgleichen suche. *Freiheitlicher Pressedienst / 8.12.1987* 486

Haider betonte, daß viele jener Arbeitnehmer, die jetzt mit drastischen Kürzungen konfrontiert würden, ihre Ansprüche auf die Firmenpension bereits in Zeiten erworben hätten, als das Unternehmen noch Gewinn machte. „Ausgerechnet jene aber, die im Management vor den Politikern in die Knie gegangen sind und die Verantwortung für die falsche Unternehmenspolitik tragen, bleiben weithin ungeschoren", kritisierte Haider. Die leitenden Führungskräfte in der VOEST sollten sich nicht hinter der Rechtsposition jener lukrativen Sonderverträge, die sie sich selbst ausge- 487 handelt haben, verschanzen, sondern von sich aus einen Akt der Solidarität setzen. „Es kann nicht angehen, daß von den kleinen Arbeitnehmern derart drastische Opfer verlangt werden, während die Herren in den oberen Etagen, die die Verantwortung für dieses finanzielle Fiasko tragen, ihre fürstlichen Bezüge ungeschmälert genießen", schloß Haider.

Freiheitlicher Pressedienst / 9.12.1987

488 Dallingers hilflose und erfolglose Versuche der letzten Monate seien mehr im Bann der Funktionäre als im Dienst der Bürger gestanden. Der Sozialminister sei zum „politischen Trau-mich-Nicht Österreichs" geworden. Die Sozialpolitik der Großen Koalition sei von einer „Gesinnung der Museumswärter" geprägt, die ihren Blick nur auf die sonnigen Tage in der Vergangenheit wenden. Ohne rasche, zukunftsorientierte Reformen werde die Sonne in unserem Sozialstaat jedoch bald endgültig untergehen.

Freiheitlicher Pressedienst / 10.12.1987

489 Die Große Koalition sei vom Austro-Keynesianismus zum Austro-Dilettantismus geschritten. *Freiheitlicher Pressedienst / 10.12.1987*

490 6. Ein bedarfsorientiertes Arbeitsprogramm für Jugendliche.
7. Eine restriktive Ausländerbeschäftigung nach Schweizer Muster.

Freiheitlicher Pressedienst / 10.12.1987

491 Mit der heute erfolgten Verurteilung wegen Ehrenbeleidigung sei Graf nun der erste vorbestrafte Minister in der Großen Koalition, erklärte FPÖ-Bundesparteiobmann Abg. Dr. Jörg Haider.

Freiheitlicher Pressedienst / 10.12.1987

492 Daß Graf dennoch auf seinen Äußerungen beharre und sogar noch stolz darauf sei, zeuge von einem groben Mangel an Demokratieverständnis und politischer Kultur, meinte Haider.
Graf, der in seiner Funktion als Minister eigentlich eine Vorbildfunktion ausüben sollte, hat mit seinen niveaulosen Beschimpfungen nicht nur das Gesetz verletzt, sondern darüber hinaus einen politischen Stil dokumentiert, der für eine Demokratie nicht tragbar und für die Wähler nicht zumutbar ist", schloß Haider. *Freiheitlicher Pressedienst / 10.12.1987*

493 Die Grünen hätten sich die Grube, in der sie heute sitzen, selbst gegraben, einerseits dadurch, daß sie ihren Wählern nicht erklärt hätten, daß sie eigentlich zwei verschiedene Parteien wählen, andererseits durch die unfaire Vorgangsweise gegenüber Buchner. Gerade wer parlamentarische Minderheitsrechte einfordere, sollte selbst nicht so intolerant sein, schloß Haider.

Freiheitlicher Pressedienst / 10.12.1987

494 „Die rot-schwarze Koalition treibt Österreich weiter in den Schuldturm", sagte Haider. *Freiheitlicher Pressedienst / 12.12.1987*

495 „Vranitzky habe Kreiskys Austro-Keynesianismus durch einen bemerkenswerten Austro-Dilettantismus ersetzt." *Freiheitlicher Pressedienst / 12.12.1987*

„Jeder einzelne dieser 300.000 Haushalte muß daher in der heurigen Heizungsperiode mit 2.700 Schilling Mehrbelastung rechnen, das sind um rund 800 Millionen Schilling mehr pro Jahr, als die Kosten ohne die Monopolwirtschaft ausmachen würden", betonte Haider. Diese schamlose Ausnützung des Monopols durch die ÖMV auf Kosten der Konsumenten sei durch nichts zu rechtfertigen. Es wäre daher höchste Zeit, daß der Verstaatlichtenminister hier im Interesse der ohnehin schon schwer belasteten Bevölkerung eingreife, schloß Haider. 496

Freiheitlicher Pressedienst / 12.12.1987

Im Zusammenhang mit dem laufenden Verfahren gegen Udo Proksch bahne sich ein Riesenskandal in der österreichischen Justizpolitik an, erklärte heute FPÖ-Bundesparteiobmann Abg. Dr. Jörg Haider gegenüber dem parteieigenen Pressedienst. *Freiheitlicher Pressedienst / 14.12.1987* 497

Durch die Verschleppung des Verfahrens sei es Proksch möglich gewesen, sich nun ins Ausland abzusetzen. „Damit wird den Österreichern sichtbar, daß große Gauner im Schutz der Politik es sich richten können, während kleine Rechtsbrecher von der vollen Härte des Gesetzes getroffen werden", sagte Haider. *Freiheitlicher Pressedienst / 14.12.1987* 498

„Man kann doch nicht sagen: Er ist ein kulturbeflissener Mensch, der Herr Scholten. Er geht gerne in Ausstellungen, sieht sich gerne Galerien an, ist schon einmal im Burgtheater gewesen, und auch in der Staatsoper kennt er sich aus. — Ja, das wäre glatt so, als wollte man sagen, daß von vornherein jeder ‚Hendlbrater' in Österreich zum Wirtschaftsminister geeignet wäre!" 499

45. Sitzung des Nationalrats 15.12.1987

„Für die Übermittlung Ihrer Stellungnahme zum Pädagogenmodell als Grundlage der Neuregelung des zweisprachigen Schulwesens in Kärnten darf ich Ihnen danken. Mit Verwunderung darf ich feststellen, daß nicht nur linke bis kommunistische Gruppierungen in Österreich in völliger Verdrehung der sachlichen Zusammenhänge dieses Pädagogenmodell kritisieren, sondern sich auch die österreichische Rektorenkonferenz in die Reihen jener stellt, die mangels pädagogischer Argumente in unwissenschaftlicher Weise gegen das von den drei Parteien vereinbarte Pädagogenmodell polemisieren." *Freiheitlicher Pressedienst / 15.12.1987* 500

Die Einlagerungsgesellschaft, deren Anteile zu mehr als 50 Prozent der ÖMV, der Rest den Öl-Multis gehöre, habe Milliardenverlustgeschäfte gemacht, für die die Republik die Ausfallshaftung trage. Die Gesellschaft habe zu überhöhten Preisen in eigenem Namen Öl gekauft, in fremdem Namen verwaltet und dann zu niedrigen Preisen wieder verkauft. Minister Graf habe nun vor, den Konkurs von Lanna abzuwenden, indem er alle privaten Importeure zwinge, dort einzulagern. „Das entspricht einem planwirtschaftlichen System Marke Ostblock", meinte Haider und forderte eine Offenlegung der Geschäfte dieser Gesellschaft, die als Drehscheibe risikoloser Spekulationen, für die die Republik haften müsse, gedient habe. 501

Freiheitlicher Pressedienst / 15.12.1987

502 Die großkoalitionären Absichten zur Erhöhung der Einheitswerte stellen einen steuerpolitischen Sprengstoff dar. Mit der Verschiebung des Hauptfeststellungszeitpunktes sei nur die Lunte vorläufig ausgetreten worden, die Bombe ticke jedoch weiter. Eine Erhöhung der Einheitswerte würde alle Bevölkerungsgruppen treffen, die Bauern, Gewerbetreibenden, Eigenheimbesitzer und Bürger in Mietwohnungen.
„Die Regierung pflanzt ein steuerliches Damoklesschwert der kalten Enteignung über den Österreichern auf, ohne die notwendige Systemänderung des Bewertungsgesetzes vorzunehmen."
Freiheitlicher Pressedienst / 16.12.1987

503 ... stelle die Regierung einen „Klassenkampf zwischen den Bauern" her.
Freiheitlicher Pressedienst 16.12.1987

504 Nach dem Motto „Zuckerbrot und Peitsche" werde ein Halb-Halb-Gesetz beschlossen, das die latente Umverteilung weiter fortsetze, und es sei besonders bedauerlich, daß die ÖVP in keiner Weise zu ihrem Wort aus Oppositionszeiten, sie werde die Einheitswerte senken, stehe, schloß Haider.
Freiheitlicher Pressedienst 16.12.1987

505 „Von den 120 Milliarden nehmen wir 50 Milliarden Ausnahmebestimmungen zurück und sind bereit, aus dem Budget auch noch 10 Milliarden dazuzulegen. Das gibt dann eine Steuerreform, die einen wirklichen Entlastungseffekt hat, denn so, wie sich's der Lacina vorstellt, daß er sagt, Reform heißt nicht Entlastung, ja, dann muß ich sagen, dann wünsche ich mir, daß diese Steuerreform nicht stattfindet, weil dann hat niemand etwas davon, außer, daß jeder subjektiv das Gefühl hat, daß er auf's Kreuz gelegt worden ist. *Zeit im Bild 1 / 16.12.1987*

506 Haider forderte Wirtschaftsminister Graf auf, gerade in dieser Zeit der massiven Belastungen dafür zu sorgen, daß die Bevölkerung nicht auch noch durch Monopolisten ausgebeutet werde, und forderte die sofortige Einleitung eines Preisprüfungsverfahrens.
Freiheitlicher Pressedienst / 17.12.1987

507 Nach der Pleite bei der Pensionsreform droht nun auch eine totale Pleite bei der Steuerreform", meinte heute FPÖ-Klubobmann Abg. Dr. Jörg Haider in einer ersten Reaktion auf die Pressekonferenz von SPÖ-Klubobmann Fischer. *Freiheitlicher Pressedienst / 21.12.1987*

508 „Fischers Äußerungen lassen, wenn sie stimmen, befürchten, daß sich die Steuerreform in erster Linie als Anschlag auf die Masse der unselbständig Erwerbstätigen entpuppen wird", erklärte Haider.
Freiheitlicher Pressedienst / 21.12.1987

509 Haider: Slowenendemonstranten zeigen wahres Gesicht.
Zwangsmodell als Ziel ist verfassungswidriger Vorschlag.
Freiheitlicher Pressedienst / 21.12.1987

Besonders bemerkenswert sei allerdings, daß die Veranstalter der Demonstration ihr wahres Gesicht gezeigt hätten. Es ginge ihnen nämlich nicht um einen sachlichen Kompromiß, sondern um das geistige Zurückdrehen der Uhren um mehr als 40 Jahre, sagte Haider. 510

Freiheitlicher Pressedienst / 21.12.1987

Es gehe nicht an, daß der staatliche Rundfunk seine im Rundfunkgesetz zugewiesenen Agenden derartig grob verletze und auf eigene Faust, gleichsam „subkutan", das verfassungsmäßige Recht der Eltern zu unterminieren versuche. *Freiheitlicher Pressedienst / 22.12.1987* 511

„Minister, die Mißstände — wie sie vom Rechnungshof aufgezeigt werden — nicht unverzüglich beseitigen, sollen wegen notorischer Verschwendung von Steuergeldern abberufen werden", erklärte der freiheitliche Bundesparteiobmann Jörg Haider gegenüber dem parteieigenen Pressedienst. 512

Freiheitlicher Pressedienst / 23.12.1987

Das abgelaufene Jahr 1987 brachte, bedingt durch die Bildung der Großen Koalition, eine Belastungslawine für alle Österreicher, die beispiellos in der Geschichte der Republik dasteht. *Freiheitlicher Pressedienst / 30.12.1987* 513

Ebenso hilflos stehen die Verantwortlichen dem Problem der Jugendarbeitslosigkeit gegenüber. Anstatt die Jugendbeschäftigung durch eine gesunde Wirtschaft sicherzustellen, wird versucht, über weitere Subventionen das Problem der Jugendarbeitslosigkeit in den Griff zu bekommen. Diese Vorgangsweise führt allerdings zu einer völligen Abhängigkeit vom Staat und ist in ihrer Gesamtheit als negativ zu bewerten, zumal die individuelle Selbständigkeit durch ein Versorgungsdenken bereits in jungen Jahren ersetzt wird. *Freiheitlicher Pressedienst / 30.12.1987* 514

„Die jüngsten Schmieraktionen beweisen, daß innerhalb der Slowenenorganisationen ein radikaler Bruderkrieg ausgebrochen ist", sagte der freiheitliche Bundes- und Landesparteiobmann Dr. Jörg Haider zu den jüngsten Vorfällen. *Freiheitlicher Pressedienst / 7.1.1988* 515

„Wer sich mit Hunden ins Bett legt, darf sich nicht wundern, wenn er mit Flöhen aufwacht." Solange jedenfalls keine Trennung von diesen radikalen Elementen erfolge, die auch die Kärntner Fahne verbrannt haben und die Hymne verunglimpften, werde es keine ernsthaften Gesprächsmöglichkeiten um ein Einvernehmen mit den Slowenenorganisationen geben können, sagte Haider. „Derzeit versuchen die radikalen Elemente innerhalb dieser Organisationen, bei allen nur möglichen internationalen Organisationen Kärnten mit bewußten Fehlinformationen in den Schmutz zu ziehen, was nicht als Signal der Verständigungsbereitschaft gewertet werden kann", sagte der freiheitliche Landesparteiobmann Dr. Jörg Haider. 516

Freiheitlicher Pressedienst / 7.1.1988

Bedauerlich schlecht bewandert in der Politikgeschichte zeigte sich Dr. Marjan Sturm in seiner heutigen Presseaussendung. Das von Sturm so hef- 517 tig kritisierte Zitat „Wer sich mit Hunden ins Bett legt, darf sich nicht wundern, wenn er mit Flöhen aufwacht", das FPÖ-Obmann Dr. Haider in einer Aussendung gebrauchte, stammt nämlich von dem großen amerikanischen Präsidenten Thomas Jefferson. Diesen Ausspruch Jeffersons, der bekanntlich im 18. Jahrhundert lebte und Mitautor der Verfassung der USA war, in Zusammenhang mit der „Ungeziefer-Diktion der Nationalsozialisten" zu bringen, zeigt von bemerkenswerter Ahnungslosigkeit und einem äußerst kuriosen Geschichtsverständnis. Dr. Sturm würde den Slowenen in Kärnten sicher besser dienen, wenn er seine öffentlichen Aussagen auf sachliche Argumentationen und fundierte Kenntnisse stützen würde, anstatt sich selbst und damit auch den Zentralverband slowenischer Organisationen durch solche Haßtiraden der Glaubwürdigkeit zu berauben und der Lächerlichkeit preiszugeben. *Freiheitlicher Pressedienst / 7.1.1988*

518 Haider: Nebelvorhang über Steuerplänen von der ÖVP nicht gelichtet. Sozialpartner verhindern konsumentenfreundliche Strompreiskalkulation.
Freiheitlicher Pressedienst / 8.1.1988

519 Haider bezeichnete es als pures „Heuchlertum", wenn sich nun anläßlich des Rechnungshofrohberichtes alle erstaunt zeigten.
Freiheitlicher Pressedienst / 8.1.1988

520 „Nach der Pensionsdebatte wird mit der von Finanzminister Lacina geplanten Steuerreform das nächste rot-schwarze Chaos über Österreich hereinbrechen", erklärte heute FPÖ-Bundesparteiobmann Abg. Dr. Jörg Haider in einer Presseaussendung.
Mit der von Lacina angekündigten Einführung einer 20-prozentigen Kapitalertragssteuer werde die Große Koalition in einem besonders krassen Fall wortbrüchig gegenüber den Österreicherinnen und Österreichern, denn vor den Wahlen hätten sowohl ÖVP wie SPÖ dezidiert versprochen, keine Quellensteuer, Zinsertragssteuer oder ähnliches einzuführen.
Freiheitlicher Pressedienst / 9.1.1988

521 Als Ungeheuerlichkeit bezeichnete Haider die Behauptung Lacinas, die Anonymität bleibe gewahrt, wenn nur der die zu zahlende Quellensteuer von der Einkommensteuer absetzen könne, wie es der Verfassungsgerichtshof verlange, der bereit sei, die Anonymität aufzugeben und sein Sparguthaben gegenüber dem Finanzamt zu deklarieren.
Freiheitlicher Pressedienst / 9.1.1988

522 Österreich brauche jetzt mehr denn je Mandatare, die persönlich unabhängig seien und sich nicht am rot-schwarzen Gängelband führen ließen und die als Anwälte der Bürger für Freiheit, Demokratie und soziale Gerechtigkeit auch persönlich haftend eintreten.
Freiheitlicher Pressedienst / 10.1.1988

523 Die Kritiker hätten deshalb dieser Regelung auch keine Alternative, sondern nur ein „Demagogenmodell" gegenüberzustellen. Diese Frage werde zum Aktionsinstrument für linksradikale Extremisten gemacht, die die

Volksgruppenpolitik benützten, „um ihr eigenes politisches österreichfeindliches Süppchen zu kochen“. Diese Provokateure müßten in die Schranken gewiesen werden und dürften nicht zu Verhandlungspartnern mit der Regierung aufgewertet werden. „Österreich kann sich mit dem Kärntner Pädagogenmodell jederzeit der Weltöffentlichkeit stellen.
Freiheitlicher Pressedienst / 10.1.1988

In Kärnten gibt es keine Ghettoschulen, während dies südlich der Grenze für ungarische und italienische Minderheiten sehr wohl der Fall sei, stellte Haider fest und kündigte Gespräche mit Vertretern europäischer liberaler Parteien an, wo neben der Erläuterung des Pädagogenmodells unter anderem sicher auch die Situation der Siebenbürger im Ostblock zur Sprache kommen werde. *Freiheitlicher Pressedienst / 10.1.1988* 524

Der Schwerpunkt dafür müsse auf der Überwindung des morschen Machtgebäudes der beiden alten Parteien, des politischen Drucks, des mangelnden Wettbewerbs und der drückenden Steuerlast liegen. Das „rot-schwarze Sittenbild“ lasse bei der Bevölkerung eine zwangsweise Verbindung von Politik, Korruption und Gaunerei entstehen.
Freiheitlicher Pressedienst / 10.1.1988 525

Die Regierung dagegen mache nichts anderes, als sich „von ihrem einjährigen Dauerschlaf gehörig auszurasten“. „Eine alte Dampflokomotive, die die Zukunft bereits hinter sich hat, betitelt sich als Große Koalition“, sagte Haider. *Freiheitlicher Pressedienst / 10.1.1988* 526

Die Pensionsreform habe nur Kürzungen für die Pensionisten gebracht, und die Budgetsanierung habe sich als rot-schwarzer Bluff entpuppt.
Freiheitlicher Pressedienst / 10.1.1988 527

„Die Politik der Großen Koalition ist ein Schachspiel, bei dem die Bürger ständig mattgesetzt werden und immer mehr Opfer bringen müssen, ohne zu wissen, wofür“, erklärte Haider. *Freiheitlicher Pressedienst / 10.1.1988* 528

Lacina habe als „Ferdinand der Sparstrumpfplünderer“ das falsche Schwein geschlachtet, denn wesentlich ergiebiger wäre das „Privilegienschwein“ gewesen, anstatt sich auf die kleinen Sparer zu stürzen.
Freiheitlicher Pressedienst / 10.1.1988 529

Haider äußerte die Vermutung, daß die Einführung der Quellensteuer hinter den Kulissen längst mit Ditz und Graf abgesprochen sei, die damit ihren Obmann Mock endgültig desavouieren wollten. Die ÖVP werde die Konsequenzen aus diesem Wortbruch tragen müssen.
Freiheitlicher Pressedienst / 10.1.1988 530

„Wir werden die Eisbrecher in der österreichischen Innenpolitik sein und immer wieder Themen wie Steuerreform, verstaatlichte Industrie, Pensionsreform, Entbürokratisierung, Privatisierung und Demokratiereform zur Diskussion stellen. Wir brauchen einen neuen Optimismus, einen 531

Geist der Reformgesinnung und einen neuen Patriotismus. Durch gemeinsame Leistung wollen wir für Österreich einen Beitrag leisten, der glaubwürdig ist, der den Menschen wieder Vertrauen in die Politik gibt und die Demokratie festigt.“ *Freiheitlicher Pressedienst / 10.1.1988*

532 „Liebe Freunde, nehmt's Euer Geld aus den Banken, legt's es g'scheiter alle bei einem Sparverein an, da kriegt's wenigstens einmal im Jahr ein warmes Essen und ein Glasl Bier dazu. Das ist viel besser, als das alles dem Finanzminister zu opfern. Ich meine also, Lacina als Ferdinand der Sparstrumpfplünderer wird sich etwas anderes überlegen müssen, um diese Steuerreform finanzieren zu können, weil wir Freiheitlichen dazu schon einige Wege gewiesen haben, nur muß er sich daran trauen, die vielen heute nicht mehr gerechtfertigten Ausnahmebestimmungen einmal zu durchleuchten und zu einem Teil zu beseitigen, um damit auch Geld für eine Tarifsenkung zu bekommen. *Zeit im Bild 1 / 10.1.1988*

533 „Ich werde auch in Zukunft verlangen, daß in diesem Land bei einer wachsenden Anzahl von Arbeitslosen, die an die 180.000 im Jahresschnitt ausmachen, es unverständlich ist, daß die Arbeitsmarktverwaltung noch immer Ausländerkontingente bewilligt und wir 140.000 Ausländer als Gastarbeiter in Österreich beschäftigt haben.“ *Zeit im Bild 1 / 10.1.1988*

534 Der Parteiführer drückte es weniger politologisch aus als sein Generalsekretär. Haider zitierte ein Magazin, wonach er „längst nicht mehr von den alten Nazis lebt, sondern zum Falco der österreichischen Innenpolitik geworden ist“. In seinen Reihen marschiere der Zeitgeist: „Wenn jetzt gewählt wird, hat die FPÖ, die lange Zeit bei 200.000 Stimmen herumkrebste, bereits eine Million Wähler“. *Kleine Zeitung / 11.1.1988*

535 Geschickt steigerte Haider seine Empörung, als er sich beklagte, daß zwar der linke Schriftsteller Erich Fried ungestraft dazu aufrufen dürfe, einen politischen Gegner „anzuspucken“, er jedoch an den Pranger gestellt werde, wenn er kritisiere, daß es trotz 180.000 Arbeitslosen immer noch 140.000 Gastarbeiter gebe: „Ich werde weiter so reden!“ *Kleine Zeitung / 11.1.1988*

536 Und weil er schon dabei war, widmete sich der Wahlkärntner auch noch den vorsorglich von Staatspolizisten observierten Demonstranten gegen die Kärntner Schulpolitik, die das „Pädagogenmodell“ durch ein „Demagogenmodell“ ersetzen wollen. Haider zollte der slowenischen Minderheit vollstes Verständnis, um die zweieinhalbtausend Zuhörer mit der Gegenfrage zum Rasen zu bringen: „Wie steht es mit den Deutschen in Siebenbürgen und in Jugoslawien?“ *Kleine Zeitung / 11.1.1988*

537 „Wir brauchen keine Standgerichte und kein Österreich im Büßergewand.“ *Kleine Zeitung / 11.1.1988*

538 Haider machte einen Sprung, der größer war als sein Alter. Er begann, ein schauriges Sittenbild des jetzigen Österreichs zu malen, jenes „morschen Staatsgebäudes der schwarz-roten Altparteien“. Es reichte vom „Lügner“ Si-

nowatz bis zum „vorbestraften" Graf „Bobby", weshalb man sich nicht wundern dürfe, wenn die Bevölkerung das Gefühl habe, daß es eine „zwangsweise Verbindung von Politik, Korruption und Gaunerei" gebe. Da die „grüne Schlingpflanze vom roten Spaltpilz" befallen wurde, sei die FPÖ die einzige Alternative: „Wer zur Quelle will, muß gegen den Strom schwimmen."
Was sei auch, spottete der FPÖ-Chef, vom „Kabinett der Ratlosigkeit" zu erwarten, „wo sich die Minister die Kompetenzen der Hilflosigkeit aufteilen". Eigentlich könnte man die Parteienförderung einstellen, weil SPÖ und ÖVP vom Hilflosenzuschuß ihrer Regierungsmitglieder bequem leben könnten. Bundeskanzler Vranitzky gleiche einem Küchenchef, „der nie kocht, sondern nur kassiert". In den Geschichtsbüchern werde einmal stehen, daß Sinowatz im Vergleich zu Vranitzky ein „Durchsetzungsgoliath" gewesen sei. Seit dem Dreikönigstreffen von Maria Plain habe er auch die Hoffnungen in Mock aufgegeben, weil man eigens in einen „Wallfahrtsort gefahren ist und doch keine Erleuchtung gefunden hat ...".
Damit war Haider beim aktuellen Stichwort von der Quellensteuer angelangt: „Ferdinand mit der leeren Tasche hat das falsche Schwein geschlachtet." Er hätte sich lieber das „Privilegienschwein" vornehmen sollen, meinte Haider. *Kleine Zeitung / 11.1.1988*

„Ich habe an sich nicht die Absicht, mich mit den lichtvollen Ausführungen eines Kryptokommunisten auseinanderzusetzen. Herr Wabl macht das jetzt wieder, was er immer gemacht hat, er nützt das in der Verfassung vorgesehene Recht auf Dummheit in einem Höchstmaße aus." **539**
Mittagsjournal / 14.1.1988

„Der Mohr hat seine Schuldigkeit getan, der Mohr kann gehen", holte der FPÖ-Chef aus. Es sei eine „miese Tour" der ÖVP, hinter dem Rücken des Bundespräsidenten bereits einen neuen Präsidentschaftskandidaten zu küren. *Kleine Zeitung / 22.1.1988* **540**

Haider griff in die untersten Schubladen: „So wie Bronfman hat selbst Goebbels in den Umbruchtagen nicht gegen Österreich gehetzt!" **541**
Kleine Zeitung / 22.1.1988

Haider legte nach. Die Rücktrittsforderung der Knesset sei „arrogant", weil Israel „täglich die Menschenrechte mit Füßen tritt". **542**
Kleine Zeitung / 22.1.1988

Deshalb sollte das Volk, folgerte Haider, nicht über Waldheim sondern über die Koalition abstimmen: „Wenn sich das Land vom demokratisch gewählten Bundespräsidenten befreien soll, dann haben wir Freiheitlichen dafür zu sorgen, daß sich unser Land von den Drahtziehern dieser Kampagne und den Gaunern und Korruptionisten befreien muß." **543**
Kleine Zeitung / 22.1.1988

Bobby Graf, dzt. Wirtschaftsminister. Schulabbrecher müssen nicht unbedingt Wirtschaftsminister sein. *Wiener / 2/1988* **544**

545 Ich will mehr Selbstbewußtsein. Für mich gibt es überhaupt keine Kollektivschuld. Nach dem Krieg sind viele verfolgt, bestraft, zum Tode verurteilt worden, die sich als Nationalsozialisten gegen Menschenrechte und Hab und Gut der Bevölkerung versündigt haben. Alleine in Österreich sind 36 durch die Todesstrafe umgekommen. Tausende wurden eingesperrt, 500.000 haben politische Rechte verloren. Das ist vorbei. Eine zweite Abrechnung ist fragwürdig. *Wiener / 2/1988*

546 Haider verwies auf die täglichen Zweikämpfe zwischen Kukacka einerseits und Fischer bzw. Keller andererseits, die sich immer mit ein und demselben Thema beschäftigten, nämlich „Wer weniger Gauner in den eigenen Reihen hat".
Er habe den Eindruck, so Haider, daß es nicht Waldheim sei, der der Koalitionsregierung bei ihrer Arbeit im Wege stehe, sondern in Wahrheit die Hilf- und Konzeptlosigkeit ihrer eigenen Minister sowie die „rot-schwarzen Skandalbrüder, die sich mit Millionen aus dem Steuertopf bedienen".
Freiheitlicher Pressedienst / 19.2.1988

547 Haider sagte bei einem Telefongespräch am vorletzten Mittwoch kurz nach 11 Uhr wörtlich zu Profil, er und Burger hätten zwar unterschiedliche Standpunkte, aber: „Ich glaube, daß da ein bisserl eine Gesprächsbasis ganz gut ist." Diese Aussage des FPÖ-Chefs ist dokumentiert. *Profil / 21.2.1988*

548 Einer Vernichtung der einzigen positiv bilanzierenden Staatsbetriebe werde die FPÖ nicht tatenlos zusehen, unterstrich der freiheitliche Bundesparteiobmann und meinte abschließend, daß die Sozialisten durch ihre „weltfremde und heuchlerische Argumentation" das Schicksal Tausender Arbeiterfamilien gefährden würden. *Freiheitlicher Pressedienst / 21.2.1988*

549 Die zwischen Mock und Vranitzky geführten Scheinverhandlungen dienten nur mehr dazu, der ÖVP die notwendige Zeit für diese „geistige Umerziehung" zu geben. *Freiheitlicher Pressedienst / 26.2.1988*

550 Damit habe die ÖVP ihr zentrales Wahlversprechen, nämlich der Garant dafür zu sein, daß es zu keiner Quellensteuer kommen werde, gebrochen. „Hier feiert die politische Lüge Wiederauferstehung, die in dieser Regierung ohnehin schon salonfähig geworden ist", sagte Haider.
Freiheitlicher Pressedienst / 26.2.1988

551 Es sollte auch klargestellt werden, daß damit ein zentrales Wahlversprechen der Österreichischen Volkspartei gebrochen wurde, wenn sie in der Regierung ist, gibt es keine Sparbuchsteuer. Hier feiert also die politische Lüge eine Wiederauferstehung, aber sie ist ja ohnedies salonfähig geworden in dieser Regierung, daher ist es also nicht sonderlich verwunderungswürdig, daß das so passiert. *Mittagsjournal / 26.2.1988*

552 Haider: Protest gegen Vranitzky-Kritik an Justizminister.
Vranitzky zeigt schon dieselben Starallüren wie Kreisky.
Freiheitlicher Pressedienst / 23.3.1988

Immerhin stehe der Justizminister dem Parlament gegenüber unter Auskunftspflicht, sodaß der Bundeskanzler in dieser Richtung überhaupt nichts zu kritisieren habe. Es sei zweifellos besser, wenn man über das Einschreiten der Justiz gegenüber „Gaunern und korrupten Personen" rechtzeitig informiert werde, als wenn alles aufgrund von politischen Interventionen geheim und im Dunkel bleibe. 553

Freiheitlicher Pressedienst / 23.3.1988

Dies sei vor allem im Bereich der 29 Sozialversicherungsanstalten der Fall. Bei diesen Anstalten sollten, so Haider, Zusammenlegungen erfolgen, auf den „Popanz der 129 Direktoren mit Millionenbezügen" verzichtet und freiwerdende Bürogebäude an private Firmen verkauft werden. 554

Freiheitlicher Pressedienst / 7.4.1988

Haider: Kukacka inszeniert Selbstaufgabe der ÖVP. 555

„Seit seiner Amtsübernahme hat ÖVP-Generalsekretär Kukacka nur eines wirklich geschafft, nämlich sich als 5. Kolonne der SPÖ in der Volkspartei zu profilieren", stellte heute FPÖ-Bundesparteiobmann, Abg. Dr. Jörg Haider, fest.

Kukacka stemple damit die ÖVP zur ewig zweiten Partei und mache sich zum Steigbügelhalter der Sozialisten. *Freiheitlicher Pressedienst / 8.4.1988*

Haider: WAA Wackersdorf — Vranitzkys Haltung ist verantwortungslos. 556

„Was Vranitzky hier betreibt, ist eine grobe Täuschung der Österreicher", sagte Haider. Der Friede mit Franz-Josef Strauß sei ihm mehr wert als die Gesundheit der Österreicher. *Freiheitlicher Pressedienst / 12.4.1988*

Als rücktrittsreif bezeichnete heute FPÖ-Bundesparteiobmann Abg. Dr. Jörg Haider Sozialminister Dallinger in einer Pressekonferenz. 557

Dieser sei ein reiner Gebots- und Verbotsminister, dessen Haltung unsozial und starrsinnig sei, da er sich für neue sozialpolitische Dimensionen und Entwicklungen nicht aufgeschlossen zeige. Dallinger habe nicht die Kraft für eine echte Pensionsreform und habe auch das Debakel in der ersten Runde verschuldet. Damit noch nicht genug, plane er noch weitere Kürzungen, blockiere den Weg für echte Reformen und habe sich als „Pensionsstalinist" erwiesen. *Freiheitlicher Pressedienst / 14.4.1988*

Als „Unsinn zur Potenz" bezeichnete Haider die Milchimporte aus dem Ausland, um die Überkapazität heimischer Verarbeitungsbetriebe bedienen zu können. Dies sei eine ungeheuerliche Vorgangsweise, die die Bauern doppelt treffe. *Freiheitlicher Pressedienst / 14.4.1988* 558

Als äußerst kläglich bezeichnete es heute FPÖ- Bundesparteiobmann Abg. Dr. Jörg Haider, daß anstelle der Regierung nur die Umweltministerin Einwendungen gegen die Wiederaufbereitungsanlage Wackersdorf erhoben habe. 559

Die Unfähigkeit des Bundeskanzlers zu klaren Entscheidungen habe damit auch in dieser Frage zu einer für die Große Koalition typischen halbherzigen Maßnahme geführt. Dies sei aber gerade in dieser für Österreich exi-

stenzwichtigen Angelegenheit besonders verantwortungslos.
Freiheitlicher Pressedienst / 16.4.1988

560 Es sei äußerst bedenklich, daß sich gerade der Mann an der Spitze der Bundesregierung niemals eindeutig gegen Atomkraftwerke ausgesprochen habe. Vranitzky sei offensichtlich in seinem Herzen ein „Lobbyist der Atomindustrie", der nur auf Druck von Hunderttausenden Bürgern wenigstens der Umweltministerin erlaubt habe, Einwendungen zu erheben.
Freiheitlicher Pressedienst / 16.4.1988

561 „Es ist einmalig in der Demokratiegeschichte der Zweiten Republik, mit welcher Überheblichkeit hier die Verfassung negiert wird", sagte Haider.
Freiheitlicher Pressedienst / 17.4.1988

562 Scharfe Kritik an der Vorgangsweise von SPÖ und ÖVP in der Frage der Arbeitsstiftung übte heute FPÖ-Bundesparteiobmann Abg. Dr. Jörg Haider in einer Pressekonferenz.
Er sehe darin, so Haider, einen weiteren Beweis für die zunehmende „Vergewaltigung des Parlaments durch die Große Koalition". Es zeige sich darin ein tiefes Mißverständnis dieser Regierung über den Wert des Parlaments und der Demokratie. *Freiheitlicher Pressedienst / 20.4.1988*

563 „Mit dieser überfallsartigen Vorgangsweise unter faktischer Ausschaltung des Parlaments setzt die Große Koalition ihren undemokratischen Rambo-Stil fort", meinte Haider. *Freiheitlicher Pressedienst / 20.4.1988*

564 Bei dem Antrag Hesouns handle es sich zudem um eine reine Defensivstrategie, die das Problem nicht wirklich löse. Im Hinblick auf die Argumentation der SPÖ, es handle sich um eine „Feuerwehrmaßnahme", meinte Haider, es könne doch nicht so sein, „daß jene, die die Brandstifter sind, nun Feuerwehr spielen". *Freiheitlicher Pressedienst / 20.4.1988*

565 Ich bin aber gerührt darüber, daß Ihr [Keller] politisches Gewicht in der SPÖ offenbar im Absolvieren des Linkswalzers liegt, wobei ich Ihnen empfehlen würde, nicht darauf zu vergessen, daß auch ein mit Eleganz getanzter Linkswalzer trotzdem ein rechtes Standbein erfordert. Nur das Rumpelstilzchen, das bekanntlich mit einem purpurroten Mäntelchen alleine stand, konnte auf einem Bein bestehen, wobei historisch keinesfalls geklärt ist, daß es das linke war. *Freiheitlicher Pressedienst / 20.4.1988*

566 „Man muß sich vor Augen halten, daß gerade jene, die heute Feuerwehr spielen, die eigentlichen Brandstifter waren", sagte Haider. Insbesondere die SPÖ habe jahrelang davon gelebt, daß sie Arbeitsplatzgarantien angegeben habe, ohne etwas für die Einhaltung dieses Versprechens zu tun.
Freiheitlicher Pressedienst / 21.4.1988

567 „Es ist doch ein Widerspruch in sich, wenn die gleiche Regierung, die Liezen vorher zur Krisenregion macht, nun dort eine Art ‚Sterbehilfe' leistet." Mit der gleichen verfehlten Politik werde Hirtenberg zu einem Notstands-

gebiet gemacht, wo in den letzten Monaten über 600 Beschäftigte unter Umgehung des Frühwarnsystems gekündigt worden seien. „Was hier passiert, ist eine Politik der Reparaturwerkstätte anstelle einer modernen Beschäftigungspolitik", stellte Haider fest. „Wir sind für eine Hilfestellung für jene, die ihren Arbeitsplatz verlieren, wir sind für Umschulungsmaßnahmen und Schutzvorkehrungen für unverschuldete Notsituationen, aber zu alledem gehört auch, daß die Regierung in der Frage der Waffenproduktion endlich Farbe bekennt." *Freiheitlicher Pressedienst / 21.4.1988*

Haider verurteilte aber auch die Vorgangsweise der Regierungsparteien in dieser Frage. Nach monatelangen Streitigkeiten zwischen den Regierungsparteien und nachdem der Vorsitzende des Sozialausschusses, Hesoun, am 23. März selbst versäumt habe, seinen eigenen Antrag auf die Tagesordnung zu setzen, habe man in einer beispiellosen Eile in einer Mitternachtssitzung des Sozialausschusses gestern abend und unter Aufhebung der 24-stündigen Auflagefrist eine gründliche Diskussion sowohl im Ausschuß wie auch im Nationalrat verhindert. „Das ist eine Vergewaltigung des Parlaments, die gerade im Gedenkjahr 1988 bedenklich stimmt und der gar nicht scharf genug entgegengetreten werden kann", schloß Haider. **568**
Freiheitlicher Pressedienst / 21.4.1988

„Aus dieser Euphorie ist nach 15 Monaten Großer Koaltion ein ausgewachsener rot-schwarzer Katzenjammer geworden", meinte Haider. Auch in den Reihen seiner eigenen Partei fragten sich viele, was eigentlich mit dem Bundeskanzler los sei, der die Unentschlossenheit zur Maxime seiner Amtsführung gemacht habe. Sogar in den regierungsfreundlichen Medien werde zunehmend Unzufriedenheit und Enttäuschung über die Arbeit und den Stil dieser Regierung laut. **569**
Freiheitlicher Pressedienst / 21.4.1988

Die FPÖ habe sich zu dieser dringlichen Anfrage veranlaßt gesehen, weil sie — ebenso wie die österreichischen Bürger — daran interessiert sei, daß an der Spitze der Regierung ein Bundeskanzler mit Ideen und Lösungskompetenz stehe. „Wir verlangen, daß der Bundeskanzler Entscheidungsstärke demonstriert und nicht bei jedem Problem taumelt wie ein angeschlagener Boxer kurz vor dem K.O. im Ring", sagte Haider. Es gebe einen immer größer werdenden Berg politischer Fragen, eine Art „politischer Sondermülldeponie", an deren Entsorgung sich der Bundeskanzler endlich wagen sollte. *Freiheitlicher Pressedienst / 21.4.1988* **570**

15 Monate seien ohne sichtbare Problemlösungen vergangen, und die „Sanierungskoalition werde allmählich selbst zum Sanierungsfall". Die Regierung sei in ihrer Programmerfüllung vergleichbar mit dem ORF, wo auch die Ankündigungen weit besser seien als das Programm selbst, das meist langweilig, teuer und nicht sehr interessant sei. **571**
Freiheitlicher Pressedienst / 21.4.1988

„Die Koalition ist aber nicht als Diskutantenstadl, sondern als Arbeitsforum angetreten. Daß sie diesen Anforderungen nicht gerecht wird, zeigt die **572**

lange Liste ungelöster Probleme", führte Haider aus ...
Freiheitlicher Pressedienst / 21.4.1988

573 Die heutigen Äußerungen des SPÖ-Zentralsekretärs seien allenfalls dazu angetan, Keller als „Killer der österreichischen Demokratie" zu entlarven, erklärte der freiheitliche Bundesparteiobmann, Abg. Dr. Jörg Haider. Kellers Absicht sei es, die totalitäre rot-schwarze Einheitspartei auf allen Ebenen der Macht — in Bund, Ländern, Gemeinden, Kammern oder Verbänden — durchzusetzen. Damit habe Keller gerade im Gedenkjahr 1988 sein marxistisch-totalitäres Denken" von innen nach außen gekehrt.
Freiheitlicher Pressedienst / 22.4.1988

574 „Ich fordere Kanzler Vranitzky auf, klarzustellen, ob diese Gesamthaltung nun in der SPÖ unter seiner Führung ab 11. Mai platzgreift, oder ob es sich nur um den Amoklauf eines um sein politisches Überleben kämpfenden Zentralsekretärs handelt." *Freiheitlicher Pressedienst / 22.4.1988*

575 Haider: Erfolge der FPÖ steigern Nervosität der rot-schwarzen Einheitspartei.
Vranitzky avanciert zum hitzköpfigen Parteiobmann in spe.
Freiheitlicher Pressedienst / 22.4.1988

576 Aus Anlaß der dringlichen Anfrage, seine Entscheidungsschwäche betreffend, habe Vranitzky gestern im Parlament seine Nerven weggeworfen und sei „vom kühnen Regierungschef zum hitzköpfigen SPÖ-Parteiobmann in spe avanciert". *Freiheitlicher Pressedienst / 22.4.1988*

577 Offensichtlich habe Vranitzky bei seinem Zentralsekretär Keller einen „Umschulungskurs in Primitivität" mitgemacht. Er bedauere, so Haider, die Verschärfung des innenpolitischen Klimas und die Tatsache, daß eine sachliche Diskussion über die Regierungsarbeit von den Koalitionspartnern auf diese Weise verhindert werde. „Die FPÖ wird sich jedoch von diesem Machtkartell der großen Parteien nicht einschüchtern lassen, und alleine die Wähler werden entscheiden, ob sie eine echt kontrollierende Opposition, die die Dinge beim Namen nennt, haben wollen, auch wenn es den Mächtigen nicht paßt", sagte Haider. *Freiheitlicher Pressedienst / 22.4.1988*

578 Wenn Jörg Haider die gesamte Bundesregierung als „rot-schwarzes Narrenschiff" bezeichnet oder unseren Staat als „Gaunerrepublik" denunziert, bedient er sich dabei einer Sprache, die alle Demokraten wachrütteln muß. Es handelt sich dabei um rechtsradikale Urtöne, die schon einmal Unglück über unser Land gebracht haben. *Sozialistische Korrespondenz / 25.4.1988*

579 „Die Fassade des Fernsehkanzlers beginnt zu bröckeln."
Neue Freie Zeitung / 28.4.1988

580 Der Bruno Kreisky ist erst arrogant geworden, weil er so viel Erfolg gehabt hat. Der Franz Vranitzky ist bereits arrogant, obwohl er nur Mißerfolge hat.
Neue Freie Zeitung / 28.4.1988

„Der ÖVP-Generalsekretär [Kukacka] hat seine Sondermüllkarriere in Oberösterreich unvollendet gelassen und ist nach Wien gegangen, um vom Sondermüllkarrieristen zum Antiquitätenhändler in der ÖVP-Zentrale zu werden, der die ÖVP-Ladenhüter anpreisen muß.“ 581

Neue Freie Zeitung / 28.4.1988

„Gewinnt die Volkspartei, bleibt das Sparbuch steuerfrei! Verliert die Volkspartei, legt sie euch trotzdem das Sparbuchsteuerei.“ (In Forsetzung des VP-Graff-Slogans vor der letzten Nationalratswahl) 582

Neue Freie Zeitung / 28.4.1988

„Nicht der blaue Sensenmann geht um, sondern Keller wird zum Killer in der eigenen Partei. Keller betätigt sich als politische Giraffe, die sich einbildet, intelligenter zu sein, nur weil der Kopf höher droben ist.“ 583

Neue Freie Zeitung / 28.4.1988

Anstatt Alibidiskussionen über die Verankerung von Ehe und Familie in der Verfassung zu führen, sei es viel wichtiger und sinnvoller, endlich für materielle Verbesserungen für die Familien zu sorgen, sagte Haider. 584

Freiheitlicher Pressedienst / 28.4.1988

Dem Versuch, die Bundesländer-Affäre als „Privatangelegenheit eines trunksüchtigen Versicherungsdirektors“ darzustellen, widerspreche die Feststellung des Ruso-Anwalts, eine Aussage Rusos über die wahren Zusammenhänge und die Verwicklung hoher politischer Funktionäre würde „ein Erdbeben“ verursachen. *Freiheitlicher Pressedienst / 28.4.1988* 585

Zum Waffenskandal der VOEST stellte Haider fest, es habe zunehmend den Anschein, daß es sich keineswegs nur um eine Angelegenheit der Manager handle, sondern daß es eine starke Verwicklung und Mitwisserschaft in den höchsten Regierungsfunktionen gegeben habe. 586

Freiheitlicher Pressedienst / 28.4.1988

„Es kann also nicht so sein, daß man den Bundesländer-Skandal etwa als reine Privatangelegenheit eines trunksüchtigen Versicherungsdirektors hinstellt, wenn bis heute unwidersprochen die Aussage des Rechtsanwaltes von Dr. Ruso im Raum steht, der gesagt hat, daß Ruso nicht aussagen kann, wohin die Gelder geflossen sind, sonst gäbe es ein mittleres Erdbeben, und Österreich hält das nicht mehr aus. *Mittagsjournal / 28.4.1988* 587

Er führte die Affären „Bundesländer“, Lucona und Wiener Freiflüge an. Österreich sei auf dem Weg zur „Gaunerrepublik“, wenn das nicht rasch bereinigt werde. *Kleine Zeitung / 29.4.1988* 588

Bei seiner Rede vor dem heutigen, in Lustenau stattfindenden Landesparteitag der Vorarlberger Freiheitlichen forderte FPÖ-Bundesparteiobmann Abg. Dr. Jörg Haider Bundeskanzler Vranitzky auf, anläßlich des SPÖ-Parteitages endlich einen klaren Trennungsstrich zu den „korruptionären und politischen Gaunern“ in seiner Partei zu ziehen. 589

Wenn Vranitzky nicht nur „Obmann einer Skandalpartei" sein wolle, müsse er diese Trennung rasch und unmißverständlich vollziehen. Haider forderte von Vranitzky außerdem eine Offenlegung der Parteifinanzen und endlich eine Distanzierung vom Club 45.

Freiheitlicher Pressedienst / 30.4.1988

590 Während es früher um die Durchsetzung elementarer Rechte und Schutzmaßnahmen für die Arbeitnehmer gegangen sei, gehe die Entwicklung heute immer mehr in Richtung eines sozialen Vormundstaates, der wachsende Unfreiheit des einzelnen gegenüber dem Staat, Institutionen und Verbänden erzeuge. Vielfach werde heute Unrecht im Gesetz festgeschrieben, und Privilegien und sozialer Mißbrauch seien an der Tagesordnung. „Wir befinden uns heute auf dem Weg zu einem Klassenstaat erster Ordnung, und das ist wirklich kein Grund zum Jubeln", sagte Haider.

Freiheitlicher Pressedienst / 1.5.1988

591 „Vor allem der Bundeskanzler muß sich endlich darüber klar werden, daß er nicht der Regierungssprecher, sondern der Regierungschef ist", sagte Haider. *Freiheitlicher Pressedienst / 1.5.1988*

592 Das müsse aber auch bedeuten, daß Korruptionäre zur Verantwortung gezogen würden, anstatt die fleißigen Bürger zur Kasse zu bitten. Nur dann könnten die Österreicher wieder Vertrauen in die Erneuerung des politischen Lebens haben, sagte Haider. *Freiheitlicher Pressedienst / 1.5.1988*

593 Daß es schwer sein wird, bei den in 18 Monaten stattfindenden Landtagswahlen gegen ihn als Spitzenkandidat der ÖVP erfolgreich zu Felde zu ziehen, gestand Haider wohl ein, wenn er seinen Gesinnungsgenossen im äußersten Westen den Rat gab: „Greift die ÖVP an ihrer Schwachstelle, der Bundes-ÖVP, an!" *Die Presse / 2.5.1988*

594 Viel Beifall gab's im Lustenauer Reichshofsaal, als Haider die rot-schwarze Koalition zu einer „kraftlosen Bewegung" degradierte, die bei der Lösung der wirtschaftlichen Probleme Österreichs fast ausschließlich gescheitert sei. *Die Presse / 2.5.1988*

595 „Wie eine Käseglocke liegt die rot-schwarze Einheitspartei über Österreich", so Haider. Und diese gefährde die Demokratie.

Die Presse / 2.5.1988

596 Direkt teilte Haider in Richtung SPÖ aus, wenn er meinte, daß sich Vranitzky als künftiger Parteiobmann von den „Korruptionisten" aus den eigenen Reihen lösen müsse, wenn es ihm an einer Zukunft seiner Partei liege. Sonst werde man bald mit dem Namen „Franz" bestenfalls eine Schuhfabrik, aber nicht einen erfolgreichen Politiker verbinden. Und Zentralsekretär Keller sei überhaupt ein „Schaf im Wolfspelz." *Die Presse / 2.5.1988*

597 Auch in den Bundestheatern — „einem Sumpf, der abenteuerliche Blüten treibt" — gehöre mit einem „eisernen Besen" dreingefahren. Das Geld

gehöre für die kulturelle Produktion verwendet, nicht „für Parasiten, die jahrelang keine Leistung erbringen". *Die Presse / 2.5.1988*

Für Haider trage ein „Quartett des Chaos" die Verantwortung an dem Desaster: „Frühbauer, Landesanwalt Ritzberger — für mich der Hauptakteur, da er Verträge schließt, die sich als Fußangeln herausstellen -, Dr. Grossnig und Ing. Papst." *Kleine Zeitung / Klagenfurt / 7.5.1988* 598

„Polit-Pilz, der im Kanal gedeiht." (Dieser zu jenem.) 599
Arbeiterzeitung / 11.5.1988

„Mit primitiven Untergriffen gegen die FPÖ versucht sich Bundeskanzler Vranitzky auch auf dem SPÖ-Bundesparteitag über die Aufforderung hinwegzuschwindeln, klarzulegen, wie er es in Zukunft mit den Korruptionisten und Gaunern in seiner Partei halten will", stellte heute FPÖ-Bundesparteiobmann Abg. Dr. Jörg Haider fest. 600
Freiheitlicher Pressedienst / 11.5.1988

Die FPÖ werde es Vranitzky nicht ersparen, eine klare Antwort darauf zu geben, ob auch unter seiner Obmannschaft der Verdacht des liederlichen Umgangs mit Ordnung und Moral von manchen SPÖ-Funktionären bestehen bleibe. „Wer Verschwender und Korruptionisten deckt, kann kein glaubwürdiger Vertreter für die Anliegen des kleinen Mannes sein", schloß Haider. *Freiheitlicher Pressedienst / 11.5.1988* 601

Im Zusammenhang mit den jüngsten Ergebnissen im Bundesländer-Prozeß bezeichnete Haider die sonderbare Zurückhaltung im Hinblick auf die schweren Anschuldigungen gegen den NÖ-Altlandeshauptmann Maurer als absolut unverständlich. „Jeder andere wäre sofort im Gerichtssaal verhaftet worden", stellte Haider fest. Es erhärte sich immer mehr der Verdacht, daß die Bundesländer-Versicherung als „Selbstbedienungsladen für Landeshauptleute quer durch Österreich" fungiert habe. 602
Freiheitlicher Pressedienst / 18.5.1988

„Es ist in höchstem Maße scheinheilig, wenn die Große Koalition, deren erste Tat die Zusammenlegung und finanzielle Aushungerung des Umwelt- und Wasserwirtschaftsfonds gewesen ist, sich nun über die schlechte Umweltsituation wundert", sagte Haider. Besonders gravierend sei, daß die ÖVP der Umleitung von 1,5 Milliarden direkt in das Budget zugestimmt habe. *Freiheitlicher Pressedienst / 21.5.1988* 603

„Es ist sehr bedauerlich, daß sich Landwirtschaftsminister Riegler zum Erfüllungsgehilfen einer Gruppe von Geschäftemachern und Exporteuren von Agrarprodukten macht und vor den Bürokraten in den Fonds kapituliert, anstatt sich eindeutig für die Interessen der Bauern zu engagieren", sagte Haider. *Freiheitlicher Pressedienst / 23.5.1988* 604

Entgegen ihren vielfachen Versicherungen seien SPÖ und ÖVP allzu leicht geneigt, „mit halbem Herzen halbe Lösungen" anzustreben. Außenminister 605

Mock sei mit einer gewissen Eile bestrebt, einen Scheinerfolg vorzuweisen.
Freiheitlicher Pressedienst / 26.5.1988

606 „Die FPÖ wird diesem gewagten Spiel auf dem Rücken der Südtiroler Bevölkerung und dieser Art des Ausverkaufes von Südtiroler Interessen sicher nicht zustimmen", sagte Haider. *Freiheitlicher Pressedienst / 26.5.1988*

607 „Die Differenz zwischen Reden und Handeln in der unheimlichen Allianz der rot-schwarzen Parteibuch-Strategie ist wirklich ungeheuerlich", sagte Haider. *Freiheitlicher Pressedienst / 26.5.1988*

608 „Aus Mangel an Zivilcourage und Angst vor Kritik aus dem kommunistischen Eck" traue sich Smolle nun offenbar nicht mehr, der Minderheitenschulreform zuzustimmen, sagte heute FPÖ-Bundesparteiobmann und Landesparteiobmann von Kärnten, Abg. Dr. Jörg Haider.
Freiheitlicher Pressedienst / 27.5.1988

609 Haider trat mit Nachdruck für einen personellen Abbau im „Wasserkopf der ÖBB-Direktionsetage" ein und forderte die Offenlegung der Sonderverträge der leitenden Angestellten in der Generaldirektion und in den Bahndirektionen. *Freiheitlicher Pressedienst / 27.5.1988*

610 Was die ÖVP in Sachen Pensionen präsentiere, sei nichts weiter als ein klägliches „Wischi-waschi-Papier", stellte heute FPÖ-Bundesparteiobmann Abg. Dr. Jörg Haider fest. *Freiheitlicher Pressedienst / 27.5.1988*

611 Bundestheatergeneralsekretär Scholten habe nun Gelegenheit zu beweisen, daß er seine Funktion ernst nehme. Er solle dafür sorgen, daß das Burgtheater nicht zum Durchhaus für „disziplinlose Egozentriker" werde. Wenn Peymann, wie er selbst sage, bei Bundeskanzler Vranitzky ein Rücktrittsgesuch eingereicht habe, sollte dieses so schnell wie möglich angenommen werden. In Österreich werde mit und ohne Peymann hervorragendes Theater gemacht. *Freiheitlicher Pressedienst / 28.5.1988*

612 Haider charakterisierte die laufende Debatte zwischen den Regierungsparteien als „geschwätzige Untätigkeit, wo man in Sachfragen nicht weiterkomme". Die sogenannte „Pensionsreform" verdiene diesen Namen nicht. Ein „Gipfel" jage den anderen, und dabei werde der „Katalog der Unübersichtlichkeit" ständig größer. Die Bevölkerung habe zu Recht den Eindruck, daß die Regierung kein Konzept und keine klare Zielvorstellung habe. *Freiheitlicher Pressedienst / 3.6.1988*

613 „Doppelte Belastungen der Bevölkerung für halbe Lösungen der Regierung" bleibt auch weiterhin das Motto der Großen Koalition, stellte heute FPÖ-Bundesparteiobmann Abg. Dr. Jörg Haider fest.
Freiheitlicher Pressedienst / 4.6.1988

614 Als „wirtschaftspolitische Frechheit" bezeichnete FPÖ-Bundesparteiobmann Abg. Dr. Jörg Haider den von SPÖ-Finanzsprecher Nowotny für

heute angekündigten sozialistischen Initiativantrag mit dem Ziel, die Abschaffung der vorzeitigen Abschreibung auf 1. Juli 1988 vorzuverlegen.
Freiheitlicher Pressedienst / 9.6.1988

„Mit diesen Marktordnungsgesetzen setzt Landwirtschaftsminister Riegler den großkoalitionären Weg in die agrarpolitische Sackgasse fort", erklärte heute FPÖ-Bundesparteiobmann Abg. Dr. Jörg Haider vor dem Plenum des Nationalrates. 615
„Das rot-schwarze Bauernlegen geht weiter. Dem Bauernsterben kann mit diesen Gesetzen nicht Einhalt geboten werden", sagte Haider.
„Heute, wo es an der Zeit wäre, diese Versprechen in die Tat umzusetzen, läßt Riegler die Bauern im Regen stehen und stellt sie vor eine ungewisse Zukunft", schloß Haider. *Freiheitlicher Pressedienst / 9.6.1988*

Als „zynische Provokation" der österreichischen Steuerzahler bezeichnete heute FPÖ-Bundesparteiobmann Abg. Dr. Jörg Haider die vom Finanzminister präsentierte WIFO-Studie, wonach es „bei der Steuerreform nur Gewinner" gebe. *Freiheitlicher Pressedienst / 10.6.1988* 616

Es sei einmalig in der Justizgeschichte, daß von einem politischen Sekretär ein derart massiver Versuch der Gesinnungsschnüffelei unternommen wurde, um Einfluß auf ein Gerichtsverfahren zu nehmen. 617
Ambrozy erweise aber mit solchen „Rambo-Aktionen" gegenüber einer unabhängigen Geschworenengerichtsbarkeit auch seinem Parteiobmann Landeshauptmann Wagner einen schlechten Dienst und bringe diesen in ein schiefes Licht. „Die Kärntner SPÖ wird sich langsam die Frage stellen müssen, wie lange sie sich noch einen solchen Parteisekretär, dem offenbar KGB-Methoden der Gesinnungsschnüffelei nicht fremd sind, leisten kann", sagte Haider. *Freiheitlicher Pressedienst / 10.6.1988*

Was die Regierung im Hinblick auf die Ruhensbestimmungen plant, ist nicht nur ein Wortbruch der im Koalitionsprogramm gegebenen Versprechungen, sondern schafft in Wahrheit 3 Klassen von Pensionisten; die der Beamten und Sozialversicherungsangestellten, die überhaupt keine Ruhensbestimmungen haben, die der ASVG-Pensionisten, die 40 Jahre hindurch Beiträge bezahlt haben, und schließlich die große Masse der anderen, die weiterhin grob benachteiligt sein werden. 618
Der Regierung fehlen ganz offensichtlich die Fähigkeit, der Mut und die Kraft zu einer echten Pensionsreform die sozial gerecht und ausgewogen sei und auch die langfristige Finanzierung der Altersversorgung sicherstelle. „Stattdessen begeht man einen ständigen Betrug an der Masse der ASVG-Pensionisten, die die Rechnung für das Pensionschaos der Großen Koalition mit weiteren Beitragserhöhungen einerseits und Leistungskürzungen andererseits bezahlen müssen", schloß Haider.
Freiheitlicher Pressedienst / 12.6.1988

Wenn sich Hawlicek als zuständige Ressortchefin nur für den Bereich Budget zuständig fühle, so bleibe die Frage zu klären, was eigentlich Bundestheater-Generalsekretär Scholten tue, um sein horrendes Gehalt von 619 monatlich 170.000 Schilling zu rechtfertigen. Scholten habe bisher nichts weiter getan, als U-Boot zu spielen und zuzusehen, wie das Chaos am Burgtheater von Tag zu Tag größer wird. „Der hochbezahlte Vranitzky-Günstling agiert als drittklassiger Sekretär im wunschlosen Unglück des Bundestheaterverbandes", sagte Haider.

Freiheitlicher Pressedienst / 12.6.1988

620 [...] wo die SPÖ auf dem politischen Packesel hinter dem hohen Roß Ludwigs herreite und damit zufrieden sei ... Es gehe auch darum zu erkämpfen, daß Menschen mit freiheitlicher Gesinnung in Niederösterreich nicht mehr weiter als Menschen zweiter Klasse behandelt werden.

Freiheitlicher Pressedienst / 19.6.1988

621 Der Umweltfonds sei aufgrund der internen „Erpressungsvorgänge" zwischen Lacina und Flemming nicht aktionsfähig. [...] Bestehende Anlagen seien generell ausgenommen, d. h. „die alten Stinker" seien nicht erfaßt, die Fernwärme werde legistisch ein blinder Fleck, bei den Emittenten würden ungleiche Maßstäbe angelegt, es gebe keine besonderen Regelungen für Störfälle, und Nachbarschutz und Bürgerbeteiligungen kämen überhaupt nicht vor. *Freiheitlicher Pressedienst / 20.6.1988*

622 „Es stellt sich schon längst die Frage, wie lange sich die ÖVP eigentlich noch von den SPÖ-Regierungsmitgliedern pflanzen lassen will und sich damit zufrieden geben wird, sich von Vranitzky zur Mit-Regierungs-Attrappe mit der ausschließlichen Funktion des ewigen Ja-Sagers degradieren zu lassen", sagte Haider. *Freiheitlicher Pressedienst / 21.6.1988*

623 „Dieses menschen- und umweltverachtende Gesetz ist das Papier nicht wert, auf dem es gedruckt ist", erklärte heute FPÖ-Klubobmann Abg. Dr. Jörg Haider in der Nationalratsdebatte über die Gesetzesvorlage der Regierungsparteien, betreffend das sogenannte „Luftreinhaltegesetz".
„Wo bleibt die angekündigte Versöhnung von Ökonomie und Ökologie, wenn die großen Stinker geschont und die Kinder gefährdet, die unverantwortlichen Verschmutzer geschützt und die Wälder vernichtet, die Interessen der Lobbyisten gesichert und die Lebensinteressen der Menschen ignoriert werden?" sagte Haider.
Angesichts dieses „Luftverschmutzungs- und Schornsteinerhaltungsgesetzes" müsse man sich fragen, ob die Regierungserklärung des Bundeskanzlers, wo von der „Erhaltung einer intakten Umwelt als zentralem Anliegen der Politik" die Rede gewesen sei, reine „Makulatur" ohne die geringste Verbindlichkeit darstelle, sagte Haider. *Freiheitlicher Pressedienst / 22.6.1988*

624 „Wenn du so etwas sagst, wirst du ja gleich zum Faschisten gestempelt. Wenn das so ist, dann gibt es in Österreich aber viele Faschisten."
Von Niederösterreich spricht Haider nur am Rande. Er geißelt die unterentwickelte Demokratie und den Totalproporz in diesem Bundesland und kritisiert, daß SPÖ-Chef Ernst Höger „weiterhin das politische Schoßhündchen der ÖVP sein will". *Profil / 27.6.1988*

Die heuchlerische Gesinnung der Koalition bei der Objektivierung, die jetzt wieder bei der Diskussion um die Besetzung des Nationalbankpräsidenten zutage trete, kritisierte heute FPÖ-Bundesparteiobmann Abg. Dr. Jörg Haider in einer Reaktion auf die Äußerungen Kukackas. 625

Freiheitlicher Pressedienst / 1.7.1988

Daß letztlich die Vorteile überwiegen, könne man schon allein an der Milchproduktion sehen. Während in einer österreichischen Molkerei die Produktion pro Jahr und Mitarbeiter bei 287 Tonnen liege, seien es in der BRD 680 Tonnen. „Für dieses Milch- und Zuschußdesaster tragen nicht die Bauern die Verantwortung, sondern die überbürokratisierten Verwertungsgenossenschaften", stellte Haider fest. 626

„Die Agrarpolitik der Großen Koalition läuft auf die Vernichtung der Bauern hinaus, zwingt sie in den Nebenerwerb und öffnet den Agrarfabriken Tür und Tor", erklärte Haider. Minister Riegler habe seine Versprechen nicht gehalten und die Bauern verraten, aus dem selbsternannten „Retter der Landwirtschaft" sei ein Handlanger des Bauernbundes und der Agrarbürokratie geworden, meinte Haider abschließend.

Freiheitlicher Pressedienst / 2.7.1988

In einer Reaktion auf die Aussagen von VP-Wirtschaftsbundgeneralsekretär Schüssel zur Pensionsreform sagte heute FPÖ-Bundesparteiobmann Abg. Dr. Jörg Haider, die ÖVP spiele in der Pensionsreform mit gezinkten Karten. 627

Freiheitlicher Pressedienst / 3.7.1988

Haider bezeichnete die Arbeit der Großen Koalition als „schlampig, wortbrüchig und unseriös". „Schlampig", weil wesentliche Gesetze halbherzig und unvollständig beschlossen würden, wie z.B. das Luftreinhaltegesetz; „wortbrüchig", weil entgegen dem Versprechen, es werde keine neuen Steuern und Belastungen geben, die Sparbuchsteuer eingeführt und die Gesamtbelastung der Sozialversicherungsabgaben um 9 Milliarden p. a. erhöht worden sei; und „unseriös", weil den zahlreichen Ankündigungen keine entsprechenden Taten folgten. „Die wirklichen Sprücheklopfer sitzen in der Regierung und nicht in der Opposition", sagte Haider. 628

Der Bundeskanzler sei „taub und blind", wenn es um Sauberkeit in der Politik gehe. Es gebe keinen echten Willen zur vollständigen Aufklärung der zahlreichen Skandale, wie der VOEST-Waffen-Affäre, des Bundesländer- und des Lucona-Skandals. Der Bürger habe außerdem das Gefühl, daß „der tägliche Rechtsbruch zur Routinetätigkeit der Regierenden gehört", z.B. bei der Außerkraftsetzung der Pensionsdynamik, dem Vertragsbruch gegenüber den Bausparern u. a. m., sagte Haider.

Befragt über das Verhältnis der FPÖ zur ÖVP, meinte Haider, die Architekten der Großen Koalition sähen sich zu ständigen Loyalitätserklärungen genötigt, „weil bei dieser Ehe immer der Scheidungsanwalt unterm Bett liege". Es sei Zeit, das „bürgerliche Gejammer über das Nichtzustandekommen einer Koalition der beiden bürgerlichen Lager" zu beenden, denn es habe sich herausgestellt, daß die ÖVP gar nicht die Nr. 1 sein wolle und darüber die politische Selbstaufgabe in den eigenen Reihen praktiziere.

Dies sei, so Haider abschließend, das Musterbeispiel für die „selbstgewählte Entmündigung einer Partei“. *Freiheitlicher Pressedienst / 13.7.1988*

629 „Als Politiker der uralten Sorte aus dem Steinzeitalter der Demokratie hat sich heute wieder einmal VP-Generalsekretär Kukacka mit seinen Äußerungen zur Objektivierung erwiesen“, stellte FPÖ-Bundesparteiobmann Abg. Dr. Jörg Haider fest. *Freiheitlicher Pressedienst / 15.7.1988*

630 Er fordere daher den Kärntner SPÖ-Chef, Landeshauptmann Wagner, auf, nicht weiterhin ein meinungsloses Wesen in Sachen Magdalen zu spielen, sondern sich von Frühbauer zu trennen, der offenbar auch in den eigenen Reihen keinerlei Vertrauen mehr genieße. Nach einem Frühbauer-Rücktritt wären die Möglichkeiten für Sachverhandlungen zwischen den einzelnen Parteien zur Lösung des Problems St. Magdalen wieder gegeben. „Der Bremsklotz Frühbauer sollte daher im Interesse der Steuerzahler und der Kärntner Wirtschaft entfernt werden“, schloß Haider.
Freiheitlicher Pressedienst / 19.7.1988

631 Als liederliche Schuldenpolitik bezeichnet FPÖ-Obmann Haider die Budgetpolitik der Regierung. Die Koalition lebe weiterhin von der Hand in den Mund, ein solides Konzept fehle, sagt Haider.
Mittagsjournal / 22.7.1988

632 „Das wissen Sie so gut wie ich, daß die österreichische Nation eine Mißgeburt gewesen ist, eine ideologische Mißgeburt, denn die Volkszugehörigkeit ist die eine Sache, und die Staatszugehörigkeit ist die andere Sache, und wenn man es jemandem freistellt, sich als slowenischer Österreicher zu bekennen, als ungarischer, als kroatischer, dann muß es auch möglich sein, sich als deutscher Österreicher zu bekennen. Und das ist auch das, was in unserem Programm formuliert ist. *Inlandsreport / 18.8.1988*

633 „Es stellt sich ernsthaft die Frage, ob Dallinger und Co. politisch noch zurechnungsfähig sind, daß sie Österreich langsam zu einem Land machen, wo immer weniger immer mehr arbeiten müßten. Damit immer mehr immer weniger arbeiten können, erklärte heute FPÖ-Bundesparteiobmann Abg. Dr. Jörg Haider als Reaktion auf die Ankündigung der Einführung einer sogenannten „Aussteigerprämie“.
Freiheitlicher Pressedienst / 4.9.1988

634 Das gleiche gelte für die 10 Sondergesellschaften im Bereich der Elektrizitätsversorgung, die zur kurzfristigen Herstellung von Kraftwerken geschaffen worden seien und nun keine Funktion mehr hätten. Das drücke sich z.B. so aus, daß es in der Studiengesellschaft West-Tirol 4 Aufsichtsräte und 2 Direktoren, aber keine Beschäftigten mehr gebe. „Hier muß es dringend zu strukturellen Veränderungen kommen. Anstatt Schwindelbudgets vorzulegen, muß die Regierung beweisen, daß sie bereit ist, die Schwachstellen zu bereinigen“, schloß Haider.
Freiheitlicher Pressedienst / 15.9.1988

„Die Regierungsparteien sind aufgeblasene, gedopte Gebilde dank der Unterstützung der Medien und des Regierungsrundfunks.“ (Haider über SP und VP) *Oberösterreichische Nachrichten / 3.10.1988* 635

„Ein Siebenschläfer ist, gemessen an unserem Bundeskanzler, ein Bündel an Energie und Aktivität.“ (Haider über Vranitzky) 636
Oberösterreichische Nachrichten / 3.10.1988

„Es ist eine Aufgabe für die FPÖ, die eingetretene Annäherung zwischen Österreich und Sizilien aufzuhalten.“ (Haider zur Auftragsvergabe der öffentlichen Hand) *Oberösterreichische Nachrichten / 3.10.1988* 637

„Hätten Lügen tatsächlich kurze Beine, wären die Bauernbund-Funktionäre Zwerge geworden.“ (Haider zur Landwirtschaftspolitik) 638
Oberösterreichische Nachrichten / 3.10.1988

„Die Kuenringer sind mit ihrer Raubritterherrschaft nahtlos auf die Rot-Schwarzen übergegangen.“ (Haider zum niederösterreichischen Wahlkampf) *Oberösterreichische Nachrichten / 3.10.1988* 639

„So klein kann unser Hirn gar nicht sein, daß wir es nicht mit der VP aufnehmen.“ (Haider zu VP-Landesparteisekretär Gustav Vetter, der gemeint hatte, die Freiheitlichen hätten nur ein großes Maul und ein kleines Hirn.) 640
Oberösterreichische Nachrichten / 3.10.1988

Vranitzky trage nicht nur Nadelstreif, sondern spreche „nadelstreif“, nämlich allgemein und unverbindlich; gemessen am Bundeskanzler sei ein Siebenschläfer ein Bündel an Energie und Aktivität. Die rot-schwarze „Nachtwächterregierung“ sei „nicht europareif, sondern kabarettreif“. 641
Kleine Zeitung / 3.10.1988

Bei Bauvergaben herrschten überhaupt „Mafiamethoden“. Deshalb müßten die Wähler dafür sorgen, daß zwischen „Wien und Sizilien wieder Distanz“ einkehrt. *Kleine Zeitung / 3.10.1988* 642

Er hämmerte den Delegierten ein, sie müßten „unerbittlich die Schwachstellen im rot-schwarzen Proporzparadies bloßlegen“, um den Bürgern die Augen über die wahren Verhältnisse zu öffnen. *Kleine Zeitung / 3.10.1988* 643

„Und ich werde diese Partei von Spaltpilzen und Intriganten sauber halten.“ *Die Presse / 3.10.1988* 644

„Aus dem politischen Vorzugsschüler Vranitzky ist ein introvertiertes Problemkind geworden.“ *Die Presse / 3.10.1988* 645

Diese Regierung sei nicht europareif, sondern kabarettreif. Vranitzky trage nicht nur Nadelstreif, er rede auch „nadelstreif“. Die Umweltministerin sei völlig daneben, sie handle „liederlich, leichtfertig, sorglos“, was die künftigen Generationen betreffe. Haider weiß genau, wen er sich zur Zielscheibe 646 aussucht. Dallingers Aussteigerprämie sei wohl nobelpreisverdächtig für „Wahnsinn in der Sozialpolitik". Bei öffentlichen Bauvergaben agierten die „beiden alten Parteien ärger als die Mafia". Die FPÖ werde dafür sorgen, „daß diese Annäherung zwischen Österreich und Sizilien gestoppt wird."

Die Presse / 3.10.1988

647 Der freiheitliche Parteiobmann übte in diesem Zusammenhang scharfe Kritik am Bundeskanzler. Dieser habe noch nie Hemmungen gezeigt, Verträge mit den kleinen Leuten zu brechen, wie z.B. bei den Pensionsanpassungen oder den Bausparverträgen. Dafür ziere er sich umso mehr bei den millionenschweren Verstaatlichten-Managern.

Freiheitlicher Pressedienst / 7.10.1988

648 Landwirtschaftsminister Josef Riegler sei „zwar g'scheit, aber zu feig', das durchzusetzen, was er als Oppositioneller verlangt hat". Deshalb sei aus dem „heiligen Josef aus der Steiermark der unglaubwürdige Peperl" geworden, spottete Jörg Haider beim FPÖ-Landesbauerntag im Eichbergerstadl bei Rohrbach im Bezirk Hartberg.

Haider unterhielt sein rund 500-köpfiges Publikum mit Attacken gegen den ÖVP-Minister. Wenn weitere 50.000 Bauern bis 1995 die Landwirtschaft verlassen müßten, dann sei dies nicht die von Riegler propagierte öko-soziale Agrarpolitik, sondern höchstens eine „öde soziale Belastungspolitik".

Kleine Zeitung / Graz 13.11.1988

649 Statt der Abschaffung der Parteibuchwirtschaft gebe es eine Verfestigung der Proporzwirtschaft und der rotschwarzen Machtaufteilung.

Freiheitlicher Pressedienst / 13.11.1988

650 FP-Obmann Haider hat Donnerstag den Großparteien vorgeworfen, mit der Zusammenlegung der Landtagswahlen in Salzburg, Kärnten und Tirol der FPÖ den „totalen Krieg" erklärt zu haben.

Die FPÖ, so Haider gewohnt selbstbewußt, werde aber diesen Fehdehandschuh aufnehmen, für die „rot-schwarze Einheitspartei" werde es nach dem 12. März 1989 ein „böses Erwachen" geben.

Arbeiterzeitung / 25.11.1988

651 „Das vorliegende Budget ist nichts anderes als die Forsetzung des permanenten Selbstbetruges der Großen Koalition", erklärte heute FPÖ-Bundesparteiobmann Abg. Dr. Jörg Haider im Zuge der Budgetdebatte des Nationalrats.

Dieses Budget sei das „Kuckucksei Lacinas". [...]

Finanzminister Lacina habe die Funktion des „politischen Traummännchens" in dieser Regierung übernommen und sei in seiner Budgetrede so wenig wie möglich auf Budgetfragen eingegangen.

Freiheitlicher Pressedienst / 30.11.1988

652 „Hier herrscht zwischen Rot und Schwarz ein Grundkonsens der Kassierer zur Erhaltung von Funktionärsmacht und Pfründen", erklärte Haider.

Die Große Koalition habe sämtliche Versprechen gebrochen. Sie sei taub

und blind gegenüber den wirklichen Herausforderungen geworden.
„Das ist die wirkliche Kaste der Sozialschmarotzer, die wir angreifen, während die Große Koalition zum Schaden jener handelt, die sich wirklich in einer sozialen Notlage befinden, und Mißstände zudeckt", schloß Haider. *Freiheitlicher Pressedienst / 2.12.1988*

Nationalratsabgeordneter Siegfried Dillersberger wurde Sonntag zum neuen Tiroler FP-Landesobmann gewählt. Er löst damit beim Landesparteitag den Tiroler FP Eigentler ab, der künftig als Obmannstellvertreter fungieren wird. FP-Spitzenkandidat für die Landtagswahl am 12. März ist der FC-Tirol-Teamarzt Heinz Unterberger. FP-Chef Haider kritisierte die Koalitionsparteien SPÖ und ÖVP als „verfilzt und korrupt". 653
Arbeiterzeitung / 5.12.1988

Es darf nicht verwundern, wenn Jörg Haider zur Zeit mehr denn je die Stunde für gekommen hält, sich als Saubermann der Nation anzupreisen. In seiner Parteitagsrede in Tirol sprach er von den Sozialisten, „die an der Spitze der Republik stehen, den Kanzler stellen, und wo gestohlen, Steuern hinterzogen und korrumpiert wird". *Arbeiterzeitung / 6.12.1988* 654

„Die großkoalitionäre Plünderungspolitik sucht sich immer mehr Opfer beim kleinen Mann", während der Bundeskanzler und seine Regierung dort säumig seien, „wo es um viel höhere Beträge gehe", schloß Haider. 655
Das Parlament habe schon vor einem Jahr beschlossen, daß auch die Direktoren und Führungskräfte der Verstaatlichten Industrie, nämlich jene Versager und Blindgänger, die für das Fiasko der Verstaatlichten die Verantwortung tragen, zuerst einmal zumindest auf einen Teil ihrer Zusatzpensionen verzichten müssen. *Freiheitlicher Pressedienst / 11.1.1989*

Das monatelange Schweigen zu diesem Vorwurf zeige den Beweisnotstand, in dem sich die ÖVP hinsichtlich der „Bundesländer" [-Versicherung] befinde, die nicht nur das Versicherungsinstitut der Lucona, sondern auch eine Art Selbstbedienungsladen für geldbedürftige ÖVP-Funktionäre gewesen sein dürfte, schloß Haider. *Freiheitlicher Pressedienst / 26.1.1989* 656

Exponenten von SPÖ und ÖVP hätten dabei einen „gemeinsamen Deal" geplant, um „eine größere Versicherungssumme für die Finanzierung im politischen Bereich zur Verfügung zu haben" und um „rasch zu Geld zu kommen". Haider berief sich mit dieser Vermutung auf „aufklärungsbedürftige Querverbindungen" und freundschaftliche Verhältnisse zwischen den Betroffenen sowie auf Informationen des Journalisten Hans Pretterebner. Gefragt, ob er wirklich meine, daß somit in den Parteizentralen von SPÖ und ÖVP ein sechsfacher Mord geplant wurde, meinte Haider, den Parteien sei dieser Fall möglicherweise „etwas entglitten". 657
Freiheitlicher Pressedienst / 26.1.1989

In diesem Zusammenhang attackierte Haider dann die Sozialisten: „Die SP praktiziert NS-Methoden. Damals hießen die Slogans ‚Kauft nicht bei Juden! Sprecht nicht mit Juden!' Die Sozialisten sagen: ‚Sprecht nicht mit 658

Freiheitlichen!' Das ist eine Vorgangsweise, die undemokratisch und menschenverachtend ist." *Die Presse / 30.3.1989*

659 Unterläge die Kanzlerschaft dem Gewerberecht, „dann ist bei Franz Vranitzky längst ein Konzessionsentzug fällig". Der amtierende Regierungschef und SPÖ-Parteivorsitzende sei der beste Beweis dafür, daß „in der Politik auch Unbefähigte ihrem Beruf nachgehen dürfen".
„Kukacka hat die Qualität eines Sondermüllflüchtlings, der in der Zentrale die Funktion eines Bedeutungslosen spielt."
Solange der [laut Haider] „Undemokrat" Franz Vranitzky das sozialistische Ruder dreht „und eine demokratische Partei wie die FPÖ ausgrenzt", brauchen die Kärntner Genossen auf eine blaue Hilfe nicht zu hoffen.
In Wahrheit, so Haider, sei Lexer „bedeutungslos. Präpotent sein ist zuwenig". *Profil / 3.4.1989*

660

„Ich will ihm ja nicht schaden vor dem Parteitag, aber ich kenne den Josef Riegler schon sehr lange. Er ist ja im Prinzip ein Alois Mock im Steireranzug, wenn man's einmal so formulieren darf, der sich ja in wesentlichen Bereichen mit ihm deckt. *Zeit im Bild 1 / 9.4.1989*

661

Haider zieh am Donnerstag den Regierungschef der „unerträglichen Respektlosigkeit gegenüber demokratischen Entscheidungen", weil Vranitzky den Pro-Haider-Beschluß der VP-Funktionäre in seiner Bedeutung heruntergespielt hatte.
„Bisher hat sich noch kein Bundeskanzler getraut, derart liederlich mit den Prinzipien der Demokratie umzugehen", betonte der FP-Chef im Parteipressedienst. Der Bundeskanzler werde zum „Oberlehrer der Nation".
Die Presse / 21.4.1989

662

Einen politischen Kreuzzug gegen die geistige Obdachlosigkeit der Mächtigen forderte heute FPÖ-Bundesparteiobmann Abg. Jörg Haider anläßlich der 1. Mai-Veranstaltung der Freiheitlichen Partei Österreichs in Ried im Innkreis. *Freiheitlicher Pressedienst / 1.5.1989*

663

Sollte Vranitzky aber auf einen großkoalitionären Skandalabtausch Noricum gegen Bundesländer setzen, wäre das der größte Skandal, sagte der freiheitliche Bundesparteiobmann. *Freiheitlicher Pressedienst / 2.5.1989*

664

Anstatt klare Standpunkte einzunehmen, habe der neue Wirtschaftsminister Schüssel in der heutigen „Pressestunde" einen beachtlichen Meinungsslalom absolviert, stellte FPÖ-Bundesparteiobmann Abg. Dr. Jörg Haider in einer ersten Reaktion fest. *Freiheitlicher Pressedienst / 7.5.1989*

665

Es widerspreche dem Prinzip einer Selbstverwaltung, wenn die Bürger in den Sozialversicherungen überhaupt nichts mitzureden hätten, sondern wie im Ostblock Funktionäre vom „ZA der Kammern" entsandt würden. Einen Abbau der Privilegien müsse es auch bei den hauptamtlichen Mitarbeitern der Sozialversicherungen geben. „Das sozialpolitische U-Boot Geppert

soll endlich auftauchen und sich um diese Dinge kümmern", sagte Haider.
Freiheitlicher Pressedienst / 15.6.1989

„Das ist halt die Frage, wenn hier ein System existiert, das im vergangenen Jahr 61 Milliarden Defizit gehabt hat und aus Steuermitteln gestützt werden mußte, wie die Sozialversicherung, wie die ganzen Pensionsversicherungen, dann muß man sich fragen, ob — und das steigt jetzt heuer auf 66 Milliarden an — das wirklich in der Form überhaupt noch rechtfertigbar ist. Daher auch hier ein Appell an das sozialpolitische U-Boot, den Herrn Sozialminister Geppert, er möge endlich auftauchen und sich um diese Dinge kümmern, die in der Sozialversicherung im Argen liegen. 666
Mittagsjournal / 15.6.1989

„Nach 20 Jahren Diskussion über die Pensionsreform hat der Sozialminister der Großen Koalition nicht die geringste Vorstellung, wie es weitergehen soll", stellte Haider fest. Geppert sitze wie ein „angstschlotterndes Kaninchen vor der Schlange Gewerkschaft" und enthalte sich — mit Blick auf ÖGB-Präsident Verzetnitsch — grundsätzlich in jeder Frage einer eigenständigen Meinung. *Freiheitlicher Pressedienst / 18.6.1989* 667

Einen „Karawanken-Gaddafi" hätten sie ihn genannt, und nun sei er zum Landeshauptmann von Kärnten gewählt worden, was als „Majestätsbeleidigung" empfunden werde, weil ja alle Posten zwischen den beiden Großparteien ausgeschnapst würden — „bis zu den roten und schwarzen Kanalräumer-Brigaden". 668
Die Genossenschaften importieren Rindfleisch, obwohl sie Rinder exportieren müßten: „Wir können doch nicht jedes Rindviech in die Regierung setzen, damit wir den Überschuß loswerden."
Kleine Zeitung / Graz / 19.7.1989

Von einer „rot-schwarzen Schmierenkomödie" im Zusammenhang mit der aktuellen Noricum-Diskussion sprach heute FPÖ-Bundesparteiobmann Abg. Jörg Haider. *Freiheitlicher Pressedienst / 14.8.1989* 669

„Kein Land in unserer Republik hat soviel für die Einheit des Landes getan, kein Land hat so entschlossen für die Heimat gekämpft, und kein Volk war so opferbereit für diese Republik wie das Kärntner Volk. Die geistige Erneuerung der Republik bedarf auch eines sorgfältigeren Umgangs mit ihrer eigenen Geschichte, denn wie soll denn sonst die Jugend in unserem Land einen gelebten Patriotismus an den Tag legen, wenn die Vorbilder weggenommen werden. Am Kärntner Wesen könnte auch diese Republik genesen! *Alltagsgeschichten (ORF FS 1) / 14.8.1989* 670

Die Pensionsreform sei im „Koalitionsmorast" stecken geblieben. Im Umweltbereich herrsche das „totale Chaos", ließ der FPÖ-Chef wissen. 671
Die Presse / 4.9.1989

Dem „alten Staat" der Kammern und verkrusteten Sozialpartnerstrukturen müsse man einen „neuen Staat" im Sinne von weniger Staat in der Wirt- 672 schaft und einem stärkeren Staat im Hinblick auf die ökologische Verantwortung gegenüberstellen, erklärte heute FPÖ-Bundesparteiobmann Landeshauptmann Dr. Jörg Haider zu Beginn seines Referates anläßlich der Weißensee-Gespräche der FPÖ unter dem Titel „Demokratie — Kammerstaat — Sozialpartnerschaft — Österreichs Entscheidungsstrukturen in Bewegung". *Freiheitlicher Pressedienst / 22.9.1989*

673 Man sehe nun, daß die sozialistischen Beschwichtigungsdämme gebrochen seien, nachdem nicht nur die früheren Betreiber, des Werkes hinter Schloß und Riegel säßen, sondern auch gegen SP-Chef Frühbauer, den „Paten" des Unternehmens, von der Staatsanwaltschaft wegen Untreue ermittelt werde. Dies beweise, daß die SPÖ jahrelang ihre Mehrheit eingesetzt habe, um den Milliardenskandal, für den die Steuerzahler den Kopf hinhalten müssen, zu unterdrücken. *Freiheitlicher Pressedienst / 27.9.1989*

674 „Just zum Zeitpunkt der Abhaltung des Landesparteitages der Tiroler SPÖ in der Olympiastadt Innsbruck hat es Bundeskanzler und SP-Chef Vranitzky zu einem einsamen olympischen Rekord gebracht: Nachdem wir es bisher nur mit Doppelbeziehern zu tun hatten, gibt es nun endlich auch einen echten Olympiasieger in der Klasse der Dreifach-Abgefertigten", stellte heute FPÖ-Bundesparteiobmann Dr. Jörg Haider fest.
Freiheitlicher Pressedienst / 4.11.1989

Sogar Androsch habe seinerzeit seiner Ladung zur Ausschußsitzung über
675 den Rechnungshofbericht über die CA Folge geleistet. Es gehe hier nicht darum, ob es dem Bundeskanzler genehm sei, vor dem Ausschuß zu erscheinen, sondern es sei seine Aufgabe, dem Ausschuß über die Zeit Auskunft zu geben, in der er als Manager für die Länderbank die leitende Verantwortung getragen habe. Die ungeheuerliche Arroganz, die Vranitzky gegenüber dem österreichischen Parlament an den Tag lege, sei beispiellos.
Freiheitlicher Pressedienst / 10.11.1989

676 In der österreichischen Innenpolitik stehe man heute vor geistigen Ruinen als Produkt der überheblichen Machtpolitik der beiden alten Parteien. [...] Haider übte in diesem Zusammenhang scharfe Kritik an Bundeskanzler Vranitzky, der durch sein Verhalten und seine beispiellose Arroganz einen „Sozialismus ohne Anständigkeit" repräsentiere. Vranitzky sei in wenigen Jahren dreimal von staatlichen Institutionen abgefertigt worden. Allein bei der Länderbank habe Vranitzky umgerechnet einen Stundenlohn von 100.000 Schilling gehabt. Mit großartiger Cleverness habe es der smarte Abfertigungsmillionär von staatlichen Gnaden geschafft, sich Abfertigungen in einer Höhe zu sichern, wonach sein Anspruch eigentlich schon vor seiner Geburt entstanden sein müßte.
Freiheitlicher Pressedienst / 19.11.1989

677 In einer transparenteren Agrarordnung müßten die Fonds als Tummelplätze für Kammersekretäre endgültig beseitigt werden.
Zum Zustand der Regierung allgemein meinte Haider, die Kapitäne des Regierungsschiffs setzten sich immer mehr ins Ausland ab und kümmerten

sich nicht um das, was hier in Ordnung zu bringen wäre.

Freiheitlicher Pressedienst / 27.11.1989

Zu lange schon sei der ORF zum Tummelplatz für Partei- und Ministersekretäre geworden, denen man im ORF ein Ausgedinge verschafft habe. 678

Freiheitlicher Pressedienst / 27.11.1989

Die Freiheitlichen, so Haider, seien bestürzt und enttäuscht über diesen überfallsartigen und skandalösen Griff der alten Parteien in die Staatskasse. Besonders überrascht sei er auch, so Haider, über die leichte Käuflichkeit der Grün-Alternativen. Nicht einmal eine Legislaturperiode habe es gedauert, bis sie sich von Rot und Schwarz korrumpieren haben lassen. Die Tatsache, daß die Grünen zwar im Nationalrat gegen das Gesetz gestimmt hätten, die Millionen aber dann doch nehmen würden, zeige die ganze Scheinheiligkeit der grünen „Sauberkeitsphilosophie." 679

Freiheitlicher Pressedienst / 17.12.1989

„Mit ihrem Motto ‚Laut kritisieren und still kassieren' in Sachen Parteienförderung zeigen die Grün-Alternativen ihr wahres Gesicht der Scheinmoral", stellte heute FPÖ-Bundesparteiobmann Dr. Jörg Haider fest. 680

Freiheitlicher Pressedienst / 18.12.1989

„Die Feststellung der Radaruntauglichkeit der von Verkehrsminister Streicher eingeführten weißen Auto-Kennzeichen ist der nächste „Höhepunkt" im nunmehr einjährigen Nummerntafel-Kabarett", stellte heute FPÖ-Bundesparteiobmann Dr. Jörg Haider fest und sprach in diesem Zusammenhang von einem „Schildbürgerstreich". 681

Freiheitlicher Pressedienst / 20.12.1989

Und wenige Jahre später wußte er, daß — er sprach vor dem Kärntner Turnerbund — „dieses Land nur dann frei sein wird, wenn es ein deutsches Land ist". 682

Profil / 2.1.1990

Dieser [FPÖ-Bundesparteiobmann Jörg Haider] forderte die gezielte Neuordnung des Bundesheeres, um den nicht mehr zeitgemäßen „Wasserkopf von hohen Diensträngen" zu beseitigen. [...] Haider spricht von einem Operettenheer, in dem es bald mehr Goldfasane als Soldaten gibt". 683

Die Presse / 9.1.1990

Als freche Ausbeutung der Steuerzahler bezeichnete heute FPÖ-Bundesparteiobmann Dr. Jörg Haider die Sonderlohnrunde für die Beamten, die ohne Leistungssteigerung erfolge, während alle anderen, insbesondere die ASVG-Versicherten, durch den Rost fielen. 684

Freiheitlicher Pressedienst / 12.1.1990

Eine Menschenjagd, wie sie von den Medien in jüngster Zeit wieder gegen freiheitliche Politiker geführt werde, werde man sich nicht gefallen lassen. Der Allianz gegen die FPÖ hätten sich auch die „Grün-Naiven" angeschlossen, die auch bei dem 100-Millionen-Geschenk für die Mißerfolge 685 bei der nächsten Nationalratswahl mit Rot und Schwarz gemeinsame Sache machten. *Freiheitlicher Pressedienst / 14.1.1990*

686 Angesichts von Korruption, Verschwendung, Zwangsmitgliedschaften, Monopolen, Privilegien und Parteibuchwirtschaft müsse man sich die Frage stellen, wann der „Ostblock" auch bei uns wirklich abgeschafft werde. *Freiheitlicher Pressedienst / 14.1.1990*

687 „Wir haben 300 Generäle. Diese Goldfasane, meine Damen und Herren, sind der Untergang dieses österreichischen Bundesheeres und des Versagens der Landesverteidigung. *Zeit im Bild 1 / 14.1.1990*

688 FP-Parteiobmann Jörg Haider meinte gestern, die „Verliererpartnerschaft" zwischen dem „Blender" Vranitzky und dem „Blindgänger" Riegler habe ihren Führungsanspruch schon lange verspielt. *Die Presse / 27.1.1990*

689 Haider: „Besser ein Jedermann als ein Niemand".
Seit einem Jahr betätige sich der Bundeskanzler immer wieder als „Ankündigungsriese" für die Vorverlegung der Nationalratswahlen, um dann beim ersten Gegenwind aus der ÖVP als „Rückzugszwerg" wieder den Mut vor der eigenen Courage zu verlieren.
„Man soll daher den Wählern gegenüber ehrlich sein und das jämmerliche Dahinsiechen der Großen Koalition mit kleiner Lösungskompetenz so rasch wie möglich beenden", schloß Haider.
Freiheitlicher Pressedienst / 30.1.1990

690 Für die Regierungspolitiker hat er überhaupt einen Sammelbegriff, entlehnt dem Vokabular der dreißiger Jahre: „verrottete Politikerkaste". So meint er, „zur Ordnung rufen" zu müssen, weil sich die Tätigkeit der Bundesregierung in „gegenseitigem Haxelstellen von Rot und Schwarz, weil keiner dem anderen einen Erfolg gönnen will", erschöpfe. Statt besserer Umwelt beschere sie den Bürgern „Müllhofräte" und höhere Steuern. *Der Standard / 24.2.1990*

691 Wenn es den Regierungsparteien wirklich ernst damit wäre, hätten sie schon längst die Lohnnebenkosten entsprechend senken und dafür sorgen können, daß die Arbeitnehmer das auf die Hand bekämen. Tatsächlich gehe es ihnen aber gar nicht darum, sondern lediglich um eine Neuauflage des Klassenkampfes. [...] Auch der Großteil der Gewerbetreibenden werde am Ende des Berufslebens mit Schandpensionen von rund 6.000 Schilling abgespeist. *Freiheitlicher Pressedienst / 23.3.1990*

692 Nach einem „rot-schwarzen Watschentanz" habe sich „Kaiser Franz" nun doch dazu herabgelassen, vor dem Noricum-Ausschuß auszusagen. *Freiheitlicher Pressedienst / 30.3.1990*

693 „Die, die zuerst weggehen, sind die Gewinnmacher." Letztlich sehe man das auch an der Kriminalität, wie zum Beispiel in Wien-Leopoldstadt, das einen hohen Ausländeranteil aufweise und wo die Diebstähle um 30 Pro-

zent zugenommen hätten. Jede zweite Straftat werde dort von einem Ausländer begangen. *Die Presse / 2.4.1990*

„Der Verkauf des Verkehrsbüros in dieser Form ohne öffentliche Ausschreibung stellt zweifellos eines der mysteriösesten Geschäfte dieser Art dar und bedarf dringend der Aufklärung", schloß Haider. **694**
Freiheitlicher Pressedienst / 10.4.1990

„Die Große Koalition ist heute entbehrlicher denn je", sagt Haider. Dies habe sich jüngst in der Diskussion um die Mindestpensionen bewiesen, wo Modelle präsentiert wurden, deren Finanzierungsgrundlage sich täglich ändere. Es sei dies, so Haider, eine liederliche Politik mit Vorwahlcharakter, die die Seriosität gänzlich vermissen lasse. **695**
Freiheitlicher Pressedienst / 19.4.1990

Gehörig Staub wirbelte die Aussage von FP-Chef Jörg Haider in Kärnten auf, wonach er „nur als Kanzler nach Wien" gehen wolle. Dabei hatte er auch von einer „notwendigen geistigen Umerziehung der Altparteien" gesprochen. *Der Standard / 23.4.1990* **696**

Dadurch, daß Schüssel offenbar als einziger die Interessenkollision bei Galler als für ihn einzigen Kaufinteressenten nicht zur Kenntnis nehme, gebe er sich tatsächlich endlich profiliert, und zwar als Verhinderer des freien Marktes. „Ein buntes Mascherl am Hals garantiert eben noch lange keine erfolgreiche Privatisierungsmasche", schloß Haider. **697**
Freiheitlicher Pressedienst / 27.4.1990

Aus Anlaß des 1. Mai richtete FPÖ-Bundesparteiobmann Dr. Jörg Haider an die Große Koalition die Aufforderung, endlich die sozialen Rahmenbedingungen so zu ordnen, daß Leistung nicht länger bestraft werde. **698**
„Die ‚Arbeiterführer' von heute müssen sich daher den Vorwurf gefallen lassen, die neuen Feudalfürsten zu sein", sagte Haider.
Freiheitlicher Pressedienst / 30.4.1990

Wenn Sekyra die Rückzahlung ablehne, stelle er damit fest, daß es auch keine Sanierung, sondern nur eine Ausfinanzierung mit öffentlichen Geldern gegeben habe. Der Auftrag an das Management habe gelautet, den Teil der defizitären Betriebe, die Sekyra selbst als „Bodensatz" bezeichnet habe, über die Gewinne in den neustrukturierten Betrieben zu finanzieren. Wenn das nicht möglich sei, sei das ein Einbekenntnis, daß die Sanierung nicht geglückt sei. Eine solche „Rosinenstrategie" könne nicht akzeptiert werden. **699**
Freiheitlicher Pressedienst / 3.5.1990

Als reine Lippenbekenntnisse wertete FPÖ-Obmann Jörg Haider die Aussagen der alten Parteien zum Privilegienabbau. **700**
Freiheitlicher Pressedienst / 3.5.1990

„Darin sieht man die Doppelbödigkeit der Interessenvertretung, die im Sinne der Machterhaltung sogar bereit ist, die Bauern zu opfern. Das mit- **701** telalterliche ‚Bauernlegen' findet seine Fortsetzung in der Politik der heutigen Sozialpartnerschaft", sagte Haider.

Freiheitlicher Pressedienst / 6.5.1990

702 „Die Tatsache, daß Wirtschaftsminister Schüssel nunmehr den ungeordneten Rückzug beim von ihm geplanten Billigstverkauf des Verkehrsbüros an Galler antritt, ist ein Erfolg der freiheitlichen Oppositionspolitik", stellte heute FPÖ-Bundesparteiobmann Dr. Jörg Haider fest.

Wenn die FPÖ nicht sofort gehandelt und die Strafanzeige eingebracht hätte, wäre das dubiose Geschäft zwischen Schüssel und Galler schon im April eiskalt durchgezogen worden. Nachdem er, Haider, aber die Öffentlichkeit alarmiert habe, seien immer neue fragwürdigere Details rund um diesen Millionen-Deal aufgetaucht.

Freiheitlicher Pressedienst / 7.5.1990

703 „Österreich europareif machen heißt, die persönliche Leistung des Einzelnen anzuerkennen, anstatt das Land unter den Glassturz von Zwangsorganisationen, Kammern und Verbänden, restriktiven Gewerbevorschriften und gewerkschaftlichen Leistungshemmnissen zu stellen", erklärte FPÖ-Bundesparteiobmann Jörg Haider im Rahmen einer Diskussion mit Tourismusfachleuten. *Freiheitlicher Pressedienst / 8.5.1990*

704 Obmann Haider kündigte an, es werde „keine Schonzeit für Rot- und Schwarzwild" geben. Kanzler Vranitzky sei ein „bewegungsloser Abfertigungsmillionär und Chef einer Skandalpartei". Vizekanzler Riegler sei der „Buchhalter des Regierungschefs".

Markige Worte ließ Haider dann noch über die SP-Pläne zur Wehrdienstverkürzung hören: Die Soldaten dürften nicht zum „Kanonenfutter" werden, er sei an einer gesamtösterreichischen Lösung interessiert, wolle sich aber dem Verteilungspakt der VP-Landeshauptleute nicht beugen.

Oberösterreichische Nachrichten / 21.5.1990

705 Es sei eine Schande, daß in einer Gesellschaft, in der so viel von Emanzipation und Gleichberechtigung die Rede sei, Frauen aus dem bäuerlichen und gewerblichen Bereich wie soziale Parias behandelt werden.

Freiheitlicher Pressedienst / 22.5.1990

706 „Die Sozialisten befinden sich seit geraumer Zeit — das muß ich hier feststellen — auf den freiheitlichen Spuren in der Ausländerpolitik. Das kann zwei Ursachen haben: Entweder sind sie schamlose Opportunisten, daß sie vor der Wahl Angst haben, Potential — insbesondere in Ostösterreich — an die FPÖ zu verlieren, oder es handelt sich um die Einsicht eines Unvernünftigen, der erkennt, daß er die Dinge falsch eingeschätzt hat.

Zeit im Bild 1 / 7.6.1990

707 Es sei inzwischen nachweisbar, daß die freiheitliche Position in der Ausländerproblematik von den „Altparteien" übernommen worden wäre. Er, Haider, weise den Vorwurf der Ausländerfeindlichkeit zurück, befänden sich doch die Sozialisten „seit geraumer Zeit auf freiheitlichen Spuren".

Diese Tatsache sei entweder als „schamloser Opportunismus" zu interpretieren oder aber als „Einsicht des Unvernünftigen".

Der Standard / 8.6.1990

„Ich bin nicht bereit — auch nicht als Landesschulratspräsident -, hier Vorleistungen zu tätigen, die auf einem Vertragsbruch der anderen Seite beruhen. In dem Fall hat der Bund versucht, uns hineinzulegen, indem man nur das Minderheitenschulgesetz für Kärnten verabschiedet, aber gleichzeitig die vereinbarte verfassungsrechtliche Regelung für alle Bundesländer nicht macht. Das ist also ein echter Vertragsbruch, und da spielen wir nicht mit. 708

Zeit im Bild / 1 19.6.1990

Jeder ASVG-Pensionist, der krankheitshalber um die Pensionierung ansuche, werde von Schiedsgericht zu Schiedsgericht, von Gutachter zu Gutachter geschickt, um am Ende mit einer Schandpension abgespeist zu werden. 709

Freiheitlicher Pressedienst / 25.6.1990

„Vranitzky hat zugelassen, daß sich eine maßlos gewordene Horde von Funktionären auf Kosten der Steuerzahler bereichert hat, und in keinem einzigen Fall Konsequenzen gezogen", sagte Haider. Unter Vranitzky als Regierungschef sei die politische Kultur in Österreich immer desolater geworden. 710

Freiheitlicher Pressedienst / 2.7.1990

Die kommenden Nationalratswahlen würden auch darüber Aufschluß geben, ob Unternehmer, Arbeiter und Bauern noch länger mit der Zwangsmitgliedschaft in den Kammern einverstanden sind, oder sich gegen diese Form der Zwangsbeglückung aussprechen würden, sagte heute der freiheitliche Bundesparteiobmann Dr. Jörg Haider. Die FPÖ verstehe die Nationalratswahl auch als Urabstimmung über die Abschaffung der Kammerzwangsmitgliedschaft. 711

Freiheitlicher Pressedienst / 7.7.1990

Das heutige Gutachten des Verfassungsdienstes sei die Bestätigung dafür, daß das Zwangskammersystem und die Herrschaft der Privilegienritter in einem rechtlichen Chaos gedeihe, wo nach Wild-West-Methoden die Bonzen sich den größten Teil des Kuchens unter den Nagel reißen wollten. 712
[...] es sei bezeichnend, wenn es dem Sozialminister nicht einmal auffalle, daß hier im rechtlichen Chaos permanenter Befugnismißbrauch von Kammerfunktionären begangen werden.

Freiheitlicher Pressedienst / 10.7.1990

Viele fleißige Gewerbetreibende, Bauern und Arbeiter, die viele Jahre für wenig Geld arbeiteten, würden mit Schandpensionen abgespeist, während sich's die rot-schwarzen Feudalherren wie im 18. und 19. Jahrhundert zum eigenen Vorteil auf Kosten der Versicherten richten, erklärte Haider. [...] „Das sind die wahren Privilegienritter, die die FPÖ nicht akzeptiert", so Haider. 713

Freiheitlicher Pressedienst / 10.7.1990

Auch nach den Wahlen zur Arbeiterkammer habe es, so Haider, „reumütige Erklärungen gegen Multifunktionäre" und sogar ein Vier-Punkte-Programm der SPÖ gegeben. [...] 714

Letztlich müsse auch eine allgemeine Klärung der Aufsichtsrechte kommen; das bisherige Aufsichtsrecht des zuständigen Ministers sei, so Haider, „eine taube Nuß". [...]
Dies wäre „ein demokratisches Widerstandsrecht", das „schwerwiegendes Unrecht mit verfassungsmäßigen Mitteln" bekämpfe, sagte der FPÖ-Obmann. *Neue Freie Zeitung / 10.7.1990*

715 Haider meinte, daß Österreich einen „Beutesozialismus" erlebe. Der Bundeskanzler versuche, so zu agieren, als ob er über den Dingen stünde. „Er steht aber da als Schwächling der Nation. Nicht die Qualität des Denkens, die Qualität des Ablenkens und des Zuschauens ist ihm eigen."
Der Standard / 12.7.1990

716 Bei der Skandalbekämpfung habe die FPÖ nicht skandalisiert, sondern Mißstände aufgezeigt und neue Ungeheuerlichkeiten verhindert, wie z.B. die geplante Verschleuderung des Verkehrsbüros weit unter dem eigentlichen Wert.
Die freiheitliche Forderung nach Abschaffung der Kammerzwangsmitgliedschaft und die Kritik an den Mißständen in der Sozialpartnerschaft reiche heute weit in die Regierungsparteien hinein. [...]
Die Vorschläge von Kanzleramtsminister Ettl bezeichnete Haider als „reinen Schwachsinn", weil eine Pensionsreform nicht in einer allgemeinen Verschlechterung bestehen könne und Ettls Vorschläge auch vor dem Verfassungsgerichtshof nicht standhalten würden.
Zusammenfassend meinte Haider, daß die FPÖ den Umschulungsprozeß der alten Parteien organisiere.
Freiheitlicher Pressedienst / 25.7.1990

717 „Die Bundesregierung ist bei der Reform und Erneuerungsarbeit der FPÖ zu unserem Erfüllungsgehilfen geworden." [...]
Die Großparteien seien durch diesen Druck gezwungen, sich zu ändern, konstatierte der FP-Obmann, sie befänden sich gerade „in der Besserungsanstalt". *Die Presse / 26.7.1990*

718 Und daher hat man sich entschlossen, einen gemeinsamen Verteidigungskampf gegenüber jenen, die also aufdecken wollen, zu führen. Wenn Sie sich erinnern, hat Riegler gesagt: „Dieser Saustall gehört ausgemistet." Offenbar ist er nicht mehr bereit, diese bäuerliche Bereinigungstätigkeit zu führen, sondern ist bereit, mit Vranitzky gemeinsam jetzt Schweinehirt für diesen Saustall zu spielen, den sie nicht mehr ausmisten wollen.
Mittagsjournal / 23.8.1990

719 „Es sind nicht immer die Besten, die als erste von zu Hause fortgehen. Und das hat auch für Österreich gegolten, denn hier haben wir aus einer falsch verstandenen Humanität zu einem Import von Kriminalität nach Österreich beigetragen, indem wir die Grenzen aufgemacht haben, anstatt uns anzuschauen, wer wirklich in dieses Land herein und einreisen darf.
Zeit im Bild 1 / 8.9.1990

„Wenn Löschnak derart dilettantisch agiert, kann er wirklich nicht erwarten, daß ihm die Bundesländer Kastanien aus dem Feuer holen", meinte Haider. [...] 720
Die Regierung — so Haider — verschließe davor absichtlich die Augen. Dies deshalb, weil in einem Österreich, das noch viele Jahre nicht vollberechtigtes Mitglied in einem größeren Europa sein könne, für Zwangsmitgliedschaften, für Monopole, für rot-schwarze Machtkartelle und Funktionärsparadiese auf Kosten der Fleißigen und Tüchtigen gesorgt sein werde. „Und das ist es, worauf es den jetzt so künstlich Entrüsteten im Wahren ankommt", so Haider. *Freiheitlicher Pressedienst / 17.9.1990*

Vranitzkys Sauberkeitsfimmel erwache allerdings immer erst dann, wenn die SPÖ-Sümpfe an die Öffentlichkeit gelangten. [...] 721
Vranitzkys Zentralsekretär Cap sei bereits seit Wochen über die kriminellen Machenschaften informiert gewesen. [...]
Und wenn es dann doch so weit sei, dann habe sich eben ein einzelnes schwarzes Schaf „finanziell danebenbenommen". „Offensichtlich räumt Vranitzky den Interessen der Partei zur Verharmlosung von Dieben und Betrügern Vorrang ein gegenüber der Herstellung von Recht und Ordnung", sagte Haider. Es sei daher kein Wunder, daß sich bei den Wählern das Bild „Sozialismus = Funktionärsbereicherung minus schlechtem Gewissen" verhärte, sagte Haider. *Freiheitlicher Pressedienst / 20.9.1990*

„Und daher haben wir ja aus einer falsch verstandenen Humanität einen Import von Kriminalität nach Österreich bewirkt anstatt eine vernünftige Asylantenpolitik." [...] 722
„Und wenn er [Innenminister Löschnak] das nicht kann, dann soll er seinen Posten räumen, weil dann ist er überfordert und soll auch nicht Geld einstreifen von den Steuerzahlern." *Morgenjournal / 21.9.1990*

„Und das wird ja auch die schwierige Entscheidung für die ÖVP sein. Sie kann ja nicht durch steirische Funktionäre bei Versammlungen verbreiten lassen, daß in der SPÖ schon süßer Leichenduft feststellbar ist und daß man mit einer solchen Skandalpartei eigentlich nicht kann, aber gleichzeitig sagen, die beste Option ist trotzdem noch die Große Koalition. Was uns betrifft, akzeptieren wir es sicher nicht, daß der Herr SPÖ-Kandidat da ständig Ausgrenzungen vornimmt, und daher ist es auch an uns zu sagen, daß wir keine Lust verspüren, mit einer Partei zusammenzuarbeiten, in der nicht die Sauberkeit herrscht, sondern wo also Kooperation bedeutet, daß man einen ganzen Rattenschwanz von Bonzen, Privilegienrittern und Korruptionisten mit an der Macht erhalten müßte, würde es also eine solche Kooperation mit der SPÖ geben." *Mittagsjournal / 24.9.1990* 723

„Der Kanzler merkt auch die Stimmung, die gegen die Sozialisten wirkt, und möchte sich halt jetzt eine Option sichern. Aber nicht einmal ein solcher Kniefall kann uns also auch nur eine Minute zu irgendwelchen Umdenkprozessen gegenüber politischen Gruppen reizen, die mit Korruption, Bonzen und Privilegienrittern verpflastert sind." 724

Mittagsjournal / 24.9.1990

725 „Und es wird Aufgabe auch der einzelnen Regierungschefs und Kanzlerkandidaten sein, ihren Wählern zu erklären, wie etwa die Aussage des Herrn Riegler, daß er weniger Sozialismus in Österreich will, aber gleichzeitig wieder Steigbügelhalter für einen sozialistischen Bundeskanzler ist."
Zeit im Bild 2 / 28.9.1990

726 FPÖ-Chef Jörg Haider sagte, daß nach der Diskussion der beiden „Absturzkandidaten" eine Fortsetzung der Großen Koalition offensichtlich sei.
Der Standard / 29.9.1990

727 Sie [die Wähler] wüßten schon lange, worauf es der rot-schwarzen Einheitspartei nach dem 7. Oktober wirklich ankomme: auf die Fortsetzung des Zudeckerkurses und der Erhaltung der Bonzen- und Privilegienparadiese. *Freiheitlicher Pressedienst / 3.10.1990*

728 „Nicht die braune Brut ist die Gefahr, sondern das rote Gesindel", verkündete FP-Chef Jörg Haider bei seiner Wahlkampf-Abschlußkundgebung in Wien. *Der Standard / 5.10.1990*

729 „Die Umarmung der beiden alten Parteien hat eh vor der Wahl schon stattgefunden, und nachdem der Katzenjammer in der ÖVP verdaut sein wird, wird es zu einer Fortsetzung der Großen Koalition kommen."
Zeit im Bild 1 / 8.10.1990

730 Solange der Verkehrsminister weiter nichts tue, als sich auf Kontingentregelungen zu beschränken, begünstige er damit im Grunde noch die Korruption, weil dabei einige wenige Transportriesen zum Zug kämen und die kleinen Frächter im mafiosen Handel mit den Transportgenehmigungen durch den Rost fielen. *Freiheitlicher Pressedienst / 23.10.1990*

731 „Das ist also ein echter Maulkorberlaß, den hier der SPÖ-Vorsitzende für die Partnerpartei ÖVP erlassen hat. Und man kann also daher mit ziemlicher Sicherheit rechnen, daß diese tödliche Umarmung der österreichischen Volkspartei der endgültige Schritt zur Mittel- bis Kleinpartei sein wird." *Mittagsjournal / 7.11.1990*

732 „Ich glaube, daß der ÖVP-Führung zunehmend bewußt wird, daß sie sich in einer tödlichen Umarmung befindet und daß die Sozialisten in Wirklichkeit sie nur bei Laune halten wollen mit Absichtserklärungen für ein mögliches Regierungsprogramm das relativ unverbindlich ist, ohne die wirklich heißen Eisen anzugehen, was bedeutet, daß die ÖVP spätestens nach der nächsten Nationalratswahl endgültig fertig ist." [...]
„Wie man mich kennt, bin ich also ein sehr menschlicher Politiker und daher auch bestrebt, den Todestrip der ÖVP zum Stillstand zu bringen. Es liegt aber letztlich an der ÖVP, die Entscheidungen zu treffen." [...]
„Die Rotkreuzstation FPÖ wartet hinter der Front der rot-schwarzen Koalitionsgespräche." *Mittagsjournal / 9.11.1990*

„Wir wollen eine sozialistenbefreite Regierung in Österreich ermöglichen, und das müßte also die österreichische Volkspartei klar entscheiden." [...] [Eine EXPO] „die im Ergebnis aber aus unserer Sicht nichts anderes bedeutet als einen sündteuren Jahrmarkt mit viel Beton und zusätzlichen Verkehrsbelastungen — vor allem in Ostösterreich — den Bürgern zu bescheren und dabei Steuergelder für Dinge einzusetzen, die uns für die Realisierung wichtiger anderer Vorhaben dann andererseits wieder abgehen." 733

Mittagsjournal / 14.11.1990

„In Summe hat die ÖVP ihre Chancen nicht genützt, aus einer günstigeren Ausgangssituation in der Verhandlungsposition etwas zu machen. Sie wurde also nicht vom Prinzen wachgeküßt, sondern von Graf Dracula umarmt und das kann mitunter einen letalen Ausgang haben." 734

Zeit im Bild 1 / 12.12.1990

[...] ein Wachsfigurenkabinett aus Personen, die halt in der letzten Stunde vor der Angelobung verfügbar gewesen seien; das sei ein Übergangskabinett, das nicht allzu lange, also maximal zwei Jahre, im Amt sein werde, denn der Familienkrach sei vorprogrammiert, außer der Lehrling Riegler sage mit seiner Truppe zu allem Ja und Amen. [...] Riegler habe höchstens das Löschpapier gereicht; inhaltlich sei die Regierungserklärung eine Summe von Ankündigungen ohne Verwirklichungsvorsatz. 735

„Man holt sich hier offenbar als sichtbares Zeichen den Herrn Hesoun in die Regierung, damit man auch ein Signal an die ganzen Multifunktionäre, an die ganzen Politbonzen in Österreich setzt. Es bleibt im Grunde genommen alles beim alten, denn wir haben einen eurer Haberer dort hingesetzt, der garantiert, daß sich in Wirklichkeit nichts ändert. Personell ist diese Regierung wirklich ohne Übertreibungen ein politisches Kuriositätenkabinett geworden, von Versatzstücken, die in eine Regierung geholt worden sind, die nicht Europareife demonstriert, sondern rückwärtsbezogen ist. Es ist geradezu verwunderlich, daß dem Herrn Hesoun nicht noch der Herr Rechberger als Staatssekretär zur Seite gestellt worden ist, um letztlich auch damit zu demonstrieren, daß nach geschlagener Wahl, wo die große Katastrophe bei den Sozialisten vermieden worden ist, jetzt sozusagen die Begnadigungsakte für alle Betonierer, Bonzen und Apparatschiks wieder stattfinden, damit man all jene wieder an Bord holt, die man früher vor dem Wahlkampf in stürmischer See lieber in einem Rettungsboot ausgesetzt hätte, in der Hoffnung, daß sie nicht mehr zum Mutterschiff zurückfinden möchten."

Mittagsjournal / 20.12.1990

Hesoun habe in bemerkenswerter Offenheit seine diversen Funktionen im Sozialversicherungsbereich, z.B. in der Gebietskrankenkasse, als Sekundenarbeit bezeichnet, was ihn jedoch offensichtlich nicht daran gehindert habe, dafür fürstliche Gagen einzustreifen. Das heiße nichts anderes, als daß rund 800 Sozialversicherungsfunktionäre für ihre Sekundenarbeit bis zu 50.000 Schilling im Monat kassierten. 736

Freiheitlicher Pressedienst / 22.12.1990

737 Die halbe Lösung mit einem geschäftsführenden AK-Präsidenten in Niederösterreich sei völlig unakzeptabel und bestätige nur, daß Hesoun eines der schlimmsten Beispiele sozialistischer Funktionärsherrlichkeit sei, das Vranitzkys Reden von sauberen Lösungen ad absurdum führe.
Freiheitlicher Pressedienst / 22.12.1990

738 Der „Preistreiberminister" Schüssel habe die Verantwortung dafür zu tragen, daß Österreich an der Schwelle zu Europa noch teurere Strompreise verordnet bekomme. *Freiheitlicher Pressedienst / 22.12.1990*

739 „Da denke ich also an den Freistaat Bayern, die also ganz gut leben, daß sie eine Sonderrolle in der Republik eingenommen haben. Und warum sollen nicht die Kärntner mit einem Freistaat Kärnten besser leben, als ein Anhängsel einer ostlastigen Bundespolitik zu sein, aus der sie nichts haben. Da kann also diese Republik Österreich mit uns verhandeln, ob wir im Wege einer Konföderation weiterhin Mitglied sein wollen, oder ob wir sozusagen stärker auf eigenen Füßen stehen, denn schlechter als jetzt kann's uns ja nicht mehr gehen." *Abendjournal und Zeit im Bild 1 / 8.1.1991*

Der Kärntner Landeshauptmann Jörg Haider hat am Dienstag der Bun-
740 desregierung völlige Mißachtung des Föderalismus vorgeworfen und mit der Gründung eines „Freistaates Kärnten" gedroht. Der FPÖ-Bundesparteiobmann unterstrich, daß es sich hier nicht um ein Säbelrasseln, sondern um eine Kampfansage an eine Bundesregierung handle, die das Wort Föderalismus nicht mehr verwende. *APA / 8.1.1991*

741 „Österreich ist mehr als der Wasserkopf Wien", betonte der FPÖ-Obmann. *APA / 8.1.1991*

742 Wörtlich sprach der Kärntner Landeshauptmann von einer „schleichenden Abwertung der Funktionen der Länder". Er propagiere deshalb „bis zu einem gewissen Bereich" die Parole „Los von Wien!". *APA / 8.1.1991*

743 „Unser Programm aber paßt nicht in die Denkweise des rot-schwarzen Staatszirkus. Wir gehen nicht im Kreis, sondern wir gehen den geraden Weg." *Freiheitlicher Pressedienst / 13.1.1991*

744 Das Chamäleon sei schon längst zum Wappentier der rot-schwarzen Regierung geworden. [...]
Nicht zuletzt hänge dies damit zusammen, daß sich auch diese Regierung noch immer in der Geiselhaft einiger linker Ideologen befindet, die noch immer zukunftsorientiertes Denken durch propagandistische Vergangenheitsbewältigung zu ersetzen versuchen.
Freiheitlicher Pressedienst / 13.1.1991

745 Unsere Universitäten und Hochschulen würden personell und finanziell ausgehungert, und der gesamte Budgetbereich zeichne sich vor allem durch zügellose Verschwendung aus. [...]
Zur Verwirklichung des Föderalismus gehöre auch, den Bundesrat von der

Schlafkammer der Republik wieder zu einer echten Ländervertretung zu machen. *Freiheitlicher Pressedienst / 13.1.1991*

Daß Österreich Strom aus Atomkraftwerken und kalorischen Kraftwerken in Westeuropa zukaufe, um ihn dann an Osteuropa weiterzuverschenken, das sei eine geistig-atomare Kernspaltung, meinte Haider. 746
So eine Regierung sei zwar ein Geschenk für die Opposition, aber eine gefährliche Drohung für die Österreicher, und dabei sei es nur ein schwacher Trost, daß es sich dabei nur um eine Übergangsregierung handle. Es sei nicht auszuschließen, daß sich der politische Abfertigungsmillionär Vranitzky dazu entschließen werde, als Bundespräsident zu kandidieren, damit ihm endlich das lästige Regieren erspart bleibe.
[...] Eine ausgesprochen miese Tour sei dabei das Verhalten gegenüber dem früheren Justizminister Foregger gewesen, und es sei für die FPÖ durchaus ein verlockender Gedanke darüber nachzudenken, den unbeugsamen ehemaligen Justizminister zum Präsidentschaftskandidaten zu machen.
Freiheitlicher Pressedienst / 13.1.1991

Die Österreicher hätten ein Recht auf eine kompetente anstelle einer indolenten Regierung, auf eine entscheidungsfreudige statt einer entschlußlosen Regierung, auf eine weitblickende statt einer kurzsichtigen Regierung. 747
Freiheitlicher Pressedienst / 13.1.1991

Die ÖVP, so Haider, sei dafür derzeit nicht zu haben, sie sei mit ihrem Reformgeschwätz zu sehr abgelenkt. [...] 748
Was sich in der Volkspartei tue, sei nur mehr die wortreiche Übersetzung des Unerklärlichen ins Unverständliche. [...]
Denn die ÖVP stehe ohnehin schon mitten im roten Meer mit dem Wasser bis zum Hals, und nur eine blaue Welle könne sie noch retten und an Land spülen.
Die Ursachen der ÖVP-Misere lägen in der geschwätzigen Grundsatzlosigkeit, mit der die Anpassung an sozialistische Thesen vollzogen werde. Riegler fahre ständig mit angezogener Handbremse und wundere sich dann, wenn ihn die anderen überholten. Es sei eine Ironie in der politischen Entwicklung, daß just zu dem Zeitpunkt, wo der Sozialismus international am Ende sei, ja die Sozialisten selbst keine Sozialisten mehr sein wollten, die ÖVP alles tue, um diesen Sozialismus an der Macht zu erhalten. [...]
Es sei eine bemerkenswerte Ironie der Geschichte, daß am Anfang der Sozialistischen Partei mit Victor Adler ein Millionär gestanden sei, der sein ganzes Vermögen der Partei geopfert habe. Am Ende der Sozialistischen Bewegung stehe wieder ein Millionär, der sich alles durch die Partei geschafft habe. *Freiheitlicher Pressedienst / 13.1.1991*

Unter tobendem Beifall wetterte Jörg Haider, der immer wieder zum Bierkrug griff, gegen die eigennützige Bedürfnisbefriedigung der „Altparteien". [...] 749
„Wir brauchen keine pragmatisierten Vergangenheitsbewältiger, sondern tüchtige Zukunftsdenker". [...]

Der FP-Chef beschimpfte die Politiker der anderen Parteien („Josef Cap pinkelt der FPÖ ständig ans Bein. Wann wird er endlich hundesteuerpflichtig?") und Vertreter der Kirche: „Bevor Bischof Weber mit seinen moralischen Appellen im Rowdy-Stil aus der Haut fährt, soll er schauen, ob er selbst ein Rückgrat besitzt." *Der Standard / 14.1.1991*

750 Haider erntete Lachstürme, wenn er die neue Bundesregierung als „Weihnachtsgeschenk für die Opposition" bezeichnete. Das Kabinett der „Schwachköpfe", wie Generalsekretär „Meische" zu sagen beliebte, erinnerte den Kärntner Landeshauptmann an die „Munsters" im Fernsehen: „Antiquiert und dümmlich, aber ständig im Programm". Diese Verbindung eines „Scheintoten mit einem Abfertigungsmillionär" werde nicht die ganzen vier Jahre halten: „Bei der Regierungsbildung hätte sie der Oberhammer fast erschlagen. Wir holen zum nächsten Schlag aus." [...]
„Jeder hat seine Funktion — und sei es als abschreckendes Beispiel." [...]
Der „fürs Nichtregieren nobelpreisverdächtige" Bundeskanzler Vranitzky sei „in der Sache inkompetent und gegenüber dem Gegner präpotent". In Rage kam Haider, wenn er den „charakterlosen" Zentralsekretär Cap erwähnte: „Er pinkelt uns an. An sein Gekläffe haben wir uns schon gewöhnt. Die Frage ist nur, wann er hundesteuerpflichtig wird." [...]
Auch in der Kirche gebe es „nicht nur die feine englische Art". Der Grazer Bischof Weber mit seinem „Rowdystil" sollte sich „vorher überlegen, ob er ein Rückgrat hat". [...]
„Wir sind nicht zu dressieren. Wir werden niemals im rot-schwarzen Staatszirkus im Kreis gehen." [...]
Er hatte die ÖVP im Visier, die sich alle „Gemeinheiten" gefallen lasse.
Kleine Zeitung / 14.1.1991

751 Er kritisierte die Position der Regierung, die innerhalb weniger Wochen die österreichische Außenpolitik zu einem Trümmerfeld gemacht habe. [...]
Die selbsternannten Neutralitätsapostel Vranitzky & Co., die noch vor wenigen Wochen jeden in die Schranken gewiesen hätten, der über eine Neuinterpretation der Neutralitätspolitik gesprochen habe, würden nun durch eine kurzfristige Maßnahmengesetzgebung Österreich in den Golfkonflikt hineinziehen. *Freiheitlicher Pressedienst / 16.1.1991*

752 Die liederliche Budgetpolitik der Großen Koalition habe dazu geführt, daß die Bundesregierung bereits am Start gescheitert sei.
Freiheitlicher Pressedienst / 25.1.1991

753 Den „Fluch der bösen Tat" sieht FP-Chef Jörg Haider schon im Koalitionsabkommen: Durch dessen Formulierung sei die Grundlage für die „liederliche Budgetpolitik" gelegt. [...]
Die als Finanzierung in Aussicht genommene Anhebung des Außenhandelsförderungsbeitrages würde eine „Strafmaßnahme" für die Privatwirtschaft darstellen, sagte der FPÖ-Chef. *Der Standard / 26.1.1991*

754 Das Szenario sehe also dann so aus, daß Österreich aus dem Ausland Atomstrom zukaufe, diesen an die CSFR verschenke und die ihn dann wieder an

andere Länder weiterverkaufe. Für diesen Schildbürgerstreich würden die österreichischen Steuerzahler mit rund 3,5 Milliarden Schilling zur Kasse gebeten. *Freiheitlicher Pressedienst / 29.1.1991*

Als unsinnige Kurzschlußhandlung bezeichnete der freiheitliche Bundesparteiobmann Dr. Jörg Haider in seiner heutigen Pressekonferenz das Angebot für Gratisstromlieferungen an die CSFR, das Bundeskanzler Vranitzky gestern dem tschechoslowakischen Ministerpräsidenten Calfa überbracht hat. [...] 755
Haider forderte die Bundesregierung auf, diese „miese Komödie" einzustellen und endlich ein Energiekonzept mit Hand und Fuß vorzulegen. [...]
Statt sich zuerst mit den Fakten auseinanderzusetzen, reise aber der Bundeskanzler in marktschreierischer Manier in die CSFR und biete aus seinem Bauchladen einen nicht vorhandenen Gratisstrom an. Diese Politik sei nicht ernst zu nehmen, schloß Haider.
Freiheitlicher Pressedienst / 30.1.1991

Der „Energieexperte" und Kärntner Landeshauptmann Jörg Haider nannte das österreichische Angebot, Gratisstrom zur Verfügung zu stellen, „eine unsinnige Kurzschlußhandlung". *Der Standard / 31.1.1991* 756

Die Zeit der mutlosen Bitt- und Bettelgänge nach Wien sei endgültig vorbei. *Freiheitlicher Pressedienst / 14.2.1991* 757

Die negative Wohnbauentwicklung der vergangenen Jahre sei vor allem darauf zurückzuführen, daß die roten und schwarzen Wohnbaugenossenschaften einen Großteil der Wohnbaugelder kassierten. Hier blühe im Verborgenen ein Sumpf, den es trockenzulegen gelte. 758
Freiheitlicher Pressedienst / 22.2.1991

„Das Motto dieser Regierung heißt ‚Zurück zum Ostblock, statt hin nach Europa'", stellte Haider fest. Offenbar sei Bundeskanzler Vranitzky schon so damit beschäftigt, sich auf seine Kandidatur für das Bundespräsidentenamt vorzubereiten, daß er die Zügel in der Regierung völlig schleifen lasse und überhaupt nichts mehr weitergehe. 759
Freiheitlicher Pressedienst / 17.3.1991

Als Offenbarungseid für das totale Scheitern der großkoalitionären Budgetpolitik bezeichnete FPÖ-Bundesparteiobmann Dr. Jörg Haider das Ergebnis der gestrigen Regierungsklausur. [...] 760
„Das Image vom Wirtschaftsfachmann Vranitzky ist längst dahin. Was hier betrieben wird, ist Dilettantismus und keine Wirtschaftspolitik", sagte Haider. [...]
Derzeit würden zum Teil undurchführbare milliardenschwere Gesetze beschlossen, die zu einer wahren Beamtenlawine führten. Es müsse daher ein Entbürokratisierungsprogramm mit den im Hinblick auf den EG-Beitritt notwendigen Deregulierungsmaßnahmen geben, das so rasch wie möglich umgesetzt werden müsse. *Freiheitlicher Pressedienst / 3.4.1991*

761 „Das ist nichts anderes als ein Unterwerfungsvertrag", stellte Haider fest. [EWR-Vertrag] *Freiheitlicher Pressedienst / 13.4.1991*

762 Es wird also anklagend die Gefahr eines Richterstaates in die Diskussion geworfen, wobei ich dazu sagen möchte, daß wir keinen Richterstaat haben, sondern einen hemmungslosen Funktionärsstaat haben, der uns eigentlich Sorgen bereiten sollte, denn es ist uns durchaus bewußt, daß die sozialistischen Wühlmäuse gegen den Rechtsstaat nun aus ihren Löchern herausgekommen sind, wonach jeder politisch hingerichtet wird, der als mutiger Richter nicht den Parteistandpunkt vertritt." [...]

„Foregger hat nicht mitgespielt, daher ist er politisch abgesetzt worden ..., denn er stand den sozialistischen Machtinteressen im Weg. Das ist durchaus ein — und ich sage es hier sehr bewußt — faschistoider Zug." [...]

„Die alten Seilschaften kommen wieder ans Tageslicht, und der Vranitzky schaut zu. Die alte Seilschaft, an deren Spitze ein Nationalrats-Präsident Fischer steht und ein SPÖ-Vorsitzender Vranitzky tatenlos zusieht, wie diese alten Seilschaften letztlich auch den Rechtsstaat in Mißkredit bringen ... ah ... er ist so ein bißchen in der Geiselhaft dieser Funktionärsrambos, die, wie der Herr Fischer, ja nicht zum ersten Mal die Justiz beschimpfen, wenn ihm das Urteil nicht paßt." *Mittagsjournal / 23.4.1991*

763

Der Lack der Parteireform sei ab. Aus der angekündigten „offenen" Partei sei wieder eine geschlossene Anstalt der Funktionäre geworden. „Bundeskanzler Vranitzky erweist sich immer mehr als Wolf im Schafspelz", stellte Haider fest. Trotz des Appells des Justizministers billige Vranitzky weiterhin die SP-Attacken auf die Justiz und stelle damit das Parteiinteresse über das Staatsganze.

Wieder einmal versuche die SPÖ, ihre Unrechtsgesinnung zum gängigen Rechtsbewußtsein umzufunktionieren. [...] In Österreich gebe es keinen Richterstaat, sondern einen hemmungslosen Funktionärsstaat der Machtverfilzung, der Parteibuchwirtschaft und der Privilegien.

Es sei ein faschistoider Zug in der politischen Diskussion, wenn eine Partei so massiv versuche, auf die unabhängige Gerichtsbarkeit einzuwirken.

Allmählich komme die alte Seilschaft in der SPÖ wieder ans Tageslicht. Vranitzky sei immer mehr in der Geiselhaft der Funktionärsrambos und schaue tatenlos zu, wie der Rechtsstaat in Mißkredit gebracht werde. [...]

Die FPÖ könne es keinesfalls zur Kenntnis nehmen, wenn Vranitzky behaupte, daß derartige „mittelalterliche" Spitzelmethoden auch in anderen Parteien verbreitet seien. *Freiheitlicher Pressedienst / 24.4.1991*

764

Bundeskanzler Franz Vranitzky sei in Geiselhaft der „Funktionärsrambos", Nationalrats-Präsident Heinz Fischer in seiner Kritik ein „Wiederholungstäter". Andersdenkende würden von der SPÖ „politisch verfolgt". Ex-Justizminister Egmont Foregger habe hier nicht mitgespielt, deshalb sei er abgesetzt worden. Haider: „Das ist ein faschistoider Zug in der politischen Diskussion, den die SPÖ zu verantworten hat."

Der Standard / 25.4.1991

Schaffe es der Westen nicht, mit gezielter Wirtschaftshilfe den Wiederaufbau der osteuropäischen Länder voranzutreiben, so drohe dort nach wie vor der Rückfall zum verbrecherischen Sozialsmus von einst. [...] 765
Haider sprach sich für eine Zusammenlegung der Sozialversicherungsanstalten und einen Abbau der dort herrschenden „Luxusbürokratie" aus.
Freiheitlicher Pressedienst / 1.5.1991

„Auch in unseren eigenen demokratischen europäischen Staaten müssen wir danach trachten, den östlichen Bazillus der Planwirtschaft beiseite zu drängen." *Freiheitlicher Pressedienst / 1.5.1991* 766

Wenig beeindruckt von der Kritik Vranitzkys zeigte sich FPÖ-Chef Jörg Haider: Er meinte, bei der Frühbauer-Entscheidung hätte „die alte Seilschaft der Logenbrüder wieder funktioniert". *Der Standard / 2.5.1991* 767

Österreich und Bayern als „Schutzmacht Mitteleuropas" sollten einem Europa der Freistaaten Impulse geben, sagte Haider. *Der Standard / 2.5.1991* 768

Die geplante Volkszählung in Österreich sei einer der größten Schildbürgerstreiche die Österreich unter dieser Bundesregierung jemals erlebte, sagte FPÖ-Bundesparteiobmann Landeshauptmann Jörg Haider. 769
Freiheitlicher Pressedienst / 4.5.1991

Die Claqeure in ÖVP und SPÖ sollten daher in Zukunft zuerst auf die wirklichen Gegebenheiten achten, ehe sie zu schreien beginnen, schloß Haider. *Freiheitlicher Pressedienst / 7.5.1991* 770

Anstatt auf der Seite der österreichischen Arbeitnehmer zu stehen und zum Abbau der Arbeitslosigkeit beizutragen, mache sich Vogler lieber zum Schutzpatron der Sozialschmarotzer. *Freiheitlicher Pressedienst / 11.5.1991* 771

Die EXPO drohe zum „Festival der Spekulanten" zu werden, die mit gigantischen Grundstückdeals ein Riesengeschäft machen wollen. 772
Freiheitlicher Pressedienst / 11.5.1991

Die Volkszählung sei ein besonders drastisches Beispiel bürokratischen Übermuts, sagte Haider und forderte die Bundesregierung und den Innenminister auf, sie sofort einzustellen, da es sich dabei nur um eine amtliche Geldvernichtung zu Lasten der Steuerzahler handle. 773
Freiheitlicher Pressedienst / 16.5.1991

„Das ist eine amtliche Geldvernichtung zu Lasten der Steuerzahler, wie sie hier in einem Ausmaß von einer halben Milliarde Schilling stattfindet, für die es kein Verständnis gibt." [...] 774
„Er [Löschnak] ist durchaus ein netter und verträglicher Mensch, aber in dieser Aufgabe offenbar hoffnungslos überfordert, so daß er sich das selbst nicht mehr antun sollte, zu Lasten der Österreicher ständig Fehlleistungen zu produzieren." *Mittagsjournal / 16.5.1991*

775 Die Bürger hätten trotz der eindeutigen Pro-EXPO-Haltung roter und schwarzer Politiker sowie der gesamten Medienlandschaft dem Monsterprojekt EXPO eine eindeutige Abfuhr erteilt.
Er, Haider, sei erfreut darüber, daß die gigantische Maschinerie der EXPO-Geldvernichtung nun endlich gestoppt worden sei.
Freiheitlicher Pressedienst / 17.5.1991

776 „Da ist Feuer am Dach bei dieser Großen Koalition, die restlos überfordert ist und die wirklichen Probleme nicht lösen kann."
Freiheitlicher Pressedienst / 22.5.1991

777 „Solange die ÖVP auf dem wankenden Regierungsschiff unter dem Kommando des roten Piraten tatenlos ihre schwarzen Galeerensträflinge beobachtet, darf sie sich nicht wundern, wenn sie nicht ernst genommen wird", schloß Haider. *Freiheitlicher Pressedienst / 25.5.1991*

778 In Wirtschaftsfragen stünde der FPÖ in der Regierung eine Sammlung inkompetenter Geldverschwender gegenüber. [...]
„Wenn der Finanzminister ein Flaschenhals ist, müssen irgendwo Flaschen herumsitzen. Die gehören aber in eine Brauerei und nicht in die Regierung." *Freiheitlicher Pressedienst / 25.5.1991*

779 „Der arme Oberbankdirektor mit dem Bauchansatz [Vranitzky] muß ständig für die paar Gruft-Sozis Theater spielen und proletarische Allüren markieren. Das macht ihm ja zusehends weniger Spaß. Außerdem wäre es für die SPÖ die einzige Möglichkeit, diese Wahlen zu gewinnen." [...]
„Vranitzky ist ein Retortenpolitiker, der über die täglichen belanglosen Fernsehauftritte gemacht worden ist." [...]
„Man übt Psychoterror auf uns aus. Ich kann dieses ganze gräßliche Nazi-Zeugs nicht mehr hören. Junge Leute werden in Firmen fertiggemacht, weil sie FPÖ-Mitglieder sind. Diese menschenverachtende Hetzjagd, die uns in den Widerstand treibt." [...]
„Wünschenswert wäre es [Busek als ÖVP-Vorsitzender und Vizekanzler] natürlich, weil die ÖVP damit das Debakel prolongieren würde. Wer ist er denn und was kann er denn, der Herr Busek!? Ein Wiener Kleinbürger, der nichts von dem lebt, was er propagiert." [...]
„Rund um ihn [Riegler] lauter Sumperer." [...]
„Der Vranitzky müßte wirklich was für seine Fitness tun. Er kriegt ja bald seine Hosen nicht mehr zu." *Basta / 6/1991*

780 „Unsere Soldaten waren nicht Täter, sie waren bestenfalls Opfer." Haider verstieg sich sogar in den Gedanken, daß den alten Wehrmachts- und Waffen-SS-Haudegen Freiheit und Demokratie zu verdanken sei, was auch deren Kritiker, „die sich ohne ihr eigenes Zutun ins gemachte Nest der Demokratie und der Wohlstandsgesellschaft gelegt haben", endlich anerkennen sollten: „Meine Damen und Herren, geistige Freiheit ist in einer Demokratie etwas Selbstverständliches, aber sie findet dort ihre Grenzen, wo Menschen jene geistige Freiheit in Anspruch nehmen, die sie nie bekommen hätten, hätten nicht andere für sie den Kopf hingehalten, daß

sie heute in Demokratie und Freiheit leben können."

Profil / 3.6.1991

„Na, das hat's im Dritten Reich nicht gegeben, weil im Dritten Reich haben sie ordentliche Beschäftigungspolitik gemacht, was nicht einmal Ihre Regierung in Wien zusammenbringt. Das muß man auch einmal sagen." 781

Abendjournal / 13.6.1991

Aber auch Robin Hood habe einst die Mächtigen vom Roß geholt. Es gebe „einen internationalen linken Medienverbund", der die veröffentlichte Meinung diktiere. 782
Österreich sei ein Land wo Anständige kriminalisiert würden, damit die Ganoven weiter ihr Unwesen treiben können. [...]
Gleichzeitig würde das „der letzte Pyrrhus-Sieg" der Kärntner ÖVP sein.

Der Standard / 20.6.1991

Nach einer bisher noch nie dagewesenen Hetzjagd der rot-schwarz-grünen Einheitspartei und der Medien gegen ihn, Haider, seien in seinem Büro Tausende Anrufe, Briefe, Telegramme und Telefaxe empörter und aufgebrachter Bürger eingelangt, die ihren Unmut über die übelste Schmutzkübel-Kampagne in der Geschichte des Landes Kärnten gegen einen amtierenden Landeshauptmann kundgetan hätten. 783

Freiheitlicher Pressedienst / 22.6.1991

Haider selbst sprach nach seiner Wahl von einer „Wiederauferstehung" nach einer „medialen und politischen Hinrichtung". 784

Der Standard / 26.6.1991

Noch nie habe es eine Bundesregierung gegeben, „die so offenkundig einen wortreichen Verkauf ihres eigenen Nichtstuns über die Bühne gebracht" habe wie die derzeitige und die dennoch unter einer Art Schonfrist stehe, behauptete Haider, der in diesem Zusammenhang pauschale Kritik an der „Öffentlichkeit", gemeint Medien, übte. [...] 785
Am Beispiel des Burgenlandes zeige es sich, wie sehr die ÖVP bestrebt sei, „den größeren Partner (die SPÖ) bei Laune zu halten und sich selbst mit der Rolle eines Galeerensträflings" zu begnügen. Auch im Burgenland sei die ÖVP „in der Geiselhaft der Sozialisten". Die SPÖ habe den Landeshauptmannposten wieder bekommen, „und der Ferry Sauerzopf kann weiter Tennis spielen". *Kleine Zeitung / 12.7.1991*

Der FPÖ-Chef erinnerte in diesem Zusammenhang daran, daß im Zuge der letzten Regierungsumbildung der damalige Justizminister Foregger „aus dem Weg geräumt" wurde, nur weil dieser den Mut dazu gehabt habe, auch höchste politische Mandatare mit Gerichtsverfahren zu konfrontieren. 786
ÖVP-Obmann Busek setzte sich für eine Begnadigung von Sinowatz ein [...]. Gesamtgesehen werde hier versucht, das Ansehen des Rechtsstaates zu untergraben. *Freiheitlicher Pressedienst / 18.7.1991*

787 Zu ehren seien jene, die Einsatzbereitschaft für Frieden und Freiheit ihres Heimatlandes zeigen würden, und nicht ehemalige Tito-Partisanen. Es seien all jene zu ermahnen, die glauben würden, sich an der Geschichte Kärntens die Füße abstreifen zu können, schloß Haider.

Freiheitlicher Pressedienst / 21.7.1991

788 „Busek macht sich damit zum Erfüllungsgehilfen der roten Plünderungspolitik", sagte Haider. Er verwies darauf, daß es in Kärnten einen einstimmigen Beschluß gegen den Lacina-Plan [Bundeszuschüsse für Landeslehrer] gebe. *Freiheitlicher Pressedienst / 18.9.1991*

789 Bundeskanzler Vranitzky sei ein Problemflüchtling mit Präsidentschaftsambitionen, der sich mit zahlreichen Auslandsreisen schon auf seine Übersiedlung in die Hofburg vorbereite. Vizekanzler Busek wechsle seine Ansichten inzwischen schon mehrmals pro Tag.

Freiheitlicher Pressedienst / 1.10.1991

790 Der Vorschlag Lacinas, die Länder sollten die Kosten für die Landeslehrer in der Höhe von 2,7 Milliarden Schilling übernehmen und würden dafür zusätzliche Mittel aus der Erhöhung der Krankenversicherungsbeiträge erhalten, sei ein „unsittliches Angebot", sagte Haider.

Freiheitlicher Pressedienst / 11.10.1991

791 In Wien sei es außerdem „schon so weit, daß jugoslawische Mütter ihre Kinder aus der Schule nehmen, weil zu viele Türken in der Klasse sitzen." Lösung aller Probleme: „Die rote Dunstglocke über Wien muß sich am 10. November lichten, damit wieder blauer Himmel scheinen kann."

Der Standard / 12.10.1991

792 Es dürfe nicht vergessen werden, daß der „Kurzzeitdenker mit Maximalabfertigung" Vranitzky binnen fünf Jahren Großer Koalition eine größere Verschuldung verursacht habe als sein Vorgänger Kreisky, der sich neben dem derzeitigen SPÖ-Vorsitzenden geradezu als „Sparefroh" ausnehme. [...]

Dies stelle eine widerrechtliche Korrektur der Wahlergebnisse und eine ungeheuerliche „Demokratieschändung" durch die rot-schwarze Pfründegesellschaft dar. Die FPÖ verurteile diese Haltung entschieden. Künftig werde sich die FPÖ um solche Wahlergebnisse bemühen, an denen keine „Korrektur" im Sinne der Altparteien mehr vorgenommen werden könne, sagte Haider. *Freiheitlicher Pressedienst / 12.10.1991*

793 Der Parteiobmann Zernatto sei ein politischer Kümmerling. Jetzt wolle die FPÖ in Kärnten nicht nur den Landeshauptmannsessel zurückholen, sondern auch stärkste Partei im Lande werden, sagte Haider.

Abendjournal / 13.10.1991

794 „Jene von Rot und Schwarz, die mich vernichten wollten, müssen zur Kenntnis nehmen, daß sie nun selbst von Todestrieb und Wählerauszehrung befallen sind."

Bundeskanzler SP-Vorsitzendem Franz Vranitzky erteilte Haider einen „Ordnungsruf": „Er soll nun zeigen, ob er arbeiten will, sonst muß er sich anderswo politisches Asyl suchen." *Die Presse / 14.10.1991*

Erst seine Äußerung [„ordentliche Beschäftigungspolitik" im Dritten Reich] habe „das Monopol der linken Geschichtsfälschung an den Pranger gestellt". *Der Standard / 14.10.1991* 795

Eine solche Vorgangsweise [Erhöhung der Krankenversicherungsbeiträge] stelle lediglich eine Plünderung der Zwangsversicherten auf Raten dar. *Freiheitlicher Pressedienst / 4.11.1991* 796

FPÖ-Chef Haider charakterisierte gestern Vranitzky und Busek als „Masseverwalter einer konkursreifen Regierung". *Kronen-Zeitung / 12.11.1991* 797

„Die Art und Weise, wie Busek versucht, aus der kroatischen Katastrophe und dem unermeßlichen Leid dieser Menschen innenpolitisches Kleingeld zu machen, ist Ausdruck einer menschenverachtenden Gesinnung, die gar nicht scharf genug verurteilt werden kann". [...] Auch müßten sich die Abgeordneten der ÖVP endlich Gedanken darüber machen, ob sie mit der Parole ihres Obmannes, nämlich der völligen Unterwerfung unter die SPÖ, auch wenn es gegen die eigenen Grundsätze gehe, glaubwürdig bestehen könnten. *Freiheitlicher Pressedienst / 25.11.1991* 798

„Es ist unerträglich, wenn heute in Österreich Polit-Ganoven wie im früheren Ostblock protegiert werden. Die gesetzlichen Bestimmungen in unserem Rechtsstaat gelten gleichermaßen für alle, auch für sozialistische Ex-Stadträte [Braun] darf es keine Ausnahmen geben", sagte Haider. *Freiheitlicher Pressedienst / 2.12.1991* 799

Neben seiner uneinsichtigen Haltung in der Frage der Anerkennung Sloweniens und Kroatiens und seinem „Management by chaos" beim Budget 92 ist er [Vranitzky] auch in der Frage des österreichischen Staatsvertrages Opfer seiner politischen Halbherzigkeit, sagte der freiheitliche Bundesparteiobmann Dr. Jörg Haider. *Freiheitlicher Pressedienst / 29.12.1991* 800

„Das ist eine widerliche rot-schwarze Schmierenkomödie auf dem Rücken der von Tod und Zerstörung bedrohten kroatischen Bevölkerung", sagte Haider. [...] „Diese Regierung hat die moralische Hartherzigkeit in beschämender Weise zum Prinzip ihrer Politik gemacht", erklärte Haider. *Freiheitlicher Pressedienst / 9.1.1992* 801

Österreich dagegen habe in dieser Frage eine lächerliche und traurige Rolle gespielt und Kroatien durch die schmähliche und verantwortungslose Haltung des Bundeskanzlers im Stich gelassen. Eine ebenso verantwortungslose Position habe Vranitzky beim Moskauer Putsch eingenommen, wo er sich mit einer beschämenden Unterwürfigkeit den kommunistischen Putschisten an den Hals geworfen habe. „Eine Regierung, die solche Ereignisse nicht bewältigen kann, ist fehl am Platz", sagte Haider. [...] 802

Sehr schnell habe Klestil jedoch der Mut wieder verlassen, seine Haltung habe sich hauptsächlich durch mangelndes politisches Stehvermögen ausgezeichnet. [...]
Wenn man sich vor Augen halte, daß Renner im Laufe der Geschichte vielfach als Kollaborateur mit dem NS-Regime, z.B. beim Anschluß und in der Tschechenfrage, aufgetreten sei, so hätte Vranitzky diese Frage zunächst einmal in seiner eigenen Partei zu bearbeiten. [...]
„Vranitzkys Äußerungen sind eine Beleidigung für alle Demokraten in Österreich, die bereit sind, für die Selbständigkeit unseres Landes alles zu geben und einzusetzen", sagte Haider. [...]
„Eine Partei [ÖVP unter Busek] die es notwendig hat, Maulkörbe zu verteilen, ist wirklich auf den Hund gekommen", sagte Haider.

Freiheitlicher Pressedienst / 12.1.1992

803 Aber offenbar ist unseren sozialistischen Staatslenkern das Bündnis und die Gemeinsamkeit mit den marxistischen Mörderbanden in Serbien noch allemal stärker verbindlich als die Menschlichkeit im übrigen Europa.

Zeit im Bild 1 / 12.1.1992

804 Damit sei endlich dem menschenverachtenden Poker der Sozialisten ein Ende gemacht und der Völkerfreiheit und dem Selbstbestimmungsrecht der Vorzug gegeben worden. [...]
Der Kanzler habe wohl die Unhaltbarkeit des eigenen Verhaltens einsehen und sein inhumanes Zögern aufgeben müssen, so Haider. [...]
Ein solches Verhalten könne nicht akzeptiert werden. Ein Mann, für den demokratische Grundsätze nur ein Lippenbekenntnis seien und der Menschenrechte mit Füßen trete, sei als Regierungschef dieses Landes untragbar, meinte Haider abschließend.

Freiheitlicher Pressedienst / 14.1.1992

805 „Diese Regierung ist eine Zumutung für die österreichische Bevölkerung". [...] Die rot-schwarze Bundesregierung mache aus Feigheit und Unentschlossenheit Österreich international zum Gespött.

Freiheitlicher Pressedienst / 14.1.1992

806 Auch die Freiheitliche Partei will mit diesem Bodensatz an Menschen, die eine Geisteshaltung an den Tag legen, die uns nicht zugänglich ist, nichts zu tun haben. Und wenn Sie sich die Akteure dieser Kleinstgruppen anschauen, dann sind das Menschen, die faul, arbeitslos und dumm sind.

Mittagsjournal / 22.1.1992

807 Haider kündigte eine „Offensive zur Reparatur der Demokratie" an. Die Radikalität von rechts und links sei ein Zeichen dafür, daß das politische System reformbedürftig wäre. *Der Standard / 3.2.1992*

808 Auch die Journalisten forderte er auf, ihre „heuchlerische Haltung" aufzugeben. Die Radikalisierung würde nicht umfassend erläutert, die „politische Hexenjagd auf aufrechte Demokraten" müßte beendet werden.

Der Standard / 3.2.1992

„Hesoun propagiert den Weg zum Taschengeldsozialismus, ohne das Pensionsproblem zu lösen", sagte Haider. [...] 809
Der Sozialminister entpuppte sich immer mehr als Inkarnation des Rentenklaus. *Freiheitlicher Pressedienst / 8.2.1992*

Der Regierungschef trage mit skurrilen Ideen seinen Teil zu Fasching und Karneval bei, wie z.B. mit seinem Vorschlag, alte Waffen der ehemaligen Sowjetunion zu kaufen, um sie dann in der VOEST einzuschmelzen. Was die GUS-Staaten und Osteuropa überhaupt bräuchten, seien klare Entscheidungen für effiziente wirtschaftliche Hilfestellung durch Westeuropa und keine Faschingsscherze. [...] 810
Die Verschiebung der Steurreform auf das Jahr 1994 sei die Bankrotterklärung der Budgetpolitik des Finanzministers.
Freiheitlicher Pressedienst / 10.2.1992

„Sind es nicht Doofe, die zustimmen, wenn etwas Doofes beschlossen wird?", holte sich der FP-Chef neuen Applaus von den versammelten Tunnel-Gegnern. *Der Standard / 17.2.1992* 811

Das Urteil von FP-Chef Haider über Scholten lautet wörtlich: „Unfähigkeit, gepaart mit Arroganz und Überheblichkeit." [...] 812
„Es gibt bestimmte Gruppen der Linken, die sich wie Peymann alles leisten können. Wer Österreich nachhaltig schädigt und brutal beschimpft, wer Steuergelder verschleudert und Kulturgut zerstört, genießt offenbar besonderen Schutz." *Die Presse / 27.2.1992*

Haider erklärte, mit seiner Entscheidung habe Unterrichtsminister Scholten „den Eindruck bestätigt, daß gewisse Linke Narrenfreiheit haben". 813
Der Standard / 27.2.1992

Nach dem Motto „Mein Name ist Hase, ich weiß von nichts" habe Lacina jede Verantwortung von sich geschoben. [Länderbank-Skandal] 814
Freiheitlicher Pressedienst / 27.2.1992

„Wer diesen Weg mit uns gehen will, der darf keine flattrigen Nerven haben." [...] 815
Neben Partei- und Klubführung werde er selbstverständlich auch Spitzenkandidat bei Nationalratswahlen sein, die er bereits im Herbst erwartet, kündigte er Freitag an. In Kärnten habe er „noch eine Rechnung offen" und werde sich dort bei den nächsten Landtagswahlen wieder um die Funktion des Landeshauptmannes bewerben. Im Rieder Bierdunst hatte er sich am Vortag noch als künftigen Bundeskanzler gesehen.
Profil / 9.3.1992

Aber Haider, der sich schon zu Beginn der Debatte für den Ausruck „besonderes Früchtchen" (gemünzt auf Unterrichtsminister Rudolf Scholten) einen Ordnungsruf eingehandelt hat, verließ knapp nach der Halbzeit die Sitzung. *Der Standard / 11.4.1992* 816

817 Diese Freiheit der Kunst herrscht auch dort nicht mehr, wo gegen den Willen der Mehrheit in Theaterstücken (wie Thomas Bernhards Heldenplatz) subventionierte Staatsbeschimpfung geschieht.
Der Standard / 13.4.1992

818 Haider: Transitvertrag ist ein schmutziges Tauschgeschäft.
Die Hauptverantwortlichen für das katastrophale Verhandlungsergebnis trage zweifellos Bundeskanzler Vranitzky, der dem Verkehrsminister schließlich die Direktiven für seine Verhandlungen in Brüssel gegben habe.
Freiheitlicher Pressedienst / 30.4.1992

819 Die jüngst erzielte Transiteinigung zwischen Verkehrsminister Klima und EG-Kommissär van Miert sei ein „politischer Bauchfleck 1. Klasse, der die Umwelt und die Lebensinteressen Österreichs nachhaltig beeinflussen wird", stellte heute der freiheitliche Klubobmann Abg. Dr. Jörg Haider im Zuge der Nationalratsdebatte über die Transiteinigung fest.
Freiheitlicher Pressedienst / 12.5.1992

820 FPÖ-Bundesparteiobmann Dr. Jörg Haider warf heute der ÖVP Verrat an den österreichischen Bauern vor.
„Es ist eine Schande, wie die Österreichische Volkspartei sich zum Steigbügelhalter für die Vernichter des Bauernstandes macht", stellte Haider fest.
Freiheitlicher Pressedienst / 20.6.1992

821 „Das ist das versuchte Muskelspiel einer leistungsschwachen Regierung, der Ausdruck der Machtbesessenheit jener, die schon zu lange an der Macht sind", stellte Haider fest. Die SPÖ habe nach dem Motto gehandelt: „Egal wer es wird, Hauptsache man hat ihn im Griff, Hauptsache er ist gefügig, harmlos und biegsam". *Freiheitlicher Pressedienst / 25.6.1992*

822 Dazu vertrat Haider die Ansicht, daß die Wahl trotz der Markierung gültig gewesen sei, weil die Geschäftsordnung dies nicht verbiete. Dem Nationalratspräsidenten Heinz Fischer (SPÖ) warf er „stalinistische Methoden" vor. Diesen Ausdruck zog er später „mit Bedauern" zurück. Fischer hätte ein „falsches Erkenntnis des Verfassungsgerichtshofes" vorgelegt, weil er „ein demokratisches Abstimmungsergebnis nicht akzeptieren wollte", meinte Haider. *Der Standard / 27.6.1992*

823 Haider: Lacina macht steuerpolitischen Unsinn zur Methode.
Freiheitlicher Pressedienst / 5.10.1992

824 Zu den beiden Kandidaten für den Landesparteiobmann, Dr. Schnell und Dr. Wittek, meinte Haider, beide seien ausgezeichnet. Der Neid der Gegner sei offensichtlich, da diese nur über „geistiges Leergebinde" verfügen würden. [...]
Haider sprach sich auch dafür aus, daß in Hinkunft nur mehr diejenigen Leute Mandate erhalten sollten, die bereit seien mitzuarbeiten. Für „Abstaubermentalität" habe er nichts übrig.
Freiheitlicher Pressedienst / 11.10.1992

Vranitzky habe offensichtlich ein gestörtes Verhältnis zum Parlamentarismus, was sich auch an anderen Beispielen zeige, wie z.B. dem Versuch, im Zuge der EWR-Vorbereitungen das Parlament durch eine Verfassungsnovelle im Zusammenhang mit der Übernahme von Integrationsrecht überhaupt auszuschalten, oder bei der Ausarbeitung einer Heeresreform, mit der das Parlament ebenfalls bis heute nicht befaßt worden sei, oder einer Besoldungsreform, für die dem Parlament noch nicht einmal eine Regierungsvorlage zugeleitet worden sei. „Der Bundeskanzler möchte sich offenbar unter Ausschaltung des Parlaments gerne als konstitutioneller Monarch verstehen", sagte Haider. *Freiheitlicher Pressedienst / 14.10.1992* 825

Haider reagierte gestern so: Busek sei ein „geistiger Irrläufer" und die „personifizierte Anstands- und Instinktlosigkeit gegenüber den Anliegen der österreichischen Bevölkerung". *Die Presse / 27.10.1992* 826

FP-Obmann Haider legte sich in St. Pölten mit dem VP-Obmann an: „Busek ist ein geistiger Irrläufer", und „ein Wetterhahn, der ständig seine Position wechselt." *Täglich Alles / 27.10.1992* 827

Von Dilettantismus der Regierungspolitik in der Ausländerfrage sprach heute FPÖ-Bundesparteiobmann Abg. Dr. Jörg Haider. *Freiheitlicher Pressedienst / 24.11.1992* 828

Vranitzky und Busek seien die Pfuscher des Jahres, wenn es darum gehe, zeitgerecht Maßnahmen zur Konjunkturbelebung zu setzen. *Freiheitlicher Pressedienst / 21.12.1992* 829

Vielmehr hätten „leere Köpfe vor leeren Kassen über leere Inhalte" diskutiert und dann „leeres Stroh" von sich gegeben. *Freiheitlicher Pressedienst / 21.12.1992* 830

Die Regierung unter dem Motto „Pfusch und Flop" bringe eine Pensionsreform offensichtlich nur zustande, indem sie die Leistungen für die älteren Menschen kürze, stellte Haider fest. *Freiheitlicher Pressedienst / 22.12.1992* 831

Es seien Fehler passiert, der Bundespräsident höre leider auf „die Einflüsterungen der linkslinken Schickeria", die Zeitungen seien — wie immer — gegen ihn. [...] 832
Die „Nachtschwärmer der Linken" würden angeführt von André Heller, der „wegen seiner vermehrten Auftritte im ORF für eine Ausdehnung der Werbezeiten eintritt". *Der Standard / 11.1.1993*

Ausgewählte Gefolgsleute der FPÖ haben vor einer Woche in der großen Messehalle von Graz die letzten Instruktionen aus einer über zweistündigen Führerrede empfangen und dabei aus Haiders Mund vernommen, gegen wen sich die Aktion in allererster Linie wendet: gegen die „linke Schickeria in den bestbewachten Villenquartieren Wiens". *Der Bund (Bern) / 18.1.1993* 833

834 In manchen Wiener Pflichtschulen liege der Ausländeranteil schon bei „50 oder 60 Prozent". Da gebe es türkische Eltern, die verlangten, das Kruzifix von der Klassenwand zu nehmen: „Dafür", so der FPÖ-Obmann, „haben wir nicht die Türkenkriege geführt." Tosender Applaus im Saal.
Profil / 25.1.1993

835 Das Ergebnis der Grazer Wahlen sei aber auch als Denkzettel für die Regierung zu verstehen, deren Überheblichkeit in wichtigen Angelegenheiten bestraft worden sei. *Freiheitlicher Pressedienst / 25.1.1993*

836 Es sei bedauerlich, daß die Strategie der Gegner des Volksbegehrens auf einen politisch-geistigen Vandalismus und Terrormethoden gegenüber Befürwortern der FPÖ-Argumente hinauslaufe.
Freiheitlicher Pressedienst / 25.1.1993

837 Man gehe so weit, daß sozialistische Betriebsräte Arbeiter unter Druck setzen und einzelne VP-Betriebsinhaber Arbeitern mit der Kündigung drohen würden. *Freiheitlicher Pressedienst / 25.1.1993*

838 Es gebe haarsträubende Beispiele, wie z.B. den Bürgermeister der Gemeinde Seefeld, der jeden Tag die Unterschriftenliste kopiere, um die Bürger dann anzurufen und die Bürger am Telefon zu beschimpfen. [...]
„Das ist der Psychoterror der Altparteien, die Angst um ihre Macht und ihre Besitzstände haben", erklärte Haider.
Freiheitlicher Pressedienst / 29.1.1993

839 An diesem Wochenende will die FPÖ nochmals alles mobilisieren. Und appelliert an die Bürger, sich nicht durch Drohungen einschüchtern zu lassen. Haider: „Das ist ein Psychoterror der Altparteien. Ostblockmethoden. Ein echter DDR-Geist." *Täglich Alles / 30.1.1993*

840 Hauptangriffsziel seiner Attacken waren die Großparteien, in Haiders Diktion „jene, die sich als Superdemokraten aufspielen, weil sie Angst haben, ihre Regierungssessel zu verlieren". [...]
Der Schluß ist: „Wir haben eine rechtsfaschistoide Regierung im Amt, die der Bundespräsident absetzen müßte", meint Haider in seinem Vortrag. [...]
Die FPÖ fordere den Einwanderungsstopp. Denn, so Haider: „Wir haben die Türkenkriege doch nicht umsonst geführt." *Der Standard / 1.2.1993*

841 Wie Haider erklärte, hätte es im Vorfeld des Volksbegehrens immerhin „den größten Psychoterror in der Geschichte der Zweiten Republik" gegeben, an dem alle Parteien und öffentlichen Institutionen sowie der ORF beteiligt gewesen seien. Das trotzdem bemerkenswerte Ergebnis hätten „mutige Bürger" zustande gebracht. *Der Standard / 2.2.1993*

842 Der FP-Chef selbst rief Dienstag zum Kampf gegen die „autoritäre Entwicklungsdemokratie Österreich" auf. Das „Imperium" der anderen Parteien habe durch Behinderungen „zurückgeschlagen". Er, Haider, habe jedoch

den „Fehdehandschuh" aufgenommen. Er werde ihn „zurückschleudern".
Der Standard / 3.2.1993

Ohne jede Selbstkritik und mit erweiterten Attacken gegen eine „autoritäre Entwicklungsdemokratie" in Österreich erläuterte FPÖ-Chef Jörg Haider am Montag vor der Sitzung des Parteipräsidiums das FP-Ausländer-Begehren. [...] 843
Die FPÖ sei „bekämpft worden wie nie zuvor". Nicht „wir waren die Hetzer, sondern die anderen", sagte Haider. [...]
Etwa auf die Arbeiterschaft sei „massiver Druck" ausgeübt worden. [...]
Das „Imperium" habe der FP den Fehdehandschuh hingeworfen, „wir nehmen ihn auf und schlagen zurück", sagte der FP-Chef. „Nicht einen Millimeter" werde die FP von der Ausländer-Politik abrücken, wie sie überhaupt „den Weg konsequent weitergehen" müsse.
Der Standard / 3.2.1993

Der Nationalratspräsident habe aus parteipolitischen Motiven zugunsten eines „Mehrheitsbeschaffers für die SPÖ" entschieden. Dies zeige schon Fischers Absicht, die Geschäftsordnung des Nationalrates nunmehr so rasch als möglich zu ändern. [...] 844
Anstatt die Rechtslücke auszubessern und die Neubildung von Klubs bis zu diesem Zeitpunkt zu untersagen, habe Fischer eine Rechtsschöpfung betrieben, die einer autoritären Führungsstruktur des Parlamentes entspreche. *Freiheitlicher Pressedienst / 22.2.1993*

FPÖ-Bundesparteiobmann Jörg Haider ging in seinem Referat gleich zu Beginn nochmals auf den Austritt von fünf Mandataren aus der FPÖ ein, bezeichnete diese wörtlich als „Scheinasylanten", die jetzt die Familie der Freiheitlichen verlassen hätten, was auch gut so sei. 845
Morgenjournal / 25.2.1993

Weil sich der Sozialist Fischer einmal mehr nicht als Nationalratspräsident erwiesen hat, sondern als ganz brutaler Exekutor seiner Machtpolitik [...], wo er nicht einmal davor zurückgeschreckt ist, das Recht zu beugen. [...] das ist wirklich kein Parlamentspräsident, sondern der hat seine Einschulung als Demokrat in Moskau gemacht und seither nichts dazu gelernt. Er weiß es nicht, wo es lang geht. [...] 846
Selbst wenn der Mock beim Skifahren auf den Kopf gefallen wäre, ist er noch immer vernünftiger in seinen Argumenten als der Busek im gesunden Zustand. *Morgenjournal / 25.2.1993*

Das ist eine Einparteienherrschaft [ÖVP Niederösterreich]. Wer da nicht spurt, kommt in den Archipel Gulag. [...] 847
Österreich ist ja in Wirklichkeit keine funktionierende Demokratie, es ist eine autoritäre Entwicklungsdemokratie unter der Vorherrschaft von Lizenzparteien, die von den Besatzungsmächten zugelassen, aber nie von der Bevölkerung gegründet wurden. [...]
Gewählt worden durch ein System, das durch Stimmenkauf und Abhängigkeit bestimmt ist. [...]

Das wäre die beste Empfehlung für die Nationalratswahl. In Wirklichkeit erleben wir in Österreich die Wiedergeburt eines Austrofaschismus. [...] Wer in der Demokratie ausgrenzt, ist im Prinzip ein Faschist, weil er sich mit normalen demokratischen Methoden nicht zur Wehr setzen kann. Er hat keine Argumente, also setzt er seine Macht und die gesellschaftliche Ächtung ein, um sich die Leute gefügig zu machen. Im Austrofaschismus sind die Menschen vom politischen System total kontrolliert gewesen, am Arbeitsplatz, am Sonntag beim Kirchgang ... [...]
Vranitzky war eigentlich der erste Austrofaschist im Nadelstreif. [...]
Der ÖVP-Obmann wird sowieso nach der nächsten Nationalratswahl zur Disposition gestellt werden. Er ist jetzt fast zwei Jahre im Amt, und die ÖVP ist unter das Niveau gerutscht, das sie unter Josef Riegler hatte. Die ÖVP ist eine Schrumpforganisation. Und Busek ist ein Schrumpfaustriake.
Basta 3/1993

848 Er, Haider, werde dem „wunschlosen Unglück" Höger „auch weiterhin erlauben, ein bißchen dabei sein zu dürfen", und dem „teuersten Model des Landes, Pröll", werde er statt des roten Ausgehpullovers „schon noch die blaue Arbeitsmontur verpassen". *Der Standard / 29.3.1993*

849 Jetzt aber, da Frischenschlager, wie Haider formulierte, zum „Diebsgesindel und Lügenpack" um Heide Schmidt gehört, bringt der FPÖ-Chef als Überpoker — wohl um die Liberalen zu verunsichern — Frischi erneut für den Rechnungshof ins Spiel. *Wiener / 4/1993*

850 „Aber: Ich habe Vranitzky nur vorgehalten, was auch Kommentatoren geschrieben haben — jemand, der ausgrenzt, der keine Diskussionskultur zuläßt, der ist in Wirklichkeit der Faschist."
News / 1.4.1993

851 „Dieses Desaster liegt in der Verantwortung von Wirtschaftsminister Schüssel, der nach dem Verkehrsbüro nun seinen nächsten großen Flop baut", schloß Haider. *Freiheitlicher Pressedienst / 20.4.1993*

Es stelle sich die Frage, wie lange sich die SPÖ noch so einen Präsidenten
852 [Fischer] leisten könne, der seine Machtposition immer deutlicher für parteipolitisch durchschaubare Manöver mißbrauche, so Haider abschließend.
Freiheitlicher Pressedienst / 23.4.1993

853 „Die Koalition, die „den Machthebel" seit Jahren in der Hand habe, hat es nicht zustandegebracht, wie jetzt diese Studie zeigt, auch nur den kleinsten Teil einer Reform umzusetzen. *Freiheitlicher Pressedienst / 24.4.1993*

854 An die Bundesregierung richtete Haider den Vorwurf, daß diese nicht handlungsfähig und nicht Herr der Lage sei. Der als Wirtschaftsmanager angepriesene Vranitzky sei eine herbe Enttäuschung und letztendlich nur mehr ein Pleitenkanzler, der nicht in der Lage sei, Impulse für die österreichische Wirtschaft zu setzen, und kein Herz für ältere Arbeitnehmer habe. *Freiheitlicher Pressedienst / 6.5.1993*

„Aus einer Regierung, die arbeiten sollte, ist eine Zankstelle parteipolitischer Kleinlichkeiten geworden", sagte Haider. 855

Freiheitlicher Pressedienst / 7.5.1993

Was Österreich sicher nicht brauche, sei eine „Fremdenlegion made in Austria". 856

Freiheitlicher Pressedienst / 13.5.1993

Damit sei aber auch das Lügengebäude der SPÖ rund um ihre Anteile endgültig zusammengestürzt. Es sei nun auch klar, daß der Bundeskanzler gar nicht daran denke, sein Versprechen einzulösen, nämlich die „gesamten Anteile der SPÖ in eine Stiftung für junge Menschen einzubringen". 857

Freiheitlicher Pressedienst / 13.5.1993

Von einem ungeheuerlichen Erpressungsversuch der Regierung gegenüber der parlamentarischen Opposition im Zusammenhang mit der für Montag geplanten Nationalrats-Sondersitzung sprach heute FPÖ-Bundesparteiobmann Dr. Jörg Haider. 858

Freiheitlicher Pressedienst / 14.5.1993

Diese absolut untragbare Haltung der Bundesregierung, die nahtlos an die Knebelung des Parlamentarismus in totalitären Regimen anschließe, sei der beste Beweis dafür, daß es sich bei dem SPÖ-Geschäft mit der Arbeiterkammer um eine in höchstem Maße unsaubere Transaktion handle, schloß Haider. 859

Freiheitlicher Pressedienst / 14.5.1993

Wenn er auch Landeshauptmann Zernatto eine „Art Frühstücksdirektor" und Peter Ambrozy einen „Buchhalter" nannte, so erlebten die Kärntner Getreuen doch einen gewandelten Haider; weniger aggressiv, eher schon die Rolle des Verantwortungsträgers hervorkehrend. 860

Der Standard / 21.5.1993

Anstatt sich den vielen Problemen dieses Landes, wie beispielsweise der hohen Arbeitslosenzahl, zu widmen, ziehe es der Bundeskanzler, so Haider, offenbar vor, sich als Aktienhändler für die leeren SP-Kassen zu betätigen. Angesichts dieser Situation müsse überlegt werden, wofür Österreich diesen Bundeskanzler überhaupt habe, schloß Haider. 861

Freiheitlicher Pressedienst / 24.5.1993

Haider sprach in diesem Zusammenhang von einem „Sündenregister der Sozialisten", das sich in vielen Bereichen dokumentiere. 862

Freiheitlicher Pressedienst / 1.6.1993

Man habe das dramatische Bauernsterben ignoriert. Die Zahl der bäuerlichen Betriebe sei erstmals unter 200.000 gesunken. Das bedeute, daß in der Amtszeit Vranitzkys 60.000 bis 70.000 Betriebe zusperren mußten. 863

Freiheitlicher Pressedienst / 1.6.1993

Darüber hinaus machten rund 800.000 Österreicher regelmäßig Überstunden. Haider forderte, die Überstundenbesteuerung, die er als reinen Steuervandalismus bezeichnete, drastisch zu reduzieren, sodaß ein Überstun- 864 denabsetzbetrag von rund 5.000 Schilling pro Monat wirksam werde, damit die Bestrafung von Fleißigen endlich ein Ende finde. Abschließend meinte Haider, daß unterm Strich mehr Schatten als Licht von dieser Steuerrefom übrigbleibe. *Freiheitlicher Pressedienst / 10.6.1993*

865 Im Rahmen einer Pressekonferenz kritisierte der freiheitliche Bundesparteiobmann Dr. Jörg Haider die geradezu dilettantische Unfähigkeit der Bundesregierung, die angesichts der immer höheren Staatsschulden und des Ansteigens der Arbeitslosenzahl bis heute kein Konzept zur Bekämpfung der Krise dargelegt habe. *Freiheitlicher Pressedienst / 15.6.1993*

866 Alle anderen Wege würden, so Haider, in eine Sackgasse führen und schwedische Verhältnisse verursachen, die eine Gefährdung der sozialen Grundvorsorge und enorme Einkommensverluste für die Masse der Bevölkerung zur Folge hätten. Die Koalition versuche nur noch, bis zur nächsten Nationalratswahl durchzutauchen. „Das ist verantwortungslos. Diese Regierung hat damit jede Legitimation verloren", schloß Haider.
Freiheitlicher Pressedienst / 15.6.1993

867 Haider kritisierte in diesem Zusammenhang auch die relativierenden Erklärungen von Bundeskanzler Vranitzky mit dem Zweck, die Chinesen freundlich zu stimmen. „Wir verurteilen mit Nachdruck eine Vorgangsweise, bei der sich der Regierungschef die Anliegen der Menschenrechte mit klinger Münzen abkaufen läßt", betonte Haider. Vranitzky sei in diesem Sinne ein Wiederholungstäter, da er auch im Zusammenhang mit dem Moskauer Putsch schon die sozialistische Wankelmütigkeit gezeigt habe. Seitens der FPÖ werde jedenfalls die Einladung des Dalai Lama in das Parlament außerordentlich begrüßt.
Freiheitlicher Pressedienst / 15.6.1993

868 Haider: Regierung soll Bauernsterben endlich beenden.
FPÖ fordert, die sinkenden Einkommen der Bauern durch Direktzahlungen auszugleichen. *Freiheitlicher Pressedienst / 16.6.1993*

869 An den Abg. Schwarzböck richtete Haider den Vorwurf, daß dieser ein kleinkarierter Bauernbündler sei, der ausschließlich parteipolitisch handelt. „Wir werden den Bauern erzählen, wie egal Ihnen das Schicksal der österreichischen Landwirtschaft ist", sagte Haider.
Freiheitlicher Pressedienst / 16.6.1993

870 Haider: Grüne beteiben pauschale Kriminalisierung Österreichs.
Solide Mehrheit der Österreicher wünscht restriktive Einwanderungspolitik. *Freiheitlicher Pressedienst / 17.6.1993*

Die Grünen betrieben eine Kriminalisierung Österreichs, als wäre Öster-
871 reich das China Mitteleuropas. Die Vernaderung Österreichs durch grüne Politiker und Aussagen des Bundessprechers Peter Pilz seien bezeichnend für die Haltung grüner Politiker.
Freiheitlicher Pressedienst / 17.6.1993

Der Innenminister sei aufgefordert, die geradezu lächerliche Schubhaftpraxis zu verändern, um ein Ansteigen des Heeres der Illegalen zu verhindern. Dies sei notwendig, da die derzeitige Gesetzgebung keine Lösung des Illegalenproblems bringe. Schließlich seien Illegale mitschuld am Ansteigen der Kriminalität und am Entstehen ethnischer Konflikte, meinte Haider. 872

Freiheitlicher Pressedienst / 17.6.1993

„Wenn die Kammern diese Belastungswelle für die Betriebe nicht umgehend beenden, dann könnte es im Herbst zu einer Initiative zur Abschaffung des Zwangskammernsystems kommen", sagte Haider. Dann werde es auch keine Rechtsgrundlage für die Einhebung von Zwangsbeiträgen mehr geben. *Freiheitlicher Pressedienst / 19.6.1993* 873

Haider: Regierungschaos um Bundeswohnrecht. 874
Im Rahmen einer Pressekonferenz erklärte heute der freiheitliche Bundesparteiobmann Dr. Jörg Haider, daß neuerlicher Streit um den Entwurf des Bundeswohnrechtes das Chaos nur noch vergrößere. Der Entwurf stelle einen einzigen Torso dar, der eine Vielzahl von einzelnen Regelungen beinhalte. *Freiheitlicher Pressedienst / 22.6.1993*

Die FPÖ fordere deshalb eine Direktzahlung für Vollerwerbsbetriebe in der Höhe von 100.000 Schilling als Sockelbetrag, um einen Anreiz zur Erhaltung der Betriebe zu geben. Der Gesetzesantrag der FPÖ sei das Ergebnis einer jahrelangen Expertenarbeit und biete im Gegensatz zu den dilettantischen Aktivitäten des Landwirtschaftsministeriums auch Lösungsmöglichkeiten hinsichtlich der schwierigen Situation im Agrarbereich. 875

Freiheitlicher Pressedienst / 22.6.1993

Bei den Demonstrationen gegen Krenn habe Haider immer die gleichen Akteure gesehen, die „quer durch Österreich agieren". Es handle sich da um eine „politisch pragmatisierte Jagdgesellschaft". 876

Kleine Zeitung / 23.6.1993

Vranitzky sei offensichtlich von seinen sozialistischen Parteifreunden im Zusammenhang mit der Konferenz in Kopenhagen dazu verhalten worden, nach seinem Plädoyer für „Ohne Wenn und Aber in die EG" nun dafür zu sorgen, daß die Verhandlungen zwischen Wien und Brüssel im Eilzugstempo durchgezogen würden, ohne Rücksicht auf die Interessen Österreichs, die dabei zwangsläufig auf der Strecke blieben. 877

Freiheitlicher Pressedienst / 24.6.1993

Haider: Steuerreform ohne Sozialstaatsreform nicht machbar. 878
Haider fordert Eindämmung des Abgabenvandalismus.

Freiheitlicher Pressedienst / 26.6.1993

Die Milliarden-Löcher etwa bei der Arbeitslosenversicherung, dem Insolvenzfonds oder dem Familienlastenausgleichsfonds hätten bereits bedrohliche Dimensionen erreicht. „Wenn nicht rasch konkrete Sanierungsmaßnahmen erarbeitet werden, dann wird im Herbst eine beispiellose Bela- 879 stungswelle sowie ein sprunghafter Anstieg der Arbeitslosenzahlen auf die Österreicher zukommen", so Haider.

Freiheitlicher Pressedienst / 14.7.1993

880 „Der Bürger darf jedenfalls nicht für die unproduktiven Zankereien innerhalb der rot-schwarzen Regierung zur Kassa gebeten werden", erklärte Haider. Die bisherigen Aktionen der Bundesregierung, wie der jüngst geplatzte Budgetgipfel, hätten eindeutig dokumentiert, daß die Regierung über keinerlei Lösungskompetenz in Sachfragen verfüge. Die wirtschaftliche und budgetäre Situation sei jedenfalls viel zu ernst, um sie dem kläglichen „Sommertheater" rot-schwarzer Streithähne zu überlassen, schloß Haider.

Freiheitlicher Pressedienst / 14.7.1993

881 Haider: Ausserwinklers politisches Ablaufdatum abgelaufen.
FPÖ zu parlamentarischen Beratungen mit der ÖVP bereit.

Freiheitlicher Pressedienst / 15.7.1993

882 Obwohl Ausserwinkler seit dem Oktober 1992 von der Arbeiterkammer und von Parteifreunden informiert gewesen sei, habe er als Minister die Bevölkerung belogen. „Jemand, der öffentlich lügt, ist nicht mehr Vertrauensperson", sagte Haider. Wenn Ausserwinkler von verbrecherischen Aktionen spreche, sei es unverständlich, warum er seit Oktober 1992 geschwiegen habe.

Freiheitlicher Pressedienst / 15.7.1993

883 Haider betonte, daß Ausserwinkler mit seiner Vorgangsweise der österreichischen Wirtschaft Schaden zugefügt habe, die Konsumenten erheblich verunsichert und den Bürgern deutlich vor Augen geführt, welche Nieten in den Ministerien verantwortlich seien. Wenn Ausserwinkler sich unzuständig fühle, so sei er inkompetent und entbehrlich. Die politische Ablaufrist von Ausserwinkler sei abgelaufen, er habe nun die Möglichkeit, sich selbst zu entsorgen.

Freiheitlicher Pressedienst / 15.7.1993

884 Haider: Höchste Zeit für Neuwahlen.
Chaosregierung führt Österreich in Budgetkollaps.

Freiheitlicher Pressedienst / 15.7.1993

885 Das prognostizierte Budgetdefizit in der Höhe von 100 Milliarden Schilling für 1994 mache klar, daß die rot-schwarze Chaosregierung drauf und dran sei, Österreich in einen echten Budgetkollaps zu führen.

Freiheitlicher Pressedienst / 15.7.1993

886 Entschieden sprach sich Haider gegen jede Form von „Geheimdiplomatie" der Koalition in Sachen Budgetkrise aus. Die Bevölkerung habe ein Recht darauf, vom Stand der Dinge auch informiert zu werden.

Freiheitlicher Pressedienst / 15.7.1993

887 Das parlamentarische Geschehen erfährt eine laufende Abwertung durch die Große Koalition, die das Parlament immer mehr zur Abstimmungsmaschinerie der Regierung degradiert, erklärte heute der freiheitliche Bundes-

parteiobmann Dr. Jörg Haider in seiner Budgetpressekonferenz.
Freiheitlicher Pressedienst / 15.7.1993

All diese Beispiele würden zeigen, daß die Opposition auch in Zukunft „gegen den Moloch Große Koalition“ Veränderungen bewirken werde. „Die FPÖ wird auch künftig die Regierung zwingen, auf Vorstellungen der Freiheitlichen zu reagieren“, sagte Haider. *Freiheitlicher Pressedienst / 15.7.1993* 888

Der „Wildwuchs“ in der Sozialversicherungsbürokratie koste jährlich rund neun Milliarden Schilling, die letztlich zu Lasten der Leistungen für die Versicherungsnehmer gehen. *Freiheitlicher Pressedienst / 20.7.1993* 889

Haider forderte die Regierung auf, endlich Maßnahmen gegen den Sozialmißbrauch zu setzen, um damit auch dem „Horror-Budget“ 1994 entgegenzuwirken. *Freiheitlicher Pressedienst / 20.7.1993* 890

Als Bankrotterklärung sondergleichen bezeichnete heute FPÖ-Bundesparteiobmann Abg. Dr. Jörg Haider die Aussagen von ÖGB-Präsident Fritz Verzetnitsch wonach sich Österreich 15 Prozent Arbeitslose leisten könne.
Freiheitlicher Pressedienst / 23.7.1993 891

Der ÖGB-Präsident habe mit seiner unglaublichen Aussage jedoch auch die Linie der SPÖ unter ihrem „Fernsehkanzler Vranitzky“ bestätigt, die klar mache, daß den Sozialisten „der kleine Mann“ völlig egal sei.
Freiheitlicher Pressedienst / 23.7.1993 892

Heftige Kritik übte heute FPÖ-Bundesparteiobmann Abg. Dr. Jörg Haider am rot-schwarzen Parteienfilz, der offenbar nicht einmal mehr vor den österreichischen Präsenzdienern halt mache.
Freiheitlicher Pressedienst / 29.7.1993 893

Der FPÖ-Chef forderte Verteidigungsminister Werner Fasslabend auf, sofort den Proporz-Erlaß aufzuheben, der die rot-schwarze Monopolstellung der beiden Versicherungsunternehmen beim Bundesheer festgeschrieben habe. *Freiheitlicher Pressedienst / 29.7.1993* 894

Das sei ein Beispiel dunkelster Machtausübung der Koalitionsparteien, die nach wie vor ihrem Parteienproporz bis zum kleinen Mann freien Lauf ließen, schloß Haider. *Freiheitlicher Pressedienst / 29.7.1993* 895

Haider: Koalition ist Rückfallstäter.
Freiheitlicher Pressedienst / 31.7.1993 896

Haider: Rot-schwarze Postenschacherei bei Verbund, Bundesbahn, Verwaltungsgerichtshof und Nationalbank muß ein Ende finden.
Freiheitlicher Pressedienst / 31.7.1993 897

„Die Direktoren und Vizedirektoren wachsen wie die Schwammerl, während auf der anderen Seite aufgrund des wachsenden Budgetloches und 898 der wirtschaftlichen Krisensituation über Einsparungen nachgedacht werden sollte", so Haider. *Freiheitlicher Pressedienst / 31.7.1993*

899 Der FPÖ-Chef forderte die Bundesregierung auf, anstatt sündteure Proporzbesetzungen durchzuführen, ein klares Objektivierungskonzept sowie ein Konzept für eine echte Entschlackungskur vorzulegen. *Freiheitlicher Pressedienst / 31.7.1993*

900 Die FPÖ werde jedenfalls den nun wiederaufkeimenden rot-schwarzen Privilegien- und Parteiensumpf bekämpfen, so Haider, der daran erinnerte, daß die FPÖ 35.000 beglaubigte Unterschriften gegen den Privilegiendschungel in petto habe. *Freiheitlicher Pressedienst / 31.7.1993*

901 Auch beim Verbund und bei den ÖBB sei von wundersamen rot-schwarzen Postenvermehrungen in der Vorstandsetage Abstand zu nehmen. *Freiheitlicher Pressedienst / 31.7.1993*

902 SPÖ-Vorsitzender Franz Vranitzky solle seine Kerze vom Lichterlfest gegen die FPÖ abgeben, da er nun voll auf die Linie des Freiheitlichen Volksbegehrens „Österreich zuerst" eingeschwenkt ist, stellte heute FPÖ-Bundesparteiobmann Abg. Dr. Jörg Haider zur laufenden Debatte um die Ausländergesetze fest. *Freiheitlicher Pressedienst / 12.8.1993*

903 Die Gegner und Kerzerlträger, allen voran SPÖ-Vorsitzender Vranitzky, seien nun des puren Opportunismus entlarvt worden, sagte Haider. *Freiheitlicher Pressedienst / 12.8.1993*

904 Die innerparteilichen Revolutionen in SPÖ und ÖVP machten deutlich, wie verunsichert die Regierungsparteien seien. Die FPÖ werde sich jedenfalls dafür einsetzen, daß die Bevölkerung nicht enttäuscht werde und die Links-Aktivisten in den Regierungsparteien in Sachen der Ausländerpolitik nicht die Oberhand bekämen. *Freiheitlicher Pressedienst / 14.8.1993*

905 In einem wenig hintergründigen Sommergespräch im ORF-Landesstudio Tirol prophezeite am Mittwoch abend der FPÖ-Parteiobmann Jörg Haider der ÖVP wieder einmal ein baldiges Ende: „Sie wird zugrunde gehen, weil die konservativen Kräfte in der Partei fehlen." *Der Standard / 19.8.1993*

906 Haider zeigte sich überzeugt davon, daß die Forderungen eine wesentliche Entlastung für die österreichische Bevölkerung mit sich brächten. Es sei daher notwendig, diese Maßnahmen auch zur gesetzlichen Umsetzung zu bringen, anstatt mit dem nunmehrigen Gesetz hier langjährig lebende Gastarbeiter zu tyrannisieren, schloß der FPÖ-Chef. *Freiheitlicher Pressedienst / 21.8.1993*

907 Die Neubestellung des Verbund-Vorstandes verdeutliche, daß die Koalition, nun rund ein Jahr vor der nächsten Nationalratswahl, voll auf die Parteibuchwirtschaft setze, kritisierte Haider. Der rot-schwarze Postenschacher

feiere also fröhliche Urständ und werde immer unerträglicher.
Freiheitlicher Pressedienst / 1.9.1993

Die FPÖ werde im Rahmen ihres Kampfes gegen die Parteibuch- und Privilegienwirtschaft einen derartigen rot-schwarzen Postenschacher, der offensichtlich nur noch zur Pfründesicherung diene, aber dafür auf Kosten der Steuerzahler gehe, niemals zur Kenntnis nehmen, schloß Haider. 908
Freiheitlicher Pressedienst / 1.9.1993

Umgekehrt versprach FPÖ-Obmann Jörg Haider bei seinem gestrigen Messeauftritt den Landwirten, sie aus dem „Sumpf in diesem Land" zu zerren. 909
Der Standard / 1.9.1993

Sie (die Bauern) müßten lediglich über seine Botschaft „wenigstens ein bißchen nachdenken", empfahl der „Schutzpatron der kleinen Leute". 910
Der Standard / 1.9.1993

Früher, erinnerte Haider an große Bauerndemonstrationen, seien „ein paar tausend Traktoren auf dem Ballhausplatz aufgefahren, wenn der Getreidepreis nur um 20 Groschen gefallen ist". Erst recht sei es heute angesichts „der tumben Toren" in der Regierung an der Zeit, Druck auf die Mächtigen zu machen, fand „der Kleinlandwirt aus Kärnten", der die Kollegen aufforderte „daß sie endlich aus ihrer Lethargie aufwachen" und „das Gesetz des Handelns bestimmen". 911
Der Standard / 1.9.1993

Denn die „schwarzen Bauernvertreter" gehörten „mit nassen Fetzen nach Hause geschickt", und der Landwirtschaftsminister möge sich „in Rumänien bewerben". 912
Der Standard / 1.9.1993

Und sich nicht vor „Anfeindungen" fürchten, etwa derart, daß im „Wiesenthal-Museum in Los Angeles zwischen Saddam Hussein und Idi Amin der Jörg Haider hängt". 913
Der Standard / 1.9.1993

Haider: ÖVP beweist einmal mehr ihre Käuflichkeit. 914
Wofür steht diese ÖVP eigentlich noch? *Freiheitlicher Pressedienst / 6.9.1993*

Die ÖVP hingegen ziehe ihren Kurs der Verabschiedung vom Wähler in ihrer einzigen Funktion des Mehrheitsbeschaffers für die SPÖ ohne Rücksicht auf Verluste durch, konstatierte Haider abschließend. 915
Freiheitlicher Pressedienst / 6.9.1993

Kürzung der staatlichen Subventionen um 100 Milliarden Schilling. Der Subventionsdschungel müsse endlich entrümpelt werden, so Haider. 916
Der Posten des Nationalbank-Vizepräsidenten sei, wie auch in den anderen genannten Bereichen, ein reiner Versorgungsposten für ins Ausgedinge abgeschobene SPÖ- und ÖVP-Granden. Die Kosten dafür würden den österreichischen Steuerzahlern aufgebrummt, die für Millionenentschädigungen und Privilegien der rot-schwarzen Funktionäre zur Kasse gebeten werden.
Freiheitlicher Pressedienst / 7.9.1993

917 Anstatt einen weiteren unverfrorenen Postenschacher zu veranstalten, sollte sich Bundeskanzler Vranitzky für die Abschaffung dieses Versorgungspostens (Nationalbank-Vizepräsident) einsetzen, schloß Haider.
Freiheitlicher Pressedienst / 7.9.1993

918 In diesem Zusammenhang kritisierte Haider schärfstens die Vorgänge bei der Bauarbeiterurlaubskasse. Hier habe man Milliarden Überschüsse zwischen der Gewerkschaft und der Handelskammer aufgeteilt. 1,5 bis 2 Milliarden Schilling von 300.000 Versicherten seien damit in die Kassen von Interessensvertretungen geflossen. Funktionäre und Sozialpartner hätten damit bewußten Diebstahl an Volksvermögen vorgenommen.
Freiheitlicher Pressedienst / 8.9.1993

919 Angesichts eines drohenden Verlustes von sage und schreibe 20 Milliarden Schilling gehe es nicht an, daß der Bundeskanzler ständig von dieser wichtigen Frage [Verstaatlichten-Defizit] ablenke. Noch vor wenigen Jahren sei die ganze Republik wegen 4 Milliarden Schilling im Fall Intertrading in Aufregung geraten. Heute habe der Bundeskanzler angesichts eines gigantischen Milliarden-Fiaskos und des Verlustes von 1.000 Arbeitsplätzen offenbar kein wichtigeres Problem als die Verpackungsverordnung.
Freiheitlicher Pressedienst / 13.9.1993

920 Denn wie anders könnte man denn seine Aussage im Wallstreet Journal vom 8. September interpretieren, die da übersetzt lautet: „Hitlers Arbeitsprogramm hatte positive Effekte.“ *ÖVP-Pressedienst / 13.9.1993*

921 Die Forderung nach einer Null-Lohnrunde für Politiker bezeichnete heute FPÖ-Bundesparteiobmann Dr. Jörg Haider im Rahmen einer Pressekonferenz in Wien als absolut primitiv und billig. *Freiheitlicher Pressedienst / 14.9.1993*

922 „Vranitzky und Klima tragen für das Verstaatlichtendesaster die volle politische Verantwortung und müssen daher dem Parlament Rede und Antwort stehen“, sagte Haider. *Freiheitlicher Pressedienst / 16.9.1993*

923 Scharf kritisiete der FPÖ-Obmann Bundeskanzler Vranitzky. Dieser habe in seiner „kapitalistischen Phantasielosigkeit“ jahrelang zugesehen, wie die Verstaatlichte und mit ihr Tausende Arbeitsplätze zugrunde gegangen seien. Vranitzky werde als jener Bundeskanzler in die Geschichte eingehen, der aufgrund des Festhaltens an falschen sozialistischen Dogmen in der Verstaatlichten Tausende Arbeitsplätze auf dem Gewissen habe.
Freiheitlicher Pressedienst / 16.9.1993

924 Nun sei es hoch an der Zeit, daß Kanzler und Verstaatlichtenminister aus ihrer Tauchstation wieder auftauchen und vor das Parlament treten, forderte Haider an. „Die Regierung soll endlich reinen Tisch machen oder abtreten“, schloß Haider. *Freiheitlicher Pressedienst / 16.9.1993*

925 Nach der erst gestern verkündeten Mineralölsteuererhöhung um 50 Groschen werde der maßlose Raubzug durch die Taschen der Steuerzahler nun

mit einer saftigen Strompreiserhöhung fortgesetzt.
Freiheitlicher Pressedienst / 17.9.1993

Der FPÖ-Obmann bezeichnete es als unglaubliche Unverfrorenheit, wenn 926
nun die erste Tat des neuen, aufgeblähten rot-schwarzen Vierervorstandes des Verbundes eine Strompreiserhöhung ab 1. 1. 1994 sei.
Freiheitlicher Pressedienst / 17.9.1993

Auch sei es nicht zu akzeptieren, daß die Regierung dem kleinen Mann im- 927
mer mehr das Hemd ausziehe, während die Politiker von SPÖ und ÖVP nicht bereit seien, in ihrem ureigensten Bereich entscheidende Maßnahmen zu setzen, wie etwa eine von der FPÖ geforderte echte Gehaltskürzung. *Freiheitlicher Pressedienst / 17.9.1993*

Die ÖIAG entwickle sich immer mehr zum österreichischen Indu- 928
striefriedhof, kritisierte Haider. *Freiheitlicher Pressedienst / 21.9.1993*

So gebe es hier einen Aufsichtsratvorsitzenden Dr. Grünwald, der schon 929
einmal für das Verstaatlichtendesaster im Jahr 1985 verantwortlich gewesen sei. *Freiheitlicher Pressedienst / 21.9.1993*

Haider: Regierung tritt Anliegen der Bevölkerung mit Füßen. 930
Freiheitlicher Pressedienst / 23.9.1993

Haider: Politisches Begräbnis für das Volksbegehren „Österreich zuerst" ist 931
gleichzeitig Auferstehung für die Bevölkerung.
Freiheitlicher Pressedienst / 23.9.1993

Der FPÖ-Bundesparteiobmann ortete eine „verdächtige doppelte Moral" 932
innerhalb der Regierungsparteien in der Ausländerpolitik.
Freiheitlicher Pressedienst / 23.9.1993

Diese Beispiele zeigten die Doppelmoral in den österreichischen Regie- 933
rungsparteien [betreffend Ausländerpolitik], sagte Haider.
Freiheitlicher Pressedienst / 23.9.1993

„In der Zwischenzeit ist also auch den SOS-Aktivisten ein Licht aufgegan- 934
gen, daß sie politisch mißbraucht worden sind", so Haider.
Freiheitlicher Pressedienst / 23.9.1993

Angesichts der Tatsache, daß mehr als 20.000 Wiener auf eine Gemeinde- 935
wohnung warteten, sei dies eine Verachtung der Anliegen der heimischen Bevölkerung, kritisierte Haider. *Freiheitlicher Pressedienst / 23.9.1993*

Jene Herren, welche in den Vorstandsetagen für die Milliardenflops verant- 936
wortlich sind, gehen indessen wohlversorgt in Pension, bekommen andernorts in der Staatsindustrie „eine neue Chance", wie z.B. ÖMV-Aufsichtsratspräsident Grünwald, der schon den ersten Verstaatlichten-Zusammenbruch 1986 nicht zu verantworten brauchte, oder steigen weiter auf — zum

Beispiel zum Minister. Die Rechnung geht in jedem Falle an die Steuerzahler. *Freiheitlicher Pressedienst / 23.9.1993*

937 Die aktuelle Auseinandersetzung zwischen Kanzler Vranitzky und Wirtschaftsminister Schüssel [Finanzierbarkeit des Sozialsystems] könne man nur auf den Nenner „hohle Phrasen gegen schlampige Unwissenheit" bringen, sagte Haider.

Freiheitlicher Pressedienst / 27.9.1993

938 Bezüglich des Transitvertrages hätten die zuständigen Minister in den letzten Jahren, so Haider, gelogen, „daß sich die Balken biegen".

Freiheitlicher Pressedienst / 28.9.1993

939 Haider ortete in diesem Zusammenhang [Budget 1994] eine handfeste Verstimmung in der Koalition, die ihre bisherigen Budgetverhandlungen als einen „Dialog von Taubstummen" gestaltet habe.

Freiheitlicher Pressedienst / 28.9.1993

940 Haider bezeichnet es als im hohen Maße befremdlich, daß eine Entsorgung des Verpackungsmaterials von jenen durchgeführt werde, die zugleich die Erzeuger des „Verpackungswahnsinns" seien.

Freiheitlicher Pressedienst / 28.9.1993

941 Zum Liberalen Forum meinte Haider, die heutigen Positionen von Parteichefin Heide Schmidt seien ein Beleg dafür, daß diese während ihrer FPÖ-Zugehörigkeit „politische Prostitution" betrieben habe.

Kleine Zeitung / 3.10.1993

942 „Hinaus mit diesen Schuften" (Bundesregierung), die das Land „auf dem Rücken der Steuerzahler so schlecht verwalten."

Kleine Zeitung / 3.10.1993

943 So hätten im Zuge des aufgeflogenen Skandals um Schwarzarbeiter auf einer Salzburger Gewerkschaftsbaustelle die zuständigen Gewerkschaftsfunktionäre über Radio massiv auf die Einführung eines Dienstausweises für die Arbeiter gedrängt. Dies sei ein weiteres deutliches Beispiel dafür, daß die theoretischen Vorstellungen des Kanzlers meilenweit von der Realität entfernt seien. „Vranitzky spricht mit gespaltener Zunge", so Haider wörtlich.

Freiheitlicher Pressedienst / 6.10.1993

944 Die FPÖ werde jedenfalls eine neuerliche parlamentarische Initiative für die Einführung einer generellen Ausweispflicht (für alle ausländischen Arbeitnehmer) starten, kündigte Haider an. Man würde dann sehen, ob Minister Hesoun nur noch für Grapsch-Affären oder aber für die Anliegen der Bevölkerung Schlagzeilen mache, schloß Haider.

Freiheitlicher Pressedienst / 6.10.1993

945 Anstatt auf pompösen Konferenzen dem Multikulti-Spuk weiterhin das Wort zu reden, soll Vranitzky endlich die Sorgen der Österreicher ernst

nehmen und in der Ausländerpolitik nach dem Motto „Österreich zuerst" handeln. *Freiheitlicher Pressedienst / 6.10.1993*

Haider: Koalition pfeift aus dem letzten Loch. 946
Freiheitlicher Pressedienst / 13.10.1993

Entweder Neuwahlen oder massiver Gesichtsverlust für eine der Koalitionsparteien. *Freiheitlicher Pressedienst / 13.10.1993* 947

„Die Koalition pfeift aus dem letzten Loch", stellte heute FPÖ-Bundesparteiobmann Dr. Jörg Haider im Rahmen einer Pressekonferenz in Wien zu den chaotischen Vorgängen rund um die Budgeterstellung fest. 948
Freiheitlicher Pressedienst / 13.10.1993

Die Märchenerzähler in der Regierung hätten ihre Märchenstunde vorzeitig beenden müssen, da sie nun mit der bitteren Wahrheit konfrontiert seien. *Freiheitlicher Pressedienst / 13.10.1993* 949

Die rot-schwarzen Rumpelstilzchen der österreichischen Budgetpolitik seien einmal mehr der Unwahrheit überführt worden, sagte Haider weiters. 950
Freiheitlicher Pressedienst / 13.10.1993

Es werde am falschen Platz gespart, nämlich bei den Konsumenten und den kleinen Leuten, die mit einer unglaublichen Belastungswelle konfrontiert seien, kritisierte der FPÖ-Obmann. 951
Freiheitlicher Pressedienst / 13.10.1993

Die Regierung befindet sich nach dem gestrigen Budgetgipfel in einem Teufelskreis, wo es nur noch die Entscheidung zwischen Umfallen oder Neuwahlen gebe. Haider erinnerte daran, daß sich die ÖVP deklariert für das Einfrieren von Sozialleistungen ausgesprochen habe, während die SPÖ auf eine Erhöhung poche. Das bedeutet, daß eine der Koalitionsparteien einen massiven Gesichtsverlust erleiden werde, oder daß es zu Neuwahlen komme, meinte Haider. *Freiheitlicher Pressedienst / 13.10.1993* 952

Harte Gangart gegenüber Arbeitslosen. 953
Die Sozialschmarotzer lebten heute besser denn je, sagte Haider. Wenn man bedenke, daß 11.700 Schilling für Arbeitslosenunterstützung ausbezahlt würden, das Bruttoeinkommen in Österreich jedoch bei 14.000 bis 15.000 Schilling liege, könne man sich vorstellen, daß hier ein besonderes Ungleichgewicht existiere. *Freiheitlicher Pressedienst / 13.10.1993*

Die Sozialschmarotzerdebatte sei jedenfalls ehrlich zu führen. In diesem Zusammenhang forderte Haider erneut die Verschärfung der Zumutbarkeitsbestimmungen. *Freiheitlicher Pressedienst / 13.10.1993* 954

Für ihn, Haider, stehe bereits jetzt fest, daß die ÖVP bei den strittigen Fragen des Budgets in die Knie gehen werde. „Eine gewisse Portion Masochismus muß schon dahinterstecken, wenn man akzeptiert, daß man die 955

Dreckarbeiten macht, während der sozialistische Partner den feinen Maxe spielt, der den Österreichern erklärt, es wird nicht so heiß gegessen wie gekocht, sagte Haider in Richtung ÖVP.
Freiheitlicher Pressedienst / 15.10.1993

956 Der Canossa-Gang der ÖVP stehe unmittelbar bevor, der Rückzug auf allen Fronten sei bereits programmierte Sache, und ein weiterer Schritt zur Selbstaufgabe der ÖVP sei damit getan, sagte der FPÖ-Obmann.
Freiheitlicher Pressedienst / 15.10.1993

957 Aus der Sicht der Opposition müsse man den Sozialisten gratulieren. „So hat eine Sozialistische Partei noch keinen Koalitionspartner im Griff gehabt, wo die Damen und Herren Minister und Abgeordnete der ÖVP am Nasenring der roten Zaren durchs Land geführt werden", so Haider wörtlich. *Freiheitlicher Pressedienst / 15.10.1993*

958 Die kleinere Regierungspartei sei offenbar zur totalen Unterwerfung bereit und erweise sich als Filialbetrieb der Sozialisten.
Freiheitlicher Pressedienst / 15.10.1993

959 Vranitzkys Ankündigung, daß sich die ÖVP beugen müsse, habe stattgefunden. „Mit dieser Politik der ÖVP kann man nur noch Mitleid haben", sagte Haider. Die von Busek in den letzten Tagen vorgetäuschte Verhandlungshärte habe sich letztlich als unglaubliche Biegsamkeit herausgestellt und kann nur noch als „Plastilin-Politik" bezeichnet werden.
Freiheitlicher Pressedienst / 18.10.1993

960 Die Zeche für diese Politik würden einmal mehr die fleißigen Bürger zahlen. Das Budget bringe eine Belastungslawine von mehr als 5.000 Schilling pro arbeitendem Österreicher, während die Steuerreform Entlastungen von 3.800 Schilling mit sich brächte.
Freiheitlicher Pressedienst / 18.10.1993

961 Allein diese Gegenüberstellung zeige das Ausmaß der chaotischen Finanzpolitik der Koalition, die nun vom fleißigen Bürger getragen werden müsse. Gegen diese Belastungspolitik werde die FPÖ ihr entscheidendes Nein im Zuge der Budgetdebatte im Parlament einbringen, schloß Haider.
Freiheitlicher Pressedienst / 18.10.1993

962 Auch die Medien hätten bereits erkannt, daß diese Koalition am Ende sei, sagte Haider und zitierte Kommentare aus Tageszeitungen, wonach die Regierung „zirkusreife Budgetakrobatik" betreibe, „zu feige sei, ein Jammer-Schauspiel und Roßtäuscherei" betreibe und „von grenzenloser Mutlosigkeit strotze". *Freiheitlicher Pressedienst / 28.10.1993*

963 Aber auch der AUA, die vor Kooperationen mit Pleiteunternehmen stehe, habe sich die ganze chaotische Wirtschaftspolitik der Koalition herausgestellt. *Freiheitlicher Pressedienst / 28.10.1993*

Im Zusammenhang mit dem letzten Rechnungsabschluß stellte der FPÖ-Obmann fest, daß die Regierung eigentlich bereits ein Fall für den Staatsanwalt sei. *Freiheitlicher Pressedienst / 28.10.1993* 964

Es gebe keine gesetzeskonforme Verwaltung, insbesondere in der ganzen Fonds-Wirtschaft. Die großkoalitionäre Fondsverwaltung sei ein einziges Kriminalstück, da jegliche Abrechnungen fehlten. Vom KRAZAF, Öko-Fonds, Fonds zur Förderung der wissenschaftlichen Forschung bis zum Fonds des Österreichischen Instituts für Sportmedizin gebe es keinerlei Bilanzabrechnungen. *Freiheitlicher Pressedienst / 28.10.1993* 965

Die Regierung gehe mit dem Geld der Steuerzahler fahrlässig um und begebe sich in die Nähe des Gesetzesbruches. [Finanzierng der verschiedenen Fonds] *Freiheitlicher Pressedienst / 28.10.1993* 966

Auch bei den heimischen Banken gebe es ungeheure Ungereimtheiten. So spekuliere etwa die größte heimische Bank im Zusammenhang mit Verstaatlichtenmanagern der Industrie gegen die eigene Währung. *Freiheitlicher Pressedienst / 28.10.1993* 967

Total konfuse Europapolitik der Regierung. 968
Scharf kritisierte der FPÖ-Obmann die „Ohne-Wenn-und-Aber-Politik" der Bundesregierung im Zusammenhang mit den Verhandlungen um einen Beitritt Österreichs zur EG. *Freiheitlicher Pressedienst / 28.10.1993*

„Die jetzige Zuwanderung ist ein kleines Lüfterl, der Sturm kündigt sich jedoch schon an", sagte Haider, der davon ausgeht, daß es zu starken Wanderungsbewegungen, vor allem aus der Dritten Welt, kommen werde. *Freiheitlicher Pressedienst / 28.10.1993* 969

Politische Erneuerung bedeute für die FPÖ, die Herrschaft der Sozialschmarotzer und Funktionäre zu brechen. *Freiheitlicher Pressedienst / 28.10.1993* 970

Vor allem jenen Funktionären gehöre das Handwerk gelegt, die mit öffentlichen Geldern immer mehr Mißbrauch betreiben. *Freiheitlicher Pressedienst / 28.10.1993* 971

Die Rolle der FPÖ in Österreich definierte der FPÖ-Obmann als kleiner Daniel in der rot-schwarzen Löwengrube. Viele Beobachter säßen in der Arena und erwarteten gespannt, wie diese Auseinandersetzung letztlich ausgehe. *Freiheitlicher Pressedienst / 28.10.1993* 972

Dieser Erosionsprozeß der Altparteien sei gegenwärtig unaufhaltsam. *Freiheitlicher Pressedienst / 28.10.1993* 973

Dieses verfilzte politische System sei längst sturmreif, schloß Haider. *Freiheitlicher Pressedienst / 28.10.1993* 974

975 Zum Auftakt der FPÖ-Klubklausur im südburgenländischen Schlaining sagte der FP-Obmann, die „Front der Ausgrenzer“ bröckle bereits ab.
Der Standard / 28.10.1993

976 Er, Haider, stehe keinem Regierungsbündnis im Wege. Es sei aber klar, daß sich die SPÖ eine FPÖ ohne Haider wünsche, weil er „sicher ein harter Widerpart“ sei. *Der Standard / 28.10.1993*

977 Die SPÖ habe derzeit einen „Plastilinpartner ÖVP, der biegsam und geschmeidig“, sei. *Der Standard / 28.10.1993*

978 Die Abspaltung des Liberalen Forums wäre für jede andere Partei der „programmierte Absturz“ gewesen. *Der Standard / 28.10.1993*

979 In der EG-Frage warf Haider der Regierung den „Ausverkauf österreichischer Interessen“ vor. Haider: „Wir sind die wirklichen Patrioten, die die Funktion eines Schutzpatrons für die Österreicher haben.“
Der Standard / 28.10.1993

980 Verzetnitsch sei gegenüber den Arbeitnehmern wortbrüchig geworden und wolle nun mit „alten Hüten“, wie etwa Arbeitszeitverkürzung, zudecken, daß die Arbeitnehmer immer mehr im Stich gelassen würden.
Freiheitlicher Pressedienst / 17.11.1993

981 Haider bezeichnete die Sozialpartnerschaft als „Sozialpackelei“.
Der Standard / 24.11.1993

982 Die verbale Ausgrenzungspolitik seitens des Parlamentspräsidenten kann die FPÖ jedoch keinesfalls akzeptieren. *Freiheitlicher Pressedienst / 15.12.1993*

983 „Es entsteht so der berechtigte Eindruck, daß von Ihnen [Fischer] mit sanfter Maßlosigkeit eine ideologische Aggression gegenüber der FPÖ artikuliert wird, die im krassen Widerspruch zu der von Ihnen in Ihrem Schreiben erwähnten politischen Kultur steht.“
Freiheitlicher Pressedienst / 15.12.1993

984

Die FPÖ ist gerade, was politisches Brandstiftertum höchster politischer Funktionsträger betrifft, äußerst sensibel, da es bereits eine Zeit gegeben hat, wo sich Parlamentspräsidenten nicht an die Geschäftsordnung gehalten haben und auch mit öffentlicher Voreingenommenheit und Vorverurteilung eine dauerhafte Parlamentskrise eingeleitet haben.
Freiheitlicher Pressedienst / 15.12.1993

985 Nun sei die Zeit gekommen, diesen Fehlentwicklungen des sozialistischen Machtsystems entschieden entgegenzutreten. In Zukunft werde man nun nicht mehr mit lockeren Sprüchen, sondern mit klaren Reformkonzepten die politischen Mitbewerber konfrontieren. Nun seien Inhalte gefragt, so wie er, Haider, diese in seinem Buch „Die Freiheit, die ich meine“ vorgezeichnet habe. *Freiheitlicher Pressedienst / 9.1.1994*

Es gehe um ein Österreich, das vom Prinzip der politischen Apartheid und vom Schutz der Altparteien befreit werden müsse. Daher werde es in den nächsten Jahren eben auch eine Konfrontation und Polarisierung zwischen dem Sozialisten Vranitzky auf der einen Seite und dem freiheitlichen Herausforderer Jörg Haider auf der anderen Seite geben. 986

Freiheitlicher Pressedienst / 9.1.1994

Die FPÖ wolle jedenfalls keine Republik der „Seitenblicke-Gesellschaft" mit einer Schicki-micki-Partie, in der Kußmund und Nadelstreif natürlich nicht fehlen dürften. *Freiheitlicher Pressedienst / 9.1.1994* 987

Ohne diese Dritte Republik werde Österreich zu einem Parteistaatsmuseum, in dem nicht die Tüchtigen gewinnen würden, sondern die Parteisekretariate, Kammerbonzen und andere das Sagen hätten. 988

Freiheitlicher Pressedienst / 9.1.1994

In Richtung ÖVP-Obmann Busek meinte Haider, daß es nicht möglich sei, „den rechten Schuh am linken Fuß anzuziehen, ohne Hühneraugen zu bekommen". *Freiheitlicher Pressedienst / 9.1.1994* 989

Dabei kündigte Haider an, Österreich „vom Schutt der Altparteien" zu befreien, „von oben nach unten politisch zu säubern" und eine Dritte Republik durch Reformation schaffen zu wollen. Dafür sei es erforderlich, das Monopol der organisierten Kräfte in Österreich zu brechen. Während in Osteuropa der Sozialsmus gestorben sei und sich in Westeuropa überholt habe, scheine er in Österreich „pragmatisiert" zu sein. 990

Der Standard / 10.1.1994

Jörg Haider listete in seiner eineinhalbstündigen Rede die Erfolge der FPÖ seit 1986 auf und wetterte danach gegen die „geistige Schräglage in unserer Gesellschaft", gegen die „großkoalitionären Futtertröge, den Filz in der rot-schwarzen Bürokratie", und bezeichnete die Absplitterung des Liberalen Forums als „Befreiung von Drogenfreigabe und Abtreibung auf Krankenschein". Seine Partei habe gute und junge Leute. „Die Freiheitlichen werden regieren, wenn die rot-schwarzen Polit-Opas schon längst auf den Parkbänken sitzen." *Der Standard / 10.1.1994* 991

Dieses mikrige Programm sei eine nicht ernstzunehmende Mogelpackung und entspreche in Umfang und Inhalt der Kompetenz und dem Intellekt einer Drei-Prozent-Partei, so Haider. *Freiheitlicher Pressedienst / 12.1.1994* 992

„Wir lassen uns auch von den aufheulenden linken Medien und verantwortungslosen Politikern nicht vom Weg abbringen", sagte Haider zu Kritiken an seiner Ankündigung, die Initiative „Österreich zuerst II" einzuleiten. *Freiheitlicher Pressedienst / 6.2.1994* 993

Die FPÖ habe im Parlament [Anfragen] betreffend die Reisetätigkeit der österreichischen Bundesminister gestellt. Wenn man nun die Anfragebeantwortungen durchlese, sei es höchst interessant, wo die Regierungsmit- 994 glieder „in der Weltgeschichte herumreisen“. Insgesamt sei aus diesen Anfragebeantwortungen hervorgegangen, daß die Regierung als ganzes sehr reisefreudig sei. „Das ist ein rot-schwarzes Reisebüro, welches irgendjemanden in der Weltgeschichte herumschickt, ohne klare Aufträge und Zielsetzung dabei zu verfolgen“, so Haider wörtlich.

Freiheitlicher Pressedienst / 8.2.1994

995 „Als besonders Schmankerl“ erwähnte Haider auch sogenannte Kleinreisen, die von Regierungsmitgliedern in Österreich gemacht würden. So habe Minister Schüssel zu einem EU-Arbeitsgespräch in Lech am Arlberg eingeladen (28. 1. — 30. 1. 1994). *Freiheitlicher Pressedienst / 8.2.1994*

996 Haider: FPÖ überlegt Mißtrauensantrag wegen ÖBB-Desaster. ÖBB-Ausgliederung war grobes Täuschungsmanöver.
Scharfe Kritik an der Bundesregierung im Zusammenhang mit dem zu erwartenden ÖBB-Finanzdebakel übte heute FPÖ-Bundesparteiobmann Dr. Jörg Haider im Rahmen einer Pressekonferenz in Wien.
Es drohe ein riesiges Finanzdebakel mit über 47 Milliarden Schilling Erfordernis, was einem zweiten Verstaatlichtendebakel nahezu gleichkomme.

Freiheitlicher Pressedienst / 10.2.1994

997 „Wenn der SPÖ-Vorsitzende nun am 12. Februar 1994 dies nicht wahrhaben will und wiederum wilde Attacken gegen die größte Oppositionspartei Österreichs führt, so betätigt er sich als Geschichtsfälscher, der dringend Nachhilfe braucht“, so Haider. *Der Standard / 14.2.1994*

998 Er, Haider, habe dieses „Terrorkochbuch“ aus Kreisen der Staatspolizei erhalten, die ihm gegenüber auch klargemacht hätten, daß sie zutiefst frustiert seien. *Freiheitlicher Pressedienst / 15.2.1994*

999 Die gestrige Nicht-Berichterstattung über die Pressekonferenz des freiheitlichen Bundesparteiobmannes zu den aktuellen Themen Briefbomben, Ausländer, Meinungsforschung und Landtagswahkampf sei nur die Spitze eines Eisberges von schier unfaßbaren Manipulationen des „Rotfunks“ in den letzten Wochen. Vor allem seit Jahresbeginn betätige sich der ORF in bester Manier eines ehemaligen Ostblock-Senders als Propagandamaschinerie der SP. Nun, in der Vorwahlzeit, finde die Berichterstattung über die größte Oppositionspartei und über die FPÖ-Kritik an der sozialistischen Regierung offenbar überhaupt nicht mehr statt. Stattdessen könne man nahezu täglich „Sozialistische Festspiele“ in den Informations-Sendungen „bewundern“. *Freiheitlicher Pressedienst / 16.2.1994*

1000

Der FPÖ-Obmann sprach von einigen „journalistischen roten Partisanen im ORF-Untergrund“, wie etwa ein Herr Broukal oder auch ein Herr Brandstätter, die keine Gelegenheit ausließen, gegen die FPÖ zu manipulieren oder sie überhaupt zu verschweigen.

Freiheitlicher Pressedienst / 16.2.1994

1001 Nach wie vor seien „rote Zensoren“ an den Schaltstellen des ORF am Werk, die nichts unversucht ließen, die freiheitliche Opposition zu unterdrücken und gezielte Meinungsmanipulation zu betreiben. Die ORF-Führung solle sich endlich darauf besinnen, daß es trotz hoher Nervosität im SP-Umfeld und trotz Wahlkampf einen gesetzlichen Auftrag zur Objektivität gebe, forderte Haider abschließend.

Freiheitlicher Pressedienst / 16.2.1994

Dann wurde er kämpferisch: Nicht für „Tachinierer, Faulenzer, Sozialschmarotzer" müsse Politik gemacht werden, sondern für „Leute, die sich anstrengen". *Der Standard / 18.2.1994* 1002

Weiter ging es mit der SPÖ: „Die FPÖ sei die Kraft der Finsternis, die SPÖ die Kraft des Lichtes", zitierte Haider alsdann Josef Cap, den er auch gleich näher beschrieb: „Der hat mehr um den Hals als im Hirn", und sei eine „unbeleuchtete Erscheinung und armseliger Kerzenleuchter". 1003

Der Standard / 18.2.1994

Wenig später warf Haider der SPÖ einen „verbalen Rundumschlag" in Richtung FPÖ vor, dann noch eine „Sprache der Unversöhnlichkeit". 1004

Der Standard / 18.2.1994

Von verbaler Zurückhaltung, gelobt auf dem Höhepunkt des Briefbomben-Schocks, ist nichts mehr geblieben. So bezeichnet der FPÖ-Chef SP-Bundesgeschäftsführer Cap als eine „minderbeleuchtete Erscheinung" und „eine Art Kerzenleuchter", der „mehr um den Hals als im Hirn hat". In Richtung Umweltministerin Rauch-Kallat höhnt Haider, sie praktiziere die Mülltrennung auf ihren Hüten. Unterrichtsminister Scholten reiht er ein in die Gruppe der „68er, die nun Kommissare für Denkverbote und Gesinnungsschnüffelei geworden sind". *Die Presse / 18.2.1994* 1005

Landeshauptmann Christof Zernatto und Finanzreferent Peter Ambrozy warf Haider im Zusammenhang mit der Verteilung der Struktur-Milliarde zur Regionalförderung der Bundesländer „offensichtliche Unfähigkeit" vor. 1006

Der Standard / 19.2.1994

Das sei eine „Betrugsaktion der Wiener Regierung an Kärnten". 1007

Der Standard / 19.2.1994

Dazu zähle vor allem die systematische Verlagerung von der Straße auf die Schiene. Diese finde jedoch bisher nicht statt, weil sich der Transitvertag immer mehr als eine „Mogelpackung" der Regierung herausstelle, mit der man die Österreicher in Sicheit wiegen wolle, daß ohnedies eine Reduktion der transitierenden LKWs geplant sei. 1008

Freiheitlicher Pressedienst / 22.2.1994

Die Busek-ÖVP stehe nun ganz unter sozialistischer Kuratel. Aus der Teilentmündigung der Busek-Mannen sei nun eine vollständige Entmündigung durch die SPÖ geworden, stellte heute FPÖ-Bundesparteiobmann Abg. Dr. Jörg Haider zu den jüngsten Aussagen Buseks fest. 1009

Freiheitlicher Pressedienst / 23.2.1994

1010 Im Rahmen einer Pressekonferenz in Klagenfurt nahm heute FPÖ-Bundesparteiobmann Dr. Jörg Haider zur Bestellung der Tiroler Rechtsanwältin Lisbeth Lass zum Mitglied des Verfassungsgerichtshofes durch Bundespräsident Klestil Stellung. Haider sprach in diesem Zusammenhang von einer „unüblichen Vorgangsweise", die eines demokratischen Rechtsstaates unwürdig sei. *Freiheitlicher Pressedienst / 8.3.1994*

1011 Für ihn, Haider, sei somit deutlich die Tendenz feststellbar, daß, „je schwächer [wohl: mehr] die Große Koalition machtmäßig verliert, je schwächer sie beim Bürger wird, umso gieriger und brutaler wird der Zugriff auf die Machtpositionen, die sie sich im Staat suchen".
Freiheitlicher Pressedienst / 8.3.1994

1012 FP-Chef Jörg Haider, wie Weingartner im Wahlkampf, sprach von einem „politischen Betrugsmanöver am Tiroler Bürger", von einem „inszenierten Schauspiel" der Koalition. *Der Standard / 9.3.1994*

1013 Ausserwinkler habe keinerlei Anspruch auf den Landeshauptmann, da er nicht vom Kärntner Wähler gewählt worden sei. Diese Wählerpflanzung aus Wien sei keinesfalls akzeptabel, sagte Haider. SP-Vorsitzender Vranitzky „entsorge" damit einen zunehmends in Kritik geratenen Problemminister, der sich nicht einmal der Wahl gestellt habe. Offenbar wolle die Bundes-SPÖ aus Kärnten eine „Problemdeponie" machen, in der ein gescheiterter SP-Politiker nach dem anderen versenkt werde, schloß Haider.
Freiheitlicher Pressedienst / 14.3.1994

1014 Haider zu Ausserwinkler: Viele Enttäuschungen, die zurückbleiben.
„Wunderknabe" als „Problemflüchtling" enttarnt.
Freiheitlicher Pressedienst / 16.3.1994

1015 „Daß wir aber jetzt einen Problemflüchtling hier sitzen haben, das konnte ja niemand annehmen. Man war der Meinung, daß das stimmt, was Ausserwinkler bisher gesagt hat". So habe Ausserwinkler am 5. März in einem Interview mit der Kärntner Kronen-Zeitung gesagt: „Egal, wie laut der Ruf aus Kärnten nach der Wahl sein wird, ich steige nicht in die Landespolitik ein". *Freiheitlicher Pressedienst / 16.3.1994*

1016 Zur Erinnerung: Im Artikel 1 dieses Entwurfes heißt es, Zitat: „Mit der Zustimmung des Bundesvolkes zu diesem Bundesverfassungsgesetz werden die zuständigen Organe ermächtigt, den Staatsvertrag über den Beitritt Österreichs zur EU entsprechend dem erzielten Verhandlungsergebnis abzuschließen." Zitat Ende. Das findet Haider merkwürdig, denn damit werde: [Haider:] „... eine Blankovollmacht für alle weiteren Gesetzes- und Verfassungsänderungen eingeholt. Das ist ein schleichender Verfassungsputsch, wie es ihn in der Form überhaupt noch nie gegeben hat."
Abendjournal / 18.3.1994

1017 Das ist die Vereinbarung oder Erklärung, daß man sich von der Neutralität verabschieden will, und auch das will man dem Volk nicht zur Abstimmung vorlegen. Das ist eine Gemeinheit, was da geschieht. Schlicht und einfach eine undemokratische Gemeinheit, ein schleichender Putsch. *Zeit im Bild 1 / 18.3.1994*

Mit einer scharfen Attacke gegen den Entwurf des Bundesverfassungsgesetzes für den EU-Beitritt Österreichs hat FPÖ-Chef Jörg Haider eine verfassungsrechtliche Diskussion ausgelöst. Haider wirft der Regierung „schleichenden Verfassungsbruch" vor. *Der Standard / 19./20.3.1994* 1018

Wenn nun der Bundeskanzler andauernd davon spreche, daß der EU-Fahrplan stimme, dann könne man das nur so verstehen, daß Vranitzky offenbar Parallelen mit der österreichischen Bundesbahn ziehe. „Diese hat auch sehr oft Verspätung. Der Fahrdienstleiter Vranitzky hat die Situation im Zusammenhang mit dem EU-Zug, wo ständig jemand einsteigen soll, aber keiner weiß, wohin es geht oder ob es überhaupt noch eine Station und eine Ausstiegsmöglichkeit gibt, offenbar nicht mehr im Griff", sagte Haider. *Freiheitlicher Pressedienst / 6.4.1994* 1019

Die Österreicher müßten jedenfalls bei der Abstimmung die Wahrheit erfahren und dementsprechend informiert werden. Er, Haider, stehe nicht für eine Beihilfe zum Verfassungsbruch zur Verfügung. *Freiheitlicher Pressedienst / 6.4.1994* 1020

„Pleiten auf allen Linien" warf heute FPÖ-Bundesparteiobmann Dr. Jörg Haider im Rahmen einer Pressekonferenz in Wien der Koalitionsregierung vor. *Freiheitlicher Pressedienst / 6.4.1994* 1021

Als Beispiel nannte Haider neben der Spitalsreform etwa auch die Mietengesetzgebung, die ein echter Flop gewesen sei, da es nun keinesfalls mehr Wohnungen gebe, sondern noch teurere und damit letztlich weniger. Die Bundesstaatsreform tappe total im Dunklen, und der damit im Zusammenhang stehende notwendige Finanzausgleich sei nicht geklärt. Auch die Verwaltungsreform bezeichnete Haider als echten Flop. Bereits 1989 habe der damalige zuständige Kanzleramtsminister Heinrich Neisser ein Verwaltungsreformprojekt angekündigt, mit dem etwa 15 Prozent an Personal- und Sachaufwand pro Jahr in den zwölf Ministerien eingespart hätten werden sollen. *Freiheitlicher Pressedienst / 6.4.1994* 1022

Nun sei jedoch genau das Gegenteil eingetreten. Insgesamt zeige sich in sämtlichen Bereichen das mangelnde Verantwortungsbewußtsein bei den Problemlösungen der Koalitionsparteien. Offenbar habe man den Willen zu Reformen anläßlich des nahenden Wahltermins bereits vollkommen aufgegeben, schloß Haider. *Freiheitlicher Pressedienst / 6.4.1994* 1023

„Die Hohenauer Zuckerfabrik muß jedenfalls erhalten bleiben, weil die Region sonst zu einem Industriefriedhof wird", so Haider. *Freiheitlicher Pressedienst / 7.4.1994* 1024

Haider: Keine FP-Zustimmung zu EU-Beitrittsgesetz. 1025
Schlechtes Verhandlungsergebnis, unerledigte Hausaufgaben und fahrlässi-

ger EU-Fahrplan der Regierung machen Zustimmung unmöglich; keine Empfehlung zur EU-Volksabstimmung.
Freiheitlicher Pressedienst / 8.4.1994

1026 Es sei die staatspolitische Verantwortung der freiheitlichen Opposition, dem rot-schwarzen EU-Spiel mit gezinkten Karten endlich ein Ende zu bereiten. Die FPÖ, so Haider weiter, solle außerdem keine Empfehlung an die Bevölkerung hinsichtlich der EU-Volksabstimmung abgeben, da die Bürger gescheit und verantwortungsvoll genug seien, zwischen den einzelnen Positionen pro und contra EU zu entscheiden.
Freiheitlicher Pressedienst / 8.4.1994

1027 Im Zweifelsfall habe sich die FPÖ immer für Österreich entschieden, sagte Haider unter Verweis auf die Atom-, die Neutralitäts-, Ausländer- und nun EU-Frage. Auch jetzt werde sich die FPÖ trotz massiver Gegenpropaganda nicht unterkriegen lassen und ihre eigene Linie, im Wissen, das Beste für Österreich zu tun, gehen. *Freiheitlicher Pressedienst / 8.4.1994*

1028 Heftige Kritik übte Haider an der laufenden EU-Propaganda. Mittels ORF und durch eine durch erhöhte Presseförderung offensichtlich gekaufte Printmedienlandschaft werde eine wahre Gehirnwäsche durchgeführt. Viele hätten nun vielleicht geglaubt, daß auch die FPÖ dieser Gehirnwäsche erlegen sei. *Freiheitlicher Pressedienst / 8.4.1994*

1029 Bei all den entscheidenden Fragen der letzten Jahre sei die FPÖ immer der moralische Sieger gewesen, da sie im Zweifelsfall immer für die Interessen der Österreicher eingetreten sei. Die FPÖ sage Ja zu einem Europa freier Völker, selbstbewußter Bürger und gesicherten Friedens, jedoch Nein zu einem Europa der Arbeitslosigkeit, der Meinungsdiktatur und der Demokratiefeindlichkeit. *Freiheitlicher Pressedienst / 8.4.1994*

1030 Na, wenn wir das Geld, das wir als Mitgliedsbeiträge, jedes Jahr 10, 15 Milliarden Schilling, in die EU hineinzahlen müssen, wenn wir das für eine jährliche Steuersenkung verwenden, dann sind unsere Betriebe in Österreich wesentlich wettbewerbsfähiger gegenüber der EU, als wenn wir dort beitreten und mit großen Mitgliedsbeiträgen die Nichtstuer im Süden finanzieren müssen. *Zeit im Bild 2 / 8.4.1994*

1031 „Ja, entschuldigen, der EG-Rechnungshof rechnet damit, daß 25 bis 30 Prozent dieser Subventionen in die falschen Kanäle gehen. Und jetzt muß ich also sagen, bevor mein Geld und das Geld der fleißigen Österreicher dafür verwendet wird, daß die italienischen Mafiosi oder irgendwelche korrupten Bürgermeister in Griechenland ihre Budgetnöte ausgleichen können, stehe ich nicht zur Verfügung. Denn das ist Verantwortung für das eigene Land. Wenn Sie sich mehr den Kopf der Griechen zerbrechen, ist das Ihr Kaffee. Ich zerbreche mir den der Österreicher.“ *Pressestunde / 17.4.1994*

1032 „Ich stehe als Friedensrichter für die Koalition gerne zur Verfügung“, stellte Haider fest.“ Der FPÖ-Obmann begründete sein Angebot damit, daß er nun, da er heute nicht zum Kärntner Landeshauptmann gewählt worden sei, durchaus noch freie Kapazitäten habe, die auch für eine offenbar dringend notwendige friedensstiftende Funktion im tobenden rot-schwarzen Parteienzank einsetzbar seien. *APA / 19.4.1994*

Naja, aber jetzt sage ich es Ihnen, daß das alles eine reine Erfingung ist, sondern hier hat es eine Vereinbarung gegeben. Und der größte Fehler besteht meines Erachtens darin, daß sie geschlossen wurde mit jemandem, der schon öfters seine Unterschrift wieder zurückgezogen hat. *Inlandsreport / 21.4.1994* **1033**

[...] und habe also jetzt gesagt, um Kärnten eine Lösung zu geben und eine Chance zu ermöglichen, bin ich also bereit zurückzutreten ins zweite Glied, einem anderen den Vorrang zu lassen. Ich glaube, das muß man schon auch respektieren, daß da nicht die FPÖ irgendjemand abgeräumt hat. Und offenbar haben halt jene, die mit uns die Vereinbarung getroffen haben, ein bißchen flattrige Nerven bekommen, als die Zeitungen geschrieben haben, das sind die Verlierer, und die sind in die Knie gegangen, und die wurden über den Tisch gezogen. Ich sehe das nicht so, sondern die Landeshauptmannposition ist ja etwas sehr Wertvolles. *Inlandsreport / 21.4.1994* **1034**

Das ist möglich, das bringt den beiden zwar etwas, aber dem Land nichts, und das ist das Problem. Was mich eigentlich ein bißchen traurig stimmt in der jetzigen Situation, weil ja Kärnten wirklich viele Probleme hat, die zu lösen sind, und ich eigentlich gekämpft habe, daß wir für dieses Land eine Regierung bringen, die vieles beseitigt, was in den letzten Jahren fehlgelaufen ist. Insbesondere den Leuten ein Stückchen mehr Freiheit zu bringen, dort, wo einfach Parteipolitik, Parteibuchterror, Proporz und Filz existiert. *Inlandsreport / 21.4.1994* **1035**

Das ist halt immer so, daß so kurzfristig gedacht wird in der Politik. Ich will ja was verändern, und zwar im Interesse der Bürger und nicht zugunsten irgendeiner Partei. Und hier ist es ja wirklich deutlich geworden. Es gibt eine Einigung zwischen den beiden nichtsozialistischen Parteien, daß Kärnten nach mehr als vier Jahrzehnten wirklich einer dominanten sozialistischen und zum Teil penetranten Politik in dem Land befreit werden sollte. Und dann kommt von oben der Befehl, von Vranitzky, das darf nicht sein, da gibt es überhaupt keine Möglichkeit. Der Herr Busek geht gleich in die Knie ... *Inlandsreport / 21.4.1994* **1036**

[...] Da steht ja noch was, nicht. Da steht also drinnen, daß jetzt im Gegenzug für diese Schmach, die die SPÖ erlitten hat, der Sozialminister Forderungen aufgestellt hat, die die ÖVP akzeptieren muß, sonst gibt es überhaupt keine Verhandlungen mehr. Das heißt, es ist ein beinharter Poker der Macht: Entweder ihr schickt den Haider in die Wüste, oder wir erfüllen die EU-Aufgaben nicht, auf die eure Bauern so warten. Und das, bitte, muß man einmal zur Kenntnis nehmen. In einem Punkt werde ich also hier nicht in die Knie gehen. *Inlandsreport / 21.4.1994* **1037**

Das ist für mich erledigt. Ich bin gewohnt, mit Ehrenmännern umzugehen. **1038**
Ich habe mein ganzes Leben noch nie eine Unterschrift zurückziehen müs-

sen, ich habe noch nie ein Wort gebrochen, und mir gegenüber wird seit dem Jahre 1991 ständig das Wort gebrochen, wenn man etwas vereinbart. Und das mache ich also in der Form sicherlich nicht mehr mit.

Inlandsreport / 21.4.1994

1039 Ich verhandle nicht mit jemandem, der nicht sein Wort halten kann, der mit dem Ausserwinkler einen Geheimvertrag schließt, den er der dann wieder nicht hält. Der 1991 mit dem Dr. Ambrozy einen Vertrag geschlossen hat, der in der Öffentlichkeit bestritten worden ist, und jetzt kommt heraus, daß er doch existiert. Ich finde, das ist ein Beitrag, wo also dann die Leute sagen, also bitte, die Politik ist absolut mies. Und mit den Leuten möchte ich nicht auf eine Ebene ... *Inlandsreport / 21.4.1994*

1040 Ich habe meine Partei ermächtigt zu tun, was notwendig ist. Wenn sie ein Übereinkommen mit der ÖVP erreicht, soll mir das recht sein. Ich werde jedenfalls meine Unterschrift dort nicht mehr dazu geben, denn ich möchte auch ein Ehrenmann bleiben, der auch mit anständigen Leuten verkehrt.

Inlandsreport / 21.4.1994

1041 Und die ÖVP wird es sich überlegen müssen, ob sie weiterhin Steigbügelhalter der SPÖ auf allen Ebenen ist und sich von Vranitzky sozusagen am Nasenring durch Österreich führen läßt. Das ist die Frage.

Inlandsreport / 21.4.1994

1042 Haider: Naja, da sind Nationalratswahlen bekanntermaßen ...
ORF: Das ist schon klar ...
Haider: Und da wird sich also der Herr Vranitzky und der Herr Busek ein bißchen kalte Füße holen. *Inlandsreport / 21.4.1994*

1043 Die Verhandlungen über den EU-Vertrag wurden auf parlamentarischer Ebene keinesfalls ordnungsgemäß geführt. Es bestätige sich der Verdacht, daß die Obstruktionspoltiik nicht Sache der Opposition sei, sondern daß die Regierung selbst mit Tricks und eigenwilligen Interpretationen der Geschäftsordnung versuche, diesen EU-Vertrag durchzupeitschen, ohne jedoch eine ausreichende Entscheidungsgrundlage zu haben, kritisierte Haider. *Freiheitlicher Pressedienst / 21.4.1994*

1044 „Das heißt, die Regierung trickselt hier in allen Geschäftsordnungsfragen", so Haider. Die Geschäftsordnung werde seitens der Regierungsparteien so gebeugt, wie sie es bräuchten. *Freiheitlicher Pressedienst / 21.4.1994*

1045 Insgesamt kritisierte Haider, daß die Geschäftsordnung seitens der Regierung gebogen werde, wie sie es brauche. In dem Ausmaß, in dem die Regierung nicht bereit sei, sich an die Geschäftsordnung zu halten, werde sich auch die Gangart der FPÖ verschärfen, kündigte Haider abschließend an.

Freiheitlicher Pressedienst / 21.4.1994

1046 Mit der ÖVP sei daher eine Vereinbarung ausverhandelt worden, die umfassend sei, fair und nicht aus einem Schnellschuß entwickelt wurde, sondern auch im Landesparteivorstand der Kärntner ÖVP in einer mehr als dreistündigen Diskussion erörtert und diskutiert worden sei. Schließlich habe es auch in den ÖVP-Gremien eine überwältigende Mehrheit für diese Lösung gegeben. „Wenn jetzt das alles wieder nicht paßt, dann habe ich halt schon verdammt den Eindruck, daß der Kärntner Landeshauptmann und die Landespolitik nicht mehr von Kärnten und in Kärnten gemacht wird, sondern daß die verletzte Eitelkeit des Dr. Vranitzky dazu geführt hat, den Herrn Busek an die Leine zu nehmen und zu sagen: ‚Lieber Freund, entweder ihr spielt mit uns mit, oder wir gehen auseinander'", erklärte Haider wörtlich. *Freiheitlicher Pressedienst / 21.4.1994*

Er, Haider, habe sich jedenfalls um eine gute Lösung für Kärnten bemüht 1047
und ohne Voreingenommenheit agiert. „Jetzt tut mir das Land langsam leid, denn nur, weil Vranitzky den Haider ausgrenzen will und einen Pick auf ihn hat, geht es in diesem Land drunter und drüber", erklärte der FPÖ-Obmann. *Freiheitlicher Pressedienst / 21.4.1994*

Haider sprach von seinem Eindruck, daß die Landespolitik nicht mehr in 1048
Kärnten gemacht werde, sondern SPÖ-Vorsitzender Franz Vranitzky ÖVP-Chef Erhard Busek „an die Leine genommen hat". *Der Standard / 22.4.1994*

ÖVP-Chef Zernatto wurde [1991] mit Hilfe der SPÖ zum neuen Landes- 1049
hauptmann gekürt und unterschrieb als Gegenleistung ein Papier, in dem er versprach, das nächste Mal solle die stärkste Partei zum Zug kommen. Haider verschärfte daraufhin seinen Ton und sprach, laut ÖVP-Mann Wurmitzer, von „roten und schwarzen Filzläusen, die mit Blausäure bekämpft werden sollten". *Profil / 25.4.1994*

Es kann ja durchaus auch sein, daß die Verhinderung der Wahl am Freitag 1050
auch dazu führt, daß es in Kärnten auf breiterer Ebene Bürgerinitiativen gibt, die mit Unterschriften beweisen werden, daß die Kärntner Bevölkerung diesen Pakt von Rot und Schwarz, der jetzt geschlossen worden ist von zwei, die jeweils Unterschriften geben, die sie dann wieder zurückziehen, und Verträge brechen, die sie nicht einhalten wollen, an sich nicht akzeptiert wird. Und es ist einfach eine Schädigung des Ansehens Kärntens, wenn an der Spitze in der Zukunft ein Mann steht, der in der Öffentlichkeit ein Lügner genannt werden darf, und der in der Öffentlichkeit ein Mann genannt werden darf, der keine Ehre hat, weil er Verträge bricht. *Zeit im Bild 2 / 25.4.1994*

Naja, der bestreitet vieles, aber dem kann man ja nicht mehr glauben, denn 1051
sooft er den Mund aufmacht, sagt er die Unwahrheit, und das ist es, was die Menschen auch bewegt. Sie wollen niemanden an der Spitze haben, der eigentlich kein Ehrenmann ist. Aber vielleicht ergibt sich ein großer Druck der Bevölkerung durch eine Art Volksbegehrensinitiative die deutlich macht, daß Neuwahlen der bessere Weg sind. *Zeit im Bild 2 / 25.4.1994*

Vor allem aufgrund der Tatsache, daß die ÖVP nur noch die Steigbügel- 1052
halterfunktion der SPÖ ausübe und Busek diese Strategie auch weiter fort-

setzen wolle, gebe es keinerlei Ambitionen, unter der gegebenen ÖVP auch nach der Wahl Kontakte zu knüpfen. So werde es im Zuge des Nationalratswahlkampfes zu einem klaren Duell Sozialismus gegen freiheitliche Demokratie bzw. Vranitzky gegen Haider kommen.
Freiheitlicher Pressedienst / 25.4.1994

1053 Als unerhörte Entgleisung und Beleidigung der Kärntner bezeichnete heute FPÖ-Bundesparteiobmann Jörg Haider Aussagen von SPÖ-Vorsitzendem Vranitzky am Wiener SPÖ-Landesparteitag. [...] Diese ungeheuerliche Diffamierung Kärntens sei auf das allerschärfste zurückzuweisen, so Haider. Der SPÖ-Chef habe sich aufgrund seiner krankhaften Ausgrenzungsneurose gegenüber der FPÖ offenbar zeitweise überhaupt nicht mehr im Griff. Es sei auch eine wahrhaftige Demaskierung der Sozialisten, was sie gegenüber Kärnten denken, wenn sie von Wien aus über dieses Land sprechen. *Freiheitlicher Pressedienst / 25.4.1994*

1054 Der SPÖ-Chef habe mittels APA behauptet, Haider habe sich aus Kärnten zurückgezogen, weil dort nichts mehr für ihn zu holen sei. Haider stellte dieser Behauptung entgegen, daß er nun nach Wien gegangen sei, um Vranitzky vom hohen Roß der Macht herunterzuholen, damit in ganz Österreich und damit auch wieder in Kärnten die Demokraten wieder das Sagen haben. *Freiheitlicher Pressedienst / 25.4.1994*

1055 Haider zu EU-Ausschuß: „Experten-Warnungen werden nicht ernst genommen". Transparente Formulierung statt Ermächtigungsgesetz bei der EU-Volksabstimmung. *Freiheitlicher Pressedienst / 26.4.1994*

1056 Österreich müsse letztlich vor einem Fehltritt bewahrt werden, weshalb die FPÖ nun auch eine Kampagne gegen den EU-Beitritt starten werde, schloß Haider. *Freiheitlicher Pressedienst / 26.4.1994*

1057 „Es ist ganz einfach, nach der nächsten Wahlniederlage der ÖVP wird es einen Obmann Erhard Busek nicht mehr geben. Busek ist nur noch eine Zeiterscheinung in der ÖVP. Er wird noch bis zum Herbst eine Gnadenfrist haben." *Der Standard / 26.4.1994*

1058 „Mit wortbrüchigen, ehrlosen Menschen setze ich mich nicht mehr an einen Tisch. Aber ich werde zum gegebenen Zeitpunkt als Landeshauptmann-Kandidat zurückkehren." Nur noch zornige, fast wehleidige Worte findet Haider für Christof Zernatto. „Einen Verräter werden wir sicher nicht an die Spitze setzen. Das wäre eine Beleidigung für die anständigen Menschen im Land. Einen paktunfähigen Landeshauptmann an der Spitze zu haben, der die Öffentlichkeit angelogen und behauptet hat, es gebe keinen Vertrag mit der SPÖ, wo gibt's denn so was?" *Der Standard / 26.4.1994*

1059 „Nach den Vertragsbrüchen kann Zernatto öffentlich als Lügner und Mann, der keine Ehre hat, bezeichnet werden." Antwort Zernattos: Er brachte eine Klage gegen seinen Ex-Partner Haider ein ...
Täglich Alles / 27.4.1994

Haider nannte Zernatto einen „Lügner und Vertragsbrecher". 1060
Der Standard / 27.4.1994

Gerade am heutigen Tage werde die SPÖ wieder sehr viel in der Vergangenheit wühlen und große antifaschistische Erklärungen abgeben. Die SPÖ tue so, als habe sie die Demokratie gepachtet, während in Wirklichkeit die Demokratie seitens der Großen Koaltion mit den Füßen getreten werde. 1061
Freiheitlicher Pressedienst / 1.5.1994

Haider sprach weiters auch von der Tyrannei der Machterhaltung bei den Altparteien. *Freiheitlicher Pressedienst / 1.5.1994* 1062

Scharfe Kritik übte Haider auch an der Doppelstrategie der Vranitzky-SPÖ. So habe etwa Arbeiterkammerpräsident Vogler in einer Werbebroschüre kundgetan, daß die massive Zuwanderung die Arbeitsplätze gefährde. Als die FPÖ dies bei ihrem Volksbegehren gesagt habe, sei sie als faschistisch bezeichnet worden. „Ich begrüße den Faschisten Vogler in unseren Reihen", so Haider. *Freiheitlicher Pressedienst / 1.5.1994* 1063

FPÖ-Bundesparteiobmann Jörg Haider kündigte im Rahmen der 1. Mai-Veranstaltung an, daß die FPÖ auch weiterhin die Wahl eines Landeshauptmannes Zernatto verhindern werde. Zernatto habe viermal einen Vertrag gebrochen und mehrfach öffentlich die Unwahrheit gesagt. Durch das Verhalten der Freiheitlichen soll ein anständiger und charaktervoller Mensch an die Spitze Kärntens gestellt werden. Charakterlosigkeit dürfe jdenfalls nicht zum Bildungsinhalt werden. Der FPÖ-Obmann machte darauf aufmerksam, daß der Kärntner Landtag und die Kärntner Regierung sehr wohl voll handlungsfähig seien und es sich daher nicht um eine Blockade handle, sondern um eine Aktion zur Bekämpfung der Unehrenhaftigkeit und Charakterlosigkeit. [...] Es sei auch interessant, daß nun seitens [der] SPÖ und ÖVP um die FPÖ-Stimmen gewimmert werde, aber sonst die Freiheitlichen als das Letzte der Republik ausgegrenzt würden. „Um ihnen das nicht noch schwerer zu machen, gehen wir deshalb immer höflich hinaus", so Haider zu den kommenden Landtagssitzungen. 1064
Freiheitlicher Pressedienst / 1.5.1994

Vranitzky sei ein wahrhaftiger Nobelpreisträger im Schuldenmachen. So sei nach sieben Jahren Vranitzky die Verschuldung der Österreicher auf 215.000 Schilling pro Kopf angestiegen, während auf der anderen Seite weiterhin Politikerprivilegien fröhliche Urständ feierten. 1065
Freiheitlicher Pressedienst / 1.5.1994

[...] ehe der Hahn das zweite Mal kräht, wirst du mich dreimal verleugnen. Bevor überhaupt ein Hahn krähen konnte, hat Zernatto mich verraten. 1066
Kronen-Zeitung / 1.5.1994

Schließlich habe die Selbsterkenntnis Buseks — „der Koalitionstrottel" — offenbar seine volle Berechtigung, da der ÖVP-Obmann seine einzige 1067

Funktion nur noch im Steigbügelhalten für Vranitzky habe.
Freiheitlicher Pressedienst / 1.5.1994

1068 Es zeige sich an dieser Vorgangsweise, daß es sich die Große Koalition sehr einfach mache, wenn es darum gehe, die Verfassung zu beugen, Gesetze zu mißachten und Geschäftsordnungen zu biegen, nur um ihren eigenen Willen durchzusetzen. Dies sei auch ein Prüfstein für das rechtsstaatliche Bewußtsein der derzeitigen Regierung. *Freiheitlicher Pressedienst / 3.5.1994*

1069 Er, Haider, erwarte auch für Österreich ein böses Erwachen, was die EU-Finanzierung betreffe. Was die Versprechungen und die Einhaltung dieser Versprechungen hinsichtlich Steuererhöhungen anlange, könne man den direkten Vergleich zwischen Österreich und Deutschland ziehen: „Helmut Vranitzky und Franz Kohl gleichen einander in ihrer Regierungspolitik ziemlich", stellte Haider abschließend fest. *Freiheitlicher Pressedienst / 3.5.1994*

1070 In diesem Unterausschuß, zu dem Univ.Prof. Dr. Breuss als Experte geladen wurde, meinte er, ein für die Jahre 1995 bis 1998 drohender „Schock für das Budget" — laut Berechnungen des EU-Experten des WIFO wird das Budgetdefizit des Gesamtstaates im Jahre 1995 auf 135 Milliarden Schilling ansteigen, wobei dieser gewaltige Schock für das Budget im Ausmaß von bis zu 50 Milliarden 1995 in den Folgejahren etwas abklingen wird — müsse notfalls durch Steuererhöhungen abgefangen werden, sollte der durch eine EU-Integration Österreichs langfristig erwartete Anstieg des Wirtschaftswachtums geringer ausfallen als erhofft, und weiters, daß den Bauern in den Verhandlungen zu hohe Zahlungen zugestanden wurden, ja sie hätten den Finanzminister sogar über den Tisch gezogen.
Freiheitlicher Pressedienst / 3.5.1994

1071 Haider unterstrich, daß das vorliegende Beitrittsverfassungsgesetz nichts anderes als ein „Verfassungsputsch, garniert mit Verfassungsbrüchen" sei. Bei einer Gesamtänderung der österreichischen Verfassung müssen der österreichischen Bevölkerung sämtliche Änderungen vorgelegt werden, die abzustimmen seien. Stattdessen werde der österreichischen Bevölkerung nur eine Ermächtigung zur Verfassungsänderung vorgelegt, was letztlich nichts anderes bedeute als die Ausschaltung des Volkes, welches die Änderungen letztlich zu bestimmen habe. *Freiheitlicher Pressedienst / 3.5.1994*

1072 In diesem Zusammenhang machte der FPÖ-Obmann darauf aufmerksam, daß schon in der Vergangenheit Ermächtigungsgesetze immer wieder negative Auswirkungen auf die Verfassung und auf die Demokratie Österreichs hatten. So müsse man auf die Auswirkungen des Ermächtigungsgesetzes von 1917 und jener von 1933 und 1934 aufmerksam machen.
Freiheitlicher Pressedienst / 3.5.1994

1073 Die Bevölkerung werde am 12. Juni nämlich nicht über den EU-Beitritt oder über eine Gesamtänderung der Verfassung abstimmen, sondern nur über eine Ermächtigung für die Bundesregierung, die Verfassung in ihren Grundfesten zu ändern, erklärte Haider. „Die Regierung will das Volk

dumm sterben lassen", sagte Haider.
Freiheitlicher Pressedienst / 4.5.1994

Haider selbst trat vergangenen Freitag bei einer Massenveranstaltung im Villacher Kongreßhaus auf. Er erregte mit einem ganzseitigen Inserat in Kärntner Tageszeitungen, in dem er Bibelsprüche zitiert, Aufsehen und Ärger. Text: „... ehe der Hahn das zweite Mal kräht, wirst du mich dreimal verleugnen. Bevor überhaupt ein Hahn krähen konnte, hat Zernatto mich verraten." *News / 5.5.1994* 1074

Die Regierung solle endlich die Wahrheit sagen und nicht in billiger, einseitiger und falscher Propaganda Unwahrheiten verbreiten. Es müßten nun in einigen Fragen die Karten auf den Tisch gelegt werden, da in der derzeitigen Argumentation der Bundesregierung vieles nicht stimme.
Freiheitlicher Pressedienst / 10.5.1994 1075

Der Streit zwischen Rot und Schwarz, wer nach der Volksabstimmung den EU-Vertrag unterschreiben darf, sei mehr als peinlich. Es zeige aber einmal mehr die demokratiepolitische Einstellung der Regierung, die die Volksabstimmung am 12. Juni offenbar nur noch als „Formsache" ansehe.
Freiheitlicher Pressedienst / 10.5.1994 1076

Der FPÖ-Obmann bezeichnete die Besoldungsreform auch als „Sektionschefbegünstigungsreform". So würden die höchsten Beamtenpositionen privilegiert, was wiederum zu Lasten der kleineren und mittleren Beamten in der österreichischen Verwaltung gehe. *Freiheitlicher Pressedienst / 10.5.1994* 1077

Dieses politische Spielchen könne die FPÖ nicht akzeptieren. Auch die „Sektionschefprivilegierung" sei offenkundig. Auf der einen Seite steige mit dem Dienstalter das Gehalt weiter, während man ausschließlich bei den Sektionschefs Fixgehälter einführe. *Freiheitlicher Pressedienst / 10.5.1994* 1078

Haider machte in diesem Zusammenhang darauf aufmerksam, daß auf Basis kürzlich angestellter Untersuchungen der Innung der Immobilientreuhänder der derzeitige aktuelle Preis der Villa bei über 5,5 Millionen Schilling liegen müsse. Dieser äußerst „günstige Villenkauf" [durch den ehemaligen Vorstandsdirektor der BAWAG Walter Böck] sei daher äußerst fragwürdig und müsse aufgeklärt werden. *Freiheitlicher Pressedienst / 10.5.1994* 1079

Er, Haider, gehe davon aus, daß diese Spekulationsverluste in die Milliarden gingen und auch für eine Mehrbelastung der Sparer gesorgt hätten. Insgesamt seien die BAWAG-Familiendeals im weitesten Sinne nicht aufgeklärt. Es werde zwar immer im Nachhinein geprüft, aber die begleitende Aufsicht sei völlig unzufriedenstellend. Haider erinnerte in diesem Zusammenhang auch daran, daß die Nationalbankprivilegien seitens der Bankenaufsicht bis heute nicht aufgegriffen worden seien. *Freiheitlicher Pressedienst / 10.5.1994* 1080

[...] über Landeshauptmann Erwin Pröll: „Der wird als Playboy-Spätlese auf Plakaten abgebildet." *Täglich Alles / 15.5.1994* 1081

1082 Haider zu Landeshauptmannpoker: „Erwarte Lösungsvorschläge". Haider sieht bisher keine Notwendigkeit, von FPÖ-Haltung abzugehen. Angesprochen auf die starre Ablehnungsfront der Freiheitlichen Partei zu einem Landeshauptmann Zernatto verwies Haider auf einen Beschluß des Freiheitlichen Landtagsklubs, wonach es erst dann zu einer Veränderung der Position der Freiheitlichen kommen werde, wenn es grundsätzlich „neue Perspektiven" gebe. Die Freiheitlichen würden Lösungen anbieten, klar sei aber, daß auch Vertreter von SP und VP einen Schritt zur Lösungsfindung machen müßten. „Sich selbstgefällig einzubetonieren, sei jedenfalls keine", unterstrich Haider. *Freiheitlicher Pressedienst / 16.5.1994*

1083 Die derzeit herrschende Politarroganz sei jedenfalls nicht zu akzeptieren. „Wer Augen hat zu sehen und wer Ohren hat zu hören", sagte Haider wörtlich, „werde daher auch registrieren, daß der freiheitliche Bundesparteiobmann mit seiner Gesprächsbereitschaft signalisiert habe, an Lösungen interessiert zu sein". „Faule Kompromisse" werde die FPÖ aber nicht eingehen. *Freiheitlicher Pressedienst / 16.5.1994*

1084 Wenn FPÖ-Chef Jörg Haider jetzt von „Schweinejournalismus" sprach, tat er damit den gleichen Mißgriff wie einst Kery: Er warf Anständige und Unanständige in einen Topf und vergriff sich — einmal mehr — auch bei der Wahl der Worte. *Täglich Alles / 16.5.1994*

1085 Massive Kritik an der chaotischen Finanzplanung der Bundesregierung hinsichtlich eines allfälligen EU-Beitritts übte heute FPÖ-Bundesparteiobmann Dr. Jörg Haider im Rahmen einer Pressekonferenz in Wien. *Freiheitlicher Pressedienst / 17.5.1994*

1086 In diesem Zusammenhang warf Haider Finanzminister Lacina vor, mit gezinkten Karten zu spielen, da dieser immer nur von den Nettozahlungen (1.500 Schilling pro Kopf pro Jahr) und nicht von den Bruttozahlungen (3.600 Schilling pro Kopf pro Jahr) spreche. In Wirklichkeit könne nicht davon ausgegangen werden, daß es tatsächlich zu einer 100-prozentigen Ausschöpfung aller Leistungen im Rahmen der Rückflüsse aus Brüssel kommen werde. *Freiheitlicher Pressedienst / 17.5.1994*

1087 FPÖ-Bundesparteiobmann Dr. Jörg Haider deckte heute im Rahmen seiner Pressekonferenz in Wien eine „ungeheuerliche Freunderlwirtschaft" bei der Bankenaufsicht rund um die BAWAG-Spekulationsgeschäfte auf. *Freiheitlicher Pressedienst / 17.5.1994*

1088 Unfaßbare Verstrickungen zwischen BAWAG, OeNB, Konsum und AK. Haider erinnerte daran, daß die BAWAG zu 70 Prozent dem ÖGB und zu 30 Prozent dem Konsum gehöre. Interessanterweise hätten in der OeNB die Greise aus dem ÖGB und aus dem Konsum wichtige, einflußreiche Funktionen inne. So sei etwa der BAWAG-Generaldirektor Walter Flöttl selbst Generalrat der OeNB. Der Herr BAWAG-Aufsichtsratspräsident Herbert Tumpl sei genauso im Generalrat der OeNB wie BAWAG-Aufsichtsrat und Konsum-Generaldirektor Hermann Gerharter und Arbeiter-

kammerdirektorstellvertreter Werner Muhm.
Freiheitlicher Pressedienst / 17.5.1994

Ein weiteres Problem ergebe sich am Arbeitsmarkt selbst, nämlich jenes der „entsandten Arbeitskräfte". Nach den einschlägigen Bestimmungen der EU gebe es nämlich die Möglichkeit, daß Firmen, die ihren Firmensitz innerhalb der EU haben, Arbeitskräfte in andere EU-Länder entsenden können, ohne daß sie entsprechende Beschäftigungsbewilligungen bräuchten. 1089
Freiheitlicher Pressedienst / 17.5.1994

Die österreichische Regierung habe auch in diesem Bereich bei den EU-Verhandlungen versagt. Nach einem EU-Beitritt werde es zu einem Lohn-Dumping kommen, das sich gewaschen habe. Diese Probleme könnten nur in einer vertraglichen Regelung mit Brüssel beseitigt werden, sagte Haider abschließend. *Freiheitlicher Pressedienst / 17.5.1994* 1090

„Das ist absoluter Unsinn und nun auch von Delors klargestellt worden", sagte Haider: So habe Delors letztlich den baldigen Beitritt der Oststaaten als „finanziell nicht zu bewältigen" bezeichnet und von einer drohenden Verdoppelung des EU-Haushalts gesprochen. 1091
Freiheitlicher Pressedienst / 19.5.1994

Die Regierung solle endlich aufhören, mit falschen Angstparolen zu operieren, und damit beginnen, die österreichische Bevölkerung objektiv und wahrheitsgetreu zu informieren, schloß Haider. 1092
Freiheitlicher Pressedienst / 19.5.1994

Heftig rauscht der Beifall, wenn die drei „überzeugten Europäer" (Haider) über Europa herziehen. Das hört sich dann so an: „Die letzte Insel des real existierenden Sozialismus" (Brunner über die EU-Agrarpolitik). Oder so: „Maastricht ist die Fortsetzung von Versailles ohne Krieg" (Haider). *Frankfurter Rundschau Nr. 117 / Pfingsten 22.5. 1994* 1093

Kein Protest regte sich, als Haider dann als zweiter Redner nach Brunner dazu aufrief, sich zu den guten und den schlechten Tagen Österreichs und Deutschlands zu bekennen und sich gegen jene zu wehren, die „so tun, als wären unsere Väter nur lauter Verbrecher gewesen". Viel war die Rede vom „Mund aufmachen" gegen die Bürokraten in Brüssel, die den Großteil der Agrarausgaben verschlängen, von der Angst vor einem wurzellosen „neuen" EU-Volk und von den Politikern der etablierten Parteien, die mit ihren Fremdwörtern den Normalbürger nicht mehr erreichten. Die Zuhörer ließen sich die Kost schmecken. *Nordwest-Zeitung / 21.5.1994* 1094

FPÖ-Bundesparteiobmann Abg. Dr. Jörg Haider ortete heute im Rahmen einer Pressekonferenz in Wien eine EU-Torschlußpanik der Bundesregierung. Trotz millionenteurer Pro-EU-Kampagnen müsse nun auch die Regierung feststellen, daß die Zahl jener, die den EU-Beitritt ablehnten, täglich größer werde. Den Grund dafür sieht Haider darin, daß den „Primitiv-Argumenten der Koalitionsregierung" nicht mehr Glauben geschenkt werde. Haider 1095 entkräftete im folgenden diese Argumente, die seiner Meinung nach die Bevölkerung eher vor einem EU-Beitritt abschreckten als motivierten. So etwa das Argument „Besser Netto-Zahler als Draufzahler" oder etwa auch „Gemeinsam oder einsam". *Freiheitlicher Pressedienst / 24.5.1994*

1096 Im weiteren kritisierte Haider die Borniertheit des Finanzministers, mit der dieser die Probleme vor sich her treibe, und das Faktum, daß sich der Minister in den letzten Jahren das öfteren schon geirrt habe. Außerdem sei der Name Lacina unweigerlich mit den Skandalen rund um Noricum, Intertrading, VOEST-Debakel, ÖBB-Pleite, Arbeitsplatzvernichtung, AUA-Pleite, DDSG-Pleite, Kreditapparat und Bankenaufsichtsversagen, OeNB-Skandal sowie mit leeren Sozialtöpfen und Fonds, Währungsspekulationen und EU-Beitrittsbelastungen für die Länder verbunden. Die nunmehrige 13. Umsatzsteuervorauszahlung bezeichnete Haider als politischen Taschendiebstahl in Reinkultur. *Freiheitlicher Pressedienst / 25.5.1994*

1097 Haider: Unglaubliche Gehirnwäsche im Rahmen der EU-Propaganda.
Polizist wegen Anti-EU-Haltung diszipliniert.
Es werde eine wahre Gehirnwäsche mit der Pro-EU-Propaganda der Regierung betrieben. *Freiheitlicher Pressedienst / 25.5.1994*

1098 Haider bezeichnete den Vorfall als „wirklich skandalös", weil Nowotny nicht einmal im Ansatz versucht habe zu dementieren. Nowotny habe überhaupt nichts bestritten — was er offenbar nicht könne -, sondern er habe der FPÖ eine Art von „Bespitzelung" vorgeworfen. Vielmehr habe es aber keine Bespitzelung gegeben, sondern es sei Revierinspektor Oberhofer direkt zur FPÖ gekommen und habe den Vorfall erzählt.
Freiheitlicher Pressedienst / 26.5.1994

1099 „Das bedeutet, daß wir in ein neues Biedermeier gehen, wo die Menschen nicht mehr ihre Meinung frei sagen dürfen und wo nur noch hinter vorgehaltener Hand die Wahrheit gesagt werden darf bzw. jeder bestraft wird, der nicht das sagt, was die Regierung gerne hören will", sagte Haider.
Freiheitlicher Pressedienst / 26.5.1994

1100 Nur um seine durch diesen ungeheuerlichen Fall von Meinungsterror schwer ins Trudeln geratenen Genossen Vranitzky und Nowotny zu decken, erfinde der Innenminister Aussagen, die der betroffene Polizeibeamte gar nicht gemacht habe, und breche noch dazu die Verschwiegenheitspflicht. So habe Löschnak gestern abend im Parlament unter Verweis auf ein internes Protokoll die Behauptung aufgestelt, Oberhofer hätte in dem Vieraugengespräch mit SP-Abg. Nowotny vom 3. Mai 1994 die Regierung als „lauter Gauner und Gangster" beschimpft.
Freiheitlicher Pressedienst / 27.5.1994

1101 Nun, nur wegen einer EU-Kritik gehe das angeschlagene sozialistische Machtsystem unter seinem autoritären Führer Vranitzky mit ganzer Wucht auf einen kleinen Beamten los, der im Glauben, ein freier Bürger dieses Landes zu sein, seine Meinung gegen die EU geäußert habe. Die FPÖ wer-

de derartige Zustände der Vranitzky-Regierung jedenfalls nicht einreißen lassen und jeden Fall von Meinungsterror im laufenden verzweifelten EU-Kampf der Regierung aufzeigen, sagte Haider.
Freiheitlicher Pressedienst / 27.5.1994

Von SP-Abg. Nowotny erwarte sich er, Haider, nichts mehr, da dieser mit seiner Haltung in den letzten 48 Stunden, wo er zwar nichts dementierte, teilweise Eingeständnisse machen mußte, aber nicht die Größe hatte, sich zu entschuldigen, seine ganze Charakterlosigkeit unter Beweis gestellt habe. Es sei erschütternd, daß in der SPÖ nicht ein einzelner „wild gewordener" Abgeordneter, sondern der Kanzler persönlich die Macht zur politischen Verfolgung freier Bürger leihe, schloß Haider. 1102
Freiheitlicher Pressedienst / 27.5.1994

SPÖ-Vorsitzender Bundeskanzler Vranitzky habe bei den EU-Beitrittsverhandlungen mit Brüssel nicht an Österreich gedacht. Wer nicht an Österreich und seine Bevölkerung denke, der bekomme postwendend einen Denkzettel vom Wähler, stellte heute FPÖ-Bundesparteiobmann Dr. Jörg Haider zur Pressestunde fest. *Freiheitlicher Pressedienst / 29.5.1994* 1103

Es sei auch bezeichnend, daß der Kanzler die Steuerlüge seines Finanzministers fortsetze. Ganz im Gegenteil dazu werde es bei einem EU-Beitritt massive Mehrbelastungen geben, die zu sofortigen Steuerhöhungen führen werden. *Freiheitlicher Pressedienst / 29.5.1994* 1104

Insgesamt bezeichnete Haider diese ORF-Pressestunde als laues Plauderstündchen einer SPÖ-Sektion, die für den Kanzler besonders angenehm gestaltet worden sei. Kein Wunder, bei einer Runde deklarierter „Ohne Wenn und Aber-EU-Befürworter", schloß Haider. *Freiheitlicher Pressedienst / 29.5.1994* 1105

Die Regierung betreibe nicht Information, sondern politische Gehirnwäsche an Menschen, die selbst zu denken in der Lage seien. Haider verwies in diesem Zusammenhang auch auf angekündigte Repressalien, so etwa die Drohung mit dem Arbeitsplatzverlust, Steuererhöhungen und persönliche Nachteile. *Freiheitlicher Pressedienst / 30.5.1994* 1106

Die Regierung übe eine Art Erpressung an der Bevölkerung aus, da sie Angst habe, die Volksabstimmung am 12. Juni zu verlieren. Auch der ORF betreibe Manipulation in Reinkultur. So dürften bis zum 12. Juni nur noch EU-Pro-Argumente gesendet werden, und zu den Gegnern, wie etwa heute zur FPÖ, werde nicht einmal ein Kamerateam entsandt. 1107
Freiheitlicher Pressedienst / 30.5.1994

Kritik übte Haider auch an den Sprüchen im Rahmen der Werbekampagne der Regierung. Es sei traurig, daß sich auch schon der Wiener Bürgermeister Zilk auf ein äußerst niedriges Niveau begeben habe, wenn dieser nun mit der Erhaltung des Erdäpfelsalates und des Schnitzels für einen EU-Beitritt werbe. „Blöder geht es nicht mehr", kommentierte Haider diese Inserate. *Freiheitlicher Pressedienst / 30.5.1994* 1108

1109 Im Zusammenhang mit der Arbeitsplatzsituation warf Haider Bundeskanzler Vranitzky vor, die österreichischen Arbeitnehmer jämmerlich im Stich zu lassen. In den ersten fünf bis sieben Jahren nach einem EU-Beitritt werde es nämlich zu massiven Arbeitsplatzverlusten im Zoll- und Speditionsbereich, in der Lebensmittelindustrie, Elektro- und Autozulieferindustrie, im Banken- und Versicherungswesen, aber auch in der Textilindustrie kommen. Es sei verständlich, daß bereits heute bei den Arbeitnehmern die Angst vor einem EU-Beitritt sehr hoch sei. Vranitzky sei dies offenbar alles egal, da er im Sold und in der Geiselhaft der Industrielobby in Brüssel stehe und seine Aufträge von den Freimaurern und Bilderbergern bekomme. „Wir Freiheitlichen halten uns alleine an die Aufträge der österreichischen Bevölkerung", stellte Haider fest. *Freiheitlicher Pressedienst / 30.5.1994*

1110 Haider und Brunner bedankten sich bei der Polizei dafür, „daß sie uns hier vor dem linken Mob beschützen". Die Demonstranten skandierten: „Alle wollen dasselbe — Haider in die Elbe". *Der Standard / 31.5.1994*

1111 Die Regierung gerate zunehmend in Panik und versuche mit Greuel-Propaganda, die Österreicher einzuschüchtern. „Die Vranitzky-Regierung hat Angst vor dem Volk", stellte Haider fest. Sie erkenne nun immer mehr, daß die Österreicher selbst einen Kopf zum Denken hätten und daher die Panikmache von Vranitzky, Busek und Co. nicht bräuchten. Die Regierung habe sich in eine EU-Hysterie hineingesteigert, die sich letztlich in einer brutalen Erpressungspolitik gegenüber der Bevölkerung Österreichs äußere. *Freiheitlicher Pressedienst / 1.6.1994*

1112 Scharfe Kritik übte Haider auch an den Aussagen des Präsidenten des Europaparlaments, Klepsch, der Österreich vor einem Nein gewarnt habe und dann noch Drohungen hinzugefügt habe. Dies sei ein typischer Auswuchs deutscher Erpressungspolitik, meinte Haider und wies darauf hin, daß Klepsch sich ja bei der Europawahl nicht mehr aufstellen lasse und daher nach dem 12. Juni nur mehr eine Randbemerkung in der Geschichte bleiben werde. Die Österreicher bräuchten jedenfalls keine Belehrungen der EU-Bürokraten aus Deutschland, sondern wollen eigenständig entscheiden. *Freiheitlicher Pressedienst / 1.6.1994*

1113 Angesichts der vielen Panik-Argumente der Bundesregierung und der blödsinnigen Propagandawalze müsse man sich eigentlich als Oppositionspolitiker bei der Regierung bedanken, setzte Haider fort. „Ja, ich möchte mich bei dieser Regierung sehr herzlich bedanken, sie ist der beste Helfer für die EU-Kritiker", stellte Haider fest. Noch nie sei eine Regierung so hysterisch gewesen, daß sie mit Erpressungsversuchen die Österreicher zu einer Entscheidung zwingen wolle. *Freiheitlicher Pressedienst / 1.6.1994*

1114 In einem System, das durch Vereinheitlichung, Bevormundung und immer größere wirtschaftliche Konzentrationen dazu neigt, die gewachsene Vielfalt zu ersticken, sehen wir keine Alternative.
Freiheitlicher Pressedienst / 1.6.1994

– ESSAY –

J. HAIDER UND DER RECHTSPOPULISTISCHE DISKURS IN ÖSTERREICH1

ÖFFENTLICHE EMPÖRUNG – KLAMMHEIMLICHE SYMPATHIE

Wohl alle Österreicher und Österreicherinnen hatten von Hans-Henning Scharsachs Buch gehört oder es selbst gelesen und wußten daraus, daß Haider ein rechtsextremer Politiker ist. Während es 1990 für Haider noch nützlich gewesen sein mochte, auf den Nationalsozialismus anzuspielen, damit bekannt wurde, daß er diesem gegenüber keine Berührungsängste hat, so brauchte er 1994 nur noch auf sich selbst anzuspielen, um zu demonstrieren, daß er sich nicht geändert hatte. Seine anstößige Anspielung auf die biblische Geschichte von der Verleugnung des Petrus (in einer Zeitungsanzeige wegen des geplatzten FPÖ-ÖVP-Pakts im Frühjahr 1994) ließ ihn so auch keineswegs als Pietisten erscheinen, sondern als den, der vor keinem Tabu zurückschreckt, Jörg Haider eben.

Für einen Ausländer war es nie überzeugend, wenn der Zuspruch für die Haider-Bewegung auf die vielen Mißstände zurückgeführt wurde, die Haider als einziger zu bekämpfen verspreche. Denn der gesellschaftliche Reichtum wuchs in den vergangenen Jahren in Österreich eher schneller als in den umliegenden Ländern, so daß man sagen kann, daß seine Bevölkerung trotz aller politischen Mißstände wirtschaftlich doch sehr gut gefahren ist. Daß Haider den allgemeinen Wohlstand heben würde, wurde wohl kaum erwartet. Aber auch die Glaubwürdigkeit seines Anspruchs, daß er politische Mißstände wie Korruption und Postenschacher effektiv bekämpfen würde, wurde oft genug widerlegt.[2] Nicht einmal das Argument, daß Haider die einzige wählbare Alternative für jene sei, die der großen Koalition einen Denkzettel verpassen wollten, war plausibel, spätestens seitdem außer den Grünalternativen auch das bürgerliche Liberale Forum im Nationalrat vertreten war.

Wenn dies aber so ist, wie läßt sich dann erklären, daß Haider immer noch erheblichen Zulauf bei Wahlen erhielt, daß die Medien (nicht nur die „Krone“) ihm offenstanden und seine Absicht, Bundeskanzler zu werden, als durchaus realistisch erscheinen ließen, daß die Politiker und Politikerinnen der anderen Parteien mit ihm öffentlich redeten und verhandelten, daß gar in einem ORF-Interview mit den drei Kärntner Landeshauptmann-Aspiranten Ausserwinkler, Haider und Zernatto nach Abschluß des FPÖ-ÖVP-Pakts der Eindruck entstand, sie gingen hinter verschlossenen Türen per du miteinander um und faßten sich auch schon mal freundschaftlich ans Knie? Dies läßt sich nur damit erklären, daß das rationale Wissen um die Gefähr-

1 Einige Teile dieses Aufsatzes sind ausführlicher oder in anderer Form bereits in Januschek 1991, 1991b und 1993 publiziert.

2 Erst im Frühjahr 1994 hat er demonstrativ seine Wertschätzung für den bayrischen Rechtsaußen Gauweiler bekundet, der von der CSU aus seinem Ministeramt gejagt worden war, weil er sich ein arbeitsloses Nebeneinkommen zahlen ließ.

lichkeit dieses Politikers bei nicht wenigen Menschen mit einer klammheimlichen Sympathie einherging und bei den meisten mit dem Gefühl, in Wirklichkeit werde es schon nicht so schlimm kommen.

Die rationalen Gründe, die für Haiders Erfolg angeführt wurden – von Gegnern wie von Anhängern –, sind nicht die wirklichen Gründe. Das Ziel einer Analyse der Sprache Haiders und seiner Bewegung kann daher nicht sein, ein weiteres Mal herauszuarbeiten, was eh alle schon wissen und wovor periodisch wiederkehrend öffentlich Abscheu geäußert wurde.[3] Statt dessen ist jene nicht-rationale Faszination zu beschreiben, die diese Sprache gerade deshalb ausüben kann, weil man sie bei klarem Verstand verabscheut.

Dazu möchte ich folgendes zeigen:

1. Herabsetzende Beschimpfungen finden Zustimmung, wenn sie sich gegen *die Politiker* allgemein richten, auch wenn sie als Mittel der Auseinandersetzung in der Politik abgelehnt werden.
2. Vieldeutige Anspielungen eignen sich besser als präzise Aussagen, um den öffentlichen politischen Diskurs[4] zu bestimmen.
3. Der rechtspopulistische Diskurs wird nicht von Haider allein bestimmt. In ihn verstricken sich vielmehr auch die Medien und die politischen Gegner.

Dabei wird sich herausstellen, daß sich ein populistisches politisches Handeln nicht zufällig gerade mit rechtsextremer Ideologie verbindet.[5]

POLITIKERBESCHIMPFUNGEN UND BESCHIMPFUNGEN IN DER POLITIK

Studierenden zweier norddeutscher Universitäten wurde der umseitig abgedruckte Fragebogen vorgelegt. Die zu beurteilenden Ausdrücke entstammen Haiders Schimpfwortschatz. Lediglich sein Wort „Schrumpfaustriake“ wurde durch „Schrumpfgermane“ ersetzt, was Haiders Ausdruck zwar die Originalität nimmt, dafür aber die wahre Herkunft der Ausdrücke unerkennbar macht. Als Autor wurde ein „politischer Kabarettist“ angegeben, damit einerseits die Antworten nicht durch Voreingenommenheit gegenüber dem wirklichen Urheber beeinflußt würden und andererseits die Ausdrücke doch wenigstens als im Sinne künstlerischer Freiheit öffentlich sagbar erschienen. Die Entfernung zwischen Norddeutschland und Österreich garantierte dafür, daß die befragten Studierenden Haiders Sprache nicht erkannten.

3 Besonders drastisch anläßlich der Briefbombenattentate Anfang 1994.

4 Der Begriff „Diskurs“ wird heute inflationär verwendet, auch in den Wissenschaften. Ich verstehe darunter eine bestimmte Art und Weise des Redens oder Schreibens (in einer Subkultur, einer Institution oder zu einem Thema oder zu einem Zweck usw.), deren Normen die Grenzen des Sagbaren und damit des Meinbaren umschreiben, so daß diese Diskurse zwar von denjenigen, die sich an ihnen beteiligen, ständig weiterentwickelt werden, dies aber gerade dadurch, daß sie sich in sie „verstricken“ (vgl. dazu Jäger 1994 u. Bredehöft u.a. 1994).

5 Dies ist jedoch keine politologische Untersuchung, sondern eine diskursanalytische. Zur politischen Einordnung Haiders und der FPÖ vgl. die ausführlichen Darstellungen im „Handbuch des österreichischen Rechtsextremismus“, herausgegeben vom Dokumentationsarchiv des österreichischen Widerstands; zur Theorie des Rechtsextremismus darin insbesondere den Beitrag von Holzer. Zur sozialpsychologischen Funktion von Haiders Inszenierung von Politik s. Goldmann u.a. 1992 – eine Studie, die zu ganz ähnlichen Ergebnissen gelangt wie die vorliegende sprachwissenschaftliche Arbeit.

Dies ist eine empirische Untersuchung zur deutschen Schimpfkultur. Die folgenden Beschimpfungen stammen von einem politischen Kabarettisten:

Abstaubermentalität	Bonzen
Chaotenverein	Diebsgesindel und Lügenpack
Gaunerrepublik	Klugscheißer der Nation
Parasiten	Pfuscher des Jahres
Verrottete Politikerkaste	Politischer Kümmerling
Privilegienritter	Schrumpfgermane
Schwächling der Nation	Sozialschmarotzer
Sparstrumpfplünderer	Taube Nuß
Versager und Blindgänger	Wachsfigurenkabinett
Wiederholungstäter	Wildgewordener Sozialminister
Zigeunerkapellmeister	

Bitte beurteilen Sie diese Schimpfwörter im Hinblick auf die folgenden Fragen:

1. Haben „die Politiker" (mit Ausnahmen, versteht sich) solche oder ähnliche Beschimpfungen verdient?
   Ja, den größten Teil dieser Ausdrücke ❒
   Nein, nur wenige oder gar keine dieser Ausdrücke ❒

2. Wenn Sie wollen, nennen Sie eine/n PolitikerIn oder eine Gruppe, der/die solche Beschimpfungen am ehesten verdient hat:

3. Angenommen, Sie arbeiten in einer politischen Partei. Sie wollen Ihren politischen Gegner öffentlich scharf kritisieren. Aber es könnte sein, daß Sie mit ihm später mal verhandeln müssen, um Ihre Politik durchzusetzen. Würden Sie solche Beschimpfungen öffentlich verwenden?
   Ja, den größten Teil dieser Ausdrücke ❒
   Nein, nur wenige oder gar keine dieser Ausdrücke ❒

4. Angenommen, Sie arbeiten in einer politischen Partei, die vorläufig nicht damit rechnen kann, an der Macht teilzuhaben, und die auch nicht bereit ist, mit den herrschenden Parteien Kompromisse einzugehen. Würden Sie solche Beschimpfungen öffentlich verwenden?
   Ja, den größten Teil dieser Ausdrücke ❒
   Nein, nur wenige oder gar keine dieser Ausdrücke ❒

Wenn Sie einen Kommentar zur Schimpfkultur in der Politik haben, können Sie ihn gern auf der Rückseite anfügen!

Auswertung des Fragebogens

	Flensburg	Oldenburg	Summe	Summe Block
Ja – Ja – Ja		3	3	
Ja – Ja – Nein		2	2	
Ja – Nein – Ja	3	3	6	
Ja – Nein – Nein	16	15	31	42
Nein – Ja – Ja				
Nein – Ja – Nein				
Nein – Nein – Ja		1	1	
Nein – Nein – Nein	22	12	34	35
Summe	41	36	77	77

Frage 2 wurde in 30 Fällen beantwortet.[6] Folgende konkrete Personen oder Gruppen, die die Beschimpfungen am ehesten verdient hätten, wurden genannt:

- Regierungsparteien oder deren herausragende Vertreter
- Politiker und Politikerinnen, deren Handlungen besonders unpopulär sind (Finanzminister, Bildungsministerin)
- Politiker, die auffällig populistisch agieren (J. Möllemann, G. Schröder)
- ohne Namensnennung: Betrüger, Politiker, die nur auf den eigenen Vorteil bedacht sind
- rechte/rechtsextreme Parteien und Politiker.

Bei den Antworten auf diese Frage spielt naturgemäß die eigene politische Einstellung eine erhebliche Rolle. Wer überhaupt eine eigene politische Meinung hat, wird eher die gegnerische Meinung beschimpfen lassen wollen. Außerdem werden sich Beschimpfungen immer eher gegen jene richten, die politische Entscheidungen zu verantworten haben, als gegen oppositionelle Gruppen, die den Beweis, daß sie es besser können, allenfalls später anzutreten haben. Daher sind die Ergebnisse zu dieser Frage wenig aussagekräftig.

Kommentare wurden sehr selten abgegeben (siebenmal). Interessanterweise werten mehrere von ihnen die präsentierten Ausdrücke nicht als kabarettistische Beschimpfungen der Politiker, sondern als Beschimpfungen *in* der politischen Auseinandersetzung.

Knapp die Hälfte der befragten Studierenden lehnt die angeführten Beschimpfungen grundsätzlich ab. Die übrigen, etwas mehr als die Hälfte, akzeptieren diese Ausdrücke jedoch, allerdings mehrheitlich nicht für die öf-

6 Die Formulierung „am ehesten" in der Frage gestattete es denjenigen, die die erste Frage bejaht hatten, exemplarisch bestimmte Leute oder Gruppen zu nennen, während jene, die die erste Frage verneint hatten, die zweite Frage als eine nach der Ausnahme von der allgemeinen Regel verstehen konnten.

fentliche politische Auseinandersetzung. Lediglich drei von 77 akzeptieren sie uneingeschränkt.
Wer die erste Frage verneint, also nicht der Meinung ist, daß „die Politiker" solche Beschimpfungen verdient haben, lehnt – mit einer einzigen Ausnahme – diese Beschimpfungen auch für den öffentlichen Gebrauch ab. Die Öffentlichkeit wirkt also als Zensurinstanz für Schmähungen. Es ist nicht etwa umgekehrt so, daß man öffentliche Schmähungen von Politiker und Politikerinnen akzeptiert, auch wenn man die Geschmähten in Wirklichkeit gar nicht für so schlimm hält.
Das Hauptergebnis sehe ich darin, daß 31 von 77 Studierenden die Beschimpfungen zwar für die politische Öffentlichkeit ablehnen, sie aber gleichzeitig „klammheimlich" als wohlverdiente Politikerbeschimpfung ansehen. Sechs weitere Studierende halten die klammheimlich akzeptierten Beschimpfungen noch für verwendbar, wenn sie in der Öffentlichkeit unter der Voraussetzung gebraucht werden, daß man eh keine Chance auf Beteiligung an der Macht hat. Man darf daraus schließen, daß von einem relevanten Teil der Bevölkerung die Politiker und Politikerinnen mit den gleichen Ausdrücken nicht-öffentlich beschimpft werden, deren öffentlicher Gebrauch ihnen gegebenenfalls vorgeworfen wird.
Zu fragen ist, wie repräsentativ diese Untersuchung ist, die ja nur bei Studierenden durchgeführt wurde. Eine regionale Beschränktheit der Repräsentativität halte ich für unwahrscheinlich: Die beiden Hochschulen liegen 350 Kilometer auseinander. Anzunehmen ist allerdings, daß das Ergebnis sich in Abhängigkeit von Alter und Bildungsniveau, eventuell auch Geschlecht ändern würde. Meine Hypothese dafür wäre, daß der Anteil der rigorosen „Moralisten", die solche Beschimpfungen nicht nur für den öffentlichen Gebrauch, sondern auch für sich privat ablehnen, durchschnittlich geringer sein wird als in der durchgeführten Untersuchung, ohne daß sich das auf die Akzeptanz der Beschimpfungen für die öffentliche Auseinandersetzung positiv auswirkt, es ergäbe sich also ein noch höherer Anteil an Ja–Nein–Nein-Antworten.
Die Empörung über Haiders rüde Sprache steht demnach nicht im Widerspruch dazu, daß er möglicherweise gerade wegen dieser Sprache gewählt wurde, und zwar durchaus auch von denselben Menschen, die sich über seine Sprache empörten. Er mußte seine Schmähungen allerdings als gegen *die Politiker* gerichtet verstehen lassen und nicht nur gegen bestimmte von ihnen. Die Personen, die er angriff, mußte er als Repräsentanten eines Systems erscheinen lassen, das er insgesamt bekämpfte. Vielleicht kann man sogar weitergehend sagen: Wäre diese Sprache nicht öffentlich verpönt, so könnte man mit ihr nicht der heimlichen „Politikverdrossenheit" zum Ausdruck verhelfen. Das Publikum braucht die Illusion, es könne eine einfache und bessere Politik geben, eine Politik, die sachbezogene Problemlösungen erarbeitet, anstatt sich in polemischen Auseinandersetzungen zu ergehen; und um diese Illusion zu nähren, muß es die realen Politiker und Politikernnen

verachten können – also auch verächtlich machen. Haider spielte auf der Klaviatur dieses Widerspruchs. Es ist nicht zu erwarten, daß Populisten dieses Erfolgsrezept aufgeben – wohl aber, daß sie ebendies vorzuhaben beteuern.

POLITIKVERDROSSENHEIT UND POLITIK ALS UNTERHALTUNG

Selten gestehen wir es uns ein, obwohl wir es doch jeden Tag erfahren: Politik ist unterhaltsam. Sie steht in direkter Konkurrenz zu Klatsch, Sex, Crime, Sport und ähnlichen Bereichen unserer alltäglichen Kultur. Das mag empörend sein, denn schließlich bilden wir alle die Allgemeinheit, deren Handeln eben die Politik ist. Aber gerade dies macht auch das Unterhaltsame, Spannende der Politik aus: Es geht um uns alle. Damit Politik unterhaltsam ist, müssen zwei Bedingungen erfüllt sein: Zum einen darf das, was uns alle angeht, uns in unserem Alltag nicht wesentlich berühren; zum anderen muß der Schein, es gehe um für uns alle Wichtiges, gepflegt werden.[7]
Der ideale Politik-Konsument in diesem Sinne hat längst die Erfahrung gemacht, daß keine der politischen Entscheidungen sein Leben und dessen Standard ernsthaft bedroht, aber er ist empfänglich für Botschaften jener Politiker, die den Weltuntergang für den Fall prophezeien, daß nicht sie, sondern die jeweils anderen den Gang der Politik bestimmen. Unter solchen Bedingungen müssen politische Protagonisten, um Erfolg zu haben, unterhaltsam sein wie Sport- und TV-Stars – aber eben, indem sie sich in vorgeblich für uns alle wesentlichen Auseinandersetzungen engagieren.
Diese Aufgabe ist sicherlich nicht einfach; denn sie besteht nicht bloß darin, das Verhalten von Medienstars zu kopieren, sondern darin, auf dem Terrain der Medien mit den Stars anderer Bereiche zu konkurrieren, und zwar mit genuin politischen Mitteln. Es lauert ein Widerspruch: Je unterhaltsamer jemand etwas darbietet, desto weniger ernst nimmt er oder sie es anscheinend – was wiederum nicht sein darf, da es uns ja alle wesentlich betrifft. Nimmt er oder sie es jedoch gebührend ernst (was nicht bedeutet, effekthascherisch Katastrophen zu beschwören), so schaltet man gelangweilt ab. „Politikverdrossenheit" scheint die unausweichliche Folge zu sein.
Die Ursache muß nicht darin gesehen werden, daß die Leute heute politisch weniger gebildet wären als in vergangenen Jahrzehnten. Allerdings stellte sich Politik für die Anhänger der früher festgefügten politischen Lager anders dar als für die heutigen „mündigen Bürger", die ihre Stimme aufgrund überzeugender Argumente mal dieser, mal jener Partei geben, anstatt sie einfach in die Waagschale ihrer Lagerinteressen zu werfen, ohne einen Blick nach rechts oder links zu riskieren. Josef Klein sieht das „Anhängerschafts-Modell" durch ein „Markt-Modell" politischer Kommunikation abgelöst (Klein 1994): Die Bürger und Bürgerinnen wählen ihre politischen Vertre-

7 Ulrich Schmitz hat gezeigt, daß eine Nachrichtensendung wie die „Tagesschau" in der BRD genau diese Weltanschauung vermittelt. Die heile, sich selbst gleich bleibende Welt wird den ZuschauerInnen bestätigt, aber unter dem Schein, es ereigne sich ständig aufregend Neues. (Schmitz 1990)

ter und Vertreterinnen unter konkurrierenden Angeboten aus – geradeso wie Waren und Dienstleistungen, also auch ohne die Verpflichtung, einer Marke treu zu bleiben. Wenn es heute wie früher nur wenige sein mögen, die sich ernsthaft und intensiv mit politischen Zusammenhängen auseinandersetzen, so können diese wenigen sich doch heute nicht mehr wie früher darauf verlassen, daß eine große Anhängerschaft im Hinblick auf das unterstellte gemeinsame Interesse ihrem kompetenten Urteil blindlings vertraut. Es ist nicht gesagt, daß der Gang der Politik deshalb insgesamt irrationaler werden müßte – wohl aber, daß er auf eine unübersehbare und schwer zu kalkulierende Masse relativ schlecht durchdachter Einzelentscheidungen von Wählern und Wählerinnen zurückzuführen ist.

Der Kampf um Wählerstimmen kann unter solchen Verhältnissen in aller Regel nicht mit dem Mittel argumentativer Polarisierung gewonnen werden – denn darauf würden sich die anderen Parteien nur einlassen, wenn sie sich selbst dabei den Sieg ausrechnen könnten. Statt dessen werden alle Seiten lieber kleine Zugeständnisse an die Gegenparteien machen, in der Hoffnung, die nötigen Wählerstimmen-Prozente jeweils zu sich herüberzuziehen. Eine gegenseitige Annäherung der früheren politischen Lager ist die vorhersehbare Folge; und das heißt, daß mit der zunehmenden „Mündigkeit" der Wähler und Wählerinnen eine Abnahme ihres Einflusses auf den Gang der Politik einhergeht. Durch Wahlen wird kaum noch etwas entschieden.[8]

Auf der anderen Seite muß durchaus – und sei es nur zum Schein – argumentativ polarisiert werden, und zwar aus mindestens zwei Gründen: Zum einen, um das eigene traditionelle Lager, die „Stammwählerschaft", nicht zu verlieren, zum anderen aber, um überhaupt Aufmerksamkeit zu erregen. Dafür bieten sich zwei sprachliche Verfahren an:

- *Anspielung.* Durch Anspielungen auf besondere gemeinsame Erfahrungen des jeweiligen politischen Lagers (auch und gerade bestimmte Texte) kann man der traditionellen Anhängerschaft politische Kontinuität demonstrieren, ohne es ausdrücklich zu sagen und ohne daß die anderen Lager es überhaupt verstehen (Svensson 1984).
- *Schmähung.* Durch Schmähungen wird die fehlende politisch-inhaltliche Polarisierung durch eine persönliche ersetzt. Anders als bei der Präsentation der jeweiligen positiven Eigenschaften der verschiedenen Kandidaten werden bei Schmähungen die Wähler genötigt, Stellung zu beziehen: für die Schmähenden oder die Geschmähten.

Während Schmähungen ein sicheres Mittel sind, um Aufmerksamkeit zu erregen, bilden Anspielungen einen Ansporn für die Journalistenzunft, ihre philologischen Fähigkeiten unter Beweis zu stellen und herauszuarbeiten, was jemand mit einer bestimmten Formulierung oder auch nur mit der Vermeidung bestimmter Äußerungen oder Formulierungen wohl angedeutet haben mag. (Beides sind sprachliche Mittel, deren sich Jörg Haider in un-

8 Das ist die These von Koch 1994, der aber zugleich argumentiert, daß paradoxerweise der Anschein, die Wahlen hätten Einfluß auf die Politik, für die Erhaltung der Demokratie (und nicht nur des Scheins von Demokratie!) unabdingbar ist.

gewöhnlichem Ausmaß und in beachtlicher Entfaltung bedient hat, wie wir noch im einzelnen sehen werden.) In öffentlichen politischen Auseinandersetzungen wird also – so die Tendenz – nicht über Politik gestritten, sondern der Schein politischen Streits erzeugt.
Da ist es kein Wunder, wenn politische Auseinandersetzungen ganz analog zu Formen der Unterhaltung verstanden und entsprechend beurteilt werden. Dies aber hat schwerwiegende Konsequenzen für die Kommunikation zwischen professionellen Politikern und souveräner Wahlbürgerschaft. Denn wenn das eigentlich Spannende der Politik, nämlich die Entscheidungen, die uns alle betreffen, durch einen bloßen Anschein davon ersetzt wird, so ist die Konkurrenz gegenüber anderen Unterhaltungsbranchen aussichtslos: Einen interessanten Schein, eine spannende Illusion, einen Wettbewerb, in dem es nur um Gewinner und Verlierer geht – das kann das Fernsehen allemal in besserer Qualität liefern als die Politik. Klein (a.a.O.) demonstriert dies an einigen Merkmalen:

- Im Fernsehen kommt es auf gutes Aussehen und gelungene Selbstdarstellung an. TV-Stars sind in dieser Hinsicht naturgemäß besser als andere Menschen, sonst wären sie keine Stars geworden.
- Das Fernsehen zeigt Personen aus der Nähe und in vertrauten Umgebungen als „Menschen wie du und ich". Politische Entscheidungen von erheblicher Tragweite, unter Umständen über Krieg und Frieden, lassen sich aber kaum auf das banale Alltagsbefinden eines netten Onkels von nebenan zurückführen. Das wirkt unglaubwürdig oder aber zynisch.
- Das Fernsehen muß dem Publikum ständig etwas Neues oder Aktuelles bieten. Politische Auseinandersetzungen brauchen jedoch Zeit. Um dem somit drohenden Ereignismangel zu begegnen, entsteht die Tendenz, belanglose Einzelkonflikte aus laufenden Auseinandersetzungen, in markigen Worten formuliert, dem Publikum als interessante Neuigkeiten zu präsentieren – mit der Folge, daß das Publikum den Eindruck eines verwirrenden politischen Durcheinanders gewinnt.
- Der „Spannungsbogen" von Fernsehsendungen bemißt sich nach Minuten oder höchstens Stunden. In dieser Zeit klärt der Kommissar einen Mord auf, gewinnt der Tennis-Star das Match oder fällt das Live-Publikum sein Urteil über einen Studiogast in der (Talk-)Show. Politische Entscheidungsprozesse sperren sich gegen diese Zeitknappheit. Man erlebt vielleicht einen besorgt formulierenden Bundeskanzler auf dem Bildschirm; aber seinen „Fall" löst er nicht – nicht in der Sendung, nicht heute und meist auch morgen nicht. Der Versuch, komplexe Entscheidungsprozesse in fernsehgerechte Teilprozesse zu zerlegen, scheitert regelmäßig. Denn die Präsentation markanter Sprüche aus einer langen Debatte spiegelt nicht die Entwicklung der Debatte und erst recht nicht die der Auseinandersetzungen in Ausschüssen, Kabinetten und Konferenzen wider; das gilt auch für „Runde Tische" im ORF, die zwar zu rhetorischen Siegen und Niederlagen führen, aber politisch gar nichts bewegen. So hinterläßt

die oberflächliche Befriedigung des Unterhaltungsbedürfnisses den faden Nachgeschmack von Sprechblasen, Leerformeln und billiger Polemik.[9]

Politisches Handeln ist und bleibt – auch abgesehen von parteipolitischer Taktik – ziemlich kompliziert, denn sehr viele verschiedene und einander widersprechende Interessen müssen gegeneinander abgewogen werden, und das bei stets begrenzten finanziellen Mitteln. Das spricht gegen die Konkurrenzfähigkeit der Politik gegenüber anderen Unterhaltungsbereichen.

Allerdings gibt es bei komplexen, unübersichtlichen und widerspruchsvollen Auseinandersetzungen häufig die Möglichkeit, und manchmal die Notwendigkeit, auf die „Meta-Ebene" auszuweichen, auf der sich dann alles ganz einfach darstellt: Die Gegenstände der Auseinandersetzung erscheinen dort als nebensächlich und die Streitenden als befangen in einem System, dessen eigentliche Regeln ihnen verborgen sind. Wer dieses Ausweichen auf die Meta-Ebene beherrscht, kann in alltäglichen Auseinandersetzungen seine Kontrahenten oft verblüffen, schlecht aussehen lassen und die Auseinandersetzung in die ihm genehme Richtung lenken. Für die Politik als Unterhaltungsbranche bietet sich dieser Trick geradezu an, denn die Komplexität der politischen Auseinandersetzung wird nicht geleugnet, sondern nur als unwesentlich dargestellt, während sich das Wesentliche, das den Politikern verborgen ist, obwohl es die unlösbare Komplexität der Auseinandersetzungen erst erzeugt, mit einfachen Worten erklären läßt – also auch auf unterhaltsame Weise. Das Aushandeln gegensätzlicher Interessen mehrerer Beteiligter führt in der Regel dazu, daß alle Beteiligten Kompromisse schließen und Ergebnissen zustimmen müssen, die sie zuvor vehement abgelehnt haben, daß sie, um eigene Interessen durchzusetzen, ihren Gegnern materielle, ideelle oder personelle Zugeständnisse machen müssen und denen, die sie zu hassen vorgaben, mindestens die Möglichkeit geben müssen, „das Gesicht zu wahren". Von der Meta-Ebene aus betrachtet, kann solch kompliziertes Aushandeln leicht als „korrupt" und die „Korruption" (nicht nur im materiellen Sinne) als das eigentliche Problem erscheinen, dessen Beseitigung die Politik um vieles vereinfachen würde (in diesem Beispiel etwa dadurch, daß es einen gibt, der sagt, wo es langgeht).

Der *metapolitische Trick,* wie ich ihn hier nennen möchte, leistet folgendes:

- Er läßt eine einfachere Politik möglich erscheinen, ohne jedoch die Zusammenhänge zu vereinfachen.
- Er läßt den, der ihn anwendet, nicht als Partei im politischen Meinungsstreit, sondern als über den Parteien stehend erscheinen.
- Er läßt die (anderen) Parteien mehr oder weniger lächerlich erscheinen, weil sie nicht in der Lage sind, den Kern des unbefriedigenden Systems zu erkennen.

9 Gerade die letzten beiden Punkte sind von überragender Bedeutung. Unter dem Druck der Konkurrenz in der Unterhaltungsindustrie, vor allem auch zwischen den verschiedenen Fernsehkanälen, können sich Sendungen (aber auch Zeitungen und Zeitschriften) keinen Moment, keine Zeile Langeweile mehr leisten. Dies führt zu einer immer stärkeren Fragmentarisierung von Diskursen. Einen Vortrag oder eine politische Rede anzuhören wird nur noch als Tortur erlebt, wohingegen die passagere Aufnahme immer kürzerer Diskurs-Bruchstücke (z.B. zwischen zwei Musiktiteln im Radio) zur Regel wird. Auf diese Fragmentarisierung will ich später noch eingehen.

Der metapolitische Trick löst das Problem, Politik als Unterhaltung zu betreiben; aber er ist populistisch und rechtsextrem zugleich. Populistisch, weil er die Verachtung des kompromißbereiten Aushandelns politischer Interessen zur Voraussetzung hat, rechtsextrem, weil er Parteienverachtung und Führerverehrung bewirkt. Ein moderner rechtsextremer Populismus bietet ein plausibles Mittel gegen die Politikverdrossenheit an. Zumindest als Opposition. Da aber, wie man sah, die „Mündigkeit" der Bürger und Bürgerinnen eine der Ursachen für das Bedürfnis nach diesem Heilmittel ist, wird er entweder diese beseitigen oder aber sich selbst als bloße Phrase entlarven müssen, sobald er selbst an der Macht ist.
Als sprachliche Realisierungsformen des metapolitischen Tricks lassen sich etwa verstehen:

- Pauschalaussagen über sämtliche politischen Gegner
- Unterstellung verächtlicher Motive ohne ernsthafte Prüfung der von den politischen Gegnern genannten Beweggründe ihres Handelns
- Entsubjektivierung der handelnden politischen Gegner, indem sie etwa zu Marionetten eines „Systems" erklärt werden.

Es fällt sofort auf, daß Jörg Haider sich öfter als andere Politiker und Politikerinnen gerade dieser Mittel bedient hat.

HAIDERS SCHMÄHUNGEN ODER WIE BASTELT MAN EINEN HAIDERISMUS

Haiders Schmähungen ähneln in ihrer Struktur den Beschimpfungen Adolf Hitlers gegen den Parlamentarismus und seine Vertreter. Auch wenn wörtliche Übereinstimmungen[10] dabei selten oder zufällig sein mögen, so evoziert doch die Struktur dieser Schmähungen den nationalsozialistischen Diskurs.[11] Typisch für diese Schmähungen sind „kreative" Nominalverbindungen, also neue Wortzusammensetzungen mit einem Substantiv als Kern und/oder die Hinzufügung eines Attributs zum Substantiv, wobei mindestens einer der Bestandteile die Schmähung enthält. Damit die Schmähung wirksam ist, sollte sie außerdem nicht in einem Satz wie „X ist ein ..." gebraucht werden. Beispiele:
In Österreich gebe es einen
„hemmungslosen Funktionärsstaat der Machtverfilzung, der Parteibuchwirtschaft und der Privilegien" (Freiheitlicher Pressedienst 24.4.91).
Die Wortzusammensetzung „Funktionärsstaat" erhält hier ein Adjektiv-Attribut und noch drei substantivische Attribute zusätzlich, wobei von diesen wiederum zwei („Machtverfilzung" und „Parteibuchwirtschaft") ihrerseits schmähende Nominalverbindungen sind. Die Schmähung ergibt sich entweder aus dem abwertenden Charakter eines Bestandteils („hemmungslos", „Verfilzung") oder bloß aus dem abwertenden Charakter der Zusammenset-

10 Wie z.B. die ständige Verwendung des abwertenden „alte Parteien" oder „System" für die politischen Gegner. Daß es sich dabei um eine Anknüpfung an den NS-Diskurs handelt, ist in Deutschland mittlerweile gerichtsnotorisch.
11 Ausführlich dazu s. Januschek 1991, 48ff., Beispiele s. auch unten im Abschnitt „Mediendiskurs".

zung („Parteibuchwirtschaft", „Funktionärsstaat"). Die schmähende Wirkung solcher Nominalverbindungen beruht wesentlich darauf, daß man, wenn man eine einzelne dieser Schmähungen zurückweist, z.B.
„Österreich ist kein Funktionärsstaat",
die anderen sozusagen stillschweigend akzeptiert – es sei denn, man weist pauschal die gesamte Äußerung als indiskutable Beschimpfung zurück, etwa
„Auf solche verbalen Rundumschläge kann man nicht ernsthaft eingehen",
und riskiert dabei den Vorwurf, sich Kritikern gegenüber arrogant zu verhalten. Um diesen Effekt zu erreichen, müssen der Kern der Nominalverbindung und seine äußeren Bestandteile sprachlich möglichst eng miteinander verknüpft sein, wie in:
„eine sozialistenbefreite Regierung" (Mittagsjournal 14.11.1990),
wo die gleichbedeutende Formulierung „eine von den Sozialisten befreite Regierung" sicherlich leichter angreifbar gewesen wäre und daher nicht eine derart verächtlichmachende Wirkung hätte ausüben können.
Womit beschimpft nun Haider typischerweise seine politischen Gegner? Es handelt sich in der Regel nicht um geläufige Schimpfwörter wie *Spinner* oder *Esel*, sondern um eigens neu formulierte Schmähungen. Daher verspricht die Frage nach den Bedeutungsbereichen, aus denen er seine Schimpfwörter wählt, Aufschluß über das von ihm und seinem geneigten Publikum geteilte Wertsystem.
Typische Haider-Schmähungen entstammen den folgenden Bedeutungsbereichen (die Quellen der Beispiele können jeweils in diesem Buch nachgeschlagen werden):

- *Tiere und Umgang mit Tieren:* angstschlotterndes Kaninchen vor der Schlange Gewerkschaft – winselt vor der Bürgermeistertür – wildgewordener Sozialminister
- *körperliche Eigenschaften:* fescher Franz – Hose nicht zubekommen – Schwächling – Mißgeburt
- *schmutzige Handlungen, Zustände, Personen, Eigenschaften:* Füße abputzen an der Ehre der Gefallenen – Bodensatz an Menschen – ans Bein pinkeln
- *unreif oder verfallend:* morsches Machtgebäude der alten Parteien – verrottete Politikerkaste
- *sozial verächtliche Handlungen, Zustände, Personen, Eigenschaften:* Abstauber – Chaos – hemmungslos – Gauner
- *politisch geächtete Handlungen, Zustände, Personen, Eigenschaften:* Bonzen – Alleinherrschaft – Seilschaft – Faschist
- *Kriminelles:* Mörder – Vergewaltigung – Diebsgesindel – Vandalismus
- *Anspielungen auf den Nationalsozialismus oder auf „neurechte" Ideologie:* alte Parteien – Endlösung der Bauernfrage – Lizenzparteien

Viele dieser Bedeutungsfelder finden sich allein bei den Nominalverbindungen mit „rot-schwarz": rot-schwarze totalitäre Einheitspartei – rot-

schwarze Skandalbrüder – rot-schwarzer Blutegel – rot-schwarzer Watschentanz – rot-schwarzes Chaos – keine Schonzeit für Rot- und Schwarzwild – rot-schwarze Machtkartelle.
Auffällig ist weiterhin, daß zu Haiders Schimpfwörtern auch Kalauer mit den Namen politischer Gegner gehören – eine sonst völlig verpönte Art der rhetorischen Auseinandersetzung selbst in polemischen Zusammenhängen: So wird der damalige Minister Robert Graf mehrfach als „Graf Bobby" lächerlich gemacht, der Grünalternativen-Sprecher Pilz wird zum „Giftpilz mit rotem Hut" und der ehemalige SPÖ-Zentralsekretär Keller gar zum „Killer".
Wir können Schmähungen, die so aufgebaut sind und die genannten Bedeutungsmerkmale tragen, nun *Haiderismen* nennen und uns überlegen, ob sich nach diesem Muster ein typischer *Haiderismus* basteln läßt. Dazu braucht man also eine mindestens zweigliedrige Nominalverbindung. Diese muß zum einen den beschimpften Menschen, die Institution, den Zustand identifizierbar machen, zum anderen ein Merkmal aus den oben genannten Bereichen *tierisch – körperbezogen – schmutzig – unreif/verfallend – sozial verachtet – politisch geächtet – kriminell* enthalten oder eine Anspielung auf den Nationalsozialismus. Manchmal reicht auch eine ungewöhnliche Verbindung (Oxymoron) wie „Ankündigungsriese". Die Bestandteile der Nominalverbindung sollen möglichst eng miteinander verknüpft sein.
Beispiel: Ein Bürgermeister ist zu beschimpfen, man wählt ein Wort aus dem Bereich „sozial verachtet". Die Schmähung könnte lauten: „Bettlermeister". In diesem Wort sind beide Bestandteile eng verknüpft; und daß der Bürgermeister gemeint ist, läßt sich am Wort noch erkennen und würde im Zweifelsfall aus dem Redezusammenhang hervorgehen. Oder: Die wirtschaftlichen Verhältnisse in einer Stadt sind zu beschimpfen, man wählt ein Wort aus dem Bereich „tierisch". Die Schmähung könnte lauten: „Affenkäfig, dessen Bewohner sich von schaulustigen Touristen durchfüttern lassen." Oder: Ein unliebsames Verhalten einer Politikerin ist zu kommentieren. Man wählt ein Wort aus dem Bereich „körperbezogen". Die Schmähung könnte lauten: „Torschlußpanik nach mehrfach vergeblichem Face-Lifting". Oder: Die Agrarpolitik der Bundesregierung ist zu beschimpfen. Man wählt eine Anspielung auf den Nationalsozialismus: „Man läßt die heimische Landwirtschaft ausbluten. Das ist eine wirkliche Blut-und-Boden-Politik der Bundesregierung." Oder: Ein Bundeskanzler soll beschimpft werden. Man wählt ein Oxymoron: „Der Dressman am Ballhausplatz".
Alle diese Ausdrücke stammen (soweit ich weiß) nicht von Haider. Ich halte sie aber für *Haiderismen* im beschriebenen Sinne. Wie typisch sie sind, wird man vielleicht unterschiedlich beurteilen. Aber daß sich auf die beschriebene Weise mit sehr einfachen sprachlichen Mitteln eine beliebig große Menge derartiger Schmähungen basteln läßt, scheint mir offenkundig. Auch auf Haider selbst lassen sich leicht Haiderismen formulieren, etwa mittels einer NS-Anspielung: „Karawanken-Goebbels". Das Basteln von

Haiderismen könnte ein unterhaltsames Spiel[12] sein, wenn es nicht die präzise Auseinandersetzung über politische Probleme auf die Ebene des Körperlichen, Schmutzigen, Tierischen und Verächtlichen hinabzöge, wo nicht nur Kritik durch Verletzung ersetzt wird, sondern wo vor allem eine einfache *Kollektivsymbolik*[13] bestätigt wird, derzufolge die alltäglichen körperlich-sinnlichen Erfahrungen das wesentliche Muster für die Deutung der komplexen gesellschaftlichen Vorgänge abgeben.

POPULISMUS

Was ist *Populismus?* Als Populisten werden außer Haider beispielsweise bezeichnet: Berlusconi in Italien, Le Pen in Frankreich, Jelzin in Rußland, Lafontaine in Deutschland. Niemand bezeichnet sich selbst so – also handelt es sich offenbar um einen abwertenden Begriff. Wer dem Volk nach dem Munde redet, um Wählerstimmen zu erschleichen, und dabei seine Prinzipien der Irrationalität des „Mannes auf der Straße" opfert, wird gern als Populist beschimpft. Aber einer solchen Beschimpfung liegt ein unscharfer Begriff von *Populismus* zugrunde, denn, wie bereits gesehen, es ist für alle Politiker unabdingbar notwendig, sich auch durch Zugeständnisse an ihnen eher fernstehende Wähler und Wählerinnen Stimmen zu erkämpfen – und so gesehen wären dann alle demokratischen Politiker *Populisten.* Damit wäre der Begriff nichtssagend. Das entscheidende Merkmal ist ein anderes: Es hat mit der Art und Weise zu tun, wie Populismus mit Irrationalität umgeht und um welche Art Irrationalismus es sich handelt. Ich nenne diese Art Irrationalität „Ressentiment" und die typisch populistische Einstellung „Verachtung des Aushandelns von Interessen". Entsprechend W. Ernsts Explikation von „Populismus", definiere ich „Ressentiment" als ein tiefsitzendes Unbehagen mit der herrschenden Politik, verursacht durch das Gefühl, von der Macht ausgeschlossen und das Objekt von Kungeleien von „denen da oben" zu sein (Ernst 1987).[14] Populismus gibt vor, das allgemeine Interesse des „Volkes" gegen die partikularen Interessen herrschender Gruppen zu vertreten. Populistische Politik verspricht den Objekten der Macht, sie zu deren Subjekt zu machen. Zum Schimpfwort wird der Ausdruck deshalb, weil dieses Versprechen eine einfache Lösung der komplexen Probleme moderner Gesellschaften als möglich vorgaukelt und damit den Verdacht begründet, daß das wirkliche Interesse nicht den Unterprivilegierten, sondern lediglich der eigenen Machtentfaltung gilt.

Gerade weil der Populismus aber kein Interesse an der Beseitigung der eigentlichen Ursachen gesellschaftlicher Ohnmacht und Unterprivilegierung hat, greift er gern auf populäre Vorurteile gegenüber Gruppen zurück, die den Unterprivilegierten als Ursache ihrer Misere und/oder als Bedrohung

12 Schimpfen kann im Prinzip durchaus ein unterhaltsames Spiel, in manchen Kulturen gar ein Ritual sein – vgl. dazu Bausinger 1985.

13 Zu diesem Begriff s. Link 1982.

14 S. dazu auch Pfahl-Traughber 1990.

ihres immerhin erreichten Lebensstandards erscheinen. Denn dies sind in der Regel die noch Schwächeren – Türken, Asylsuchende, Flüchtlinge, Dunkelhäutige –, denen gegenüber man sich selbst wenigstens noch als etwas Besseres empfinden kann, im Gegensatz zu jenen, die die eigentlichen Unterdrücker sind, an deren Macht man aber nicht erinnert werden möchte, weil man es vorgezogen hat, sich ihr zu unterwerfen.[15] Darin liegt eines der gefährlichsten Potentiale des Populismus, durch den er zum offen rechtsextremen Rassismus wird.

BRUCHSTÜCK-KOMMUNIKATION

Gegenwärtig erleben wir die Fragmentarisierung von Diskursen. Die Gelegenheiten und Möglichkeiten, für längere Zeit kontinuierlich und gemeinsam mit einer überschaubaren Gruppe von Mitmenschen an einem Thema, Problem oder Projekt zu arbeiten und sich mit ihnen darüber auseinanderzusetzen, nehmen ab. Wir haben immer auch viele andere Sachen im Kopf, deretwegen wir das Gespräch oder das Zuhören nach kurzer Zeit abbrechen müssen. Die spätabendlichen „Club 2"-Diskussionen im ORF sind – zumal mit open end – eine große Ausnahme und wirken wie eine Oase diskursiver Ruhe in der Wüste immer kürzer werdender und in immer lautere Musik eingebetteter Informations-Häppchen über Neuigkeiten aus aller Welt. Solche Diskurs-Bruchstücke müssen wir je individuell zu einem Ganzen, nämlich unserer Biographie, verarbeiten. Entsprechend entwickeln sich unsere Fähigkeiten: Während es früher selbstverständlich war, eine ganze Rede oder ein ganzes Buch aus sich heraus zu verstehen, müssen wir heute versuchen, diskursive Bruchstücke verschiedenster Herkunft collagenhaft zu einem individuellen Ganzen zusammenzubasteln, das wiederum neue Anregungen für uns selbst oder für andere liefert. Die technischen Mittel sind etwa Aufnahmegeräte und Satellitenfernsehen; die Fähigkeiten bestehen im schnellen Umschalten zwischen Fernsehkanälen, ohne Wesentliches zu verpassen, oder im Reproduzieren von Ausschnitten von Sendungen. Ein Fußballspiel, dessen Torschüsse man nicht zweimal und in Zeitlupe sieht, hat bereits etwas Irreales.

Diese Fragmentarisierung von Diskursen ist sicherlich durch die Zunahme verfügbarer Freizeit bedingt, die durch unverbindliche Unterhaltung ausgefüllt werden kann. Ob dies die einzige Ursache ist, kann hier dahingestellt bleiben. Auf jeden Fall ist auch politische Kommunikation unter dem Gesichtspunkt der allgemeinen Fragmentarisierung von Diskursen neu zu betrachten; und einige ihrer gegenwärtigen Merkmale können als Reaktionen auf diese Entwicklung begriffen werden. Dazu gehören insbesondere auch Anspielungen, die oben bereits als zeitgemäße sprachliche Verfahren angeführt wurden.

15 Zur „rebellierenden Selbstunterwerfung" s. Kalpaka/Räthzel (1990).

ANSPIELUNGEN UND DISTANZIERUNGEN ALS ZEITGEMÄSSE MITTEL POLITISCHER KOMMUNIKATION

Schlagworte und Wahlslogans sind zwar kurz und mögen auch einprägsam sein – als Mittel politischer Bruchstück-Kommunikation eignen sie sich dennoch nur bedingt. Sie sind zu durchsichtig auf bloß emotionale Appelle an das Publikum ausgerichtet und sind inhaltlich meist leer. Wer an jeder Straßenecke ein Wahlplakat mit dem einzigen Text „Arbeit! Arbeit! Arbeit!" erblickt, wird sich daher eher verarscht fühlen, anstatt sich zu entschließen, die SPD ins Europaparlament zu wählen. Und wer daneben das CDU-Plakat „Frieden für alle" sieht, wird vielleicht lieber gleich gar nicht wählen gehen.

Im Gegensatz zu Slogans setzen Anspielungen aktive, denkende und differenzierte Rezipienten voraus: Anspielungen können nicht alle verstehen, und die, die sie verstehen, müssen dafür etwas tun: Sie müssen der Anspielung Bedeutung geben. Der Autor der Anspielung kann die Verantwortung für die so entstandene Bedeutung somit auch ablehnen: er kann sich distanzieren. Anders ausgedrückt: Anspielungen können sehr kurz sein – aber einseitige Kommunikationsakte können sie niemals sein. Und: Anspielungen können höchst Brisantes zu verstehen geben – aber doch immer so subtil, daß sie Widerspruch provozieren und nicht unbesehen in bestimmte Schubladen einsortiert werden können. Während Wahlslogans den Bruchstück-Diskurs tendenziell zum Erliegen bringen, treiben Anspielungen ihn eher voran. Unter den Bedingungen fragmentarisierter politischer Kommunikation sind sie das sprachliche Mittel, das darauf vertraut, daß auch unter diesen Bedingungen Bürger und Bürgerinnen im Prinzip intelligent handeln und nicht als bloße Marionetten der jeweils geschicktesten Manipulateure.

„Anspielungen" – ein wenig Theorie

Der Begriffskern von *Anspielung* ist die bewußte Bezugnahme auf besondere gemeinsame Erfahrungen als Verstehens*voraussetzung*. Anspielen heißt also nicht etwa, solche partikularen gemeinsamen Erfahrungen zu *benennen* oder zu *erzählen,* denn dieses wären Handlungen, die bereits darauf gerichtet sind, die besonderen Erfahrungen zu allgemeinen zu machen.

Anspielungen sind bewußte Bezugnahmen auf gemeinsame Erfahrungen; aber das Niveau und der Grad der Bewußtheit sind unterschiedlich. Wer das Wort „Sonderbehandlung" benutzt, dürfte sich heute vielfach kaum noch dessen bewußt sein, daß dies als Anspielung auf die Vergasung eines ausgesonderten Teils der gerade neu angekommenen Häftlingstransporte im Vernichtungslager Auschwitz verstanden werden kann.

Anspielungen können allgemein geläufig werden bis hin zu Stereotypen. So wurde 1990 im Hinblick auf die Beendigung der Existenz der DDR oft von „Anschluß" gesprochen und damit auf den ebenso genannten Prozeß der

Eingliederung Österreichs in das großdeutsche Reich 1938 angespielt. Das Angespielte dürfte kaum allen, die diesen Ausdruck 1990 gebrauchten, bewußt gewesen sein – trotzdem entwickelte sich aus der Habitualisierung dieser Anspielung ein Stereotyp, durch dessen Verwendung man den politischen Prozeß zwischen BRD und DDR 1990 in ein negatives Licht rückte. Diese abwertende Bedeutung von „Anschluß" geht nicht aus der lexikalischen Bedeutung des Wortes hervor; denn rein lexikalisch gesehen, beschreibt „Anschluß" den Prozeß sicher treffender als „Vereinigung".

Anspielen ist nicht an Sprache gebunden. Man kann auch durch Bilder (etwa Karikaturen) oder Musik (wie Saint-Saëns' Anspielung auf J. Offenbach im „Karneval der Tiere") oder Gestik und Mimik (Kabarett) anspielen. Während die Anspielungs-Handlung grundsätzlich zeichenhaft ist, kann das Angespielte sowohl zeichenhaftes als auch nicht-zeichenhaftes Verhalten sein. Oder konkreter: Man kann auf Äußerungen anspielen, aber auch auf Ereignisse, Prozesse, praktische Handlungen.

Gemeinsame partikulare Erfahrungen können singulär oder komplex sein. Man kann auf eine einzelne Äußerung anspielen, aber auch auf eine Art und Weise, wie bestimmte Leute reden, auf einen Komplex von Ereignissen oder auf etwas, was immer wieder vorkommt oder geäußert wird (etwa auf ein Sprichwort).

Gemeinsame partikulare Erfahrungen können sich auf die gemeinsame Vergangenheit oder auf die gemeinsame Gegenwart beziehen. Das erste dürfte der Fall sein, an den man sofort denkt. Aber es gibt auch folgendes: Ich kann mit dem Satz „Manche Leute können mehreres gleichzeitig tun" in einem Seminar über die Biographie eines Wissenschaftlers sprechen und dabei gleichzeitig auf eine strickende Kommilitonin anspielen.

Eine allgemeine Charakterisierung der Funktion von Anspielungen muß deren gruppeneingrenzenden oder -ausgrenzenden Effekt hervorheben: Die Gruppe vergewissert sich ihrer Existenz als solcher und damit ihrer Differenz zu allen anderen. Beides gehört zusammen, obwohl es verschieden deutlich akzentuiert sein kann. Im Beispiel der strickenden Kommilitonin (und so wohl in allen Fällen einer situationsbezogenen Anspielung) tritt die gruppenintegrierende Funktion am deutlichsten hervor: Eine durch die Anspielung ausgegrenzte Gruppe ist nicht anwesend, weil die Anwesenheit in der Situation die einzige Bedingung für die Gemeinsamkeit der angespielten Erfahrung ist. Die ausgrenzende Funktion ist etwa in persönlichen Beziehungen besonders deutlich, wenn etwa A zu B vor Dritten sagt: „Heute habe ich wieder Elternabend", und beide wissen, daß A Elternabende gern schwänzt, um mit B zusammenzusein. Die gruppen-integrative bzw. -exklusive Funktion erschöpft nicht die möglichen Funktionen von Anspielungen, ist aber deren Kern.

Die besondere Funktion einer jeweiligen Anspielung ist im Sinne einer gemeinsamen „Arbeit an Sprache" (Januschek 1986) von den Beteiligten immer erst herzustellen. Da die angespielte gemeinsame Erfahrung ja nur als

Verstehensvoraussetzung in den jeweiligen Diskurs eingeführt wird, kann mit ihr nicht schon etwas in dem Sinne „gemeint" sein, daß man dafür den Sprechenden verantwortlich machen könnte. Sprecherseitig wird lediglich eine Beziehung zwischen der anderen gemeinsamen Erfahrung und dem jetzt Gemeinten hergestellt. Die Art dieser Beziehung ist dadurch noch nicht eindeutig – selbst wenn sie im einen oder anderen Fall ziemlich offensichtlich scheinen mag.

Beim Verstehen von Anspielungen müssen zwei Stufen unterschieden werden:

1. das Verstehen, daß eine Anspielung vorliegt
2. das Verstehen des mit der Anspielung Gemeinten.

Die Anspielungsbedeutung kann mit der Äußerungsbedeutung zusammenfallen; es kann sich aber auch um zwei verschiedene Bedeutungen handeln. Letzteres ist der Fall bei dem „Elternabend"-Beispiel. In diesem Beispiel dürften die Ausgeschlossenen weder die erste noch die zweite Stufe des Verstehens erreichen. In den meisten Fällen dürften die Ausgeschlossenen jedoch spätestens an der (zum Beispiel schmunzelnden) Reaktion der Eingeweihten merken, daß eine Anspielung gemacht worden sein muß.

Anspielungen sind der Form nach vielfältig. Möglich sind sowohl das vollständige Zitat als auch die völlige formale Differenz gegenüber dem Angespielten. Zwischen Zitat und Anspielung gibt es demnach keinen graduellen Unterschied, sondern einen prinzipiellen. Zitieren heißt nur, etwas früher Geäußertes wiederzugeben, zu welchem Zweck auch immer, während das Anspielen darin besteht, das Angespielte als Verstehensvoraussetzung identifizierbar zu machen – gleichgültig, ob durch formale Wiedergabe oder durch eine andere Art der Identifikation, und gleichgültig auch, zu welchem Zweck.

Aus dem bisher Ausgeführten ergibt sich, daß Anspielungen im Hinblick auf die folgenden Dimensionen variabel sind:

1. Grad der Bewußtheit
2. Grad der Stereotypisierung der Anspielung
3. Sprachlichkeit/Nichtsprachlichkeit der Anspielung
4. Zeichenhaftigkeit/Nicht-Zeichenhaftigkeit des Angespielten
5. Grad der Partikularität der angespielten Erfahrung
6. Präsenz bzw. Historizität des Angespielten
7. Singularität/Komplexität des Angespielten
8. Formale Korrespondenz zum Angespielten
9. Funktion[16]

Zur systematischen Analyse von Anspielungen sollte folgendermaßen verfahren werden:

16 Eine theoretisch weniger abgeleitete, aber konkretere Liste von Dimensionen findet sich in Januschek 1986, 85f., dort allerdings für die Kategorie „Anspielungsaspekt", durch die der Begriff „Anspielung" in einem ähnlichen Sinne wie „Intertextualität" verallgemeinert wird. Zu Anspielungen in der Politik vgl. auch Svensson 1984, zu literarischen Anspielungen Wilss 1990.

1. Isolierung derjenigen Ausdrücke (sprachlich-formalen Merkmale), die die Anspielung darstellen
2. Identifikation des Angespielten
3. Beschreibung der Bedeutung des Angespielten (sei es eine Äußerung oder ein Komplex von Äußerungen oder Ereignissen oder ähnlichem)
4. Explikation der Bedeutung der anspielenden Äußerung
   a) „wörtlich", d.h. ohne Berücksichtigung der Anspielung (sofern möglich)
   b) Anspielungsbedeutung
   c) Anspielungsbedeutung und wörtliche Bedeutung im Zusammenhang.

Die „deutschen Bauern" und die „Physiognomie" des Präsidenten von Polen

Das folgende Beispiel zeigt die Funktion einer Anspielung als Fragment des politischen Diskurses. Es zeigt außerdem, wie gut Anspielungen geeignet sind, Populismus und Rechtsextremismus zu verbinden. Haider äußerte sich im April/Mai 1991 verschiedentlich zum Thema „Polen". Unter anderem wurde folgende Äußerung veröffentlicht („Frankfurter Rundschau", 2.5.1991):

Polen ging's nur gut, als deutsche Bauern in die Ostkolonisation geschickt wurden. (Der Kärntner Landeshauptmann Jörg Haider (FPÖ) auf einer CSU-Veranstaltung in München.)

Was ist das für ein Land, das sich einen Staatspräsidenten wählt, der von seiner Physiognomie her ständig breiter wird, statt sich in seinem Amt zu verzehren. (Zugabe Haiders, nachdem der Saal auf seine erste Bemerkung mit heftigem Applaus reagiert hatte.)

Das erste Zitat ist unzweideutig chauvinistisch, und zwar bereits in wörtlicher Lesweise und auch ohne daß man die nahegelegte Schlußfolgerung zieht, es wäre gut, wenn etwas Ähnliches wie diese Ostkolonisation demnächst wieder stattfände. Denn unabhängig von den historischen Fakten steht es dem Angehörigen einer Nation nicht zu, über eine andere Nation zu behaupten, sie benötige seine eigene Nation zu ihrem Wohlergehen. (Haider spricht hier nicht als Österreicher, sondern als Nachfahre des ersten deutschen Reiches, zu dessen Zeit die „deutsche Ostkolonisation" stattfand.) Das zweite Zitat ist, wörtlich genommen, eine Frage nach der Art eines Landes. Die Frage ist offensichtlich rhetorisch und enthält eine Wertung. Offensichtlich ist auch „Land" hier eine Metonymie für „Volk". Die Wertung ist ebenso offensichtlich negativ, weil „sich in seinem Amt verzehren" (also all seine Kräfte für die übertragenen Aufgaben hingeben) als etwas bei Politikern Positives gilt. Mithin ist auch das zweite Zitat bereits in wörtlicher Lesweise chauvinistisch: Haider maßt sich (und, weil er es als eine rhetorische Frage formuliert, seinem deutschen Publikum) ein Urteil über ein fremdes Volk an, das ihm nicht zusteht.

Da anzunehmen ist, daß nur wenige lebende Deutsche über hinreichende Geschichtskenntnisse verfügen, um Haiders Bemerkung zur „deutschen Ostkolonisation“[17] beurteilen zu können, wäre die wörtliche Lesweise der Äußerung für die meisten Zuhörer ziemlich uninteressant. Der Beifall zeigt aber, daß sie sie anders verstanden haben, und dessen konnte sich Haider auch sicher sein. Denn sicherlich die meisten Deutschen wissen, daß Nazideutschland 1939 Polen überfallen und anschließend brutal unterdrückt hat, ebenso, daß ein Teil des heutigen Polen früher zu Deutschland gehörte und daß es den Leuten in Polen heute noch schlechter geht als denen in der ehemaligen DDR. Viele wissen sicher auch, daß das Programm der Nazis die Schaffung von „Lebensraum“ für das deutsche Volk „im Osten“ vorsah und daß das von Polen und Russen bewohnte Gebiet von deutschen Bauern kolonisiert werden sollte. Auf diese historischen Erfahrungen spielt Haider an. Er „evoziert“ sie. Daß es ihm tatsächlich um diese, mit der Zeit des deutschen Faschismus verknüpften Erfahrungen geht, zeigt auch der Ausdruck „deutsche Bauern“. Denn Haider hätte auch sagen können „der deutsche Orden“ was eine deutliche Bezugnahme auf die „Ostkolonisation“ früherer Jahrhunderte gewesen wäre. Der „deutsche Bauer“ hingegen gehört zu den zentralen Topoi der Nationalsozialisten.

Das zweite Zitat läßt eine sinnvolle wörtliche Deutung nicht zu. Denn zwischen der Breite des Gesichts eines Menschen und seiner Aufopferungsbereitschaft für die ihm übertragenen Aufgaben besteht kein zwingender Zusammenhang. Es ist jedoch in der Alltagskommunikation üblich und beliebt, sich über das Aussehen von Politikern und Politikerinnen lustig zu machen. Für deren öffentliche Äußerungen ist dies jedoch strikt tabuisiert. Haider evoziert hier also Situationen der Alltagskommunikation (z.B. „Stammtischgerede“) und inszeniert sich wie so oft als Tabu-Brecher. Aber auch hier wieder erschließt sich die Bedeutung der Anspielung erst, wenn man nach der Qualität des Tabus fragt, das er bricht. Menschen nach ihrer Physiognomie zu beurteilen ist ja im öffentlich-politischen Diskurs nicht von ungefähr tabuisiert, nämlich nicht nur deshalb, weil der Zusammenhang zwischen Physiognomie und Persönlichkeit, wissenschaftlich gesehen, ziemlich indirekt ist. Vielmehr gibt es historische Erfahrungen mit der Herstellung eines direkten Zusammenhangs zwischen Physiognomie und Charakter im politischen Bereich; und in Deutschland sind das Erfahrungen, die mit dem Nationalsozialismus eng verknüpft sind.[18] Es ist ja bekannt, daß die Nazis den blonden und blauäugigen Ariern die krummnasigen Juden mit fliehender Stirn gegenüberstellten. Haider evoziert diesen rassistischen Diskurs der Nationalsozialisten. Und zwar evoziert er ihn durch seine spezielle Wortwahl.

17 Zu H.s Gunsten wird hier zunächst angenommen, daß er mit der Ostkolonisation nicht jene Zeit (im wesentlichen das 19. Jhdt.) meint, in der Polen als Staat nicht existierte, sondern zwischen Österreich, Preußen und Rußland aufgeteilt war. Wenn man ihm unterstellte, er hätte diese Zeit gemeint, so würde seine Bemerkung implizieren: „Polen ging es nur gut, als es (u.a. von Deutschen) besetzt war.“ Die frühere Kolonisation durch den Deutschen Orden fand im 13. u. 14. Jhdt. statt, z.T. auf Wunsch oder mit Billigung der polnischen Herrscher.

18 Es scheint zur Zeit eine Neuauflage physiognomischer Ideen zu geben, durchaus auch in Kenntnis des nationalsozialistischen Hintergrundes. Darüber berichtete die Frankfurter Rundschau ausführlich am 14.6.1994.

Denn er hätte auch davon sprechen können, daß der polnische Staatspräsident „immer dicker" werde. Diese Formulierung hätte – obschon ebenfalls tabuisiert – den Sachverhalt präzise beschrieben. Die – sachlich gesehen völlig überflüssige – Umschreibung mit Hilfe des (pseudo-)wissenschaftlichen Terminus „Physiognomie" hingegen löst die beschriebene Evokation aus. Haider überläßt es hier nicht seinen Zuhörern, welche Beziehung sie zwischen dem angespielten nationalsozialistischen und rassistischen Diskurs und der gegenwärtigen Situation herstellen wollen. Wer die Anspielungen überhaupt versteht, kann sie hier nur so verstehen, daß Haider sich mit dem rassistischen und nationalsozialistischen Diskurs auch gegenüber dem heutigen Polen und seinem obersten Repräsentanten identifiziert.

Haider, Jesus

An einem weiteren Beispiel zeigt sich, wie sehr das, was durch die Anspielung zu verstehen gegeben wird, vom je historischen und politischen Kontext abhängig ist. Am 1.5.94 veröffentlichte die FPÖ große Anzeigen mit einem Haider-Porträt und folgendem Text:

... ehe der Hahn das zweite Mal kräht, wirst du mich dreimal verleugen.

(Markus-Evangelium 14, 26-31)

„Bevor überhaupt ein Hahn krähen konnte, hat Zernatto mich verraten."
Rot und schwarz sollten sich aber nicht zu früh freuen.
Ich komme wieder.

Der Text enthält zwei Anspielungen, eine offensichtliche und eine zweite, die sich erst erschließt, wenn man die erste verstanden hat. Die erste Anspielung wird durch ein wörtliches Bibelzitat realisiert, dessen Quelle auch angegeben ist. Auch ohne Zitatkennzeichnung wäre die Anspielung zu verstehen gewesen: Die Formulierung „ehe der Hahn kräht, wirst du mich verraten" dürfte auch weniger bibelfesten Menschen geläufig sein. Angespielt wird hier also auf den Jünger Petrus, der bei der Vernehmung Jesu vor dem Hohen Rat gegenüber Schaulustigen dreimal seine Beziehung zu Jesus leugnete, um seine eigene Haut zu retten. Und Jesus hatte ihm ebendies mit den zitierten Worten prophezeit, als Petrus ihm überschwenglich Treue bis in den Tod gelobt hatte.– Die zweite Anspielung steckt in der Formulierung „Ich komme wieder." Diese Formulierung ist von der wörtlichen Bedeutung des gesamten Textes her nicht plausibel zu erklären, sehr wohl aber, wenn man den gesamten Text als Anspielung auf die biblische Geschichte versteht, in der die Hinrichtung Jesu bekanntlich mit der Erwartung seiner Wiederkunft verknüpft ist – so wie es auch im christlichen Glaubensbekenntnis formuliert ist.[19]

Wenn man den allgemeinen Informationsstand über den aktuellen politischen Hintergrund berücksichtigt, kann man die *wörtliche Bedeutung* des Textes etwa folgendermaßen wiedergeben:

19 ... et iterum venturus est cum gloria iudicare vivos et mortuos.

Zernatto hat unseren Vertrag schon gebrochen, ehe der nächste Tag anbrach, schlimmer noch als bei dem Verrat, über den in der biblischen Geschichte berichtet wird. Aber SPÖ und ÖVP sollten nicht glauben, mich dadurch besiegt zu haben. Ich werde weiterkämpfen.

Als Anspielungsbedeutung der Äußerung könnte etwa folgende Paraphrase angesetzt werden:

Mir ist widerfahren, was auch Jesus Christus widerfahren ist: Einer meiner Anhänger hat mich verraten. Aber wie Jesus Christus werde auch ich am Ende über das Böse und alle meine Widersacher triumphieren.

Durch die Anspielung würde demnach Haiders Lage nach Aufkündigung des FPÖ-ÖVP-Pakts mit jener des leidenden christlichen Heilands parallelisiert und die in diesen gesetzte Heilserwartung auf Haider bezogen.

Dies ist nicht nur offenkundig blasphemisch, sondern auch offenkundig falsch – schon allein deshalb, weil es ja nahelegen würde, daß Haider damit seinen endgültigen Triumph auf den Sankt Nimmerleinstag verschoben hätte. Im übrigen erschiene Zernatto im Lichte dieser Anspielung als eben jener Petrus, auf den Jesus später immerhin seine Gemeinde bauen wollte und der für ihn dann tatsächlich den Märtyrertod starb. Daraus ergibt sich, daß für die Rezeption der Anspielung zum Verständnis *mehr* beizutragen ist als die bloße Übertragung des Angespielten auf die Situation, von der hier und heute die Rede ist. Man muß erkennen, daß Haider sich blasphemisch mit Gottes Sohn identifiziert hat, ebendies aber nicht gemeint haben kann. Christliche Heilserwartungen werden zu seinen Gunsten mobilisiert, aber auf derart gotteslästerliche Weise, daß diese Mobilisierung gerade bei denen nicht gelingen kann, die diese Heilserwartungen hegen. Die Mitarbeit an der Bedeutung dieser Äußerung, die von Rezipientenseite geleistet werden muß, um sie trotz dieser Widersprüche zu verstehen, ist also beträchtlich. Sie hat zur Folge, daß über den Text öffentlich gestritten wird, während sich sein Autor jederzeit von vereindeutigenden Interpretationen der Äußerung distanzieren kann.

Diskurshistorisch[20] betrachtet ergibt sich daraus eine weitere, abstraktere Anspielung des Anzeigentextes, eine Evokation. Haider evoziert seine eigene Art, sich als Politiker sprachlich zu präsentieren. Er ist der einzige in der österreichischen Politik, der sich auf derart anstößige Weise über Anspielungen immer wieder ins Rampenlicht bringt. Kein Tabu ist vor ihm sicher. Er demonstriert damit seiner Anhängerschaft, daß er der alte geblieben ist – und dies kann auch als Bestätigung seiner rechtsextrem-nationalsozialistischen Anspielungen verstanden werden. *Dieses* Verständnis des Anzeigentextes ist jedenfalls nicht widersprüchlich.

Analyse eines Rede-Fragments

Anspielungen sind vielfach versteckt und werden nicht immer sofort als solche erkannt (ja oft nicht einmal bewußt als Anspielungen geäußert). Dies zeigt

20 Zum diskurshistorischen Verfahren vgl. Wodak u.a. 1990

sich, wenn man längere zusammenhängende Diskurs-Bruchstücke genau analysiert. Ich hatte dies 1990 mit einem Haider-Text getan (Januschek 1991). In leicht veränderter Fassung erscheint die Analyse hier noch einmal. Sie ist auch durchaus aktuell: In einem Pressebericht über eine Europa-Wahlkampfveranstaltung vom 21.5.1994 („Nordwest-Zeitung Oldenburg") hieß es:
Kein Protest regte sich, als Haider dann als zweiter Redner nach Brunner dazu aufrief, sich zu den guten und den schlechten Tagen Österreichs und Deutschlands zu bekennen und sich gegen jene zu wehren, die „so tun, als wären unsere Väter nur lauter Verbrecher gewesen".
Und das ist nahezu wörtlich eine Wiederaufnahme einer Formulierung aus jenem Text, den der Freiheitliche Pressedienst (FDP) am 2.11.1986 (Allerseelentag) als Ausschnitt aus einer Rede Haiders „anläßlich einer Kranzniederlegung für die Gefallenen der beiden Weltkriege" veröffentlichte.

Freiheitlicher Pressedienst – Meldung vom 2.11.1986
Wien, 1986-11-02 (FPD) – Anläßlich einer Kranzniederlegung für die Gefallenen der beiden Weltkriege erklärte der freiheitliche Bundesparteiobmann Dr. Jörg Haider, daß es notwendig sei, dieser Opfer zu gedenken. „Den Männern des Ersten und Zweiten Weltkrieges, die ihr Leben gaben, um ihrer Heimat die Zukunft zu sichern, sei zu dieser Stunde und an diesem Ort gedacht. Ebenso auch den zahllosen Opfern unter der Zivilbevölkerung – Frauen und Kindern – die schutzlos den Bomben und Granaten ausgesetzt waren", erklärte Haider und fuhr fort: „Daß es möglich war, unsere Heimat aus den Trümmern des Krieges wieder aufzubauen und zu materiellem Wohlstand zu führen, ist ebenfalls dieser Generation zu danken – einer Generation, die ständigen Verunglimpfungen ausgesetzt ist. Das Soldatentum wird von bestimmten Kreisen beschimpft und besudelt. An der Ehre der Gefallenen und Lebenden des Weltkrieges putzen sich so manche Herren nur allzu gerne ihre Schuhe ab – aber die Wählerstimmen dieser Gruppe wollen sie doch. Es ist beschämend, wenn man sieht, wie Menschen, die alles gegeben haben, was sie zu geben hatten – nämlich ihr Leben – von Drückebergern und politischen Opportunisten mit Dreck beworfen werden. Damit muß ein für allemal Schluß sein. Es ist unverständlich, warum unsere Väter und Großväter Verbrecher sein sollen, wie so viele Politiker lautstark verkünden. Ich stehe zu dieser Kriegsgeneration, zu den Toten wie zu den Lebenden", schloß Haider.

EBENE DER KOMPLEXEN HANDLUNGEN

Bereits auf der Ebene der komplexen Handlungen erweist sich der Anspielungsaspekt des Textes als höchst aufschlußreich. Während man zunächst meinen könnte, ein öffentliches Gedenken an die Kriegsgefallenen sei – 40 Jahre nach dem letzten Krieg – ein bloßes Ritual, bei dem der Inhalt sich von selbst versteht und es für den größten Teil des Volkes allenfalls darauf ankommt, daß es überhaupt vollzogen wird, zeigt sich doch bei näherer Betrachtung, daß die eigentliche Bedeutung in dem Umstand zu suchen ist, wer hier dieses Ritual vollzieht. Denn derartige Gedenkreden werden normalerweise von Politikern in Ausübung ihrer öffentlichen Ämter oder von Geistlichen, mindestens aber von älteren Leuten, also Angehörigen der betroffenen Generationen gehalten. Der Haider-Text hingegen ist als Rede des Obmanns seiner Partei (der er damals nach dem maßgeblich von ihm inszenierten Sturz seines Vorgängers Steger erst seit etwa einem Monat war), eines Mittdreißigers, verbreitet worden. Im Prinzip müßte daher diese Rede Haiders mißglücken, lächerlich oder peinlich wirken. Die Tatsache, daß sie vom Freiheitlichen Pressedienst veröffentlicht wurde, gibt aber eher zu verstehen, daß sich Haider bewußt in den Formen eines ihm eigentlich nicht zustehenden Rituals artikuliert: Er reklamiert für sich als Parteipolitiker und als jungen Mann das Recht auf dieses Ritual und akzentuiert es damit neu. Dies ergibt sich bereits vor jeder inhaltlichen Würdigung.

DIE EBENE DER TEXTINTERNEN ORGANISATION

1. Paraphrase

Im ersten Satz wird das Thema des Textes – Gedenken an die Gefallenen – bestimmt, im zweiten das Gedenken an die Kriegsopfer unter der Zivilbevölkerung in das Thema eingeschlossen. Anschließend wird der Wiederaufbau nach dem Krieg als zu Dank verpflichtende Leistung eben dieser Generation gekennzeichnet. Anknüpfend an die (unterstellte) Tatsache, daß diese Generation ständig verunglimpft werde, beklagt Haider im weiteren die Beschimpfung des Soldatentums durch nicht näher genannte Politiker, denen er Beleidigung der gefallenen und lebenden Soldaten vorwirft, deren Wählerstimmen sie gleichwohl wollten. Die Betroffenen werden als Menschen hingestellt, die ihr Leben zu opfern bereit waren, während die nicht genannten Politiker als „Drückeberger und politische Opportunisten" beschimpft werden. Haider fordert anschließend, daß damit ein für allemal Schluß sein müsse, denn es gebe für die von vielen Politikern vertretene These, die Generation der Väter und Großväter bestehe aus lauter Verbrechern, keinen einsichtigen Grund. Haider schließt mit einem Bekenntnis zur „Kriegsgeneration".

2. Analyse

Erster und zweiter Satz entsprechen ziemlich genau dem für eine solche Gedenkrede Erwartbaren. Auffällig ist jedoch der anschließende Themawechsel zum „Gedenken" an eine bestimmte Gruppe der Lebenden, den Haider mittels Substitution von „Männer des ... Krieges" plus „Opfer unter der Zivilbevölkerung" durch „diese Generation" bewerkstelligt. Denn es gehört zwar zum Ritual, die Toten zu ehren und ihrem Tod einen Sinn abzugewinnen – in den letzten Jahrzehnten vorzugsweise den Sinn, daß er uns mahnt, es dürfe nie wieder einen Krieg geben –, wohl kaum aber, den Überlebenden für ihre Leistung nach dem Krieg zu danken. Haiders Text grenzt sich insofern vom üblichen Vollzug dieses Rituals ab, wo man zwar die Gefallenen ehrt, den Nicht-Gefallenen aber diese Ehre vorenthält. Warum er diese Abgrenzung für erforderlich hält, begründet er in einem Relativsatz. Die „Verunglimpfung" der „Generation" wird also als wahr präsupponiert. Diese Präsupposition wird insbesondere dann akzeptabel, wenn man sie als Anspielung auf die öffentlichen Auseinandersetzungen in Österreich 1986 anläßlich der Bundespräsidentenwahl (Waldheims Kriegsvergangenheit) bezieht und die Vorwürfe gegen Waldheim als Vorwürfe gegen alle jene versteht, die mehr oder weniger treue Mitläufer im Dritten Reich waren.[21] Der Ausdruck „Generation" bietet jenen Tätern und Mitläufern nicht nur an, sich als Gruppe, als Erfahrungsgemeinschaft zu begreifen, sondern sich auch als Allgemeinheit zu setzen und diejenigen, die etwa Widerstand leisteten, obwohl sie altersmäßig der gleichen „Generation" angehören, auszugrenzen.

Mittels einer erneuten Substitution von „diese Generation" durch „Soldatentum" richtet Haider die vielleicht noch von vielen geteilte Klage über die angebliche „Verunglimpfung" einer ganzen Generation auf die sicher weniger breite Klage über die Beschimpfung des Militarismus. Aus der Klage über das Faktum leitet er sodann den Vorwurf gegen dessen Verursacher ab. Dieser Aufbau der Argumentation ist an sich folgerichtig. Er durchbricht jedoch die für derartige Gedenkreden üblichen Muster. Tote (und auch Lebende) zu ehren, erfolgt vor allem durch Hervorhebung ihrer Leistungen. Auch das In-Schutz-Nehmen gegenüber Vorwürfen gehört noch dazu. Aber die Beschimpfung derjenigen, die solche Vorwürfe erheben, kann nicht das Ziel einer Gedenkrede sein. Haiders Textaufbau entspricht hier dem Aufbau politischer Propaganda (Wahlreden u.ä. – die Nationalratswahl stand gerade bevor). Man kann dies als eine Peinlichkeit verstehen; aber Haiders Vorgehen läßt sich auch als Neuakzentuierung eines entleerten Rituals in die Richtung verstehen, daß politische Trauer gerade darin ihren Sinn findet, daß sie in politischen Kampf übergeht. Daß der Text mit einer Forderung und deren Begründung durch ein Resümee des zuvor Gesagten schließt, entspricht hingegen durchaus wieder dem Ritual einer Gedenkrede, ja dieses wird sogar durch das anschließende Bekenntnis zur Generation der Gefallenen überakzentuiert, denn gerade dieses Bekenntnis ist es, was von diesem Ritual auf Seiten der Nachkommen der für das Nazi-Reich Gefallenen – im Gegensatz zur Praxis vergleichbarer Nationen – weggestrichen wurde.

21 Vgl. Wodak u.a. 1990

SYNTAX: PERSONALDEIXIS

Pronominale Formen der Bezugnahme auf:

	Sprecher	Sprecher inkl. Angesprochene	Angesprochene
Satz 1	—	x	—
Satz 2	—	x	—
Satz 3	—	x	—
		unsere	
Satz 6	—	man	—
Satz 8	—	unsere	—
Satz 9	ich	—	—

(„x" : implizite, aufgrund der Valenz des Verbs rekonstruierbare Bezugnahme)

Auffällig ist zunächst der Nicht-Gebrauch der 1. Person überall dort, wo sie erwartbar wäre, bis auf den letzten Satz. Statt „sei gedacht" wäre „wir gedenken", statt „ist zu danken" wäre „haben wir zu danken" erwartbar gewesen. Haider entgeht damit einem moralischen Diskurs, der sich und seinen Zuhörern eine Dankesschuld den angesprochenen Gruppen gegenüber auferlegt. Die unpersönliche Konstruktion läßt Dank und Gedenken als eine Pflicht verstehen, die einem größeren Kollektiv als dem hier und jetzt gegenwärtigen obliegt. „Sei gedacht" evoziert darüber hinaus den religiösen Diskurs mit Formeln wie „Der Herr sei gelobt". Auch „es ist beschämend" und „es ist unverständlich" lassen – im Vergleich zu „ich schäme mich" und „ich verstehe nicht" – den Redner in einem umfassenderen Kollektiv verschwinden. Sie spielen allerdings eher auf Streitgespräche an, in denen für die Geltung der eigenen Argumente eine größere Allgemeinheit beansprucht wird. Umso eindrucksvoller wirkt die 1. Person in dem Bekenntnis, das Haider am Schluß ablegt. Dieses Bekenntnis erscheint so nämlich nicht als die Konsequenz persönlicher Meinungsbildung, sondern als Konsequenz einer Verpflichtung einem größeren Ganzen gegenüber.

Auffällig ist auch, daß die Bezugnahme auf die Zuhörenden in spezifischer Weise durch die 1. Person Plural und durch die 3. Person realisiert wird. (Die agitatorischen Möglichkeiten, die in der direkten Anrede mittels der 2. Person oder den Höflichkeitsformen liegen, nutzt Haider, den Rahmen einer Gedenkrede hier wahrend, nicht.) Das Possessivpronomen in „unsere Heimat" und „unsere Väter und Großväter" ist inklusiv, schließt offensichtlich die Angesprochenen mit ein. Die „Väter und Großväter" hingegen gehören offenkundig nicht zu diesem „wir". Auf sie wird durchgängig in der 3. Person bezuggenommen. Da Haider ausdrücklich die nicht Gefallenen und die Lebenden dieser Generation in seinen Dank und sein Gedenken einschließt, erscheint dies merkwürdig. Warum werden sie nicht angesprochen, warum wird nur über sie geredet? Es gibt dafür zwei Verstehensmöglichkeiten: a) Die Personaldeixis wird gemieden, damit das Urteil nicht als ein durch persönliche Betroffenheit von Sprecher und Angesprochenen bedingtes erscheint (so wie es statthafter ist, zu klagen „Die Politik wird beschimpft" anstatt „Wir Politiker werden beschimpft"); b) die Rede richtet sich speziell an die jüngere, Haiders eigene, Generation. Da die erste Verstehensmöglichkeit gegeben ist, brauchen sich die (bei der Gedenkfeier mit Sicherheit anwesenden) noch lebenden Alten nicht aus dem Kreise der Angesprochenen ausgeschlossen zu fühlen – im Gegenteil: ihr Interesse, gewürdigt zu werden, bleibt optimal gewahrt. Da aber zugleich die zweite Verstehensmöglichkeit gegeben ist, kann sich die jüngere Generation als diejenige angesprochen fühlen, die aus eigenem Antrieb – eben nicht aus bloßer Pietät – die Taten der Vorfahren verteidigt.

LEXIK UND PHRASEOLOGISMEN

Bezeichnungen für die durch die Rede Geehrten:
(1) Männer des ersten und zweiten Weltkrieges
(2) Opfer unter der Zivilbevölkerung – Frauen und Kinder
(3) diese Generation
(4) das Soldatentum
(5) die Gefallenen und Lebenden des Weltkriegs
(5) diese Gruppe
(6) Menschen, die alles gegeben haben, was sie zu geben hatten, nämlich ihr Leben
(8) unsere Väter und Großväter
(9) diese Kriegsgeneration

Bezeichnungen für die durch die Rede Beschimpften:
(3) (agensloses Passiv)
(4) bestimmte Kreise
(5) so manche Herren
(6) Drückeberger und politische Opportunisten
(8) so viele Politiker

Die Kriegsgefallenen werden im ersten Satz als „die Männer des ersten und zweiten Weltkriegs, die ihr Leben gaben, um ihrer Heimat die Zukunft zu sichern" bezeichnet. Diese Bezeichnung ist mehrfach mehrdeutig. „Männer" kann hier als emphatisches, eben die „Männlichkeit" hervorhebendes Synonym zu „Soldaten" verstanden werden, es kann aber auch zu verstehen geben, daß die gemeinte Personengruppe nicht nur und nicht alle damaligen Soldaten umfaßt. Der Relativsatz kann explikativ verstanden werden, aber auch restriktiv, also nicht alle Soldaten umfassend. Das Sterben im Krieg wird hier mit einer Zweck-Angabe versehen. Das ist eine deutliche

Wendung gegen Formulierungen wie „die ihr Leben in einem sinnlosen Krieg opfern mußten" oder allenfalls „die ihr Leben für unser Land opferten", in denen den Soldaten nicht pauschal todesmutiger Einsatz für eine abstrakte Idee unterstellt wird. Haiders Formulierung gibt sich unbeeindruckt von allen Beschreibungen der Banalität, Grausamkeit und Individualität des Soldatentodes. Vor allem stellt sie den Sinn der Weltkriege nicht in Frage; und dies kann angesichts der österreichischen Geschichte – daß die Soldaten im ersten Krieg einer ohnehin zerbrechenden Vielvölker-Monarchie dienen mußten und im zweiten einer Besatzungsmacht (so jedenfalls die offizielle Geschichtsdeutung) – als eine sehr klare deutschnationale (und den Nationalsozialismus verharmlosende) Stellungnahme verstanden werden.

Die Formulierung „ihrer Heimat" steht in Opposition zum hier auch erwartbaren „ihrem/unserem Vaterland" oder „Österreich" oder gar „Deutschland". Daß nicht „Österreich" gewählt wurde, entspricht der politischen Programmatik Haiders und seiner Partei, für die Österreich nur ein Staat, aber keine Nation darstellt. Daß nicht „Deutschland" oder gar „der deutschen Nation" gewählt wurde, läßt sich – aus deutschnationaler Perspektive – als taktische Zurückhaltung oder Vorsicht deuten, denn der deutschnationale Diskurs läßt an dieser exponierten Stelle kaum etwas anderes erwarten als eine solche Formulierung, die – explizit gesagt – natürlich für den größten Teil der österreichischen Öffentlichkeit eine ungeheure Provokation dargestellt hätte. Ähnliches gilt für „Vaterland", das aus der Kriegsperspektive nur „Großdeutschland" hätte bedeuten können. Die Formulierung „ihrer Heimat" (die im Gegensatz zu „unserer Heimat" aus der Perspektive der Soldaten urteilt) kann zum einen als Provinzbezug verstanden werden, in dem Sinne, daß im pragmatischen Kontext der Rede nur von denjenigen Gefallenen die Rede ist, die dort beheimatet waren. Sie kann aber theoretisch auch universalistisch verstanden werden, daß nämlich aller Gefallenen gedacht werden soll, die für ihre jeweilige Heimat gekämpft haben – auch gegeneinander. Letztere Lesweise kommt dem Diskurs der „großen" Politik entgegen und ist zumindest angesichts der Geschichte des zerbrechenden Vielvölkerstaats im ersten Weltkrieg (sowie der Nachkriegskämpfe zwischen (Deutsch-)Österreichern und Slowenen nach 1918 und 1945) auch recht realistisch. Dem unmittelbaren Publikum dürfte diese Lesweise jedoch verborgen bleiben, und das heißt, es wird den so bezeichneten Opfertod für die Heimat mit dem in der Formulierung nicht ausgedrückten soldatischen Einsatz auf deutscher/deutschösterreichischer/deutschkärntner Seite (und z.B. nicht auf slowenischer Seite) identifizieren. „Heimat" ist allerdings nicht nur eine Periphrase hierfür, sondern bringt auch eine Bedeutung mit, aus der sich eine zusätzliche Lesweise ergibt. „Heimat" ist der Ort, die Region oder das Land, dem man sich unlösbar zugehörig fühlt, weil man dort wesentliche Lebenserfahrungen gemacht hat. Es handelt sich um einen subjektiven Territorialbegriff, der – im Gegensatz zu „Vaterland", „Heimatland", „Zuhause" – auf jegliche Objektivierung des gemeinten Territoriums verzichtet. „Für seine Heimat kämpfen" ist daher in einer Hinsicht unzweideutig: Es bezeichnet den Kampf um einen Teil der eigenen Identität; für geographische, völkerrechtliche oder ideologische („Nation") Begriffe stünden andere Ausdrücke zur Verfügung. Daß diese Lesweise von „Heimat" an dieser Stelle nicht allein bestehen kann, ergibt sich aus dem oben schon Gesagten: Sie müßte sonst ja auch auf die feindlichen Soldaten bezogen werden.

Die Formulierung „zu dieser Stunde und an diesem Ort" ist hier kaum wörtlich zu verstehen. Ihre Funktion besteht – in Verbindung mit dem passivischen adhortativen Konjunktiv „sei gedacht" – allein darin, der Rede einen feierlich-weihevollen Charakter zu geben. Der Kontrast zu den politischen Beschimpfungen ein paar Sätze weiter ist deutlich. Hier zeigt sich, daß der Text „polyphon" ist und sich an verschiedene Adressatengruppen wendet. Ähnliches gilt auch für die Gegenüberstellung von „Männern ..., die ihr Leben gaben" einerseits und den „Opfern ... – Frauen und Kindern – die schutzlos den Bomben und Granaten ausgesetzt waren" andererseits. Dieser wohl etwas veraltete Topos aus dem patriarchalischen Diskurs paßt zwar in die beschriebenen feierlichen Formulierungen, aber nicht zum jugendlichen Anspruch, wie er sich in Haiders weiteren Ausführungen (und auch sonst) artikuliert. Im übrigen liegt hier eine Vereindeutigung auf den zweiten Weltkrieg vor: Die Opfer des ersten Weltkriegs sind ja in aller Regel nicht als Zivilisten durch Bomben und Granaten ums Leben gekommen; ihre Einbeziehung ins Gedenken ist also nur pro forma. Diese Vereindeutigung hätte an dieser Stelle umso notwendiger das Eingehen auf einen Topos erfordert, der entsprechende Gedenkreden sonst charakterisiert: nämlich das Gedenken an die Millionen Opfer politischer und rassistischer Verfolgung; denn diese war auch ein Bestandteil des zweiten Weltkrieges und wurde zum Teil von Soldaten durchgeführt. Da es sich um einen Topos handelt, besagt das Schweigen hier mehr, als das ausdrückliche Erwähnen hätte sagen können.[22] Es kann verstanden werden als Abwertung dieser Opfer, mindestens aber als Verkennen des Zusammenhangs zwischen (ehrenhaftem) Krieg und (verbrecherischem) Massenmord. Selbst diese minimale Deutung von Haiders Schweigen steht in rechtsextremem Gegensatz zur durchgängigen Geschichtsauffassung in Wissenschaft und Öffentlichkeit.

Was Haider beklagt, bezeichnet er zunächst als „ständige Verunglimpfungen" der bewußten „Generation". Dieser Ausdruck kommt in der Alltagssprache fast nicht (mehr) vor. Er gehört einerseits der juristischen Fachsprache, andererseits der gebildeten geschriebenen Sprache an. Von „Verunglimpfung" ist beispielsweise die Rede, wenn hohe kulturelle Symbole (wie etwa eine Nationalhymne) oder hochgestellte Persönlichkeiten verächtlich

22 Das Gesagte ist auf dem Hintergrund des an der jeweiligen Stelle alternativ Erwartbaren zu verstehen. Auch Schweigen läßt sich auf diese Weise systematisch interpretieren. Das alternativ Erwartbare, aber nicht Gesagte muß deshalb allerdings nicht als absichtlich verschwiegen oder vermieden gelten; es bestimmt lediglich die möglichen Lesweisen des Gesagten mit. Dieses Prinzip der Analyse von Äußerungen ist auch außerhalb der Sprachwissenschaft gerade in bezug auf politische und juristische Texte durchaus üblich.

gemacht werden (und in diesen Zusammenhängen kann „verunglimpfen" auch kaum durch das sonst synonyme und gern gebrauchte „diffamieren" ersetzt werden). Daher bedeutet es eine besondere Ehrenbezeugung, von jemandem/etwas zu behaupten, er/sie/es werde „verunglimpft". Haiders Ersetzung des hier eigentlich naheliegenderen Passivs „die ständig verunglimpft wird" durch das Funktionsverbgefüge „N[Dat] ausgesetzt sein" erleichtert eine Pronominalisierung der Handlung und erschwert die Pronominalisierung des Agens dieser Handlung: Nur an der Tatsache der Verunglimpfung scheint Haider hier also interessiert zu sein, nicht an personalisierten Schuldvorwürfen.
Der Ausdruck „das Soldatentum", mit dem Haider den zuvor als „Generation" bezeichneten Gegenstand der Verächtlichmachung vereindeutigt, läßt sich wieder als Beispiel jener Vagheit verstehen, die in der Regel als geschickte rhetorische Taktik analysiert wird. Wörtlich genommen würde er alles für die Lebenspraxis von Soldaten Wesentliche bezeichnen; aber das ist sicher nicht der Gegenstand der von Haider beklagten Verunglimpfung. Der Ausdruck pauschaliert über eine Menge von Personen, aber nicht quantitativ – dann hätte es „die Soldaten" heißen müssen – , sondern qualitativ, indem er allen Soldaten eine abstrakte Gemeinsamkeit zuschreibt. Eine Differenzierung nach Wehrmacht, Waffen-SS, Bundesheer erscheint so als unnötig. Es wäre falsch, hierin eine rhetorische Taktik zu vermuten, mit deren Hilfe etwa die Soldaten des Bundesheeres vereinnahmt werden sollen, denn daß diese hier nicht mit denjenigen gemeint sind, die „von bestimmten Kreisen beschimpft und besudelt" werden, ist ohnehin klar und wird auch im folgenden Satz vereindeutigt. Die abstrakte Gemeinsamkeit hätte im Sinne der Kritik, auf die Haider hier offenkundig anspielt, auch als „Militarismus" o.ä. bezeichnet werden können. Daß Haider „Soldatentum" vorzieht, ist eine Anspielung auf einen selbsterniedrigenden Ausdruck, mit dem Offiziere und Generale gelegentlich ihre Gemeinsamkeit mit den einfachen Soldaten im Brustton der dienenden Bescheidenheit deklarieren. Allerdings darf man davon ausgehen, daß dieser Ausdruck historisch auch weithin verfangen hat: der „soldatische Mensch", der sich mit Leib und Leben einem höheren Subjekt verschreibt und für den Kameradschaft und Gefolgschaft die wichtigsten gelebten Prinzipien darstellen, war ja nicht bloß ein Produkt militaristischer Propaganda, sondern das „eingefleischte" und daher als natürlich erlebte Produkt einer generationenlangen Sozialisation (ausführlich beschrieben z.B. von Theweleit 1977/78), die breite Bevölkerungsschichten geprägt hat und durchaus auch in außermilitärischen Zusammenhängen (etwa Pfadfinder, Heilsarmee) ihren Ausdruck fand. Wenn man Handlungen, die im Rahmen dieser eingefleischten Weltanschauung vollzogen werden, mit Kriterien des Humanismus und der bürgerlichen Demokratie beurteilt, so kann sich dies für die Handelnden nur als völliges Mißverstehen oder eben als „Verunglimpfung" darstellen. In diesem Sinne bezeichnet „Soldatentum" mehr als „alles für die Lebenspraxis von Soldaten

Wesentliche", nämlich eine heute sicher weithin als anachronistisch betrachtete ganze Lebenseinstellung. Daß Haider auf diese anspielt, darf hier mitverstanden werden.

Die stereotype Fügung „von bestimmten Kreisen" impliziert eine Drohung: Der gemeinten gesellschaftlichen Gruppe wird signalisiert, daß sie identifiziert ist, aber es wird auch jedem Individuum noch die Chance gegeben, sich von ihr zu distanzieren. Im Gegensatz zu dem aufgrund des Vorgängersatzes („Verunglimpfungen ausgesetzt sind") Erwartbaren wird hier aber immerhin ein Agens genannt.

„Beschimpft und besudelt" werde das Soldatentum, sagt Haider. Für *besudeln* gilt das gleiche wie für *verunglimpfen:* der Gebrauch dieses Ausdrucks ehrt das Opfer der „Besudelung". Da der gemeinte Sachverhalt bereits durch „beschimpft" deutlich geworden ist, fügt „besudelt" ihm nur noch diese ehrende Bedeutungskomponente hinzu. Daß es Haider um diese Ehre geht, sagt er im nächsten Satz auch erstmals expressis verbis, wo er nämlich das Thema des Satzes, die „Gefallenen und Lebenden des Weltkrieges" zum Genitiv-Attribut ihrer „Ehre" macht. Dieser Satz sagt nichts Neues, sondern paraphrasiert den Vorgängersatz offensichtlich nur. Er hat daher vor allem ästhetische Funktion, indem er mit Hilfe eines recht seltenen, aber plastischen Phraseologismus dasjenige genußvoll ausmalt, was er zu beklagen vorgibt: Wer, anstatt zu beklagen, daß jemand kritisiert werde, lieber formuliert, an dessen Ehre putze sich so mancher die Schuhe ab, kann vielleicht unterschwellig so verstanden werden, als hege er eine geheime Vorliebe für solches Verhalten.

„So manche Herren" ist die Wiederaufnahme des Ausdrucks „bestimmte Kreise". Anstelle von „so manche Herren" hätte auch ein einfaches „sie" ausgereicht. Der gewählte Ausdruck reduziert die Vagheit zwar nur unwesentlich, läßt aber nun erkennen, daß konkrete Personen gemeint sind, und bereitet damit den folgenden adversativen Parenthese-Satz vor, der diese als Politiker vereindeutigt („ihre Wählerstimmen wollen sie doch"). Eigentlich wäre hier – wenn schon nicht die Identifikation der gemeinten Gruppe – doch die Angabe einiger gemeinten Personen als Beispiel erwartbar gewesen. Aus deren Fehlen ergeben sich zwei Lesweisen:

1. Haider will „Roß und Reiter" nicht nennen
2. er kann sie nicht nennen.

Während die erste Lesweise die „drohende"[23] Deutung des Vorgängersatzes fortsetzt – drohend gerade auch deshalb, weil sie den Redner der Beweispflicht enthebt, aber zugleich jeden, der Haiders Anschuldigung zurückweisen will, nötigt, sich selbst erst einmal als gemeint zu identifizieren (sich den Stiefel anzuziehen) –, evoziert die zweite Lesweise eher bestimmte stereotype Formen von Verfolgungswahn: „Alle sind gegen mich; und daß man's ihnen nicht im Einzelfall nachweisen kann, zeigt nur ihre Hinterhältigkeit."

23 Als „drohend" läßt sich auch die offensichtlich allmähliche Verringerung der Vagheit verstehen: Während zunächst durch ein Funktionsverbgefüge scheinbar das Interesse an Beschuldigungen geleugnet wurde, wird nun immer deutlicher gemacht, daß sehr wohl jemand angegriffen werden soll.

Zu dieser zweiten Lesweise paßt die Formulierung mit den „Wählerstimmen"; denn durch die hervorhebende Voranstellung des Objekts von „wollen" wird ein spezifisches Muster des Vorwurfs doppelter Moral artikuliert: Vergleiche etwa „Man verachtet die X, aber ihr Geld nimmt man gern". Dieses Muster ist ambivalent hinsichtlich der Bewertung des in seinem Vordersatz beschriebenen Verhaltens: Es wird nämlich nicht deutlich, ob X zu verachten als grundsätzlich unmoralisch beurteilt wird oder nur unter der Bedingung, daß man zugleich ihr Geld nimmt. So verstanden steht Haiders Vorwurf der Doppelmoral in latentem Widerspruch zum (moralisch eindeutigen) vorherigen Vorwurf der Ehrabschneiderei. Diese Widersprüchlichkeit kann aber gerade das Geschichtsverständnis der von Haider (implizit) angesprochenen „Generation" evozieren, deren Angehörige sich zwar zu Unrecht pauschal für die Nazi-Verbrechen verurteilt fühlen, sich aber mangels öffentlicher Aufarbeitung nicht sicher sind, inwieweit sie nicht doch auch in Schuld verstrickt sind.[24]

„aber die Wählerstimmen dieser Gruppe wollen sie doch"

Hier wäre statt „dieser Gruppe" das Possessivpronomen „ihre" nicht nur völlig ausreichend, sondern auch zu erwarten gewesen, denn eine „Generation" ist keine „Gruppe", weil sie zuvor als solche hätte konstituiert worden sein müssen. Die Formulierung wird aber verständlich, wenn man sie als Anspielung auf eine traumatische Erinnerung in der Geschichte der Zweiten österreichischen Republik sieht: Österreich hat sich bekanntlich als „erstes Opfer" Hitlers betrachtet; und seine eigene Verstrickung in die nationalsozialistischen Verbrechen nach 1945 bewältigte man dadurch, daß man die ehemaligen NSDAP-Mitglieder materiell bestrafte und ihnen einen Teil der Bürgerrechte jahrelang verwehrte, während der Rest der Bevölkerung überhaupt nicht zur Sühne herangezogen wurde (obwohl die große Mehrheit 1938 für den „Anschluß" war – bei der, allerdings unter erheblichem Propaganda-Druck erfolgten, Volksabstimmung gar 100%). Die so stellvertretend Bestraften konstituierten sich vor den Wahlen 1949 (zusammen mit bürgerlich liberalen Kräften) dann auch offiziell als „Verband", aus dem heraus später die FPÖ gegründet wurde. Daß auf diese „Gruppe" der Ehemaligen hier angespielt wird, ergibt sich auch bei einer reicheren Lesweise des ganzen Parenthese-Satzes: Denn daß Politiker alle Wählerstimmen wollen, die sie bekommen können, ist im modernen Parlamentarismus fast tautologisch – insoweit wäre der Satz also nichtssagend, allenfalls eine Kritik am modernen Parlamentarismus insgesamt. Aber heute noch wird den „großen" Parteien SPÖ und ÖVP nachgetragen, daß sie sich 1949 recht skrupellos gerade um die Stimmen der ehemaligen NSDAP-Mitglieder bemühten (die SPÖ sogar, indem sie die Gründung jenes „Wahlverbandes der Unabhängigen" (FPÖ-Vorläufer) unterstützte, damit dieser das Stimmenpotential der ÖVP verringerte).

24 Vgl. dazu Wodak u.a. 1990. Wie sehr die Frage der „Schuld" den heutigen Diskurs auch der Nachgeborenen immer noch belastet, zeigen z.B. die Interviews, die Peter Sichrovsky mit den Kindern von Nazis geführt hat (Sichrovsky 1987).

Da die Politik nach landläufiger Auffassung ein „schmutziges Geschäft" ist, in dem es um Macht und handfeste Interessen geht, scheinen zwischenmenschliche Gefühle und Beziehungen dort keine Rolle zu spielen. Ebendeshalb aber gehört es zum Repertoire politischer Rhetorik, sich vor dem Hintergrund allgemein unterstellter „Schmutzigkeit" gelegentlich als schlicht menschlich zu inszenieren. Dies tut auch Haider, wenn er in Anspruch nimmt, sich stellvertretend für diejenigen zu „schämen", die die gefallenen Soldaten schlechtmachen. Solche Evokation schlichter Mitmenschlichkeit bedeutet immer zugleich die Leugnung der Notwendigkeit, das thematisierte Problem differenziert und unter verschiedenen Aspekten zu betrachten. Diese Simplifikation erreicht Haider hier dadurch, daß er die Gefallenen von Opfern zu Opfernden macht („die alles gegeben haben [und nicht etwa „geben mußten" – d.Verf.], was sie zu geben hatten – nämlich ihr Leben") und sie allein aufgrund dieser Tatsache als selbstverständlicher Ehrung würdig hinstellt – ohne daß weiter über ihre subjektive Verstrickung in einen ja allgemein als verbrecherisch geltenden Krieg oder über ihre Instrumentalisierung und Objektivierung als soldatisches Menschenmaterial nachgedacht werden müßte. Dieser Gedanke als solcher ist sicherlich nicht genuin rechtsextrem; vielmehr spielt er auf einen jahrtausendealten Diskurs der Kriegsbeschönigung an. Wenn er hier dennoch als rechtsextrem erscheint, so liegt das daran, daß eine Abgrenzung von diesem Diskurs bei unseren Politikern gegenwärtig normal ist und auch erwartet wird, und zwar so sehr, daß ein US-Außenminister, der öffentlich behauptete, es gebe Wichtigeres als den Frieden, einen Skandal auslöste.[25] Indem Haider die ungebrochene Fortgeltung des antiken Topos von der Ehrenhaftigkeit des Sterbens für das Vaterland auch im 20. Jahrhundert unterstellt, stellt er sich außerhalb des herrschenden Politik-Diskurses in Mitteleuropa.

Die zuvor als „so manche Herren" bezeichneten Politiker werden nun als „Drückeberger und politische Opportunisten" wiederaufgenommen, und parallel dazu erscheint ihre die Ehre „besudelnde" und daran die „Schuhe abputzende" Handlungsweise nun als „mit Dreck bewerfen" – wodurch sich die oben zu dieser Art Sprachästhetik entwickelte Lesweise festigt. Der Ausdruck „Drückeberger" hat zwar eine allgemeinere Bedeutung, wird aber wohl meistens wie hier zur Bezeichnung von Männern verwandt, die nicht am Krieg teilnehmen und denen man unterstellt, sie hätten sich davor gedrückt. Der Vorwurf ist sehr hart, wird er doch typischerweise mit der Verbitterung derjenigen vorgebracht, die gezwungen sind, ihr Leben aufs Spiel zu setzen, während sich's die „Drückeberger" in der Heimat mit den

25 Die Lehre, die Generationen von Nachkriegspolitikern aus den Weltkriegen gezogen und immer wieder unisono vertreten haben, läßt sich vielleicht dahin zusammenfassen, daß es unter keinen Umständen wieder zu einem Krieg in Europa kommen dürfe, weil es schon im letzten Krieg keine Sieger mehr, sondern nur noch Besiegte gegeben habe. In einem Krieg könnte daher kein Soldat mehr sein Leben für irgend etwas opfern, weil dieses durch den Krieg bereits verloren wäre, so daß der „Ernstfall" für Soldaten heutzutage die Verhinderung eines Krieges, vor allem durch Abschreckung, sei. Nach dem Verschwinden des Ost-West-Gegensatzes und nach dem Golf-Krieg gegen den Irak hat diese Auffassung allerdings einen Teil ihrer Anhängerschaft verloren.

zurückbleibenden Frauen wohl sein lassen können.[26] Haider macht sich zum Sprachrohr dieser Verbitterung (die er aufgrund seines Lebensalters nicht direkt empfunden haben kann). Da er auch hier wieder „Roß und Reiter" nicht nennt, kann der Eindruck entstehen, die zunehmende Schärfe der Beschimpfungen sei der Ausdruck von Wut darüber, daß ihr Ziel nicht als konkret identifizierbare Menschen greifbar ist, sondern lediglich als Popanz, als eine Art „ideeller Gesamtpolitiker". Diese Lesweise entspricht der oben unter „2." explizierten. Andererseits könnte „Drückeberger" aber auch auf bestimmte Politiker anspielen, die sich aus politischen Gründen dem Präsenzdienst entzogen oder wegen politischer oder rassischer Verfolgung auswanderten. Solche als „Drückeberger" zu diffamieren, gehört zu den rechtsextremistischen Stereotypen. Allerdings entzieht sich meiner Kenntnis, welche österreichischen Politiker hier gemeint sein könnten.

„Politische Opportunisten" läßt sich sicher vor allem als eines jener beliebigen Schimpfwörter auf *-ist* verstehen, die für die politische Diskussion typisch sind. Allerdings gibt es auch eine darüber hinausgehende wörtliche Lesart, und danach spricht Haider den von ihm Beschimpften ab, aus eigener Überzeugung zu handeln. Der in der Öffentlichkeit herrschende Diskurs, in dem Hitlers Krieg als verbrecherisch verurteilt und die Teilnahme daran als wenig ehrenhaft betrachtet wird, erscheint so als eine starke, aber schwer zu greifende Macht, der sich Politiker mangels Prinzipienfestigkeit angepaßt haben. Anders ausgedrückt: Haider spricht nur das aus, was andere sich nicht zu sagen trauen, weil sie sich vor diesem herrschenden Diskurs fürchten.

„Damit muß ein für allemal Schluß sein."

Dies ist – vor allem durch das auf autoritäre Situationen anspielende „ein für allemal" – eine „starke" Formulierung. Erfolgreich kann sie nur verwenden, wer über das Image verfügt, das Geforderte auch durchsetzen zu können. Jede/r andere macht sich durch eine solche Formulierung lächerlich. Haider verfügte zur Redezeit über dieses Image, nachdem es ihm gerade gelungen war, seinen Parteivorsitzenden zu stürzen und selber dessen Position einzunehmen. Insofern gelingt es Haider hier, denjenigen Politikern effektiv zu drohen, die sich durch seine Beschimpfungen angesprochen fühlen.[27]

Der vorletzte Satz ist deutlich doppeldeutig. Da niemand ernsthaft annehmen dürfte, „viele Politiker" hielten die männlichen Angehörigen von Haiders Eltern- und Großelterngeneration sämtlichst für Verbrecher, kann das, was Haider „unverständlich ist", nur entweder die öffentliche Zuweisung

26 1932 mußte eine Sitzung des Deutschen Reichstags abgebrochen werden, nachdem der Redner Goebbels die SPD als „Partei der Deserteure" bezeichnet hatte und er in dem daraufhin entstehenden Tumult mehrfach „Drückeberger" genannt wurde (wobei wohlgemerkt allen klar war, daß seine Nicht-Teilnahme am Krieg auf seine Körperbehinderung zurückzuführen war – darauf kommt es bei diesem Schimpfwort offenbar nicht an). (Goebbels-Reden, Bd.1, 18ff.) – Vgl. auch Buse 1993.

27 Ob die Drohung auch gewirkt hat, ist natürlich eine andere Frage. Es ist hier nur festzustellen, daß Haider in der Lage ist, Politikern zu drohen, und daß er dies auch tut.

von Mitschuld an die genannten Generationen sein (dann wäre „Verbrecher“ als eine stark übertreibende Metapher verstanden), oder aber die Verurteilung einiger Angehöriger dieser Generationen als Verbrecher (dann wäre „unsere Väter und Großväter“ als eine Ganzes-Teil-Metonymie zu verstehen, „Verbrecher“ aber wörtlich). Die erste Lesweise ist reichlich platt: Man dürfte dem promovierten Juristen Haider schwerlich abnehmen, daß er nicht zwischen moralischer Mitschuld einerseits und Verbrechen andererseits differenzieren kann. Allerdings artikuliert diese Lesweise ein Stereotyp der argumentativen Rechtfertigung der „einfachen“ Bürger und Bürgerinnen des Dritten Reiches: Indem man „Mitschuld tragen“ und „Verbrecher sein“ identifiziert, hofft man, sich von Schuld dadurch freisprechen zu können, daß man nicht als „Verbrecher“ bezeichnet werden kann. Die zweite (und aufgrund der Plattheit der ersten durchaus nicht abseitige) Lesweise ist natürlich um einiges erschreckender: Sie stellt in Frage, ob es sich bei denjenigen oder einigen Angehörigen der „Kriegsgeneration“ (so im letzten Satz), die öffentlich – und das muß wegen andernfalls möglicher Beleidigungsklagen immer auch implizieren: im rechtlichen Sinne – als (z.B. Kriegs-)Verbrecher gelten, überhaupt um Verbrecher handelt. Innerhalb des rechtsextremistischen Diskurses dürfte Haiders Formulierung zweifelsfrei auf diese zweite Weise verstanden werden.

Das von Haider im letzten Satz abgelegte Bekenntnis formuliert lediglich das ausdrücklich in Form eines performativen Akts, was implizit als politische Meinung bereits hinreichend deutlich geworden ist. „Ich stehe zu ...“ kann sowohl als Bekenntnis zu Taten oder Überzeugungen als auch als Beistandsversprechen verstanden werden. Da Haider ausdrücklich die „Toten“ erwähnt, liegt die erste Deutung näher, obwohl hinsichtlich der „Lebenden“ ohne Widerspruch beides verstanden werden kann. Ein Bekenntnis zu Toten wird in unserer Kultur selten abgelegt: Man bewertet ihre Taten und Überzeugungen aufgrund eigener Urteilskraft, wird aber für sie nicht zur Rechtfertigung herangezogen, so daß ein Bekenntnis zu ihnen oder ein Abschwören keinen Sinn macht. Ausnahmen sind sehr enge persönliche (z.B. familiäre) Beziehungen oder religiöse Überzeugungen, in denen sich die Idee der Autonomie der Persönlichkeit nicht durchgesetzt hat. So gesehen ist Haiders Formulierung ein Archaismus, der auf vorbürgerliche gesellschaftliche Verhältnisse anspielt.

GESAMTBEURTEILUNG DES TEXTES

Der Text enthält die typischsten Merkmale rechtsextremistischer Ideologie nicht. Weder wird ein Führerprinzip befürwortet, noch die Idee einer Volksgemeinschaft vertreten. Feindseligkeit gegenüber einer bestimmten Bevölkerungsgruppe, etwa Ausländern, ist nicht zu finden, erst recht nicht Rassismus oder Antisemitismus. Auch die faschistischen Verbrechen werden nicht explizit geleugnet. Dennoch handelt es sich ohne Zweifel um einen auf der extremen politischen Rechten anzusiedelnden Text, und zwar insofern, als auf Topoi angespielt wird, die – ohne selbst inhaltlich undemokratisch oder faschistisch zu sein – außerhalb des rechtsextremen Diskurses so gut wie nicht existieren, zum Teil, weil sie dort tabuisiert sind. Außerdem werden Topoi gemieden, die innerhalb des sich als demokratisch-antifaschistisch verstehenden politischen Diskurses der Zweiten Republik an bestimmten Stellen eines solchen Textes obligatorisch sind. Wer derart deutlich auf den rechtsextremen Diskurs anspielt, bestätigt ihn in dem Maße, wie er solche Deutungen nicht von vornherein ausschließt. Daß Haider die einschlägigen rechtsextremen Topoi weder ausspricht, noch sich von ihnen abgrenzt, kann je nach Sichtweise als taktische Vorsicht gegenüber möglicher strafrechtlicher Verfolgung oder aber mangelnde Zivilcourage verstanden werden. Daß es Haider dennoch gelingt, in Österreich das Image eines Mannes zu gewinnen, „der sich was traut", erscheint insofern merkwürdig.

WIE ANDERE DEN TEXT VERSTEHEN

Die vorliegende Textanalyse wurde anschließend in Form eines Experiments mit einer Reihe von Versuchspersonen in Oldenburg und in Wien überprüft.[28] Der Text wurde ihnen als eine fiktive Gedenkrede präsentiert, die in einem Roman einen rechtsextremistischen Politiker charakterisieren solle. Sie wurden – im Rahmen einer vorgeblichen Untersuchung über regionale Unterschiede rechtsextremen Sprachgebrauchs – um folgendes gebeten: 1. im Text diejenigen Wörter oder Sätze zu streichen oder zu ändern, die nach ihrer Meinung nicht oder so nicht in eine rechtsextremistische Rede passen, 2. den Text durch Wörter oder Sätze zu ergänzen, die ihrer Meinung nach in einer solchen rechtsextremistischen Rede unbedingt vorkommen müßten, 3. wenn sie der Meinung waren, daß der Text ohne Änderungen bereits eindeutig als rechtsextremistischer erkennbar ist, dies anzugeben. Dabei sollte überprüft werden, ob und inwieweit die Vorstellungen der Befragten über rechtsextreme Äußerungen auf den Haider-Text bezogen werden.

Die Hälfte der Antworten stufte den Text ohne weiteres als rechtsextremistisch ein.

Bei der 1. und 2. Frage erwies sich, daß die Akzeptanz des Textes als eines rechtsextremistischen vor allem durch die affirmative Verwendung des Ausdrucks „Vaterland" hätte gesteigert werden können und ebenfalls durch die Streichung der Bemerkung über die Schutzlosigkeit der Frauen und Kinder der Zivilbevölkerung. Auch die ausdrückliche Erwähnung der „Tapferkeit" der Soldaten wird mehrfach als notwendig angesehen. Haiders Gebrauch von „Heimat" ist ebenfalls einigen Befragten nicht eindeutig genug – wobei die Änderungsvorschläge stark divergieren.

Was „Vaterland" und „Heimat" betrifft, so habe ich bei der ausführlichen Analyse des Textes bereits darauf hingewiesen, welche besonderen und

28 Ausführlicher zu diesem Experiment sowie zu einem weiteren Experiment mit einem den Nationalsozialismus evozierenden FPÖ-Text siehe Januschek 1991.

Österreich-spezifischen Probleme zu Haiders Ausdrucksweise geführt haben könnten. Daß einigen Befragten der (Nicht-)Gebrauch dieser Ausdrücke als fehlende rechtsextremistische Eindeutigkeit auffiel, überrascht also nicht. Anders ist es mit dem mehrfach geäußerten Vorschlag, den Satz über die schutzlosen Frauen und Kinder zu streichen, zu entschärfen oder ihre Schutzlosigkeit als besonders ehrenvolle Haltung darzustellen. Dies verweist darauf, daß Haiders Formulierung seiner Rede einen für eine – wie auch immer breite – Leserschicht deutlichen nicht-rechtsextremen Akzent verleihen kann. Dies war mir in der Analyse zuvor entgangen.

Zusammengenommen war es offenbar für alle Befragten relativ einfach, ihre Vorstellungen über rechtsextreme Texte mit dem Haider-Text zu vereinbaren.

DISTANZIERUNGEN

Distanzierungen spielen im politischen Diskurs der Gegenwart eine große Rolle. Für die populistische Inszenierung von Politik erweisen sie sich als besonders geeignetes Mittel, und zwar im Zusammenhang mit Anspielungen.

Distanzierungen sind das negative Gegenstück zu *Bekenntnissen.* Die Voraussetzung beider Handlungen ist, daß jemand an der Haltung gegenüber dem Gegenstand des Bekenntnisses oder der Distanzierung Zweifel hegt. Die Handlung des Sich-Bekennens bzw. Sich-Distanzierens dient der Beseitigung des Zweifels und besteht einfach in der Kundgabe der eigenen entsprechenden Einstellung, z.B. durch Formulierungen wie: *wir bekennen uns zu* oder: *wir distanzieren uns klar und deutlich von.* Distanzierungen sind keine Behauptungen oder Argumente; sie können nicht im Hinblick auf ihre Wahrheit bestritten werden, sondern nur im Hinblick auf ihre Wahrhaftigkeit. Wer sich distanziert oder bekennt, verlangt nicht mehr und nicht weniger als Glauben.

Zweifel haben jedoch Gründe und können daher prinzipiell nur durch Gegengründe beseitigt werden, und nicht durch bloße Bekenntnisse oder Distanzierungen. Insofern diese dennoch gefordert und abgegeben werden, wird also der politische Diskurs zur Bühne von Sprachmagie, wo Personen und Dinge allein aufgrund gewisser Äußerungen einander nah- oder ferngeordnet werden. Das ist jedoch keine sehr überzeugende Vorstellung. Politiker, die sich auf sie einlassen, müssen mit dem Verdacht rechnen, „Lippenbekenntnisse" abgegeben zu haben. – Andererseits haben Distanzierungen und Bekenntnisse für sie auch Vorteile für die öffentliche Auseinandersetzung: Man muß sie in Zukunft der Unwahrhaftigkeit bezichtigen, um die Zweifel an ihrer inneren Einstellung weiterhin äußern zu können, während sie selbst immer wieder auf ihre längst erfolgte Distanzierung verweisen können. Und dieser Vorteil ergibt sich, ohne daß sie effektiv etwas für die Beseitigung jener Zweifel tun müssen – etwa durch die Angabe nachvollziehbarer Begründungen oder entsprechende Taten. Daraus ergibt sich paradoxerweise, daß Distanzierungen (und Bekenntnisse) zwar nicht genutzt werden können, um die bestehenden Zweifel an jemandes Haltung zu beseitigen, wohl aber, um eben diese Zweifel zu nähren.

Zusammengefaßt: Distanzierungen und Bekenntnisse bringen einen Zweifel zum Ausdruck. Sie beseitigen diesen scheinbar, aber nicht wirklich, erlauben es aber, sich auf die Beseitigung des Zweifels zu berufen. Sie sind damit ein vorzügliches Instrument, einerseits Zweifel zu nähren und zugleich diejenigen, die solche Zweifel etwa künftig äußern, mundtot zu machen.

Wer durch Anspielungen seine Nähe zu bestimmten Menschen oder Positionen zu verstehen gibt, die für einen Großteil der Öffentlichkeit als anstößig gelten, provoziert Forderungen nach Distanzierung. Was Haiders Verhältnis zum Nationalsozialismus betrifft, so ist dies oft genug geschehen.[29] Der Vorteil dieser Inszenierung von Politik lag nicht nur darin, daß er auf diese Weise immer wieder die Zweifel an seinem Bekenntnis zur Demokratie und seiner Abgrenzung zum Nationalsozialismus nähren konnte, sondern auch in der dadurch erzielten Präsenz im öffentlichen Mediendiskurs: Die anstößige Anspielung ist ein Medienereignis, die Distanzierung ebenso; politisch-inhaltlich geschieht nichts, aber alles beschäftigt sich mit der Person.

Haiders Distanzierung von der „ordentlichen Beschäftigungspolitik" im Dritten Reich

Die Affäre ist hinreichend bekannt. Zur Erinnerung: Im Kärntner Landtag, 13.6.91, schlug Landeshauptmann Haider in einer Diskussion über „Sozialschmarotzer" eine Verschärfung der Zumutbarkeitsbestimmungen sowie eine Verkürzung der Einstellungszusagen auf drei Monate vor. Auf einen SPÖ-Zwischenruf, dies seien Zwangsmaßnahmen wie im Dritten Reich, entgegnete er:

Haider: *Na, das hat's im Dritten Reich nicht gegeben, weil im Dritten Reich haben sie ordentliche Beschäftigungspolitik gemacht, was nicht einmal Ihre Regierung in Wien zusammenbringt. Das muß man auch einmal sagen.*

Zweifelsohne verteidigte Haider hier die NS-Beschäftigungspolitik; aber das ist – wörtlich genommen – wenig anstößig; denn zum einen hat Haider weder ausdrücklich alle ihre Ziele, Methoden und Formen verteidigt, und zum anderen hatten Teile dieser Beschäftigungspolitik bekanntlich andere ideologische Wurzeln und wurden auch außerhalb des Faschismus betrieben. Das Provokative dieser Äußerung lag darin, daß Haider überhaupt einen Aspekt an der NS-Politik isolierte und ihn positiv beurteilte. Es ist gar nicht die Frage, ob eine solche Abstraktion wissenschaftlich zu rechtfertigen ist. Im politischen Diskurs ist sie jedenfalls tabu und führt automatisch zum Verdacht der Sympathie mit dem Nationalsozialismus. Das weiß man als

29 Vgl. etwa die Beispiele in Januschek 1991.

Politiker, und wenn man's dennoch tut, dann nimmt man dies auch in Kauf. Am sogenannten „Stammtisch" ist dies sicher anders, also in Situationen, in denen über die guten und schlechten Seiten der nationalsozialistischen Zeit geredet wird und in denen man zu einem abgewogenen und nicht voreingenommenen Urteil über diese Zeit gelangen zu können glaubt. Haider spielte also auf solche Situationen an[30] und ließ gleichzeitig seine Nähe zum Nationalsozialismus durchblicken.

Nach einem Entrüstungssturm im Landtag folgte Haiders Distanzierung:

Haider: *Daß ich in keiner Weise eine positive Bewertung der Beschäftigungspolitik des Dritten Reiches gegenüber der österreichischen Beschäftigungspolitik gemeint habe, das, bitte, auch noch einmal zur Kenntnis zu nehmen, und ich hoffe damit, daß auch der Konfliktpunkt, der aufgetreten ist, aus der Welt geschafft wurde.*

Etwas später:

Haider: *Da habe ich, glaube ich, unmißverständlich zum Ausdruck gebracht, daß ich diese Äußerung nicht in dem von Ihnen gemachten Sinn verstanden habe, daß ich sie auch nicht gemacht habe. Und wenn es für Sie eine Beruhigung ist, dann nehme ich sie auch mit dem Ausdruck des Bedauerns zurück.*[31]

Haider distanziert sich damit vom – zwar nicht wörtlichen, aber doch einzig plausiblen – Sinn seiner Äußerung und erklärt sich zusätzlich bereit, sie mit dem Ausdruck des Bedauerns zurückzunehmen. Diese im Gestus der Großzügigkeit hingeworfene „überschüssige" Distanzierung macht die rationale Kritik an ihm zwar mundtot, nährt aber die Skepsis an seiner Distanz zum Dritten Reich umso mehr.

Daß die Zweifel keineswegs ausgeräumt waren, zeigen die folgenden Ausschnitte aus den ORF-Interviews vom 13. und 14. Juni. Sie zeigen darüber hinaus, daß die Forderung nach Distanzierung dem Angegriffenen nur umso bessere Möglichkeiten bietet, sich als unangreifbar darzustellen, aber auch als unbeugsam im Hinblick auf das von ihm Gesagte – mag man die Anspielung verstehen, wie immer man will.

ORF-Interview 13.6. (Wortprotokoll):

ORF: *Bedauern Sie Ihren Vergleich oder Ihren Ausspruch im Landesparlament?*

Haider: *Ich habe eine Replik auf eine Äußerung des sozialistischen Klubobmanns gemacht, die mitunter mißverstanden worden ist, und daher habe ich auch unverzüglich eine Klarstellung gemacht, und ich glaube, das sollte man auch respektieren, damit keine Mißinterpretationen aufkommen, daß es sich hier nicht um eine Geisteshaltung handelt, die längst vergangen ist.*

Zernatto: *Wir werden mit Haider bzw. der Freiheitlichen Partei in dieser Angelegenheit ein sehr ernsthaftes Gespräch zu führen haben. Es ist zweifellos so, daß diese Aussage die Koalition in Kärnten nicht nur beeinträchtigt, sondern tatsächlich belastet.*

30 Dafür spricht auch die typische Formel „das muß man auch einmal sagen".

31 Zitate nach ORF-Wortprotokoll „Zeit im Bild 1" 13.6.1991. Die Äußerungen der anderen Landtagsangehörigen wurden nicht mitgesendet und sind daher hier nicht zu berücksichtigen.

Haider hatte bereits in der Landtagssitzung seine Äußerung mit Bedauern zurückgenommen (s.o.). Offenbar glaubte man ihm sein Bedauern nicht, hielt es für ein Lippenbekenntnis. Was soll aber dann die nochmalige Frage? Wenn man jemanden fragt und ihm dabei zu verstehen gibt, daß man ihm bislang seine Antwort auf diese Frage nicht glaubt, so gibt man ihm offenkundig zu verstehen, daß man seine neue Antwort ebenfalls für unglaubwürdig halten würde. Anstatt den Grund für dieses Mißtrauen zu explizieren, verschafft man dem Angegriffenen erneut die Möglichkeit, sich zu distanzieren und die Argumentation gegen ihn auf diese Weise zu erschweren. Mehr noch: Das Verlangen nach Distanzierung, wo eine solche bereits erfolgt ist, kann als Zumutung, als Demütigungsversuch verstanden und entsprechend beantwortet werden. Mindestens legitimiert sie den/die Angesprochene/n, auf die frühere Distanzierung zu verweisen und eine erneute zu verweigern. Das aber ist zweideutig: Es kann auch als Relativierung der vorherigen Distanzierung verstanden werden. Haider läßt sich die Gelegenheit zu dieser Zweideutigkeit nicht nehmen. Das Interview vom folgenden Tag macht diese Gesprächsstruktur noch einmal überdeutlich:

ORF-Interview 14.6. (Wortprotokoll):
ORF: *Herr Landeshauptmann Haider, die ÖVP sieht die Koalition als belastet; die SPÖ fordert Sie zum Rücktritt auf. Werden Sie zurücktreten?*
Haider: *Derjenige, der mich zum Rücktritt auffordert, ist jemand, der selbst im Sold eines Mannes gestanden ist, der 40 Jahre lang die Sozialdemokratie in Kärnten geführt hat und lange Zeit Landeshauptmann war und damit geprahlt hat, ein höhergradiger Hitlerjunge zu sein. Damit erübrigt sich das Thema, darüber ernsthaft nachzudenken.*
ORF: *Sie werden also nicht zurücktreten?*
Haider: *Ich denke nicht daran, nur weil der Herr Ambrozy wieder Landeshauptmann werden will.*
ORF: *Bedauern Sie Ihren Vergleich oder Ihren Ausspruch im Landesparlament?*
Haider: *Ich habe vorgesorgt, daß keine Mißinterpretation entsteht – denn das, was ich gesagt habe, war eine Feststellung von Tatsachen, daß im Dritten Reich eine große Anzahl von Arbeitsplätzen durch eine intensive Beschäftigungspolitik geschaffen worden ist und damit das Los der Arbeitslosigkeit beseitigt wurde –, aus Anlaß einer Debatte, die wir heute gehabt haben, daß in Österreich immer mehr Menschen arbeitslos werden, und gleichzeitig importieren wir immer mehr Ausländer, die dann unsere Arbeit machen sollen.*
ORF: *Noch einmal zur Frage: Glauben Sie, die Beschäftigungspolitik im Dritten Reich war gut, oder war sie's nicht?*
Haider: *Ich habe die nicht bewertet, ich habe nur gesagt, daß sie innerhalb kürzester Zeit ein Maximum an Arbeitsplätzen geschafft haben – das ist eine historische Tatsache, und das war auch mit ein Grund, warum dieses System in der Anfangsphase sehr erfolgreich gewesen ist, und das war also auch heute die Debatte.*

ORF: *Und nehmen Sie nichts zurück, was Sie gesagt haben?*
Haider: *Ich glaube, ich habe im Landtag ausreichend klargestellt, daß ich nicht wünsche, in den Verdacht zu kommen, mit Gedankengängen des NS- Regimes zu sympathisieren, und daher habe ich auch eine Erklärung vor dem Landtag abgegeben, die das berichtigt hat.*
ORF: *Es war also kein Ausrutscher, oder war es doch einer?*
Haider: *Ich habe eine Klarstellung getroffen für jene, die mich falsch verstanden haben. Die, die ordentlich zugehört haben, haben ohnedies gewußt, was ich meine, daß ich nämlich darauf Wert lege, daß wir auch in Österreich bei unserer Sozialstaatsreform dafür sorgen, daß die Fleißigen nicht Sorge haben werden und für die Faulenzer in diesem System zahlen müssen und gleichzeitig ein riesiges Heer an Arbeitslosen in Österreich nicht weggebracht wird, weil wir immer mehr Ausländer mit Beschäftigungsmöglichkeiten ausstatten.*
ORF: *War es nicht zumindest ein mißglückter Vergleich, die Situation in der Nazizeit und heute?*
Haider: *Im nachhinein kann man alles anders bewerten. Ich habe unverzüglich eine Klarstellung im Landtag getroffen, um Erweiterung zu vermeiden. Und ich glaube, das sollte man auch respektieren.*

Auf die Nachfrage nach seiner Bereitschaft zum Rücktritt antwortet Haider direkt; das Verlangen nach einer zusätzlichen Distanzierung weist er jedoch zurück: Er bedauert nichts, er verurteilt die NS-Beschäftigungspolitik nicht, er nimmt nichts zurück, er entschuldigt seine Äußerung auch nicht als „Ausrutscher" oder „mißglückten Vergleich". All dies und sogar einen erneuten Verweis auf den Erfolg der NS-Beschäftigungspolitik glaubt er sich erlauben zu können, ohne auf deren Methoden und Ziele einzugehen. Möglich macht ihm dies gerade das Insistieren des ORF auf eine Distanzierung – obwohl er doch, wie er betont, bereits alles Nötige „klargestellt" habe. So wird das Anstößige seiner Formulierungen verschlimmert, aber gleichzeitig auch legitimiert. Diese Interviews weisen Haider zwar als Politiker aus, mit dem sich „kein Staat machen läßt" (eine Formulierung, die ÖVP-Chef Busek seither ständig wiederholt hat, zu der man sich aber auch eindeutigere Alternativen vorstellen kann), aber nicht als Feind der demokratischen Gesellschaft.

Tatsächlich war das Vorgehen, das dann zu Haiders Entfernung vom Amt des Landeshauptmanns führte, auch doppeldeutig. Anstatt ihn unmittelbar als einen in flagranti ertappten Feind der Demokratie zu stürzen, blieb er in die öffentliche Kommunikation eingebunden: er wurde zum Rücktritt aufgefordert, sein Kärntner Koalitionspartner versuchte noch tagelang mit ihm über eine Fortsetzung der Zusammenarbeit zu verhandeln (siehe die Äußerung Christof Zernattos (ÖVP) im Interview vom 13.6.), und in Interviews bot man ihm mehrmals die Möglichkeit der diskursiven Selbstdarstellung. So konnte man ihn wegen des schlechten internationalen Eindrucks, den seine Äußerung hervorrief, per Abwahl stürzen, fing ihn dabei aber gleichzeitig (ungewollt und unbewußt?) wieder auf.

DER MEDIENDISKURS

Anspielungen, Distanzierungen, Evokationen entfalten ihre rechte oder rechtsextreme Wirkung nur, wenn die Rezipienten dabei mitspielen. Eine Anspielung auf die Nazis erkennen, sich darüber empören, Haider als verkappten Nazi entlarven, eine Distanzierung von dieser Deutung provozieren und anschließend über ihn umso mehr wie über einen wichtigen und ernstzunehmenden Politiker berichten – das ist eine Form des Mitspielens. Dies läßt sich bereits an der Presseberichterstattung über meine Untersuchung über Haiders NS-Anspielungen (Januschek 1991) zeigen, die im wesentlichen auf dem Hintergrund der Frage: „Ist Haider ein verkappter Rechtsextremist oder nicht?“ geführt wurde.

Pressereaktionen auf eine wissenschaftliche Untersuchung

1. GESCHICKTHEIT ODER RAFFINESSE

Die Akteure des rechten Diskurses werden fast regelmäßig dämonisiert, und zwar oft gerade im Hinblick auf Äußerungen, die alternativ auch als schlichtes Kneifen vor möglicher strafrechtlicher Verfolgung verstanden werden können und so aus Sicht „aufrechter“ Rechtsextremisten wahrscheinlich auch verstanden werden.

Dazu Zitate aus:

„Profil“ (10.9.90): *„Aber auch hier laviert Haider geschickt.“*

„NZ“(Graz, 13.9.90): *„Seine Ausdrücke wie etwa „totaler Krieg“, „Endlösung der Bauernfrage“ und „Altparteien“ seien Schlüsselwörter aus dieser Ära, die Haider geschickt in die moderne Kommunikationstechnik einbringe.“*

„Spiegel“ (17.9.90) resümierend: *„Der ‚Wiener Kurier‘: Haider sei ‚ein intelligenter Gewalttäter der Sprache.‘“*

2. ZWANGHAFTES ENTLARVEN

Es mag für Intellektuelle, also auch für Wissenschaftler typisch sein, daß wir glauben, die hinterhältigen Intentionen von Politikern (oder auch von Wirtschaftswerbung) besser zu durchschauen als das gemeine Volk, und daß wir deshalb den moralischen Auftrag zur Aufklärung des Volkes, also zur Entlarvung der „geheimen Verführer“ hätten. Dies gilt gerade auch für den Rechtsextremismus. Andererseits darf man wohl feststellen, daß jenes „gemeine Volk“ keineswegs anfälliger für Verführungen ist als Intellektuelle selbst: Rechtsextreme Bewegungen haben sich ja nicht über Mangel an intellektuellem Zulauf zu beklagen. Schon aus diesem, aber auch aus anderen Gründen hatte ich ausdrücklich die Pose des aufklärenden Entlarvers abgelehnt:

Die Aufgabe der Sprachwissenschaft in diesem Feld scheint klar zu sein: Sie hat die Gefährlichkeit der Volksverführer zu entlarven, indem sie die sprachlichen

Mittel der Verführung bloßlegt. Der Fall Haider hingegen hat mir gezeigt, daß dies so nicht stimmt. Haider ist längst „entlarvt". Je mehr die ÖsterreicherInnen davon überzeugt sind, daß er ein Rechtsextremer ist (...), desto dringender ihr Bedürfnis nach handfesten Beweisen; und was immer als „Beweis" angeführt wird, erscheint lediglich als Beweis für seine Raffinesse, nämlich die, so zu formulieren, daß man ihm nichts nachweisen könne. Was hier vorliegt, ist ein spezifisches Zusammenspiel zwischen Politiker und rezipierender Öffentlichkeit, wobei die Spezifik im Falle Haider darin besteht, daß man in seinen Formulierungen Elemente nationalsozialistischer Redeweisen sucht und jedesmal enttäuscht ist, wenn man sie gefunden hat und feststellen muß, daß sie wenig besagen und dem Redner allenfalls die Möglichkeit geben, sich zu distanzieren.

Im „Profil" (a.a.O.) wird daraus: *„Der 40jährige Forscher möchte mit seiner 70seitigen Studie die „Gefährlichkeit der Volksverführer entlarven, indem man die sprachlichen Mittel der Verführung bloßlegt."* (Ganz anders dagegen etwa der Kommentar im „Standard" vom 13.9.)

3. EIN „WISSENSCHAFTLICHER BEWEIS" MUß HER

Die Überschrift des „AZ"-Artikels vom 11.9.90 lautet:
„Ein Wissenschaftler weist nach, daß Haider an den nationalsozialistischen Diskurs anknüpft: Haider und die Nazisprache." Und weiter geht's in Fettdruck: „Ein bundesdeutscher Kommunikationswissenschafter beweist, was bisher vielfach behauptet wurde: Jörg Haider knüpft in seiner politischen Sprache an den rechtsextrem-nationalsozialistischen Diskurs an."

4. DER NAZI-HITLER-TOPOS

In der Diskussion über Rechtsextremismus wird immer wieder suggeriert, es handle sich um eine Art Wiederbelebung des historischen Nationalsozialismus und seines Führers, die man schon deshalb verabscheuen müsse, weil es ja eine Art Nekrophilie sei. Natürlich haben alle politischen Strömungen der Gegenwart ihre historischen Vorfahren, aber während man der heutigen CDU-Politik niemals Ewiggestrigkeit bloß deshalb vorwerfen würde, weil deren Protagonisten sich als „Enkel Adenauers" bezeichnen, gelten Rechtsextremisten selbst dann noch als Neo-„Nazis", wenn sie sich ausdrücklich von der damaligen Politik distanzieren. Sie werden zu einer Art Vampiren, die uns in die schreckliche Vergangenheit zurückziehen wollen und mit denen man sich argumentativ, abgesehen von ihrer Entlarvung, deshalb nicht einlassen darf. Meine Studie von 1990 war so angelegt, daß Haiders NS-Anspielungen als öffentlichkeitswirksame Formulierungen dargestellt wurden, die aber wenig über seine Politik besagen, und daß der eigentlich bedrohliche rechtspopulistische Diskurs sich in anderen sprachlichen Mitteln manifestiert, die natürlich auch Parallelen zur NS-Propaganda vor 1933/1938

aufweisen. Diese Parallelen, die ich mit aller wissenschaftlichen Vorsicht als solche darstellte, wurden nun zum gefundenen Fressen für die Presse:
So etwa, wenn D. Kittner in der „AZ" (a.a.O.) suggestiv gegenüberstellt:

„parlamentarische Staatskünstler
parlamentarisches Gaukelspiel
parlamentarischer Kuhhandel
politisierender Dreikäsehoch
parlamentarisches Gaukelspiel

Gaunerrepublik
ideologisches Gruselkabinett
Rattenfängerphilosophie
politisierender Bankdirektor
Operettenstaat
orientierungslose Pleitegemeinschaft

Die ersten fünf Zitate stammen von Hitler, die anderen von Haider."

Bei A. Weber im „Profil" (a.a.O.) ergibt sich gar
„bei einer Gegenüberstellung der von Haider und Hitler geschaffenen Schmähungen (...) für den Wissenschaftler endgültig die Frage, ob Jörg Haider ein Enkel Adolf Hitlers ist." (Entsprechend daher auch der sehr suggestive Titel seines Artikels: *„Hitlers Enkel? Ein A.H.-Erlebnis: Ein deutscher Forscher findet in Jörg Haiders Sprache die Fortsetzung des NS-Wortes mit anderen Mitteln."* Auch das große Bild Haiders mit der zum Gruß nach oben ausgestreckten Rechten muß wohl so verstanden werden.
Diese Art der Auseinandersetzung ist im Effekt nur Wasser auf Haiders Mühlen und macht leider gerade die Würdigung der tatsächlich bestehenden Ähnlichkeiten zwischen der Haiderschen und der Hitlerschen Inszenierung von Politik nur schwieriger, weil sie es als überflüssig erscheinen läßt, solche inhaltlichen Parallelen genauer herauszuarbeiten, die etwa im populistischen Kern dieser Politik liegen. Wer die Strukturen und die Entstehungsbedingungen populistischer Politik nicht begriffen hat, wird höchstens oberflächliche Übereinstimmungen zwischen Haider und Hitler finden.
Gerade im Bereich der Sprache werden die Unterschiede zwischen einer neo-nationalsozialistischen und einer rechtspopulistischen Politik sichtbar. Während neo-nationalsozialistische Parteien dazu neigen, ihre Anspielungen auf den Nazi-Diskurs zu verstecken, indem sie diese etwa so formulieren, daß nur Kenner von „Mein Kampf" oder des NSDAP-Programms sie überhaupt verstehen, plaziert der Rechtspopulismus seine entsprechenden Anspielungen absichtlich so, daß sie einen Entrüstungssturm auslösen, in dessen Verlauf man sich umso besser distanzieren kann. Während aber die Neo-Nazis nur alte und deshalb beschränkte Antworten auf neue Probleme haben und die Beschönigung des Faschismus zur Grundlage ihrer Politik

machen, hat der Rechtspopulismus dazu ein eher taktisches Verhältnis, da der populistische Kern der faschistischen Politik unter den gegenwärtigen Verhältnissen zu ganz anderen Ausprägungen führt als vor sechzig Jahren. Für die sprachlichen Strategien neo-nationalsozialistischer Strömungen können etwa die deutschen „Republikaner" als Beispiel stehen oder in Österreich die berüchtigte „Staberl"-Kolumne vom 10.5.1992[32]

Wie man einen demokratisch niedergerungenen Extremisten zum seriösen politischen Gegner macht

Für Politik und Medien ist es ein immer wieder diskutiertes Problem, inwieweit man Feinden der Demokratie ein öffentliches Forum bieten darf oder sollte, oder inwieweit man gerade durch ihre Ausgrenzung eigene Argumentationsschwäche zeigt und ihrer Propaganda dadurch Recht gibt. Da ein Sechstel der österreichischen Wählerschaft der FPÖ 1990 die Stimme gab, konnte das österreichische Fernsehen ihn nicht vom Bildschirm verbannen, ohne sich dem Verdacht der Bevormundung auszusetzen. Ob die ORF-Berichterstattung Haider zuwenig oder zuviel zur Kenntnis genommen hat, ist hier nicht zu beurteilen; es ist jedenfalls reichlich über ihn und seine Partei berichtet worden. Daher ist die Frage weniger, *ob* der Rechtsextremist Haider zu Wort kam, sondern *wie* mit ihm umgegangen wurde. Für die traditionelle publizistische Inhaltsanalyse bedeutet das: Wie viele positive und wie viele negative Aussagen wurden über ihn gemacht? – Auch die Beantwortung dieser Frage scheint mir wenig Aufschluß zu bringen. Denn es ging bei Haider bekanntlich gar nicht darum, ob seine Politik gut oder schlecht war oder entsprechend dargestellt wurde, sondern darum, ob er ein politischer Gegner war, mit dem man sich auseinandersetzen und eventuell Kompromisse eingehen muß usw., oder ob er ein Feind der Demokratie war, mit dem man nicht verhandelt, sondern den man als solchen darstellt.

Haider erlebte in den vergangenen Jahren, seit seiner Entfernung aus dem Amt des Kärntner Landeshauptmanns, eine Reihe politischer Niederlagen: das dürftige Ergebnis des Volksbegehrens gegen die Ausländerpolitik, die Abspaltung des Liberalen Forums, die Briefbombenattentate, bei denen er in den Verdacht rhetorischer Miturheberschaft geriet, das Scheitern seiner Wiederwahl zum Kärntner Landeshauptmann und die vernichtende Niederlage bei der EU-Abstimmung. Es wäre daher durchaus verständlich, wenn ihn niemand mehr ernst nähme und wenn die Öffentlichkeit, froh darüber, einem Rechtsextremisten die Tür gewiesen zu haben, zur politischen Tagesordnung überginge. Dies war bislang nicht der Fall; und, wie ich meine, das liegt unter anderem an der Art und Weise, wie mit ihm in der

32 Zur Sprache der „Republikaner" vgl. Bredehöft/Januschek 1994. Bei den „Republikanern" wird Haider trotzdem enthusiastisch gefeiert: „Wo bleibt der Jörg Haider der deutschen Rechten?" – Diese Frage stellte sich der nordrhein-westfälische Landesvorsitzende Goller nach eigener Angabe ständig, als Haider wegen seines Lobs für die Nazi-Beschäftigungspolitik vom Amt des Kärntner Landeshauptmanns entfernt werden mußte. Gerade weil sie so wenig Vi-

Stunde seiner Niederlage gesprochen wurde. Als Beispiel wähle ich den „Runden Tisch" im ORF am Abend des Tages, als das Ergebnis des Volksbegehrens bekanntgegeben worden war. Es nahmen daran teil (entsprechend der Sitzordnung): Jörg Haider (FPÖ), Heinrich Neisser (ÖVP), Elmar Oberhauser (ORF), Hans Mayr (SPÖ), Peter Pilz (Grünalternative). Das Volksbegehren hatte mit 417.000 Unterschriften ein – gemessen an Haiders eigenen, bereits mehrfach nach unten (zuletzt auf 500.000) korrigierten Erwartungen – eher mageres Ergebnis gebracht.
Haider wird zuerst das Wort erteilt. Er beklagt sich über Behinderungen unterschriftswilliger Bürger und Bürgerinnen sowie über den sozialen Druck, der von der einheitlichen Front aller relevanten gesellschaftlichen Institutionen auf sie ausgeübt worden sei. Dies habe zu dem für ihn persönlich enttäuschenden Ergebnis geführt; aber bei den nächsten Wahlen würden jene, die sich jetzt wegen dieses Drucks nicht zu unterschreiben getraut hätten, der Regierung schon zeigen, was sie wirklich von ihr hielten. Anschließend kommen Mayr, anschließend Neisser und dann Pilz zu Wort. Ich werde ihre jeweiligen ersten Äußerungen im wesentlichen wörtlich wiedergeben:
Mayr: *Naja, ich kann hier wirklich nur lächeln drüber; in der Wiener Wahlbehörde hat kein einziger FPÖ-Funktionär auch nur eine einzige Beschwerde an den Behördenleiter, den Stadtrat Hatzl, abgegeben.* [Es folgt ein z.T. unverständliches Geplänkel mit Haider über eine Anzeige, die angeblich gegen den Innenminister Löschnak erstattet worden ist.] *Aber stellen wir einmal objektiv fest: Es hat kein Volksbegehren gegeben, das derartig politisch moniv/motiviert war wie dieses, es hat kein Volksbegehren gegeben, das derartig von einer Partei getragen wurde, mit den Mitteln, die Sie angewendet haben. Und Sie dürfen sich bitte wirklich nicht wundern, wenn in einer Demokratie sich auch die anderen zu Wort melden und die anderen ihre Meinung sagen.* [Haider nickt.] *Äh, das können Sie doch bei Gott niemand vorwerfen. Und jetzt äh amal zum Inhalt. Ich glaube, eindeutig ist, daß die 417.000 Unterschriften für Sie eine persönliche Niederlage sind. Eindeutig ist aber auch, daß es äh wir keinesfalls mit all den Problemen bereits fertiggeworden sind, daß die Bundesregierung entsprechende Maßnahmen angesetzt hat, die noch nicht zu allen Menschen durchgedrungen sind – auch keine Frage bitte und eindeutig ist, daß wir sicher jeden Flüchtling aufnehmen können, aber sicher nicht die Arbeitsmarktprobleme des Ostblocks lösen können.*
Oberhauser: *Darauf werden wir zurückkommen. Herr Dr. Neisser.*
Neisser: *Ja, ich möchte sagen, äh, wenn es Behinderungen gegeben hat, das würde ich auch nicht billigen. Nur, ich glaube, Herr Dr. Haider, Sie machen sich's etwas zu einfach, das jetzt dieses Ergebnis als eine Folge von behaupteten Verhinderungen darzustellen. Sie haben bei dem Volksbegehren um über 360.000 Stim-*

sionen für die Zukunft mobilisieren, können die „Republikaner" es sich nicht wie Haider leisten, so offen ihre Sympathie für die Nazi-Vergangenheit zur Schau zu stellen. – Zu der „Staberl"-Kolumne haben Bredehöft und Januschek ein bislang unveröffentlichtes Textgutachten verfaßt, das im wesentlichen die gleichen Textstrategien ausweist, die auch bei den „Republikanern" zu finden sind. Dazu auch: Botz 1993 und Gruber/Wodak 1992.

men weniger bekommen als bei den letzten Wahlen, also ich nehme nicht an, daß Sie auch glauben, daß 360.000 Österreicherinnen und Österreicher behindert worden sind, so daß Sie nicht diese Marke, die Sie sich selbst gesetzt haben, erreicht ham. Ich glaube übrigens, es gibt auch noch eine andere Ursache, daß dieses Volksbegehren nicht den Erfolg hatte, den Sie sich gewünscht ham, und diese Ursache liegt bei Ihnen. Ich habe nicht ganz Ihren Stil verstanden der letzten Wochen, der letztlich gegipfelt hat in einem Rundumschlag gegen alles, was in dieser Gesellschaft Bedeutung hat: gegen die Kirche, gegen die politischen Institutionen, gegen diejenigen, die äh bei der Lichterkette in Wien aufgetreten sind und dergleichen, also das – Sie haben sich in eine totale Gegnerschaft begeben; und das ist das, was, glaub ich, auch den Bürger äh schreckt, und ich meine daher, daß Sie sich auch zum Teil äh den Mißerfolg selbst zuzuschreiben ham, denn ich weiß ja selbst, daß die erst/ersten Meinungsumfragen, die's vor Weihnachten 'geben hat, ja für Sie gar nicht ungünstig ausgeschaut haben und weit über der Marke lagen, die heute erreicht wurde.

Oberhauser: *Herr Dr. Pilz.*

Pilz: *Naja, a bissl wundert's mich schon, Herr Dr. Haider, daß Sie jetzt da wehleidig auftreten und-und eigentlich so rumschaun und sagn, alle sind Schuld, nur ich war nicht Schuld. Sie sollten amal offen sagen: Ich hab verlorn, das ist die schwerste politische Niederlage der Freiheitlichen Partei seit sechs, sieben Jahren, und Sie sollten amal durchaus mit uns gemeinsam darüber nachdenken, warum Sie verloren haben. I seh da einiges Positive drin. I seh zum ersten amal, daß die Menschen in Österreich ein Mittel der direkten Demokratie nicht so einfach mißbrauchen lassen. Daß es nicht möglich ist, herzugehen und zu sagen: Ich nehme jetzt ein Volksbegehren und setze es nicht zur Lösung einer Sachfrage ein, sondern um gegen Menschen zu mobilisieren und zu hetzen.* [Es folgen längere Ausführungen über die Ziele bei der Gründung von „SOS-Mitmensch", über die Notwendigkeit, die sozialen Ängste jener ernstzunehmen, die unterschrieben hätten, und eine Aufforderung an die Regierung, jetzt Sozialpolitik zu betreiben, anstatt sich von Haider ein fremdenfeindliches Gesetz nach dem anderen diktieren zu lassen.]

Unter sprachlichem und diskursanalytischem Gesichtspunkt fällt an diesen Äußerungen vor allem folgendes auf:

- Die drei Herren lassen sich das Thema „Behinderungen beim Volksbegehren" von Haider vorgeben.
- Alle drei reden nicht nur *über* Haider, sondern *mit* ihm, sie reden ihn direkt an.
- Mayr appelliert an Haiders demokratisches Gewissen, setzt also voraus, er habe ein solches. Statt etwa zu formulieren:
  Herr Haider wirft den Österreichern vor, daß sie ihr demokratisches Recht auf freie Meinungsäußerung gegen seine Politik öffentlich wahrnehmen. Mit solchen Leuten kann es keine Diskussion geben.
  sagt er:
  „Das können Sie doch bei Gott niemand vorwerfen."

Haider nickt, und die Kamera zeigt ihn dabei. – Anschließend räumt Mayr ein, daß es noch ungelöste Probleme in der Ausländerpolitik gebe, die durch Haiders Niederlage nicht beseitigt seien. Das läßt sich nur dahingehend verstehen, daß Haiders Volksbegehren als Reaktion auf ein berechtigtes Anliegen nachträglich gerechtfertigt wird – wenn auch nicht in der Form, wie es durchgeführt wurde.

- Neisser sucht eine Ursache von Haiders Scheitern in seinem politischen „Stil". Er traut mithin den Forderungen des Volksbegehrens eine größere Akzeptanz in der Bevölkerung zu. Dies ist zwar keine positive Bewertung dieser Forderungen; in der Art der Formulierung ist es aber zu verstehen als wohlgemeinter Rat des erfahreneren Kollegen an einen Jungpolitiker nach dem Motto: „Ich teile zwar Ihre Ziele nicht, aber wenn Sie Erfolg haben wollen, dürfen Sie die Leute nicht so verschrecken." Statt etwa zu formulieren:
  Herrn Haiders Art , in sprachlichen Rundumschlägen gegen alles zu hetzen, was in dieser Gesellschaft Bedeutung hat, hat den Menschen die Augen dafür geöffnet, daß es diesem Politiker nicht um die Lösung ernstzunehmender Probleme geht, sondern um den Umsturz dieser Gesellschaft.
  sagt er:
  „Ich habe nicht ganz Ihren Stil verstanden der letzten Wochen, der letztlich gegipfelt hat in einem Rundumschlag gegen alles, was in dieser Gesellschaft Bedeutung hat (...) das ist das, was, glaub ich, auch den Bürger äh schreckt, und ich meine daher, daß Sie sich auch zum Teil äh den Mißerfolg selbst zuzuschreiben ham."
- Am erstaunlichsten ist die sprachliche Pose von Pilz. Der – wie man aufgrund des politischen Spektrums annehmen sollte – schärfste Gegner eines rechtsextremen Politikers legt diesem nahe, in sich zu gehen und Buße zu tun, und bietet ihm dabei die gemeinsame Aufarbeitung seiner Sünden an, sofern er sie bereut. Anstatt etwa zu formulieren:
  Das Volksbegehren hat so wenig Zustimmung gefunden, weil die übergroße Mehrheit der Österreicherinnen und Österreicher eine rassistische Ausgrenzungspolitik ablehnt und weil sie nie wieder einem Politiker dieser Art , der Österreich und die Welt in die größte Katastrophe der Geschichte geführt hat, auf den Leim gehen will.
  sagt er:
  „Naja, a bissl wundert's mich schon, Herr Dr. Haider, daß Sie jetzt da wehleidig auftreten und-und eigentlich so rumschaun und sagn, alle sind Schuld, nur ich war nicht Schuld. Sie sollten amal offen sagen: Ich hab verlorn, das ist die schwerste politische Niederlage der Freiheitlichen Partei seit sechs, sieben Jahren, und Sie sollten amal durchaus mit uns gemeinsam darüber nachdenken, warum Sie verloren haben."

Insgesamt entsteht so der Eindruck, die drei Sieger wollten auf Haider wie auf einen verlorenen Sohn zugehen, um ihm die Möglichkeit zu geben, wieder in den Kreis der Familie zurückzukehren. Es war jedoch absehbar, daß

Haider dieses Angebot nicht annehmen würde. *Er* behandelte es als ein Angebot, über politische Fragen gemeinsam zu diskutieren, und nicht, öffentlich in sich zu gehen. Am Ende des „Runden Tischs" konnte er auf diese Weise sogar einen Erfolg seines Volksbegehrens beanspruchen, nämlich den, daß es zu dieser gemeinsamen Diskussion der anstehenden Ausländerproblematik den Anstoß gegeben habe.
Das Publikum wird Politikern, die so mit Haider reden, nicht abnehmen können, daß sie ihn für einen gefährlichen rechtsextremen Politiker halten.
Dieser „Runde Tisch" ist hier nur als ein Beispiel angeführt. Man wird in anderen Fernsehdiskussionen mit Haider nach seinen Niederlagen die gleichen oder ähnliche Diskursstrukturen finden. Auch in den Print-Medien wird oft genug ähnlich verfahren, besonders drastisch in „Basta" vom März 1993, wo in einem Interview Haiders wohl bislang übelste Politikerbeleidigungen verbreitet werden (Vranitzky als „Austrofaschist im Nadelstreif") – nicht ohne Kritik, aber doch mit der unverkennbaren Lust, es ihm in punkto NS-Anspielungen gleichzutun: Titel: „Jörg Haider. Die Kampfansage", Einleitung: „Nach Volksbegehrenspleite und Parteispaltung tankte FP-Chef Jörg Haider am Kärntner Weissensee Kraft durch Freude. Sein nächstes Gefecht: Die Landtagswahlen in Niederösterreich am 16. Mai. Seine Stimmung: so wild wie noch nie. Ein verbaler Rundumschlag ..."

Die doppelte Botschaft des Moderators bei der Präsentation eines Haider-Skandals

Während des Bundespräsidentschafts-Wahlkampfs 1992 wurde Heide Schmidt in den ZiB-2-Nachrichten im Studio interviewt. Die letzten 90 Sekunden dieses achteinhalb Minuten langen Interviews sind ein deutliches Beispiel dafür, wie Medienleute Haiders Politik vorantreiben, obwohl sie sie zu entlarven meinen. Sie spielten sich so ab:
Moderator Robert Hochner (blättert in seinen Unterlagen): *Eine letzte Frage äh zum sozusagen nächsten möglichen Konflikt um Jörg Haider. Jörg Haider hat äh geantwortet auf einen langen Artikel von äh Rauscher in der „Wirtschaftswoche", wo's um Jörg Haider ging ... hat er geantwortet: Jörg Haider antwortet Hans Rauscher ... Und der Satz, den er da sagt* (liest vor): *mein Erneuerungsprogramm für Österreich heißt Stärkung des freiheitlichen Rechtsstaates; Klammer E. Forsthoff; was noch nichts wäre, wenn sich nicht der „Kurier" die Möglichkeit die die äh sozusagen die Mühe gemacht hätte nachzuschauen. Und hier steht* (liest vor): *Ähhm darum wurde der Jude ohne Rücksicht auf guten oder schlechten Glauben und wohlmeinende oder böswillige Gesinnung zum Feind und mußte als solcher unschädlich gemacht werden. Das ist der Herr Forsthoff. Oder: anläßlich der Säuberung der deutschen Hochschulen 1933: Diese haben dazu gedient, in Vollziehung der Unterscheidung von Freund und*

Feind diejenigen auszumerzen, die als Artfremde und Feinde nicht länger geduldet werden ...
Schmidt (ihn unterbrechend, nachdem ihr zunehmend kopfschüttelndes und genervtes Gesicht während des Vorlesens in Großaufnahme gezeigt wurde): *Herr Hochner* [nicht böse sein], *aber wenn jetzt ... Ich habe den Artikel nicht gelesen und bin auch nicht bereit, Stellung zu beziehen zu etwas, was man mir jetzt so sagt. Wenn Sie mir zitieren, daß er für die Stärkung eines freiheitlichen Rechtsstaates steht, dann unterschreibe ich das, denn auch ich arbeite dafür. Wenn Sie mir im gleichen Atemzug grausliche Zitate bringen und damit irgendeinen Nahebezug herstellen, halte ich das wirklich für infam.*
Hochner: *Nein die Frage war nur, ob das jemand ist, auf den man sich zu seinen Ansichten nach dem Krieg berufen kann als freiheitliche oder liberale Partei.*
Schmidt: *Dazu nehme ich nicht Stellung, weil ich nicht weiß, was der Jörg Haider hier überhaupt gesagt hat und worauf er sich berufen hat.*
Hochner (lächelnd): *Frau Dr. Schmidt, ich danke Ihnen herzlich für den Besuch im Studio. Dankeschön.*
Der Moderator Hochner hält Haiders Äußerung für brisant genug, daß daraus eine neue Affäre entstehen könne. In Kenntnis des Verhältnisses Haider – Schmidt, das auch zuvor ausführlich Gegenstand des Interviews war (ohne daß es Hochner gelang, eine nennenswerte Distanzierung der Präsidentschaftskandidatin gegenüber ihrem Parteiobmann zu erhalten), konnte er annehmen, daß Schmidt zu Haiders Äußerung Position beziehen müssen würde.
Der Moderator setzt dabei offenkundig voraus, daß weder ihm noch dem Publikum, noch seiner Gesprächspartnerin die sich in den Zitaten manifestierende Einstellung des Autors Forsthoff bekannt war (obwohl der Name Ernst Forsthoff in Juristenkreisen wohl durchaus noch geläufig ist) – dies ergibt sich aus der Formulierung „was noch nichts wäre, wenn sich nicht der ‚Kurier' die Mühe gemacht hätte, nachzuschauen". Hätte er auch nur für möglich gehalten, daß Frau Schmidt Bescheid wußte, so hätte er sich vor dem Vorlesen vergewissern müssen – es sei denn, er wollte das Interview durch eine öffentliche Demaskierung von Frau Schmidt mittels der „Kurier"-Recherchen beenden.
Hochner setzt hingegen nicht voraus, daß Haider sich auf Forsthoff in der Absicht berufen hat, auf dessen biologistisch-rassistische Ideologie anzuspielen und seine Sympathie mit ihr anzudeuten. Hätte er dies vorausgesetzt, so hätte er die Frage, ob sich eine freiheitliche Partei auf ihn berufen könne, gar nicht mehr zu stellen brauchen. Statt dessen hätte er Haider als getarnten Nazi bezeichnen müssen, von dem sich eine freiheitliche Partei zu trennen habe. Daß Hochner diese Voraussetzung nicht macht, ist aufschlußreich, denn für einen politischen Standardbegriff wie „freiheitlicher Rechtsstaat" beruft man sich normalerweise nicht auf Autoritäten (schon gar nicht auf gänzlich unbekannte) – es sei denn, um deutlich zu machen, daß man sich

mit deren je besonderem Verständnis davon identifiziert.[33] Es gab also für den Moderator gar keinen Grund für die Annahme, Haider wolle sich vielleicht gar nicht allgemein mit Forsthoffs Auffassungen identifizieren. Daß Hochner dennoch vor dieser Konsequenz zurückschreckt, dürfte wohl allein in deren Ungeheuerlichkeit liegen.

Dadurch stellt der Moderator Heide Schmidt nun vor die Alternative, entweder ihren Parteichef auf fadenscheinige Weise zu verteidigen oder jene Schlußfolgerung zu ziehen, die Hochner selbst sich nicht zu ziehen traute – und das wäre nach Lage der Dinge ihr politischer Tod gewesen. Schmidt zieht sich anschließend aus der Affäre, indem sie die Heimtücke von Hochners überfallartiger Präsentation fragmentarischer Zitate beklagt.

Während die offen erkennbare und wohl auch gemeinte Botschaft des Moderators darin bestand, Haider der Nähe zum Nationalsozialismus zu bezichtigen, ergab sich somit durch den Verlauf der Interviewphase eine unterschwellige, aber umso wichtigere zweite Botschaft, nämlich: In Wirklichkeit ist er gar nicht so schlimm.[34]

Die sich über Haider empören, sollten auch über sich selbst nachdenken. Es könnte sonst sein, daß sie eines Morgens als seine Anhänger aufwachen.

33 Was Haiders Bezugnahme auf Forsthoff in rechtsextremer Lesart bedeutet, hat Scharsach ausführlich beschrieben (Scharsach 1992, 56f., 95). Dabei spielt die Frage, inwieweit Forsthoff als Staatsrechtler in Juristenkreisen womöglich trotz seiner Verherrlichung der NS-Rassenpolitik akzeptiert sein mag, keine Rolle.

34 Dem steht nicht entgegen, daß Heide Schmidt einige Monate später eine durchaus eindeutige Konsequenz gezogen hat: den Parteiaustritt.

LITERATUR

Bausinger, Hermann (1985): Schimpfen. Anmerkungen zu einem vernachlässigten Kommunikationsakt. In: Spracherwerb und Mehrsprachigkeit (hg. v. B. Narr u. H. Wittje), Tübingen, S. 353–362.

Botz, Gerhard (1993): „Neonazismus ohne Neonazi?" Eine Fallstudie über NS-Apologetik in der „Neuen Kronen Zeitung". In: Dokumentationsarchiv des österreichischen Widerstandes (Hg.): Handbuch des österreichischen Rechtsextremismus, Wien, S. 506–526.

Bredehöft, Sonja/Januschek, Franz/Gloy, Klaus/Patzelt, Rainer (1994): Studium und Arbeitslosigkeit. Zur diskursiven Aneignung neuer Lebenssituationen, Opladen.

Bredehöft, Sonja/Januschek, Franz (1994): Doppelzüngler. Die Sprache der „Republikaner", Duisburg.

Buse, Heike (1993) Reizwort „Drückeberger". Single-Subjekt – Kollektives Subjekt – Staatssubjekt. In: kultuRRevolution 28/1993, S. 35–42.

Dokumentationsarchiv des österreichischen Widerstandes (Hg.) (1993): Handbuch des österreichischen Rechtsextremismus, Wien.

Ernst, Werner W. (1987): Zu einer Theorie des Populismus. In: Pelinka, Anton (Hrsg.) (1987): Populismus in Österreich. Wien. S. 10–25.

Goebbels-Reden (1971) (Heiber, Helmut, Hg.) 2 Bde, Düsseldorf.

Goldmann, Harald/Krall, Hannes/Ottmeyer, Klaus (1992): Jörg Haider und sein Publikum. Eine soziapsychologische Untersuchung, Klagenfurt/Celovec.

Gruber, Helmut/Wodak, Ruth (1992): Ein Fall für den Staatsanwalt? Diskursanalyse der Kronenzeitungsberichterstattung zu Neonazismus und Novellierung des österreichischen Verbotsgesetzes im Frühjahr 1992. Wiener Linguistische Gazette, Beiheft 11, Wien.

Holzer, Willibald I. (1993): Rechtsextremismus – Konturen, Definitionsmerkmale und Erklärungsansätze. In: Dokumentationsarchiv des österreichischen Widerstands, S. 11–96.

Jäger, Siegfried (1994): Kritische Diskursanalyse, Duisburg.

Januschek, Franz (1986): Arbeit an Sprache. Konzept für die Empirie einer politischen Sprachwissenschaft, Opladen.

Januschek, Franz (1991): Rechtspopulismus und NS-Anspielungen am Beispiel des österreichischen Politikers Jörg Haider, Dortmund.

Januschek, Franz (1991b): Der rechtspopulistische Diskurs in Österreich. In: Margret Jäger/Siegfried Jäger (Hg.): Aus der Mitte der Gesellschaft IV. Dortmund, S. 5–22.

Januschek, Franz (1993): Anspielungen und Distanzierungen im populistischen Mediendiskurs am Beispiel des österreichischen Politikers Jörg Haider. In: Adi Grewenig (Hg,): Inszenierte Information. Opladen, S. 117–142.

Kalpaka, Annita/Räthzel, Nora (Hrsg.)(1990): Die Schwierigkeit, nicht rassistisch zu sein. O.A.

Klein, Josef (1994): Politikverdrossenheit – Blockierte Dialoge. Ein linguistisch-pragmatischer Diagnoseversuch (Vortrag auf der 4. Arbeitstagung des Vereins Sprache in der Politik, Koblenz Mai 1994).

Koch, Uwe (1994): Das Gewicht der Stimme. Die Verteidigung des Nichtwählers, Hamburg.

Link, Jürgen (1982): Kollektivsymbolik und Mediendiskurse. Zur aktuellen Frage, wie subjektive Aufrüstung funktioniert. In: kultuRRevolution 1/1982, S. 6–20.

Pfahl-Traughber, Armin (1990): Der Rechtspopulismus des Jörg Haider. In: Vorgänge 108, S. 26–34.

Scharsach, Hans-Henning (1992): Haiders Kampf, Wien.

Schmitz, Ulrich (1990): Postmoderne Concierge: Die „Tagesschau". Wortwelt und Weltbild der Fernsehnachrichten, Opladen.

Sichrovsky, Peter (1987): Schuldig geboren. Kinder aus Nazi-Familien, Köln.

Svensson, Arnold (1984): Anspielung und Stereotyp. Eine linguistische Untersuchung des politischen Sprachgebrauchs am Beispiel der SPD, Opladen.

Theweleit, Klaus (1977f.): Männerphantasien. 1. Bd. Frauen, Fluten, Körper, Geschichte. 2. Bd. Männerkörper – zur Psychoanalyse des Weißen Terrors, Frankfurt a.M.
Wilss, Wolfram (1990): Anspielungen. Zur Manifestation von Kreativität und Routine in der Sprachverwendung, Tübingen.
Wodak, Ruth, u.a. (1990): „Wir sind alle unschuldige Täter". Studien zum antisemitischen Diskurs im Nachkriegsösterreich, Frankfurt a.M.